머리말

여기가 합격의 첫 페이지입니다.

위험물산업기사 시험, 막막하고 불안합니다.

방대한 이론, 낯선 화학식, 수시로 바뀌는 법규까지.

어디서부터 어떻게 시작해야 할지 모르겠다면, 이 책으로 가장 명쾌한 해답을 드리겠습니다.

저는 위험물 분야에 몸담아온 전문가이자, 여러분과 같은 길을 걸어온 선배입니다.

위험물기능장으로서 수많은 수험생을 합격으로 이끌며, 깨달은 것이 있습니다.

위험물산업기사 시험에는 분명 '합격의 공식'이 존재합니다.

이 책은 제 모든 노하우를 집약하여 가장 전략적인 합격 공식을 제시합니다.

1. '핵심'만 남겼습니다. 시험에 나오는 것은 정해져 있습니다.

지난 10년 이상 기출문제를 분자 단위까지 분석했습니다. 수험생들이 어려워하는 '화학'파트는 전공자의 시선으로 누구보다 쉽게 풀어냈습니다. 복잡한 법규, 기준은 시험에 나오는 것만 짚어냈습니다. 합격에 불필요한 내용은 단 한 줄도 담지 않았습니다.

2. '이해'가 먼저입니다.

뜬구름 잡는 이론 나열은 걷어냈습니다. 위험물 원리를 이해하면 수많은 화학식, 반응식은 저절로 따라옵니다. 수년 간 노하우로 방금 시작한 사람도 이해할 수 있도록 직관적이고 명료하게 설명했습니다.

3. '결과'로 증명합니다.

최근 5년 기출문제(15회분)와 상세한 해설로 여러분의 합격을 눈으로 확인시켜드리겠습니다. 이 책의 이론과 해설 만으로 모든 문제를 풀 수 있습니다.

위험물산업기사 절대 막연한 목표 아닙니다.

가장 효율적인 방법으로, 가장 확실하게, 여러분의 시간 아껴드리겠습니다.

저만 믿고 따라오시면 됩니다.

저자 전범준

이 책의 목차

직업상점

2026
최 신
개정판

쩐 기능장의

위험물 산업기사 [필기]

기본이론 + 기출문제

+ 100% 무료강의 제공

위험물 기능장이 설계한 **초압축 교재**
쩐 기능장의 100% 무료강의 제공

쩐기능장카페

쩐기능장유튜브

전범준 저자

PART 3. 위험물 성상 및 취급

이 책의 목차

PART 4. 기출문제

PART 01

물질의
물리 · 화학적 성질

CHAPTER 01 물질의 상태와 원자의 구조

1 물질의 분류

1. 순물질

① 정의 : 순수한 원소나 순수한 화합물을 의미한다.

② 종류
- 홑원소(=단체) : 한 가지 원소로 이루어진 물질이다.
  - 예 산소(O_2), 질소(N_2), 수소(H_2) 등
- 화합물 : 두 가지 이상의 원소로 이루어진 물질이다.
  - 예 소금(NaCl), 설탕($C_{12}H_{22}O_{11}$), 물(H_2O) 등

2. 혼합물

① 정의 : 순물질이 두 가지 이상 섞여 있는 것을 의미한다.

② 종류
- 균일 혼합물 : 각 성분의 입자들이 잘 섞여 있는 혼합물이다.
  - 예 공기, 사이다, 소금물, 설탕물 등
- 불균일 혼합물 : 각 성분의 입자들이 잘 섞여 있지 않는 혼합물이다.
  - 예 흙탕물, 화강암 등

3. 혼합물의 분리방법

① 고체 혼합물

- 재결정법 : 용해도의 차이를 이용하여 분리하는 방법이다.

  예 질산칼륨 수용액에 포함되어 있는 염화나트륨을 분리할 때

- 추출법 : 특정한 용매에만 녹는 성질을 이용하여 분리하는 방법이다.

② 액체 혼합물

- 분별증류 : 비등점의 차이를 이용하여 분리하는 방법이다.

- 여과법 : 고체와 액체가 섞여 있을 경우 여과지에 통과시켜 분리하는 방법이다.

③ 기체 혼합물

- 액화 분류법 : 비등점의 차이를 이용하여 분리하는 방법이다.

  예 액체 공기에서 질소 등을 분리하여 산소를 얻을 때

- 흡수법 : 혼합되어 있는 기체를 흡수제에 통과시켜 성분을 분석하는 방법이다.

2 물질의 변화

1. 물리적 변화

① 정의 : 물질의 성질은 변하지 않고 상태가 변하는 현상이다.

② 물질의 상태변화

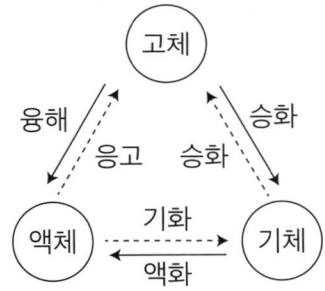

- 융해 : 고체를 가열하여 액체가 되는 현상

- 응고 : 액체가 냉각되어 고체로 되는 현상

- 기화 : 액체를 가열하여 기체가 되는 현상

- 액화 : 기체가 냉각되어 액체로 되는 현상

- 승화 : 고체(기체)가 액체를 거치지 않고 직접 기체(고체)로 되는 현상

2. 화학적 변화

① 정의 : 물질의 성질이 변하여 새로운 물질로 되는 현상이다.

② 종류

- 화합 : 두 가지 이상의 물질이 화합하여 한 가지의 물질이 형성되는 것이다.

  예 $A + B \rightarrow AB$

- 분해 : 한 가지 물질이 분해하여 두 가지 이상의 물질이 형성되는 것이다.

  예 $AB \rightarrow A + B$

- 치환 : 물질의 한 가지 원소가 다른 원소에 의해 대치되는 것이다.

  예 $A + BC \rightarrow AC + B$

- 복분해 : 물질의 원소가 다른 물질의 원소와 서로 치환되는 것이다.

  예 $AB + CD \rightarrow AD + BC$

> 💬 **필수 용어정리**
>
> - 물질의 상태(고체, 액체, 기체)의 판단 기준 : 상온(20℃), 상압(1기압)

---

3 ▶ 잠열 및 현열

1. 비열

① 정의 : 어떤 물질 1g을 1℃만큼 올리는 데 필요한 열량이다.

② 표현방법 : $c(비열, cal/g \cdot ℃) = \dfrac{Q(열량, \, cal)}{m(물질의 \, 질량, \, g) \times \triangle T(온도변화, \, ℃)}$

③ 물, 얼음, 수증기의 비열

- 물의 비열 = 1cal/g·℃
- 얼음의 비열 = 0.5cal/g·℃
- 수증기의 비열 = 0.44cal/g·℃

2. 잠열

① 정의 : 물질의 온도변화에는 사용되지 않고 상태변화에만 사용되는 열을 의미한다.

② 표현방법 : Q(열량, cal) = m(물질의 질량, g) × ɣ(잠열값, cal/g)

③ 물의 융해잠열 및 기화잠열

- 물의 융해잠열 = 80cal/g
- 물의 기화잠열 = 539cal/g

3. 현열

① 정의 : 물질의 상태변화에는 사용되지 않고 온도변화에만 사용되는 열을 의미한다.

② 표현방법 : Q(열량, cal) = c(비열, cal/g·℃) × m(물질의 질량, g) × △T(온도변화, ℃)

제2절 | 원자의 구조

1 ▶ 원자의 구성

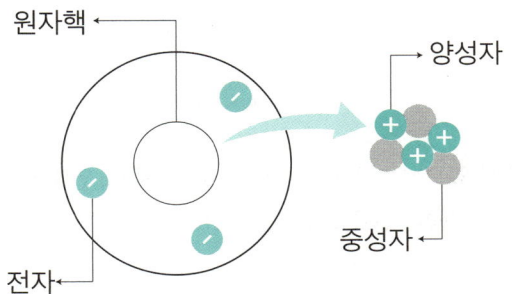

① 원자핵 : 양성자와 중성자로 이루어진 원자의 중심 부분으로, (+)전하를 띤다.

② 전자 : 원자핵의 주위를 돌고 있는 소립자로, (-)전하를 띤다.

2 ▶ 원자번호와 질량수

1. 원자번호

① 원자핵에 존재하는 양성자의 수를 말하며, 중성원자에서 전자의 수는 양성자의 수와 동일하다.

② 원자번호 = 양성자 수 = 전자 수(중성원자)

2. 질량수(=원자량)

① 질량수 = 양성자 수 + 중성자 수

② 원자번호를 이용한 질량수 계산

- 원자번호가 짝수인 원소 : (원자번호×2)
- 원자번호가 홀수인 원소 : (원자번호×2) + 1
- 예외

원소	원자번호	계산값	실제값(질량수 = 원자량)
수소(H)	1번	(1×2) + 1 = 3	1
베릴륨(Be)	4번	(4×2) = 8	9
질소(N)	7번	(7×2) + 1 = 15	14
염소(Cl)	17번	(17×2) + 1 = 35	35.5
아르곤(Ar)	18번	(18×2) = 36	40

3. 중성원자

① 양성자의 (+)전하 수와 전자의 (−)전하 수가 같다.

② 전자를 잃으면 양(+)이온, 전자를 얻으면 음(−)이온이 된다.

3 원자, 이온 등

① 동소체
- 정의 : 같은 원소로 되어 있으나 성질과 모양이 다른 단체로, 연소생성물이 동일한 물질이다.
- **예** 산소(O_2)와 오존(O_3), 황린(P_4)과 적린(P), 흑연(C)과 다이아몬드(C)

② 동위원소
- 정의 : 원자번호는 같으나 질량수가 다른 원소로, 화학적 성질은 같고 물리적 성질이 다른 물질이다.
- **예** 수소(^1_1H)와 중수소(^2_1H)와 삼중수소(^3_1H), 염소-35($^{35}_{17}Cl$)와 염소-37($^{37}_{17}Cl$)

③ 이온화 경향(금속 원소의 반응성 크기)
- 정의 : 금속 원자가 전자를 잃고, 양이온이 되려고 하는 성질이다.
- 특징 : 이온화 경향이 큰 금속은 전자를 잃어 양이온이 되려 하고, 이온화 경향이 작은 금속은 전자를 얻어 금속원소로 석출된다.
- 세기(크기)

  K(칼륨) > Ca(칼슘) > Na(나트륨) > Mg(마그네슘) > Al(알루미늄) > Zn(아연) > Fe(철) > Ni(니켈) > Sn(주석) > Pb(납) > H(수소) > Cu(구리) > Hg(수은) > Ag(은) > Pt(백금) > Au(금)

  암기팁! 이온화 경향 : 크카나 마알아 철니주납 수구수은 백금

오비탈과 원소의 주기율

1 ▷ 전자껍질

1. 정의

원자핵 주위에서 전자가 움직이는 궤도를 말하며… 원자핵과 가장 가까운 껍질을 K껍질, 그 다음부터 차례대로 L껍질, M껍질, N껍질이라 한다.

2. 주양자수(n)와의 관계

① 오비탈의 상대적인 크기 또는 에너지를 의미한다.
② n은 양의 정수(1, 2, 3, 4⋯)이다.
③ n=1 → K껍질, n=2 → L껍질, n=3 → M껍질, n=4 → N껍질이 된다. (주양자수 = 전자껍질)

2 ▷ 오비탈

1. 정의

전자가 원자핵의 주위에 어떻게 분포되어 있는가를 나타내는 확률함수의 개념으로, 전자가 존재하는 공간(방)이다.

2. 종류

s오비탈, p오비탈, d오비탈, f오비탈 등

3. 오비탈 수

① 파울리의 배타원리 : 하나의 오비탈에는 최대 2개의 전자가 들어갈 수 있다.

② 훈트의 규칙 : 오비탈에 전자가 들어갈 때는 분산되어 채워진다.

③ s오비탈은 2개, p오비탈은 6개, d오비탈은 10개, f오비탈은 14개의 전자를 수용할 수 있다.

오비탈 종류	s오비탈	p오비탈	d오비탈	f오비탈
오비탈수(방수)	1개	3개	5개	7개
수용 가능한 최대 전자수	⬚	⬚ ⬚ ⬚	⬚ ⬚ ⬚ ⬚ ⬚	⬚ ⬚ ⬚ ⬚ ⬚ ⬚ ⬚

> 💬 **필수 용어정리**
>
> • s오비탈 : 원자핵에서 가장 가까운 오비탈로, 원형 모양이다.
> • p오비탈 : s오비탈보다 낮은 에너지 준위에서 발견되며... X, Y, Z의 3방향을 축으로 한 아령 모양이다.

---

3 ▷ 전자배치

1. 오비탈 전자 표시법

① 기호(symbol)

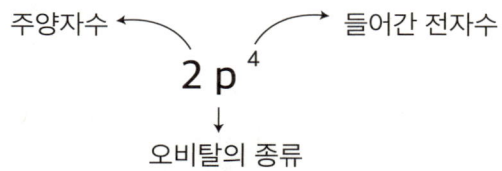

주양자수 ← $2p^4$ → 들어간 전자수

↓

오비탈의 종류

② 방(오비탈) + 점(전자)

⬚ (0)   ⬚ ⬚ ⬚ (0)

2. 오비탈 전자 채우는 순서

$1s^2 2s^2 2p^6 3s^2 3p^6 4s^2 3d^{10}$ · · · (4s오비탈의 에너지가 3d오비탈의 에너지보다 더 낮아 전자가 먼저 채워진다)

1s
2s 2p
3s 3p 3d
4s 4p 4d 4f

3. 전자배치의 예

$1s^2 2s^2 2p^6 3s^2 3p^5$

- 숫자(1 또는 2 또는 3) : 주양자수

- s, p : 오비탈

- 지수(2 또는 5 또는 6) : 들어간 전자수, 가장 큰 숫자(3)일 때 전자의 합(2+5=7) = 최외각전자(원자가전자)
  - → 전체 전자의 개수 = 17개(2+2+6+2+5) : 원자번호 17번의 염소(Cl)
  - → 최외각 전자의 개수 = 7개(2+5) : 주기율표 상 17족
  - → $(1s^2)$: K껍질 - 전자 2개, $(2s^2 2p^6)$: L껍질 - 전자 8개, $(3s^2 3p^5)$: M껍질 - 전자 7개

4 선 스펙트럼

① 정의 : 원자에서 방출되는 빛(에너지)이 분광기를 통과할 때 나타나는 하나 또는 수 개의 불연속적인 선들이다.

② 형성과정 : 전자가 전자껍질의 에너지 준위가 높은 상태(들뜬상태)에서 낮은 상태(바닥상태)로 이동할 때에는 에너지를 방출한다. 이 때 방출하는 에너지는 불연속적(이어져 있지 않고 끊어져 있는)이고, 특정한 파장을 가지게 되는데... 그 파장이 선 스펙트럼을 만든다.(실험을 통해서 확인됨)

1 ▷ 원소주기율표

1. 정의

원소들을 원자번호 순서로 배열할 때 화학적으로 성질이 비슷한 원소들을 같은 세로줄에 위치하도록 분류한 표를 말하는데... 세로줄을 족(1족 ~ 18족)이라 하고, 가로줄을 주기(1주기 ~ 7주기)라 한다.

2. 주기율표

| 원자가 | +1가 | +2가 | +3가 | +4가 | +5가 | +6가 | +7가 | 0 |
| | -7가 | -6가 | -5가 | -4가 | -3가 | -2가 | -1가 | 0 |
주기 \ 족	1족 알칼리금속	2족 알칼리토 금속	13족 붕소족원소	14족 탄소족원소	15족 질소족원소	16족 산소족원소	17족 할로젠원소	18족 불활성가스
1	$_1H(1)$ 수소							$_2He(4)$ 헬륨
2	$_3Li(7)$ 리튬	$_4Be(9)$ 베릴륨	$_5B(11)$ 붕소	$_6C(12)$ 탄소	$_7N(14)$ 질소	$_8O(16)$ 산소	$_9F(19)$ 플루오린	$_{10}Ne(20)$ 네온
3	$_{11}Na(23)$ 나트륨	$_{12}Mg(24)$ 마그네슘	$_{13}Al(27)$ 알루미늄	$_{14}Si(28)$ 규소	$_{15}P(31)$ 인	$_{16}S(32)$ 황	$_{17}Cl(35.5)$ 염소	$_{18}Ar(40)$ 아르곤
4	$_{19}K(39)$ 칼륨	$_{20}Ca(40)$ 칼슘					$_{35}Br(80)$ 브로민	$_{36}Kr(83.8)$ 크립톤
5	$_{37}Rb(85.47)$ 루비듐	$_{38}Sr(87.62)$ 스트론튬					$_{53}I(127)$ 아이오딘	$_{54}Xe(131.3)$ 크세논
6	$_{55}Cs(132.9)$ 세슘	$_{56}Ba(137.3)$ 바륨						$_{86}Rn(222)$ 라돈
7	$_{87}Fr(223)$ 프란슘	$_{88}Ra(226)$ 라듐						

암기팁! 주기율표 : 수헬리베 붕탄질산 플네나마 알규인황 염아칼칼슘

　　　　1족(알칼리금속) = 리나 칼루세프, 2족(알칼리토금속) = 베마 카스바라,

　　　　17족(할로젠원소) = 플염 브아, 18족(불활성가스) = 헬네아 크세라

① 전형원소 : 주기율표의 1족, 2족, 13족 ~ 18족에 속하는 원소를 의미하며... 전이 원소를 제외한 모든 원소이다.

② 전이원소 : 주기율표의 3족 ~ 12족에 속하는 원소를 말하며, 모두가 금속으로 구성되어 있다.

3. 일반성질

① 같은 족에 속하는 원소들은 화학적 성질이 비슷한데, 이는 원소의 가장 바깥쪽 전자 궤도에 존재하여 결합에 관여하는 최외각 전자(원자가 전자)의 수가 같기 때문이다. [원자들이 화학결합을 통하여 화합물 등을 생성할 때, 최외각 전자만이 그 화학결합에 관여하는 반응을 하므로, 최외각 전자가 같은 족의 원자들은 화학적 성질이 비슷하다]

② 18족 원소는 가장 바깥쪽 껍질의 전자가 8개 [헬륨(He) 제외 : 2개]가 되어 화학적으로 가장 안정하다.(옥텟 규칙)

> #### 💬 필수 용어정리
>
> - 원자가 : 어떤 원소가 화합결합을 할 때, 원자 한 개가 수소(H) 원자 몇 개와 결합 또는 치환할 수 있는가를 나타내는 수를 말하며, 원자가 결합할 때의 사람이 가지고 있는 팔의 개수로 이해하면 쉽다.
> - 옥텟 규칙(=8전자설) : 원자들이 결합 시에 가장 안정해지려고, 최외각에 8개의 전자배치를 가지려는 경향

2 물리·화학적 성질

1. 원자반지름

① 정의 : 원자를 공으로 비유하였을 때의 반지름이다.

② 같은 주기에서는 오른쪽으로 갈수록(원자번호가 증가할수록) 감소하고, 같은 족에서는 아래로 갈수록(원자번호가 증가할수록) 증가한다.

2. 이온화에너지

① 정의 : 바닥상태에 있는 원자로부터 1개의 전자를 제거하여 양이온을 형성하는데 필요한 에너지이다.

② 같은 주기에서는 오른쪽으로 갈수록 증가하고, 같은 족에서는 위로 갈수록(원자번호가 감소할수록) 증가한다.

3. 전자친화도

① 정의 : 중성 원자가 전자 1개를 받아들여 음이온으로 될 때 방출하는 에너지이다.

② 같은 주기에서는 오른쪽으로 갈수록 증가하고, 같은 족에서는 위로 갈수록 증가한다.

4. 전기음성도(비금속 원소의 반응성 크기)

　① 정의 : 화학적 반응에서 분자내의 원자가 전자를 끌어당기는 능력이다.

　　　F(플루오린) > O(산소) > N(질소) > Cl(염소) > Br(브로민) > C(탄소) > S(황) > I(아이오딘) > H(수소)

　　　암기팁!　전기음성도 : 폰(FON) 염불(Cl Br) CSI 수사(H)

　② 같은 주기에서는 오른쪽으로 갈수록 증가하고, 같은 족에서는 위로 갈수록 증가한다.

5. 비금속성(=전자흡수성)

　① 정의 : 전자를 흡수하고(얻고), 음이온이 되기 쉬운 성질이다.

　② 같은 주기에서는 오른쪽으로 갈수록 증가하고, 같은 족에서는 위로 갈수록 증가한다.

6. 금속성(=전자방출성)

　① 정의 : 전자를 방출하고(잃고), 양이온이 되기 쉬운 성질이다.

　② 같은 주기에서는 왼쪽으로 갈수록(원자번호가 감소할수록) 증가하고, 같은 족에서는 아래로 갈수록
　　 증가한다.

CHAPTER 03 화학의 기본법칙과 화학반응식

제1절 | 화학의 기본법칙

1 질량보존의 법칙

① 정의 : 화학반응을 할 때, 반응물질의 전체 질량은 생성물질의 전체 질량과 같다는 법칙이다.

② 예 C_2H_4(에틸렌)의 완전연소 반응식

반응물   생성물

C_2H_4 + $3O_2$ $\longrightarrow$ $2CO_2$ + $2H_2O$ + Q Kcal

28g   3×32g   2×44g   2×18g

124g   =   124g

2 일정성분비의 법칙

① 정의 : 화합물을 구성하는 원소의 질량비는 언제나 일정하다는 법칙이다.

② 예 $2H_2 + O_2 \rightarrow 2H_2O$

반응물   생성물

$2H_2$ + O_2 $\longrightarrow$ $2H_2O$

2×2g(=4g)   32g   2×18g(=36g)

1   :   8   :   9

3 배수비례의 법칙

① 정의 : 두 종류의 원소가 결합하여 두 가지의 화합물을 만들 때, 원소 1개의 질량과 화합하는 다른 원소의 질량 사이에는 간단한 정수비가 성립한다는 법칙이다.

② 예 SO_2(이산화황)와 SO_3(삼산화황), CO(일산화탄소)와 CO_2(이산화탄소), H_2O(물)와 H_2O_2(과산화수소) 등

암기팁! 배수비례의 법칙 : 두 종류의 원소와 두 가지의 화합물 → 둘(2)둘(2) 치킨...

4 보일의 법칙

① 정의 : 온도가 일정할 때 기체의 부피는 절대압력에 반비례한다는 법칙이다. 즉, 절대압력(P)과 부피(V)의 곱은 항상 일정(P × V = 일정)하다.

② 공식

$$P_1 \times V_1 = P_2 \times V_2 \ \rightarrow \ V_2 = \frac{P_1}{P_2} \times V_1$$

5 샤를의 법칙

① 정의 : 압력이 일정할 때 기체의 부피는 절대온도에 비례한다는 법칙이다. 즉, 절대온도(T)와 부피(V)의 비는 항상 일정($\frac{V}{T}$ = 일정)하다.

② 공식

$$\frac{V_1}{T_1} = \frac{V_2}{T_2} \ \rightarrow \ V_2 = \frac{T_2}{T_1} \times V_1$$

6 보일 – 샤를의 법칙

① 정의 : 기체의 부피는 절대온도에 비례하고, 절대압력에 반비례한다는 법칙이다. 즉, 절대온도(T)와 부피(V)의 비는 항상 일정($\frac{V}{T}$ = 일정)하고, 절대압력(P)과 부피(V)의 곱은 항상 일정(P × V = 일정)하다.

② 공식

$$\frac{P_1 \times V_1}{T_1} = \frac{P_2 \times V_2}{T_2} \ \rightarrow \ P_2 = \frac{T_2}{T_1} \times \frac{V_1}{V_2} \times P_1$$

7 이상기체 상태방정식

① 정의 : 이상기체의 여러 상태를 압력(P), 부피(V), 온도(T), 몰수(n) 등의 관계로 나타낸 방정식이다.

② 공식

- P(절대압력, atm) × V(부피, L) = n(몰수, mol) × R(기체상수, 0.082 atm·L / mol·K) × T(절대온도, K)
- P(절대압력, atm) × V(부피, L) = $\dfrac{W(질량, g)}{M(분자량, g/mol)}$ × R(기체상수, 0.082 atm·L / mol·K) × T(절대온도, K)

③ 적용 : 실제기체는 고온, 저압일 때 분자운동이 활발해져서 이상기체에 가까운 성질을 가진다.

8 아보가드로의 법칙

표준상태(0℃, 1기압)에서 모든 기체 1mol이 차지하는 부피는 22.4L이며, 그 속에는 6.023×10^{23}개의 분자가 존재한다는 법칙이다.

9 그레이엄의 확산속도의 법칙

① 정의 : 일정한 온도와 압력 상태에서 기체의 확산 속도는 그 기체 분자량(밀도)의 제곱근에 반비례한다는 법칙이다. 즉, 가벼운 분자는 빨리 확산되고 무거운 분자는 느리게 확산된다.

② 공식

$$\frac{V_1(확산속도, m/s)}{V_2(확산속도, m/s)} = \sqrt{\frac{M_2(분자량, g/mol)}{M_1(분자량, g/mol)}} = \sqrt{\frac{\rho_2(밀도, g/L)}{\rho_1(밀도, g/L)}}$$

제2절 몰(mol) 등

1 기초단위

1. 길이
1m = 100cm = 1,000mm

2. 부피(체적)
1m³ = 1,000ℓ

3. 질량
1kg = 1,000g

4. 시간
1hr = 60min = 3,600sec

5. 온도
절대온도(T) = 온도(℃) + 273

6. 열의 일당량(열에너지로 변환되는 일의 양)
1cal = 4.184J

7. 표준대기압
1atm = 760mmHg = 101.325kPa = 10.332mH₂O = 1.0332kgf/cm² = 1,013mbar = 14.7PSI(lbf/in²)

8. 밀도

① 단위부피당 질량을 의미하며, 물질의 질량을 부피로 나눈 값이다.

$$\rho(\text{밀도}) = \frac{W}{V} = \frac{\text{질량}}{\text{부피}} = \frac{kg, \ g}{m^3, \ L} = kg/m^3 = g/L$$

② 액체밀도 : 액체는 온도와 압력이 변해도 밀도가 변하지 않으므로, 계산하지 않고 측정하여 그 값을 구한다.

- 물의 밀도 1,000kg/㎥ = 1kg/L (4℃ 기준)
- 수은의 밀도 13,600kg/㎥ = 13.6kg/L (20℃)

③ 기체밀도 : 기체는 온도와 압력이 변하면 밀도도 변하므로, 아보가드로법칙과 이상기체상태방정식을 활용하여 계산함으로써 그 값을 구한다.

- 표준상태 일 때(0℃, 1atm)

$$\rho = \frac{\text{분자량 (kg, g)}}{22.4 \ (m^3, \ L)}$$

- 표준상태가 아닐 때

$$\rho = \frac{PM}{RT} = \frac{\text{절대압력} \times \text{분자량}}{\text{기체정수} \times \text{절대온도}}$$

9. 비중

① 무게의 비를 의미하는데... 비교물질이 기준물질보다 무거운지, 가벼운지 비교하는 것으로 단위가 없다.

② 액체비중 : 모든 액체는 4℃의 물의 밀도와 그 무게를 비교한다.

$$\text{액체 비중} = \frac{\text{물질의 밀도}}{4℃ \ \text{물의 밀도}}$$

③ 기체비중 : 모든 기체는 표준상태의 공기의 밀도와 그 무게를 비교한다.

$$\text{기체비중} = \frac{\text{기체의밀도}}{\text{표준상태 공기밀도}} = \frac{\text{기체의 분자량}}{\text{공기의 분자량}(29)}$$

2 > 몰(mol)

1. 몰

① 원자, 분자, 이온처럼 매우 작은 입자의 수를 묶어서 부르는 단위로... 1몰은 6.023×10^{23}개를 의미한다.

② 1몰의 질량 = 몰질량(화학식량, 분자량, 원자량)g

③ 몰수 : 물질의 양을 몰(mol) 단위로 나타낸 것이다.

$$n(\text{몰수, mol}) = \frac{W(\text{질량, g})}{M(\text{분자량, g/mol})}$$

④ 몰분율 : 혼합물질에서 특정성분의 몰수와 전체 몰수와의 비를 말한다.

2. 원자량

탄소(C) 동위원소의 평균원자량(12)을 기준으로 하여 비교한 다른 원자의 상대적 질량 값이다.

원소명	수소	탄소	질소	산소	플루오린	나트륨	마그네슘	알루미늄	인	황	염소
기호	H	C	N	O	F	Na	Mg	Al	P	S	Cl
원자량	1	12	14	16	19	23	24	27	31	32	35.5

3. 분자량

원자량을 더한 값이다.

분자	H_2	N_2	O_2	H_2O	CO_2	CH_4	C_3H_8
명칭	수소	질소	산소	물	탄산가스	메탄	프로판
분자량	2	28	32	18	44	16	44

제3절 | 화학반응식

1 정의

화학식을 이용하여 물질의 화학반응을 표현한 식이다.

2 표현방법

① 반응물과 생성물을 화학식으로 표현한다.

② 화살표(→)를 중심으로 왼쪽은 반응물, 오른쪽은 생성물을 쓰고, 2이상의 물질 결합 시에는 "+"로 연결한다.

③ 기체가 발생하는 경우에는 (↑), 침전물이 생기는 경우에는 (↓)로 표시한다.

④ 반응물과 생성물의 원자수가 같아지도록 화학식 앞의 계수를 맞춘다.

3 ▷ 의미

$$C_3H_8(g) + 5O_2(g) \rightarrow 3CO_2(g) + 4H_2O(g)$$

① 계수와 몰수 관계

계수(1 : 5 : 3 : 4) = 몰수(1몰 : 5몰 : 3몰 : 4몰)

② 질량보존의 법칙

반응물질의 질량의 합(1×44g + 5×32g = 204g) = 생성물질의 질량의 합(3×44g + 4×18g = 204g)

③ 아보가드로의 법칙

계수비(1 : 5 : 3 : 4) = 부피비(1×22.4L : 5×22.4L : 3×22.4L : 4×22.4L = 1 : 5 : 3 : 4)

→ ① 과 ② : 고체, 액체, 기체 모두에서 사용이 가능하다.

③　　　: 표준상태(0℃, 1기압)의 기체에서만 사용이 가능하다.

4 ▷ 화학식 앞의 계수를 맞추는 방법

계수를 맞추기 전
반응물　　　생성물 $C_3H_8 + O_2 \rightarrow CO_2 + H_2O$
① 반응물의 탄소가 3개이다. ② 생성물의 탄소를 3개로 맞추기 위해 CO_2 앞에 계수 3을 적는다. [$3CO_2$] ③ 반응물의 수소가 8개이다. ④ 생성물의 수소를 8개로 맞추기 위해 H_2O 앞에 계수 4를 적는다. [$4H_2O$] ⑤ 생성물의 산소가 $3CO_2$=6개, $4H_2O$=4개 ∴총10개로 확인된다. ⑥ 반응물의 산소를 10개로 맞추기 위해 O_2 앞에 계수 5를 적는다. [$5O_2$] ⑦ 반응물도, 생성물도 모두 C:3개, H:8개, O:10개 로 확인된다.
계수를 맞춘 후
반응물　　　생성물 $C_3H_8 + 5O_2 \rightarrow 3CO_2 + 4H_2O$

CHAPTER 04 화학결합과 화학반응

제1절 화학결합

1 이온결합

1. 정의

전하를 띤 양이온과 음이온 사이의 정전기적 인력에 기반을 둔 결합이다.(금속원소와 비금속원소 사이의 결합)

2. 이온결합 물질의 성질

① 녹는점과 끓는점이 높다.

② 물과 같은 극성용매에 용해되기 쉽다.

③ 고체 상태에서는 부도체이고, 액체 상태에서는 도체이다.

2 공유결합

1. 정의

두 원자가 전자를 내어놓고 그 전자쌍을 공유하여 이룬 결합이다.(비금속원소와 비금속원소 사이의 결합)

2. 종류

극성 공유결합	• 전기 음성도가 다른 두 원자가 전자를 내어 놓을 때, 그 전자쌍이 균등하게 공유되어 있지 않은 결합 • 예 염화수소(HCl), 물(H_2O)
비극성(무극성) 공유결합	• 전기 음성도가 같은 두 원자가 전자를 내어 놓을 때, 그 전자쌍을 균등하게 공유하여 이루어진 결합 • 예 산소(O_2), 질소(N_2)

3. 공유결합 물질의 성질

① 녹는점과 끓는점이 낮다.

② 극성 공유결합 물질은 극성 용매에 잘 녹으며, 비극성 공유결합 물질은 비극성 용매에 잘 녹는다.

4. 결합 에너지

① 정의 : 분자를 형성하고 있는 원자와 원자사이의 결합을 끊고 각각의 원자로 분리하는데 필요한 에너지이다.

② 크기 : 단일결합(H-H, H_2) < 이중결합(O=O, O_2) < 삼중결합(N≡N, N_2)

5. 수소결합

① 정의 : 수소(H)와 전기음성도가 강한 F(플루오린), O(산소), N(질소) 등과의 결합이다.

② 예 H_2O(물)

- 산소(O)는 전기음성도가 강해 수소(H)가 잘 떨어지지 않으므로, 결합을 끊는데 많은 에너지가 필요하다.
- H_2O(물)에서 수소(H)는 전기음성도가 강한 산소(O)와 수소결합을 하고 있으므로, 수소결합을 하고 있지 않은 H_2S(황화수소)보다 비등점(끓는점)이 높다.

3 ▷ 배위결합

1. 정의

비공유 전자쌍을 가지고 있는 분자 또는 이온이... 전자 없이 오비탈만을 가진 원자, 분자 또는 이온 등에게 일방적으로 비공유 전자쌍을 줌으로써 이루어지는 결합이다.

2. 예

NH_3(암모니아)   + H^+(수소이온)   → NH_4^+(암모늄 이온)

💬 필수 용어정리

- 비공유 전자쌍 : 두 원자 사이에 공유되지 않고 하나의 원자에만 전속되어 화학결합에 참여하지 않는 전자쌍
- 공유 전자쌍 : 두 원자 사이에 공유되어 실질적으로 화학결합에 관여하는 전자쌍

4 금속결합

1. 정의

양전하를 띄고 있는 금속 양이온과 자유전자(일정한 공간에서 자유롭게 움직이는 전자)사이의 정전기적 인력에 의한 결합이다.(금속원소와 금속원소 사이의 결합)

2. 금속결합 물질의 성질

① 연성(늘어나는 성질)과 전성(두드리면 펴지는 성질)이 있다.
② 자유전자가 이동하면서 열, 전기를 잘 전도하여 전기전도도가 크다.

5 결합력의 세기

공유결합 > 이온결합 > 금속결합 > 수소결합 > 반데르발스결합

암기팁! 결합력의 세기 : 탤런트 공유가 이혼한 금자씨를 수발들고 있다.

> **필수 용어정리**
>
> • 반데르발스결합(=분산력) : 비극성분자 사이에서 발생하는 정전기적 인력에 기반을 둔 결합

1 분자의 구조

1. 정의

분자가 3차원 공간에서 어떠한 구조(모양)를 하고 있는가에 대한 것으로, 분자의 모양은 중심 원자(중심에 위치한 원자) 및 주위 원자(중심 원자와 결합하고 있는 원자) 핵들의 공간적 배치로 결정된다.

2. 모양

① 직선형 : 예 HF(불화수소), CO_2(이산화탄소), H_2(수소), $BeCl_2$(염화베릴륨) – 결합각 : 180°

H : F 비공유전자쌍 / 공유전자쌍 = H—F

② 굽은형 : 예 H_2O(물) – 결합각 : 104.5°

H : O : H 비공유전자쌍 / 공유전자쌍 = H—O(중심원자)—H

③ 평면 정삼각형 : 예 BF_3(삼불화붕소) – 결합각 : 120°

F 공유전자쌍 / B F / F = F—B(중심원자) F F

④ 삼각 피라미드형 : 예 NH_3(암모니아) – 결합각 : 107.3°

H : N : H 비공유전자쌍 / 공유전자쌍 H = N(중심원자) H H H

⑤ 정사면체형 : 예 CH_4(메탄) - 결합각 : 109.5°

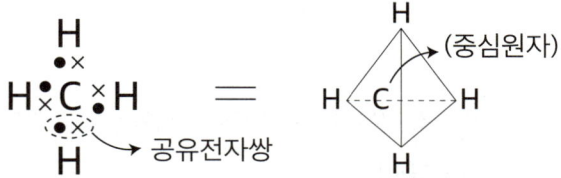

공유전자쌍

(중심원자)

○ **필수 용어정리**

• 결합각 : 중심 원자와 주위 원자가 결합할 때, 중심 원자의 핵과 주위 원자의 핵이 이루는 각도

2 ▶ 분자의 극성

1. 극성 분자

① 정의 : 어느 한 쪽으로 기울어진, 비대칭성인(균형을 이루지 않는) 분자이다.

② 예 HF(불화수소), H_2O(물), NH_3(암모니아)

2. 비극성 분자

① 정의 : 어느 한 쪽으로 기울어지지 않고, 대칭성인(균형을 이루는) 분자이다.

② 예 H_2(수소), $BeCl_2$(염화베릴륨), CO_2(이산화탄소), BF_3(삼불화붕소), CH_4(메탄)

1 실험식

① 정의 : 화합물을 구성하고 있는 각 성분원소의 원자수의 비율을 가장 간단한 정수비로 나타낸 식이다.

② 예

[분자식]		[실험식]
$C_2H_4O_2 = (CH_2O)_2$	→	CH_2O
$N_2O_4 = (NO_2)_2$	→	NO_2

2 분자식

① 정의 : 분자를 구성하는 원소들의 종류와 수를 원소 기호로 나타낸 식으로, 분자량에 맞도록 실험식을 정수배 하여 구한다.

② 예

[실험식]		[분자식]
CH	→	C_6H_6

벤젠의 실험식 : CH → 벤젠의 분자량 : 78

∴ 분자량 78은 실험식인 CH의 6배이므로, 벤젠의 분자식 = C_6H_6

3 시성식

① 정의 : 분자의 특성을 나타내는 작용기를 표시하여 그 결합상태를 나타낸 식이다.

② 예

[분자식]		[시성식]
C_2H_6O	→	$C_2H_5OH = C_2H_5$(에틸기) + $-OH$(하이드록시기)

4 구조식

① 정의 : 분자 중에 존재하는 원자와 원자의 결합상태를 결합선으로 나타낸 식이다.

② 예 아세톤(CH_3COCH_3)

```
      H        H
      |        |
 H -- C -- C -- C -- H
      |   ||    |
      H   O    H
```

제4절 | 화학반응

1 결합반응

① 정의 : 둘 또는 그 이상의 물질이 결합하여 화합물을 형성하는 반응이다.

② 예 $H_2(g) + Cl_2(g) \rightarrow 2HCl(g)$

2 치환반응

① 정의 : 화합물의 원자나 작용기가 다른 원자나 작용기로 바뀌는 반응이다.

② 예 $CH_4 + Cl_2 \rightarrow CH_3Cl + HCl$

3 분해반응

① 정의 : 한 화합물이 분해하여 두 원소, 둘 이상의 화합물 등을 만드는 반응이다.

② 예 $2H_2O(l) \rightarrow 2H_2(g) + O_2(g)$

4 산화 · 환원반응

① 정의 : 물질의 산화수가 변하는 반응이다.

② 예 $H_2(g) + F_2(g) \rightarrow 2HF(g)$

5 산 · 염기 반응

① 정의 : 산과 염기가 반응하여 물(H_2O)과 염을 생성하는 반응을 말하며, 중화반응이라고도 한다.

② 예 $HCl(aq) + NaOH(aq) \rightarrow NaCl(aq) + H_2O(l)$

1 정의

화학변화에 수반되어 발생 또는 흡수되는 열로, 반응물의 에너지와 생성물의 에너지 차이를 의미한다.

2 종류

1. 생성열

① 정의 : 화합물 1몰이 그들의 성분 원소로부터 생성될 때 발생 또는 흡수되는 열량이다.

② 예 $S(s) + O_2(g) \rightarrow SO_2(g) + 71\ kcal$

2. 분해열

① 정의 : 화합물 1몰이 그 성분원소로 분해될 때 발생 또는 흡수되는 열량이다.

② 예 $2HCl(g) \rightarrow H_2(g) + Cl_2(g) - 22.1\ kcal$

3. 연소열

① 정의 : 1몰의 물질이 산소와 완전 반응할 때 발생하는 열량이다.

② 예 $CH_4(g) + 2O_2(g) \rightarrow CO_2(g) + 2H_2O(g) + 213.3\ kcal$

4. 용해열

① 정의 : 어떤 물질 1몰을 용매에 녹일 때 발생 또는 흡수되는 열량이다.

② 예 $H_2SO_4(l) + aq(수용액) \rightarrow H_2SO_4(aq) + 18.9\ kcal$

5. 중화열

① 정의 : 산과 염기가 반응하여 1몰의 물을 만들 때 발생하는 열량이다.

② 예 $HCl(aq) + NaOH(aq) \rightarrow NaCl(aq) + H_2O(l) + 13.7\ kcal$

3 발열반응과 흡열반응

1. 발열반응

① 반응진행과정에서 열을 방출하는 반응이다. (반응물 → 생성물 + 열 방출)

② 열이 방출되므로, 오른쪽에 양(+)의 부호로 나타낸다.

예 $CH_4(g) + 2O_2(g) \rightarrow CO_2(g) + 2H_2O(l) + 212\ kcal$

2. 흡열반응

① 반응진행과정에서 열을 흡수하는 반응이다. (반응물 + 열 흡수 → 생성물)

② 열을 흡수하므로, 오른쪽에 음(-)의 부호로 나타낸다.

예 $2HgO(s) \rightarrow 2Hg(l) + O_2(g) - 43.4\ kcal$

4 헤스의 법칙

① 화학반응에서 반응열은 그 반응의 시작과 끝 상태만으로 결정되며, 도중의 경로에는 관계하지 않는다는 법칙이다.

② 화학적 변화가 일어날 때 반응경로와는 상관없이 총열량은 보존된다고 하여 총열량 보존의 법칙이라고도 한다.

제6절 열역학법칙

1 열역학 0법칙

고온의 물체와 저온의 물체를 접촉시키면 고온에서 저온으로 열이 이동하여 일정 시간경과 후 상호 열적평형에 도달하게 된다는 법칙으로, 온도계의 원리를 제시한다.

2 열역학 1법칙

① 에너지변환의 양적관계에 대한 법칙으로 가역적인 현상을 나타낸다.

② 열과 일은 모두가 에너지의 일종으로 열과 일은 상호 변환이 가능하다.

③ 열역학 1법칙에 위배되는 기관을 제1종 영구기관이라 한다.

3 열역학 2법칙

① 에너지 흐름의 법칙으로 비가역적인 현상을 나타낸다.

② 일은 열로의 전환이 가능하나 열은 일로 전부 전환시킬 수 없다(열효율 100%인 기관은 없다).

③ 열역학 2법칙에 위배되는 기관인 2종 영구기관이라 한다.

4 열역학 3법칙

0K(절대영도)에서 물질의 엔트로피는 0이다. 즉, 어떠한 방법으로든 절대영도(0K= -273.15℃)에는 도달할 수 없다는 법칙이다.

암기팁! 열역학 제3법칙 : 절대로 김 영(0) 삼(3) 대통령을 잊지 말자!!!

산 · 염기

1　산과 염기의 정의

1. 아레니우스의 개념

① 산 : 수용액에서 수소이온(H^+)을 내는 물질

② 염기 : 수용액에서 수산화이온(OH^-)을 내는 물질

2. 브뢴스테드-로우리의 개념

① 산 : 양성자(H^+)를 주는 물질

② 염기 : 양성자(H^+)를 받는 물질

암기팁! 브뢴스테드-로우리 산 : 어제 브라더(브로)와 산(산)에서 양주(양성자 주는)를 마셨다.

2　산과 염기의 성질

1. 산의 성질(산성)

① 신맛이 있다.

② 수용액에서 수소이온(H^+)을 내는 물질이다.

③ pH(수소이온농도지수)는 7보다 작다.

④ 푸른색 리트머스 종이를 붉게 변화시킨다.

2. 염기의 성질(염기성=알칼리성)

① 쓴맛이 있고 미끈거린다.

② 수용액에서 수산화이온(OH^-)를 내는 물질이다.

③ pH(수소이온농도지수)는 7보다 크다.

④ 빨강색 리트머스 종이를 푸르게 변화시킨다.

3. 지시약

① 정의 : 어떤 용액의 액성(산성 또는 염기성)을 판별하기 위해 첨가하는 약품

② 종류

지시약	산성	중성	염기성
페놀프탈레인	무색	무색	빨강색(적색)
메틸오렌지	빨강색(적색)	노란색(황색)	노란색(황색)
메틸레드	빨강색(적색)	노란색(황색)	노란색(황색)
BTB용액	노란색(황색)	녹색	파란색(청색)
리트머스 시험지	빨강색(적색)	보라색	파란색(청색)

3 산과 염기의 세기

1. 전리도(=해리도, 이온화도)

① 정의 : 전해질이 해리되는 정도를 말하는데... 전해질을 물에 녹였을 때, 물에 녹은 전해질 중 얼마나 이온으로 되는가를 의미한다.

② 크기 : 용액의 농도가 묽을수록[더 많은 용질이 녹아 이온으로 될 확률이 크다], 온도가 높을수록[고체나 액체가 더 많이 녹아 이온으로 될 확률이 크다] 커진다. → 즉, 물에 많이 녹으면 이온으로 많이 된다.

③ 공식 : $\alpha(해리도, 무차원) = \sqrt{\dfrac{K_a(해리\ 상수, mol/L)}{M(몰농도, mol/L)}}$

2. 전리평형상수

① 정의 : 전해질 용액에서 화학반응이 평형에 도달할 때, 전리되는 이온과 전리되지 않은 화합물 사이의 "농도 비율"을 의미한다.

② 표현방법 : $CH_3COOH \rightarrow CH_3COO^- + H^+$의 반응식에서...

$$K = \frac{[CH_3COO^-][H^+]}{[CH_3COOH]}$$

③ 영향을 주는 요인 : 오로지 온도의 변화에 의해서만 영향을 받는다.

3. 산성이 강한가 또는 약한가에 대한 판단 방법

H^+(수소이온)	산이 수용액상에서 해리될 때, H^+(수소이온)를 잘 내어 놓는가(강산), 아니면 내어놓지 못하는가(약산)
pH(수소이온농도지수)	pH $[0 < pH < 7(산성)]$ 가 0에 가까운가(강산), 7에 가까운가(약산)

암기팁! 3대 강산 : 염(염산, HCl)장(황산, H_2SO_4)질(질산, HNO_3) 좀 그만해라...

1 pH(수소이온 농도지수)

① 정의 : 어떤 용액의 산성도나 염기성도를 말하며, 수소이온 몰농도의 역수에 상용로그를 붙인 값이다.

② 성질 : pH<7(산성), pH=7(중성), pH>7(염기성)을 나타낸다.

③ 공식 : $pH = \log \dfrac{1}{[H^+](수소이온\ 몰농도)} = -\log[H^+]$

2 pOH(수산화이온 농도지수)

① 정의 : 어떤 용액의 산성도나 염기성도를 말하며, 수산화이온 몰농도의 역수에 상용로그를 붙인 값이다.

② 성질 : pOH<7(염기성), pOH=7(중성), pOH>7(산성)을 나타낸다.

③ 공식 : $pOH = \log \dfrac{1}{[OH^-](수산화이온\ 몰농도)} = -\log[OH^-]$

3 pH와 pOH의 관계

pH + pOH = 14

1 중화적정

① 정의 : 중화반응을 이용하여 적정[농도를 모르는 용액(시료 용액)에 농도를 아는 용액(표준 용액)을 떨어뜨려 시료 용액의 농도를 정하는 것]하는 것을 의미한다.

② 공식 : N_1(노르말농도, g당량) × V_1(부피, L) = N_2(노르말농도, g당량) × V_2(부피, L)

2 염

1. 정의

산과 염기가 반응할 때 생성되는 물질 중에서, H_2O(물)를 제외한 나머지 화합물로... 산의 음이온과 염기의 양이온의 결합으로 생성된다.

2. 종류

① 산성염
- 수소 이온(H^+)을 포함하고 있는 염 또는 "강산 + 약염기"가 반응할 때 생성되는 염
- $NaHCO_3$(탄산수소나트륨), $NaHSO_4$(황산수소나트륨), $(NH_4)_2SO_4$(황산암모늄), NH_4Cl(염화암모늄)

② 염기성염
- 수산화 이온(OH^-)을 포함하고 있는 염 또는 "약산 + 강염기"가 반응할 때 생성되는 염
- $Mg(OH)Cl$(염화수산화마그네슘), $Ca(OH)Cl$(염화수산화칼슘), $Cu(OH)Cl$(염화수산화구리), Na_2CO_3(탄산나트륨)

③ 중성염
- 수소 이온(H^+)과 수산화 이온(OH^-)을 모두 포함하고 있지 않은 염 또는 "강산 + 강염기"가 반응할 때 생성되는 염
- $NaCl$(염화나트륨), KNO_3(질산칼륨), $CaSO_4$(황산칼슘), $CaCl_2$(염화칼슘)

3 산화물

1. 정의

산소와 다른 원소와의 화합물을 말한다.

2. 종류

산성 산화물	• 물에 녹아 산이 되거나, 염기와 반응하여 염과 물을 만드는 비금속 산화물 • CO_2, NO_2, SO_2, SiO_2, P_2O_5 등
염기성 산화물	• 물에 녹아 염기가 되거나, 산과 반응하여 염과 물을 만드는 금속 산화물 • CaO, MgO, Na_2O, CuO 등
양쪽성 산화물	• 양쪽성 원소의 산화물로서, 산 · 염기와 모두 반응하여 염과 물을 만드는 산화물 • ZnO, Al_2O_3, SnO, PbO 등

4 완충용액

① 정의 : 산이나 염기를 가했을 때, pH(수소이온농도지수)의 변화에 영향을 주지 않고 완화시켜주는 용액이다.

② 성분 : 약산과 약산의 염 또는 약염기와 약염기의 염

　　　　예 CH_3COOH[아세트산(약산)]과 CH_3COONa[아세트산나트륨(약산의 염)]

5 이온곱

① 정의 : 물(H_2O)이 이온화 되었을 때, 생성된 수소이온과 수산화이온의 몰농도를 곱한 값이다.

② 표현방법 : $K_W = [H^+][OH^-]$

③ 침전을 형성하는 조건

이온곱(K_w) > 용해도곱(K_{sp})	과포화 용액이 포화 용액이 될 때까지 침전이 형성된다.
이온곱(K_w) = 용해도곱(K_{sp})	용액이 포화 용액이므로, 아무런 변화가 없다.
이온곱(K_w) < 용해도곱(K_{sp})	불포화 용액이 포화 용액이 될 때까지 계속 용해된다.

암기팁! 침전 형성 조건 : 가수 이(이온곱)용(용해도곱)이 큰(크다) 침(침전)을 맞고 있다...

💬 **필수 용어정리**

• 용해도곱(K_{sp}) : 고체 염이 용액에 녹아 생긴 이온들과 평형상태가 되었을 때, 생성된 이온들의 몰농도를 곱한 값

$$고체\ 염 + 용액 \rightarrow a[A^+] + b[B^-]$$
$$K_{sp} = [A^+]^a[B^-]^b$$

CHAPTER 06 용액

제1절 | 용액

1 ▶ 용질, 용매, 용액, 용해

① 용질 : 녹는 물질이다.

② 용매 : 녹이는 물질로... 극성 물질은 극성 용매에 잘 녹으며, 비극성 물질은 비극성 용매에 잘 녹는다.

③ 용액 : 용질이 용매에 녹아서 만들어진 물질이다.

④ 용해 : 용질이 용매에 녹는 성질을 말하며, "용해성이 낮다"는 것은 "잘 녹지(섞이지) 않는다."는 의미이다.

　　예 C_6H_6(비극성 용매)과 H_2O(극성 용매)는 잘 섞이지 않아 용해성이 낮다.

2 ▶ 전해질 · 비전해질

① 전해질 : 물 등의 용매에 녹았을 때, 이온으로 되어 전류가 흐르는 물질이다.

　　예 아세트산(CH_3COOH), 수산화암모늄(NH_4OH), 염화수소(HCl)

② 비전해질 : 물 등의 용매에 녹았을 때, 이온으로 되지 않아 전류가 흐르지 못하는 물질이다.

　　예 에탄올(C_2H_5OH), 포도당($C_6H_{12}O_6$), 설탕($C_{12}H_{22}O_{11}$)

③ 비등점 상승도 변화추이 : 전해질 > 비전해질

　[비전해질은 수용액 상에서 전해질보다 해리되는 이온의 수가 적어서, 기화시켜야 하는 이온의 수도
　적어지게 되므로, 결국 기체로 만드는데 에너지를 덜 소비해서, 비등점(=끓는점)의 상승이 작다.]

3 　콜로이드

1. 정의

균일 혼합물(소금물)과 불균일 혼합물(흙탕물)의 중간적 위치에 있는 혼합물로, 지름이 1nm(10^{-9}m) ~ 1,000nm(10^{-6}m)사이의 입자가 용매에 퍼져있는 것이다.

2. 종류

친수콜로이드	• 물과 친화성이 있어, 소량의 전해질을 가해도 엉김(침전)이 발생하지 않는 콜로이드 • 단백질, 녹말, 아교, 젤라틴
소수콜로이드	• 물과 친화성이 없어, 소량의 전해질을 가하면 엉김(침전)이 발생하는 콜로이드 • 수산화철[$Fe(OH)_3$], 수산화알루미늄[$Al(OH)_3$], 먹물, 잉크
보호콜로이드	• 소수콜로이드에 소량의 전해질을 가하면 엉김(침전)이 발생하는데, 이를 방지하기 위해 넣어주는 친수콜로이드 • 먹물에 넣은 아교 또는 젤라틴

3. 성질

① 투석 : 반투막(용매는 투과시키지만 입자는 투과시키지 못하는 막)을 이용하여 콜로이드 입자를 전해질이나 작은 분자로부터 분리 · 정제하는 것으로... 정수, 혈정 등에 이용된다.

② 틴들현상 : 콜로이드 용액에 빛을 비출 때, 빛이 산란하는 현상이다.

③ 브라운 운동 : 액체나 기체 안에서 미세한 콜로이드 입자가 불규칙적으로 계속 움직이는 현상이다.

④ 전기영동 : 콜로이드 용액에 전기를 가할 때, (+)전하 또는 (-)전하를 띄는 콜로이드 입자가 반대편의 전극으로 이동하는 현상이다.

4 　반트 – 호프의 법칙

① 정의 : 묽은 용액의 삼투압은 용매 및 용질의 종류와 무관하게 용액의 몰농도와 절대온도에 비례한다는 법칙으로, 이는 이상기체 상태방정식과 동일한 형태이다.

② 공식

• π(삼투압, atm) $=$ C(몰농도, mol/L) $\times$ R(기체정수, 0.082 atm·L/mol·K) $\times$ T(절대온도, K)

• $\pi = \dfrac{\text{n(몰수, mol)}}{\text{V(부피, L)}} \times R \times T = \dfrac{\text{W(질량, g)}}{\text{M(분자량, g/mol)}} \times \dfrac{R \times T}{V}$

> ○ **필수 용어정리**
>
> • 삼투 : 물(용매)이 반투막을 통해서 좀 더 농도가 높은 용액 쪽으로 이동하는 것으로, 물의 확산(물질이 농도가 높은 곳에서 낮은 곳으로 이동하는 것) 현상

제2절 용해도

1 ▶ 고체의 용해도

① 정의 : 특정온도에서 용매 100g에 녹을 수 있는 용질의 최대량을 g수로 나타낸 것이다.

② 공식 : 용해도 $= \dfrac{용질의\ g\ 수}{용매의\ g\ 수} \times 100$

③ 그래프

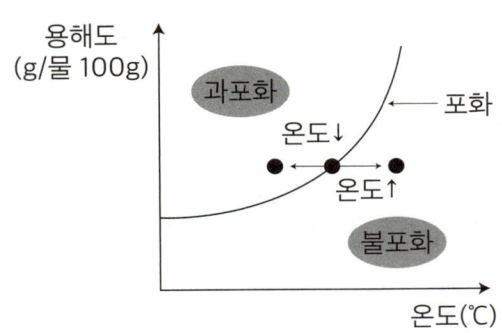

필수 용어정리

- 포화 용액 : 어떤 온도에서 용질이 용해도의 한도에 이르는 상태의 용액
- 과포화 용액 : 어떤 온도에서 용질이 용해도의 한도를 넘어선 상태의 용액(용질>용매)
- 불포화 용액 : 어떤 온도에서 용질이 용해도의 한도에 미치지 못한 상태의 용액(용질<용매)

2 ▶ 기체의 용해도(=헨리의 법칙)

① 정의 : 일정한 온도에서, 기체의 용해도는 용액 위에 있는 기체의 부분 압력에 비례한다는 법칙을 말한다. 즉, 기체의 용해도는 일정한 온도에서 오로지 압력에 의해서만 영향을 받고, 부피는 아무런 영향을 주지 않고 항상 일정하다(기체의 용해도는 압력만의 함수이다)

② 적용 기체

극성 분자	• 극성 용매인 물에 잘 녹는 극성 분자는 헨리의 법칙을 따르지 않는다. • 예 암모니아(NH_3), 염화수소(HCl) 등
비극성 분자	• 극성 용매인 물에 잘 녹지 않는 비극성 분자는 헨리의 법칙을 잘 따른다. • 예 질소(N_2), 수소(H_2), 이산화탄소(CO_2) 등

③ 적용 예
- 탄산음료(콜라 또는 사이다)의 병마개가 닫혀 있는 상태에서는, 병 내부 탄산가스의 압력과 농도가 증가(병마개로 닫혀 있으므로 압력은 증가하고, 압력이 증가함에 따라 탄산가스 입자가 액체 표면과 충돌하는 횟수가 많아지므로 농도가 증가한다)하여, 병 내부의 탄산가스가 탄산음료 속으로 녹아 들어간다. 즉, 기체의 용해도가 증가한다.
- 하지만, 탄산음료의 병마개를 열면, 탄산음료 위의 공간에 있는 탄산가스가 빠져나오므로, 병 내부 탄산가스의 압력이 줄어들어 대기 중 탄산가스의 압력과 같아질 때까지, 탄산음료에 녹아있던 탄산가스가 거품을 내며 나오게 된다. 즉, 기체의 용해도가 감소한다.

제3절 ⎸ 농도

1 ▷ 몰농도(M)

① 정의 : 용액 1L 속에 녹아있는 용질의 몰수를 나타내는 농도이다.

② 공식 : $M(몰농도, mol/L) = \dfrac{n(용질의\ 몰수,\ mol)}{V(용액의\ 부피,\ L)}$

2 ▷ 노르말농도(N)

① 정의 : 용액 1L 속에 녹아있는 용질의 g당량을 나타내는 농도이다.

② 공식 : $N(노르말농도, g당량/L) = \dfrac{eq(용질의\ g당량,\ g당량)}{V(용액의\ 부피,\ L)}$

💬 필수 용어정리

- 당량 : 화학반응에서 원소 또는 화합물에 할당된 일정한 물질량
  - 원소의 당량 : 이온화 되었을 때 그 원소의 전하수[구리(Cu) : $Cu \rightarrow Cu^{2+} + 2e^-$로 이온화되므로, 2당량이다]
    ※ 원소의 g당량 : 원소의 원자량을 원자가로 나눈 값 [구리(Cu)의 g당량 = $\dfrac{원자량}{원자가} = \dfrac{63.54g}{2} = 31.77g$]
  - 산의 당량 : 이온화 되었을 때 H^+ 수[황산(H_2SO_4) : $H_2SO_4 \rightarrow 2H^+ + SO_4{}^{2-}$로 이온화되므로 2당량이다]
    ※ 산의 g당량 : 산의 분자량을 H^+ 수로 나눈 값[황산(H_2SO_4)의 g당량 = $\dfrac{분자량}{H^+수} = \dfrac{98g}{2} = 49g$]
  - 염기의 당량 : 이온화 되었을 때 OH^- 수[수산화나트륨(NaOH) : $NaOH \rightarrow Na^+ + OH^-$로 이온화되므로 1당량이다]
    ※ 염기의 g당량 : 염기의 분자량을 OH^- 수로 나눈 값
    [수산화나트륨(NaOH)의 g당량 = $\dfrac{분자량}{OH^-수} = \dfrac{40g}{1} = 40g$]

3 몰랄농도(m)

① 정의 : 용매 1kg속에 녹아있는 용질의 몰수를 나타내는 농도이다.

② 공식 : $m(몰랄농도, mol/kg) = \dfrac{n(용질의\ 몰수, mol)}{W(용매의\ 질량, kg)}$

4 퍼센트농도(%)

① 정의 : 용질의 질량과 용액(용질+용매)의 질량 사이의 관계를 백분율로 나타낸 것이다.

② 공식 : $wt\%\ 농도(\%농도) = \dfrac{용질의\ 질량(g)}{용액의\ 질량(=용질의\ 질량\ +\ 용매의\ 질량)(g)} \times 100$

5 농도의 전환

노르말농도(N)와 몰농도(M) 관계	$N = eq \times M$ (여기서, eq : 당량)
몰농도(M)와 퍼센트농도(%) 관계	$M(몰농도, mol/L) = \dfrac{10 \times d(비중, g/L) \times c(\%농도, 무차원)}{M \cdot W(화학식량 = 분자량, g/mol)}$

6 혼합용액의 농도

$M(몰농도, mol) \times V(부피, L) = M_1(몰농도, mol) \times V_1(부피, L) \pm M_2(몰농도, mol) \times V_2(부피, L)$

7 라울의 법칙

일정한 온도에서 비휘발성이며, 비전해질인 용질이 녹은 묽은 용액의 어는점 내림($\triangle T_f$)과 끓는점 오름($\triangle T_b$)은 용질의 종류와 관계없이 일정량의 용매에 녹아 있는 용질의 몰수(몰랄농도)에 비례한다는 법칙이다.

• $\triangle T_f(용액의\ 어는점\ 내림) = K_f(어는점\ 내림상수) \times m(몰랄농도)$

• $\triangle T_b(용액의\ 끓는점\ 오름) = K_b(끓는점\ 오름상수) \times m(몰랄농도)$

8 어는점 내림 및 끓는점 오름

① 어는점 내림(빙점 강하도)

  • 정의 : 용액의 어는점은 순수 용매의 어는점보다 낮아진다.

  • 공식 : $\triangle T(용액의\ 빙점, ℃) = K_f(어는점\ 내림상수, ℃ \cdot g/mol) \times \dfrac{W(용질의\ 질량, g)}{M(용질의\ 분자량\ g/mol)} \times \dfrac{1,000}{a(용매의\ 질량\ g)}$

② 끓는점 오름(비점 상승도)

  • 정의 : 용액의 끓는점은 순수 용매의 끓는점보다 높아진다.

  • 공식 : $\triangle T(용액의\ 비점, ℃) = K_b(끓는점\ 오름상수, ℃ \cdot g/mol) \times \dfrac{W(용질의\ 질량, g)}{M(용질의\ 분자량, g/mol)} \times \dfrac{1,000}{a(용매의\ 질량, g)}$

산화 · 환원

제1절 산화와 환원

1 산화와 환원의 정의

1. 산화

① 산소를 얻는 것
② 수소를 잃는 것
③ 전자를 잃는 것
④ 산화수가 증가하는 것

2. 환원

① 산소를 잃는 것
② 수소를 얻는 것
③ 전자를 얻는 것
④ 산화수가 감소하는 것

3. 산화제와 환원제

산화제(산소공급원)	자기 자신은 환원되고, 남을 산화시켜주는 물질
환원제(가연물)	자기 자신은 산화되고, 남을 환원시켜주는 물질

4. 산화 · 환원 반응

① 산화와 환원은 항상 동시에 일어나며, 한 쪽이 산화되면 다른 쪽은 환원된다.
② 환원성 : 자기 자신은 산화되고, 다른 물질을 환원시켜주는 성질
　　　예 설탕을 제외한, 단당류(포도당 · 과당 · 갈락토오스)와 이당류(엿당 · 젖당)는 환원성이 있다.

2 산화수(Oxidation Number)

1. 정의

분자 또는 이온 내에 있는 원자가 얻거나 잃는 전자의 수를 의미한다.

2. 표현방법

① 부호(+ 또는 −)를 숫자 앞에 쓴다.(+1, −2 등)
② "+1" 과 "−1" 의 산화수에서 부호 뒤의 숫자 "1" 은 생략하지 않는다.

3. 기본원리

홀원소 원자(C, H_2, O_2 등)	산화수 = 0
화합물(H_2O, CO_2 등)	모든 원소의 산화수를 합한 값 = 0
단원자 이온(Na^+, Mg^{2+}, O^{2-} 등)	산화수 = 이온의 전하 [숫자 앞에 부호(+ 또는 −) 있음]
다원자 이온(CO_3^{2-}, NH_4^+ 등)	구성원소의 산화수를 합한 것 = 이온의 전하 [숫자 앞에 부호(+ 또는 −) 있음]
1족(알칼리 금속, Li Na K Rb Cs Fr)	산화수 = +1
2족(알칼리 토금속, Be Mg Ca Sr Ba Ra)	산화수 = +2
17족(할로젠, F Cl Br I)	산화수 = −1
수소(H)	• 비금속과의 결합(H_2O, NH_3) 시 : 산화수 = +1 • 금속과 붕소(B)와의 결합(KH, BH_3) 시 : 산화수 = −1
산소(O)	• 대부분의 산소화합물 : 산화수 = −2 • 과산화물(H_2O_2, BaO_2) : 산화수 = −1

1 화학전지

1. 볼타전지

① 정의 : 아연(Zn)판과 구리(Cu)판에 전선을 연결한 후 묽은 황산(H_2SO_4)용액에 담가놓아 만든 전지이다.

② (-)극 : $Zn \rightarrow Zn^{2+} + 2e^-$ (산화)

③ (+)극 : $2H^+ + 2e^- \rightarrow H_2$ (환원)

④ 전자는 (-)극에서 (+)극으로 이동하고, 전류는 (+)극에서 (-)극으로 이동한다.

⑤ 분극현상 : 구리(Cu)판에서 발생한 수소(H_2) 기체가 구리판에 달라붙어서, 전자가 아연판에서 구리판으로 이동하는 것을 방해하여 갑자기 전류가 약해지는 현상으로... 이러한 분극현상을 방지하기 위해서 감극제(산화제)를 구리(Cu)판에 첨가하여 수소(H_2)를 산화시켜 물(H_2O)로 만든다.

⑥ 감극제(산화제) : 분극현상을 방지하기 위해서 사용하는 물질로 MnO_2(이산화망가니즈), CuO(산화구리), PbO_2(과산화납) 등이 있다.

2. 전지 표준 전위차($E°$)

전지의 두 전극간의 전위 차이를 말하며, 일반적으로 환원반응에 대한 반쪽 전지 반응으로 나타낸다.

2 전기분해

1. 물의 전기분해

① 물(H_2O)을 전기분해하여 수소(H_2)와 산소(O_2)가 생성되는 화학반응식 : $2H_2O \rightarrow 2H_2 + O_2$
위의 화학반응식에서 1 패러데이의 전기량으로 물을 전기분해하면, 수소(H_2) 1g당량과 산소(O_2) 1g당량이 발생하게 된다.

② (+)극 : $2H_2O \rightarrow O_2 + 4H^+ + 4e^- \rightarrow$ 산소(O_2) 발생[산소(O_2)는 5.6L 발생함]

③ (-)극 : $2H_2O + 2e^- \rightarrow H_2 + 2OH^- \rightarrow$ 수소(H_2) 발생[수소(H_2)는 11.2L 발생함]

> **암기팁!** 물의 전기분해 : 부(+)산(산소)에서 오륙(5.6)도까지... 마(-)스(수소)크 쓰고 열심히(112) 걸었다.

2. 패러데이 법칙

① 제1법칙 : 전기분해 시 생산되는 물질의 양은 전극에 흐르는 전기의 양에 비례한다.

② 제2법칙 : 생산되는 물질의 양은 흐르는 전기의 양이 일정하다면, 물질의 당량에 비례한다.

③ 1F(패러데이) = 96,500C(쿨롱) = 어떤 물질 1g당량을 석출하기 위해 필요한 전기량

④ Q [전기량, C(쿨롱)] = I [전류, A(암페어)] × t [시간, s(초)]

반응속도와 화학평형

제1절 반응속도

1 반응속도식

① 정의 : 반응물질의 농도의 곱으로 나타낸 식이다.

② 표현방법

> 반응물　　　　생성물
> aA　+　bB　→　cC　+　dD
>
> $$v = k[A]^a[B]^b$$
>
> • k : 속도상수(실험에 의해 결정되는 고유한 상수 값)
> • [A], [B] : 반응하는 각 물질(A, B)의 농도
> • a, b : 반응차수(반응하는 각 물질의 농도의 거듭제곱 수, 전체 반응차수=a+b)

2 반응속도

① 정의 : 시간에 따른 반응물질 또는 생성물질의 농도 변화량이다.

② 영향을 주는 요인

농도	농도가 증가함에 따라 입자수가 증가하고, 입자수가 증가하면 입자간의 충돌횟수가 증가하여 반응속도가 빨라진다.
온도	온도가 상승하면 입자의 운동이 활발해져서 입자간의 충돌횟수와 충돌에너지가 증가하여 반응속도는 빨라진다.
반응물질의 성질	반응물질을 덩어리 상태에서 분말 상태로 만들어 접촉하는 표면적을 크게 하면 서로 잘 섞이게 되어 반응속도는 빨라진다.
촉매	촉매는 반응에 첨가되어 보통은 반응속도를 증가(정촉매)시키지만, 때로는 반응속도를 감소(부촉매)시키는 물질이다.

1 ▷ 평형상수(K)

① 정의 : 특정 온도에서 화학반응이 평형에 도달할 때 반응물과 생성물의 "농도 비율"을 말하며, 단위가 없다.

② 성질 : 평형상수가 클수록(K > 1) 생성물의 농도가 높아져서 정반응이 잘 일어나고,

   평형상수가 작을수록(K < 1) 반응물의 농도가 높아져서 역반응이 잘 일어난다.

③ 표현방법

반응물   정반응   생성물

$$aA + bB \underset{역반응}{\overset{정반응}{\rightleftarrows}} cC + dD$$

$$K = \frac{[C]^c [D]^d}{[A]^a [B]^b}$$

- [A], [B], [C], [D] : 각 물질(A, B, C, D)의 몰농도
- a, b, c, d : 각 물질(A, B, C, D)의 계수(상수)(양의 정수)

2 ▷ 화학평형이동(=르 샤틀리에 원리)

① 정의 : 평형상태에 있는 어떤 계의 조건을 변화시킬 때, 그 조건의 변화를 감소시키는 방향으로 반응하여 새로운 평형상태에 이동(도달)한다는 원리를 말한다.

② 영향을 주는 요인 [이동은 무조건 "반대" 방향으로 한다. 즉 (증가, 올림, 높임) → (감소, 내림, 낮춤)]

반응물   정반응   생성물

$$aA + bB \underset{역반응}{\overset{정반응}{\rightleftarrows}} cC + dD + Q(발열)$$

- 농도의 변화 : 농도를 증가(반응물 첨가)시키면 농도가 감소하는 방향인 정반응(오른쪽)으로 이동하고, 농도를 감소(반응물 제거)시키면 농도가 증가하는 방향인 역반응(왼쪽)으로 이동한다.
- 온도의 변화 : 온도를 올리면(열 첨가) 열을 소모하는 방향인 흡열(열 흡수, -Q)반응 쪽으로 이동하고, 온도를 낮추면(열 제거) 열을 보충하는 방향인 발열(열 방출, +Q)반응 쪽으로 이동한다.
- 압력의 변화 : 압력을 높이면 기체의 몰수가 작은 방향으로 이동하고, 압력을 내리면 기체의 몰수가 큰 방향으로 이동한다.
- 촉매의 영향 : 촉매는 화학평형의 시간을 단축시켜 주지만, 화학평형의 이동에는 전혀 영향을 주지 못한다.

암기팁! 영향을 주는 요인 : 오나라... 오가발~ 야놀자~~

CHAPTER 09 무기화합물

제1절 무기화합물의 명명법

1 ▷ 2성분 화합물

① 음성원소를 앞에 쓰고 「화」 기재 후 양성원소의 이름을 뒤에 쓴다.

  예 $NaCl$: 염화나트륨, Mg_3N_2 : 질화마그네슘, CaO : 산화칼슘, NaH : 수소화나트륨 등

② 비금속 화합물인 경우 음성이 큰 쪽을 먼저 부른다.

  예 HCl : 염화수소, NF_3 : 삼플루오린화질소 등

③ 2성분 화합물에서 원자수를 구별할 필요가 있을 때에는 이, 삼을 붙인다.

  예 CO : 일산화탄소, CO_2 : 이산화탄소, N_2O_3 : 삼산화이질소, N_2O_5 : 오산화이질소 등

④ 원소의 산화상태를 표시할 때에는 산화 숫자를 표시하여 (   )에 넣는다.

  예 FeO : 산화철(Ⅰ), Fe_2O_3 : 산화철(Ⅱ) 등

⑤ 수소화합물 중 관용명인 경우에는 그대로 허용한다.

  예 N_2H_4 : 하이드라진, PH_3 : 포스핀, H_2O : 물, NH_3 : 암모니아, CH_4 : 메탄 등

2 ▷ 이온

① 양이온

  예 H^+ : 수소이온, Al^{3+} : 알루미늄이온, NH_4^+ : 암모늄이온 등

② 음이온

  예 Cl^- : 염화이온, N^{3-} : 질소화이온, OH^- : 수산화이온 등

3 ▷ 산

① 수소산

  예 HCl : 염화수소산, H_2S : 황화수소산 등

② 산소산

  예 H_2SO_4 : 황산, $HClO_3$: 염소산, $HClO_4$: 과염소산, $HMnO_4$: 과망가니즈산 등

4 염

① 정의 : 산과 염기가 반응할 때 생성되는 물질 중에서, H_2O(물)를 제외한 나머지 화합물을 말한다.
② 예 $(NH_4)_2SO_4$: 황산암모늄, KNO_3 : 질산칼륨, $Fe(NO_3)_2$: 질산철(II), $NaHCO_3$: 탄산수소나트륨,
　　KH_2PO_4 : 인산이수소칼륨, $Mg(OH)Cl$: 염화수산화마그네슘, $LiAlH_4$: 수소화알루미늄리튬 등

제2절 　금속 원소

1 금속

1. 정의

전기를 전도하고 광택을 내는 물질이다.

2. 특징

① 상온에서 대부분 고체이지만, 액체인 금속[수은(Hg)]도 있다.
② 고체 금속은 연성과 전성이 있다.
③ 고체 상태에서 결정구조(원자가 공간상에서 일정하게 나열되어 결정을 만드는 것)를 형성한다.
④ 일정한 공간에서 자유롭게 움직이는 자유전자를 가지고 있으므로, 자유전자가 이동하면서 열, 전기를 잘
　전도하여 전기전도도가 크다.

3. 금속의 반응성(=이온화 경향)

반응성이 큰 금속이란... 자기 자신은 전자를 잃고 양이온이 되려 하며, 상대방은 전자를 얻게 해서 금속 원소로
석출시킨다. 즉, 환원력(남을 환원시키려는 힘)이 세다.
예 A는 B 이온과 반응한다($A + B^+ \rightarrow A^+ + B$) – 반응성(환원력) 세기 : A > B

2   알칼리 금속

1. 정의

주기율표상 1족에 속하는 원소들로... Li(리튬), Na(나트륨), K(칼륨), Rb(루비듐), Cs(세슘), Fr(프란슘)이 이에 해당한다.

2. 특징

① 원자가전자는 1개이다.

② 끓는점과 녹는점이 대체로 낮으며, 밀도가 작다.

③ 고유의 불꽃반응색을 가진다. [Li(리튬)-적색, Na(나트륨)-노란색, K(칼륨)-보라색]

④ 공기 중에서 물(H_2O)과 반응하여 가연성 기체인 수소(H_2)를 발생한다.

    예 $2Na$(나트륨) $+ 2H_2O$(물) $\rightarrow 2NaOH$(수산화나트륨) $+ H_2$(수소)

⑤ 반응성의 크기

    Cs(세슘) > Rb(루비듐) > K(칼륨) > Na(나트륨) > Li(리튬)

⑥ 이온화에너지의 크기

    Cs(세슘) < Rb(루비듐) < K(칼륨) < Na(나트륨) < Li(리튬)

3. 보관

석유(등유, 경유), 유동파라핀 등에 저장한다.[공기 중에서 물(H_2O)과 반응하여 수소(H_2)를 발생하므로]

3   알칼리 토금속

1. 정의

주기율표상 2족에 속하는 원소들로... Be(베릴륨), Mg(마그네슘), Ca(칼슘), Sr(스트론튬), Ba(바륨), Ra(라듐)이 있다.

2. 특징

① 원자가전자(최외각전자)는 2개이다.

② 알칼리 금속 다음으로 끓는점과 녹는점이 대체로 낮다.

③ 고유의 불꽃반응색을 가진다.[Ca(칼슘)-적색, Sr(스트론튬)-진한 홍색, Ba(바륨)-황록색]

④ 반응성의 크기 : Ba(바륨) > Sr(스트론튬) > Ca(칼슘) > Mg(마그네슘) > Be(베릴륨)

3. 센물과 단물

① 센물 : 칼슘 이온(Ca^{2+}) 이나 마그네슘 이온(Mg^{2+})을 많이 포함하고 있는 물로서, "경수"라고 한다. 비누가 잘 풀리지 않으며, 지하수가 이에 해당한다.

② 단물 : 칼슘 이온(Ca^{2+}) 이나 마그네슘 이온(Mg^{2+})을 적게 포함하고 있는 물로서, "연수"라고 한다. 비누가 잘 풀리며, 수돗물이 이에 해당한다.

1 ▷ 비금속

1. 정의

금속의 성질을 가지지 않는 물질이다.

2. 특징

① 녹는점과 끓는점이 비교적 낮다.
② 열전도도 및 전기전도도가 작다.

3. 비금속의 반응성(=전기음성도)

반응성이 큰 비금속이란... 자기 자신은 전자를 얻고 음이온이 되려 하며, 상대방은 전자를 잃게 해서 중성 원소로 만든다. 즉, 산화력(남을 산화시키려는 힘)이 세다.

예 A는 B 이온과 반응한다($A + B^- \rightarrow A^- + B$) - 반응성(산화력) 세기 : A > B

2 ▷ 할로젠 원소

1. 정의

주기율표상 17족에 속하는 원소들로... F(플루오린), Cl(염소), Br(브로민), I(아이오딘)가 있다.

2. 특징

① 원자가전자(최외각전자)는 7개이다.
② 홑원소 물질일 때 이원자 분자(F_2, Cl_2, Br_2, I_2)의 형태로 존재한다.
③ 반응성의 크기

F(플루오린) > Cl(염소) > Br(브로민) > I(아이오딘)
④ 가연성 기체인 수소(H_2)와 반응하여 할로젠화수소를 생성하며, 그 수용액은 산성을 띤다.

예 $H_2 + (F_2, Cl_2, Br_2, I_2) \rightarrow 2(HF, HCl, HBr, HI)$

할로젠화수소의 결합에너지 크기	HF > HCl > HBr > HI ["할로젠화수소의 결합에너지의 크기 = 전기음성도의 크기"이다]
할로젠화수소의 산성 세기	HF < HCl < HBr < HI [HI(아이오딘화수소)는 결합력이 가장 작아, 수용액에서 해리되어 H^+(수소이온)를 잘 내어 놓는다]
할로젠화수소의 끓는점 및 녹는점	HF < HCl < HBr < HI [원자번호가 커질수록 원자량이 증가해서 분자간의 결합력이 세진다]

3 ▷ 불활성가스(=비활성기체)

1. 불활성가스 정의

주기율표상 18족에 속하는 원소들로... He(헬륨), Ne(네온), Ar(아르곤), Kr(크립톤), Xe(크세논), Rn(라돈)이 이에 해당한다.

2. 불활성가스 특징

① He(헬륨)(2개)을 제외하고, 원자가전자(최외각전자)는 8개이다.

② 매우 안정하여 다른 원소와 반응하지 않고, 단원자 분자(He, Ne, Ar, Kr, Xe, Rn)의 형태로 존재한다.

제4절 ▏ 방사성 원소

1 ▷ 방사선

1. 정의

불안정한 원소가 안정한 다른 원소로 전환할 때 방출되는 전자기파이다.

2. 종류

α선	양전하(⊕전기)를 띄는 헬륨 원자핵의 이동
β선	음전하(⊖전기)를 띄는 전자의 이동
γ선	질량이 없고 전하를 띄지 않는 전자기파의 이동

무기화학물

3. 성질

① α선

- γ선보다 투과력이 약하다.
- γ선보다 감광작용, 형광작용, 전리작용 등이 강하다.

② γ선

- 질량이 없고, 파장이 가장 짧으며, 투과력이 크다(α선 < β선 < γ선)
- 전하를 띠지 않아 전기장의 영향을 받지 않고 휘어지지 않는다.

> ○ **필수 용어정리**
>
> - 감광작용(사진작용) : 어떤 물질에 방사선을 비출 때, 화학적 또는 물리적으로 변화를 발생시키는 작용
> - 전리작용 : 방사선을 어떤 물질에 비출 때, 원자를 양이온과 전자로 나누는 작용
> - 형광작용 : 어떤 물질에 방사선을 비출 때, 물질에서 빛을 내는 작용
> - 투과력 : 방사선을 어떤 물질에 비출 때, 방사선이 물질을 통과할 수 있는 능력

2 방사선 붕괴

1. 정의

불안정한 원소가 방사선을 방출하고 안정한 다른 원소로 전환하는 것을 의미한다.

2. 종류

α(선) 붕괴	원자핵으로부터 α입자[헬륨(He)의 원자핵]을 방출하는 붕괴로... 원자번호가 2 감소하고, 질량수가 4 감소한다.
β(선) 붕괴	원자핵으로부터 β입자[전자]를 방출하는 붕괴로... 원자번호가 1 증가하고, 질량수는 변함이 없다.
γ(선) 붕괴	원자핵으로부터 전자기파가 방출되는 붕괴로... 원자번호 및 질량수에 변함이 없다.

3 반감기

① 정의 : 방사성 동위원소가 붕괴되어 안정한 다른 원소로 전환할 때, 최초의 방사성 원소가 가지고 있는 양이 절반($\frac{1}{2}$)으로 줄어드는 데에 걸리는 시간이다.

② 표현방법 : $t_{1/2}$

유기화합물

제1절 | 유기화합물의 일반

1 > 유기화합물

1. 정의

탄소(C)를 가지는 화합물을 말하며, 일반적으로 비금속이 이에 해당한다.

2. 분류

① 결합형식

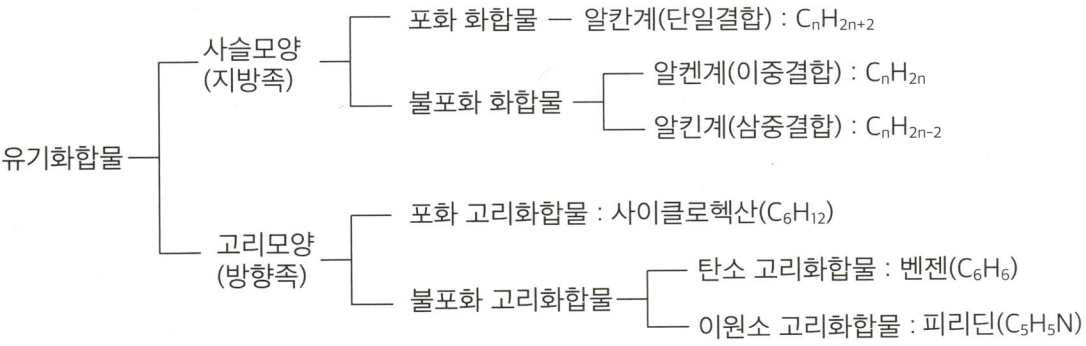

② 작용기 : 유기화합물의 성질을 나타내는 원자의 집단

작용기	이름	일반명	종류
-OH	하이드록시기	알코올	에탄올(C_2H_5OH)
-CHO	포르밀기	알데하이드	아세트알데하이드(CH_3CHO)
-O-	에터기	에터	다이에틸에터($C_2H_5OC_2H_5$)
-CO-	케톤기(카르보닐기)	케톤	아세톤(CH_3COCH_3)
-COOH	카복실기	카복실산	아세트산(CH_3COOH)
-COO-	에스터기	에스터	초산에틸($CH_3COOC_2H_5$)
-NO$_2$	나이트로기	나이트로화합물	나이트로벤젠($C_6H_5NO_2$)
-NH$_2$	아미노기	아민	아닐린($C_6H_5NH_2$)
-N$_2$-	아조기	아조화합물	아조벤젠($C_{12}H_{10}N_2$)

3. 성질

① 주성분은 C, H, O이며... P, S, N, Cl 등의 비금속원소를 포함한다.

② 분자사이의 인력이 작아 녹는점과 끓는점이 대체로 낮다.(분자량이 증가하면 높아진다)

③ 완전 연소 시 CO_2와 H_2O를 생성하나, 불완전 연소 시에는 CO, C(그을음) 등이 발생한다.

④ 물에 녹기 어려워 이온화가 잘 일어나지 않으므로, 전기 전도성이 불량하다.

2 이성질체

1. 구조 이성질체

① 정의 : 분자식은 같으나, 구조식이 다른 이성질체이다.

② 예

- 펜탄(C_5H_{12})의 구조 이성질체 – 3개

$$CH_3 - CH_2 - CH_2 - CH_2 - CH_3$$
노르말 펜탄
(C - C - C - C - C)

$$CH_3 - \underset{\underset{(C-C-C-C-C)}{\overset{|}{C}}}{\overset{CH_3}{CH}} - CH_2 - CH_3$$
이소 펜탄

$$H_3C - \underset{\underset{\underset{(C-C-C)}{\overset{|}{C}}}{\overset{|}{C}}}{\overset{\overset{CH_3}{|}}{C}} - CH_3$$
네오 펜탄

- 헥산(C_5H_{14})의 구조 이성질체 – 5개

$$CH_3 - CH_2 - CH_2 - CH_2 - CH_3$$
노르말 펜탄
(C - C - C - C - C)

$$CH_3 - \underset{\underset{(C-C-C-C-C)}{\overset{|}{C}}}{\overset{CH_3}{CH}} - CH_2 - CH_2 - CH_3$$
이소헥산(2-메틸펜탄)

$$CH_3 - CH_2 - \underset{\underset{(C-C-C-C-C)}{\overset{|}{C}}}{\overset{CH_3}{CH}} - CH_2 - CH_3$$
3-메틸펜탄

$$H_3C - \underset{\underset{\underset{(C-C-C-C)}{\overset{|}{C}}}{\overset{|}{CH_3}}}{\overset{\overset{CH_3}{|}}{C}} - CH_2 - CH_3$$
네오헥산(2, 2-디메틸부탄)

$$H_3C - \underset{\overset{|}{(C-C-C-C)}}{\overset{CH_3}{CH}} - \underset{}{\overset{CH_3}{CH}} - CH_3$$
2, 3-디메틸부탄
(C - C - C - C)

- 자일렌(크실렌)[$C_6H_4(CH_3)_2$]의 구조 이성질체 – 3개

o-크실렌　　　　m-크실렌　　　　p-크실렌

- 크레졸[$C_6H_4(CH_3)OH$]의 구조 이성질체 – 3개

o-크레졸　　　　m-크레졸　　　　p-크레졸

2. 입체 이성질체

① 정의 : 분자식은 같으나 이중(삼중)결합을 중심으로 공간에서 원자들의 입체배열이 다른 이성질체이다.

② 종류[이중결합(C=C) 탄소화합물]
  - 시스(cis)형 : 동일 종류의 원자나 원자단이 이중결합(C=C)의 같은 쪽에 위치한 경우
  - 트랜스(trans)형 : 동일 종류의 원자나 원자단이 이중결합(C=C)의 반대쪽에 위치한 경우

③ 예
  - $CH_3-CH = CH-CH_3$(부텐) - 2개

시스(cis) 형　　　　　　트랜스(trans) 형

  - $C_2H_2Cl_2$(다이클로로에틸렌) - 3개

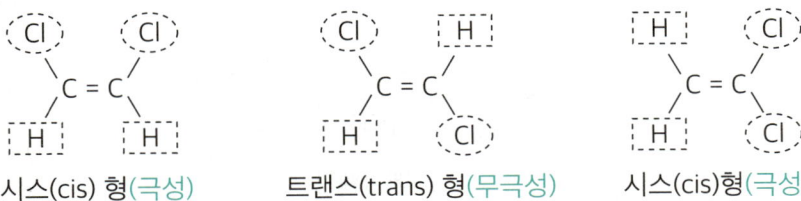

시스(cis) 형(극성)　　트랜스(trans) 형(무극성)　　시스(cis)형(극성)

유기화합물

1 포화 탄화수소

1. 정의

탄소와 탄소의 결합이 단일결합으로 이루어져 있는 탄화수소를 말하며, 사슬모양(알칸)과 고리모양(사이클로알칸)으로 분류한다.

2. 알칸계(메탄계, 파라핀계) : C_nH_{2n+2}

① 성질
- 사슬모양(chain형)의 분자구조이다.
- 탄소수가 증가할수록 비중, 융점, 비점이 높아진다.
- 탄소수가 4개 이하는 기체, 5~16개 이하는 액체, 17개 이상은 고체이다.

② 반응
- 연소 반응 : 완전연소하면 이산화탄소와 물을 생성하며, 많은 양의 열을 발생한다.

  예 $CH_4 + 2O_2 \rightarrow CO_2 + 2H_2O + 212.8$ kcal
- 치환 반응 : 고온에서 할로젠 원소(F_2, Cl_2, Br_2, I_2)와 반응하여 수소원자를 할로젠 원자로 치환한다.

  예 $CH_4 + 3Cl_2 \rightarrow CHCl_3 + 3HCl$

③ 명명법
- 어미에 "-안(-ane)"을 붙인다.
- 어간은 다음과 같이 탄소수에 따라 결정한다.

탄소수	1	2	3	4	5	6	7	8	9	10
분자식	CH_4	C_2H_6	C_3H_8	C_4H_{10}	C_5H_{12}	C_6H_{14}	C_7H_{16}	C_8H_{18}	C_9H_{20}	$C_{10}H_{22}$
명칭	메탄	에탄	프로판	부탄	펜탄	헥산	헵탄	옥탄	노난	데칸
물질의 상태	기체				액체					

- 가지가 있는 알칸류는 분자 내 탄소원자의 가장 긴 사슬이름을 어간으로 하고, 치환체의 이름을 붙인다. (치환체 이름- 가장 긴 사슬이름)

3-메틸펜탄

3. 사이클로알칸(사이클로파라핀) : C_nH_{2n}

① 사슬모양의 알칸보다 녹는점이 더 높다.

② 명명법

탄소 고리의 탄소 수에 해당하는 알칸의 이름 앞에 "사이클로(Cyclo-)"를 붙여서 명명한다.

  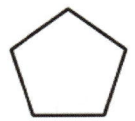  

     사이클로프로판   사이클로부탄   사이클로펜탄   사이클로헥산   사이클로헵탄

2 불포화 탄화수소

1. 정의

탄소와 탄소의 결합이 이중결합으로 이루어져 있는 탄화수소(알켄)와, 탄소와 탄소의 결합이 삼중결합으로 이루어져 있는 탄화수소(알킨)를 말한다.

2. 알켄계(에틸렌계, 올레핀계) : C_nH_{2n} (n ≥ 2)

① 성질

- 중합, 첨가반응이 쉽게 일어난다.
- 탄소와 탄소의 이중결합으로 의해 알칸계보다 반응성이 크다.
- 탄소수가 증가할수록 비중, 융점, 비점이 높아진다.

② 반응

- 첨가 반응 : 불포화 화합물에 다른 분자가 결합(추가, 첨가)되어 포화 화합물로 변한다.

    예 $CH_2 = CH_2 + Cl_2 \rightarrow CH_2Cl\text{-}CH_2Cl$

- 중합 반응 : 분자 간 결합 시 분자량이 큰 고분자를 생성한다.

    예 $CH_2 = CH_2 \rightarrow (CH_2\text{-}CH_2)_n$

③ 명명법

- 어미에 "-엔(-ene)"을 붙인다.
- 이름의 어간은 탄소의 수에 의해 알칸계와 동일하게 결정한다.

탄소수	1	2	3	4	5	6	7	8	9	10
분자식	–	C_2H_4	C_3H_6	C_4H_8	C_5H_{10}	C_6H_{12}	C_7H_{14}	C_8H_{16}	C_9H_{18}	$C_{10}H_{20}$
명칭	–	에텐	프로펜	부텐	펜텐	헥센	헵텐	옥텐	노넨	데센

- 이중결합의 위치가 작은 번호가 되도록 탄소사슬에 번호를 붙인다.

1-부텐   2-부텐

3. 알킨계(아세틸렌계) : C_nH_{2n-2} (n ≥ 2)

① 성질

- 중합, 첨가반응이 쉽게 일어난다.
- 탄소와 탄소의 삼중결합으로 의해 알칸, 알켄보다 반응성이 크다.
- 탄소수가 증가할수록 비중, 융점, 비점이 높아진다.

② 반응

- 첨가 반응 : 불포화 화합물에 다른 분자가 결합(추가, 첨가)되어 포화 화합물로 변한다.

  예 $CH≡CH + Cl_2 → CHCl = CHCl + Cl_2 → CHCl_2\text{-}CHCl_2$

- 중합 반응 : 분자 간 결합 시 분자량이 큰 고분자를 생성한다.

  예 $CH≡CH → \text{-}CH = CH\text{-} → (CH\text{-}CH)_n$

③ 명명법

- 어미에 "-인(-yne)"을 붙인다.
- 이름의 어간은 탄소의 수에 의해 알칸계와 동일하게 결정한다.

탄소수	1	2	3	4	5	6	7	8	9	10
분자식	–	C_2H_2	C_3H_4	C_4H_6	C_5H_8	C_6H_{10}	C_7H_{12}	C_8H_{14}	C_9H_{16}	$C_{10}H_{18}$
명칭	–	아세틸렌	프로핀	부틴	펜틴	헥신	헵틴	옥틴	노닌	데신

- 삼중결합의 위치가 작은 번호가 되도록 탄소사슬에 번호를 붙인다.

$$\overset{1}{CH_3} - \overset{2}{C} ≡ \overset{3}{C} - \overset{4}{CH_2} - \overset{5}{CH_3}$$

2-펜틴

4. 알칸, 알켄, 알킨의 성질 비교

화학적으로 불안정한 순서	알칸(단일) < 알켄(이중) < 알킨(삼중)
결합력의 세기	알칸(단일) < 알켄(이중) < 알킨(삼중)
반응성의 크기	알칸(단일) < 알켄(이중) < 알킨(삼중)
결합길이	알칸(단일) > 알켄(이중) > 알킨(삼중)

5. 알킬기 : C_nH_{2n+1}

사슬모양 포화탄화수소에서 1개의 수소를 제외한 나머지 원자단이다.

CH_3	C_2H_5	C_3H_7	C_4H_9	C_5H_{11}	C_6H_{13}
메틸기	에틸기	프로필기	부틸기	펜틸기	헥틸기

💡 **수와 탄소수에 관한 실용접두어**

구분	1	2	3	4	5	6	7	8	9	10
수	모노	다이	트라이	테트라	펜타	헥사	헵타	옥타	노나	데카
탄소수	메쓰	에쓰	프로프	부트	펜트	헥쓰	헵트	옥트	논	데크

1. 알코올류(R-OH)

① 정의 : 탄화수소의 수소 원자가 -OH(하이드록시기)로 치환된 화합물이다.

② 성질

- 수소결합을 하고 있으므로, 분자량이 유사한 탄화수소보다 끓는점이 높다.
- 알칼리 금속과 반응하여 수소(H_2)를 발생한다.

③ n차 알코올

- 종류 : 탄소원자에 붙어있는 알킬기(C_nH_{2n+1})의 수에 따라...

   ✓ 1차 알코올 : 알킬기(C_nH_{2n+1})가 1개 붙어있다 – CH_3OH(메탄올), C_2H_5OH(에탄올)

   ✓ 2차 알코올 : 알킬기(C_nH_{2n+1})가 2개 붙어있다 – $CH_3CHOHCH_3$(아이소프로필알코올)

   ✓ 3차 알코올 : 알킬기(C_nH_{2n+1})가 3개 붙어있다 – $(CH_3)_3COH$(tert-부틸알코올)

- 산화반응: 1차 알코올 및 2차 알코올은 산화되지만, 3차 알코올은 산화되지 않는다.

   ✓ 1차 알코올 : CH_3OH(메탄올) $\xrightarrow[-2H]{\text{산화}}$ $HCHO$(포름알데하이드) $\xrightarrow[+O]{\text{산화}}$ $HCOOH$(포름산)

   C_2H_5OH(에탄올) $\xrightarrow[-2H]{\text{산화}}$ CH_3CHO(아세트알데하이드) $\xrightarrow[+O]{\text{산화}}$ CH_3COOH(아세트산)

   ✓ 2차 알코올 : $CH_3CHOHCH_3$(아이소프로필알코올) $\xrightarrow[-2H]{\text{산화}}$ CH_3COCH_3[아세톤(다이 메틸 케톤)]

④ n가 알코올

- 종류 : 탄소원자에 결합하고 있는 하이드록시기(-OH)의 수에 따라...

   ✓ 1가 알코올 : 하이드록시기(-OH)가 1개 붙어있다 – CH_3OH(메탄올), C_2H_5OH(에탄올)

   ✓ 2가 알코올 : 하이드록시기(-OH)가 2개 붙어있다 – $C_2H_4(OH)_2$(에틸렌글리콜)

   ✓ 3가 알코올 : 하이드록시기(-OH)가 3개 붙어있다 – $C_3H_5(OH)_3$(글리세린)

⑤ 메틸알코올(CH_3OH)과 에틸알코올(C_2H_5OH)의 구별 방법

메틸알코올과 에틸알코올이 각각 다른 시험관에 들어있을 때, 각각의 시험관에 KOH(수산화칼륨)와 I_2(아이오딘)의 혼합 용액을 넣고 가열하면... 메틸알코올이 들어있는 시험관은 아무런 변화가 없지만, 에틸알코올이 들어있는 시험관은 노란색의 침전물이 발생한다.

> 💬 **필수 용어정리**
>
> - 아이오딘포름반응 : 아세틸기(-$COCH_3$)라는 원자단을 포함하고 있는 아세트산(CH_3COOH), 아세톤(CH_3COCH_3), 에틸알코올(C_2H_5OH) 등의 화합물에 수산화알칼리와 아이오딘의 혼합 용액을 넣어 반응시키면 노란색의 침전물[아이오딘포름(CHI_3)]을 생성하는 것

2. 에터류(R-O-R')

① 정의 : 탄화수소의 수소(H) 원자가 -O(에터기)로 치환되고, 두 개의 알킬기(R, R')가 결합된 화합물이다.

② 성질

- 무색투명한 유동성의 액체이다.
- 휘발성이 높으며, 마취성을 가진다.

③ 다이에틸에터($C_2H_5OC_2H_5$)

에틸알코올(C_2H_5OH) 두 분자에 탈수제인 진한 황산(H_2SO_4)을 혼합·가열하여 물이 빠지는 축합반응(분자 간 결합 시 물이 빠져 나가는 반응)이 일어나 생성된다.

$$2C_2H_5OH(\text{에틸알코올}) \xrightarrow{\text{c-}H_2SO_4} C_2H_5OC_2H_5(\text{다이에틸에터}) + H_2O(\text{물})$$

3. 알데하이드류(R-CHO)

① 정의 : 탄화수소의 수소 원자가 -CHO(포르밀기)로 치환된 화합물이다.

② 성질

- 자극적인 냄새가 나며, 물·에터 등에 잘 녹는다.
- 환원성이 있어 은거울반응, 펠링용액 반응을 한다.

③ 포름알데하이드(HCHO)

- 구리줄을 불에 달구어 약 50℃ 정도의 메탄올(CH_3OH)에 담글 때 발생한다.
- 산화 시에 포름산(HCOOH)을 생성한다.

④ 아세트알데하이드(CH_3CHO)

- 무색의 자극성의 액체로, 수은·구리·마그네슘·은과 반응하여 폭발성의 아세틸레이트를 생성한다.
- 에틸렌(C_2H_4)을 $PdCl_2$(염화팔라듐) 촉매 하에 산화시켜 얻는다.

$$2C_2H_4(\text{에틸렌}) + O_2(\text{산소}) \xrightarrow{PdCl_2} 2CH_3CHO(\text{아세트알데하이드})$$

4. 케톤류(R-CO-R')

① 정의 : 탄화수소의 수소 원자가 -CO(카르보닐기, 케톤기)로 치환되고, 두 개의 알킬기(R, R')가 결합된 화합물이다.

② 성질

- 무색이며, 물과 유기용제(알코올, 에터 등)에 잘 녹는다.
- 2차 알코올(아이소프로필알코올)을 산화하여 얻는다.

유기화합물

5. 카복실산류(R-COOH)

① 정의 : 탄화수소의 수소 원자가 -COOH(카복실기)로 치환된 화합물이다.

② 성질

- 무색이며, 물과 유기용제(알코올, 에터 등)에 잘 녹는다.
- 알데하이드(R-CHO)를 산화시켜 얻는다.
- 알칼리 금속과 반응하여 수소(H_2)를 발생한다.
- 알코올(R-OH)과 반응하여 에스터(R-COO-R')를 생성한다.

③ 아마이드 결합

- 카복실산(-COOH)과 아민($-NH_2$)의 합성 시 물(H_2O)이 빠져 나가는 축합반응으로 생성된 결합(-CONH-)을 말하며, 대표적으로 나일론-66이 아마이드 결합으로 이루어져 있다.
- 단백질의 경우 펩티드 결합이라고 한다.

6. 에스터류(R-COO-R')

① 정의 : 탄화수소의 수소 원자가 -COO(에스터기)로 치환되고, 두 개의 알킬기(R, R')가 결합된 화합물이다.

② 성질

- 물에는 잘 녹지 않지만, 유기용제(알코올, 에터 등)에 잘 녹는다.
- 향기를 지니고 있어 향료로 사용된다.

③ 에스터화 반응

- 카복실산(R-COOH)과 알코올(R-OH)이 반응하여 에스터(R-COO-R')와 물(H_2O)을 생성하는 것을 말한다.
- CH_3COOH(아세트산)과 C_2H_5OH(에틸알코올)의 혼합물에 소량의 진한 황산(H_2SO_4)을 넣고 가열하면, $CH_3COOC_2H_5$(아세트산에틸)과 물(H_2O)이 생성된다.

④ 가수분해 반응

- 분자(물질)가 물(H_2O)과 반응하여 분해되는 것을 의미한다.
- 지방에 물(H_2O)을 가하면, 글리세린[$C_3H_5(OH)_3$]과 지방산으로 분해된다.

제3절 방향족 탄화수소

1 방향족 탄화수소

1. 정의

벤젠(C_6H_6) 고리를 가지고 있는 탄화수소를 말하며, 안정성이 좋아 치환반응이 잘 일어난다.

2. 성질

① 사슬모양이 아닌 고리모양을 하고 있으며, 화학적으로 안정하다.

② 첨가반응보다는 대부분 치환반응을 한다.

③ 무색투명한 액체로, 휘발성과 인화성이 있다.

④ 대부분 물에는 녹지 않고, 유기용제(알코올, 에터 등)에 잘 녹는다.

3. 반응

① 치환반응

- 나이트로화 반응 : 벤젠을 진한 황산의 존재 하에서 질산과 반응시키면 나이트로벤젠을 생성한다.

$$C_6H_6(벤젠) + HNO_3(질산) \xrightarrow{\text{c-}H_2SO_4} C_6H_5NO_2(나이트로벤젠) + H_2O(물)$$

- 술폰화 반응 : 벤젠을 진한 황산과 함께 가열하면 벤젠술폰산을 생성한다.

$$C_6H_6(벤젠) + H_2SO_4(황산) \longrightarrow C_6H_5SO_3H(벤젠술폰산) + H_2O(물)$$

- 프리델-크래프츠 반응 : 벤젠을 염화알루미늄($AlCl_3$)을 촉매로 하여 할로젠화 알킬과 반응시키면 알킬벤젠과 할로젠화수소가 생성된다.

$$C_6H_6(벤젠) + CH_3Cl(염화메틸) \xrightarrow{AlCl_3} C_6H_5CH_3(톨루엔) + HCl(염화수소)$$

② 첨가반응(특수한 조건하에서 이루어짐)

- 수소첨가 반응 : 벤젠을 Ni촉매 하에서 수소를 첨가시키면 사이클로헥산을 생성한다.

$$C_6H_6(벤젠) + 3H_2(수소) \xrightarrow{Ni} C_6H_{12}(사이클로헥산)$$

- 염소첨가 반응 : 벤젠에 염소를 부가한 후 광선을 조사하면 B.H.C(벤젠헥사클로라이드)를 생성한다.

$$C_6H_6(벤젠) + 3Cl_2(염소) \longrightarrow C_6H_6Cl_6(벤젠헥사클로라이드)$$

4. 명명법

① 벤젠유도체에는 벤젠이란 용어에 치환기의 이름을 어두에 붙인다.

클로로벤젠   브로모벤젠   니트로벤젠

② 2개의 치환기에 의한 3개의 이성질체는 오르토(o-), 메타(m-), 파라(p-)를 사용하여 분류한다.

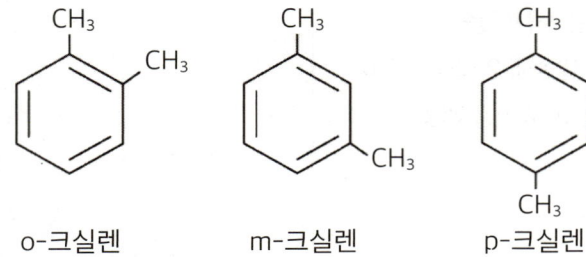

o-크실렌   m-크실렌   p-크실렌

③ 치환기와 관련 없는 특수한 이름(관용명)이 흔히 사용된다.

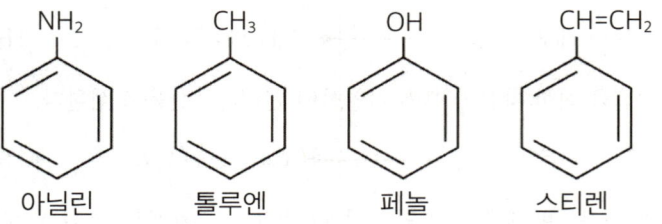

아닐린   톨루엔   페놀   스티렌

2 유도체

1. 벤젠(C_6H_6)

① 성질

- 무색투명한 휘발성 액체이며, 화학적으로 공명구조(분자의 구조를 하나의 구조식으로는 나타낼 수 없고, 2개 이상의 구조식을 종합하여 나타낼 수 있는 구조)를 이루고 있다.
- 물에 녹지 않고, 유기용제(알코올, 에터 등)에 잘 녹는다.
- 증기는 마취성이 있으며, 독성도 있다.

② 구조식

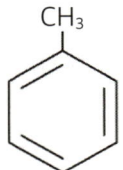

2. 톨루엔($C_6H_5CH_3$)

① 성질

- 무색투명한 독특한 향기를 가진 액체이다.
- 물에 녹지 않고, 유기용제(알코올, 에터 등)에 잘 녹는다.
- 진한 질산(HNO_3)과 진한 황산(H_2SO_4)으로 나이트로화[유기화합물에 나이트로기($-NO_2$)가 결합하는 것]하면 폭약의 원료로 사용되는 TNT[트라이나이트로톨루엔[$C_6H_2CH_3(NO_2)_3$]]을 얻을 수 있다.

$$C_6H_5CH_3(톨루엔) + 3HNO_3(질산) \xrightarrow[나이트로화]{c-H_2SO_4} C_6H_2CH_3(NO_2)_3(트라이나이트로톨루엔) + 3H_2O(물)$$

- 다이크로뮴산염($M^1_2Cr_2O_7$, M^1은 1가의 금속)과 황산(H_2SO_4)으로 산화하면, 벤조산(C_6H_5COOH)을 얻을 수 있다.

$$C_6H_5CH_3(톨루엔) + 3O_2(산소) \xrightarrow[산화]{다이크로뮴산염, 황산} 2C_6H_5COOH(벤조산) + 2H_2O(물)$$

② 구조식

3. 크실렌(=다이메틸벤젠)[$C_6H_4(CH_3)_2$]

① 성질
- 무색투명한 액체로, 3종의 이성질체가 있다.
- 물에 녹지 않고, 유기용제(알코올, 에터 등)에 잘 녹는다.

② 구조식

o-크실렌 m-크실렌 p-크실렌

4. 아닐린($C_6H_5NH_2$)

① 성질
- 특유의 냄새를 가진 기름 상 액체이다.
- 물에 약간 녹고 알코올, 에터에 녹는다.
- 나이트로벤젠($C_6H_5NO_2$)을 수소(H_2)로 환원하여 얻는다.

$$C_6H_5NO_2(\text{나이트로벤젠}) + 3H_2(\text{수소}) \longrightarrow C_6H_5NH_2(\text{아닐린}) + 2H_2O(\text{물})$$

② 구조식

5. 나이트로벤젠($C_6H_5NO_2$)

① 성질

- 특유의 냄새를 가진 노란색의 액체이다.

- 벤젠에 진한 질산과 진한 황산의 혼합물을 작용시킬 때 황산이 촉매와 탈수제 역할을 하여 생성한다.

$$C_6H_6(벤젠) + HNO_3(질산) \xrightarrow{c-H_2SO_4} C_6H_5NO_2(나이트로벤젠) + H_2O(물)$$

② 구조식

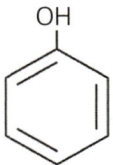

💡 **페놀(C_6H_5OH)**

① 성질

- 수용액은 수소 이온(H^+)으로 인하여 약산성을 띤다.

- 수산기(-OH)가 있는 대부분의 물질은 물에 녹고, 수산기(-OH)가 첨가되면 물에 대한 용해도는 커진다.

- 수산기(-OH)를 독자적으로 가지고 있어서, $FeCl_3$(염화제이철)용액(황색)을 가하게 되면 $Fe(OC_6H_5)_3$(철페놀레이트)(보라색)을 생성하는 정색 반응을 한다.

- 석유로부터 큐멘(C_9H_{12})을 추출한 후, 큐멘에 특수한 공정을 가하여 얻게 된다. 즉, 벤젠의 직접적인 치환반응을 통해서는 유도할 수 없다.

$$C_9H_{12}(큐멘) + O_2(산소) \longrightarrow C_6H_5OH(페놀) + CH_3COCH_3(아세톤)$$

② 구조식

MEMO

PART 02
화재예방 및 소화방법

연소, 화재, 폭발

제1절 | 연소이론

1 연소

1. 연소의 정의

가연물이 점화원에 의해 산소와 급격히 반응하여 빛과 열을 수반하는 산화 · 발열 반응이다.

2. 연소의 3요소

가연물(환원제) + 산소공급원(산화제) + 점화원 → 표면연소

① 가연물(환원제 = 환원성물질) : 산소와 반응하여 연소를 일으키게 하는 물질이다.
  • 가연물이 되기 쉬운 조건 = 연소가 잘 되기 위한 구비조건(불에 잘 타는 조건)
    ✓ 산소와 화학적으로 친화력이 클 것
    ✓ 열전도율이 낮을(작을) 것(열전도율이 낮아야 열의 축적이 쉽다)
    ✓ 발열량이 클 것
    ✓ 표면적이 넓을(클) 것(큰 덩어리보다 작은 덩어리 여러 개가 더 연소가 쉽다)
    ✓ 활성화 에너지(반응에 필요한 최소한의 에너지)가 작을 것
  • 가연물이 될 수 없는 물질
    ✓ 주기율표상 18족 원소(가장 안정된 물질) : 헬륨(He), 네온(Ne), 아르곤(Ar), 크립톤(Kr), 크세논(Xe), 라돈(Rn)
    ✓ 흡열반응 물질(열을 흡수하는 물질) : 질소(N_2), 질소산화물(NO, NO_2)
    ✓ 산소와 더 이상 반응하지 않는 물질 : 이산화탄소(CO_2), 물(H_2O), 산화알루미늄(Al_2O_3), 오산화인(P_2O_5) 등
② 산소공급원(산화제 = 산화성 물질) : 가연물의 산화반응을 도와서 연소를 일으키게 하는 물질이다.
  • 제1류 위험물(산화성 고체), 제5류 위험물(자기반응성 물질), 제6류 위험물(산화성 액체)
  • 산소(O_2), 공기, 오존(O_3), 할로젠 원소 중 전기음성도가 큰(산화력이 큰) 플루오린(F) · 염소(Cl) 등

③ 점화원 : 불을 붙이기 위해 최소한의 에너지를 공급하는 것이다.

- 기계적(물리적) 점화원 : 충격마찰, 단열압축, 고온표면, 나화(노출된 불 - 보일러, 난로) 등
- 전기적 점화원 : 단락 · 누전 · 과전류 등으로 인한 전기발열, 전기불꽃, 정전기 등
- 화학적 점화원 : 산화열, 연소열, 분해열, 화합열, 중합열, 용해열 등
- 열적 점화원 : 적외선, 자외선, 복사열 등
- 💡 점화원이 될 수 없는 것 : 단열팽창(점화원인 단열압축의 반대), 기화열=증발열(소화에 이용), 융해열 등 온도가 하강할 수 있는 요소

3. 연소의 4요소

① 가연물(환원제) + 산소공급원(산화제) + 점화원 + 연쇄반응 → 불꽃연소

② 연쇄반응 : 불꽃연소가 개시된 후, 가연물에서 발생된 자유라디칼로 인해 외부에서 점화에너지가 공급되지 않아도 지속적으로 연소가 일어나는 반응이다.

4. 정전기(마찰전기)

① 정의 : 전기가 이동하지 않고, 정지되어 있는 것이다.

② 정전기에 의한 발화과정 : 전하의 발생 → 전하의 축적 → 방전 → 발화

③ 발생요인 : 접촉, 분리되는 두 물질의 상호작용에 의하여 정전기의 발생이 결정된다.

- 접촉면적이 클수록 정전기의 발생량은 많아진다.
- 접촉압력이 증가할수록 정전기의 발생량은 많아진다.
- 분리속도가 빠를수록 정전기의 발생량은 많아진다.
- 두 물질이 접촉과 분리가 반복됨에 따라 정전기의 발생량은 감소한다.[정전기는 전하가 정지하고 있는 것이므로, 두 물질을 접촉 또는 분리하면 전하가 이동하게 되어 정지(축적)되는 전하량은 감소한다.]

④ 방지대책

- 공기를 이온화하는 방법
- 접지에 의한 방법
- 공기 중의 상대습도를 70% 이상으로 하는 방법
- 전기의 도체를 사용하는 방법

1. 고체의 연소

① 표면연소 : 공기와 접촉하는 고체표면에서 연소가 일어나는 것 - 숯, 코크스, 목탄, 금속분

② 분해연소 : 열분해 시 발생한 가연성기체가 공기 중에서 연소하는 것 - 석탄, 종이, 플라스틱, 고무, 목재, 섬유

③ 증발연소 : 증발에 의해 생긴 증기가 공기 중에서 연소하는 것 - 나프탈렌, 왁스, 황, 양초, 파라핀

④ 자기연소 : 물질 내부에 산소공급원을 가진 물질이 연소하는 것 - 나이트로셀룰로오스, TNT, 피크린산, 셀룰로이드

> **암기팁!** 고체의 연소 : 표분증자~~ 표숯코목탄금속 분석종플고목섬 증나왁황양파 자나티피셀

2. 액체의 연소

① 분해연소 : 중유, 윤활유, 동식물유 등 끓는점이 높은 가연성액체가 연소열에 의해 분해되면서 연소되는 것

② 증발연소 : 알코올, 가솔린, 에터 등의 위험물이 연소열에 의해 액면에서 가연성 증기가 증발되면서 공기와 혼합하여 연소되는 것

3. 기체의 연소

① 확산연소 : 가연성기체와 산소가 미리 혼합되지 않은 상태로, 서로 반대방향에서 확산되어 들어오면서 연소하는 것

② 예혼합연소 : 가연성기체와 산소가 미리 결합(예혼합)하여 공기 중에서 연소하는 것

1. 정의

① 인화점

가연성기체와 공기가 혼합된 상태에서 외부의 직접적인 점화원에 의해 불이 붙을 수 있는 최저온도이다.

② 연소점

- 인화점 이상의 온도에서 점화원을 제거하여도 연소가 지속될 수 있는 온도이다.
- 연소상태를 안정적으로 유지시키는 온도로써 일반적으로 인화점보다 약 10℃ 높다.

③ 발화점(=착화점, 착화온도, 발화온도)

직접적인 점화원을 가하지 않아도 공기 중에서 스스로 불이 붙을 수 있는 최저온도이다.

④ 온도의 크기 : 발화점 > 연소점 > 인화점

2. 주요물질의 인화점

물질	인화점 (℃)	물질	인화점 (℃)	물질	인화점 (℃)	물질	인화점 (℃)
아이소펜탄	-51	벤젠	-11	에틸벤젠	15	경유	50~70
다이에틸에터	-45	아세트산메틸	-10	피리딘	20	클레오소트유	74
아세트알데하이드	-38	메틸에틸케톤	-7	클로로벤젠, 스티렌	32	아닐린	76
산화프로필렌	-37	초산에틸	-4	테레핀유, 부탄올	35	에틸렌글리콜	111
이황화탄소	-30	톨루엔	4	초산(아세트산)	40	중유	60~150
가솔린(휘발유)	-43 ~ -20	메탄올 (메틸알코올)	11	개미산 (의산, 포름산)	69	글리세린	160
아세톤, 트라이메틸알루미늄	-18	에탄올 (에틸알코올)	13	등유	40~70	실린더유	200~250

3. 주요물질의 발화점

물질	발화점 (℃)	물질	발화점 (℃)	물질	발화점 (℃)	물질	발화점 (℃)
황린	34	아세트알데하이드	185	피크린산, 가솔린(휘발유), 트라이나이트로톨루엔	300	메탄올 (메틸알코올)	464
이황화탄소, 삼황화인	100	경유	200	글리세린	393	산화프로필렌	465
과산화벤조일	125	황	225	에틸렌글리콜	413	톨루엔	480
오황화인	142	등유	255	에탄올(에틸알코올)	423	아세톤, 아닐린	538
나이트로셀룰로오스, 다이에틸에터	180	적린	260	아세트산	427	벤젠	562

4. 최소점화에너지 = 최소발화에너지 = 최소착화에너지 = MIE : Minimum Ignition Energy

① 정의 : 가연성가스와 공기의 혼합가스에 점화원으로 점화(발화, 착화)시키기 위해 필요한 최소에너지이다.

② 영향을 주는 요소 : 온도 · 압력이 상승하거나, 산소농도가 높아지면 MIE 값이 작아진다.

③ 공식

$$E = \frac{1}{2}QV = \frac{1}{2}CV^2$$

- E : 최소착화에너지 [J, 주울]
- Q : 전기량 [C, 쿨롱]
- V : 방전전압 [V, 볼트]
- C : 전기용량 [F, 패러데이]

1. 연소(폭발) 범위(한계)

① 가연성가스와 산소가 연소를 일으킬 수 있는 증기농도(체적농도 vol%)범위이다.

② 연소상한계와 연소하한계 사이의 범위이다.

- 연소상한계와 연소하한계
  - ✓ 연소상한계(UFL) : 그 농도 초과에서는 발화원과 접촉하여도 연소가 일어나지 않는 가스의 최고농도
  - ✓ 연소하한계(LFL) : 그 농도 미만에서는 발화원과 접촉하여도 연소가 일어나지 않는 가스의 최소농도
- 연소범위와 화재의 위험성
  - ✓ 연소하한이 낮을수록 위험하다.
  - ✓ 온도(압력)가 높아지면 연소범위가 넓어져서 위험하다.

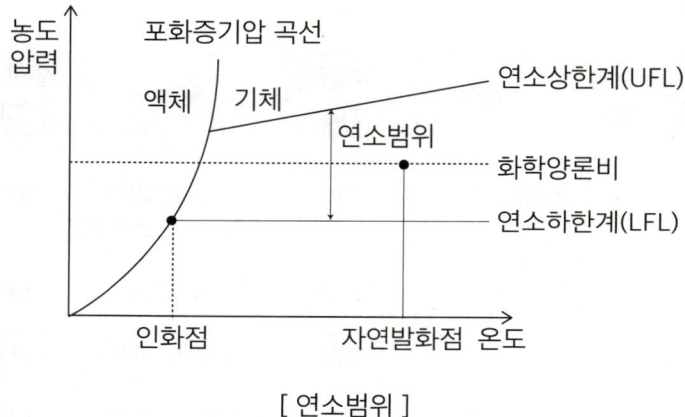

[연소범위]

2. 주요물질의 연소범위

물질	하한값 (vol%)	상한값 (vol%)	연소범위 넓이	위험도(H)
아세틸렌	2.5	81.0	78.5	31.40
수소	4.0	75.0	71.0	17.75
일산화탄소	12.5	74.0	61.5	4.92
아세트알데하이드	4.1	57.0	52.9	12.90
에터	1.9	48.0	46.1	24.26
이황화탄소	1.2	44.0	42.8	35.66
황화수소	4.0	44.0	40.0	10.00
산화프로필렌	2.5	38.5	36.0	14.40
에틸렌	3.0	36.0	33.0	12.33
메틸알코올(메탄올)	6.0	36.0	30.0	5.00
에틸알코올(에탄올)	3.5	20.0	16.5	4.71
암모니아	15.8	28.0	12.2	0.77
아세톤	2.0	13.0	11.0	5.50
메탄	5.0	15.0	10.0	2.00
에탄	3.0	12.4	9.4	3.13
프로판	2.1	9.5	7.4	3.52
부탄	1.8	8.4	6.6	3.66
휘발유(가솔린)	1.4	7.6	6.2	4.43
톨루엔	1.4	6.7	5.3	3.79

3. 위험도

① 가연물의 농도에 대한 위험성을 갈음할 수 있는 계산 값이다. (위험도가 클수록 연소위험성은 크다)

② 공식

$$위험도 = \frac{연소상한값 - 연소하한값}{연소하한값}$$

4. 르 샤틀리에의 법칙

① 두 가지 이상의 혼합된 기체의 폭발범위(연소범위)를 계산하고자 할 때 사용한다.

② 공식

$$\frac{100}{L} = \frac{V_1}{L_1} + \frac{V_2}{L_2} + \frac{V_3}{L_3} + \cdots\cdots$$

- L : 혼합기체의 연소하한값 또는 연소상한값
- L_1, L_2, L_3 : 각 성분기체의 연소하한값 또는 연소상한값
- V_1, V_2, V_3 : 각 성분기체의 부피%

5. 가스의 분류

① 연소 여부에 따른 분류
- 가연성 가스 : 연소하한값이 10% 이하이거나, 연소상한값과 연소하한값의 차이가 20% 이상인 가스
  - 예 수소, 아세틸렌, 일산화탄소, 메탄, 에탄, 프로판, 부탄 등
- 조연성 가스 : 자신은 연소하지 않고, 가연성 가스가 연소할 수 있도록 도와주는 가스
  - 예 산소, 공기, 오존, 불소, 염소 등
- 불연성 가스 : 연소반응을 더 이상 하지 않는 가스
  - 예 이산화탄소, 물, 질소, 아르곤 등

② 물리적 상태에 따른 분류
- 압축 가스 : 임계온도가 낮아서 상온에서 압축해도 액화되지 않고, 용기에 기체 상태로 저장되는 가스
  - 예 산소, 질소, 수소, 메탄, 아르곤 등
- 액화 가스 : 임계온도가 높아서 상온에서 압축할 때 액화되어, 용기에 액체 상태로 저장되는 가스
  - 예 이산화탄소, 프로판, 부탄 등

5 자연발화

공기 중의 물질이 상온에서 장기간 열의 축적에 의해 별도의 점화원 없이 자연적으로(스스로) 발화하는 현상이다.

1. 열이 축적되는 형태

분해열	셀룰로이드, 나이트로셀룰로오스, 나이트로글리세린, 유기과산화물 등 하나의 물질이 분해 반응할 때 발생하는 열
산화열	건성유, 반건성유(대두유), 석탄, 석회분, 고무분말, 금속분말 등 어떤 물질이 산소와 느리게 반응하면서 발생하는 열
발효열	퇴비, 먼지, 곡물, 건초 등 미생물에 의해 발효되면서 발생되는 열
흡착열	목탄, 활성탄, 유연탄 등 모든 흡착 과정에서 방출되는 열
중합열	액화 사이안화수소(HCN) 등 단량체(monomer)가 중합체를 형성하여 중합반응을 일으킬 때 발생하는 열

암기팁! 자연발화 시 열이 축적되는 형태 : 분산발흡중~~분유나이셀 산건고무금속석반 발퇴먼곡건초 흡목활 중액시

2. 자연발화가 일어나기 좋은 조건

① 저장실의(주위의) 온도가 높을 것

② 발열량이 클 것

③ 환기가(통풍이) 어려워 열의 축적이 잘 될 것

④ 열전도율이 작을 것(열전도율이 작아야 열의 축적이 쉽다)

⑤ 표면적이 클 것(큰 덩어리보다 작은 덩어리 여러 개가 공기와의 접촉 면적이 더 크기 때문)

⑥ 습도가 높을 것(습도가 높으면 표면에 수분막이 형성되어 열이 내부에 축적되기 쉽다)

3. 방지대책

① 저장실의(주위의) 온도를 낮출 것

② 열의 축적을 방지할 것

③ 통풍을 잘 시킬 것

④ 열전도율을 크게 할 것

⑤ 산소와의 접촉을 차단할 것

⑥ 습도를 낮게 유지할 것

1 화재

1. 정의

인명과 재산의 피해가 발생되며, 인간이 의도하거나 제어되지 않은, 소화가 필요한 연소현상이다.

2. 화재의 분류

종류	표시	표시색상	일반적 소화방법
일반화재	A급	백색	냉각소화
유류화재	B급	황색	질식소화
전기화재	C급	청색	질식소화
금속화재	D급	무색	피복소화
가스화재	E급	황색	질식소화
주방화재	K급	–	질식 + 냉각소화

암기팁! 화재의 종류와 표시색상 : 일 유 전 금 가 주   백 황 청 무 황 –

💬 필수 용어정리

- **일반화재(A급 화재)** : 나무, 섬유, 종이, 고무, 플라스틱류와 같은 일반 가연물이 타고 나서 재가 남는 화재로... 소화기의 적응 화재별 표시는 'A'로 한다.
- **유류화재(B급 화재)** : 인화성 액체, 가연성 액체, 석유 그리스, 타르, 오일, 유성도료, 솔벤트, 래커, 알코올 및 인화성 가스와 같은 유류가 타고 나서 재가 남지 않는 화재로... 소화기의 적응 화재별 표시는 'B'로 한다.
- **전기화재(C급 화재)** : 전류가 흐르고 있는 전기기기, 배선과 관련된 화재로... 소화기의 적응 화재별 표시는 'C'로 한다.
- **금속화재(D급 화재)** : 칼륨, 나트륨, 리튬, 마그네슘, 알루미늄 등과 같은 가연성 금속류에 의한 화재로... 소화기의 적응 화재별 표시는 'D'로 한다.
- **주방화재(K급 화재)** : 주방에서 동식물유를 취급하는 조리기구에서 일어나는 화재로, 소화기의 적응 화재별 표시는 'K'로 한다.

3. 화재 시 피난 동선의 특징

① 페일 세이프(Fail Safe) : 실패해도 안전하다.
- 수평동선과 수직동선으로 구분한다.
- 2개 이상의 방향으로 피난할 수 있어야 한다.
- 가급적 상호 반대방향으로 다수의 출구와 연결되는 것이 좋다.

② 풀 프루프(Fool Proof) : 바보도 보호한다.
- 가급적 단순한 형태가 좋다.
- 일상생활의 동선과 일치시킨다.

2 일반건축물 화재 시 발생 현상

1. 건축물의 화재 성상

① 목조건축물
- 특징 : 고온 단시간형
- 최고온도 : 1,300℃

② 내화건축물
- 특징 : 저온 장시간형
- 최고온도 : 900 ~ 1,000℃

2. 실내화재의 성장단계

발화 → 성장기 → 플래쉬오버 → 최성기 → 감퇴기

3. 플래쉬오버(Flash Over)

① 화재가 발생한 후, 실내온도는 급격히 상승하고 축적된 가연성가스가 착화하면 실내 전체가 화염에 휩싸이는 화재현상으로서... 열의 공급이 주요 원인이다.

② 내화건축물은 성장기에서 플래쉬오버 이후 최성기로 진입한다.

③ 국소화재상황에서, 플래쉬오버 이후 실내의 가연물들이 일제히 연소에 동참하는 전체화재로 전이된다.

④ 초기(성장기)에는 가연물(연료)이 있어야 원활한 연소가 이루어지는 연료지배형 화재이지만... 플래쉬오버 이후로는 산소가 부족해지므로, 산소(환기)가 있어야 원활한 연소가 이루어지는 환기지배형 화재로 전이된다.

4. 백드래프트(Back Draft)

화재 발생 후 실내의 산소를 대부분 사용하여, 산소가 결핍된 밀폐공간에 갑자기 공기(산소)가 유입되었을 때, 연소가 폭발적으로 이루어지는 현상으로서... 화염이 폭풍을 동반하여 실외로 분출되는 현상이다.

3 유류탱크 화재

1. 보일오버(Boil Over)현상

① 고온층(hot zone)이 형성된 유류화재의 탱크 밑면에 물이 고여 있는 경우, 화재의 진행에 따라 바닥의 물이 급격히 증발하여 불 붙은 기름을 분출시키는 위험현상이다.(화재발생 전 부터 있었던 물에 의해~)

② 열류층이 탱크 아래로 이동하여 발생하는 현상이다.

2. 슬롭오버(Slop Over)현상

① 물이 연소유의 표면에 들어갈 때 수분의 급격한 증발로 인하여 기름이 탱크 밖으로 방출되는 현상이다.(나중에 유입된 물에 의해~)

② 소화 시 외부에서 방사하는 포에 의해 발생한다.(고온의 상태에서 발포된 포가 물로 변하게 되면, 급격히 증발되어 폭발적으로 팽창된다)

3. 프로스오버(Froth Over)현상

점성이 높은 유류를 저장하는 탱크의 바닥에 있는 물이 어떤 원인에 의해 비등하면서 유류를 탱크 밖으로 넘치게 하는 현상이다.(화재 이외의 경우에~)

4 화재의 특수현상

1. 블레비(BLEVE : Boiling Liquid Expanding Vapour Explosion, 비등 액체팽창 증기폭발)

① 고압액화가스(가연성액체) 탱크에서 발생하는 급속한 증발현상에 의해 폭발하는 형태이다.

② 고압액화가스의 탱크 주위에서 화재가 발생한 경우에 탱크의 가열로 인하여 그 부분의 강도가 약해져 탱크가 파열됨으로 내부의 가열된 액화가스가 급속히 기화하여 팽창하면서 폭발하는 현상으로, 화이어 볼로 발전된다.

2. 화이어 볼(화구, Fire Ball)

블레비(BLEVE)현상 등에 의해 확산된 인화성 증기가 착화되면서 폭발할 때, 화염이 급속히 확대되며 공기를 끌어올려 마치 공이 지면에서 솟아올라 버섯형 화염으로 되어가는 것처럼 보이는 현상으로, 대량의 복사열을 방출한다.

5 열의 전달방법

온도차이로 인해 발생하는 에너지의 전달이며... 전도, 대류, 복사의 3가지 방법이 있다.

1. 전도

① 주로 고체에서의 열전달 방법으로 두 물체가 접촉할 때 열이 이동하는 현상이다.

② 열이 물질의 고온부에서 저온부로 물질을 통하여 옮겨가는 현상이다.

③ 예 금속막대의 한 곳을 가열할 때 반대편이 뜨거워지는 것

2. 대류

① 주로 액체 · 기체에서의 열전달 방법으로, 열을 가지고 있는 매개체가 직접 이동하면서 열을 전달하는 현상이다.

② 대류는 운동이 수반된 유체에서의 전도현상으로, 화재초기의 연소 확대에서 주된 열전달 방법이다.

③ 예 해풍과 육풍이 일어나는 것

3. 복사

① 매개체의 이동 없이 직접 열을 전달하는 방법이다.

② 복사는 어떠한 전달물질도 필요하지 않아 진공내부에서도 발생한다.

③ 예 그늘이 시원한 이유, 더러운 눈이 빨리 녹는 현상, 태양에너지가 지구에 전달되는 것

6 스테판-볼츠만 법칙

① 정의 : 물질의 표면에서 방사되는 복사에너지(복사열량)는 절대온도의 4승에 비례하고, 복사를 받는 물체의 단면적에 비례한다는 법칙이다.

② 공식

$$Q(복사에너지, 복사열량) = \sigma AT^4$$

- σ[스테판-볼츠만 상수(시그마)] : $\sigma = 5.67 \times 10^{-8}[W/m^2K^4]$
- A[단면적] : 복사를 받는 물체의 단면적 $[m^2]$
- T[절대온도, K(켈빈)] = 온도(℃) + 273 [K]

③ 예시

$$\frac{Q_1(고온체\ 복사에너지)}{Q_2(저온체\ 복사에너지)} = \frac{\sigma_1 \times A_1 \times T_1^4[K](고온체\ 절대온도)}{\sigma_2 \times A_2 \times T_2^4[K](저온체\ 절대온도)} = 몇\ 배$$

1 폭발

1. 폭발의 정의

화학변화 또는 물리변화에 의하여 급격히 압력이 상승하거나 부피가 팽창하여 폭음, 강한압력, 충격파 등을 동반하는 매우 급격한 연소반응이다.

2. 폭연과 폭굉

① 폭연
- 가연성가스와 공기와의 혼합가스가 정상적인 연소를 하는 경우 화염이 전파되는 속도를 의미하며, 대기 중에서의 일반적인 폭발이다.
- 화염의 전파속도가 음속보다 느리며, 속도는 0.1 ~ 10m/s 이다.

② 폭굉
- 연소 시 심한 파괴 작용과 굉음이 동반되는 충격파가 발생하는데... 주로 길이가 긴 배관, 덕트 등에서 발생한다.
- 화염의 전파속도가 음속보다 빠르며, 속도는 1,000 ~ 3,500m/s 이다.

③ 폭굉유도거리(DID, Detonation Induced Distance)
- 최초의 완만한 연소에서 폭굉까지 발전하는데 필요한 거리이다.
- 폭굉유도거리(DID)가 짧아지는 조건
  - ✓ 압력이 높을수록
  - ✓ 관지름(관경)이 작을수록
  - ✓ 점화에너지가 강할수록
  - ✓ 연소속도가 큰 혼합가스일수록
  - ✓ 관속에 이물질이 있을 경우

2 폭발의 형태

1. 화학적 폭발

① 산화, 분해, 중합 등 화학적 반응을 동반하여 많은 에너지를 방출하는 폭발이다.
② 분해폭발, 산화폭발, 중합폭발, 증기운 폭발 등

2. 물리적 폭발

① 화학적 반응을 동반하지 않고... 마찰, 충격, 단열압축 등 물리적 변화에 의해 압력이 발생되는 폭발이다.
② 수증기폭발, 보일러폭발, 고압용기의 파열, 진공용기의 파손 등

가연성 분진이 부유하면서 주위로부터 흡열한 후 열분해 되어 가연성가스를 방출하게 되고, 그 가스가 폭발범위를 형성하게 되면 폭발하는 현상이다.

1. 원인물질

금속분(알루미늄분), 밀가루(소맥분), 황, 석탄분, 목재분, 플라스틱분, 섬유분, 커피분, 먼지 등

2. 분진폭발의 위험이 낮은(없는) 것

석회석 분진, 대리석 분진, 생석회 분진, 가성소다 분진, 소석회 분진 등

CHAPTER 02

소화 & 소화약제

제1절 │ 소화

1 ▷ 물리적 소화의 방법

연소의 3요소인 가연물, 산소공급원, 점화원의 양적 변화를 통해 연소를 중단시켜 소화하는 방법이다.

1. 냉각소화

① 연소 중인 가연물의 온도를 떨어뜨려 연소반응을 정지시키는 소화 방법이다.

② 물은 비열($1cal/g \cdot ℃$)과 기화(증발)잠열($539cal/g$)이 높아 냉각효과가 매우 뛰어나다.

2. 질식소화

① 가연물이 연소할 때 공기 중의 산소농도(일반적으로 21%)를 떨어뜨려(보통 15%이하) 연소를 중단시키는 소화 방법이다.

② 이산화탄소는 1kg이 방사 시 534L 만큼 체적이 팽창하여 산소농도를 떨어뜨리므로 질식효과가 매우 좋다.

3. 제거소화

① 가연물을 제거하여 소화하는 방법이다.

② 예 촛불의 화염을 입김으로 불어 끄는 것, 산불화재 시 벌목하는 행위, 전기화재 시 전원을 차단하는 것

4. 희석소화

① 가연성 증기의 화재 시 불연성 증기를 방사하여 가연성 증기의 농도를 연소하한계 이하로 유지시켜 소화하는 방법이다.

② 수용성인 가연성 액체의 화재 시 다량의 물을 주수하여 가연성 액체의 농도를 연소농도 이하가 되도록 하여 소화하는 방법이다.

2 ▷ 화학적 소화의 방법(=억제소화, 부촉매소화)

① 자유라디칼(Free radical)을 흡수하여 연소의 4요소인 순조로운 연쇄반응을 억제하여 소화하는 방법으로, 정촉매의 반대인 부촉매소화라고도 한다.

② 할론 소화약제, 분말소화약제 등을 이용하여 소화한다.

제2절 소화약제

1 물 소화약제

1. 특징

① 물의 비열은 1cal/g·℃로, 타 소화약제 중에서 가장 크다.

② 물은 기화(증발)잠열이 539cal/g로 매우 커서, 냉각효과(열을 흡수하는 능력)가 뛰어나다.

③ 물이 수증기가 되면 약1,700배로 부피가 팽창되므로, 밀폐된 장소에서 산소를 차단하는 질식효과가 있다.

2. 소화효과

냉각효과, 질식효과, 희석효과, 유화효과

3. 주수형태

① 봉상주수
- 막대모양의 굵은 물줄기를 대량으로 방수한다.
- 옥내(옥외)소화전설비 호스의 주수형태

② 적상주수
- 빗방울 형태의 물방울을 대량으로 방수한다.
- 스프링클러설비 헤드의 주수형태

③ 무상주수
- 안개 형태의 모양으로 미세하게 방수한다.
- 물분무소화설비 물분무헤드의 주수형태

4. 장점 및 단점

① 장점
- 쉽게 구할 수 있고 취급이 간편하다.
- 가격이 저렴하고 장기간 보관이 가능하다.

② 단점
- 유류화재 시 물을 사용하면 화재면이 확대되므로 소화효과는 미비하다.
- 전기화재나 금속화재에는 적당하지 않다.

5. 소화력을 증대시키기 위한 첨가제

① 증점제 : 물이 쉽게 흐르는 것을 방지하여 잔류효과를 증대시킨다.

② 강화액 : 물의 소화능력을 강화하기 위해 탄산칼륨(K_2CO_3) 등을 첨가한다.

③ 침투제 : 표면장력을 감소시켜 침투성을 증가시킨다.

④ 유화제 : 중질유(물보다 무거운 유류) 등 고비점 유류 등의 화재 시에, Emulsion(에멀젼, 유화)층을 형성해 유면을 덮어 소화할 할 수 있도록 물에 첨가하여 사용한다.

⑤ 부동액 : 에틸렌글리콜[$C_2H_4(OH)_2$]을 가장 많이 사용하고 있다.

2 ▷ 포 소화약제

1. 화학포 소화약제

소화기 내에 탄산수소나트륨(외통)과 황산알루미늄 수용액(내통)을 따로 저장하고 있다가 서로 혼합되면 화학반응에 의해 다량의 이산화탄소가 발생하여 그 압력으로 약제를 방사해서 화재를 진압하는 소화약제이다.

$$6NaHCO_3 \quad + \quad Al_2(SO_4)_3 \quad + 18H_2O \rightarrow \quad 6CO_2 \quad + \quad 2Al(OH)_3 \quad + \quad 3Na_2SO_4 \quad + 18H_2O$$

(탄산수소나트륨)　(황산알루미늄)　(물)　(이산화탄소)　(수산화알루미늄)　(황산나트륨)　(물)

2. 기계포(공기포) 소화약제

① 내 알코올포(저팽창포) : 수용성 액체의 화재 시 적합하다.

② 수성막포(저팽창포)

③ 단백포(저팽창포)

④ 불화 단백포(저팽창포)

⑤ 합성 계면 활성제포(저팽창포, 고팽창포 모두 사용가능)

　　암기팁! 기계포 소화약제의 종류 : 내 수단 불합~~ 내 수단으로는 불합격해

3. 소화효과

질식효과, 냉각효과, 희석효과, 유화효과

4. 포 소화약제의 구비조건

① 부착성(점착성) : 포의 유류 표면에 대한 흡착능력으로 질식효과를 좌우한다.

② 유동성 : 유류 화재에 방사 시 유면상을 자유로이 확산하는 능력이다.

③ 내열성 : 방출된 포가 화염에 소포(파포)되지(거품이 터지지) 않기 위해서는 내열성이 강해야 한다.

④ 응집성 : 바람에 견디는 응집성이 있어야 한다.

⑤ 안정성 : 포 소화약제 저장 시 안정성이 좋아야 한다.

⑥ 내유성(내유염성) : 주로 유류화재에 이용되므로 포가 유류에 오염되거나 소포(파포)되지 않아야 한다.

- 수성막포 : 플루오린계 계면활성제포이고 AFFF 라고도 하며, 일명 Light Water라는 상품명이 있다. 또한 소화효과를 증대시키기 위하여 제3종 분말소화약제와 병용하여 사용하는 소화약제를 CDC(Compatible Dry Chemical)라고 한다.
- 저팽창포 : 팽창비가 20 이하인 것
- 고팽창포 : 팽창비가 80 이상 1,000 미만인 것
- 발포배율(팽창비) $= \dfrac{\text{발포 후 포의 부피(mL)}}{\text{발포 전 포수용액의 부피(mL)}}$

3 이산화탄소(CO_2) 소화약제

1. 특징

① 무색, 무취의 불연성(불에 타지 않는 성질) 기체이다.

② 공기보다 1.5배 무거워서 화재 시 가연물의 심부에까지 침투가 가능하다.

③ 임계온도(기체를 액화시킬 수 있는 최고온도)가 31.25℃로, 냉각 및 압축에 의하여 액화될 수 있다.

④ 액체로 저장된 이산화탄소 방사 시 줄-톰슨 효과(관경이 작은 관을 빠른 속도로 통과할 때 온도가 급강하는 현상)에 의해 -78℃의 고체탄산(드라이아이스)이 방출된다.

2. 소화효과

질식효과, 냉각효과, 피복효과

3. 장점 및 단점

① 장점

- 소화 후 소화약제에 의한 오손이 없다.
- 장기간 저장하여도 변질, 부패 또는 분해를 일으키지 않는다.
- 한랭지에서 동결의 우려가 없고 전기 절연성이 있다.

② 단점

- 밀폐된 공간에서 사용 시 질식의 우려가 있다.
- 재발화의 위험성이 있다.
- 방사 시 소음이 매우 심하다.

1. 특징

① 연소의 4요소인 순조로운 연쇄반응을 억제하여 소화하는 억제 소화효과를 갖는다.

② 전기가 잘 통하지 않는 전기 부도체(전기 절연성)이므로 전기화재에 적합하다.

③ 소화약제의 변질 위험성이 없어 영구적으로 사용가능하다.

④ 소화 후 잔여물이 없고, 금속에 대한 부식성도 없어서 컴퓨터실, 전자 · 통신기기실 등에 적합하다.

2. 소화효과

억제효과(부촉매효과), 냉각효과, 질식효과

3. 종류

종류	분자식	유도체	상온, 상압	명명법
할론 1301	CF_3Br	메탄(CH_4)	기체	일브로민화삼플루오린화메탄
할론 1211	CF_2ClBr	메탄(CH_4)	기체	일브로민화일염화이플루오린화메탄
할론 2402	$C_2F_4Br_2$	에탄(C_2H_6)	액체	이브로민화사플루오린화에탄

4. 명명법

할론 ① ② ① ①

탄소[C] 원자수　플루오린[F] 원자수　염소[Cl] 원자수　브로민[Br] 원자수

1. 할로젠화합물 소화약제

플루오린(F), 염소(Cl), 브로민(Br) 또는 아이오딘(I) 중 하나 이상의 원소를 포함하고 있는 유기화합물을 기본성분으로 하는 소화약제로서, 연쇄반응을 차단하여 소화하는 화학적 소화효과를 갖는다.

소화약제	화학식
퍼플루오린부탄(이하 "FC-3-1-10"이라 한다)	C_4F_{10}
하이드로 클로로 플루오린 카본 혼화제 (이하 "HCFC BLEND A"라 한다)	HCFC-123 ($CHCl_2CF_3$) : 4.75% HCFC-22($CHClF_2$) : 82% HCFC-124($CHClFCF_3$) : 9.5% $C_{10}H_{16}$: 3.75%
클로로테트라플루오린에탄(이하 "HCFC-124"라 한다)	$CHClFCF_3$
펜타플루오린에탄(이하 "HFC-125"라 한다)	CHF_2CF_3
헵타플루오린프로판(이하 "HFC-227ea"라 한다)	CF_3CHFCF_3
트라이플루오린메탄(이하 "HFC-23"이라 한다)	CHF_3
헥사플루오린프로판(이하 "HFC-236fa"라 한다)	$CF_3CH_2CF_3$
트라이플루오린이오다이드(이하 "FIC-13I1"이라 한다)	CF_3I
도데카플루오린-2-메틸펜탄-3-원 (이하 "FK-5-1-12"라 한다)	$CF_3CF_2C(O)CF(CF_3)_2$

2. 불활성기체 소화약제

아르곤(Ar), 이산화탄소(CO_2) 또는 질소가스(N_2) 중 하나 이상의 원소를 기본성분으로 하는 소화약제로서, 질식으로 인해 소화하는 물리적 소화효과를 갖는다.

소화약제	화학식
불연성 · 불활성기체혼합가스(이하 "IG-01"이라 한다)	Ar(아르곤)
불연성 · 불활성기체혼합가스(이하 "IG-100"이라 한다)	N_2(질소)
불연성 · 불활성기체혼합가스(이하 "IG-541"이라 한다)	N_2(질소) : 52%, Ar(아르곤) : 40%, CO_2(이산화탄소) : 8%
불연성 · 불활성기체혼합가스(이하 "IG-55"라 한다)	N_2(질소) : 50%, Ar(아르곤) : 50%

암기팁! 불활성기체 소화약제 : N_2(질소): Ar(아르곤):CO_2(이산화탄소) → 지랄탄(질알탄)을 쏴라!!!

필수 용어정리

- 지구온난화지수(Global Warming Potential)

$$GWP = \frac{\text{어떤 물질 1kg이 기여하는 온난화 정도}}{CO_2 \ \text{1kg이 기여하는 온난화 정도}}$$

- 오존층파괴지수(Ozone Depletion Potential)

$$ODP = \frac{\text{어떤 물질 1kg이 파괴하는 오존의 양}}{CFC - 11 \ \text{1kg이 파괴하는 오존의 양}}$$

6 분말 소화약제

1. 특징

① 비전도체로서 전기화재, 유류화재에 효과적이다.

② 분말을 방출하기 위해 별도의 추진가스[이산화탄소(CO_2)가스 또는 질소(N_2)가스]를 사용한다.

③ 분말 소화약제 자체는 독성이 없다

④ 제1종 분말소화약제는 비누화 반응에 의한 질식소화의 효과로 식용유 및 지방질유 화재에 사용한다.

⑤ 제3종 분말소화약제는 차고, 주차장에 적합하다.

⑥ 분말입자가 습기에 의해 고화(굳는현상)되는 현상을 막기 위해 금속의 스테아린산염이나 실리콘 수지 등으로 표면처리(방습처리) 한다.

⑦ 칼륨, 나트륨 등 금속화재에 대해서는 탄산수소염류(금속화재용) 소화기의 효과가 우수하다.

2. 소화효과

억제효과(부촉매효과), 질식효과, 냉각효과, 방진효과[열분해 반응 시 생성되는 메타인산(HPO_3)은... 가연물에 부착력이 우수하여 산소차단에 의한 소화효과가 뛰어나다(제3종)]

3. 종류 및 색상

종별	주성분	화학식	색상	적응화재
제1종	탄산수소나트륨	$NaHCO_3$	백색	B, C
제2종	탄산수소칼륨	$KHCO_3$	담자색(보라색)	B, C
제3종	인산암모늄	$NH_4H_2PO_4$	담홍색(분홍색)	A, B, C
제4종	탄산수소칼륨+요소	$KHCO_3 + (NH_2)_2CO$	회색	B, C

암기팁! 주성분 : 나 칼 인 칼요 ~~ 나의 칼은 인간의 칼이요, 색상 : 백 자 홍 회 ~~ 백자 안에 홍어가 있다.

4. 열분해 반응식

종별	분해온도	열분해 반응식
제1종	1차 : 270℃	$2NaHCO_3$(탄산수소나트륨) → Na_2CO_3(탄산나트륨) + CO_2(이산화탄소) + H_2O(물)
	2차 : 850℃	$2NaHCO_3$(탄산수소나트륨) → Na_2O(산화나트륨) + $2CO_2$(이산화탄소) + H_2O(물)
제2종	1차 : 190℃	$2KHCO_3$(탄산수소칼륨) → K_2CO_3(탄산칼륨) + CO_2(이산화탄소) + H_2O(물)
	2차 : 590℃	$2KHCO_3$(탄산수소칼륨) → K_2O(산화칼륨) + $2CO_2$(이산화탄소) + H_2O(물)
제3종	1차 : 190℃	$NH_4H_2PO_4$(인산암모늄) → H_3PO_4(오르토인산) + NH_3(암모니아)
	2차 : 215℃	$2H_3PO_4$(오르토인산) → $H_4P_2O_7$(피로인산) + H_2O(물)
	3차 : 300℃	$H_4P_2O_7$(피로인산) → $2HPO_3$(메타인산) + H_2O(물)
	완전 : 360℃ 이상	$NH_4H_2PO_4$(인산암모늄) → HPO_3(메타인산) + NH_3(암모니아) + H_2O(물)
제4종		$2KHCO_3$(탄산수소칼륨) + $(NH_2)_2CO$(요소) → K_2CO_3(탄산칼륨)+NH_3(암모니아) + CO_2(이산화탄소)

암기팁! 열분해 생성물 : 제1종 –이수 → 이산화탄소(CO_2), 물(H_2O) / 제2종 – 이수 → 이산화탄소(CO_2), 물(H_2O)
제3종 –암수 → 암모니아(NH_3), 물(H_2O) / 제4종 – 암이 → 암모니아(NH_3), 이산화탄소(CO_2)

7 소화기

소화기는 화재 발생 시 초기에 화재를 진압하는데 매우 중요한 역할을 하는 만큼, 평상 시 소화기의 유지 관리에 주의를 기울여서 정작 화재에 사용 시 지장이 없어야 한다.

1. 소형소화기와 대형소화기

소화약제를 압력에 따라 방사하는 기구로서, 사람이 수동으로 조작하여 소화하는 다음의 것을 말한다.
① 소형소화기 : 능력단위가 1 단위 이상이고 대형소화기의 능력단위 미만인 소화기
② 대형소화기 : 화재 시 사람이 운반할 수 있도록 운반대와 바퀴가 설치되어 있고 능력단위가 A급 10단위 이상, B급 20단위 이상인 소화기

2. 소화기의 배치기준

① 각층마다 설치할 것
② 배치간격
  • 소형소화기 : 보행거리 20m 이내
  • 대형소화기 : 보행거리 30m 이내
③ 설치높이 : 바닥으로부터 1.5m 이하
④ 특정소방대상물의 각층이 2 이상의 거실로 구획된 경우에는 각 층마다 설치하는 것 외에 바닥면적이 33㎡ 이상으로 구획된 각 거실에도 배치할 것

3. 소화기의 사용 방법

① 성능에 따라 방출거리 내에서 사용할 것

② 적응화재에 따라 사용할 것

③ 바람을 등지고 소화할 것

④ 양옆으로 비로 쓸 듯이 방사할 것

⑤ 불에 최대한 가까이 접근하여 사용할 것

4. 소화기 표시

① 적응화재 표시 : A(일반화재) 또는 B(유류화재) 또는 C(전기화재)

② 능력단위 표시 : 1 또는 2 또는 3

③ A-3, B-5, C-적응 : "A급(일반화재) – 3능력단위, B급(유류화재) – 5능력단위, C급(전기화재) – 적응성이 있다"는 의미이다.

CHAPTER 03 소방시설의 설치 및 운영

제1절 소화설비

1 소화설비

물 또는 그 밖의 소화약제를 사용하여 소화하는 기계·기구 또는 설비를 의미한다.

2 소화기구

1. 전기설비의 소화설비

제조소등에 전기설비(전기배선, 조명기구 등은 제외)가 설치된 경우에는 당해 장소의 면적 100㎡마다 소형수동식소화기를 1개 이상 설치한다.

2. 소요단위 및 능력단위

① 소요단위 : 소화설비의 소화능력을 나타내는 단위
② 능력단위 : 소화기의 소화능력을 나타내는 단위

3. 소요단위의 계산방법

구분	외벽이 내화구조인 것	외벽이 내화구조가 아닌 것
제조소 또는 취급소의 건축물	연면적 100㎡	연면적 50㎡
저장소의 건축물	연면적 150㎡	연면적 75㎡
위험물	지정수량의 10배	

4. 소화설비의 능력단위

소화설비	용량	능력단위
소화전용 물통	8ℓ	0.3
수조 (소화전용 물통 3개 포함)	80ℓ	1.5
수조 (소화전용 물통 6개 포함)	190ℓ	2.5
마른 모래 (삽 1개 포함)	50ℓ	0.5
팽창질석 또는 팽창진주암 (삽 1개 포함)	160ℓ	1.0

암기팁! 마른모래 및 팽창질석등의 능력단위 : 점오(0.5)가 끝나면, 마오(5)쩌뚱하고 팽팔(8)한다.

3 옥내소화전설비

1. 정의

① 화재발생 시 옥내소화전함을 개방하여 방수구와 연결된 호스를 전개한 후 앵글밸브를 개방하고, 화점을 향해 노즐을 개방하여 방사하는 형태의 수동식 수계소화설비이다.

② 호스를 통해 노즐(관창)에서 방사하는 봉상주수의 형태이다.

2. 기준

① 옥내소화전은 제조소등의 건축물의 층마다 당해 층의 각 부분에서 하나의 호스접속구까지의 수평거리가 25m 이하가 되도록 설치할 것. 이 경우 옥내소화전은 각층의 출입구 부근에 1개 이상 설치하여야 한다.

② 옥내소화전의 개폐밸브 및 호스접속구는 바닥면으로부터 1.5m 이하의 높이에 설치할 것

③ 옥내소화전함의 상부의 벽면에 적색의 표시등(위치표시등)을 설치하되, 당해 표시등의 부착면과 15°이상의 각도가 되는 방향으로 10m 떨어진 곳에서 용이하게 식별이 가능하도록 할 것

3. 방수량, 방수압력, 수원

① 방수량 : 260L/min 이상

② 방수압력 : 350㎪ 이상

③ 수원 : N(최대 5개) × 7.8㎥ (260L/min × 30min = 7.8㎥) 이상

4. 비상전원

용량은 옥내소화전설비를 유효하게 45분 (30분 × 1.5) 이상 작동시키는 것이 가능할 것

5. 가압송수장치 설치기준

① 고가수조를 이용한 가압송수장치

낙차(수조의 하단으로부터 호스접속구까지 수직거리)는 다음 식에서 구한 수치 이상으로 할 것

$$H = h_1 + h_2 + 35m$$

- H : 필요낙차 (m)
- h_1 : 방수용 호스의 마찰손실수두 (m)
- h_2 : 배관의 마찰손실수두 (m)
- 35m : 방사압력 환산수두 (m)

② 압력수조를 이용한 가압송수장치

압력수조의 압력은 다음 식에서 구한 수치 이상으로 할 것

$$P = p_1 + p_2 + p_3 + 0.35MPa$$

- P : 필요한 압력 (MPa)
- p_1 : 소방용호스의 마찰손실수두압 (MPa)
- p_2 : 배관의 마찰손실수두압 (MPa)
- p_3 : 낙차의 환산수두압 (MPa)
- 0.35MPa : 방사압력 (MPa)

③ 펌프를 이용한 가압송수장치

펌프의 전양정은 다음 식에 의하여 구한 수치 이상으로 할 것

$$H = h_1 + h_2 + h_3 + 35m$$

- H : 펌프의 전양정 (m)
- h_1 : 소방용 호스의 마찰손실수두 (m)
- h_2 : 배관의 마찰손실수두 (m)
- h_3 : 낙차 (m)
- 35m : 방사압력 환산수두 (m)

암기팁! 전양정 : 낙마방~ 낙차 + 마찰 + 방사

4 옥외소화전설비

1. 정의

① 화재발생 시 건물외부 주변에 있는 옥외소화전함을 개방하여 호스와 노즐을 꺼내어 주변 방수구와 연결해 호스를 전개한 후 옥외소화전 전용렌치로 소화전을 개방하여 방사하는 형태의 수동식 수계소화설비이다.

② 저층부(1층, 2층) 옥외 화재 진압활동용 소화설비이자 주변의 화재확대 방지용 방호설비 등으로 사용된다.

2. 기준

① 옥외소화전은 방호대상물의 각 부분(건축물의 경우에는 당해 건축물의 1층 및 2층의 부분)에서 하나의 호스접속구까지의 수평거리가 40m 이하가 되도록 설치할 것. 이 경우 그 설치개수가 1개 일 때는 2개로 하여야 한다.

② 옥외소화전의 개폐밸브 및 호스접속구는 지반면으로부터 1.5m 이하의 높이에 설치할 것

③ 방수용기구를 격납하는 함(옥외소화전함)은 불연재료로 제작하고 옥외소화전으로부터 보행거리 5m 이하의 장소로서 화재발생시 쉽게 접근가능하고 화재 등의 피해를 받을 우려가 적은 장소에 설치할 것

3. 방수량, 방수압력, 수원

① 방수량 : 450L/min 이상

② 방수압력 : 350kPa 이상

③ 수원 : N(최대 4개) × 13.5㎥ (450L/min × 30min = 13.5㎥) 이상

4. 비상전원

용량은 옥외소화전설비를 유효하게 45분 이상 작동시키는 것이 가능할 것

5 스프링클러설비

1. 정의

① 화재발생 시 화재를 자동으로 감지하여 피난을 위한 경보를 발하고, 습식·건식·준비작동식·일제살수식 밸브가 개방되면, 유수의 흐름으로 인하여 펌프가 기동되고, 개방된 헤드를 통해 소화수를 방사하여 소화하는 자동식 수계소화설비이다.

② 헤드를 통해 방사하는 적상주수의 형태이다.

2. 기준

① 폐쇄형 스프링클러헤드
- 방호대상물의 각 부분에서 하나의 스프링클러헤드까지의 수평거리가 1.7m 이하가 되도록 설치할 것
- 스프링클러헤드의 반사판과 당해 헤드의 부착면과의 거리는 0.3m 이하일 것
- 스프링클러헤드의 반사판으로부터 하방으로 0.45m, 수평방향으로 0.3m의 공간을 보유할 것
- 스프링클러헤드는 그 부착장소의 평상시의 최고주위온도에 따라 다음 표에 정한 표시온도를 갖는 것을 설치할 것

부착장소의 최고주위온도 (단위 °C)	표시온도 (단위 °C)
28 미만	58 미만
28 이상 39 미만	58 이상 79 미만
39 이상 64 미만	79 이상 121 미만
64 이상 106 미만	121 이상 162 미만
106 이상	162 이상

> **암기팁!** 폐쇄형 스프링클러헤드 부착장소의 최고주위온도에 따른 표시온도
> : 이팔 삼구 육사 공육 오팔 친구 둘하나 육이

② 개방형 스프링클러헤드
- 방호대상물의 각 부분에서 하나의 스프링클러헤드까지의 수평거리가 1.7m 이하가 되도록 설치할 것
- 스프링클러헤드의 반사판으로부터 하방으로 0.45m, 수평방향으로 0.3m의 공간을 보유할 것
- 방사구역은 150㎡이상(방호대상물의 바닥면적이 150㎡ 미만인 경우에는 당해 바닥면적)으로 할 것

3. 방수량, 방수압력, 수원

① 방수량 : 80L/min 이상

② 방수압력 : 100㎪ 이상

③ 수원
- 폐쇄형 스프링클러헤드 : 30개(헤드수가 30개 미만인 경우 당해 개수) × 2.4㎥ (80L/min × 30min = 2.4㎥) 이상
- 개방형 스프링클러헤드 : 헤드가 가장 많이 설치된 방사구역의 헤드수 × 2.4㎥ 이상

4. 비상전원

용량은 스프링클러설비를 유효하게 45분 이상 작동시키는 것이 가능할 것

5. 스프링클러설비의 장 · 단점

① 장점
- 화재의 초기 진압에 효율적이다.
- 사용 약제를 쉽게 구할 수 있다.
- 자동으로 화재를 감지하고 소화가 가능하다.

② 단점
- 다른 소화설비보다 시설비가 많이 든다.
- 구조가 복잡하고 시공이 복잡하다.

6 물분무소화설비

1. 정의

물을 안개모양으로 방사해 가스와 비슷한 형태를 가지므로 전기의 부도체로서 전기시설물에 설치가 가능한 자동식 수계소화설비이다.

2. 기준

① 방사구역은 150㎡ 이상(방호대상물의 표면적이 150㎡ 미만인 경우에는 당해 표면적)으로 할 것
② 물분무소화설비에 2 이상의 방사구역을 두는 경우에는 화재를 유효하게 소화할 수 있도록 인접하는 방사구역이 상호 중복되도록 할 것

3. 방수량, 방수압력, 수원

① 방수량 : 표준방사량 이상
② 방수압력 : 350㎪ 이상
③ 수원 : A(방사구역의 표면적)㎡ × 20(L/min · ㎡) × 30min 이상

4. 비상전원

용량은 물분무소화설비를 유효하게 45분 이상 작동시키는 것이 가능할 것

7 포소화설비

1. 정의

① 수조로부터 공급된 물과 포약제 저장탱크에서 공급된 포원액을, 혼합기(프로포셔너)에서 믹싱해 포수용액을 만들어, 포 방출구에서 공기와 섞어진 후 발포되어 거품을 방사하는 형태의 소화설비이다.

② 유류탱크 등 위험물에 주로 사용된다.

2. 포소화약제 혼합방식

① 펌프 프로포셔너 방식(펌프혼합방식) → 소방자동차에 사용

펌프의 토출관과 흡입관 사이의 배관 도중에 설치한 흡입기에 펌프에서 토출된 물의 일부를 보내고, 농도 조절밸브에서 조정된 포 소화약제의 필요량을 포 소화약제 탱크에서 펌프 흡입측으로 보내어 이를 혼합하는 방식

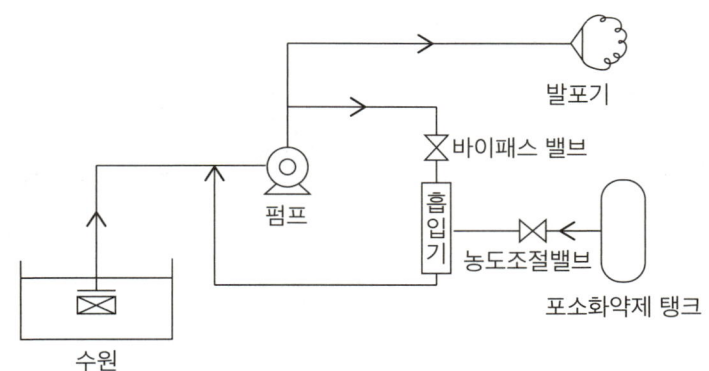

② 프레져 프로포셔너 방식(차압혼합방식) → 가장 널리 이용됨(주차장 등)

펌프와 발포기의 중간에 설치된 벤추리관의 벤추리작용과 펌프 가압수의 포 소화약제 저장탱크에 대한 압력에 따라 포 소화약제를 흡입·혼합하는 방식

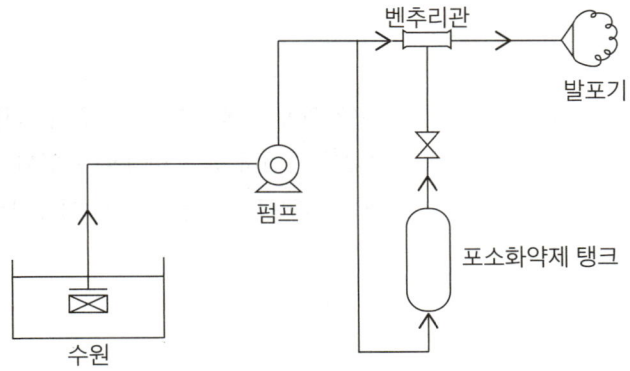

③ 라인 프로포셔너 방식(관로혼합방식) → 이동식 간이설비에 사용

펌프와 발포기의 중간에 설치된 벤추리관의 벤추리작용에 따라 포 소화약제를 흡입·혼합하는 방식

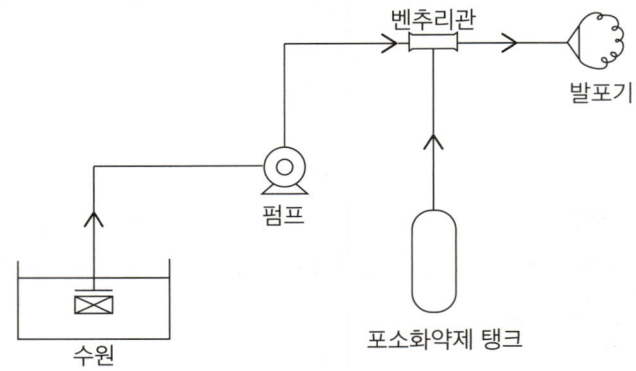

④ 프레져사이드 프로포셔너 방식(압입혼합방식) → 석유화학공장 등 대단위 설비

펌프의 토출관에 압입기를 설치하여 포소화약제 압입용펌프로 포 소화약제를 압입시켜 혼합하는 방식

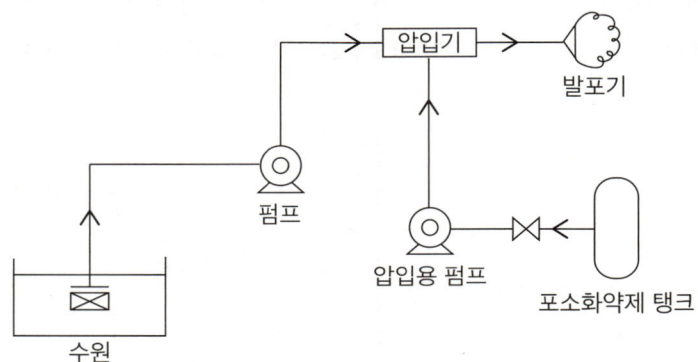

3. 고정포방출구의 종류

① Ⅰ형 포방출구
  - 고정지붕구조의 탱크에 상부포주입법을 이용하는 것
  - 방출된 포가 액면 아래로 몰입되거나 액면을 뒤섞지 않고 액면상을 덮을 수 있는 통계단 또는 미끄럼판 등의 설비 및 탱크내의 위험물증기가 외부로 역류되는 것을 저지할 수 있는 구조·기구를 갖는 포방출구

② Ⅱ형 포방출구
  - 고정지붕구조 또는 부상덮개부착 고정지붕구조의 탱크에 상부포주입법을 이용하는 것
  - 방출된 포가 탱크옆판의 내면을 따라 흘러내려 가면서 액면 아래로 몰입되거나 액면을 뒤섞지 않고 액면상을 덮을 수 있는 반사판 및 탱크내의 위험물증기가 외부로 역류되는 것을 저지할 수 있는 구조·기구를 갖는 포방출구

③ Ⅲ형 포방출구
  • 고정지붕구조의 탱크에 저부포주입법을 이용하는 것
  • 송포관으로부터 포를 방출하는 포방출구

④ Ⅳ형 포방출구
  • 고정지붕구조의 탱크에 저부포주입법을 이용하는 것
  • 평상시에는 탱크의 액면하의 저부에 설치된 격납통에 수납되어 있는 특수호스 등이 송포관의 말단에 접속되어 있다가 포를 보내는 것에 의하여 특수호스 등이 전개되어 그 선단이 액면까지 도달한 후 포를 방출하는 포방출구

⑤ 특형 포방출구
  • 부상지붕구조의 탱크에 상부포주입법을 이용하는 것
  • 부상지붕의 부상부분 상에 높이 0.9m 이상의 금속제의 칸막이를 탱크옆판의 내측으로부터 1.2m 이상 이격하여 설치하고 탱크옆판과 칸막이에 의하여 형성된 환상부분에 포를 주입하는 것이 가능한 구조의 반사판을 갖는 포방출구

4. 보조포소화전 기준

① 방사량 : 400L/min 이상
② 방사압력 : 0.35MPa 이상
③ 상호간의 보행거리 : 75m 이하

5. 수원의 수량

① 포방출구방식 : 고정식방출구 + 보조포소화전
  • 고정식포방출구 : A(탱크의 액표면적)[㎡] × 표면적 1㎡당 매분당 방출량[L/min · ㎡] × 방출시간[min]
  • 보조포소화전 : N(최대 3개) × 400L/min × 20min

② 포헤드방식 : 방호대상물의 표면적[㎡] × 6.5[L/min · ㎡] × 10min

③ 포모니터노즐방식 : N × 1900L/min × 30min

④ 이동식포소화설비
  • 옥내 : N(최대 4개) × 200L/min × 30min
  • 옥외 : N(최대 4개) × 400L/min × 30min

6. 비상전원

방사시간의 1.5배 이상 소화설비를 작동시킬 수 있는 용량으로 할 것

8 불활성가스 소화설비

1. 정의

탄산가스(CO_2) 또는 이너겐 가스(IG-100, 55, 541)를 소화약제로 이용하여 화재를 진압하는 가스계 소화설비이다.

2. 전역방출방식 및 국소방출방식

① 전역방출방식 : 밀폐 방호구역 내에 소화약제를 방출하는 방식

② 국소방출방식 : 방호대상물에만 집중적으로 소화약제를 방출하는 방식

3. 전역·국소방출방식 분사헤드의 방사압력 및 방사시간

구분	전역방출방식			국소방출방식 (이산화탄소)
	이산화탄소		불활성가스	
	고압식	저압식	IG-100, IG-55, IG-541	
방사압력	2.1MPa 이상	1.05MPa 이상	1.9MPa 이상	-
방사시간	60초 이내	60초 이내	95% 이상을 60초 이내	30초 이내

4. 저장용기의 충전비 및 충전압력

구분	이산화탄소(충전비)		IG-100, IG-55, IG-541(충전압력)
	고압식	저압식	
기준	1.5 이상 1.9 이하	1.1 이상 1.4 이하	32MPa 이하(at 21℃)

5. 저장용기 설치기준

① 방호구역 외의 장소에 설치할 것

② 온도가 40℃ 이하이고 온도 변화가 적은 장소에 설치할 것

③ 직사일광 및 빗물이 침투할 우려가 적은 장소에 설치할 것

④ 저장용기에는 안전장치(용기밸브에 설치되어 있는 것)를 설치할 것

⑤ 저장용기의 외면에 소화약제의 종류와 양, 제조년도 및 제조자를 표시할 것

6. 이산화탄소 저압식 저장용기 설치기준

① 액면계 및 압력계를 설치할 것

② 2.3MPa 이상의 압력 및 1.9MPa 이하의 압력에서 작동하는 압력경보장치를 설치할 것

③ 용기내부의 온도를 영하 20℃ 이상 영하 18℃ 이하로 유지할 수 있는 자동냉동기를 설치할 것

④ 파괴판을 설치할 것

⑤ 방출밸브를 설치할 것

1. 정의

할론소화약제를 이용하여 화재를 진압하는 가스계 소화설비이다.

2. 전역방출방식 분사헤드

① 방사된 소화약제가 방호구역의 전역에 균일하고 신속하게 확산할 수 있도록 설치할 것

② 하론2402을 방사하는 분사헤드는 당해 소화약제를 무상으로 방사하는 것일 것

3. 국소방출방식 분사헤드

① 분사헤드는 방호대상물의 모든 표면이 분사헤드의 유효사정 내에 있도록 설치할 것

② 소화약제의 방사에 의하여 위험물이 비산되지 않는 장소에 설치할 것

4. 전역 · 국소방출방식 분사헤드의 방사압력 및 방사시간

소화약제의 종별	방사압력	방사시간
할론 2402	0.1 [MPa]이상	30초 이내
할론 1211	0.2 [MPa]이상	
할론 1301	0.9 [MPa]이상	
HFC-23	0.9 [MPa]이상	10초 이내
HFC-125	0.9 [MPa]이상	
HFC-227ea	0.3 [MPa]이상	

5. 전역 · 국소방출방식 저장용기의 충전비

소화약제의 종별		충전비
할론 2402	가압식	0.51 이상 ~ 0.67 이하
	축압식	0.67 이상 ~ 2.75 이하
할론 1211		0.7 이상 ~ 1.4 이하
할론 1301, HFC-227ea		0.9 이상 ~ 1.6 이하
HFC-23, HFC-125		1.2 이상 ~ 1.5 이하

1. 정의

미세한 분말입자를 별도의 가스(질소 또는 이산화탄소)압력으로 방사하여 소화하는 설비이다.

2. 전역방출방식 분사헤드

① 방사된 소화약제가 방호구역의 전역에 균일하고 신속하게 확산할 수 있도록 설치할 것

② 분사헤드의 방사압력은 0.1MPa 이상일 것

③ 소화약제의 양을 30초 이내에 균일하게 방사할 것

3. 국소방출방식 분사헤드

① 분사헤드는 방호대상물의 모든 표면이 분사헤드의 유효사정 내에 있도록 설치할 것

② 소화약제의 방사에 의하여 위험물이 비산되지 않는 장소에 설치할 것

③ 소화약제의 양을 30초 이내에 균일하게 방사할 것

4. 저장용기등의 충전비

소화약제의 종별	충전비의 범위
제1종 분말	0.85 이상 1.45 이하
제2종 분말 또는 제3종 분말	1.05 이상 1.75 이하
제4종 분말	1.50 이상 2.50 이하

5. 가압용 또는 축압용 가스

구분	질소	이산화탄소
가압식	40L/kg 이상(35℃, 0MPa)	(20g/kg + 배관의 청소 필요량) 이상
축압식	10L/kg 이상(35℃, 0MPa)	

6. 압력조정기

가압식의 분말소화설비에는 2.5MPa 이하의 압력으로 조정할 수 있는 압력조정기를 설치할 것

7. 이동식 분말소화설비

소화약제의 종별	분당 방사되는 소화약제의 양 (kg/min)	소화약제의 양 (kg)
제1종 분말	45	50
제2종 분말 또는 제3종 분말	27	30
제4종 분말	18	20

11 소화설비의 적용성

소화설비의 구분	대상물의 구분	건축물·그 밖의 공작물	전기설비	제1류 위험물 알칼리금속 과산화물 등	제1류 위험물 그 밖의 것	제2류 위험물 철분·금속분·마그네슘 등	제2류 위험물 인화성 고체	제2류 위험물 그 밖의 것	제3류 위험물 금수성 물품	제3류 위험물 그 밖의 것	제4류 위험물	제5류 위험물	제6류 위험물
옥내소화전 또는 옥외소화전설비		○			○		○	○		○		○	○
스프링클러설비		○			○		○	○		○	△	○	○
물분무등소화설비 — 물분무소화설비		○	○		○		○	○		○	○	○	○
물분무등소화설비 — 포소화설비		○			○		○	○		○	○	○	○
물분무등소화설비 — 불활성가스소화설비			○				○				○		
물분무등소화설비 — 할로젠화합물소화설비			○				○				○		
물분무등소화설비 — 분말소화설비 — 인산염류 등		○	○		○		○	○		○	○		○
물분무등소화설비 — 분말소화설비 — 탄산수소염류 등			○	○		○	○		○		○		
물분무등소화설비 — 분말소화설비 — 그 밖의 것				○		○			○				
대형·소형수동식소화기 — 봉상수소화기		○			○		○	○		○		○	○
대형·소형수동식소화기 — 무상수소화기		○	○		○		○	○		○		○	○
대형·소형수동식소화기 — 봉상강화액소화기		○			○		○	○		○		○	○
대형·소형수동식소화기 — 무상강화액소화기		○	○		○		○	○		○	○	○	○
대형·소형수동식소화기 — 포소화기		○			○		○	○		○	○	○	○
대형·소형수동식소화기 — 이산화탄소소화기			○				○				○		△
대형·소형수동식소화기 — 할로젠화합물소화기			○				○				○		
대형·소형수동식소화기 — 분말소화기 — 인산염류소화기		○			○		○	○		○			○
대형·소형수동식소화기 — 분말소화기 — 탄산수소염류소화기			○	○		○	○		○		○		
대형·소형수동식소화기 — 분말소화기 — 그 밖의 것				○		○			○				
기타 — 물통 또는 수조		○			○		○	○		○		○	○
기타 — 건조사				○	○	○	○	○	○	○	○	○	○
기타 — 팽창질석 또는 팽창진주암				○	○	○	○	○	○	○	○	○	○

소방시설의 설치 및 운영

1. "○"표시는 당해 소방대상물 및 위험물에 대하여 소화설비가 적응성이 있음을 표시하고, "△"표시는 제4류 위험물을 저장 또는 취급하는 장소의 살수기준면적에 따라 스프링클러설비의 살수밀도가 다음 표에 정하는 기준 이상인 경우에는 당해 스프링클러설비가 제4류 위험물에 대하여 적응성이 있음을, 제6류 위험물을 저장 또는 취급하는 장소로서 폭발의 위험이 없는 장소에 한하여 이산화탄소소화기가 제6류 위험물에 대하여 적응성이 있음을 각각 표시한다.

살수기준면적(㎡)	방사밀도(ℓ/㎡분)		비고
	인화점 38℃ 미만	인화점 38℃ 이상	
279 미만 279 이상 372 미만 372 이상 465 미만 465 이상	16.3 이상 15.5 이상 13.9 이상 12.2 이상	12.2 이상 11.8 이상 9.8 이상 8.1 이상	살수기준면적은 내화구조의 벽 및 바닥으로 구획된 하나의 실의 바닥면적을 말하고, 하나의 실의 바닥면적이 465㎡ 이상인 경우의 살수기준면적은 465㎡로 한다. 다만, 위험물의 취급을 주된 작업내용으로 하지 아니하고 소량의 위험물을 취급하는 설비 또는 부분이 넓게 분산되어 있는 경우에는 방사밀도는 8.2ℓ/㎡분 이상, 살수기준 면적은 279㎡ 이상으로 할 수 있다.

2. 인산염류등은 인산염류, 황산염류 그 밖에 방염성이 있는 약제를 말한다.
3. 탄산수소염류등은 탄산수소염류 및 탄산수소염류와 요소의 반응생성물을 말한다.
4. 알칼리금속과산화물등은 알칼리금속의 과산화물 및 알칼리금속의 과산화물을 함유한 것을 말한다.
5. 철분·금속분·마그네슘등은 철분·금속분·마그네슘과 철분·금속분 또는 마그네슘을 함유한 것을 말한다.

제2절 소화난이도등급

1 소화난이도등급 Ⅰ

① 소화난이등급 Ⅰ에 해당하는 제조소등

제조소 등의 구분	제조소등의 규모, 저장 또는 취급하는 위험물의 품명 및 최대수량 등
제조소 일반취급소	연면적 1,000㎡ 이상인 것
	지정수량의 100배 이상인 것(고인화점위험물만을 100℃ 미만의 온도에서 취급하는 것 및 화약류에 해당하는 위험물을 취급하는 것은 제외)
	지반면으로부터 6m 이상의 높이에 위험물 취급설비가 있는 것(고인화점위험물만을 100℃ 미만의 온도에서 취급하는 것은 제외)
	일반취급소로 사용되는 부분 외의 부분을 갖는 건축물에 설치된 것(내화구조로 개구부 없이 구획 된 것 고인화점위험물만을 100℃ 미만의 온도에서 취급하는 것 및 화학실험의 일반취급소는 제외)
주유취급소	주유취급소의 직원 외의 자가 출입하는 부분의 면적의 합이 500㎡를 초과하는 것
옥내저장소	지정수량의 150배 이상인 것(고인화점위험물만을 저장하는 것 및 화약류에 해당하는 위험물을 저장하는 것은 제외)
	연면적 150㎡를 초과하는 것(150㎡ 이내마다 불연재료로 개구부 없이 구획된 것 및 인화성고체 외의 제2류 위험물 또는 인화점 70℃ 이상의 제4류 위험물만을 저장하는 것은 제외)
	처마높이가 6m 이상인 단층건물의 것
	옥내저장소로 사용되는 부분 외의 부분이 있는 건축물에 설치된 것(내화구조로 개구부 없이 구획된 것 및 인화성고체 외의 제2류 위험물 또는 인화점 70℃ 이상의 제4류 위험물만을 저장하는 것은 제외)
옥외탱크 저장소	액표면적이 40㎡ 이상인 것(제6류 위험물을 저장하는 것 및 고인화점위험물만을 100℃ 미만의 온도에서 저장하는 것은 제외)
	지반면으로부터 탱크 옆판의 상단까지 높이가 6m 이상인 것(제6류 위험물을 저장하는 것 및 고인화점위험물만을 100℃ 미만의 온도에서 저장하는 것은 제외)
	지중탱크 또는 해상탱크로서 지정수량의 100배 이상인 것(제6류 위험물을 저장하는 것 및 고인화점위험물만을 100℃ 미만의 온도에서 저장하는 것은 제외)
	고체위험물을 저장하는 것으로서 지정수량의 100배 이상인 것
옥내탱크 저장소	액표면적이 40㎡ 이상인 것(제6류 위험물을 저장하는 것 및 고인화점위험물만을 100℃ 미만의 온도에서 저장하는 것은 제외)
	바닥면으로부터 탱크 옆판의 상단까지 높이가 6m 이상인 것(제6류 위험물을 저장하는 것 및 고인화점위험물만을 100℃ 미만의 온도에서 저장하는 것은 제외)
	탱크전용실이 단층건물 외의 건축물에 있는 것으로서 인화점 38℃ 이상 70℃ 미만의 위험물을 지정수량의 5배 이상 저장하는 것(내화구조로 개구부 없이 구획된 것은 제외한다)
옥외저장소	덩어리 상태의 황을 저장하는 것으로서 경계표시 내부의 면적(2 이상의 경계표시가 있는 경우에는 각 경계표시의 내부의 면적을 합한 면적)이 100㎡ 이상인 것
	인화성고체, 제1석유류 또는 알코올류의 위험물을 저장하는 것으로서 지정수량의 100배 이상인 것

제조소 등의 구분	제조소등의 규모, 저장 또는 취급하는 위험물의 품명 및 최대수량 등
암반탱크 저장소	액표면적이 40㎡ 이상인 것(제6류 위험물을 저장하는 것 및 고인화점위험물만을 100℃ 미만의 온도에서 저장하는 것은 제외)
	고체위험물만을 저장하는 것으로서 지정수량의 100배 이상인 것
이송취급소	모든 대상

② 소화난이도등급Ⅰ의 제조소등에 설치하여야 하는 소화설비

제조소등의 구분			소화설비
제조소 및 일반취급소			옥내소화전설비, 옥외소화전설비, 스프링클러설비 또는 물분무등소화설비(화재발생시 연기가 충만할 우려가 있는 장소에는 스프링클러설비 또는 이동식 외의 물분무등소화설비에 한한다)
주유취급소			스프링클러설비(건축물에 한정한다), 소형수동식소화기등(능력단위의 수치가 건축물 그 밖의 공작물 및 위험물의 소요단위의 수치에 이르도록 설치할 것)
옥내저장소	처마높이가 6m 이상인 단층건물 또는 다른 용도의 부분이 있는 건축물에 설치한 옥내저장소		스프링클러설비 또는 이동식 외의 물분무등소화설비
	그 밖의 것		옥외소화전설비, 스프링클러설비, 이동식 외의 물분무등소화설비 또는 이동식 포소화설비(포소화전을 옥외에 설치하는 것에 한한다)
옥외탱크저장소	지중탱크 또는 해상탱크 외의 것	황만을 저장·취급하는 것	물분무소화설비
		인화점 70℃ 이상의 제4류 위험물만을 저장·취급하는 것	물분부소화설비 또는 고정식 포소화설비
		그 밖의 것	고정식 포소화설비(포소화설비가 적응성이 없는 경우에는 분말소화설비)
	지중탱크		고정식 포소화설비, 이동식 이외의 불활성가스소화설비 또는 이동식 이외이 할로젠화합물소화설비
	해상탱크		고정식 포소화설비, 물분무소화설비, 이동식이외의 불활성가스소화설비 또는 이동식 이외의 할로젠화합물소화설비
옥내탱크저장소	황만을 저장·취급하는 것		물분무소화설비
	인화점 70℃ 이상의 제4류 위험물만을 저장·취급하는 것		물분무소화설비, 고정식 포소화설비, 이동식 이외의 불활성가스소화설비, 이동식 이외의 할로젠화합물소화설비 또는 이동식 이외의 분말소화설비
	그 밖의 것		고정식 포소화설비, 이동식 이외의 불활성가스소화설비, 이동식 이외의 할로젠화합물소화설비 또는 이동식 이외의 분말소화설비
옥외저장소 및 이송취급소			옥내소화전설비, 옥외소화전설비, 스프링클러설비 또는 물분무등소화설비(화재발생시 연기가 충만할 우려가 있는 장소에는 스프링클러설비 또는 이동식 이외의 물분무등소화설비에 한한다)

제조소등의 구분		소화설비
암반탱크저장소	황만을 저장 · 취급하는 것	물분무소화설비
	인화점 70℃ 이상의 제4류 위험물만을 저장 · 취급하는 것	물분부소화설비 또는 고정식 포소화설비
	그 밖의 것	고정식 포소화설비(포소화설비가 적응성이 없는 경우에는 분말소화설비)

2 소화난이도등급 Ⅱ

① 소화난이도등급 Ⅱ에 해당하는 제조소등

제조소등의 구분	제조소등의 규모, 저장 또는 취급하는 위험물의 품명 및 최대수량 등
제조소 일반취급소	연면적 600㎡ 이상인 것
	지정수량의 10배 이상인 것(고인화점위험물만을 100℃ 미만의 온도에서 취급하는 것 및 화약류에 해당하는 위험물을 취급하는 것은 제외)
	일반취급소로서 소화난이도등급Ⅰ의 제조소등에 해당하지 아니하는 것(고인화점위험물만을 100℃ 미만의 온도에서 취급하는 것은 제외)
옥내저장소	단층건물 이외의 것
	제2류 또는 제4류의 위험물(인화성 고체 및 인화점 70℃ 미만 제외)만을 저장 · 취급하는 다층건물 또는 지정수량의 50배 이하인 소규모 옥내저장소
	지정수량의 10배 이상인 것(고인화점위험물만을 저장하는 것 및 제48조의 위험물을 저장하는 것은 제외)
	연면적 150㎡ 초과인 것
	지정수량 20배 이하의 옥내저장소로서 소화난이도등급Ⅰ의 제조소등에 해당하지 아니하는 것
옥외탱크저장소 옥내탱크저장소	소화난이도등급Ⅰ의 제조소등 외의 것(고인화점위험물만을 100℃ 미만의 온도로 저장하는 것 및 제6류 위험물만을 저장하는 것은 제외)
옥외저장소	덩어리 상태의 황을 저장하는 것으로서 경계표시 내부의 면적(2 이상의 경계표시가 있는 경우에는 각 경계표시의 내부의 면적을 합한 면적)이 5㎡ 이상 100㎡ 미만인 것
	인화성 고체, 제1석유류 또는 알코올류의 위험물을 저장하는 것으로서 지정수량의 10배 이상 100배 미만인 것
	지정수량의 100배 이상인 것(덩어리 상태의 황 또는 고인화점위험물을 저장하는 것은 제외)
주유취급소	옥내주유취급소로서 소화난이도등급Ⅰ의 제조소등에 해당하지 아니하는 것
판매취급소	제2종 판매취급소

② 소화난이도등급 II의 제조소등에 설치하여야 하는 소화설비

제조소등의 구분	소화설비
제조소 옥내저장소 옥외저장소 주유취급소 판매취급소 일반취급소	방사능력범위 내에 당해 건축물, 그 밖의 공작물 및 위험물이 포함되도록 대형수동식소화기를 설치하고, 당해 위험물의 소요단위의 1/5 이상에 해당되는 능력단위의 소형수동식소화기등을 설치할 것
옥외탱크저장소 옥내탱크저장소	대형수동식소화기 및 소형수동식소화기등을 각각 1개 이상 설치할 것

3 소화난이도등급 III

① 소화난이등급 III에 해당하는 제조소등

제조소등의 구분	제조소등의 규모, 저장 또는 취급하는 위험물의 품명 및 최대수량등
제조소 일반취급소	화약류에 해당하는 위험물을 취급하는 것
	화약류에 해당하는 위험물외의 것을 취급하는 것으로서 소화난이도등급 I 또는 소화난이도등급 II의 제조소등에 해당하지 아니하는 것
옥내저장소	화약류에 해당하는 위험물을 취급하는 것
	화약류에 해당하는 위험물외의 것을 취급하는 것으로서 소화난이도등급 I 또는 소화난이도등급 II의 제조소등에 해당하지 아니하는 것
지하탱크저장소 간이탱크저장소 이동탱크저장소	모든 대상
옥외저장소	덩어리 상태의 황을 저장하는 것으로서 경계표시 내부의 면적(2 이상의 경계표시가 있는 경우에는 각 경계표시의 내부의 면적을 합한 면적)이 5m^2 미만인 것
	덩어리 상태의 황외의 것을 저장하는 것으로서 소화난이도등급 I 또는 소화난이도등급 II의 제조소등에 해당하지 아니하는 것
주유취급소	옥내주유취급소 외의 것으로서 소화난이도등급 I의 제조소등에 해당하지 아니하는 것
제1종 판매취급소	모든 대상

② 소화난이도등급Ⅲ의 제조소등에 설치하여야 하는 소화설비

제조소등의 구분	소화설비	설치기준	
지하탱크 저장소	소형수동식소화기등	능력단위의 수치가 3 이상	2개 이상
이동탱크 저장소	자동차용소화기	무상의 강화액 8L 이상	2개 이상
		이산화탄소 3.2kg 이상	
		일브로민화일염화이플루오린화메탄(CF_2ClBr) 2L 이상	
		일브로민화삼플루오린화메탄(CF_3Br) 2L 이상	
		이브로민화사플루오린화에탄($C_2F_4Br_2$) 1L 이상	
		소화분말 3.3kg 이상	
	마른 모래 및 팽창질석 또는 팽창진주암	마른모래 150L 이상	
		팽창질석 또는 팽창진주암 640L 이상	
그 밖의 제조소등	소형수동식소화기등	능력단위의 수치가 건축물 그 밖의 공작물 및 위험물의 소요단위의 수치에 이르도록 설치할 것. 다만, 옥내소화전설비, 옥외소화전설비, 스프링클러설비, 물분무등소화설비 또는 대형수동식소화기를 설치한 경우에는 당해 소화설비의 방사능력 범위 내의 부분에 대하여는 수동식소화기등을 그 능력단위의 수치가 당해 소요단위의 수치의 1/50이상이 되도록 하는 것으로 족하다.	

제3절 경보설비

1 경보설비

화재의 발생 시 관계인 또는 일반인에게 벨, 사이렌, 방송 등으로 경보하여 화재발생을 알려주는 설비

2 경보설비의 종류

종류	정의
자동화재탐지설비	화재를 자동으로 감지하여 벨(경종), 사이렌, 섬광으로 경보하여 피난을 유도하는 설비
자동화재속보설비	자동 또는 수동으로 화재의 발생을 소방관서에 통보하거나 소방관계인에게 알려주는 설비
비상경보설비	화재발생 상황을 발신기의 누름스위치를 눌러서 수동으로 벨(경종) 또는 사이렌으로 경보하는 설비
확성장치	소리를 크게 하여 멀리까지 전달될 수 있도록 하는 장치로, 일명 스피커를 말한다.
비상방송설비	화재신호 수신 후, 화재상황을 자동 또는 수동으로 방송을 통해 알리는 설비

암기팁! 경보설비의 종류 : 자자 비비확~~

제조소등의 구분	제조소등의 규모, 저장 또는 취급하는 위험물의 종류 및 최대수량 등	경보설비
1. 제조소 및 일반취급소	• 연면적 500㎡ 이상인 것 • 옥내에서 지정수량의 100배 이상을 취급하는 것(고인화점 위험물만을 100℃ 미만의 온도에서 취급하는 것을 제외한다) • 일반취급소로 사용되는 부분 외의 부분이 있는 건축물에 설치된 일반취급소(일반취급소와 일반취급소 외의 부분이 내화구조의 바닥 또는 벽으로 개구부 없이 구획된 것을 제외한다)	자동화재탐지설비
2. 옥내저장소	• 지정수량의 100배 이상을 저장 또는 취급하는 것 (고인화점위험물만을 저장 또는 취급하는 것을 제외한다) • 저장창고의 연면적이 150㎡를 초과하는 것[연면적 150㎡ 이내마다 불연재료의 격벽으로 개구부 없이 완전히 구획된 저장창고와 제2류 위험물(인화성고체는 제외한다) 또는 제4류 위험물(인화점이 70℃ 미만인 것은 제외한다)만을 저장 또는 취급하는 저장창고는 그 연면적이 500㎡ 이상의 것을 말한다] • 처마높이가 6m 이상인 단층건물의 것 • 옥내저장소로 사용되는 부분 외의 부분이 있는 건축물에 설치된 옥내저장소[옥내저장소와 옥내저장소 외의 부분이 내화구조의 바닥 또는 벽으로 개구부 없이 구획된 것과 제2류 위험물(인화성고체는 제외한다) 또는 제4류 위험물(인화점이 70℃ 미만인 것은 제외한다)만을 저장 또는 취급 하는 것은 제외한다]	자동화재탐지설비
3. 옥내탱크저장소	단층 건물 외의 건축물에 설치된 옥내탱크저장소로서 소화난이도등급 I에 해당하는 것	자동화재탐지설비
4. 주유취급소	옥내주유취급소	자동화재탐지설비
5. 옥외탱크저장소	특수인화물, 제1석유류 및 알코올류를 저장 또는 취급하는 탱크의 용량이 1,000만리터 이상인 것	• 자동화재탐지설비 • 자동화재속보설비
6. 제1호부터 제5호까지의 규정에 따른 자동화재탐지설비 설치 대상 제조소등에 해당하지 않는 제조소등(이송취급소는 제외한다)	지정수량의 10배 이상을 저장 또는 취급하는 것	자동화재탐지설비, 비상경보설비, 확성장치 또는 비상방송설비 중 1종 이상

4   자동화재탐지설비의 기준

① 자동화재탐지설비의 경계구역은 건축물 그 밖의 공작물의 2 이상의 층에 걸치지 아니하도록 할 것. 다만, 하나의 경계구역의 면적이 500㎡ 이하이면서 당해 경계구역이 두개의 층에 걸치는 경우이거나 계단·경사로·승강기의 승강로 그 밖에 이와 유사한 장소에 연기감지기를 설치하는 경우에는 그러하지 아니하다.

② 하나의 경계구역의 면적은 600㎡ 이하로 하고 그 한 변의 길이는 50m(광전식분리형 감지기를 설치할 경우에는 100m)이하로 할 것. 다만, 당해 건축물 그 밖의 공작물의 주요한 출입구에서 그 내부의 전체를 볼 수 있는 경우에 있어서는 그 면적을 1,000㎡ 이하로 할 수 있다.

③ 자동화재탐지설비의 감지기는 지붕(상층이 있는 경우에는 상층의 바닥) 또는 벽의 옥내에 면한 부분에 유효하게 화재의 발생을 감지할 수 있도록 설치할 것

④ 자동화재탐지설비에는 비상전원을 설치할 것

제4절   피난설비

1   피난설비

화재가 발생할 경우 피난하기 위하여 사용하는 기구 또는 설비

2   유도등 설치기준

① 주유취급소 중 건축물의 2층 이상의 부분을 점포·휴게음식점 또는 전시장의 용도로 사용하는 것에 있어서는 당해 건축물의 2층 이상으로부터 주유취급소의 부지 밖으로 통하는 출입구와 당해 출입구로 통하는 통로·계단 및 출입구에 유도등을 설치하여야 한다.

② 옥내주유취급소에 있어서는 당해 사무소 등의 출입구 및 피난구와 당해 피난구로 통하는 통로·계단 및 출입구에 유도등을 설치하여야 한다.

③ 유도등에는 비상전원을 설치하여야 한다.

MEMO

PART 03
위험물 성상
및 취급

제1류 위험물 – 산화성 고체

위험등급	지정수량	품명	종류		분자식
I	50 kg	아염소산 염류 (H ClO₂)	아염소산 칼륨		$KClO_2$
			아염소산 나트륨		$NaClO_2$
			아염소산 암모늄		NH_4ClO_2
		염소산 염류 (H ClO₃)	염소산 칼륨		$KClO_3$
			염소산 나트륨		$NaClO_3$
			염소산 암모늄		NH_4ClO_3
		과염소산 염류 (H ClO₄)	과염소산 칼륨		$KClO_4$
			과염소산 나트륨		$NaClO_4$
			과염소산 암모늄		NH_4ClO_4
		무기 과산화물 (H₂ O₂)	알칼리금속의 과산화물	과산화 칼륨	K_2O_2
				과산화 나트륨	Na_2O_2
				과산화 리튬	Li_2O_2
			알칼리토금속의 과산화물	과산화 마그네슘	MgO_2
				과산화 칼슘	CaO_2
				과산화 바륨	BaO_2
II	300 kg	브로민산 염류 (H BrO₃)	브로민산 칼륨		$KBrO_3$
			브로민산 나트륨		$NaBrO_3$
			브로민산 암모늄		NH_4BrO_3
		질산 염류 (H NO₃)	질산 칼륨		KNO_3
			질산 나트륨		$NaNO_3$
			질산 암모늄		NH_4NO_3
		아이오딘산 염류 (H IO₃)	아이오딘산 칼륨		KIO_3
			아이오딘산 나트륨		$NaIO_3$
			아이오딘산 아연		$ZnIO_3$
III	1000 kg	과망가니즈산 염류 (H MnO₄)	과망가니즈산 칼륨		$KMnO_4$
			과망가니즈산 나트륨		$NaMnO_4$
		다이크로뮴산 염류 (H₂ Cr₂O₇)	다이크로뮴산 칼륨		$K_2Cr_2O_7$
			다이크로뮴산 나트륨		$Na_2Cr_2O_7$
			다이크로뮴산 암모늄		$(NH_4)_2Cr_2O_7$
I, II, III	50 kg	① 차아염소산염류			
	300 kg	② 과아이오딘산염류 ③ 과아이오딘산 ④ 크로뮴, 납 또는 아이오딘의 산화물 ⑤ 아질산염류 ⑥ 염소화아이소사이아누르산 ⑦ 퍼옥소이황산염류 ⑧ 퍼옥소붕산염류			

제2류 위험물 – 가연성 고체

위험등급	지정수량	품명	종류	분자식
II	100kg	황화인	삼황화인	P_4S_3
			오황화인	P_2S_5
			칠황화인	P_4S_7
		적린		P
		황	단사황	S
			사방황	
			고무상황	
III	500kg	철분		Fe
		금속분	알루미늄분, 아연분, 안티몬분, 주석분, 크로뮴분	Al, Zn, Sb, Sn, Cr
		마그네슘		Mg
III	1000kg	인화성 고체	고형알코올, 래커퍼티, 메타알데하이드, 제3부틸알콜	

제3류 위험물 – 자연발화성 물질 및 금수성 물질

위험등급	지정수량	품명	종류	분자식
I	10kg	칼륨		K
		나트륨		Na
		알킬 알루미늄 알킬기(CnH_{2n+1})+Al	트라이메틸 알루미늄[TMA]	$(CH_3)_3Al$
			트라이에틸 알루미늄[TEA]	$(C_2H_5)_3Al$
			트라이프로필알루미늄[TPA]	$(C_3H_7)_3Al$
			트라이부틸 알루미늄[TBA]	$(C_4H_9)_3Al$
		알킬 리튬 알킬기(CnH_{2n+1})+Li	메틸 리튬	CH_3Li
			에틸 리튬	C_2H_5Li
			부틸 리튬	C_4H_9Li
I	20kg	황린		P_4
II	50kg	알칼리금속 (칼륨 및 나트륨 제외)	리튬, 루비듐, 세슘, 프란슘	Li, Rb, Cs, Fr
		알칼리토금속	베릴륨, 칼슘, 스트론튬, 바륨, 라듐	Be, Ca, Sr, Ba, Ra
		유기금속 화합물 (알킬알루미늄 및 알킬리튬 제외)	다이메틸텔루륨	$Te(CH_3)_2$
			다이에틸텔루륨	$Te(C_2H_5)_2$
			다이메틸아연	$Zn(CH_3)_2$
			다이에틸아연	$Zn(C_2H_5)_2$
III	300kg	금속의 수소화물 (금속 + H)	수소화 리튬	LiH
			수소화 나트륨	NaH
			수소화 칼슘	CaH_2
		금속의 인화물 (금속 + P)	인화 칼슘	Ca_3P_2
			인화 알루미늄	AlP
			인화 아연	Zn_3P_2
		칼슘 또는 알루미늄의 탄화물 (Ca, Al 등 + C)	탄화 칼슘	CaC_2
			탄화 알루미늄	Al_4C_3
			탄화 망가니즈	Mn_3C
III	300kg	염소화 규소 화합물		

💡 제4류 위험물 – 인화성 액체

위험등급	지정수량	품명	종류	분자식
I	50L	특수인화물	다이에틸에터	$C_2H_5OC_2H_5$
			이황화탄소	CS_2
			아세트알데하이드	CH_3CHO
			산화프로필렌	CH_3CHOCH_2
			아이소프로필아민	$(CH_3)_2CHNH_2$
			아이소프렌	$CH_2C(CH_3)CHCH_2$
			펜타보란	B_5H_9
II	200L	제1석유류 (비수용성)	휘발유(가솔린)	$C_5 \sim C_9$
			벤젠(벤졸)	C_6H_6
			톨루엔(메틸벤젠)	$C_6H_5CH_3$
			오르토-크실렌(다이메틸벤젠)	$C_6H_4(CH_3)_2$
			메틸에틸케톤(MEK)	$CH_3COC_2H_5$
			초산메틸	CH_3COOCH_3
			초산에틸	$CH_3COOC_2H_5$
			초산프로필	$CH_3COOC_3H_7$
			의산메틸	$HCOOCH_3$
			의산에틸	$HCOOC_2H_5$
			의산프로필	$HCOOC_3H_7$
	400L	제1석유류 (수용성)	아세톤(다이메틸케톤)	CH_3COCH_3
			피리딘(아딘)	C_5H_5N
			사이안화수소(청산)	HCN
			아세토니트릴	CH_3CN
II	400L	알코올류 (수용성)	메틸알코올(메탄올)	CH_3OH
			에틸알코올(에탄올)	C_2H_5OH
			프로필알코올(프로판올)	C_3H_7OH
			아이소프로필알코올	$(CH_3)_2CHOH$
III	1000L	제2석유류 (비수용성)	등유(케로신)	$C_9 \sim C_{18}$
			경유(디젤유)	$C_{15} \sim C_{20}$
			스티렌(비닐벤젠)	$C_6H_5CHCH_2$
			장뇌유	$C_6H_{16}O$
			클로로벤젠(염화페닐, 염화벤젠)	C_6H_5Cl
			벤즈알데하이드	C_6H_5CHO
	2000L	제2석유류 (수용성)	초산(아세트산)	CH_3COOH
			의산(개미산, 포름산)	$HCOOH$
			에틸셀르솔브	$C_2H_5OCH_2CH_2OH$
			하이드라진	N_2H_4
			아크릴산	$CH_2CHCOOH$

위험등급	지정수량	품명	종류	분자식
Ⅲ	2000L	제3석유류 (비수용성)	중유(헤비오일)	
			클레오소오트유(타르유)	
			나이트로벤젠	$C_6H_5NO_2$
			아닐린(아미노벤젠)	$C_6H_5NH_2$
			메타크레졸	$C_6H_4(CH_3)OH$
			염화벤조일	C_6H_5COCl
	4000L	제3석유류 (수용성)	에틸렌글리콜	$C_2H_4(OH)_2$
			글리세린	$C_3H_5(OH)_3$
Ⅲ	6000L	제4석유류	기어유, 실린더유, 윤활유, 가소제, 기계유	
Ⅲ	10,000L	동식물유류	건성유(아이오딘값 130 이상)	
			반건성유(아이오딘값 100 이상 130 미만)	
			불건성유(아이오딘값 100 미만)	

💡 **제5류 위험물 – 자기반응성 물질**

위험등급	지정수량	품명	종류	분자식
Ⅰ : 10kg Ⅱ : 100kg	제1종 : 10kg 제2종 : 100kg	유기과산화물	과산화벤조일(벤조일퍼옥사이드)	$(C_6H_5CO)_2O_2$
			과산화메틸에틸케톤 (MEKPO, 메틸에틸케톤퍼옥사이드)	$(CH_3COC_2H_5)_2O_2$
		질산에스터류	질산메틸	CH_3ONO_2
			질산에틸	$C_2H_5ONO_2$
			나이트로셀룰로오스 (질화면, NC)	$(C_6H_7O_2(ONO_2)_3)n$
			나이트로글리세린(NG)	$C_3H_5(ONO_2)_3$
			나이트로글리콜	$C_2H_4(ONO_2)_2$
		하이드록실아민		
		하이드록실아민염류	황산하이드록실아민, 염산하이드록실아민	
		나이트로화합물	트라이나이트로톨루엔(TNT)	$C_6H_2CH_3(NO_2)_3$
			트라이나이트로페놀 (피크린산, TNP)	$C_6H_2OH(NO_2)_3$
		나이트로소화합물	파라다이나이트로소벤젠, 다이나이트로소레조르신	
		아조화합물	아조벤젠, 아조다이카본아마이드	
		다이아조화합물	다이아조다이나이트로페놀, 에틸다이아조아세테이트	
		하이드라진유도체	황산하이드라진, 메틸하이드라진	
		① 금속의 아지화합물 ② 질산구아니딘		

💡 제6류 위험물 – 산화성 액체

위험등급	지정수량	품명	종류	분자식
I	300 kg	과염소산		$HClO_4$
		과산화수소		H_2O_2
		질산		HNO_3
I	300 kg	할로젠간 화합물	삼플루오린화 브로민	BrF_3
			오플루오린화 브로민	BrF_5
			오플루오린화 아이오딘	IF_5

CHAPTER 01 제1류 위험물 - 산화성 고체

제1절 품명, 지정수량 및 위험등급

성질	품명	지정수량	위험등급
산화성 고체	1. 아염소산염류	50 kg	I
	2. 염소산염류		
	3. 과염소산염류		
	4. 무기과산화물		
	5. 브로민산염류	300 kg	II
	6. 질산염류		
	7. 아이오딘산염류		
	8. 과망가니즈산염류	1,000 kg	III
	9. 다이크로뮴산염류		
	10. 그 밖에 행정안전부령으로 정하는 것 ① 과아이오딘산염류 ② 과아이오딘산 ③ 크로뮴, 납 또는 아이오딘의 산화물 ④ 아질산염류 ⑤ 차아염소산염류 ⑥ 염소화아이소사이아누르산 ⑦ 퍼옥소이황산염류 ⑧ 퍼옥소붕산염류	50 kg (차아염소산염류) 300 kg (그 외)	I, II, III
	11. 제1호 내지 제10호의 어느 하나 이상을 함유한 것	50 kg, 300 kg, 1000 kg	

1 일반적 성질

① 대부분이 무색결정 또는 백색분말이다.

② 산소를 많이 포함하고 있으며(강산화제), 모두 무기화합물이다.

③ 불연성이므로 화합물 상태에서는 안정하다.

④ 가열 · 충격 · 마찰 등에 의해 분해되어 산소를 발생한다.

⑤ 비중이 1보다 크며(물보다 무겁다), 대부분이 물에 잘 녹는다.

⑥ 조해성(공기 중의 수분을 흡수하여 녹는 성질)과 조연성이 있다.

2 저장 및 취급방법

① 분해를 억제하기 위해 가열 · 충격 · 마찰을 피한다.

② 가연물(2류~5류 위험물)과 혼합하면 연소 또는 폭발의 위험이 있으므로, 가연물과 접촉 및 혼합을 피한다.

③ 조해성을 가지므로 밀폐용기에 저장하여 공기노출을 금지한다.

④ 분해를 촉진하는 물품과 접촉을 피한다.

⑤ 무기과산화물(알칼리금속의 과산화물)은 물과 반응하여 산소를 방출하고 발열하므로 주의해야 한다.

⑥ 복사열이 없고, 환기가 잘되는 서늘한 곳에 저장한다.

3 소화방법

① 주수에 의한 냉각소화를 한다.(∵분해온도 이하로 유지하기 위해)

② 무기과산화물은 탄산수소염류(금속화재용) 분말소화약제, 건조사(마른모래), 팽창질석, 팽창진주암 등에 의한 질식소화를 한다.(수계 및 가스계 소화설비 사용금지)

1 아염소산염류 < 지정수량 : 50kg >

아염소산($HClO_2$)의 수소가 금속 또는 양이온으로 치환된 화합물

1. 아염소산칼륨[$KClO_2$]

분자량	비중	융점(℃)	분해온도(℃)
106.5	-	-	160

① 일반적 성질
- 백색의 바늘모양 결정이다.
- 물에 잘 녹으며 조해성이 있다.

② 위험성
- 분해온도 이상에서 산소를 발생시킨다.
- 열, 햇빛, 충격 등으로 폭발의 위험이 있다.

③ 저장 및 취급방법
- 강산류 및 가연성 물질과 접촉을 피한다.
- 환기가 잘 되는 냉암소에 보관한다.

④ 소화방법

물에 의한 냉각소화를 한다.

⑤ 분해반응식

$KClO_2$(아염소산칼륨) → KCl(염화칼륨) + O_2(산소)

2. 아염소산나트륨[$NaClO_2$]

분자량	비중	융점(℃)	분해온도(℃)
90.5	-	180-200	130-140

① 일반적 성질
- 백색의 결정성 분말로 물에 잘 녹으며 약간의 조해성이 있다.
- 살균제, 표백제의 용도로 사용된다.

② 위험성
- 가열에 의해 분해하여 산소를 발생시킨다.
- 산을 가하면 이산화염소(ClO_2)를 발생시킨다.

③ 저장 및 취급방법

- 취급 시 충격, 마찰을 피한다.
- 환기가 잘 되는 냉암소에 보관한다.

④ 소화방법

- 물에 의한 냉각소화를 한다.

⑤ 화학반응식

- 분해반응식

$NaClO_2$(아염소산나트륨) → $NaCl$(염화나트륨) + O_2(산소)

- 염산과의 반응식

$3NaClO_2$(아염소산나트륨) + $2HCl$(염산) → $3NaCl$(염화나트륨) + $2ClO_2$(이산화염소) + H_2O_2(과산화수소)

2 염소산염류 < 지정수량 : 50kg >

염소산($HClO_3$)의 수소가 금속 또는 양이온으로 치환된 화합물

1. 염소산칼륨[$KClO_3$]

분자량	비중	융점(℃)	분해온도(℃)
122.5	2.33	368	400

① 일반적 성질

- 무색, 무취의 결정 또는 분말이다.
- 온수, 글리세린에는 녹지만 냉수, 알코올에는 녹지 않는다.

② 위험성

- 가열에 의해 분해하여 산소를 발생시킨다.
- 황산과 격렬하게 반응하여 유독성 기체인 이산화염소를 발생시킨다.

③ 저장 및 취급방법

- 취급 시 충격, 마찰을 피한다.
- 환기가 잘되는 냉암소에 보관한다.

④ 소화방법

물에 의한 냉각소화를 한다.

⑤ 화학반응식

- 분해반응식

$2KClO_3$(염소산칼륨) → $2KCl$(염화칼륨) + $3O_2$(산소)

- 황산과의 반응식

$6KClO_3$(염소산칼륨) + $3H_2SO_4$(황산)

→ $2HClO_4$(과염소산) + $3K_2SO_4$(황산칼륨) + $4ClO_2$(이산화염소) + $2H_2O$(물)

2. 염소산나트륨[NaClO₃]

분자량	비중	융점(℃)	분해온도(℃)
106.5	2.5	250	300

① 일반적 성질
- 무색, 무취의 결정 또는 분말로... 물, 알코올, 에터, 글리세린에 잘 녹는다.
- 조해성 및 흡습성이 강하다.

② 위험성
- 가열에 의해 분해하여 산소를 방출한다.
- 산과 반응하면 이산화염소를 발생시킨다.
- 강력한 산화제로 철제용기를 부식시킨다.

③ 저장 및 취급방법

가열, 충격, 마찰을 피하며... 건조하고 환기가 잘되는 냉암소에 보관한다.

④ 소화방법

물에 의한 냉각소화를 한다.

⑤ 화학반응식
- 분해반응식

$2NaClO_3$(염소산나트륨) $\rightarrow 2NaCl$(염화나트륨) $+ 3O_2$(산소)
- 황산과의 반응식

$2NaClO_3$(염소산나트륨) $+ H_2SO_4$(황산)

$\rightarrow Na_2SO_4$(황산나트륨) $+ 2ClO_2$(이산화염소) $+ H_2O_2$(과산화수소)

3. 염소산암모늄[NH₄ClO₃]

분자량	비중	융점(℃)	분해온도(℃)
101.5	-	-	100

① 일반적 성질
- 무색의 결정으로 물에 잘 녹고, 조해성이 있다.
- 화약, 불꽃류 등의 원료로 사용된다.

② 위험성
- 불안정하여 상온에서 폭발하기도 한다.
- 가열에 의해 분해하여 질소, 염소, 산소 및 물이 발생한다.
- 수용액은 산성이며, 금속부식성이 있다.

③ 저장 및 취급방법

- 취급 시 가열, 충격, 마찰을 피한다.
- 환기가 잘되는 냉암소에 보관한다.

④ 소화방법

물에 의한 냉각소화를 한다.

⑤ 분해반응식

$2NH_4ClO_3$(염소산암모늄) $\rightarrow N_2$(질소) $+ Cl_2$(염소) $+ O_2$(산소) $+ 4H_2O$(물)

3 과염소산염류 < 지정수량 : 50kg >

과염소산($HClO_4$)의 수소가 금속 또는 양이온으로 치환된 화합물

1. 과염소산칼륨[$KClO_4$]

분자량	비중	융점(℃)	분해온도(℃)
138.5	2.5	610	400

① 일반적 성질

- 무색, 무취의 결정으로 물, 알코올, 에터에 녹지 않는다.
- 화약, 폭약, 섬광제 등에 쓰인다.

② 위험성

- 가열에 의해 분해하여 산소를 발생시킨다.
- 유기물, 목탄, 금속분 등과 혼합되어 있을 때 충격이나 마찰에 의해서 폭발할 수 있다.
- 진한 황산과 접촉하면 폭발 위험이 있다.

③ 저장 및 취급방법

- 가연성 물질의 혼입을 방지한다.
- 환기가 잘되는 냉암소에 보관한다.

④ 소화방법

물에 의한 냉각소화를 한다.

⑤ 분해반응식

$KClO_4$(과염소산칼륨) $\rightarrow KCl$(염화칼륨) $+ 2O_2$(산소)

2. 과염소산나트륨[NaClO₄]

분자량	비중	융점(℃)	분해온도(℃)
122.5	2.5	480	400

① 일반적 성질
- 무색, 무취의 결정으로 물에 녹으며 조해성이 있다.
- 화약, 폭약, 로켓의 연료 등에 사용된다.

② 위험성
- 가열하면 분해하여 산소가 발생한다.
- 산화제이며, 수용액은 강한 산화성이 있다.

③ 저장 및 취급방법
- 가연성 물질의 혼입을 방지한다.
- 건조하고 환기가 잘되는 냉암소에 보관한다.

④ 소화방법

　물에 의한 냉각소화를 한다.

⑤ 분해반응식

　$NaClO_4$(과염소산나트륨) → $NaCl$(염화나트륨) + $2O_2$(산소)

3. 과염소산암모늄[NH₄ClO₄]

분자량	비중	융점(℃)	분해온도(℃)
117.5	1.87	–	130

① 일반적 성질
- 무색, 무취의 결정이며 물, 알코올에 녹지만 에터에는 녹지 않는다.
- 폭약이나 성냥 원료로 쓰인다.

② 위험성
- 130℃ 이상에서 분해 시 질소, 염소, 산소 및 물이 발생한다.
- 황산과 반응하여 황산수소암모늄과 과산화수소를 발생시킨다.
- 가연성물질과 혼합하면 강한 충격이나 마찰에 의해 폭발의 위험이 있다.

③ 저장 및 취급방법

　환기가 잘되는 냉암소에 보관한다.

④ 소화방법

　물에 의한 냉각소화를 한다.

⑤ 화학반응식

- 분해반응식

  $2NH_4ClO_4$(과염소산암모늄) $\rightarrow N_2$(질소) $+ Cl_2$(염소) $+ 2O_2$(산소) $+ 4H_2O$(물)

- 황산과의 반응식

  NH_4ClO_4(과염소산암모늄) $+ H_2SO_4$(황산) $\rightarrow NH_4HSO_4$(황산수소암모늄) $+ HClO_4$(과염소산)

4 무기과산화물 < 지정수량 : 50kg >

과산화수소(H_2O_2)의 수소가 금속으로 치환된 화합물

1. 과산화칼륨[K_2O_2]

분자량	비중	융점(℃)	분해온도(℃)
110	2.9	490	490

① 일반적 성질

- 무색 또는 오렌지색의 분말로 알코올에 잘 녹으며 흡습성이 있다.
- 표백제, 살균제, 소독에 등에 쓰인다.

② 위험성

- 가열하면 분해하여 산화칼륨과 산소가 발생한다.
- 물과 반응하면 발열하면서 수산화칼륨과 산소를 방출한다.
- 공기 중의 이산화탄소(탄산가스)와 반응하여 탄산염을 생성한다.
- 산과 반응하여 과산화수소를 생성한다.

③ 저장 및 취급방법

- 가열 · 충격 · 마찰 및 가연성 물질과의 접촉을 피한다.
- 건조하고 환기가 잘되는 냉암소에 보관한다.

④ 소화방법

마른모래, 팽창질석, 팽창진주암 등에 의한 질식소화를 한다.

⑤ 화학반응식

- 분해반응식

  $2K_2O_2$(과산화칼륨) $\rightarrow 2K_2O$(산화칼륨) $+ O_2$(산소)

- 물과의 반응식

  $2K_2O_2$(과산화칼륨) $+ 2H_2O$(물) $\rightarrow 4KOH$(수산화칼륨) $+ O_2$(산소)

- 이산화탄소와의 반응식

  $2K_2O_2$(과산화칼륨) $+ 2CO_2$(이산화탄소) $\rightarrow 2K_2CO_3$(탄산칼륨) $+ O_2$(산소)

- 초산과의 반응식

  K_2O_2(과산화칼륨) $+ 2CH_3COOH$(초산) $\rightarrow 2CH_3COOK$(초산칼륨) $+ H_2O_2$(과산화수소)

2. 과산화나트륨[Na$_2$O$_2$]

분자량	비중	융점(℃)	분해온도(℃)
78	2.8	460	460

① 일반적 성질
- 보통은 황색의 분말(순수한 것은 백색)로 알코올에 녹지 않으며 조해성이 있다.
- 산화제, 살균제, 소독제, CO 및 CO$_2$ 제거제 등에 사용된다.

② 위험성
- 가열하면 분해하여 산화나트륨과 산소가 발생한다.
- 물과 반응하면 발열하면서 수산화나트륨과 산소를 방출한다.
- 공기 중의 이산화탄소(탄산가스)와 반응하여 탄산염을 생성한다.
- 산과 반응하여 과산화수소를 생성한다.

③ 저장 및 취급방법
- 가열 · 충격 · 마찰 및 가연성 물질과의 접촉을 피한다.
- 건조하고 환기가 잘되는 냉암소에 보관한다.

④ 소화방법

마른모래, 팽창질석, 팽창진주암 등에 의한 질식소화를 한다.

⑤ 화학반응식
- 분해반응식

  $2Na_2O_2$(과산화나트륨) → $2Na_2O$(산화나트륨) + O_2(산소)
- 물과의 반응식

  $2Na_2O_2$(과산화나트륨) + $2H_2O$(물) → $4NaOH$(수산화나트륨) + O_2(산소)
- 이산화탄소와의 반응식

  $2Na_2O_2$(과산화나트륨) + $2CO_2$(이산화탄소) → $2Na_2CO_3$(탄산나트륨) + O_2(산소)
- 초산과의 반응식

  Na_2O_2(과산화나트륨) + $2CH_3COOH$(초산) → $2CH_3COONa$(초산나트륨) + H_2O_2(과산화수소)

3. 과산화바륨[BaO$_2$]

분자량	비중	융점(℃)	분해온도(℃)
169	4.96	450	840

① 일반적 성질
- 백색의 정방정계 분말로 표백제, 산화제, 테르밋의 점화제 등으로 사용된다.
- 알칼리토금속의 과산화물 중 매우 안정하다.

② 위험성
- 가열하면 분해하여 산화바륨과 산소가 발생한다.
- 물과 반응하면 발열하면서 수산화바륨과 산소를 방출한다.
- 산과 반응하여 과산화수소를 생성한다.

③ 저장 및 취급방법
- 유기물, 산 등과의 접촉을 피한다.
- 직사광선을 피하고, 냉암소에 둔다.

④ 소화방법

마른모래, 팽창질석, 팽창진주암 등에 의한 질식소화를 한다.

⑤ 화학반응식
- 분해반응식

  $2BaO_2$(과산화바륨) $\rightarrow$ $2BaO$(산화바륨) + O_2(산소)
- 물과의 반응식

  $2BaO_2$(과산화바륨) + $2H_2O$(물) $\rightarrow$ $2Ba(OH)_2$(수산화바륨) + O_2(산소)
- 염산과의 반응식

  BaO_2(과산화바륨) + $2HCl$(염산) $\rightarrow$ $2BaCl_2$(염화바륨) + H_2O_2(과산화수소)

4. 과산화마그네슘[MgO$_2$]

분자량	비중	융점(℃)	분해온도(℃)
56	-	223	450

① 일반적 성질
- 백색분말이며 물에 녹지 않는다.
- 산화제, 표백제, 살균제 등으로 사용된다.

② 위험성
- 가열하면 분해하여 산화마그네슘과 산소가 발생한다.
- 물과 반응하여 수산화마그네슘과 산소를 생성한다.
- 산과 반응하여 과산화수소를 생성한다.

③ 저장 및 취급방법
- 유기물질의 혼입을 막는다.
- 가열 · 충격 · 마찰을 피한다.

④ 소화방법

마른모래, 팽창질석, 팽창진주암 등에 의한 질식소화를 한다.

⑤ 화학반응식
- 분해반응식

  $2MgO_2$(과산화마그네슘) → $2MgO$(산화마그네슘) + O_2(산소)
- 물과의 반응식

  $2MgO_2$(과산화마그네슘) + $2H_2O$(물) → $2Mg(OH)_2$(수산화마그네슘) + O_2(산소)
- 염산과의 반응식

  MgO_2(과산화마그네슘) + $2HCl$(염산) → $2MgCl_2$(염화마그네슘) + H_2O_2(과산화수소)

5 브로민산염류 < 지정수량 : 300kg >

브로민산($HBrO_3$)의 수소가 금속 또는 양이온으로 치환된 화합물

1. 브로민산칼륨[$KBrO_3$]

분자량	비중	융점(℃)	분해온도(℃)
167	3.27	350	370

① 일반적 성질
- 무색의 결정으로 물에 녹지만 에탄올, 아세톤에는 녹지 않는다.
- 분석시약, 산화제 등으로 사용된다.

② 위험성
- 열분해하여 산소를 발생한다.
- 가연물과 혼합하여 가열하면 폭발한다.

③ 저장 및 취급방법

건조하고 환기가 잘되는 장소에 보관한다.

④ 소화방법

물에 의한 냉각소화를 한다.

2. 브로민산나트륨[NaBrO₃]

분자량	비중	융점(℃)	분해온도(℃)
151	3.3	381	381

① 일반적 성질
- 무색, 무취의 결정이며 물에 잘 녹는다.
- 분석시약, 산화제 등으로 사용된다.

② 위험성
- 가열하면 분해하여 산소가 발생한다.
- 가연물과 혼합, 가열 시 위험하다.

③ 저장 및 취급방법

건조하고 환기가 잘되는 장소에 보관한다.

④ 소화방법

물에 의한 냉각소화를 한다.

6 질산염류 < 지정수량 : 300kg >

질산(HNO_3)의 수소가 금속 또는 양이온으로 치환된 화합물

1. 질산칼륨[KNO₃] : 초석

분자량	비중	융점(℃)	분해온도(℃)
101	2.1	336	400

① 일반적 성질
- 무색, 무취의 결정 또는 분말로 조해성이 있다.
- 물, 글리세린에 잘 녹고 알코올에 녹지 않는다.
- 황(S), 목탄(C)과 함께 흑색 화약(KNO_3 : C : S = 75% : 15% : 10%)의 원료로 사용된다.

② 위험성
- 강력한 산화제이므로, 가연물과 접촉 시 폭발한다.
- 약 400℃에서 가열하면 분해하여 아질산칼륨과 산소를 생성한다.

③ 저장 및 취급방법
- 직사광선을 차단하고 가열, 충격, 마찰을 피한다.
- 유기물, 목탄분, 황, 강산류 등과 격리하여 보관한다.
- 건조하고 환기가 잘되는 냉암소에 보관한다.

④ 소화방법

물에 의한 냉각소화를 한다.

⑤ 분해반응식

$2KNO_3$(질산칼륨) $\rightarrow 2KNO_2$(아질산칼륨) $+ O_2$(산소)

2. 질산나트륨[$NaNO_3$] : 칠레초석, 질산소다

분자량	비중	융점(℃)	분해온도(℃)
85	2.26	308	380

① 일반적 성질
- 무색, 무취의 투명한 결정 또는 분말로 조해성이 있다.
- 물, 글리세린에 녹고 에탄올, 에터에 녹지 않는다.

② 위험성
- 강력한 산화제이므로, 가연물과 혼합하면 충격에 의해 발화할 수 있다.
- 약 380℃에서 가열하면 분해하여 아질산나트륨과 산소를 생성한다.

③ 저장 및 취급방법

건조하고 환기가 잘되는 냉암소에 보관한다.

④ 소화방법

물에 의한 냉각소화를 한다.

⑤ 분해반응식

$2NaNO_3$(질산나트륨) $\rightarrow 2NaNO_2$(아질산나트륨) $+ O_2$(산소)

3. 질산암모늄[NH_4NO_3]

분자량	비중	융점(℃)	분해온도(℃)
80	1.73	169.6	210

① 일반적 성질
- 무색, 무취의 결정으로 조해성과 흡습성이 있으며 물, 알코올에 녹는다.
- 매우 불안정하며, 물에 녹을 때 흡열반응을 일으킨다.
- ANFO(안포)폭약(경유 6% + 질산암모늄 94%)의 원료로 사용된다.

② 위험성
- 급격한 가열, 충격으로 폭발하여 질소, 산소 및 수증기를 발생한다.
- 가열 시 분해하여 산화이질소와 수증기를 생성한다.

③ 저장 및 취급방법

건조하고 환기가 잘되는 냉암소에 보관한다.

④ 소화방법

물에 의한 냉각소화를 한다.

⑤ 분해반응식

$$2NH_4NO_3(질산암모늄) \rightarrow 2N_2(질소) + O_2(산소) + 4H_2O(수증기)$$

7 아이오딘산염류 < 지정수량 : 300kg >

아이오딘산(HIO_3)의 수소가 금속 또는 양이온으로 치환된 화합물

1. 아이오딘산칼륨[KIO_3]

분자량	비중	융점(℃)	분해온도(℃)
214	3.89	560	–

① 일반적 성질
- 무색의 광택이 있는 결정성 분말이며 물에 녹고 에탄올에 녹지 않는다.
- 분석시약으로 사용되며 수용액은 중성이다.

② 위험성
- 가연물과 혼합하면 가열, 충격에 의해 폭발한다.
- 염소산염 또는 브로민산염보다는 위험성이 작다.

③ 저장 및 취급방법

가연성 물질과 격리하여 보관한다.

④ 소화방법

물에 의한 냉각소화를 한다.

2. 아이오딘산나트륨[$NaIO_3$]

분자량	비중	융점(℃)	분해온도(℃)
198	–	42	–

① 일반적 성질
- 백색의 결정성 분말이며 물, 아세톤에 녹지만 에탄올에 녹지 않는다.
- 분석시약으로 사용되며 수용액은 중성이다.

② 위험성

가연물과 혼합하면 가열, 충격에 의해 폭발한다.

③ 저장 및 취급방법

가연성 물질과 격리하여 보관한다.

④ 소화방법

물에 의한 냉각소화를 한다.

8 **과망가니즈산염류 < 지정수량 : 1,000kg >**

과망가니즈산($HMnO_4$)의 수소가 금속 또는 양이온으로 치환된 화합물

1. 과망가니즈산칼륨[$KMnO_4$]

분자량	비중	융점(℃)	분해온도(℃)
158	2.7	240	200-240

① 일반적 성질
- 흑자색 또는 적자색의 결정으로 물, 아세톤, 에탄올에 잘 녹는다.
- 수용액은 보라색이며 살균제, 소독제, 표백제 등에 사용된다.

② 위험성
- 강한 살균력과 산화력이 있으며 목탄, 황과 접촉 시 폭발할 위험성이 있다.
- 가열 시 분해하여 망가니즈산칼륨, 이산화망가니즈 및 산소를 방출한다.
- 묽은 황산과 반응하여 황산칼륨, 황산망가니즈, 물 및 산소가 발생한다.
- 진한 황산과 접촉하면 폭발적으로 반응하여 황산칼륨과 과망가니즈산을 생성한다.

③ 저장 및 취급방법
- 알코올, 에터 등 유기물과 접촉을 금한다.
- 일광을 차단하고 냉암소에 보관한다.

④ 소화방법

물에 의한 냉각소화를 한다.

⑤ 화학반응식
- 분해반응식

  $2KMnO_4$(과망가니즈산칼륨) → K_2MnO_4(망가니즈산칼륨) + MnO_2(이산화망가니즈) + O_2(산소)
- 묽은 황산과의 반응식

  $4KMnO_4$(과망가니즈산칼륨) + $6H_2SO_4$(황산)

  → $2K_2SO_4$(황산칼륨) + $4MnSO_4$(황산망가니즈) + $6H_2O$(물) + $5O_2$(산소)
- 진한 황산과의 반응식

  $2KMnO_4$(과망가니즈산칼륨) + H_2SO_4(황산) → K_2SO_4(황산칼륨) + $2HMnO_4$(과망가니즈산)

2. 과망가니즈산나트륨[NaMnO₄]

분자량	비중	융점(℃)	분해온도(℃)
142	2.47	-	170

① 일반적 성질
- 적자색 결정으로 물에 잘 녹으며 조해성이 강하다.
- 살균제, 소독제, 해독제 등에 쓰인다.

② 위험성

가열 시 분해하여 망가니즈산나트륨, 이산화망가니즈 및 산소를 방출한다.

③ 저장 및 취급방법
- 알코올, 에터 등 유기물과 접촉을 금한다.
- 일광을 차단하고 냉암소에 보관한다.

④ 소화방법

물에 의한 냉각소화를 한다.

⑤ 분해반응식

$2KMnO_4$(과망가니즈산나트륨) → K_2MnO_4(망가니즈산나트륨) + MnO_2(이산화망가니즈) + O_2(산소)

9 다이크로뮴산염류 < 지정수량 : 1,000kg >

다이크로뮴산($H_2Cr_2O_7$)의 수소가 금속 또는 양이온으로 치환된 화합물

1. 다이크로뮴산칼륨[K₂Cr₂O₇]

분자량	비중	융점(℃)	분해온도(℃)
294	2.69	398	500

① 일반적 성질
- 등적색(오렌지색)의 결정으로 쓴맛이 있고 물에는 녹지만 알코올에는 녹지 않는다.
- 산화제, 의약품, 염료 등에 사용된다.

② 위험성
- 가열 시 분해하여 크로뮴산칼륨, 삼산화제이크로뮴 및 산소를 생성한다.
- 가연물과 혼합하면 가열, 충격에 의해 폭발한다.

③ 저장 및 취급방법
- 유기물, 가연물과 격리하여 저장한다.
- 통풍이 잘 되는 냉암소에 보관한다.

④ 소화방법

물에 의한 냉각소화를 한다.

⑤ 분해반응식

$4K_2Cr_2O_7$(다이크로뮴산칼륨) → $4K_2CrO_4$(크로뮴산칼륨) + $2Cr_2O_3$(삼산화제이크로뮴) + $3O_2$(산소)

2. 다이크로뮴산나트륨[$Na_2Cr_2O_7$]

분자량	비중	융점(℃)	분해온도(℃)
262	2.52	356	400

① 일반적 성질

- 등황색의 결정으로 물에 녹고 알코올에는 녹지 않으며 조해성이 있다.
- 성냥, 염색, 의약, 화약, 목재의 방부제 등으로 사용된다.

② 위험성

- 가열 시 분해하여 크로뮴산나트륨, 삼산화제이크로뮴 및 산소를 생성한다.
- 가연물과 혼합하면 가열, 충격에 의해 폭발한다.

③ 저장 및 취급방법

- 유기물, 가연물과 격리하여 저장한다.
- 통풍이 잘 되는 냉암소에 보관한다.

④ 소화방법

물에 의한 냉각소화를 한다.

⑤ 분해반응식

$4K_2Cr_2O_7$(다이크로뮴산나트륨) → $4K_2CrO_4$(크로뮴산나트륨) + $2Cr_2O_3$(삼산화제이크로뮴) + $3O_2$(산소)

3. 다이크로뮴산암모늄[$(NH_4)_2Cr_2O_7$]

분자량	비중	융점(℃)	분해온도(℃)
252	2.15	–	185

① 일반적 성질

- 적색 또는 등적색의 판상결정으로 물, 에탄올에 녹고 아세톤에 녹지 않는다.
- 도금, 인쇄제판, 표백제 등에 사용된다.

② 위험성

- 가열 시 분해하여 삼산화제이크로뮴, 질소 및 물을 생성한다.
- 가연물과 혼합하면 가열, 충격에 의해 폭발한다.

③ 저장 및 취급방법

- 유기물, 가연물과 격리하여 저장한다.
- 통풍이 잘 되는 냉암소에 보관한다.

④ 소화방법

　물에 의한 냉각소화를 한다.

⑤ 분해반응식

　$(NH_4)_2Cr_2O_7$(다이크로뮴산암모늄) → Cr_2O_3(삼산화제이크로뮴) + N_2(질소) + $4H_2O$(물)

제2류 위험물 – 가연성 고체

제1절 품명, 지정수량 및 위험등급

성질	품명	지정수량	위험등급
가연성 고체	1. 황화인	100 kg	II
	2. 적린		
	3. 황		
	4. 철분	500 kg	III
	5. 금속분		
	6. 마그네슘		
	7. 그 밖에 행정안전부령으로 정하는 것	100 kg, 500 kg	II, III
	8. 제1호 내지 제7호의 어느 하나 이상을 함유한 것		
	9. 인화성고체	1000 kg	III

제2절 공통 특성

1 일반적 성질

① 비교적 저온에서 착화하는 가연성 고체이다.

② 대부분 연소하기 쉽고, 산화되기 쉬운 강력한 환원제이다.

③ 연소 시 연소열이 크고 연소속도가 빠르다.

④ 비중이 1보다 크며(물보다 무겁다), 대부분이 물에 녹지 않는다.

⑤ 대부분 유기화합물이다.[철분, 금속분, 마그네슘은 무기화합물(금속)]

2 > 저장 및 취급방법

① 가연물이므로 점화원, 산소공급원으로부터 격리한다.

② 산화제와의 접촉은 위험하다

③ 철분, 금속분, 마그네슘은 물 또는 산과의 접촉을 피해야 한다.

3 > 소화방법

① 주수에 의한 냉각소화를 한다.

② 철분, 금속분, 마그네슘 등은 탄산수소염류 분말소화약제, 건조사, 팽창질석, 팽창진주암 등에 의한 질식소화를 한다.

제3절 개별 특성

1 > 황화인 < 지정수량 : 100kg >

1. 삼황화인[P_4S_3]

분자량	비중	융점(℃)	비점(℃)	착화점(℃)
220	2.03	172.5	407	100

① 일반적 성질
  - 무취, 황색 결정으로 탈색제, 성냥제조 등에 쓰인다.
  - 질산, 이황화탄소에 녹지만 차가운 물, 황산, 염산에는 녹지 않는다.

② 위험성

연소 시 오산화인과 이산화황이 발생한다.

③ 저장 및 취급방법

통풍이 잘되는 냉암소에 저장한다.

④ 소화방법

물에 의한 냉각소화를 한다.

⑤ 연소반응식

P_4S_3(삼황화인) $+ 8O_2$(산소) $\rightarrow 2P_2O_5$(오산화인) $+ 3SO_2$(이산화황)

2. 오황화인[P_2S_5]

분자량	비중	융점(℃)	비점(℃)	착화점℃)
222	2.09	290	514	142

① 일반적 성질
- 담황색 결정으로 알코올, 이황화탄소에 녹으며 조해성 및 흡습성이 있다.
- 농약제조, 윤활유첨가제 등에 사용된다.

② 위험성
- 연소 시 오산화인과 이산화황이 발생한다.
- 물과 반응하여 황화수소와 인산을 생성한다.

③ 저장 및 취급방법

통풍이 잘되는 냉암소에 저장한다.

④ 소화방법

물에 의한 냉각소화를 한다.

⑤ 화학반응식
- 연소반응식

$$2P_2S_5(오황화인) + 15O_2(산소) \rightarrow 2P_2O_5(오산화인) + 10SO_2(이산화황)$$
- 물과의 반응식

$$P_2S_5(오황화인) + 8H_2O(물) \rightarrow 5H_2S(황화수소) + 2H_3PO_4(인산)$$

3. 칠황화인[P_4S_7]

분자량	비중	융점(℃)	비점(℃)	착화점(℃)
348	2.19	319	523	250

① 일반적 성질
- 담황색의 결정으로 이황화탄소에 약간 녹는다.
- 공기 중에서 습기를 흡수하는 조해성이 있다.

② 위험성
- 연소 시 오산화인과 이산화황이 발생한다.
- 냉수에서는 천천히 분해되지만 온수와는 급격하게 반응, 분해하여 황화수소와 인산을 발생한다.

③ 저장 및 취급방법

통풍이 잘되는 냉암소에 저장한다.

④ 소화방법

물에 의한 냉각소화를 한다.

⑤ 연소반응식

P_4S_7(칠황화인) + $12O_2$(산소) → $2P_2O_5$(오산화인) + $7SO_2$(이산화황)

2 적린(P) < 지정수량 : 100kg >

원자량	비중	융점(℃)	비점(℃)	착화점(℃)
31	2.2	590	–	260

① 일반적 성질

- 암적색의 분말로 브로민화인에 녹고 물, 이황화탄소에 녹지 않는다.
- 황린(P_4)과 동소체이며, 공기를 차단한 상태에서 황린을 약 260℃로 가열하여 생성한다.
- 공기 중에 방치해도 화학적으로 안정하여 자연발화 하지 않으나, 약 400℃에서 승화한다.
- 성냥, 화약, 불꽃류, 폭죽 등에 사용된다.

② 위험성

- 연소 시 오산화인을 발생한다.
- 강산화제인 염소산칼륨과 반응하여 염화칼륨과 오산화인을 생성한다.

③ 저장 및 취급방법

- 산화제와의 접촉을 피한다.
- 통풍이 잘되는 냉암소에 저장한다.

④ 소화방법

물에 의한 냉각소화를 한다.

⑤ 화학반응식

- 연소반응식

  $4P$(적린) + $5O_2$(산소) → $2P_2O_5$(오산화인)

- 염소산칼륨과의 반응식

  $6P$(적린) + $5KClO_3$(염소산칼륨) → $5KCl$(염화칼륨) + $3P_2O_5$(오산화인)

3 ▷ 황(S) < 지정수량 : 100kg >

순도가 60중량% 이상인 것

동소체	원자량	비중	융점(℃)	비점(℃)	착화점(℃)
단사황		1.95	119	445	-
사방황	32	2.07	113	-	-
고무상황		-	-	-	360

① 일반적 성질

- 황색의 결정 또는 미황색의 분말로 단사황, 사방황, 고무상황의 동소체가 있다.
- 물에 녹지 않으며 단사황과 사방황은 이황화탄소에 녹고, 고무상황은 이황화탄소에 녹지 않는다.
- 질산칼륨(KNO_3), 목탄(C)과 함께 흑색 화약(KNO_3 : C : S = 75% : 15% : 10%)의 원료로 사용된다.

② 위험성

- 미분이 공기 중에 부유하면 분진폭발의 위험성이 있다.
- 공기 중에서 연소하여 푸른색 불꽃을 내며, 아황산가스를 발생한다.

③ 저장 및 취급방법

- 가열, 충격, 마찰 등을 피한다.
- 산화성 물질과 혼합 시 폭발할 위험이 있다.

④ 소화방법

물에 의한 냉각소화를 한다.

⑤ 연소반응식

S(황) + O_2(산소) → SO_2[아황산가스(이산화황)]

4 철분(Fe) < 지정수량 : 500kg >

철의 분말로서 53마이크로미터의 표준체를 통과하는 것이 50중량% 미만인 것은 제외한다.

원자량	비중	융점(℃)	비점℃)	착화점℃)
55.85	7.86	1,535	2,750	-

① 일반적 성질
- 회백색의 광택이 나는 분말이며 강자성체이다.
- 공기 중에서 안정하나 습기가 있으면 녹이 슨다.

② 위험성
- 연소하기 쉬우며 기름기 있는 철분을 장시간 방치하면 자연발화하기 쉽다.
- 산 또는 물과 반응하여 수소를 발생시킨다.

③ 저장 및 취급방법
- 가열, 충격, 마찰 등을 피한다.
- 통풍이 잘되는 냉암소에 저장한다.

④ 소화방법

마른모래, 팽창질석, 팽창진주암 등에 의한 질식소화를 한다.

⑤ 화학반응식
- 물과의 반응식

  Fe(철) + $2H_2O$(물) → $Fe(OH)_2$(수산화철) + H_2(수소)
- 염산과의 반응식

  Fe(철) + $2HCl$(염산) → $FeCl_2$(염화제일철) + H_2(수소)

5 금속분 < 지정수량 : 500kg >

알칼리금속 · 알칼리토류금속 · 철 및 마그네슘외의 금속의 분말을 말하고, 구리분 · 니켈분 및 150마이크로미터의 체를 통과하는 것이 50중량% 미만인 것은 제외한다.

1. 알루미늄분[Al]

원자량	비중	융점(℃)	비점(℃)	착화점(℃)
27	2.7	660	2,000	-

① 일반적 성질
- 은백색의 광택이 있는 금속으로 연성과 전성이 있으며 열전도율, 전기전도도가 크다.
- 도료, 인쇄, 건축자재, 일용품, 야금 등에 사용된다.
- 황산, 묽은 염산, 묽은 질산에 침식당하지만(잘 녹으나), 진한 질산에는 침식당하지 않는다.
- 실온의 공기 중에서 표면에 산화피막이 형성되어 내부를 보호하므로 부식성이 적다.

② 위험성

- 뜨거운 물과 접촉 시 수소를 발생한다.
- 산, 알칼리수용액 등과 반응해서 수소를 발생한다.(양쪽성 원소)
- 연소하여 산화알루미늄을 생성한다.

③ 저장 및 취급방법

- 산화제와 혼합 시 가열, 충격, 마찰에 의하여 발화할 수 있다.
- 밀폐 용기에 넣어 건조한 곳에 보관한다.

④ 소화방법

마른모래, 팽창질석, 팽창진주암 등에 의한 질식소화를 한다.

⑤ 화학반응식

- 연소반응식

  $4Al$(알루미늄) + $3O_2$(산소) → $2Al_2O_3$(산화알루미늄)

- 물과의 반응식

  $2Al$(알루미늄) + $6H_2O$(물) → $2Al(OH)_3$(수산화알루미늄) + $3H_2$(수소)

- 염산과의 반응식

  $2Al$(알루미늄) + $6HCl$(염산) → $2AlCl_3$(염화알루미늄) + $3H_2$(수소)

- 수산화나트륨수용액과의 반응식

  $2Al$(알루미늄) + $2NaOH$(수산화나트륨) + $2H_2O$(물) → $2NaAlO_2$(알루민산나트륨) + $3H_2$(수소)

2. 아연분[Zn]

원자량	비중	융점(℃)	비점(℃)	착화점(℃)
65	7.14	419	907	–

① 일반적 성질

- 은백색의 광택이 있는 금속 분말이다.
- 습기가 있는 공기 중에서 표면에 산화피막을 만들어 내부를 보호한다.
- 도금, 전지, 함석판 등에 사용된다.

② 위험성

- 뜨거운 물, 산, 알칼리수용액 등과 반응해서 수소를 발생한다.(양쪽성 원소)
- 윤활유 등이 혼입되면 자연발화의 위험이 있다.

③ 저장 및 취급방법

- 산화제와 혼합 시 가열, 충격, 마찰에 의하여 발화할 수 있다.
- 밀폐 용기에 넣어 건조한 곳에 보관한다.

④ 소화방법

마른모래, 팽창질석, 팽창진주암 등에 의한 질식소화를 한다.

⑤ 화학반응식

- 물과의 반응식

  Zn(아연) + 2H$_2$O(물) → Zn(OH)$_2$(수산화아연) + H$_2$(수소)

- 염산과의 반응식

  Zn(아연) + 2HCl(염산) → ZnCl$_2$(염화아연) + H$_2$(수소)

6 마그네슘(Mg) < 지정수량 : 500kg >

마그네슘 및 마그네슘을 함유한 것 중에서 2mm의 체를 통과하지 아니하는 덩어리 상태의 것과 지름 2mm 이상의 막대 모양의 것은 제외한다.

원자량	비중	융점(℃)	비점(℃)	착화점(℃)
24	1.74	419	907	-

① 일반적 성질

- 은백색의 광택이 나는 경금속으로 알칼리토금속에 속한다.
- 열전도율 및 전기전도도가 크지만 알루미늄보다는 낮다.

② 위험성

- 강산, 온수와 반응하여 수소를 발생한다.
- 연소할 때 산화마그네슘과 열이 발생한다.
- 이산화탄소와 반응하여 산화마그네슘과 일산화탄소 또는 탄소가 생성된다.
- 질소와 반응하여 질화마그네슘을 생성한다.
- 미분이 공기 중에 부유하면 분진폭발의 위험이 있다.

③ 저장 및 취급방법

미분상태의 경우 공기 중 습기와 반응하여 자연발화 할 수 있으므로, 건조한 장소에 보관한다.

④ 소화방법

마른모래, 팽창질석, 팽창진주암 등에 의한 질식소화를 한다.

⑤ 화학반응식

- 연소반응식

    $2Mg$(마그네슘) $+ O_2$(산소) $\rightarrow 2MgO$(산화마그네슘)

- 온수와의 반응식

    Mg(마그네슘) $+ 2H_2O$(물) $\rightarrow Mg(OH)_2$(수산화마그네슘) $+ H_2$(수소)

- 황산과의 반응식

    Mg(마그네슘) $+ H_2SO_4$(황산) $\rightarrow MgSO_4$(황산마그네슘) $+ H_2$(수소)

- 이산화탄소와의 반응식

    Mg(마그네슘) $+ CO_2$(이산화탄소) $\rightarrow MgO$(산화마그네슘) $+ CO$(일산화탄소)

    $2Mg$(마그네슘) $+ CO_2$(이산화탄소) $\rightarrow 2MgO$(산화마그네슘) $+ C$(탄소)

- 질소의 반응식

    $3Mg$(마그네슘) $+ N_2$(질소) $\rightarrow Mg_3N_2$(질화마그네슘)

7 인화성고체 < 지정수량 : 1,000kg >

고형알코올 그 밖에 1기압에서 인화점이 40℃ 미만인 고체

① 고형알코올

- 등산용 고체 알코올로 합성수지를 메틸알코올과 수산화나트륨을 혼합하여 만든다.
- 인화점이 약 30℃이므로 매우 인화되기 쉽다.

② 래커퍼티

- 백색 또는 회색의 고체로 접착제, 도료 등에 사용된다.
- 인화점이 21℃ 미만이므로 상온에서 쉽게 인화성 증기를 발생한다.

제3류 위험물 – 자연발화성 물질 및 금수성 물질

제1절 품명, 지정수량 및 위험등급

성질	품명	지정수량	위험등급
자연발화성 물질 및 금수성 물질	1. 칼륨	10 kg	I
	2. 나트륨		
	3. 알킬알루미늄		
	4. 알킬리튬		
	5. 황린	20 kg	I
	6. 알칼리금속(칼륨 및 나트륨을 제외) 및 알칼리토금속	50kg	II
	7. 유기금속화합물(알킬알루미늄 및 알킬리튬을 제외)		
	8. 금속의 수소화물	300 kg	III
	9. 금속의 인화물		
	10. 칼슘 또는 알루미늄의 탄화물		
	11. 그 밖에 행정안전부령으로 정하는 것 　　염소화규소화합물	300 kg	I, II, III
	12. 제1호 내지 제11호의 어느 하나 이상을 함유한 것	10 kg, 20 kg, 50 kg, 300 kg	

제2절 | 공통 특성

1 일반적 성질

① 자연발화성 물질 : 황린이 대표적이며, 공기와 접촉 시 자연발화한다.

② 금수성 물질 : 황린을 제외하고 모두 금속이며, 모든 금속이 금수성 물질이다.(대부분 무기화합물이다)

③ 알킬알루미늄, 알킬리튬 계열은 액체금속이고 대부분은 고체금속이다.

④ 황린을 제외한 금수성 물질은 물과 접촉하여 발열하고, 가연성 가스를 발생한다.

2 저장 및 취급방법

① 황린은 물속에 저장한다.

② 용기는 밀전하고 공기, 물과의 접촉을 피한다.

3 소화방법

① 자연발화성 물질인 황린은 물에 의한 냉각소화를 한다.

② 금수성 물질은 탄산수소염류 분말소화약제, 건조사, 팽창질석, 팽창진주암 등에 의한 질식소화를 한다.

제3절 | 개별 특성

1 칼륨(K) < 지정수량 : 10kg >

원자량	비중	융점(℃)	비점(℃)	착화점(℃)
39	0.857	63.5	762	–

① 일반적 성질

- 은백색 광택의 무른 경금속이다.
- 가열하면 보라색 불꽃을 내며 연소한다.
- 화학적으로 활성이 크며 조해성 및 흡습성이 있다.

② 위험성

- 공기 중에서 수분과 반응하여 수산화칼륨과 수소를 생성한다.
- 산, 알코올과 반응하여 수소를 발생시킨다.
- 알코올과 반응하여 칼륨에틸라이트와 수소를 발생시킨다.
- 이산화탄소, 사염화탄소와 폭발적으로 반응한다.

③ 저장 및 취급방법
- 공기 중 수분 또는 산소와의 접촉을 막기 위하여 등유, 경유, 유동파라핀 등 보호액에 저장한다.
- 피부에 닿으면 화상을 입는다.
- 가급적 소량으로 나누어 저장한다.

④ 소화방법

마른모래, 팽창질석, 팽창진주암 등에 의한 질식소화를 한다.

⑤ 화학반응식
- 연소반응식

$4K$(칼륨) $+ O_2$(산소) $\rightarrow 2K_2O$(산화칼륨)
- 물과의 반응식

$2K$(칼륨) $+ 2H_2O$(물) $\rightarrow 2KOH$(수산화칼륨) $+ H_2$(수소)
- 에틸알코올과의 반응식

$2K$(칼륨) $+ 2C_2H_5OH$(에틸알코올) $\rightarrow 2C_2H_5OK$(칼륨에틸레이트) $+ H_2$(수소)
- 이산화탄소와의 반응식

$4K$(칼륨) $+ 3CO_2$(이산화탄소) $\rightarrow 2K_2CO_3$(탄산칼륨) $+ C$(탄소)
- 사염화탄소와의 반응식

$4K$(칼륨) $+ CCl_4$(사염화탄소) $\rightarrow 4KCl$(염화칼륨) $+ C$(탄소)

2 나트륨(Na) < 지정수량 : 10kg >

원자량	비중	융점(℃)	비점(℃)	착화점(℃)
23	0.97	97.8	880	–

① 일반적 성질
- 은백색 광택의 무른 경금속이다.
- 가열하면 노란색 불꽃을 내며 연소한다.
- 화학적으로 활성이 크며 조해성 및 흡습성이 있다.

② 위험성
- 공기 중에서 수분과 반응하여 수산화나트륨과 수소를 생성한다.
- 산, 알코올과 반응하여 수소를 발생시킨다.
- 알코올과 반응하여 나트륨에틸라이트와 수소를 발생시킨다.
- 이산화탄소, 사염화탄소와 폭발적으로 반응한다.

③ 저장 및 취급방법
- 공기 중 수분 또는 산소와의 접촉을 막기 위하여 등유, 경유, 유동파라핀 등 보호액에 저장한다.
- 피부에 닿으면 화상을 입는다.
- 가급적 소량으로 나누어 저장한다.

④ 소화방법

마른모래, 팽창질석, 팽창진주암 등에 의한 질식소화를 한다.

⑤ 화학반응식

- 연소반응식

$4Na$(나트륨) $+ O_2$(산소) $\rightarrow 2Na_2O$(산화나트륨)

- 물과의 반응식

$2Na$(나트륨) $+ 2H_2O$(물) $\rightarrow 2NaOH$(수산화나트륨) $+ H_2$(수소)

- 에틸알코올과의 반응식

$2Na$(나트륨) $+ 2C_2H_5OH$(에틸알코올) $\rightarrow 2C_2H_5ONa$(나트륨에틸레이트) $+ H_2$(수소)

- 이산화탄소의 반응식

$4Na$(나트륨) $+ 3CO_2$(이산화탄소) $\rightarrow 2Na_2CO_3$(탄산나트륨) $+ C$(탄소)

- 사염화탄소와의 반응식

$4Na$(나트륨) $+ CCl_4$(사염화탄소) $\rightarrow 4NaCl$(염화나트륨) $+ C$(탄소)

3 알킬알루미늄 < 지정수량 : 10kg >

알킬기($R : C_nH_{2n+1}$)와 알루미늄(Al)의 화합물

1. 트라이에틸알루미늄$[(C_2H_5)_3Al]$: TEA

분자량	비중	융점(℃)	비점(℃)	착화점(℃)
114	0.837	-52.5	194	-

① 일반적 성질

- 무색투명한 가연성의 액체로 공기와 접촉 시 자연발화의 위험성이 있다.
- 로켓연료, 중합촉매, 환원제 등에 사용된다.

② 위험성

- 연소하여 산화알루미늄, 이산화탄소 및 물을 생성한다.
- 물과 격렬하게 반응하여 수산화알루미늄과 에탄을 발생한다.
- 산, 알코올 등과 폭발적으로 반응한다.
- 염소와 반응하여 염화알루미늄과 염화에틸을 생성한다.

③ 저장 및 취급방법

- 저장용기 상부에는 질소, 아르곤 등의 불연성 가스를 봉입한다.
- 희석제로 벤젠, 헥산, 헵탄 등을 사용한다.
- 통풍이 잘 되는 건조한 냉암소에 저장한다.

④ 소화방법

마른모래 등에 의한 질식소화를 한다.

제3류 위험물 - 자연발화성 물질 및 금수성 물질

⑤ 화학반응식

- 연소반응식

  $2(C_2H_5)_3Al(트라이에틸알루미늄) + 21O_2(산소) \rightarrow Al_2O_3(산화알루미늄) + 15H_2O(물) + 12CO_2(이산화탄소)$

- 물과의 반응식

  $(C_2H_5)_3Al(트라이에틸알루미늄) + 3H_2O(물) \rightarrow Al(OH)_3(수산화알루미늄) + 3C_2H_6(에탄)$

- 메틸알코올과의 반응식

  $(C_2H_5)_3Al(트라이에틸알루미늄) + 3CH_3OH(메틸알코올)$

  $\rightarrow (CH_3O)_3Al(알루미늄메틸레이트) + 3C_2H_6(에탄)$

- 염산과의 반응식

  $(C_2H_5)_3Al(트라이에틸알루미늄) + 3HCl(염산) \rightarrow AlCl_3(염화알루미늄) + 3C_2H_6(에탄)$

- 염소와의 반응식

  $(C_2H_5)_3Al(트라이에틸알루미늄) + 3Cl_2(염소) \rightarrow AlCl_3(염화알루미늄) + 3C_2H_5Cl(염화에틸)$

2. 트라이메틸알루미늄[$(CH_3)_3Al$] : TMA

분자량	비중	융점(℃)	비점(℃)	착화점(℃)
72	2.5	15	126	–

① 일반적 성질

- 무색투명한 가연성의 액체로 공기와 접촉 시 자연발화의 위험성이 있다.
- 반도체, 알루미늄 도금 등에 사용된다.

② 위험성

- 연소하여 산화알루미늄, 이산화탄소 및 물을 생성한다.
- 물과 격렬하게 반응하여 수산화알루미늄과 메탄을 발생한다.
- 산, 알코올 등과 폭발적으로 반응한다.

③ 저장 및 취급방법

- 저장용기 상부에는 질소, 아르곤 등의 불연성 가스를 봉입한다.
- 희석제로 벤젠, 헥산, 헵탄 등을 사용한다.
- 통풍이 잘 되는 건조한 냉암소에 저장한다.

④ 소화방법

마른모래 등에 의한 질식소화를 한다.

⑤ 화학반응식

- 연소반응식

    $2(CH_3)_3Al$(트라이메틸알루미늄) $+ 12O_2$(산소) $\rightarrow Al_2O_3$(산화알루미늄) $+ 9H_2O$(물) $+ 6CO_2$(이산화탄소)

- 물과의 반응식

    $(CH_3)_3Al$(트라이메틸알루미늄) $+ 3H_2O$(물) $\rightarrow Al(OH)_3$(수산화알루미늄) $+ 3CH_4$(메탄)

- 메틸알코올과의 반응식

    $(CH_3)_3Al$(트라이메틸알루미늄) $+ 3CH_3OH$(메틸알코올)

    $\rightarrow (CH_3O)_3Al$(알루미늄메틸레이트) $+ 3CH_4$(메탄)

- 염산과의 반응식

    $(CH_3)_3Al$(트라이메틸알루미늄) $+ 3HCl$(염산) $\rightarrow AlCl_3$(염화알루미늄) $+ 3CH_4$(메탄)

4 알킬리튬 < 지정수량 : 10kg >

알킬기($R : C_nH_{2n+1}$)와 리튬(Li)의 화합물

1. 부틸리튬[C_4H_9Li]

① 일반적 성질

- 무색의 가연성 액체로, 휘발성이 크며, 자극성이 있다.
- 탄화수소나 다른 비극성 액체에 잘 녹는다.

② 위험성

- 점화원에 의해 역화의 위험이 있다.
- 물과 격렬하게 반응하여 부탄을 발생한다.

③ 저장 및 취급방법

- 저장용기 상부에는 질소, 아르곤 등의 불연성 가스를 봉입한다.
- 희석제로 벤젠, 헥산, 헵탄 등을 사용한다.
- 통풍이 잘 되는 건조한 냉암소에 저장한다.

④ 소화방법

마른모래 등에 의한 질식소화를 한다.

⑤ 물과의 반응식

C_4H_9Li(부틸리튬) $+ H_2O$(물) $\rightarrow LiOH$(수산화리튬) $+ C_4H_{10}$(부탄)

2. 메틸리튬[CH₃Li]

① 일반적 성질

- 무색의 가연성 액체이다.
- 공기와 접촉 시 자연발화의 위험성이 있다.

② 위험성

- 산, 가연성 물질, 할로젠 등과 혼합 시 폭발할 수도 있다.
- 물과 격렬하게 반응하여 메탄을 발생한다.

③ 저장 및 취급방법

- 저장용기 상부에는 질소, 아르곤 등의 불연성 가스를 봉입한다.
- 희석제로 벤젠, 헥산, 헵탄 등을 사용한다.
- 통풍이 잘 되는 건조한 냉암소에 저장한다.

④ 소화방법

마른모래 등에 의한 질식소화를 한다.

⑤ 물과의 반응식

CH_3Li(메틸리튬) + H_2O(물) → $LiOH$(수산화리튬) + CH_4(메탄)

5 황린(P_4) < 지정수량 : 20kg >

분자량	비중	융점(℃)	비점(℃)	착화점(℃)
124	1.82	44	280	34

① 일반적 성질

- 백색 또는 담황색의 고체로, 마늘 냄새와 같은 자극적인 냄새가 난다.
- 벤젠, 이황화탄소에는 녹고 물에는 녹지 않는다.
- 적린(P)의 동소체이며, 공기를 차단하고 260℃로 가열하면 적린이 된다.

② 위험성

- 연소하여 유독성 기체인 오산화인을 발생한다.
- 강알칼리 용액인 수산화칼륨 용액과 반응하여 차아인산칼륨과 유독성의 포스핀을 발생한다.
- 강산화제와 접촉 시 발화할 수 있으며 충격, 마찰에 의해서도 발화한다.
- 증기는 맹독성, 가연성이며 공기보다 무겁다.
- 발화점(34℃)이 낮으므로 화기에 주의한다.

③ 저장 및 취급방법

- 포스핀(인화수소, PH_3)의 발생을 방지하기 위하여 pH 9인 약알칼리성의 물속에 저장한다.
- 맹독성이므로 보호 장비를 반드시 착용한다.

④ 소화방법

물에 의한 냉각소화를 한다.

⑤ 화학반응식

- 연소반응식

  P_4(황린) + $5O_2$(산소) → $2P_2O_5$(오산화인)

- 수산화칼륨 용액과의 반응식

  P_4(황린) + $3KOH$(수산화칼륨) + $3H_2O$(물) → $3KH_2PO_2$(차아인산칼륨) + PH_3(포스핀)

6 알칼리금속(칼륨 및 나트륨 제외) 및 알칼리토금속 < 지정수량 : 50kg >

1. 리튬[Li]

원자량	비중	융점(℃)	비점(℃)	착화점(℃)
7	0.534	180	1,350	–

① 일반적 성질

- 은백색의 무른 경금속으로 금속 중에서 가장 가볍다.
- 가열하면 빨간색 불꽃을 내며 연소한다.
- 촉매, 합금첨가제, 리튬이온전지 등에 사용된다.

② 위험성

- 화학적으로 활성이 크므로 다른 금속과 반응한다.
- 물 또는 산과 격렬히 반응하여 수소를 발생하고 발열한다.

③ 저장 및 취급방법

통풍이 잘되는 냉암소에 저장한다.

④ 소화방법

마른모래, 팽창질석, 팽창진주암 등에 의한 질식소화를 한다.

⑤ 물과의 반응식

$2Li$(리튬) + $2H_2O$(물) → $2LiOH$(수산화리튬) + H_2(수소)

2. 칼슘[Ca]

원자량	비중	융점(℃)	비점(℃)	착화점(℃)
40	1.55	851	1,484	–

① 일반적 성질

- 은백색의 무른 경금속이다.
- 환원제, 합금, 가스정제, 탈수제 등에 사용된다.

② 위험성

- 물과 격렬히 반응하여 수소를 발생하고 발열한다.
- 산, 알코올 등과 반응하여 수소를 생성한다.

③ 저장 및 취급방법

통풍이 잘되는 냉암소에 저장한다.

④ 소화방법

마른모래, 팽창질석, 팽창진주암 등에 의한 질식소화를 한다.

⑤ 물과의 반응식

$$Ca(칼슘) + 2H_2O(물) \rightarrow Ca(OH)_2(수산화칼슘) + H_2(수소)$$

7 유기금속화합물(알킬알루미늄 및 알킬리튬 제외) < 지정수량 : 50kg >

① 종류

- 다이메틸아연[$Zn(CH_3)_2$]
- 다이에틸아연[$Zn(C_2H_5)_2$]
- 다이에틸텔루륨[$Te(C_2H_5)_2$]
- 사에틸납[$Pb(C_2H_5)_4$]
- 나트륨아미드[$NaNH_2$]

② 특성

- 탄소원자와 금속원자가 결합된 화합물이다.
- 일반적으로 불안정하며, 반응성이 크다.
- 공기와 접촉 시 자연발화의 위험성이 있다.
- 통풍이 잘 되고 건조한 냉암소에 보관한다.
- 마른모래, 팽창질석, 팽창진주암 등에 의한 질식소화를 한다.

8 금속의 수소화물 < 지정수량 : 300kg >

1. 수소화칼륨[KH]

분자량	비중	융점(℃)	비점(℃)	분해온도(℃)
40	-	400	-	-

① 일반적 성질

- 회백색의 결정 또는 분말로 부식성이 있다.
- 상온에서 수소와 칼륨으로 분해된다.

② 위험성

- 물과 반응하여 수산화칼륨과 수소를 발생한다.
- 암모니아와 고온에서 반응하여 칼륨아미드와 수소를 생성한다.

③ 저장 및 취급방법

- 저장용기 상부에는 질소, 아르곤 등의 불연성 가스를 봉입한다.
- 물과의 접촉을 피하고, 통풍이 잘 되고 건조한 냉암소에 보관한다.

④ 소화방법

마른모래, 팽창질석, 팽창진주암 등에 의한 질식소화를 한다.

⑤ 화학반응식

- 물과의 반응식

  KH(수소화칼륨) + H_2O(물) → KOH(수산화칼륨) + H_2(수소)

- 암모니아와의 반응식

  KH(수소화칼륨) + NH_3(암모니아) → KNH_2(칼륨아미드) + H_2(수소)

2. 수소화나트륨[NaH]

분자량	비중	융점(℃)	비점(℃)	분해온도(℃)
24	0.92	800	-	425

① 일반적 성질

- 회색의 결정 또는 분말로 상온에서 수소와 나트륨으로 분해된다.
- 축합제(축합반응 조절시약), 알킬화제, 건조제 등으로 사용된다.

② 위험성

- 물과 반응하여 수산화나트륨과 수소를 발생한다.
- 암모니아와 고온에서 반응하여 나트륨아미드와 수소를 생성한다.

③ 저장 및 취급방법
- 저장용기 상부에는 질소, 아르곤 등의 불연성 가스를 봉입한다.
- 물과의 접촉을 피하고, 통풍이 잘 되고 건조한 냉암소에 보관한다.

④ 소화방법

마른모래, 팽창질석, 팽창진주암 등에 의한 질식소화를 한다.

⑤ 화학반응식
- 물과의 반응식

NaH(수소화나트륨) + H_2O(물) → $NaOH$(수산화나트륨) + H_2(수소)
- 암모니아와의 반응식

NaH(수소화나트륨) + NH_3(암모니아) → $NaNH_2$(나트륨아미드) + H_2(수소)

3. 수소화리튬[LiH]

분자량	비중	융점(℃)	비점(℃)	분해온도(℃)
8	0.82	680	950	400

① 일반적 성질
- 백색의 결정 또는 분말이며 에터에 녹고 벤젠, 톨루엔에는 녹지 않는다.
- 수소화물 중에서 가장 안정하며 건조제, 수소발생원 등으로 사용된다.

② 위험성
- 물과 반응하여 수산화리튬과 수소를 발생한다.
- 가열 시 분해하여 리튬과 수소가 발생한다.
- 공기 중에서 자연발화의 위험이 있다.

③ 저장 및 취급방법
- 저장용기 상부에는 질소, 아르곤 등의 불연성 가스를 봉입한다.
- 물과의 접촉을 피하고, 통풍이 잘 되고 건조한 냉암소에 보관한다.

④ 소화방법

마른모래, 팽창질석, 팽창진주암 등에 의한 질식소화를 한다.

⑤ 화학반응식
- 물과의 반응식

LiH(수소화리튬) + H_2O(물) → $LiOH$(수산화리튬) + H_2(수소)
- 분해 반응식

$2LiH$(수소화리튬) → $2Li$(리튬) + H_2(수소)

4. 수소화칼슘[CaH₂]

분자량	비중	융점(℃)	비점(℃)	분해온도(℃)
42	1.9	815	–	600

① 일반적 성질
- 백색 또는 회색의 결정 또는 분말이다.
- 촉매, 시약, 건조제, 환원제 등으로 사용된다.

② 위험성
- 물과 반응하여 수산화칼슘과 수소를 발생한다.
- 약 600℃로 가열하면 수소와 칼슘으로 분해된다.

③ 저장 및 취급방법
- 저장용기 상부에는 질소, 아르곤 등의 불연성 가스를 봉입한다.
- 물과의 접촉을 피하고, 통풍이 잘 되고 건조한 냉암소에 보관한다.

④ 소화방법

  마른모래, 팽창질석, 팽창진주암 등에 의한 질식소화를 한다.

⑤ 물과의 반응식

  CaH_2(수소화칼슘) + $2H_2O$(물) → $Ca(OH)_2$(수산화칼슘) + $2H_2$(수소)

9 금속의 인화물 < 지정수량 : 300kg >

1. 인화칼슘[Ca₃P₂] : 인화석회

분자량	비중	융점(℃)	비점(℃)	분해온도(℃)
182	2.51	1,600	–	–

① 일반적 성질
- 적갈색의 결정성 고체로 알코올, 에터에는 녹지 않는다.
- 수중조명, 신호등, 쥐약 등에 사용된다.

② 위험성
- 물과 반응하여 수산화칼슘과 유독한 가연성인 인화수소[포스핀(PH_3)]를 발생한다.
- 염산과 격렬하게 반응하여 염화칼슘과 인화수소[포스핀(PH_3)]를 생성한다.

③ 저장 및 취급방법

  물과의 접촉을 피하고, 통풍이 잘 되고 건조한 냉암소에 보관한다.

④ 소화방법

  마른모래, 팽창질석, 팽창진주암 등에 의한 질식소화를 한다.

⑤ 화학반응식

- 물과의 반응식

    Ca_3P_2(인화칼슘) + $6H_2O$(물) → $3Ca(OH)_2$(수산화칼슘) + $2PH_3$(포스핀)

- 염산과의 반응식

    Ca_3P_2(인화칼슘) + $6HCl$(염산) → $3CaCl_2$(염화칼슘) + $2PH_3$(포스핀)

2. 인화알루미늄[AlP]

분자량	비중	융점(℃)	비점℃)	분해온도℃)
58	2.4	1,000	-	-

① 일반적 성질

- 짙은 회색의 결정 또는 분말이다.
- 살충제, 쥐약 등에 쓰인다.

② 위험성

- 물과 반응하여 수산화알루미늄과 인화수소[포스핀(PH_3)]를 발생한다.
- 염산과 격렬하게 반응하여 염화알루미늄과 인화수소[포스핀(PH_3)]를 생성한다.

③ 저장 및 취급방법

- 물과의 접촉을 피해야 한다.
- 밀전하여 통풍이 잘 되는 건조한 냉암소에 보관한다.

④ 소화방법

마른모래, 팽창질석, 팽창진주암 등에 의한 질식소화를 한다.

⑤ 화학반응식

- 물과의 반응식

    AlP(인화알루미늄) + $3H_2O$(물) → $Al(OH)_3$(수산화알루미늄) + PH_3(포스핀)

- 염산과의 반응식

    AlP(인화알루미늄) + $3HCl$(염산) → $AlCl_3$(염화알루미늄) + PH_3(포스핀)

10 칼슘 또는 알루미늄의 탄화물 < 지정수량 : 300kg >

1. 탄화칼슘[CaC₂] : 카바이드

분자량	비중	융점(℃)	비점(℃)	분해온도(℃)
64	2.22	2,300	-	-

① 일반적 성질
- 순수한 것은 무색 투명한 결정이지만 시판품은 흑회색이며 불규칙한 형태의 고체이다.
- 아세틸렌 제조, 석회질소 제조, 유기합성, 탈수제 등에 사용된다.

② 위험성
- 물과 반응해서 수산화칼슘과 아세틸렌이 생성되며, 이 때 발생한 아세틸렌가스는 구리, 은, 수은 등과 접촉하여 폭발성 금속인 아세틸라이트를 생성한다.
- 고온에서 질소와 반응하여 칼슘시안아미드(석회질소)가 생성된다.

③ 저장 및 취급방법
- 저장용기 상부에는 질소, 아르곤 등의 불연성 가스를 봉입한다.
- 건조한 장소에 밀봉 · 밀전하여 보관한다.

④ 소화방법
마른모래, 팽창질석, 팽창진주암 등에 의한 질식소화를 한다.

⑤ 화학반응식
- 물과의 반응식

  CaC_2(탄화칼슘) + $2H_2O$(물) → $Ca(OH)_2$(수산화칼슘) + C_2H_2(아세틸렌)
- 질소와의 반응식

  CaC_2(탄화칼슘) + N_2(질소) → $CaCN_2$(석회질소) + C(탄소)

2. 탄화알루미늄[Al₄C₃]

분자량	비중	융점(℃)	비점(℃)	분해온도(℃)
144	2.36	2,200	-	1,400

① 일반적 성질
- 순수한 것은 백색이며 보통은 황색의 결정이다.
- 촉매, 메탄가스의 발생 등에 사용된다.

② 위험성
- 물과 반응하여 수산화알루미늄과 메탄을 생성하고 열을 발생한다.
- 강산류와 격렬하게 반응하여 메탄가스를 생성한다.

③ 저장 및 취급방법

건조한 장소에 밀봉·밀전하여 보관한다.

④ 소화방법

마른모래, 팽창질석, 팽창진주암 등에 의한 질식소화를 한다.

⑤ 물과의 반응식

Al_4C_3(탄화알루미늄) + $12H_2O$(물) → $4Al(OH)_3$(수산화알루미늄) + $3CH_4$(메탄)

3. 기타

① 탄화망가니즈(Mn_3C)

물과 반응하여 수산화망가니즈, 메탄 및 수소가 발생한다.

Mn_3C(탄화망가니즈) + $6H_2O$(물) → $3Mn(OH)_2$(수산화망가니즈) + CH_4(메탄) + H_2(수소)

② 탄화마그네슘(MgC_2)

물과 반응하여 수산화마그네슘과 아세틸렌을 생성한다.

MgC_2(탄화마그네슘) + $2H_2O$(물) → $Mg(OH)_2$(수산화마그네슘) + C_2H_2(아세틸렌)

③ 탄화칼륨(K_2C_2)

물과 반응하여 수산화칼륨과 아세틸렌이 발생한다.

K_2C_2(탄화칼륨) + $2H_2O$(물) → $2KOH$(수산화칼륨) + C_2H_2(아세틸렌)

④ 탄화베릴륨(Be_2C)

물과 반응하여 수산화베릴륨과 메탄을 생성한다.

Be_2C(탄화베릴륨) + $4H_2O$(물) → $2Be(OH)_2$(수산화베릴륨) + CH_4(메탄)

CHAPTER 04

제4류 위험물 – 인화성 액체

성질	품명		지정수량	위험등급
인화성 액체	1. 특수인화물		50L	I
	2. 제1석유류	비수용성 액체	200L	II
		수용성 액체	400L	
	3. 알코올류		400L	
	4. 제2석유류	비수용성 액체	1,000L	III
		수용성 액체	2,000L	
	5. 제3석유류	비수용성 액체	2,000L	
		수용성 액체	4,000L	
	6. 제4석유류		6,000L	
	7. 동식물유류		10,000L	

제2절 공통 특성

1 일반적 성질

① 상온에서 액체이며, 인화하기 쉽다.

② 대부분 물보다 가볍고 물에 녹기 어렵다.

③ 전기의 부도체로서 정전기 축적이 용이하다.

④ 증기비중은 공기보다 무겁다. 다만, 사이안화수소(청산, HCN)만 증기가 공기보다 가볍다.

⑤ 연소범위 하한값이 낮아서 증기가 공기와 소량 혼합되어도 연소의 우려가 있다.

⑥ 증기가 공기보다 무거워서 낮은 곳에 모여 있으면 위험하다. 따라서 증기는 높은 곳으로 배출해야 한다.

2 ▷ 저장 및 취급방법

① 증기가 대기 중에 누출된 경우 인화의 위험성이 크므로, 밀전하여 보관한다.

② 통풍이 잘 되는 건조한 냉암소에 보관한다.

3 ▷ 소화방법

① 비수용성 위험물 : 포소화약제, 분말소화약제, 이산화탄소(CO_2)소화약제 등에 의한 질식소화를 한다.

② 수용성 위험물 : 알코올용 포소화약제에 의한 질식소화를 한다.

제3절 │ 개별 특성

1 ▷ 특수인화물 < 지정수량 : 50L >

이황화탄소, 다이에틸에터 그 밖에 1기압에서 발화점이 100℃ 이하인 것 또는 인화점이 영하 20℃ 이하이고 비점이 40℃ 이하인 것

1. 다이에틸에터[$C_2H_5OC_2H_5$]

분자량	비중	증기비중	비점(℃)	인화점(℃)	착화점(℃)	연소범위(%)
74	0.71	2.55	34	-45	180	1.9 ~ 48.0

① 일반적 성질
- 무색투명한 유동성의 액체로 물에 녹지 않고 알코올에 잘 녹는다.
- 휘발성이 매우 높고, 마취성을 가진다.

② 위험성
- 140℃에서 에틸알코올에 진한 황산을 첨가한 후 가열하면 생성된다.
- 증기는 마취성이 있으므로 증기 흡입에 주의한다.
- 공기와 장시간 접촉하면 산화하여 폭발성의 과산화물이 생성된다.
- 강산화제, 강산류 등과 혼합 시 발화할 수 있다.
- 전기의 불량도체로서 정전기가 발생한다.

③ 저장 및 취급방법
- 용기는 밀봉하여 보관하며, 용기의 공간용적은 2% 이상 확보하여야 한다.
- 과산화물의 생성을 방지하기 위하여 갈색병에 소량으로 넣어 보관한다.
- 통풍, 환기가 잘되는 곳에 저장한다.
- 저장 시 정전기의 발생을 방지하기 위해 소량의 염화칼슘을 넣어둔다.

④ 소화방법

포소화약제, 분말소화약제, 이산화탄소(CO_2)소화약제 등에 의한 질식소화를 한다.

⑤ 화학반응식

- 연소반응식

$C_2H_5OC_2H_5$(다이에틸에터) + $6O_2$(산소) → $4CO_2$(이산화탄소) + $5H_2O$(물)

- 생성반응식(140℃)

$2C_2H_5OH$(에틸알코올) $\xrightarrow{\text{c-}H_2SO_4}$ $C_2H_5OC_2H_5$(다이에틸에터) + H_2O(물)

⑥ 구조식

```
        H   H        H   H
        |   |        |   |
    H — C — C — O — C — C — H
        |   |        |   |
        H   H        H   H
```

> 💬 **필수 용어정리**
>
> **과산화물**
> - 검출 : 아이오딘화칼륨(KI) 용액 10%가 과산화물과 반응하면 노란색으로 변한다.
> - 제거 : 황산제일철, 환원철 등으로 제거한다.
> - 생성방지 : 40mesh의 구리망에 넣어 둔다.

2. 이황화탄소[CS_2]

분자량	비중	증기비중	비점(℃)	인화점(℃)	착화점(℃)	연소범위(%)
76	1.26	2.6	46.3	-30	100	1.2 ~ 44.0

① 일반적 성질

- 순수한 것은 무색투명한 휘발성 액체이며, 일반적으로 황색을 띠고 불쾌한 냄새가 난다.
- 물에 녹지 않고 알코올, 벤젠, 에터에 녹는다.

② 위험성

- 연소 시 이산화탄소와 유독한 아황산가스(이산화황)를 발생하며, 이 때 청색의 불꽃색을 띤다.
- 고온의 물과 반응하여 황화수소를 발생한다.
- 증기는 유독하여 신경에 장애를 줄 수 있다.

③ 저장 및 취급방법

- 물에 녹지 않고 물보다 무거워서 물속에 보관한다.(∵가연성 증기의 발생을 억제하기 위해서)
- 용기는 밀봉하여 보관한다.
- 통풍, 환기가 잘되는 곳에 저장한다.

④ 소화방법

    포소화약제, 분말소화약제, 이산화탄소(CO_2)소화약제 등에 의한 질식소화를 한다.

⑤ 화학반응식

- 연소반응식

    CS_2(이황화탄소) + $3O_2$(산소) → CO_2(이산화탄소) + $2SO_2$(이산화황)

- 물과의 반응식

    CS_2(이황화탄소) + $2H_2O$(물) → CO_2(이산화탄소) + $2H_2S$(황화수소)

3. 아세트알데하이드[CH_3CHO]

분자량	비중	증기비중	비점(℃)	인화점(℃)	착화점(℃)	연소범위(%)
44	0.78	1.5	21	-38	185	4.1 ~ 57.0

① 일반적 성질

- 무색의 액체이며 자극적인 냄새가 난다.
- 물, 에터 등에 잘 녹고 휘발성이 강하다.
- 환원성이 강하여 은거울반응과 펠링반응을 한다.(알데하이드 검출반응)

② 위험성

- 산화하여 아세트산을 생성한다.
- 수은, 구리, 마그네슘. 은과 반응하여 폭발성의 아세틸레이트를 생성한다.
- 비점이 매우 낮아서 인화의 위험의 매우 크다.

③ 저장 및 취급방법

- 적재 시 일광의 직사를 피하기 위하여 차광성 있는 피복으로 가려야 한다.
- 저장용기 상부에는 질소, 아르곤 등의 불연성 가스를 봉입한다.

④ 소화방법

    포소화약제, 분말소화약제, 이산화탄소(CO_2)소화약제 등에 의한 질식소화를 한다.

⑤ 화학반응식

- 연소반응식

    $2CH_3CHO$(아세트알데하이드) + $5O_2$(산소) → $4CO_2$(이산화탄소) + $4H_2O$(물)

- 생성반응식

    $2C_2H_4$(에틸렌) + O_2(산소) $\xrightarrow{PdCl_2}$ $2CH_3CHO$(아세트알데하이드)

- 산화반응식

    CH_3CHO(아세트알데하이드) $\xrightarrow[+0]{산화}$ CH_3COOH(아세트산)

⑥ 구조식

$$H - \underset{\underset{H}{|}}{\overset{\overset{H}{|}}{C}} - C \overset{H}{\underset{O}{\diagdown}}$$

4. 산화프로필렌[CH_3CHOCH_2]

분자량	비중	증기비중	비점(℃)	인화점(℃)	착화점(℃)	연소범위(%)
58	0.83	2.1	34	-37	465	2.5 ~ 38.5

① 일반적 성질
- 무색의 휘발성 액체이며, 에터향의 냄새가 난다.
- 물, 알코올, 벤젠, 에터 등에 잘 녹는다.

② 위험성
- 수은, 구리, 마그네슘. 은과 반응하여 폭발성의 아세틸레이트를 생성한다.
- 액체가 피부에 닿으면 동상의 증상이 나타난다.
- 증기압이 높아(20℃에서 45.5mmHg) 상온에서 위험한 농도까지 도달할 수 있다.

③ 저장 및 취급방법
- 저장용기 상부에는 질소, 아르곤 등의 불연성 가스를 봉입한다.
- 통풍, 환기가 잘되는 곳에 저장한다.

④ 소화방법
포소화약제, 분말소화약제, 이산화탄소(CO_2)소화약제 등에 의한 질식소화를 한다.

⑤ 연소반응식
CH_3CHOCH_2(산화프로필렌) $+ 4O_2$(산소) $\rightarrow 3CO_2$(이산화탄소) $+ 3H_2O$(물)

⑥ 구조식

$$H - \underset{\underset{O}{\diagdown}}{\overset{\overset{H}{|}}{C}} - \underset{\diagup}{\overset{\overset{H}{|}}{C}} - \underset{\underset{H}{|}}{\overset{\overset{H}{|}}{C}} - H$$

5. 기타

① 펜탄[$CH_3(CH_2)_3CH_3$] : 인화점 -57℃

② 아이소프로필아민[$(CH_3)_2CHNH_2$] : 인화점 -28℃

③ 아이소프렌[$CH_2C(CH_3)CHCH_2$] : 인화점 -54℃

제1석유류 < 지정수량 : 비수용성 – 200L, 수용성 – 400L >

아세톤, 휘발유 그 밖에 1기압에서 인화점이 21℃ 미만인 것

1. 아세톤[CH_3COCH_3] : 다이메틸케톤 < 지정수량 : 수용성 – 400L >

분자량	비중	증기비중	비점(℃)	인화점(℃)	착화점(℃)	연소범위(%)
58	0.79	2.0	56	-18	538	2.6 ~ 12.8

① 일반적 성질
- 무색이며, 자극적인 과일향의 휘발성 액체이다.
- 물, 알코올, 에터, 휘발유 등에 잘 녹는다.
- 아이오딘포름 반응을 한다.

② 위험성
- 아이소프로필알코올이 산화되면 생성된다.
- 피부에 닿으면 탈지작용이 있다.
- 비점과 인화점이 낮아서 인화의 위험성이 크다.

③ 저장 및 취급방법
- 화기 등에 주의하고 취급 · 저장 시 환기를 잘 시켜야 한다.
- 직사광선을 피해 통풍이 잘 되는 냉암소에 저장한다.

④ 소화방법

알코올용 포소화약제에 의한 질식소화를 한다.

⑤ 화학반응식
- 연소반응식

    CH_3COCH_3(아세톤) $+ 4O_2$(산소) $\rightarrow 3CO_2$(이산화탄소) $+ 3H_2O$(물)
- 산화반응식

    $CH_3CHOHCH_3$(아이소프로필알코올) $\xrightarrow[\text{-2H}]{\text{산화}} CH_3COCH_3$(아세톤)

⑥ 구조식

$$
\begin{array}{ccccccc}
 & H & & H & & & \\
 & | & & | & & & \\
H - & C & - & C & - & C & - H \\
 & | & & \| & & | & \\
 & H & & O & & H & \\
\end{array}
$$

2. 휘발유[$C_5 \sim C_9$] : 가솔린 < 지정수량 : 비수용성 – 200L >

분자량	비중	증기비중	비점(℃)	인화점(℃)	착화점(℃)	연소범위(%)
–	0.65 ~ 0.8	3 ~ 4	30 ~ 220	–43 ~ –20	300	1.2 ~ 7.6

① 일반적 성질
- 무색투명한 휘발성 액체로 물에 녹지 않고 유기용제에 잘 녹는다.
- 원유의 성질, 상태, 처리방법에 따라 탄화수소의 혼합비율이 다르다.

② 위험성
- 전기부도체이므로 정전기 발생에 주의해야 한다.
- 증기는 공기보다 무거워 낮은 곳에 체류한다.
- 연소성 향상을 위한 사에틸납이 혼합된 가솔린은 유독하며, 오렌지색이나 청색으로 착색되어 있다.

③ 저장 및 취급방법
- 화기 등에 주의하고 취급·저장 시 환기를 잘 시켜야 한다.
- 직사광선을 피해 통풍이 잘 되는 냉암소에 저장한다.

④ 소화방법
포소화약제, 분말소화약제, 이산화탄소(CO_2)소화약제 등에 의한 질식소화를 한다.

3. 벤젠[C_6H_6] < 지정수량 : 비수용성 – 200L >

분자량	비중	증기비중	비점(℃)	인화점(℃)	착화점(℃)	연소범위(%)
78	0.9	2.7	80	–11	562	1.4 ~ 7.1

① 일반적 성질
- 무색투명한 휘발성 액체로 독특한 냄새(방향성)를 가진다.
- 물에 녹지 않고 알코올, 아세톤, 에터에 녹는다.
- 융점이 5.5℃이므로, 상온(20℃)에서는 액체 상태로 인화의 위험성이 높다.
- 화학적으로 공명구조를 이루고 있다.
- 탄소의 수에 비해 수소의 수가 적으므로 연소 시에 그을음이 생긴다.
- 벤젠을 Ni(니켈) 촉매 하에서 수소를 첨가시키면 사이클로헥산을 생성한다.

② 위험성
- 증기는 마취성이 있으며 독성도 있다.
- 증기는 공기보다 무거워 낮은 곳에 체류하므로 환기에 주의한다.
- 겨울에는 응고되어 고체 상태나 인화점이 –11℃로 낮아, 인화의 위험성이 높다.
- 전기부도체이므로 정전기 발생에 주의해야 한다.

③ 저장 및 취급방법
- 화기 등에 주의하고 취급·저장 시 환기를 잘 시켜야 한다.
- 직사광선을 피해 통풍이 잘 되는 냉암소에 저장한다.

④ 소화방법

포소화약제, 분말소화약제, 이산화탄소(CO_2)소화약제 등에 의한 질식소화를 한다.

⑤ 연소반응식

$2C_6H_6$(벤젠) + $15O_2$(산소) → $12CO_2$(이산화탄소) + $6H_2O$(물)

⑥ 구조식

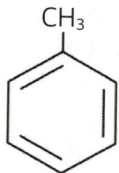

4. 톨루엔[$C_6H_5CH_3$] : 메틸벤젠 < 지정수량 : 비수용성 – 200L >

분자량	비중	증기비중	비점(℃)	인화점(℃)	착화점(℃)	연소범위(%)
92	0.87	3.15	111	4	552	1.4 ~ 6.7

① 일반적 성질

• 무색투명한 독특한 향기를 가진 액체이다.

• 물에 녹지 않고 알코올, 아세톤, 에터에 녹는다.

• 진한 질산과 진한 황산으로 나이트로화하면 TNT가 된다.

② 위험성

• 유체의 마찰로 정전기가 생겨 인화하기도 한다.

• 독성, 휘발성 및 가연성이 있다.

③ 저장 및 취급방법

• 화기 등에 주의하고 취급 · 저장 시 환기를 잘 시켜야 한다.

• 직사광선을 피해 통풍이 잘 되는 냉암소에 저장한다.

④ 소화방법

포소화약제, 분말소화약제, 이산화탄소(CO_2)소화약제 등에 의한 질식소화를 한다.

⑤ 연소반응식

$C_6H_5CH_3$(톨루엔) + $9O_2$(산소) → $7CO_2$(이산화탄소) + $4H_2O$(물)

⑥ 구조식

5. 콜로디온 < 비수용성 - 200L >

분자량	비중	증기비중	비점(℃)	인화점(℃)	착화점(℃)	연소범위(%)
-	-	-	-	-18	-	-

① 일반적 성질

- 무색 또는 미황색의 액체이다.
- 질화도가 낮은 질화면을 에탄올(3)과 에터(1)의 혼합액에 녹여 만든다.

② 위험성

에탄올과 에터 용제는 휘발성이 커서 인화의 위험이 있다.

③ 저장 및 취급방법

- 화기 등에 주의하고 취급 · 저장 시 환기를 잘 시켜야 한다.
- 직사광선을 피해 통풍이 잘 되는 냉암소에 저장한다.

④ 소화방법

포소화약제, 분말소화약제, 이산화탄소(CO_2)소화약제 등에 의한 질식소화를 한다.

6. 메틸에틸케톤[$CH_3COC_2H_5$] : MEK < 지정수량 : 비수용성 - 200L >

분자량	비중	증기비중	비점(℃)	인화점(℃)	착화점(℃)	연소범위(%)
72	0.8	2.4	79.6	-9	516	1.4 ~ 11.4

① 일반적 성질

- 달콤한 냄새가 나는 휘발성의 무색 액체이다.
- 물 , 알코올, 아세톤, 에터에 녹는다.

② 위험성

- 탈지작용이 있으므로 피부 접촉을 금해야 한다.
- 비점과 인화점이 낮아서 인화의 위험성이 크다.

③ 저장 및 취급방법

- 화기 등에 주의하고 취급 · 저장 시 환기를 잘 시켜야 한다.
- 직사광선을 피해 통풍이 잘 되는 냉암소에 저장한다.

④ 소화방법

포소화약제, 분말소화약제, 이산화탄소(CO_2)소화약제 등에 의한 질식소화를 한다.

⑤ 구조식

7. 초산메틸[CH₃COOCH₃] : 아세트산메틸 < 지정수량 : 비수용성 – 200L >

분자량	비중	증기비중	비점(℃)	인화점(℃)	착화점(℃)	연소범위(%)
74	0.93	2.6	60	–10	454	3.1 ~ 16.0

① 일반적 성질
- 과일냄새를 가진 무색의 액체로, 물에 잘 녹는다.
- 초산과 메틸알코올을 진한 황산과 함께 넣어 만든다.

② 위험성
- 휘발성 및 인화성이 강하며 독성이 있다.
- 탈지작용이 있으므로 피부 접촉을 금해야 한다.

③ 저장 및 취급방법
- 화기 등에 주의하고 취급 · 저장 시 환기를 잘 시켜야 한다.
- 직사광선을 피해 통풍이 잘 되는 냉암소에 저장한다.

④ 소화방법

포소화약제, 분말소화약제, 이산화탄소(CO_2)소화약제 등에 의한 질식소화를 한다.

⑤ 생성반응식

$$CH_3COOH(초산) + CH_3OH(메틸알코올) \xrightarrow{c-H_2SO_4} CH_3COOCH_3(초산메틸) + H_2O(물)$$

⑥ 구조식

```
      H   O       H
      |   ‖       |
  H — C — C — O — C — H
      |           |
      H           H
```

8. 초산에틸[CH₃COOC₂H₅] : 아세트산에틸 < 지정수량 : 비수용성 – 200L >

분자량	비중	증기비중	비점(℃)	인화점(℃)	착화점(℃)	연소범위(%)
88	0.9	3	77	–4	426	2.3 ~ 11.3

① 일반적 성질
- 과일냄새를 가진 무색투명한 액체로 물에 잘 녹지 않고 알코올, 에터에 녹는다.
- 초산과 에틸알코올을 진한 황산과 함께 넣어 만든다.

② 위험성
- 휘발성 및 인화성이 강하다.
- 산화제 등과 혼촉 시 발화할 위험이 있다.

③ 저장 및 취급방법

- 화기 등에 주의하고 취급 · 저장 시 환기를 잘 시켜야 한다.
- 직사광선을 피해 통풍이 잘 되는 냉암소에 저장한다.

④ 소화방법

포소화약제, 분말소화약제, 이산화탄소(CO_2)소화약제 등에 의한 질식소화를 한다.

⑤ 생성반응식

$$CH_3COOH(초산) + C_2H_5OH(에틸알코올) \xrightarrow{\text{c-}H_2SO_4} CH_3COOC_2H_5(초산에틸) + H_2O(물)$$

9. 의산메틸[$HCOOCH_3$] : 개미산메틸, 포름산메틸 < 지정수량 : 비수용성 – 200L >

분자량	비중	증기비중	비점(℃)	인화점(℃)	착화점(℃)	연소범위(%)
60	0.97	2.07	32	-19	456	5.0 ~ 20.0

① 일반적 성질

- 럼주(알코올 냄새)향을 가진 무색의 액체로, 물, 에터에 잘 녹는다.
- 의산과 메틸알코올을 진한 황산과 함께 가열하여 만든다.

② 위험성

- 휘발성 및 인화성이 강하다.
- 산, 알칼리 등과의 접촉을 피해야 한다.

③ 저장 및 취급방법

- 화기 등에 주의하고 취급 · 저장 시 환기를 잘 시켜야 한다.
- 직사광선을 피해 통풍이 잘 되는 냉암소에 저장한다.

④ 소화방법

포소화약제, 분말소화약제, 이산화탄소(CO_2)소화약제 등에 의한 질식소화를 한다.

⑤ 생성반응식

$$HCOOH(의산) + CH_3OH(메틸알코올) \xrightarrow{\text{c-}H_2SO_4} HCOOCH_3(의산메틸) + H_2O(물)$$

⑥ 구조식

```
        O         H
        ‖         |
  H  ―  C  ―  O  ―  C  ―  H
                    |
                    H
```

10. 의산에틸[HCOOC2H5] : 개미산에틸, 포름산에틸 < 지정수량 : 비수용성 − 200L >

분자량	비중	증기비중	비점(℃)	인화점(℃)	착화점(℃)	연소범위(%)
74	0.92	2.55	54	−20	450	2.7 ~ 16.5

① 일반적 성질
- 과일향을 가진 무색의 액체로 물, 알코올, 에터 등에 잘 녹는다.
- 의산과 에틸알코올을 진한 황산과 함께 가열하여 만든다.

② 위험성
- 휘발성 및 인화성이 강하다.
- 산화제 등과 혼촉 시 발화할 위험이 있다.

③ 저장 및 취급방법
- 화기 등에 주의하고 취급 · 저장 시 환기를 잘 시켜야 한다.
- 직사광선을 피해 통풍이 잘 되는 냉암소에 저장한다.

④ 소화방법

포소화약제, 분말소화약제, 이산화탄소(CO_2)소화약제 등에 의한 질식소화를 한다.

⑤ 생성반응식

$$HCOOH(\text{의산}) + C_2H_5OH(\text{에틸알코올}) \xrightarrow{\text{c-}H_2SO_4} HCOOC_2H_5(\text{의산에틸}) + H_2O(\text{물})$$

11. 피리딘[C5H5N] < 지정수량 : 수용성 − 400L >

분자량	비중	증기비중	비점(℃)	인화점(℃)	착화점(℃)	연소범위(%)
79	0.98	2.7	115	20	482	1.8 ~ 12.4

① 일반적 성질
- 순수한 것은 무색이며 불순물을 포함한 것은 담황색인 액체로 악취가 난다.
- 물, 알코올, 에터 등에 잘 녹으며 약알칼리성을 나타낸다.

② 위험성
- 상온에서 인화의 위험이 있다.
- 흡습성이 있으며 독성이 강하므로 주의해야 한다.

③ 저장 및 취급방법
- 화기 등에 주의하고 취급 · 저장 시 환기를 잘 시켜야 한다.
- 직사광선을 피해 통풍이 잘 되는 냉암소에 저장한다.

④ 소화방법

알코올용 포소화약제에 의한 질식소화를 한다.

⑤ 구조식

12. 사이안화수소[HCN] : < 지정수량 : 수용성 – 400L >

분자량	비중	증기비중	비점(℃)	인화점(℃)	착화점(℃)	연소범위(%)
27	0.69	0.94	26	-17	538	5.6 ~ 40.0

① 일반적 성질
  • 자극성의 냄새를 가진 무색의 액체로... 물, 알코올에 잘 녹으며, 수용액은 약산성이다.
  • 제4류 위험물 중에서 유일무이하게 증기가 공기보다 가볍다.

② 위험성
  • 맹독성 기체이며 휘발성 및 인화성이 매우 강하다.
  • 매우 불안정하여 수분 등과 반응하여 폭발하기도 한다.

③ 저장 및 취급방법
  • 화기 등에 주의하고 취급ㆍ저장 시 환기를 잘 시켜야 한다.
  • 직사광선을 피해 통풍이 잘 되는 냉암소에 저장한다.

④ 소화방법
  알코올용 포소화약제에 의한 질식소화를 한다.

⑤ 구조식

$$H - C \equiv N$$

13. 사이클로헥산[C₆H₁₂] < 지정수량 : 비수용성– 200L >

분자량	비중	증기비중	비점(℃)	인화점(℃)	착화점(℃)	연소범위(%)
84	0.8	2.9	80.7	-20	245	1.3 ~ 8.0

① 일반적 성질

- 자극성의 냄새가 나는 무색투명한 액체이다.
- 물에 녹지 않고 에탄올, 에터에 녹는다.
- 고리형 분자구조를 가진 지방족 탄화수소화합물이다.

② 위험성

산화제, 가연성 물질 등과 혼촉 시 발화할 위험이 있다.

③ 저장 및 취급방법

- 화기 등에 주의하고 취급 · 저장 시 환기를 잘 시켜야 한다.
- 직사광선을 피해 통풍이 잘 되는 냉암소에 저장한다.

④ 소화방법

포소화약제, 분말소화약제, 이산화탄소(CO₂)소화약제 등에 의한 질식소화를 한다.

⑤ 구조식

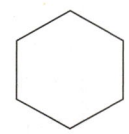

---

3 **알코올류 < 지정수량 : 400L >**

1분자를 구성하는 탄소원자의 수가 1개부터 3개까지인 포화1가 알코올(변성알코올을 포함)을 말하는데, 다음 각목의 1에 해당하는 것은 제외한다.

가. 1분자를 구성하는 탄소원자의 수가 1개 내지 3개의 포화1가 알코올의 함유량이 60중량% 미만인 수용액

나. 가연성액체량이 60중량% 미만이고 인화점 및 연소점이 에틸알코올 60중량% 수용액의 인화점 및 연소점을 초과하는 것

1. 메틸알코올[CH₃OH] : 메탄올

분자량	비중	증기비중	비점(℃)	인화점(℃)	착화점(℃)	연소범위(%)
32	0.79	1.1	65	11	464	6.0 ~ 36.0

① 일반적 성질

- 무색투명한 액체로 수용성이며 휘발성이 강하다.
- 1가 알코올로서 산화하면 포름알데하이드를 거쳐서 최종산화물은 의산(포름산)이 된다.
- 연소범위를 더 좁게 하기 위하여 질소, 이산화탄소, 아르곤 등을 첨가한다.

② 위험성
- 나트륨과 반응하여 나트륨메틸레이트와 수소를 발생한다.
- 독성이 매우 강하여 눈에 들어가면 실명을 일으킨다.
- 불꽃과 연기가 거의 발생하지 않아서 밝은 곳에서 연소 시 발견하기가 어렵다.

③ 저장 및 취급방법
- 화기 등에 주의하고 취급·저장 시 환기를 잘 시켜야 한다.
- 직사광선을 피해 통풍이 잘 되는 냉암소에 저장한다.

④ 소화방법
알코올용 포소화약제에 의한 질식소화를 한다.

⑤ 화학반응식
- 산화반응식

$$CH_3OH(\text{메탄올}) \xrightarrow[-2H]{\text{산화}} HCHO(\text{포름알데하이드}) \xrightarrow[+O]{\text{산화}} HCOOH(\text{포름산})$$

- 연소반응식

$$2CH_3OH(\text{메탄올}) + 3O_2(\text{산소}) \rightarrow 2CO_2(\text{이산화탄소}) + 4H_2O(\text{물})$$

- 나트륨과의 반응식

$$2CH_3OH(\text{메탄올}) + 2Na(\text{나트륨}) \rightarrow 2CH_3ONa(\text{나트륨메틸레이트}) + H_2(\text{수소})$$

⑥ 구조식

$$\begin{array}{c} \quad\ H \\ \quad\ | \\ H - C - O - H \\ \quad\ | \\ \quad\ H \end{array}$$

2. 에틸알코올[C_2H_5OH] : 에탄올

분자량	비중	증기비중	비점(℃)	인화점(℃)	착화점(℃)	연소범위(%)
46	0.8	1.59	78.3	13	423	3.5 ~ 20.0

① 일반적 성질
- 무색투명한 특유한 냄새를 가지고 있는 액체로 수용성이며 휘발성이 강하다.
- 1가 알코올로서 산화하면 아세트알데하이드를 거쳐서 최종산화물은 아세트산(초산)이 된다.
- 술, 화장품, 의약 등의 원료로 사용된다.
- 아이오딘포름반응을 한다.

② 위험성
- 나트륨과 반응하여 나트륨에틸레이트와 수소를 발생한다.
- 에틸알코올에 진한 황산을 첨가한 후 가열하면 다이에틸에터(140℃) 또는 에틸렌(160℃)이 생성된다.
- 불꽃과 연기가 거의 발생하지 않아서 밝은 곳에서 연소 시 발견하기가 어렵다.
- 마취성이 있지만 독성을 없다.

③ 저장 및 취급방법

- 화기 등에 주의하고 취급 · 저장 시 환기를 잘 시켜야 한다.
- 직사광선을 피해 통풍이 잘 되는 냉암소에 저장한다.

④ 소화방법

알코올용 포소화약제에 의한 질식소화를 한다.

⑤ 화학반응식

- 산화반응식

$$C_2H_5OH(\text{에틸알코올}) \xrightarrow[-2H]{\text{산화}} CH_3CHO(\text{아세트알데하이드}) \xrightarrow[+0]{\text{산화}} CH_3COOH(\text{아세트산})$$

- 연소반응식

$$C_2H_5OH(\text{에틸알코올}) + 3O_2(\text{산소}) \rightarrow 2CO_2(\text{이산화탄소}) + 3H_2O(\text{물})$$

- 나트륨과의 반응식

$$2Na(\text{나트륨}) + 2C_2H_5OH(\text{에틸알코올}) \rightarrow 2C_2H_5ONa(\text{나트륨에틸레이트}) + H_2(\text{수소})$$

- 다이에틸에터 생성반응식(140℃)

$$2C_2H_5OH(\text{에틸알코올}) \xrightarrow{c-H_2SO_4} C_2H_5OC_2H_5(\text{다이에틸에터}) + H_2O(\text{물})$$

- 에틸렌 생성반응식(160℃)

$$C_2H_5OH(\text{에틸알코올}) \xrightarrow{c-H_2SO_4} C_2H_4(\text{에틸렌}) + H_2O(\text{물})$$

⑥ 구조식

```
      H   H
      |   |
H  —  C — C  — O — H
      |   |
      H   H
```

3. 프로필알코올[C_3H_7OH] : 1-프로판올

분자량	비중	증기비중	비점(℃)	인화점(℃)	착화점(℃)	연소범위(%)
60	0.8	2.07	97	15	371	2.1 ~ 13.5

① 일반적 성질

- 무색투명한 액체로 물, 아세톤, 에터에 녹는다.
- 탈수하면 프로필렌이 되며, 탈수소하면 아세톤이 된다.

② 위험성

빛을 내면서 연소하며, 강산화제와 접촉 시에 폭발의 위험이 있다.

③ 저장 및 취급방법

- 화기 등에 주의하고 취급 · 저장 시 환기를 잘 시켜야 한다.
- 직사광선을 피해 통풍이 잘 되는 냉암소에 저장한다.

④ 소화방법

알코올용 포소화약제에 의한 질식소화를 한다.

⑤ 구조식

$$H - \underset{\underset{H}{|}}{\overset{\overset{H}{|}}{C}} - \underset{\underset{H}{|}}{\overset{\overset{H}{|}}{C}} - \underset{\underset{H}{|}}{\overset{\overset{H}{|}}{C}} - OH$$

4. 아이소프로필알코올[CH_3CHCH_3OH] : 2-프로판올

분자량	비중	증기비중	비점(℃)	인화점(℃)	착화점(℃)	연소범위(%)
60	0.78	2.07	83	12	460	2.0 ~ 12.0

① 일반적 성질
- 무색투명한 액체로 알코올 냄새가 나며 물, 아세톤, 에터, 유기용제 등에 녹는다.
- 탈수하면 프로필렌이 되며, 탈수소하면 아세톤이 된다.

② 위험성
- 인화성 및 독성이 강하다.
- 강산화제와 접촉 시에 폭발의 위험이 있다.

③ 저장 및 취급방법
- 화기 등에 주의하고 취급·저장 시 환기를 잘 시켜야 한다.
- 직사광선을 피해 통풍이 잘 되는 냉암소에 저장한다.

④ 소화방법

알코올용 포소화약제에 의한 질식소화를 한다.

⑤ 구조식

$$H - \underset{\underset{H}{|}}{\overset{\overset{H}{|}}{C}} - \underset{\underset{OH}{|}}{\overset{\overset{H}{|}}{C}} - \underset{\underset{H}{|}}{\overset{\overset{H}{|}}{C}} - H$$

5. 변성알코올

에틸알코올에 메틸알코올, 가솔린, 피리딘 등을 첨가하여 공업용으로 사용하는 알코올을 말하는데... 이는 음료로 이용할 수 없다.

제2석유류 < 지정수량 : 비수용성 – 1,000L, 수용성 – 2,000L >

등유, 경유 그 밖에 1기압에서 인화점이 21℃ 이상 70℃ 미만인 것

1. 등유[$C_9 \sim C_{18}$] : 케로신 < 지정수량 : 비수용성 – 1,000L >

분자량	비중	증기비중	비점(℃)	인화점(℃)	착화점(℃)	연소범위(%)
-	0.8	4 ~ 5	150 ~ 300	40 ~ 70	210	1.1 ~ 6.0

① 일반적 성질

- 무색 또는 담황색의 액체이며, 물에 녹지 않는다.
- 물보다 가볍고 증기는 공기보다 무겁다.

② 위험성

- 전기의 부도체로서 정전기 발생 우려가 있다.
- 강산화제와 접촉 시에 폭발의 위험이 있다.

③ 저장 및 취급방법

- 화기 등에 주의하고 취급 · 저장 시 환기를 잘 시켜야 한다.
- 직사광선을 피해 통풍이 잘 되는 냉암소에 저장한다.

④ 소화방법

포소화약제, 분말소화약제, 이산화탄소(CO_2)소화약제 등에 의한 질식소화를 한다.

2. 경유[$C_{15} \sim C_{20}$] : 디젤유 < 지정수량 : 비수용성 – 1,000L >

분자량	비중	증기비중	비점(℃)	인화점(℃)	착화점(℃)	연소범위(%)
-	0.85	4 ~ 5	200 ~ 350	50 ~ 70	200	1.0 ~ 6.0

① 일반적 성질

- 담갈색의 액체이며, 물에 녹지 않는다.
- 원유의 증류 시 등유와 중유사이에서 유출된다.

② 위험성

전기의 부도체로서 정전기 발생 우려가 있다.

③ 저장 및 취급방법

- 화기 등에 주의하고 취급 · 저장 시 환기를 잘 시켜야 한다.
- 직사광선을 피해 통풍이 잘 되는 냉암소에 저장한다.

④ 소화방법

포소화약제, 분말소화약제, 이산화탄소(CO_2)소화약제 등에 의한 질식소화를 한다.

3. 의산[HCOOH] : 포름산, 개미산 < 지정수량 : 수용성 – 2,000L >

분자량	비중	증기비중	비점(℃)	인화점(℃)	착화점(℃)	연소범위(%)
46	1.22	1.59	101	69	601	18.0 ~ 57.0

① 일반적 성질
  • 자극적 냄새를 가지고 있는 무색투명한 액체로 물, 알코올, 에터에 잘 녹는다.
  • 아세트산보다 강한 산성이다.

② 위험성
  • 진한 황산에 의해 탈수되어 일산화탄소를 발생한다.
  • 피부에 접촉 시 수포상의 화상을 일으킨다.

③ 저장 및 취급방법
  • 용기는 내산성 용기를 사용해야 한다.
  • 화기 등에 주의하고 취급 · 저장 시 환기를 잘 시켜야 한다.
  • 직사광선을 피해 통풍이 잘 되는 냉암소에 저장한다.

④ 소화방법
  알코올용 포소화약제에 의한 질식소화를 한다.

⑤ 탈수반응식

$$HCOOH(의산) \xrightarrow{c-H_2SO_4} CO(일산화탄소) + H_2O(물)$$

⑥ 구조식

4. 아세트산[CH₃COOH] : 초산 < 지정수량 : 수용성 – 2,000L >

분자량	비중	증기비중	비점(℃)	인화점(℃)	착화점(℃)	연소범위(%)
60	1.05	2.07	118	40	465	5.4 ~ 16.9

① 일반적 성질
  • 자극적 냄새를 가지고 있는 무색투명한 액체로 물, 알코올, 에터에 잘 녹는다.
  • 녹는점이 16.2℃로 겨울철에는 얼음과 같이 고화될 수 있다.(빙초산)
  • 3 ~ 5%의 수용액을 식초라고 한다.

② 위험성
  • 피부에 접촉 시 수포상의 화상을 일으킨다.
  • 증기가 자극적이어서 흡입 시 점막에 염증을 유발한다.

③ 저장 및 취급방법

- 용기는 내산성 용기를 사용해야 한다.
- 화기 등에 주의하고 취급 · 저장 시 환기를 잘 시켜야 한다.
- 직사광선을 피해 통풍이 잘 되는 냉암소에 저장한다.

④ 소화방법

알코올용 포소화약제에 의한 질식소화를 한다.

⑤ 연소반응식

CH_3COOH(초산) + $2O_2$(산소) → $2CO_2$(이산화탄소) + $2H_2O$(물)

⑥ 구조식

5. 크실렌[$C_6H_4(CH_3)_2$] : 다이메틸벤젠, 자일렌 < 지정수량 : 비수용성 - 1,000L >

구분	종류	비중	비점(℃)	인화점(℃)	착화점(℃)	연소범위(%)
o-크실렌	1석유류	0.88	144	17.2	464	0.9 ~ 7.0
m-크실렌	2석유류	0.86	139	25	527	1.1 ~ 7.0
p-크실렌	2석유류	0.86	137	25	529	1.1 ~ 7.0

① 일반적 성질

- 단맛이 나는 무색투명한 액체로 물에 녹지 않고 알코올, 에터에 잘 녹는다.
- 3가지의 이성질체가 있다.

② 위험성

독성 및 마취성이 있다.

③ 저장 및 취급방법

- 화기 등에 주의하고 취급 · 저장 시 환기를 잘 시켜야 한다.
- 직사광선을 피해 통풍이 잘 되는 냉암소에 저장한다.

④ 소화방법

포소화약제, 분말소화약제, 이산화탄소(CO_2)소화약제 등에 의한 질식소화를 한다.

⑤ 구조식

o-크실렌　　　　m-크실렌　　　　p-크실렌

6. 클로로벤젠[C₆H₅Cl] : 염화비닐 < 지정수량 : 비수용성 – 1,000L >

분자량	비중	증기비중	비점(℃)	인화점(℃)	착화점(℃)	연소범위(%)
112.5	1.11	3.9	132	32	638	1.3 ~ 7.1

① 일반적 성질

- 석유와 유사한 냄새가 나는 무색의 액체로 물에 녹지 않고, 유기용제에 잘 녹는다.
- 페놀과 아닐린의 제조, 농약, DDT의 원료로 사용된다.

② 위험성

마취성 및 독성이 있다.

③ 저장 및 취급방법

- 화기 등에 주의하고 취급 · 저장 시 환기를 잘 시켜야 한다.
- 직사광선을 피해 통풍이 잘 되는 냉암소에 저장한다.

④ 소화방법

포소화약제, 분말소화약제, 이산화탄소(CO_2)소화약제 등에 의한 질식소화를 한다.

⑤ 구조식

7. 스티렌[$C_6H_5CHCH_2$] : 비닐벤젠 < 지정수량 : 비수용성 – 1,000L >

분자량	비중	증기비중	비점(℃)	인화점(℃)	착화점(℃)	연소범위(%)
104	0.81	3.6	146	32	490	1.1 ~ 6.1

① 일반적 성질

- 독특한 냄새를 가지고 있는 무색투명의 액체로 물에 녹지 않고, 유기용제에 잘 녹는다.
- 고분자중합제품, 합성고무, 도료, 포장재 등에 사용된다.

② 위험성

- 마취성 및 독성이 있다.
- 실온에서 인화하기 쉽다.

③ 저장 및 취급방법

- 화기 등에 주의하고 취급 · 저장 시 환기를 잘 시켜야 한다.
- 직사광선을 피해 통풍이 잘 되는 냉암소에 저장한다.

④ 소화방법

포소화약제, 분말소화약제, 이산화탄소(CO_2)소화약제 등에 의한 질식소화를 한다.

⑤ 구조식

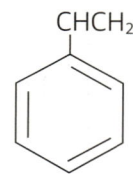

8. 테레핀유[C_{10} ~ C_{16}] : 송정유 < 지정수량 : 비수용성 – 1,000L >

분자량	비중	증기비중	비점℃)	인화점℃)	착화점℃)	연소범위(%)
-	0.86 ~ 0.875	4 ~ 5	155 ~ 175	35	240	1.1 ~ 6

① 일반적 성질

- 특이한 냄새가 나는 무색 또는 담황색의 액체이다.
- 물에 녹지 않고, 유기용제에 잘 녹는다.

② 위험성

증기 흡입 시 심장 마비를 유발할 수 있다.

③ 저장 및 취급방법

- 화기 등에 주의하고 취급 · 저장 시 환기를 잘 시켜야 한다.
- 직사광선을 피해 통풍이 잘 되는 냉암소에 저장한다.

④ 소화방법

포소화약제, 분말소화약제, 이산화탄소(CO_2)소화약제 등에 의한 질식소화를 한다.

9. 벤즈알데하이드[C_6H_5CHO] < 지정수량 : 비수용성 – 1,000L >

분자량	비중	증기비중	비점(℃)	인화점(℃)	착화점(℃)	연소범위(%)
106	1.05	3.66	179	64	190	1.4 ~ 8.5

① 일반적 성질
- 특이한 냄새가 나는 무색의 액체이다.
- 값싼 향료로서 비누, 화장품 등에 사용된다.

② 위험성

공기 중에서 산화되어 벤조산으로 쉽게 된다.

③ 저장 및 취급방법
- 화기 등에 주의하고 취급 · 저장 시 환기를 잘 시켜야 한다.
- 직사광선을 피해 통풍이 잘 되는 냉암소에 저장한다.

④ 소화방법

포소화약제, 분말소화약제, 이산화탄소(CO_2)소화약제 등에 의한 질식소화를 한다.

10. 하이드라진[N_2H_4] < 지정수량 : 수용성 – 2,000L >

분자량	비중	증기비중	비점(℃)	인화점(℃)	착화점(℃)	연소범위(%)
32	1.0	1.01	114	38	270	4.7 ~ 100

① 일반적 성질
- 암모니아와 유사한 냄새를 가진 액체로 알칼리성을 나타낸다.
- 로켓의 연료, 플라스틱 발포제 등으로 사용된다.

② 위험성
- 유독성의 물질로, 호흡기나 피부에 악영향을 줄 수 있다.
- 과산화수소와 반응하여 질소와 물을 발생한다.
- 약 180℃에서 분해하여 암모니아, 질소 및 수소를 발생한다.

③ 저장 및 취급방법
- 화기 등에 주의하고 취급 · 저장 시 환기를 잘 시켜야 한다.
- 직사광선을 피해 통풍이 잘 되는 냉암소에 저장한다.

④ 소화방법

알코올용 포소화약제에 의한 질식소화를 한다.

⑤ 화학반응식

- 과산화수소와의 반응식

N_2H_4(하이드라진) + $2H_2O_2$(과산화수소) → N_2(질소) + $4H_2O$(물)

- 분해반응식

$2N_2H_4$(하이드라진) → $2NH_3$(암모니아) + N_2(질소) + H_2(수소)

⑥ 구조식

$$\begin{array}{cc} H{\diagdown} & {\diagup}H \\ {}N{-}N{} \\ H{\diagup} & {\diagdown}H \end{array}$$

11. 아크릴산[CH₂CHCOOH] < 지정수량 : 수용성– 2,000L >

분자량	비중	증기비중	비점(℃)	인화점(℃)	착화점(℃)	연소범위(%)
72	1.1	2.48	141	46	438	2.4 ~ 8.0

① 일반적 성질

- 자극적인 냄새가 나는 무색투명한 액체로 물, 알코올, 벤젠 등에 잘 녹는다.
- 래커, 니스, 섬유 재질제, 응집제 등에 사용된다.

② 위험성

- 독성 및 부식성이 매우 강하다.
- 증기 흡입 시 호흡기에 화상을 일으킬 수 있다.

③ 저장 및 취급방법

- 화기 등에 주의하고 취급 · 저장 시 환기를 잘 시켜야 한다.
- 직사광선을 피해 통풍이 잘 되는 냉암소에 저장한다.

④ 소화방법

알코올용 포소화약제에 의한 질식소화를 한다.

⑤ 구조식

$$\begin{array}{ccc} H & & O \\ | & & \| \\ C = C & - & C - OH \\ | & | & \\ H & H & \end{array}$$

12. 에틸셀르솔브[$C_2H_5OCH_2CH_2OH$] < 지정수량 : 수용성 – 2,000L >

분자량	비중	증기비중	비점(℃)	인화점(℃)	착화점(℃)	연소범위(%)
90	1.1	3.10	135.6	40	238	12.8 ~ 18.0

① 일반적 성질
- 무색투명한 액체이며 물, 알코올, 벤젠 등에 잘 녹는다.
- 유리 클리너, 염색약 등으로 사용된다.

② 위험성

강산화제와의 접촉을 피해야 한다.

③ 저장 및 취급방법
- 화기 등에 주의하고 취급 · 저장 시 환기를 잘 시켜야 한다.
- 직사광선을 피해 통풍이 잘 되는 냉암소에 저장한다.

④ 소화방법

알코올용 포소화약제에 의한 질식소화를 한다.

---

5 ▷ **제3석유류 < 지정수량 : 비수용성 – 2,000L, 수용성 – 4,000L >**

중유, 클레오소트유 그 밖에 1기압에서 인화점이 70℃ 이상 200℃ 미만인 것

1. 중유 < 지정수량 : 비수용성 – 2,000L >

분자량	비중	증기비중	비점(℃)	인화점(℃)	착화점(℃)	연소범위(%)
-	0.92 ~ 1.0	-	300 ~ 350	70 ~ 150	255 ~ 455	1.0 ~ 5.0

① 일반적 성질
- 갈색 또는 암갈색의 액체로 직류 중유와 분해 중유로 나눌 수 있다.
- 동점도에 따라 A중유, B중유, C중유로 구분한다.

② 위험성

강산화제와 혼합 시 발화 위험이 있다.

③ 저장 및 취급방법
- 화기 등에 주의하고 취급 · 저장 시 환기를 잘 시켜야 한다.
- 직사광선을 피해 통풍이 잘 되는 냉암소에 저장한다.

④ 소화방법

포소화약제, 분말소화약제, 이산화탄소(CO_2)소화약제 등에 의한 질식소화를 한다.

2. 클레오소트유 : 타르유 < 지정수량 : 비수용성 - 2,000L >

분자량	비중	증기비중	비점(℃)	인화점(℃)	착화점(℃)	연소범위(%)
-	1.05	-	190 ~ 400	74	336	-

① 일반적 성질

- 황갈색의 자극적인 타르냄새가 나는 액체이다.
- 물에 녹지 않고 알코올, 에터에 녹는다.

② 위험성

독성 및 부식성이 있다.

③ 저장 및 취급방법

- 용기는 내산성 용기를 사용해야 한다.
- 화기 등에 주의하고 취급ㆍ저장 시 환기를 잘 시켜야 한다.
- 직사광선을 피해 통풍이 잘 되는 냉암소에 저장한다.

④ 소화방법

포소화약제, 분말소화약제, 이산화탄소(CO_2)소화약제 등에 의한 질식소화를 한다.

3. 아닐린[$C_6H_5NH_2$] : 아미노벤젠 < 지정수량 : 비수용성 - 2,000L >

분자량	비중	증기비중	비점(℃)	인화점(℃)	착화점(℃)	연소범위(%)
93	1.02	3.2	184	75	538	1.3 ~ 11

① 일반적 성질

- 특유의 냄새를 가진 황색 또는 갈색의 액체로 물에 약간 녹고 알코올, 에터에 녹는다.
- 의약, 염료, 향료, 석유정제, 화약, 페인트 등에 사용된다.
- 나이트로벤젠을 수소로 환원하여 얻는다.

② 위험성

- 독성이 강하므로 증기의 흡입, 피부와의 접촉을 피해야 한다.
- 알칼리금속과 반응하여 수소를 발생한다.
- 증기는 공기와 혼합하여 폭발의 위험이 있다.
- 강산화제와 접촉하면 인화, 폭발의 위험이 있다.

③ 저장 및 취급방법

- 화기 등에 주의하고 취급ㆍ저장 시 환기를 잘 시켜야 한다.
- 직사광선을 피해 통풍이 잘 되는 냉암소에 저장한다.

④ 소화방법

포소화약제, 분말소화약제, 이산화탄소(CO_2)소화약제 등에 의한 질식소화를 한다.

⑤ 구조식

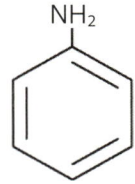

4. 나이트로벤젠[$C_6H_5NO_2$] < 지정수량 : 비수용성 – 2,000L >

분자량	비중	증기비중	비점(℃)	인화점(℃)	착화점(℃)	연소범위(%)
123	1.2	–	210	88	480	1.8 ~ 40

① 일반적 성질
- 특이한 냄새를 가지고 있는 담황색 또는 갈색의 액체이다.
- 물에 녹지 않으며, 유기용제에 잘 녹는다.
- 벤젠을 진한 질산과 진한 황산으로 나이트로화시켜서 만든다.

② 위험성

독성이 강하므로 증기의 흡입, 피부와의 접촉을 피해야 한다.

③ 저장 및 취급방법
- 화기 등에 주의하고 취급 · 저장 시 환기를 잘 시켜야 한다.
- 직사광선을 피해 통풍이 잘 되는 냉암소에 저장한다.

④ 소화방법

포소화약제, 분말소화약제, 이산화탄소(CO_2)소화약제 등에 의한 질식소화를 한다.

⑤ 구조식

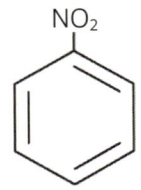

5. 에틸렌글리콜[$C_2H_4(OH)_2$] < 지정수량 : 수용성 – 4,000L >

분자량	비중	증기비중	비점(℃)	인화점(℃)	착화점(℃)	연소범위(%)
62	1.1	2.1	198	111	413	3.2 ~ 15.3

① 일반적 성질
- 무색의 끈적끈적한 액체로 단맛이 나며 물, 알코올, 아세톤 등에 잘 녹는다.
- 2가 알코올로서 부동액의 원료로 사용된다.

② 위험성

- 독성이 강하며 흡습성이 있다.

- 강산화제와 혼합 시 발화 위험이 있다.

③ 저장 및 취급방법

- 화기 등에 주의하고 취급 · 저장 시 환기를 잘 시켜야 한다.

- 직사광선을 피해 통풍이 잘 되는 냉암소에 저장한다.

④ 소화방법

알코올용 포소화약제에 의한 질식소화를 한다.

⑤ 연소반응식

$2C_2H_4(OH)_2$(에틸렌글리콜) $+ 5O_2$(산소) $\rightarrow 4CO_2$(이산화탄소) $+ 6H_2O$(물)

⑥ 구조식

$$
\begin{array}{l}
CH_2 - OH \\
\quad | \\
CH_2 - OH
\end{array}
$$

6. 글리세린[$C_3H_5(OH)_3$] < 지정수량 : 수용성 – 4,000L >

분자량	비중	증기비중	비점(℃)	인화점(℃)	착화점(℃)	연소범위(%)
92	1.26	3.1	290	160	393	–

① 일반적 성질

- 무색의 점성이 있는 액체로 단맛이 나며 물, 알코올에 잘 녹는다.

- 3가 알코올로서 화장품, 윤활제 등의 원료로 사용된다.

② 위험성

- 흡습성은 매우 강하지만 독성이 없다.

- 300℃ 정도로 가열하면 분해하여 인화될 수 있다.

③ 저장 및 취급방법

- 화기 등에 주의하고 취급 · 저장 시 환기를 잘 시켜야 한다.

- 직사광선을 피해 통풍이 잘 되는 냉암소에 저장한다.

④ 소화방법

알코올용 포소화약제에 의한 질식소화를 한다.

⑤ 연소반응식

$2C_3H_5(OH)_3$(글리세린) $+ 7O_2$(산소) $\rightarrow 6CO_2$(이산화탄소) $+ 8H_2O$(물)

⑥ 구조식

$$CH_2 \!-\! OH$$
$$|$$
$$CH \ \!-\! OH$$
$$|$$
$$CH_2 \!-\! OH$$

7. 메타크레졸[$C_6H_4CH_3OH$] < 지정수량 : 비수용성- 2,000L >

분자량	비중	증기비중	비점(℃)	인화점(℃)	착화점(℃)	연소범위(%)
108	1.03	3.6	203	86	558	1.1 ~ 6.1

① 일반적 성질
  • 무색 또는 황색의 액체로 물에 녹지 않고, 유기용제에 잘 녹는다.
  • 합성수지, 소독제, 약품 등의 원료로 사용된다.

② 위험성
  독성이 있으므로 증기의 흡입, 피부와의 접촉을 피해야 한다.

③ 저장 및 취급방법
  • 화기 등에 주의하고 취급 · 저장 시 환기를 잘 시켜야 한다.
  • 직사광선을 피해 통풍이 잘 되는 냉암소에 저장한다.

④ 소화방법
  포소화약제, 분말소화약제, 이산화탄소(CO_2)소화약제 등에 의한 질식소화를 한다.

⑤ 구조식

---

6 **제4석유류** < 지정수량 : 6,000L >

기어유, 실린더유 그 밖에 1기압에서 인화점이 200℃ 이상 250℃ 미만의 것

① 종류
  • 윤활유 : 기어유, 실린더유, 터빈유, 기계유, 모터유등
  • 가소제 : DOS, DOP, DNP, TCP, DBS, TOP등

② 위험성
  • 상온에서는 인화의 위험이 없으나, 일단 인화가 되면 연소위험이 증가해 소화가 어렵다.
  • 강산화제의 접촉을 피해야 한다.

③ 저장 및 취급방법

- 화기 등에 주의하고 취급·저장 시 환기를 잘 시켜야 한다.
- 직사광선을 피해 통풍이 잘 되는 냉암소에 저장한다.

④ 소화방법

포소화약제, 분말소화약제, 이산화탄소(CO_2)소화약제 등에 의한 질식소화를 한다.

7 동식물유류 < 지정수량 : 10,000L >

동물의 지육 등 또는 식물의 종자나 과육으로부터 추출한 것으로서 1기압에서 인화점이 250℃ 미만인 것

구분	아이오딘값	특징 및 종류
건성유	130 이상	• 불포화지방산의 함량이 많고, 공기 중에 방치하면 건조되는 유지이다. • 아마인유, 들기름, 동유, 해바라기유, 대구유, 정어리유, 상어유 등
반건성유	100이상 ~ 130 미만	• 건성유와 불건성유의 중간적인 성질을 가진 유지이다. • 참기름, 옥수수기름, 쌀겨, 콩기름(대두유), 청어기름, 채종유, 면실유 등
불건성유	100 미만	• 포화지방산의 함량이 많고, 공기 중에 방치해도 건조되지 않는 유지이다. • 고래기름, 소기름, 돼지기름, 올리브유, 피마자유, 야자유, 땅콩기름, 팜유 등

암기팁! 건성유 : 건아들이 동해대학교 정상에 올랐다. 반건성유 : 반참으로 옥쌀콩과 청채면을 먹었다. 불건성유 : 불면 고소돼! 올피야 땅파

① 일반적 성질

- 일반적으로 무색·무취하다.
- 대부분 점성이 크고 물보다 가볍다.

② 위험성

상온에서는 인화의 위험이 없으나, 연소하면 열에 의한 액온이 상승하여 위험하다.

③ 저장 및 취급방법

- 가연물 및 점화원 등과의 접촉을 피해야 한다.
- 통풍이 잘 되는 냉암소에 저장한다.

④ 소화방법

포소화약제, 분말소화약제, 이산화탄소(CO_2)소화약제 등에 의한 질식소화를 한다.

💬 필수 용어정리

아이오딘값
- 정의 : 유지(기름) 100g 에 흡수(부가, 첨가)되는 아이오딘의 g 수를 의미하는데, 이는 유지에 함유된 지방산의 불포화 정도(안정되지 않은 정도)를 나타낸다.
- 성질 : 아이오딘값이 크다. → 불포화도가 높다. → 산소와의 결합이 쉬워서 반응성이 커진다.
    → 자연발화성이 높다.

CHAPTER 05 제5류 위험물 – 자기반응성 물질

제1절 품명, 지정수량 및 위험등급

성질	품명	지정수량	위험등급
자기반응성 물질	1. 유기과산화물	제1종 : 10 kg 제2종 : 100 kg	Ⅰ : 10 kg Ⅱ : 100 kg
	2. 질산에스터류		
	3. 나이트로화합물		
	4. 나이트로소화합물		
	5. 아조화합물		
	6. 다이아조화합물		
	7. 하이드라진 유도체		
	8. 하이드록실아민		
	9. 하이드록실아민염류		

	10. 그 밖에 행정안전부령으로 정하는 것
	  ① 금속의 아지화합물
	  ② 질산구아니딘		

	11. 제1호 내지 제10호의 어느 하나 이상을 함유한 것		

1 일반적 성질

① 자기연소성 = 가연물 + 산소공급원 (산소를 자체 보유하고 있으므로 질식소화가 어렵다)

② 유기화합물질로 연소속도가 매우 빠른 폭발성 물질이다.

③ 비중은 모두 1보다 크며, 물질의 상태는 고체 또는 액체이다.

④ 대부분 물에 잘 녹지 않으므로, 물과의 반응성이 작다.

⑤ 공기 중에 장시간 노출되면 자연발화 한다.

2 저장 및 취급방법

① 용기의 파손 및 균열에 주의하며 저장 시 가열, 충격, 마찰을 피한다.

② 화재발생 시 소화가 곤란하므로, 가급적 소분하여 통풍이 잘 되는 냉암소에 저장한다.

3 소화방법

대량의 물에 의한 냉각소화를 한다.

---

1 유기과산화물

과산화기(-O-O-)를 가진 산화물에 유기화합물이 결합한 물질

1. 과산화벤조일[$(C_6H_5CO)_2O_2$] : 벤조일퍼옥사이드

분자량	비중	증기비중	융점(℃)	비점(℃)	인화점(℃)	착화점(℃)
242	1.33	-	103 ~ 105	194	-	125

① 일반적 성질

- 무색, 무취의 백색 결정 또는 분말로 물에 녹지 않고 유기용매에 녹는다.
- 상온에서는 안정하며 합성수지 중합촉매, 화장품, 방부제, 의약 등에 사용된다.

② 위험성

- 강산과 접촉하면 분해, 폭발의 위험이 있다.
- 건조 상태에서는 충격, 마찰에 의해 폭발의 위험이 있다.

③ 저장 및 취급방법
- 건조방지를 위해 물, 프탈산다이메틸, 프탈산다이부틸 등의 희석제로 폭발의 위험성을 낮출 수 있다.
- 직사광선을 피해 통풍이 잘 되는 냉암소에 저장한다.

④ 소화방법

대량의 물에 의한 냉각소화를 한다.

⑤ 구조식

2. 과산화메틸에틸케톤[$(CH_3COC_2H_5)_2O_2$] : 메틸에틸케톤퍼옥사이드

분자량	비중	증기비중	융점(℃)	비점(℃)	인화점(℃)	착화점℃)
148	1.12	-	20	-	58	205

① 일반적 성질
- 독특한 냄새가 나는 무색투명한 기름 모양의 액체로 물에 약간 녹고 알코올, 에터 등에 녹는다.
- 도료건조촉진제, 합성수지경화촉매 등으로 사용된다.

② 위험성
- 30℃ 이하에서 무명, 탈지면 등과 접촉하면 분해한다.
- 40℃ 이상에서 분해가 촉진되고 약 100℃를 넘으면 격렬히 분해하여 흰 연기를 심하게 발생한다.

③ 저장 및 취급방법

직사광선을 피해 통풍이 잘 되는 냉암소에 저장한다.

④ 소화방법

대량의 물에 의한 냉각소화를 한다.

⑤ 구조식

질산(HNO_3)의 수소가 알킬기(R : C_nH_{2n+1})로 치환된 화합물

1. 나이트로셀룰로오스[($C_6H_7O_2(ONO_2)_3$)n]

분자량	비중	증기비중	융점(℃)	비점(℃)	인화점(℃)	착화점(℃)
-	1.7	-	-	83	13	160 ~ 170

① 일반적 성질
- 무색 또는 백색의 고체로 물에 녹지 않고 아세톤, 벤젠 등에 녹는다.
- 셀룰로오스를 진한 질산(3)과 진한 황산(1)을 혼합 · 반응시켜 제조한다.
- 다이너마이트의 원료, 무연화학, 필름 등에 사용된다.

② 위험성
- 질화도(나이트로셀룰로오스 내 질소의 함유율)가 클수록 폭발의 위험성이 크다.
- 건조한 상태에서는 타격, 마찰에 의하여 폭발의 위험이 있다.

③ 저장 및 취급방법
- 물과 혼합하면 위험성이 감소하므로, 운반 또는 저장 시에 물 또는 알코올을 첨가한다.
- 직사광선을 피해 통풍이 잘 되는 냉암소에 저장한다.

④ 소화방법

대량의 물에 의한 냉각소화를 한다.

2. 나이트로글리세린[$C_3H_5(ONO_2)_3$] : NG

분자량	비중	증기비중	융점(℃)	비점℃)	인화점℃)	착화점℃)
227	1.6	-	2.8	160	-	210

① 일반적 성질
- 순수한 것은 무색투명하고 공업용은 담황색인 기름상의 액체이다.
- 물에 녹지 않고 알코올, 벤젠 등에 녹는다.
- 규조토에 흡수시킨 것을 다이너마이트라고 한다.

② 위험성
- 충격, 마찰에 매우 민감하여 폭발을 일으키기 쉽다.
- 상온에서는 액체이지만, 겨울철에 동결한다.

③ 저장 및 취급방법
- 충격 · 마찰에 민감하므로 다공성 물질에 흡수시켜 운반한다.
- 직사광선을 피해 통풍이 잘 되는 냉암소에 저장한다.

④ 소화방법

　　대량의 물에 의한 냉각소화를 한다.

⑤ 분해반응식

　　$4C_3H_5(ONO_2)_3$(나이트로글리세린) → $12CO_2$(이산화탄소) + $6N_2$(질소) + O_2(산소) + $10H_2O$(수증기)

> **암기팁!** 나이트로글리세린의 분해 시 생성물
> : 이 질 산 물 → 니글거리는 이유는... 이질을 생산하는 물 때문이다.

⑥ 구조식

$$CH_2 - O - NO_2$$
$$|$$
$$CH\ \ - O - NO_2$$
$$|$$
$$CH_2 - O - NO_2$$

3. 나이트로글리콜[$C_2H_4(ONO_2)_2$]

분자량	비중	증기비중	융점(℃)	비점(℃)	인화점(℃)	착화점(℃)
152	1.5	5.2	-22	105	-	215

① 일반적 성질

　• 순수한 것은 무색이고, 공업용은 담황색 기름상의 액체이다.

　• 물에 녹지 않고 알코올, 벤젠 등에 녹는다.

　• 낮은 온도에서 잘 얼지 않는 다이너마이트를 제조하기 위해 나이트로글리세린 대신에 첨가한다.

② 위험성

　• 충격, 마찰에 민감하여 폭발을 일으키기 쉽다.

　• 휘발성이 크고 인화점이 낮아서 위험하다.

③ 저장 및 취급방법

　• 운송 시 안정제에 흡수시켜 운반한다.

　• 직사광선을 피해 통풍이 잘 되는 냉암소에 저장한다.

④ 소화방법

　　대량의 물에 의한 냉각소화를 한다.

⑤ 분해반응식

　　$C_2H_4(ONO_2)_2$(나이트로글리콜) → $2CO_2$(이산화탄소) + $2H_2O$(수증기) + N_2(질소)

> **암기팁!** 나이트로글리콜의 분해 시 생성물 : 이 물 질 → 상품에서 이물질이 나오면... 니콜해야 한다.

⑥ 구조식

$$CH_2 - O - NO_2$$
$$|$$
$$CH_2 - O - NO_2$$

4. 질산메틸[CH_3ONO_2]

분자량	비중	증기비중	융점(℃)	비점(℃)	인화점(℃)	착화점(℃)
77	1.22	2.65	-82	66	15	-

① 일반적 성질
- 무색투명한 액체로 물에는 약간 녹고 알코올에 잘 녹는다.
- 로켓의 추진체로 사용된다.

② 위험성
- 폭발의 위험은 낮으나 인화되기 쉽다.
- 휘발성 및 독성이 있다.

③ 저장 및 취급방법

용기는 밀봉하고 직사광선을 피해 통풍이 잘 되는 냉암소에 저장한다.

④ 소화방법

대량의 물에 의한 냉각소화를 한다.

5. 질산에틸[$C_2H_5ONO_2$]

분자량	비중	증기비중	융점(℃)	비점(℃)	인화점(℃)	착화점(℃)
91	1.11	3.14	-	88	10	-

① 일반적 성질
- 달콤한 냄새를 가진 무색투명한 액체로 단맛이 있다.
- 물에 녹지 않고 알코올, 에터 등에 녹는다.

② 위험성
- 인화점이 낮아 상온에서 인화되기 쉽다.
- 휘발성이 크고 폭발하기 쉽다.

③ 저장 및 취급방법

용기는 밀봉하고 직사광선을 피해 통풍이 잘 되는 냉암소에 저장한다.

④ 소화방법

대량의 물에 의한 냉각소화를 한다.

6. 셀룰로이드

분자량	비중	증기비중	융점(℃)	비점(℃)	인화점(℃)	착화점(℃)
-	1.4	-	-	-	-	180

① 일반적 성질
- 무색 또는 황색의 반투명 고체로 물에 녹지 않고 알코올, 벤젠 등에 녹는다.
- 질소가 함유된 유기물이며 완구, 장식용 필름, 안경테 등에 사용된다.

② 위험성
- 장시간 방치된 것은 햇빛, 고온 등에 의해 분해가 촉진되어 자연발화의 위험이 있다.
- 착화하기가 쉽고, 밀폐용기는 가열에 의해 폭발한다.

③ 저장 및 취급방법

직사광선을 피해 통풍이 잘 되는 냉암소에 저장한다.

④ 소화방법

대량의 물에 의한 냉각소화를 한다.

3 나이트로화합물

유기 화합물의 탄소와 결합된 수소원자가 나이트로기($-NO_2$)로 치환된 화합물

1. 트라이나이트로톨루엔[$C_6H_2CH_3(NO_2)_3$] : TNT

분자량	비중	증기비중	융점(℃)	비점(℃)	인화점(℃)	착화점(℃)
227	1.66	-	81	240	165	300

① 일반적 성질
- 담황색의 침상 결정이며 햇빛에 노출되면 다갈색으로 변한다.
- 물에 녹지 않고 벤젠, 에터, 아세톤에 녹는다.
- 강한 폭발력을 가진 폭약의 원료로 사용된다.
- 톨루엔을 진한 질산과 진한 황산으로 나이트로화 하여 얻는다.

② 위험성
- 분해하여 다량의 기체를 발생한다.
- 독성이 없고 피크르산에 비하여 충격·마찰에 둔감하다.
- 강산화제와 혼촉 시 발열, 발화, 폭발한다.

③ 저장 및 취급방법
- 운반 시에 10 ~ 20%의 물로 적시면 안전하다.
- 직사광선을 피해 통풍이 잘 되는 냉암소에 저장한다.

④ 소화방법

대량의 물에 의한 냉각소화를 한다.

⑤ 화학반응식

- 생성반응식

$$C_6H_5CH_3(톨루엔) + 3HNO_3(질산) \xrightarrow[나이트로화]{c-H_2SO_4} C_6H_2CH_3(NO_2)_3(트라이나이트로톨루엔) + 3H_2O(물)$$

- 분해반응식

$$2C_6H_2CH_3(NO_2)_3(트라이나이트로톨루엔) \rightarrow 12CO(일산화탄소) + 5H_2(수소) + 3N_2(질소) + 2C(탄소)$$

암기팁! TNT의 폭발, 분해 시 생성물 : 일 수 질 탄 → 일수놀이 하는 것을 질타해야 한다.

⑥ 구조식

2. 트라이나이트로페놀[$C_6H_2OH(NO_2)_3$] : TNP, 피크린(르)산

분자량	비중	증기비중	융점(℃)	비점(℃)	인화점(℃)	착화점(℃)
229	1.8	–	122.5	255	150	300

① 일반적 성질

- 순수한 것은 무색이지만 공업용은 휘황색의 침상결정이다.
- 찬물에 녹지 않고 벤젠, 알코올, 에터, 온수에 잘 녹는다.
- 페놀을 진한 황산과 진한 질산의 혼산으로 나이트로화하여 제조한다.

② 위험성

- 분해하여 다량의 가스를 발생한다.
- 쓴 맛이 있으며 독성이 있다.
- 단독으로는 마찰, 충격에 비교적 안정하다.
- 알코올, 휘발유 등과의 혼합된 것은 충격에 의한 폭발 위험이 있다.

③ 저장 및 취급방법

- 운반 시에 10 ~ 20%의 물로 적시면 안전하다.
- 공기 중에서 자연분해 위험성이 적어 장기간 저장이 가능하다.
- 직사광선을 피해 통풍이 잘 되는 냉암소에 저장한다.

④ 소화방법

대량의 물에 의한 냉각소화를 한다.

⑤ 화학반응식

- 생성반응식

$$C_6H_5OH(\text{페놀}) + 3HNO_3(\text{질산}) \xrightarrow[\text{나이트로화}]{\text{c-}H_2SO_4} C_6H_2OH(NO_2)_3(\text{트라이나이트로페놀}) + 3H_2O(\text{물})$$

- 분해반응식

$$2C_6H_2OH(NO_2)_3(\text{트라이나이트로페놀})$$
$$\rightarrow 4CO_2(\text{이산화탄소}) + 6CO(\text{일산화탄소}) + 3H_2(\text{수소}) + 3N_2(\text{질소}) + 2C(\text{탄소})$$

암기팁! TNP의 폭발, 분해 시 생성물
: 패고 놀리며~ 일 수 질 탄 → 패고 놀리면서... 일수놀이 하는 것을 질타해야 한다.

⑥ 구조식

4 나이트로소화합물

유기 화합물의 탄소와 결합된 수소원자가 나이트로소기(-NO)로 치환된 화합물
① 파라다이나이트로소벤젠[$C_6H_4(NO)_2$]
② 다이나이트로소레조르신[$C_6H_2(OH)_2(NO)_2$]

5 아조화합물

아조기(-N=N-)와 유기물이 결합된 화합물
① 아조다이카본아마이드[$NH_2CON=NCONH_2$]
② 아조비스아이소뷰티로니트릴[$C_6H_2(OH)_2(NO)_2$]
③ 아조벤젠($C_6H_5N = NC_6H_5$)

6 다이아조화합물

다이아조기(=N_2)와 유기물이 결합된 화합물
① 다이아조다이나이트로페놀($C_6H_2ON_2(NO_2)_2$)
② 에틸다이아조아세테이트($N=NCHC(O)OC_2H_5$)

7 > 하이드라진유도체

제4류 위험물(제2석유류)인 하이드라진(N_2H_4)으로부터 유도된 화합물

① 황산하이드라진($NH_2NH_2 \cdot H_2SO_4$)

② 메틸하이드라진(CH_3NHNH_2)

8 > 하이드록실아민

하이드록실(-OH)과 아민(NH_2)이 결합된 화합물(NH_2OH)

① 무색의 바늘모양의 결정으로 유기합성, 로켓추진제 연료 등으로 쓰인다.

② 수용액은 강알칼리성으로 환원제로 사용된다.

③ 독성 및 조해성이 있으며 공기 중에서 가열 시 폭발한다.

④ 직사광선을 피해 통풍이 잘 되는 냉암소에 저장한다.

⑤ 대량의 물에 의한 냉각소화를 한다.

9 > 하이드록실아민염류

하이드록실아민이 금속염류와 결합된 화합물

① 황산하이드록실아민[$(NH_3OH)_2SO_4$]

② 염산하이드록실아민(NH_3OHCl)

CHAPTER 06
제6류 위험물 – 산화성 액체

제1절 품명, 지정수량 및 위험등급

성질	품명	지정수량	위험등급
산화성 액체	1. 과염소산	300kg	I
	2. 과산화수소		
	3. 질산		
	4. 그 밖에 행정안전부령으로 정하는 것 할로젠간화합물		
	5. 제1호 내지 제4호의 어느 하나 이상을 함유한 것		

제2절 공통 특성

1 일반적 성질

① 상온에서 액체이며, 물보다 무겁고, 물에 잘 녹는다.

② 산화성(강산화제) 물질이며, 불연성 물질이다.

③ 가연물의 연소를 도와주는 조연성 물질이다.(∵산소를 함유하고 있으므로)

④ 물과 반응 시 심한 발열을 한다.(화상의 위험)

⑤ 강산성 및 부식성이 있고 증기는 유독하다.

⑥ 분해 시 산소가 발생한다.

2 저장 및 취급방법

① 물, 가연물, 유기물, 산화제, 분해촉진약품과의 접촉을 피한다.

② 내산성 용기를 사용하여 밀전, 밀봉한다.

③ 증기가 유독하여 보호구 착용 후 취급한다.

3 소화방법

① 소량인 경우 대량의 물로 희석소화를 한다.

② 대량인 경우 건조사(마른모래), 인산염류의 분말 등에 의한 질식소화를 한다.

1 과염소산($HClO_4$) < 지정수량 : 300kg >

분자량	비중	증기비중	융점(℃)	비점℃)
105	1.76	-	-112	39

① 일반적 성질

- 무색, 무취의 유동성이 있는 액체이다.
- 강산화제이며 염소산 중에서 가장 강한 산이다.($HClO$ < $HClO_2$ < $HClO_3$ < $HClO_4$)

② 위험성

- 매우 불안정하며 흡습성 및 휘발성이 강하다.
- 물과 반응하면 심하게 발열한다.
- 철, 아연, 구리와 격렬하게 반응하고 산화물이 된다.
- 가열하면 분해하여 유독성 가스인 염화수소(HCl)를 발생한다.
- 부식성이 있어서 피부에 닿으면 위험하다.

③ 저장 및 취급방법

- 가열, 충격을 피하고 화기를 멀리한다.
- 강산화제, 환원제, 알코올류, 사이안화합물, 가연물 등과의 접촉을 피한다.
- 유리나 도자기 등의 밀폐용기에 보관하고 누출 시 가연물과 접촉을 피한다.
- 통풍이 잘되는 냉암소에 저장한다.

④ 소화방법

건조사(마른모래), 인산염류의 분말 등에 의한 질식소화를 한다.

⑤ 분해반응식

$HClO_4$(과염소산) → HCl(염화수소) + $2O_2$(산소)

2 과산화수소(H$_2$O$_2$) < 지정수량 : 300kg >

농도가 36중량% 이상인 것

분자량	비중	증기비중	융점(℃)	비점℃)
34	1.465	–	-0.89	84

① 일반적 성질

- 무색 또는 엷은 청색의 점성이 있는 액체이다.
- 물, 알코올, 에터에 녹고 석유, 벤젠에 녹지 않는다.
- 3% 용액을 옥시돌(oxydol) 이라고 하며, 소독약으로 사용한다.
- 강산화제이지만 환원제로도 사용한다.

② 위험성

- 열, 햇빛에 의해서 분해가 촉진된다.
- 농도가 진한 것은 불안정하며 피부에 닿으면 수종을 일으킨다.
- 가열에 의해 분해하여 물과 산소가 발생한다.
- 농도가 60wt% 이상이면 단독으로 분해·폭발 한다.

③ 저장 및 취급방법

- 용기는 뚜껑에 작은 구멍을 뚫어(완전히 밀전·밀봉하여 외부 공기와 차단하면 압력이 증가하여 폭발할 우려가 있으므로) 갈색병(햇빛에 의해 분해되므로)에 보관하여 냉암소에 저장한다.
- 인산(H$_3$PO$_4$), 요산(C$_5$H$_4$N$_4$O$_3$)과 같은 분해방지 안정제를 넣어 분해를 억제시킨다.

④ 소화방법

대량의 물로 희석소화 및 냉각소화를 한다.

⑤ 분해반응식

2H$_2$O$_2$(과산화수소) → 2H$_2$O(물) + O$_2$(산소)

3 질산(HNO₃) < 지정수량 : 300kg >

비중이 1.49 이상인 것

분자량	비중	증기비중	융점(℃)	비점(℃)
63	1.465	–	-42	86

① 일반적 성질
- 순수한 것은 무색투명하고 공업용은 황색인 점성이 있는 액체이다.
- 금속은 부식시키지만 백금, 금을 부식시키지 못한다.
- 단백질과 크산토프로테인 반응을 한다.(노란색)
- 강산화제이고 불연성이며 강산이다.
- 염산과 질산을 3 : 1의 부피로 혼합한 것을 왕수라고 한다.

② 위험성
- 흡습성이 있으며 물과 접촉하면 발열한다.
- 알루미늄(Al), 철(Fe), 니켈(Ni), 코발트(Co) 등은 진한 질산에서 부동태(금속의 성질을 잃는 것)한다.
- 직사광선에 의한 분해 시 갈색의 유독한 가스인 이산화질소와 산소가 발생한다.
- 가연물, 환원성 물질 등과 혼합하면 발화의 위험이 있다.
- 부식성이 있어서 피부에 닿으면 위험하다.

③ 저장 및 취급방법
- 가연물, 환원성 물질 등과 혼합하면 발화의 위험이 있으므로 이격하여 저장한다.
- 햇빛에 의해 분해되므로 갈색병에 보관하여 냉암소에 저장한다.

④ 소화방법
- 소량인 경우 대량의 물로 희석소화를 한다.
- 대량인 경우 건조사(마른모래), 인산염류의 분말 등에 의한 질식소화를 한다.

⑤ 분해반응식

$4HNO_3$(질산) → $2H_2O$(물) + $4NO_2$(이산화질소) + O_2(산소)

CHAPTER 07 용어의 정의 및 위험물의 시험과 판정

제1절 | 용어의 정의

① 산화성고체 : 고체로서 산화력의 잠재적인 위험성 또는 충격에 대한 민감성을 판단하기 위하여 소방청장이 정하여 고시하는 시험에서 고시로 정하는 성질과 상태를 나타내는 것

② 가연성고체 : 고체로서 화염에 의한 발화의 위험성 또는 인화의 위험성을 판단하기 위하여 고시로 정하는 시험에서 고시로 정하는 성질과 상태를 나타내는 것

③ 황 : 순도가 60중량% 이상인 것을 말하며, 순도측정을 하는 경우 불순물은 활석 등 불연성물질과 수분으로 한정한다.

④ 철분 : 철의 분말로서 53마이크로미터의 표준체를 통과하는 것이 50중량% 미만인 것은 제외한다.

⑤ 금속분 : 알칼리금속 · 알칼리토류금속 · 철 및 마그네슘외의 금속의 분말을 말하고, 구리분 · 니켈분 및 150마이크로미터의 체를 통과하는 것이 50중량% 미만인 것은 제외한다.

⑥ 마그네슘 및 제2류 제8호의 물품 중 마그네슘을 함유한 것에 있어서는 다음에 해당하는 것은 제외한다.

  • 2mm의 체를 통과하지 아니하는 덩어리 상태의 것

  • 지름 2mm 이상의 막대 모양의 것

⑦ 황화인 · 적린 · 황 및 철분은 ②에 따른 성질과 상태가 있는 것으로 본다.

⑧ 인화성고체 : 고형알코올 그 밖에 1기압에서 인화점이 40℃ 미만인 고체

⑨ 자연발화성물질 및 금수성물질 : 고체 또는 액체로서 공기 중에서 발화의 위험성이 있거나 물과 접촉하여 발화하거나 가연성가스를 발생하는 위험성이 있는 것

⑩ 칼륨 · 나트륨 · 알킬알루미늄 · 알킬리튬 및 황린은 ⑨의 규정에 의한 성상이 있는 것으로 본다.

⑪ 인화성액체 : 액체(제3석유류, 제4석유류 및 동식물유류의 경우 1기압과 20℃에서 액체인 것)로서 인화의 위험성이 있는 것. 다만, 다음의 어느 하나에 해당하는 것을 법 규정의 중요기준과 세부기준에 따른 운반용기를 사용하여 운반하거나 저장(진열 및 판매를 포함)하는 경우는 제외한다.

  • 「화장품법」 규정에 따른 화장품 중 인화성액체를 포함하고 있는 것

  • 「약사법」 규정에 따른 의약품 중 인화성액체를 포함하고 있는 것

  • 「약사법」 규정에 따른 의약외품(알코올류에 해당하는 것은 제외) 중 수용성인 인화성액체를 50부피% 이하로 포함하고 있는 것

  • 「의료기기법」에 따른 체외진단용 의료기기 중 인화성액체를 포함하고 있는 것

  • 「생활화학제품 및 살생물제의 안전관리에 관한 법률」 규정에 따른 안전확인대상생활화학제품 (알코올류에 해당하는 것은 제외) 중 수용성인 인화성액체를 50부피% 이하로 포함하고 있는 것

⑫ 특수인화물 : 이황화탄소, 다이에틸에터 그 밖에 1기압에서 발화점이 100℃ 이하인 것 또는 인화점이 영하 20℃ 이하이고 비점이 40℃ 이하인 것

⑬ 제1석유류 : 아세톤, 휘발유 그 밖에 1기압에서 인화점이 21℃ 미만인 것

⑭ 알코올류 : 1분자를 구성하는 탄소원자의 수가 1개부터 3개까지인 포화1가 알코올(변성알코올을 포함). 다만, 다음에 해당하는 것은 제외한다.
- 1분자를 구성하는 탄소원자의 수가 1개 내지 3개의 포화1가 알코올의 함유량이 60중량% 미만인 수용액
- 가연성액체량이 60중량% 미만이고 인화점 및 연소점(태그개방식인화점측정기에 의한 연소점)이 에틸알코올 60중량% 수용액의 인화점 및 연소점을 초과하는 것

⑮ 제2석유류 : 등유, 경유 그 밖에 1기압에서 인화점이 21℃ 이상 70℃ 미만인 것. 다만, 도료류 그 밖의 물품에 있어서 가연성 액체량이 40중량% 이하이면서 인화점이 40℃ 이상인 동시에 연소점이 60℃ 이상인 것은 제외한다.

⑯ 제3석유류 : 중유, 클레오소트유 그 밖에 1기압에서 인화점이 70℃ 이상 200℃ 미만인 것. 다만, 도료류 그 밖의 물품은 가연성 액체량이 40중량% 이하인 것은 제외한다.

⑰ 제4석유류 : 기어유, 실린더유 그 밖에 1기압에서 인화점이 200℃ 이상 250℃ 미만의 것. 다만 도료류 그 밖의 물품은 가연성 액체량이 40중량% 이하인 것은 제외한다.

⑱ 동식물유류 : 동물의 지육(머리, 내장, 다리를 잘라 내고 아직 부위별로 나누지 않은 고기) 등 또는 식물의 종자나 과육으로부터 추출한 것으로서 1기압에서 인화점이 250℃ 미만인 것. 다만, 법 규정에 의하여 행정안전부령으로 정하는 용기기준과 수납·저장기준에 따라 수납되어 저장·보관되고 용기의 외부에 물품의 통칭명, 수량 및 화기엄금(화기엄금과 동일한 의미를 갖는 표시를 포함)의 표시가 있는 경우를 제외한다.

⑲ 자기반응성물질 : 고체 또는 액체로서 폭발의 위험성 또는 가열분해의 격렬함을 판단하기 위하여 고시로 정하는 시험에서 고시로 정하는 성질과 상태를 나타내는 것을 말하며, 위험성 유무와 등급에 따라 제1종 또는 제2종으로 분류한다.

⑳ 제5류 제11호의 물품에 있어서는 유기과산화물을 함유하는 것 중에서 불활성고체를 함유하는 것으로서 다음에 해당하는 것은 제외한다.
- 과산화벤조일의 함유량이 35.5중량% 미만인 것으로서 전분가루, 황산칼슘2수화물 또는 인산수소칼슘2수화물과의 혼합물
- 비스(4-클로로벤조일)퍼옥사이드의 함유량이 30중량% 미만인 것으로서 불활성고체와의 혼합물
- 과산화다이쿠밀의 함유량이 40중량% 미만인 것으로서 불활성고체와의 혼합물
- 1·4비스(2-터셔리뷰틸퍼옥시아이소프로필)벤젠의 함유량이 40중량% 미만인 것으로서 불활성고체와의 혼합물
- 사이클로헥산온퍼옥사이드의 함유량이 30중량% 미만인 것으로서 불활성고체와의 혼합물

㉑ 산화성액체 : 액체로서 산화력의 잠재적인 위험성을 판단하기 위하여 고시로 정하는 시험에서 고시로
　　정하는 성질과 상태를 나타내는 것

㉒ 과산화수소는 그 농도가 36중량% 이상인 것에 한하며, ㉑의 성상이 있는 것으로 본다.

㉓ 질산은 그 비중이 1.49 이상인 것에 한하며, ㉑의 성상이 있는 것으로 본다.

㉔ 성질 란에 규정된 성상을 2가지 이상 포함하는 물품(복수성상물품)이 속하는 품명은 다음에 의한다.

성상 1	성상 2	복수성상물품이 속하는 품명
산화성 고체	가연성 고체	가연성 고체
산화성 고체	자기반응성 물질	자기반응성 물질
가연성 고체	자연발화성 물질 및 금수성 물질	자연발화성 물질 및 금수성 물질
자연발화성 물질 및 금수성 물질	인화성 액체	자연발화성 물질 및 금수성 물질
인화성 액체	자기반응성 물질	자기반응성 물질

㉕ 위 표의 지정수량 란에 정하는 수량이 복수로 있는 품명에 있어서는 당해 품명이 속하는 유(類)의 품명
가운데 위험성의 정도가 가장 유사한 품명의 지정수량 란에 정하는 수량과 같은 수량을 당해 품명의
지정수량으로 한다. 이 경우 위험물의 위험성을 실험 · 비교하기 위한 기준은 고시로 정할 수 있다.

㉖ 위 표의 기준에 따라 위험물을 판정하고 지정수량을 결정하기 위하여 필요한 실험은 「국가표준기본법」
규정에 따라 인정을 받은 시험 · 검사기관, 기술원, 국립소방연구원 또는 소방청장이 지정하는 기관에서
실시할 수 있다. 이 경우 실험 결과에는 실험한 위험물에 해당하는 품명과 지정수량이 포함되어야 한다.

1 ▶ 제1류 위험물 – 산화성 고체

① 산화성 시험방법 : 연소시험, 대량연소시험
② 충격민감성 시험방법 : 낙구타격감도시험, 철관시험

2 ▶ 제2류 위험물 – 가연성 고체

① 착화의 위험성 시험방법 : 작은 불꽃 착화시험
② 고체의 인화 위험성 시험방법 : 인화점 측정

3 ▶ 제3류 위험물 – 자연발화성 물질 및 금수성 물질

① 자연발화성의 시험방법 : 고체 또는 액체의 공기 중 발화의 위험성의 시험
② 금수성의 시험방법 : 물과 접촉하여 발화하거나 가연성 가스를 발생할 위험성의 시험

4 ▶ 제4류 위험물 – 인화성 액체

인화성 액체의 인화점 시험방법 : 태그밀폐식 인화점측정기에 의한 인화점 측정시험
　　　　　　　　　　　　　　　 신속평형법 인화점측정기에 의한 인화점 측정시험
　　　　　　　　　　　　　　　 클리브랜드개방컵 인화점측정기에 의한 인화점 측정시험

5 ▶ 제5류 위험물 – 자기반응성 물질

① 폭발성 시험방법 : 열분석시험
② 가열분해성 시험방법 : 압력용기시험

6 ▶ 제6류 위험물 – 산화성 액체

산화성액체의 시험방법 : 연소시간의 측정시험

제3절 　인화성 액체의 인화점 시험방법

1　태그밀폐식 인화점측정기에 의한 인화점 측정시험

① 시험장소는 1기압, 무풍의 장소로 하며, 화염의 크기는 직경 4mm가 되도록 조정한다.

② 시료컵에 시험물품 50㎤를 넣고, 시험불꽃을 점화하여 화염의 크기를 직경이 4mm가 되도록 조정한 후, 시험불꽃을 시료컵에 1초간 노출시키고 닫는 조작을 반복하여 인화점을 측정한다.

③ 측정결과가 0℃ 미만인 경우 : 당해 측정결과를 인화점으로 한다.

④ 측정결과가 0℃ 이상 80℃ 이하인 경우
- 동점도 측정 시 동점도가 10㎟/s 미만인 경우 : 당해 측정결과를 인화점으로 한다.
- 동점도 측정 시 동점도가 10㎟/s 이상인 경우 : 신속평형법 인화점측정기로 다시 측정한다.

2　신속평형법 인화점측정기에 의한 인화점 측정시험

① 시험장소는 1기압, 무풍의 장소로 하며, 화염의 크기는 직경 4mm가 되도록 조정한다.

② 시료컵에 시험물품 2㎖를 넣고, 시료컵의 온도를 1분간 설정온도로 유지한 후 인화점을 측정한다.

③ 측정결과가 0℃ 이상 80℃ 이하인 경우 : 동점도 측정 시 동점도가 10㎟/s 이상인 경우 당해 측정결과를 인화점으로 한다.

④ 측정결과가 80℃ 초과하는 경우 : 클리브랜드개방컵 인화점측정기로 다시 측정한다.

3　클리브랜드개방컵 인화점측정기에 의한 인화점 측정시험

① 시험장소는 1기압, 무풍의 장소로 하며, 화염의 크기는 직경 4mm가 되도록 조정한다.

② 시료컵의 표선까지 시험물품을 채우고, 시험불꽃을 점화하여 화염의 크기를 직경이 4mm가 되도록 조정한 후, 시험불꽃을 시료컵의 중심을 횡단하여 일직선으로 1초간 통과시키는 조작을 인화할 때까지 반복하여 인화점을 측정한다.

③ 측정결과가 80℃ 초과하는 경우 : 당해 측정결과를 인화점으로 한다.

> **암기팁!** 인화성 액체의 인화점 측정 시험방법
> : 태클은 신속하게 해야 한다. 썬(cm)탠한 밀리터리(㎖)는 신속하고 민첩하다.

CHAPTER 08 위험물안전관리법령

제1절 | 총칙

1 목적

위험물의 저장·취급 및 운반과 이에 따른 안전관리에 관한 사항을 규정함으로써 위험물로 인한 위해를 방지하여 공공의 안전을 확보함을 목적으로 한다.

2 정의

① 위험물 : 인화성 또는 발화성 등의 성질을 가지는 것으로서 대통령령이 정하는 물품
② 지정수량 : 위험물의 종류별로 위험성을 고려하여 대통령령이 정하는 수량으로서 제조소등의 설치허가 등에 있어서 최저의 기준이 되는 수량
③ 제조소 : 위험물을 제조할 목적으로 지정수량 이상의 위험물을 취급하기 위하여 시·도지사의 허가를 받은 장소
④ 저장소 : 지정수량 이상의 위험물을 저장하기 위한 대통령령이 정하는 장소로서 시·도지사의 허가를 받은 장소
⑤ 취급소 : 지정수량 이상의 위험물을 제조외의 목적으로 취급하기 위한 대통령령이 정하는 장소로서 시·도지사의 허가를 받은 장소
⑥ 제조소등 : 제조소·저장소 및 취급소

3 적용제외

항공기·선박·철도 및 궤도에 의한 위험물의 저장·취급 및 운반에 있어서는 이를 적용하지 아니한다.

4 지정수량 미만인 위험물의 저장·취급

지정수량 미만인 위험물의 저장 또는 취급에 관한 기술상의 기준은 특별시·광역시·특별자치시·도 및 특별자치도(이하 "시·도"라 한다)의 조례로 정한다. → 따라서 지정수량 미만인 위험물의 운반에 관한 기술상의 기준은... 위험물안전관리법으로 정한다.

5 위험물의 저장 및 취급의 제한

① 지정수량 이상의 위험물을 저장소가 아닌 장소에서 저장하거나 제조소등이 아닌 장소에서 취급하여서는 아니된다.

② 다음의 경우에는 제조소등이 아닌 장소에서 지정수량 이상의 위험물을 취급할 수 있다.
- 시·도의 조례가 정하는 바에 따라 관할소방서장의 승인을 받아 지정수량 이상의 위험물을 90일 이내의 기간동안 임시로 저장 또는 취급하는 경우
- 군부대가 지정수량 이상의 위험물을 군사목적으로 임시로 저장 또는 취급하는 경우

③ 둘 이상의 위험물을 같은 장소에서 저장 또는 취급하는 경우에 있어서 당해 장소에서 저장 또는 취급하는 각 위험물의 수량을 그 위험물의 지정수량으로 각각 나누어 얻은 수의 합계가 1 이상인 경우 당해 위험물은 지정수량 이상의 위험물로 본다.

$$\text{지정수량 배수의 합} = \frac{\text{A품명의 저장수량}}{\text{A품명의 지정수량}} + \frac{\text{B품명의 저장수량}}{\text{B품명의 지정수량}} + \frac{\text{C품명의 저장수량}}{\text{C품명의 지정수량}} + \cdots\cdots$$

제2절 제조소등 설치 및 후속절차

1 위험물시설의 설치 및 변경 등

① 허가

제조소등을 설치하고자 하는 자는 대통령령이 정하는 바에 따라 그 설치장소를 관할하는 특별시장·광역시장·특별자치시장·도지사 또는 특별자치도지사(이하 "시·도지사"라 한다)의 허가를 받아야 한다.

② 신고

제조소등의 위치·구조 또는 설비의 변경 없이 당해 제조소등에서 저장하거나 취급하는 위험물의 품명·수량 또는 지정수량의 배수를 변경하고자 하는 자는 변경하고자 하는 날의 1일 전까지 행정안전부령이 정하는 바에 따라 시·도지사에게 신고하여야 한다.

③ 허가·신고의 예외

다음에 해당하는 제조소등의 경우에는 허가를 받지 아니하고 당해 제조소등을 설치하거나 그 위치·구조 또는 설비를 변경할 수 있으며, 신고를 하지 아니하고 위험물의 품명·수량 또는 지정수량의 배수를 변경할 수 있다.
- 주택의 난방시설(공동주택의 중앙난방시설을 제외)을 위한 저장소 또는 취급소
- 농예용·축산용 또는 수산용으로 필요한 난방시설 또는 건조시설을 위한 지정수량 20배 이하의 저장소

2 ▷ 탱크안전성능검사

① 실시

위험물탱크가 있는 제조소등의 설치 또는 그 위치·구조 또는 설비의 변경에 관하여 허가를 받은 자가 위험물탱크의 설치 또는 그 위치·구조 또는 설비의 변경공사를 하는 때에는 완공검사를 받기 전에 규정에 따른 기술기준에 적합한지의 여부를 확인하기 위하여 시·도지사가 실시하는 탱크안전성능검사를 받아야 한다.

② 대상이 되는 탱크 및 신청 시기

종류	대상	신청 시기
기초·지반검사	옥외탱크저장소의 액체위험물탱크 중 그 용량이 100만L 이상인 탱크	위험물탱크의 기초 및 지반에 관한 공사의 개시 전
충수·수압검사	액체위험물을 저장 또는 취급하는 탱크	위험물을 저장 또는 취급하는 탱크에 배관 그 밖의 부속설비를 부착하기 전
용접부검사	옥외탱크저장소의 액체위험물탱크 중 그 용량이 100만L 이상인 탱크	탱크본체에 관한 공사의 개시 전
암반탱크검사	액체위험물을 저장 또는 취급하는 암반내의 공간을 이용한 탱크	암반탱크의 본체에 관한 공사의 개시 전

암기팁! 탱크안전성능검사의 종류 : 용 암 기지 충수

③ 면제

시·도지사가 면제할 수 있는 탱크안전성능검사는 충수·수압검사이다.

3 ▷ 완공검사

① 실시

제조소등의 허가를 받은 자가 제조소등의 설치 또는 변경을 마친 때에는 시·도지사가 행하는 완공검사를 받아야 하며, 이 경우 시·도지사는 제조소등에 대하여 완공검사를 실시하고, 완공검사를 실시한 결과 해당 제조소등이 규정에 따른 기술기준(탱크안전성능검사에 관련된 것을 제외)에 적합하다고 인정하는 때에는 완공검사합격확인증을 교부해야 한다.

② 신청시기

- 지하탱크가 있는 제조소등의 경우 : 당해 지하탱크를 매설하기 전
- 이동탱크저장소의 경우 : 이동저장탱크를 완공하고 상치장소를 확보한 후
- 이송취급소의 경우 : 이송배관 공사의 전체 또는 일부를 완료한 후. 다만, 지하·하천 등에 매설하는
  이송배관의 공사의 경우에는 이송배관을 매설하기 전
- 전체 공사가 완료된 후에는 완공검사를 실시하기 곤란한 경우 : 다음에서 정하는 시기
  ✓ 위험물설비 또는 배관의 설치가 완료되어 기밀시험 또는 내압시험을 실시하는 시기
  ✓ 배관을 지하에 설치하는 경우에는 시·도지사, 소방서장 또는 기술원이 지정하는 부분을 매몰하기 직전
  ✓ 기술원이 지정하는 부분의 비파괴시험을 실시하는 시기
- 그 밖의 제조소등의 경우 : 제조소등의 공사를 완료한 후

4 제조소등 설치자의 지위승계

① 지위승계

- 제조소등의 설치자가 사망한 때 : 상속인
- 제조소등의 설치자가 그 제조소등을 양도·인도한 때 : 제조소등을 양수·인수한 자
- 법인인 제조소등의 설치자의 합병이 있는 때 : 합병 후 존속하는 법인이나 합병에 의하여 설립되는
  법인
- 경매, 환가, 압류재산의 매각 : 제조소등의 시설의 전부를 인수한 자

② 신고

제조소등의 설치자의 지위를 승계한 자는 행정안전부령이 정하는 바에 따라 승계한 날부터 30일 이내에
시·도지사에게 그 사실을 신고하여야 한다.

5 제조소등의 폐지

① 용도폐지

제조소등의 관계인(소유자·점유자 또는 관리자)은 당해 제조소등의 용도를 폐지(장래에 대하여
위험물시설로서의 기능을 완전히 상실시키는 것)한 때에는 행정안전부령이 정하는 바에 따라
제조소등의 용도를 폐지한 날부터 14일 이내에 시·도지사에게 신고하여야 한다.

② 용도폐지의 신고

제조소등의 용도폐지신고를 하려는 자는 신고서(전자문서로 된 신고서를 포함)에 제조소등의
완공검사합격확인증을 첨부하여 시·도지사 또는 소방서장에게 제출해야 한다.

6 위험물안전관리자

① 선임

제조소등[규정에 따라 허가를 받지 아니하는 제조소등과 이동탱크저장소를 제외]의 관계인은 위험물의 안전관리에 관한 직무를 수행하게 하기 위하여 위험물의 취급에 관한 자격이 있는 자를 위험물안전관리자로 선임하여야 한다.

② 해임 또는 퇴직 시

안전관리자를 선임한 제조소등의 관계인은 그 안전관리자를 해임하거나 안전관리자가 퇴직한 때에는 해임하거나 퇴직한 날부터 30일 이내에 다시 안전관리자를 선임하여야 한다.

③ 신고

제조소등의 관계인은 안전관리자를 선임한 경우에는 선임한 날부터 14일 이내에 행정안전부령으로 정하는 바에 따라 소방본부장 또는 소방서장에게 신고하여야 한다.

④ 대리자

- 지정
  - ✓ 안전관리자가 여행 · 질병 그 밖의 사유로 인하여 일시적으로 직무를 수행할 수 없는 경우
  - ✓ 안전관리자의 해임 또는 퇴직과 동시에 다른 안전관리자를 선임하지 못하는 경우
- 대행기간
  대리자가 안전관리자의 직무를 대행하는 기간은 30일을 초과할 수 없다.

⑤ 위험물취급자격자의 자격

위험물취급자격자의 구분	취급할 수 있는 위험물
위험물기능장, 위험물산업기사, 위험물기능사	모든 위험물
안전관리자 교육이수자	제4류 위험물
소방공무원 경력자 (소방공무원으로 근무한 경력이 3년 이상인 자)	제4류 위험물

⑥ 중복선임

다수의 제조소등을 동일인이 설치한 때에는 다음의 경우에 1인의 안전관리자를 중복하여 선임할 수 있다.

- 보일러ㆍ버너 또는 이와 비슷한 것으로서 위험물을 소비하는 장치로 이루어진 7개 이하의 일반취급소와 그 일반취급소에 공급하기 위한 위험물을 저장하는 저장소를 동일인이 설치한 경우
- 위험물을 차량에 고정된 탱크 또는 운반용기에 옮겨 담기 위한 5개 이하의 일반취급소(일반취급소간의 보행거리가 300미터 이내인 경우에 한한다)와 그 일반취급소에 공급하기 위한 위험물을 저장하는 저장소를 동일인이 설치한 경우
- 동일구내에 있거나 상호 100미터 이내의 거리에 있는 저장소로서 다음의 저장소를 동일인이 설치한 경우
  - ✓ 10개 이하의 옥내저장소
  - ✓ 30개 이하의 옥외탱크저장소
  - ✓ 옥내탱크저장소
  - ✓ 지하탱크저장소
  - ✓ 간이탱크저장소
  - ✓ 10개 이하의 옥외저장소
  - ✓ 10개 이하의 암반탱크저장소
- 다음의 기준에 모두 적합한 5개 이하의 제조소등을 동일인이 설치한 경우
  - ✓ 각 제조소등이 동일구내에 위치하거나 상호 100미터 이내의 거리에 있을 것
  - ✓ 각 제조소등에서 저장 또는 취급하는 위험물의 최대수량이 지정수량의 3천배 미만일 것. 다만, 저장소의 경우에는 그러하지 아니하다.

7 탱크시험자

① 업무

시ㆍ도지사 또는 제조소등의 관계인은 안전관리업무를 전문적이고 효율적으로 수행하기 위하여 탱크안전성능시험자(이하 "탱크시험자"라 한다)로 하여금 이 법에 의한 검사 또는 점검의 일부를 실시하게 할 수 있다.

② 등록

탱크시험자가 되고자 하는 자는 기술능력ㆍ시설 및 장비를 갖추어 시ㆍ도지사에게 등록하여야 한다.

③ 신고

등록한 사항 가운데 중요사항을 변경한 경우에는 그 날부터 30일 이내에 시ㆍ도지사에게 변경신고를 하여야 한다.

④ 기술능력
- 필수인력
  - ✓ 위험물기능장·위험물산업기사 또는 위험물기능사 중 1명 이상
  - ✓ 비파괴검사기술사 1명 이상 또는 초음파비파괴검사·자기비파괴검사 및 침투비파괴검사별로 기사 또는 산업기사 각 1명 이상
- 필요한 경우에 두는 인력
  - ✓ 충·수압시험, 진공시험, 기밀시험 또는 내압시험의 경우 : 누설비파괴검사 기사, 산업기사 또는 기능사
  - ✓ 수직·수평도시험의 경우 : 측량 및 지형공간정보 기술사, 기사, 산업기사 또는 측량기능사
  - ✓ 방사선투과시험의 경우 : 방사선비파괴검사 기사 또는 산업기사
  - ✓ 필수 인력의 보조 : 방사선비파괴검사·초음파비파괴검사·자기비파괴검사 또는 침투비파괴검사 기능사

⑤ 시설 : 전용사무실

⑥ 장비
- 필수장비 : 자기탐상시험기, 초음파두께측정기 및 다음 중 어느 하나
  - ✓ 영상초음파시험기
  - ✓ 방사선투과시험기 및 초음파시험기
- 필요한 경우에 두는 장비
  - ✓ 충·수압시험, 진공시험, 기밀시험 또는 내압시험의 경우 : 진공누설시험기, 기밀시험장치
  - ✓ 수직·수평도 시험의 경우 : 수직·수평도 측정기

8 예방규정

① 정의

제조소등의 관계인이 제조소등의 화재예방과 화재 등 재해발생시의 비상조치를 위하여 정해 놓은 규정이다.

② 예방규정을 정하여야 하는 제조소등
- 지정수량의 10배 이상의 위험물을 취급하는 제조소
- 지정수량의 100배 이상의 위험물을 저장하는 옥외저장소
- 지정수량의 150배 이상의 위험물을 저장하는 옥내저장소
- 지정수량의 200배 이상의 위험물을 저장하는 옥외탱크저장소
- 암반탱크저장소
- 이송취급소
- 지정수량의 10배 이상의 위험물을 취급하는 일반취급소

  암기팁! 예방규정의 대상 : 제일 외 내 외탱… 십 백 오 이 ~~~ 암 이송

9 정기점검

① 정의

제조소등의 관계인이 제조소등에 대하여 규정에 따른 기술기준에 적합한지의 여부를 정기적으로 점검하고 점검결과를 기록하여 보존하는 것을 의미한다.

② 횟수

제조소등의 관계인은 당해 제조소등에 대하여 연 1회 이상 정기점검을 실시한다.

③ 정기점검의 대상인 제조소등

- 예방규정을 정하여야 하는 제조소등
- 지하탱크저장소
- 이동탱크저장소
- 위험물을 취급하는 탱크로서 지하에 매설된 탱크가 있는 제조소ㆍ주유취급소 또는 일반취급소

  암기팁! 정기점검의 대상 : 예방규정 + 지하 이동 ~~~ 매설 제주일

10 정기검사

① 정의

소방본부장 또는 소방서장으로부터 해당 제조소등이 규정에 따른 기술기준에 적합하게 유지되고 있는지의 여부에 대하여 정기적으로 검사를 받는 것을 말한다.

② 정기검사의 대상인 제조소등

액체위험물을 저장 또는 취급하는 50만L 이상의 옥외탱크저장소

11 자체소방대

① 정의

다량의 위험물을 저장ㆍ취급하는 제조소등으로서 규정에 따른 제조소등이 있는 사업소에서 규정이 정하는 수량 이상의 위험물을 저장 또는 취급하는 경우 당해 사업소의 관계인이 설치해야 하는 소방조직이다.

② 설치대상

- 제조소 또는 일반취급소에서 취급하는 제4류 위험물의 최대수량의 합이 지정수량의 3천배 이상
- 옥외탱크저장소에 저장하는 제4류 위험물의 최대수량이 지정수량의 50만배 이상

③ 자체소방대에 두는 화학소방자동차 및 인원

사업소의 구분	화학소방자동차	자체소방대원의 수
제조소 또는 일반취급소에서 취급하는 제4류 위험물의 최대수량의 합이 지정수량의 3천배 이상 12만배 미만인 사업소	1대	5인
제조소 또는 일반취급소에서 취급하는 제4류 위험물의 최대수량의 합이 지정수량의 12만배 이상 24만배 미만인 사업소	2대	10인
제조소 또는 일반취급소에서 취급하는 제4류 위험물의 최대수량의 합이 지정수량의 24만배 이상 48만배 미만인 사업소	3대	15인
제조소 또는 일반취급소에서 취급하는 제4류 위험물의 최대수량의 합이 지정수량의 48만배 이상인 사업소	4대	20인
옥외탱크저장소에 저장하는 제4류 위험물의 최대수량이 지정수량의 50만배 이상인 사업소	2대	10인

💬 비고

화학소방자동차에는 행정안전부령으로 정하는 소화능력 및 설비를 갖추어야 하고, 소화활동에 필요한 소화약제 및 기구(방열복 등 개인장구를 포함한다)를 비치하여야 한다.

암기팁! 자체소방대에 두는 화학소방자동차 및 인원 : 12 24 48 48이상 50 12342 5 10 15 20 10

④ 화학소방자동차에 갖추어야 하는 소화능력 및 설비의 기준

화학소방자동차의 구분	소화능력 및 설비의 기준
포수용액 방사차	포수용액의 방사능력이 매분 2,000L 이상일 것
	소화약액탱크 및 소화약액혼합장치를 비치할 것
	10만L 이상의 포수용액을 방사할 수 있는 양의 소화약제를 비치할 것
분말 방사차	분말의 방사능력이 매초 35kg 이상일 것
	분말탱크 및 가압용가스설비를 비치할 것
	1,400kg 이상의 분말을 비치할 것
할로젠화합물 방사차	할로젠화합물의 방사능력이 매초 40kg 이상일 것
	할로젠화합물탱크 및 가압용가스설비를 비치할 것
	1,000kg 이상의 할로젠화합물을 비치할 것
이산화탄소 방사차	이산화탄소의 방사능력이 매초 40kg 이상일 것
	이산화탄소저장용기를 비치할 것
	3,000kg 이상의 이산화탄소를 비치할 것
제독차	가성소오다 및 규조토를 각각 50kg 이상 비치할 것

💡 포수용액을 방사하는 화학소방자동차의 대수는 규정에 의한 화학소방자동차의 대수의 3분의 2 이상으로 하여야 한다.

제3절 제조소등 행정처분·감독, 관리

1 행정처분

① 제조소등 설치허가의 취소와 사용정지 등

시·도지사는 제조소등의 관계인이 다음에 해당하는 때에는 규정에 따른 허가를 취소하거나 6월 이내의 기간을 정하여 제조소등의 전부 또는 일부의 사용정지를 명할 수 있다

- 변경허가를 받지 아니하고 제조소등의 위치·구조 또는 설비를 변경한 때
- 완공검사를 받지 아니하고 제조소등을 사용한 때
- 안전조치 이행명령을 따르지 아니한 때
- 수리·개조 또는 이전의 명령을 위반한 때
- 위험물안전관리자를 선임하지 아니한 때
- 대리자를 지정하지 아니한 때
- 정기점검을 하지 아니한 때
- 정기검사를 받지 아니한 때
- 저장·취급기준 준수명령을 위반한 때

② 과징금처분

시·도지사는 제조소등 설치허가의 취소와 사용정지 등의 사유가 아래에 해당하는 경우 사용정지처분에 갈음하여 2억원 이하의 과징금을 부과할 수 있다.

- 제조소등에 대한 사용의 정지가 그 이용자에게 심한 불편을 주는 때
- 그 밖에 공익을 해칠 우려가 있는 때

2 안전교육

① 실시

안전관리자·탱크시험자·위험물운반자·위험물운송자 등 위험물의 안전관리와 관련된 업무를 수행하는 자로서 대통령령이 정하는 자는 해당 업무에 관한 능력의 습득 또는 향상을 위하여 소방청장이 실시하는 교육을 받아야 한다.

② 안전교육대상자

- 안전관리자로 선임된 자
- 탱크시험자의 기술인력으로 종사하는 자
- 위험물운반자로 종사하는 자
- 위험물운송자로 종사하는 자

③ 안전교육의 과정, 기간과 그 밖의 교육의 실시에 대한 사항 등

교육과정	교육대상자	교육시간	교육시기	교육기관
강습교육	안전관리자가 되려는 사람	24시간	최초 선임되기 전	한국소방안전원
	위험물운반자가 되려는 사람	8시간	최초 종사하기 전	
	위험물운송자가 되려는 사람	16시간	최초 종사하기 전	
실무교육	안전관리자	8시간 이내	• 제조소등의 안전관리자로 선임된 날부터 6개월 이내 • 위의 교육을 받은 후 2년마다 1회	
	위험물운반자	4시간	• 위험물운반자로 종사한 날부터 6개월 이내 • 위의 교육을 받은 후 3년마다 1회	
	위험물운송자	8시간 이내	• 이동탱크저장소의 위험물운송자로 종사한 날부터 6개월 이내 • 위의 교육을 받은 후 3년마다 1회	
	탱크시험자의 기술인력	8시간 이내	• 탱크시험자의 기술인력으로 등록한 날부터 6개월 이내 • 위의 교육을 받은 후 2년마다 1회	한국소방산업기술원

3 업무의 위탁

① 시 · 도지사가 한국소방산업기술원에 위탁하는 경우
- 탱크안전성능검사
  ✓ 용량이 100만L 이상인 액체위험물을 저장하는 탱크
  ✓ 암반탱크
  ✓ 지하탱크저장소의 위험물탱크 중 이중벽탱크
- 완공검사
  ✓ 지정수량의 3천배 이상의 위험물을 취급하는 제조소 또는 일반취급소의 설치 또는 변경
  ✓ 용량이 50만L 이상인 옥외탱크저장소의 설치 또는 변경
  ✓ 암반탱크저장소의 설치 또는 변경
- 시 · 도지사의 운반용기 검사
- 소방본부장 또는 소방서장의 정기검사

② 소방청장이 한국소방산업기술원에 위탁하는 경우
  탱크시험자의 기술인력으로 종사하는 자에 대한 안전교육

③ 소방청장이 한국소방안전원에 위탁하는 경우
  안전관리자로 선임된 자, 위험물운반자로 종사하는 자 및 위험물운송자로 종사하는 자에 대한 안전교육

CHAPTER 09

위험물의 취급 · 운송기준

1 저장 · 취급의 공통기준

① 제조소 등에서 규정에 의한 허가 및 신고와 관련되는 품명 외의 위험물 또는 이러한 허가 및 신고와 관련되는 수량 또는 지정수량의 배수를 초과하는 위험물을 저장 또는 취급하지 아니하여야 한다.

② 위험물을 저장 또는 취급하는 건축물 그 밖의 공작물 또는 설비는 당해 위험물의 성질에 따라 차광 또는 환기를 실시하여야 한다.

③ 위험물은 온도계, 습도계, 압력계 그 밖의 계기를 감시하여 당해 위험물의 성질에 맞는 적정한 온도, 습도 또는 압력을 유지하도록 저장 또는 취급하여야 한다.

④ 위험물을 저장 또는 취급하는 경우에는 위험물의 변질, 이물의 혼입 등에 의하여 당해 위험물의 위험성이 증대되지 아니하도록 필요한 조치를 강구하여야 한다.

⑤ 위험물이 남아 있거나 남아 있을 우려가 있는 설비, 기계 · 기구, 용기 등을 수리하는 경우에는 안전한 장소에서 위험물을 완전하게 제거한 후에 실시하여야 한다.

⑥ 위험물을 용기에 수납하여 저장 또는 취급할 때에 그 용기는 당해 위험물의 성질에 적응하고 파손 · 부식 · 균열 등이 없는 것으로 하여야 한다.

⑦ 가연성의 액체 · 증기 또는 가스가 새거나 체류할 우려가 있는 장소 또는 가연성의 미분이 현저하게 부유할 우려가 있는 장소에서는 전선과 전기기구를 완전히 접속하고 불꽃을 발하는 기계 · 기구 · 공구 · 신발 등을 사용하지 아니하여야 한다.

⑧ 위험물을 보호액 중에 보존하는 경우에는 당해 위험물이 보호액으로 부터 노출되지 아니하도록 하여야 한다.

2 **위험물의 유별 저장 · 취급의 공통기준**

① 제1류 위험물 : 가연물과의 접촉 · 혼합이나 분해를 촉진하는 물품과의 접근 또는 과열 · 충격 · 마찰 등을 피하는 한편, 알칼리금속의 과산화물 및 이를 함유한 것에 있어서는 물과의 접촉을 피하여야 한다.

② 제2류 위험물 : 산화제와의 접촉 · 혼합이나 불티 · 불꽃 · 고온체와의 접근 또는 과열을 피하는 한편, 철분 · 금속분 · 마그네슘 및 이를 함유한 것에 있어서는 물이나 산과의 접촉을 피하고 인화성 고체에 있어서는 함부로 증기를 발생시키지 아니하여야 한다.

③ 제3류 위험물 : 자연발화성물질에 있어서는 불티 · 불꽃 또는 고온체와의 접근 · 과열 또는 공기와의 접촉을 피하고, 금수성물질에 있어서는 물과의 접촉을 피하여야 한다.

④ 제4류 위험물 : 불티 · 불꽃 · 고온체와의 접근 또는 과열을 피하고, 함부로 증기를 발생시키지 아니하여야 한다.

⑤ 제5류 위험물 : 불티 · 불꽃 · 고온체와의 접근이나 과열 · 충격 또는 마찰을 피하여야 한다.

⑥ 제6류 위험물 : 가연물과의 접촉 · 혼합이나 분해를 촉진하는 물품과의 접근 또는 과열을 피하여야 한다.

3 **저장의 기준**

① 저장소에는 위험물 외의 물품을 저장하지 아니하여야 한다.

② 유별을 달리하는 위험물을 저장할 수 있는 경우

옥내저장소 또는 옥외저장소에 있어서 다음의 위험물을 저장하는 경우로서 위험물을 유별로 정리하여 저장하는 한편, 서로 1m 이상의 간격을 두는 경우에는 동일한 저장소에 저장할 수 있다.

제1류 위험물 (알칼리금속의 과산화물 또는 이를 함유한 것을 제외)	제5류 위험물
제1류 위험물	제6류 위험물
제1류 위험물	제3류 위험물 중 자연발화성물질 (황린 또는 이를 함유한 것)
제2류 위험물 중 인화성고체	제4류 위험물
제3류 위험물 중 알킬알루미늄등	제4류 위험물 (알킬알루미늄 또는 알킬리튬을 함유한 것)
제4류 위험물 중 유기과산화물 또는 이를 함유하는 것	제5류 위험물 중 유기과산화물 또는 이를 함유한 것

암기팁! 16 24(인) 34(알) 45(유)... 13(자발) 15(알금과 제외)

③ 황린 그 밖에 물속에 저장하는 물품과 금수성물질은 동일한 저장소에서 저장하지 아니하여야 한다.

④ 옥내저장소에서 동일 품명의 위험물이더라도 자연발화할 우려가 있는 위험물 또는 재해가 현저하게 증대할 우려가 있는 위험물을 다량 저장하는 경우에는 지정수량의 10배 이하마다 구분하여 상호간 0.3m 이상의 간격을 두어 저장하여야 한다.

⑤ 옥내저장소 또는 옥외저장소에서 위험물을 저장하는 경우 다음의 높이를 초과하여 용기를 겹쳐 쌓지 말아야 한다.

- 기계에 의하여 하역하는 구조로 된 용기만을 겹쳐 쌓는 경우 : 6m
- 제4류 위험물 중 제3석유류, 제4석유류 및 동식물유류를 수납하는 용기만을 겹쳐 쌓는 경우 : 4m
- 그 밖의 경우 : 3m

⑥ 옥내저장소에서는 용기에 수납하여 저장하는 위험물의 온도가 55℃를 넘지 아니하도록 필요한 조치를 강구하여야 한다.

⑦ 컨테이너식 이동탱크저장소 외의 이동탱크저장소에 있어서는 위험물을 저장한 상태로 이동저장탱크를 옮겨 싣지 아니하여야 한다.

⑧ 이동탱크저장소에는 당해 이동탱크저장소의 완공검사합격확인증 및 정기점검기록을 비치하여야 한다.

⑨ 알킬알루미늄등을 저장 또는 취급하는 이동탱크저장소에는 긴급시의 연락처, 응급조치에 관하여 필요한 사항을 기재한 서류, 방호복, 고무장갑, 밸브 등을 죄는 결합공구 및 휴대용 확성기를 비치하여야 한다.

⑩ 옥외저장소에서 위험물을 저장하는 경우에 있어서는 ⑤의 규정에 의한 높이를 초과하여 용기를 겹쳐 쌓지 아니하여야 한다.

⑪ 옥외저장소에서 위험물을 수납한 용기를 선반에 저장하는 경우에는 6m를 초과하여 저장하지 아니하여야 한다.

⑫ 아세트알데하이드등 및 다이에틸에터등의 저장 시 온도

저장	아세트알데하이드등	다이에틸에터등	산화프로필렌
옥외 · 옥내 · 지하저장탱크 중 압력탱크 외의 탱크에 저장	15℃ 이하	30℃ 이하	30℃ 이하
옥외 · 옥내 · 지하저장탱크 중 압력탱크에 저장	40℃ 이하	40℃ 이하	40℃ 이하
보냉장치가 있는 이동저장탱크에 저장	비점 이하	비점 이하	비점 이하
보냉장치가 없는 이동저장탱크에 저장	40℃ 이하	40℃ 이하	40℃ 이하

암기팁! 저장 시 온도 : 쌈디 외삼촌이 아세끼 한테 이리온하니, 도망치다 압사 당했다.
보이여 비전을 가져라... 보없으면 사망이여

4 취급의 기준

① 제조에 관한 기준

- 증류공정 : 위험물을 취급하는 설비의 내부압력의 변동 등에 의하여 액체 또는 증기가 새지 아니하도록 할 것
- 추출공정 : 추출관의 내부압력이 비정상으로 상승하지 아니하도록 할 것
- 건조공정 : 위험물의 온도가 부분적으로 상승하지 아니하는 방법으로 가열 또는 건조할 것
- 분쇄공정 : 위험물의 분말이 현저하게 부유하고 있거나 위험물의 분말이 현저하게 기계 · 기구 등에 부착하고 있는 상태로 그 기계 · 기구를 취급하지 아니할 것

② 소비에 관한 기준
- 분사도장작업은 방화상 유효한 격벽 등으로 구획된 안전한 장소에서 실시할 것
- 담금질 또는 열처리작업은 위험물이 위험한 온도에 이르지 아니하도록 하여 실시할 것
- 버너를 사용하는 경우에는 버너의 역화를 방지하고 위험물이 넘치지 아니하도록 할 것

③ 주유취급소에서의 취급기준
- 자동차 등에 주유할 때에는 고정주유설비를 사용하여 직접 주유할 것
- 자동차 등에 인화점 40℃ 미만의 위험물을 주유할 때에는 자동차 등의 원동기를 정지시킬 것
- 이동저장탱크에 급유할 때에는 고정급유설비를 사용하여 직접 급유할 것
- 자동차 등에 주유할 때에는 고정주유설비 또는 고정주유설비에 접속된 탱크의 주입구로부터 4m 이내의 부분에, 이동저장탱크로부터 전용탱크에 위험물을 주입할 때에는 전용탱크의 주입구로부터 3m 이내의 부분 및 전용탱크 통기관의 끝부분으로부터 수평거리 1.5m 이내의 부분에 있어서는 다른 자동차 등의 주차를 금지하고 자동차 등의 점검·정비 또는 세정을 하지 아니할 것

④ 이동탱크저장소에서의 취급기준
- 이동저장탱크로부터 위험물을 저장 또는 취급하는 탱크에 인화점이 40℃ 미만인 위험물을 주입할 때에는 이동탱크저장소의 원동기를 정지시킬 것
- 휘발유·벤젠 그 밖에 정전기에 의한 재해발생의 우려가 있는 액체의 위험물을 이동저장탱크에 주입하거나 이동저장탱크로부터 배출하는 때에는 도선으로 이동저장탱크와 접지전극 등과의 사이를 긴밀히 연결하여 당해 이동저장탱크를 접지할 것
- 휘발유를 저장하던 이동저장탱크에 등유나 경유를 주입할 때 또는 등유나 경유를 저장하던 이동저장탱크에 휘발유를 주입할 때에는 다음의 기준에 따라 정전기 등에 의한 재해를 방지하기 위한 조치를 할 것
  ✓ 이동저장탱크의 상부로부터 위험물을 주입할 때에는 위험물의 액표면이 주입관의 끝부분을 넘는 높이가 될 때까지 그 주입관내의 유속을 초당 1m 이하로 할 것
  ✓ 이동저장탱크의 밑부분으로부터 위험물을 주입할 때에는 위험물의 액표면이 주입관의 정상부분을 넘는 높이가 될 때까지 그 주입배관내의 유속을 초당 1m 이하로 할 것

⑤ 알킬알루미늄등 및 아세트알데하이드등의 취급기준
- 알킬알루미늄등의 제조소 또는 일반취급소에 있어서 알킬알루미늄등을 취급하는 설비에는 불활성의 기체를 봉입할 것
- 알킬알루미늄등의 이동탱크저장소에 있어서 이동저장탱크로부터 알킬알루미늄등을 꺼낼 때에는 동시에 200kPa 이하의 압력으로 불활성의 기체를 봉입할 것
- 아세트알데하이드등의 제조소 또는 일반취급소에 있어서 아세트알데하이드등을 취급하는 설비에는 연소성 혼합기체의 생성에 의한 폭발의 위험이 생겼을 경우에 불활성의 기체 또는 수증기를 봉입할 것
- 아세트알데하이드등의 이동탱크저장소에 있어서 이동저장탱크로부터 아세트알데하이드등을 꺼낼 때에는 동시에 100kPa 이하의 압력으로 불활성의 기체를 봉입할 것

제2절 위험물의 운반 및 운송에 관한 기준

1 운반기준

① 운반용기의 재질은 강판 · 알루미늄판 · 양철판 · 유리 · 금속판 · 종이 · 플라스틱 · 섬유판 · 고무류 · 합성섬유 · 삼 · 짚 또는 나무로 한다.

② 운반용기는 견고하여 쉽게 파손될 우려가 없고, 그 입구로부터 수납된 위험물이 샐 우려가 없도록 하여야 한다.

③ 운반용기의 최대용적 또는 중량

- 고체위험물

운반 용기 내장 용기 – 용기의 종류	최대용적 또는 중량	운반 용기 외장 용기 – 용기의 종류	최대용적 또는 중량	제1류 I	제1류 II	제1류 III	제2류 II	제2류 III	제3류 I	제3류 II	제3류 III	제5류 I	제5류 II
유리용기 또는 플라스틱 용기	10 L	나무상자 또는 플라스틱상자 (필요에 따라 불활성의 완충재를 채울 것)	125 kg	○	○	○	○	○	○	○	○	○	○
			225 kg		○	○		○		○	○		○
		파이버판상자 (필요에 따라 불활성의 완충재를 채울 것)	40 kg	○	○	○	○	○	○	○	○	○	○
			55 kg		○	○		○		○	○		○
금속제용기	30 L	나무상자 또는 플라스틱상자	125 kg	○	○	○	○	○	○	○	○	○	○
			225 kg		○	○		○		○	○		○
		파이버판상자	40 kg	○	○	○	○	○	○	○	○	○	○
			55 kg		○	○		○		○	○		○
플라스틱 필름포대 또는 종이포대	5 kg	나무상자 또는 플라스틱상자	50 kg	○	○	○	○	○		○	○	○	○
	50 kg		50 kg	○	○	○	○	○					○
	125 kg		125 kg	○	○	○	○	○					○
	225 kg		225 kg		○			○					○
	5 kg	파이버판상자	40 kg	○	○	○	○	○		○	○	○	○
	40 kg		40 kg	○	○	○	○	○					○
	55 kg		55 kg		○			○					○
		금속제용기(드럼 제외)	60 L	○	○	○	○	○	○	○	○	○	○
		플라스틱용기(드럼 제외)	10 L	○	○	○	○	○		○	○		○
			30 L		○			○					○
		금속제드럼	250 L	○	○	○	○	○	○	○	○	○	○
		플라스틱드럼 또는 파이버드럼(방수성이 있는 것)	60 L	○	○	○	○	○	○	○	○	○	○
			250 L		○	○		○		○	○		○

운반 용기				수납 위험물의 종류									
내장 용기		외장 용기		제1류			제2류		제3류			제5류	
용기의 종류	최대용적 또는 중량	용기의 종류	최대용적 또는 중량	I	II	III	II	III	I	II	III	I	II
		합성수지포대(방수성이 있는 것), 플라스틱필름포대, 섬유포대(방수성이 있는 것) 또는 종이포대 (여러 겹으로서 방수성이 있는 것)	50 kg	○	○	○	○		○	○		○	

• 액체위험물

| 운반 용기 | | | | 수납위험물의 종류 | | | | | | | | |
| 내장 용기 | | 외장 용기 | | 제3류 | | | 제4류 | | | 제5류 | | 제6류 |
용기의 종류	최대 용적 또는 중량	용기의 종류	최대 용적 또는 중량	I	II	III	I	II	III	I	II	I
유리용기	5 L	나무 또는 플라스틱상자 (불활성의 완충재를 채울 것)	75 kg	○	○	○	○	○	○	○	○	○
	10 L		125 kg		○	○		○	○		○	
			225 kg						○			
	5 L	파이버판상자 (불활성의 완충재를 채울 것)	40 kg	○	○	○	○	○	○	○	○	○
	10 L		55 kg						○			
플라스틱 용기	10 L	나무 또는 플라스틱상자 (필요에 따라 불활성의 완충재를 채울 것)	75 kg	○	○	○	○	○	○	○	○	○
			125 kg		○	○		○	○		○	
			225 kg						○			
		파이버판상자 (필요에 따라 불활성의 완충재를 채울 것)	40 kg	○	○	○	○	○	○	○	○	○
			55 kg						○			
금속제용기	30 L	나무 또는 플라스틱상자	125 kg	○	○	○	○	○		○	○	
			225 kg						○			
		파이버판상자	40 kg	○	○	○	○	○	○	○	○	○
			55 kg		○	○		○	○		○	
		금속제용기(금속제드럼제외)	60 L		○	○		○	○		○	
		플라스틱용기(플라스틱드럼제외)	10 L		○	○		○	○		○	
			20 L		○	○		○	○		○	
			30 L						○		○	
		금속제드럼(뚜껑고정식)	250 L	○	○	○	○	○	○	○	○	○
		금속제드럼(뚜껑탈착식)	250 L						○			
		플라스틱 또는 파이버드럼 (플라스틱내용기 부착의 것)	250 L		○	○					○	

💬 **비고**

1. "○"표시는 수납위험물의 종류별 각 란에 정한 위험물에 대하여 해당 각란에 정한 운반용기가 적응성이 있음을 표시한다.
2. 내장용기는 외장용기에 수납하여야 하는 용기로서 위험물을 직접 수납하기 위한 것을 말한다.
3. 내장용기의 용기의 종류란이 공란인 것은 외장용기에 위험물을 직접 수납하거나 유리용기, 플라스틱용기 또는 금속제용기를 내장용기로 할 수 있음을 표시한다.

2 적재방법

① 위험물이 온도변화 등에 의하여 누설되지 아니하도록 운반용기를 밀봉하여 수납할 것

② 수납하는 위험물과 위험한 반응을 일으키지 아니하는 등 당해 위험물의 성질에 적합한 재질의 운반용기에 수납할 것

③ 운반용기의 수납율
- 고체위험물 : 운반용기 내용적의 95% 이하의 수납율로 수납할 것
- 액체위험물 : 운반용기 내용적의 98% 이하의 수납율로 수납하되, 55℃의 온도에서 누설되지 아니하도록 충분한 공간용적을 유지하도록 할 것
- 제3류 위험물
  ✓ 자연발화성물질 : 불활성 기체를 봉입하여 밀봉하는 등 공기와 접하지 아니하도록 할 것
  ✓ 자연발화성물질외의 물품 : 파라핀 · 경유 · 등유 등의 보호액으로 채워 밀봉하거나 불활성 기체를 봉입하여 밀봉하는 등 수분과 접하지 아니하도록 할 것
  ✓ 알킬알루미늄등 : 운반용기 내용적의 90% 이하의 수납율로 수납하되, 50℃의 온도에서 5% 이상의 공간용적을 유지하도록 할 것

④ 차광성이 있는 피복으로 가려야 하는 위험물(빛에 의해 분해되어 발화하는 등의 위험성 때문에)
- 제1류 위험물
- 제3류 위험물 중 자연발화성물질
- 제4류 위험물 중 특수인화물
- 제5류 위험물
- 제6류 위험물

  암기팁! 차광성이 있는 피복으로 가릴 것
  : 차에 광을 냈는데... 예전과 비교하여 특(특수)별(발)한 차이(2)가 없다.(2류만 ×)

⑤ 방수성이 있는 피복으로 덮어야 하는 위험물(물과 급격히 반응하여 가연성 기체를 발생하기 때문에)
- 제1류 위험물 중 알칼리금속의 과산화물 또는 이를 함유한 것
- 제2류 위험물 중 철분 · 금속분 · 마그네슘 또는 이들 중 어느 하나 이상을 함유한 것
- 제3류 위험물 중 금수성 물질

⑥ 제5류 위험물 중 55℃ 이하의 온도에서 분해될 우려가 있는 것은 보냉 컨테이너에 수납하는 등 적정한 온도관리를 할 것

⑦ 운반용기의 외부에 표시하여야 하는 사항

- 위험물의 품명 · 위험등급 · 화학명 및 수용성
- 위험물의 수량
- 수납하는 위험물에 따른 주의사항

유별		주의사항
제1류 위험물	알칼리금속의 과산화물	화기 · 충격주의, 물기엄금, 가연물접촉주의
	그 밖의 것	화기 · 충격주의, 가연물접촉주의
제2류 위험물	철분 · 금속분 · 마그네슘	화기주의, 물기엄금
	인화성 고체	화기엄금
	그 밖의 것	화기주의
제3류 위험물	자연발화성 물질	화기엄금, 공기접촉엄금
	금수성 물질	물기엄금
제4류 위험물		화기엄금
제5류 위험물		화기엄금, 충격주의
제6류 위험물		가연물접촉주의

3 운반방법

① 위험물 또는 위험물을 수납한 운반용기가 현저하게 마찰 또는 동요를 일으키지 아니하도록 운반하여야 한다.

② 지정수량 이상의 위험물을 차량으로 운반하는 경우의 표지 설치기준

- 한 변의 길이가 0.3m 이상, 다른 한 변의 길이가 0.6m 이상인 직사각형의 판으로 할 것
- 바탕은 흑색으로 하고, 황색 반사도료 그 밖의 반사성이 있는 재료로 "위험물"이라고 표시할 것
- 표지는 차량의 전면 및 후면의 보기 쉬운 곳에 내걸 것

[위험물을 차량으로 운반하는 경우의 표지]

③ 지정수량 이상의 위험물을 차량으로 운반하는 경우에 있어서 다른 차량에 바꾸어 싣거나 휴식 · 고장 등으로 차량을 일시 정차시킬 때에는 안전한 장소를 택하고 운반하는 위험물의 안전 확보에 주의하여야 한다.

④ 지정수량 이상의 위험물을 차량으로 운반하는 경우에는 당해 위험물에 적응성이 있는 소형수동식소화기를 당해 위험물의 소요단위에 상응하는 능력단위 이상 갖추어야 한다.

⑤ 위험물의 운반도중 위험물이 현저하게 새는 등 재난발생의 우려가 있는 경우에는 응급조치를 강구하는 동시에 가까운 소방관서 그 밖의 관계기관에 통보하여야 한다.

⑥ ① 내지 ⑤의 적용에 있어서 품명 또는 지정수량을 달리하는 2 이상의 위험물을 운반하는 경우에 있어서 운반하는 각각의 위험물의 수량을 당해 위험물의 지정수량으로 나누어 얻은 수의 합이 1 이상인 때에는 지정수량 이상의 위험물을 운반하는 것으로 본다.

4 위험물의 위험등급

① 위험등급 I
- 제1류 위험물 : 아염소산염류, 염소산염류, 과염소산염류, 무기과산화물 그 밖에 지정수량이 50kg인 위험물
- 제3류 위험물 : 칼륨, 나트륨, 알킬알루미늄, 알킬리튬, 황린 그 밖에 지정수량이 10kg 또는 20kg인 위험물
- 제4류 위험물 : 특수인화물
- 제5류 위험물 : 지정수량이 10kg인 위험물
- 제6류 위험물

② 위험등급 II
- 제1류 위험물 : 브로민산염류, 질산염류, 아이오딘산염류 그 밖에 지정수량이 300kg인 위험물
- 제2류 위험물 : 황화인, 적린, 황 그 밖에 지정수량이 100kg인 위험물
- 제3류 위험물 : 알칼리금속(칼륨 및 나트륨을 제외) 및 알칼리토금속, 유기금속화합물(알킬알루미늄 및 알킬리튬을 제외) 그 밖에 지정수량이 50kg인 위험물
- 제4류 위험물 : 제1석유류 및 알코올류
- 제5류 위험물 : 위험등급 I 외의 것

③ 위험등급 III
위험등급 I 및 위험등급 II 외의 것

5 유별을 달리하는 위험물의 혼재기준

원칙적으로 유별(제1류~제6류)을 달리하는 위험물은 적재·운반 시 혼재할 수 없다.(말 그대로 위험하니까)
하지만, 예외적으로 일부 위험물끼리는 아래 표와 같이 혼재 가능한 위험물을 법령에서 유별로 지정하였다.

위험물의 구분	제1류	제2류	제3류	제4류	제5류	제6류
제1류		×	×	×	×	○
제2류	×		×	○	○	×
제3류	×	×		○	×	×
제4류	×	○	○		○	×
제5류	×	○	×	○		×
제6류	○	×	×	×	×	

↻ ("×"표시 : 혼재할 수 없음, "○"표시 : 혼재할 수 있음, 지정수량의 1/10 이하의 위험물에 적용하지 아니한다)

암기팁! 16 245 34 45 → 일육 이사오 삼사 사오

6 ▷ 운송기준

① 운송책임자(위험물 운송의 감독 또는 지원을 하는 자)
- 운송책임자의 자격
  - ✓ 당해 위험물의 취급에 관한 국가기술자격을 취득하고 관련 업무에 1년 이상 종사한 경력이 있는 자
  - ✓ 위험물의 운송에 관한 안전교육을 수료하고 관련 업무에 2년 이상 종사한 경력이 있는 자
- 운송책임자의 감독·지원을 받아 운송하여야 하는 위험물
  - ✓ 알킬알루미늄
  - ✓ 알킬리튬
  - ✓ 알킬알루미늄 또는 알킬리튬을 함유하는 위험물

② 위험물운송자
- 2명이상의 운전자가 필요한 경우
  - ✓ 고속국도에서 340㎞ 이상 장거리에 걸치는 운송을 하는 경우
  - ✓ 그 밖의 도로에 있어서 200㎞ 이상 장거리에 걸치는 운송을 하는 경우
- 1명의 운전자로 가능한 경우
  - ✓ 운송책임자를 동승시킨 경우
  - ✓ 운송하는 위험물이 제2류 위험물·제3류 위험물(칼슘 또는 알루미늄의 탄화물과 이것만을 함유한 것에 한한다)또는 제4류 위험물(특수인화물을 제외)인 경우
  - ✓ 운송도중에 2시간 이내마다 20분 이상씩 휴식하는 경우

  > **암기팁!** 1명의 운전자로 위험물운송이 가능한 위험물 : 2 3탄 4특제외

- 위험물안전카드를 휴대해야 하는 위험물
  - ✓ 제1류·제2류·제3류·제5류·제6류 위험물
  - ✓ 제4류 위험물 중 특수인화물 및 제1석유류

  (즉, 알코올류·제2석유류·제3석유류·제4석유류·동식물유류는 휴대 ×)

  > **암기팁!** 위험물안전카드 휴대 × : 알(알)리(2)가... 쌈(3) 싸(4)먹고 똥(동) 쌌다...

1 탱크의 내용적

① 타원형 탱크의 내용적

• 양쪽이 볼록한 것

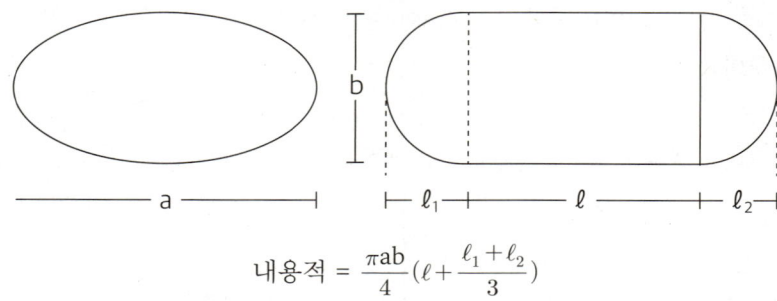

$$내용적 = \frac{\pi ab}{4}\left(\ell + \frac{\ell_1 + \ell_2}{3}\right)$$

• 한쪽은 볼록하고 다른 한쪽은 오목한 것

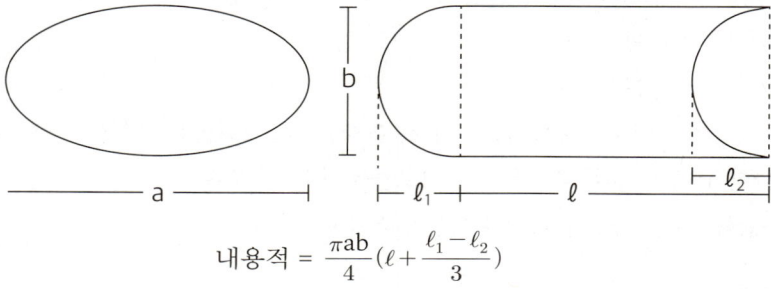

$$내용적 = \frac{\pi ab}{4}\left(\ell + \frac{\ell_1 - \ell_2}{3}\right)$$

② 원통형 탱크의 내용적

• 횡으로 설치한 것

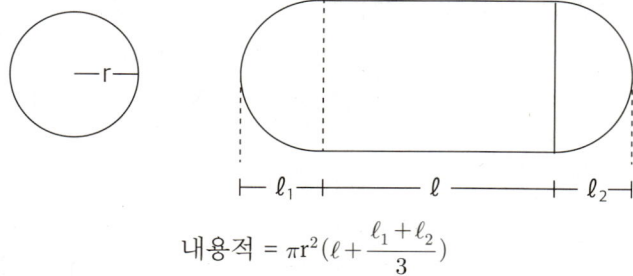

$$내용적 = \pi r^2\left(\ell + \frac{\ell_1 + \ell_2}{3}\right)$$

• 종으로 설치한 것

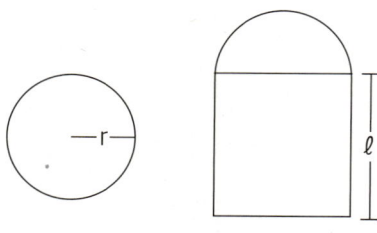

$$내용적 = \pi r^2 \ell$$

2 탱크의 공간용적

① 일반탱크

탱크 내용적의 100분의 5 이상 100분의 10 이하

② 소화설비(소화약제 방출구를 탱크안의 윗부분에 설치하는 것)를 설치하는 탱크

소화설비의 소화약제 방출구 아래의 0.3m 이상 1m 미만 사이의 면으로부터 윗부분의 용적

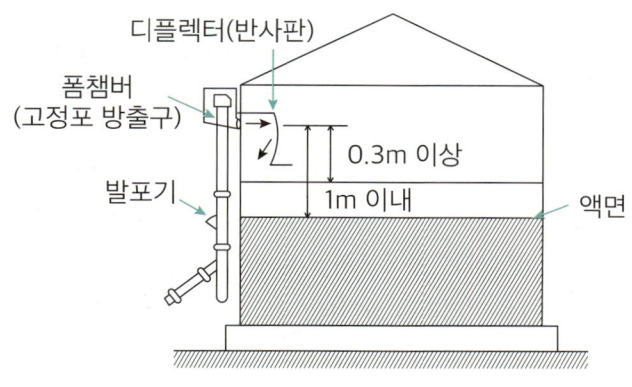

[탱크의 공간용적]

③ 암반탱크

당해 탱크 내에 용출하는 7일 간의 지하수의 양에 상당하는 용적과 탱크의 내용적의 100분의 1의 용적 중에서 보다 큰 용적

3 탱크의 용량

① 용어정리

- 내용적 : 탱크 전체의 용적(부피)
- 공간용적 : 탱크 내부에서 비어있는 공간(5% ~ 10%)
- 용량 : 위험물을 실제 채울 수 있는 양(90% ~ 95%)

② 공식

- 탱크의 용량 = 탱크의 내용적 – 탱크의 공간용적
- 탱크의 최대용량(공간용적 최소) = 탱크의 내용적 × 95%(=0.95)
- 탱크의 최소용량(공간용적 최대) = 탱크의 내용적 × 90%(=0.90)

CHAPTER 10 제조소등의 시설기준

제1절 제조소의 위치 · 구조 및 설비의 기준

1 안전거리

① 정의

　제조소의 외벽 또는 이에 상당하는 공작물의 외측으로부터, 다른 건축물의 외벽 또는 이에 상당하는 공작물의 외측까지의 사이에 수평거리를 말한다.

② 적용대상(위험한 장소에는 반드시 안전거리를 적용한다)

적용 ○	옥외저장소, 옥외탱크저장소, 옥내저장소, 제조소(제6류 위험물을 취급하는 제조소는 제외), 일반취급소
적용 ×	옥내탱크저장소, 지하탱크저장소, 이동탱크저장소, 간이탱크저장소, 암반탱크저장소, 판매취급소, 주유취급소, 이송취급소

③ 기준

대상	안전거리
사용전압 7,000V 초과 35,000V 이하의 특고압가공전선	3m 이상
사용전압 35,000V 초과 특고압가공전선	5m 이상
주거용으로 사용되는 것	10m 이상
고압가스, 액화석유가스 또는 도시가스를 저장 또는 취급하는 시설	20m 이상
학교, 병원, 공연장, 영화상영관(300명이상 수용), 아동복지시설, 노인복지시설, 장애인복지시설, 한부모가족복지시설, 어린이집, 성매매피해자등을 위한 지원시설, 정신건강증진시설, 보호시설, 그 밖의 20명 이상의 인원을 수용할 수 있는 유사한 시설	30m 이상
지정문화유산, 천연기념물등	50m 이상

암기팁! 안전거리 : 7 35 주 가 학 문~~~ 3 5 10 20 30 50

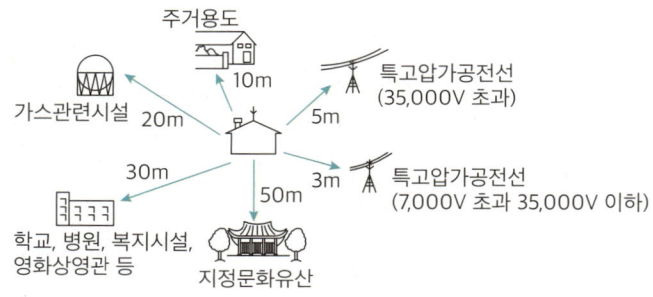

[안전거리]

2 ▶ 안전거리의 단축

불연재료로 된 방화상 유효한 담 또는 벽을 설치하는 경우에는 안전거리를 단축할 수 있다.

① 방화상 유효한 담을 설치한 경우의 안전거리 (단위 : m)

구분	취급하는 위험물의 최대수량 (지정수량의 배수)	안전거리(이상)		
		주거용 건축물	학교 · 유치원등	국가유산
제조소 · 일반취급소	10배 미만	6.5	20	35
	10배 이상	7.0	22	38
옥내저장소	5배 미만	4.0	12.0	23.0
	5배 이상 10배 미만	4.5	12.0	23.0
	10배 이상 20배 미만	5.0	14.0	26.0
	20배 이상 50배 미만	6.0	18.0	32.0
	50배 이상 200배 미만	7.0	18.0	38.0
옥외탱크저장소	500배 미만	6.0	18.0	32.0
	500배 이상 1,000배 미만	7.0	22.0	38.0
옥외저장소	10배 미만	6.0	18.0	32.0
	10배 이상 20배 미만	8.5	25.0	44.0

② 방화상 유효한 담의 높이(h)

- $H \leqq pD^2 + a$ 인 경우 $h = 2$
- $H > pD^2 + a$ 인 경우 $h = H - p(D^2 - d^2)$

   ✓ D : 제조소등과 인근 건축물 또는 공작물과의 거리(m)
   ✓ H : 인근 건축물 또는 공작물의 높이(m)
   ✓ a : 제조소등의 외벽의 높이(m)
   ✓ d : 제조소등과 방화상 유효한 담과의 거리(m)
   ✓ h : 방화상 유효한 담의 높이(m)
   ✓ p : 상수

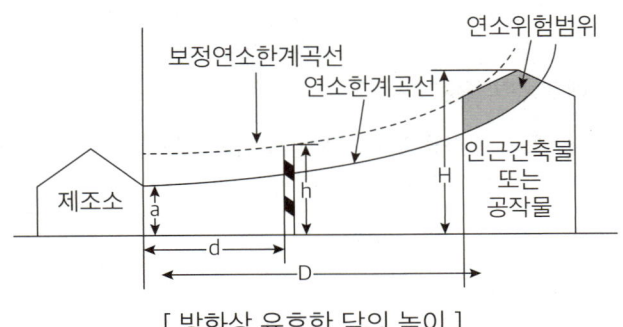

[방화상 유효한 담의 높이]

③ 제조소등의 외벽의 높이(a)

구분	제조소등의 외벽의 높이(a)	비 고
제조소 · 일반취급소 · 옥내저장소		벽체가 내화구조로 되어 있고, 인접축에 면한 개구부가 없거나, 개구부에 60분+방화문 또는 60분방화문이 있는 경우
		벽체가 내화구조이고, 개구부에 60분+방화문 또는 60분방화문이 없는 경우
		벽체가 내화구조 외의 것인 경우
		옮겨 담는 작업장에 공작물이 있는 경우
옥외탱크 저장소		옥외에 있는 세로형탱크
		옥외에 있는 가로형탱크. 다만, 탱크내의 증기를 상부로 방출하는 구조로 된 것은 탱크의 최상단까지의 높이로 한다.
옥외저장소		

④ 상수(p)

인근 건축물 또는 공작물의 구분	P의 값
• 학교·주택·국가유산 등의 건축물 또는 공작물이 목조인 경우 • 학교·주택·국가유산 등의 건축물 또는 공작물이 방화구조 또는 내화구조이고, 제조소등에 면한 부분의 개구부에 60분+방화문·60분방화문 또는 30분방화문이 설치되지 아니한 경우	0.04
• 학교·주택·국가유산 등의 건축물 또는 공작물이 방화구조인 경우 • 학교·주택·국가유산 등의 건축물 또는 공작물이 방화구조 또는 내화구조이고, 제조소등에 면한 부분의 개구부에 30분방화문이 설치된 경우	0.15
• 학교·주택·국가유산 등의 건축물 또는 공작물이 내화구조이고, 제조소등에 면한 개구부에 60분+방화문 또는 60분방화문이 설치된 경우	∞

⑤ 위의 식에 의하여 산출된 수치가 2 미만일 때에는 담의 높이를 2m로, 4 이상일 때에는 담의 높이를 4m로 하되 다음의 소화설비를 보강하여야 한다.

제조소등의 설치대상	제조소등의 소화설비
소형소화기	대형소화기를 1개 이상 증설할 것
대형소화기	옥내소화전설비 · 옥외소화전설비 · 스프링클러설비 · 물분무소화설비 · 포소화설비 · 불활성가스소화설비 · 할로젠화합물소화설비 · 분말소화설비 중 적응소화설비를 설치할 것
옥내소화전설비 · 옥외소화전설비 · 스프링클러설비 · 물분무소화설비 · 포소화설비 · 불활성가스소화설비 · 할로젠화합물소화설비 또는 분말소화설비	반경 30m마다 대형소화기 1개 이상을 증설할 것

⑥ 방화상 유효한 담은 제조소등으로부터 5m 미만의 거리에 설치하는 경우에는 내화구조로, 5m 이상의 거리에 설치하는 경우에는 불연재료로 하고, 제조소등의 벽을 높게 하여 방화상 유효한 담을 갈음하는 경우에는 그 벽을 내화구조로 하고 개구부를 설치하여서는 아니 된다.

⑦ 방화상 유효한 담의 길이(L)

제조소등의 외벽의 양단(a1, a2)을 중심으로 인근 건축물 또는 공작물(인근 건축물등)에 따른 안전거리를 반지름으로 한 원을 그려서 당해 원의 내부에 들어오는 인근 건축물등의 부분 중 최외측 양단(p1, p2)을 구한 다음, a1과 p1을 연결한 선분(ℓ1)과 a2와 p2을 연결한 선분(ℓ2) 상호간의 간격(L)으로 한다.

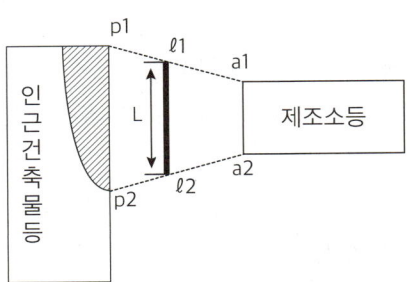

[방화상 유효한 담의 길이]

<table>
<tr><td>3</td><td>하이드록실아민등을 취급하는 제조소의 안전거리</td></tr>
</table>

지정수량 이상의 하이드록실아민등을 취급하는 제조소의 위치는 규정에 따른 건축물의 벽 또는 이에 상당하는 공작물의 외측으로부터 해당 제조소의 외벽 또는 이에 상당하는 공작물의 외측까지의 사이에 다음 식에 의하여 요구되는 거리 이상의 안전거리를 두어야 한다.

$$D = 51.1\sqrt[3]{N}$$

- D : 거리(m)
- N : 해당 제조소에서 취급하는 하이드록실아민등의 지정수량의 배수

4 보유공지

① 정의

위험물을 취급하는 건축물 그 밖의 시설의 주위에, 그 취급하는 위험물의 최대수량에 따라 보유하여야 하는 공지로... 절대적인 공간(그 무엇도 있어서는 안 되는 공간)을 의미한다.

② 기준

취급하는 위험물의 최대수량	공지의 너비
지정수량의 10배 이하	3m 이상
지정수량의 10배 초과	5m 이상

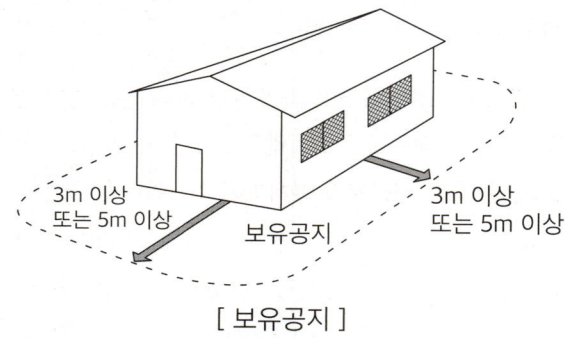

[보유공지]

③ 적용의 예외

제조소의 작업공정이 다른 작업장의 작업공정과 연속되어 있어, 제조소의 건축물 그 밖의 공작물의 주위에 공지를 두게 되면 그 제조소의 작업에 현저한 지장이 생길 우려가 있는 경우 당해 제조소와 다른 작업장 사이에 다음의 기준에 따라 방화상 유효한 격벽을 설치한 때에는 당해 제조소와 다른 작업장 사이에 공지를 보유하지 아니할 수 있다.

- 방화벽은 내화구조로 할 것, 다만 취급하는 위험물이 제6류 위험물인 경우에는 불연재료로 할 수 있다.
- 방화벽에 설치하는 출입구 및 창 등의 개구부는 가능한 한 최소로 하고, 출입구 및 창에는 자동폐쇄식의 60분+방화문 또는 60분방화문을 설치할 것
- 방화벽의 양단 및 상단이 외벽 또는 지붕으로부터 50cm 이상 돌출하도록 할 것

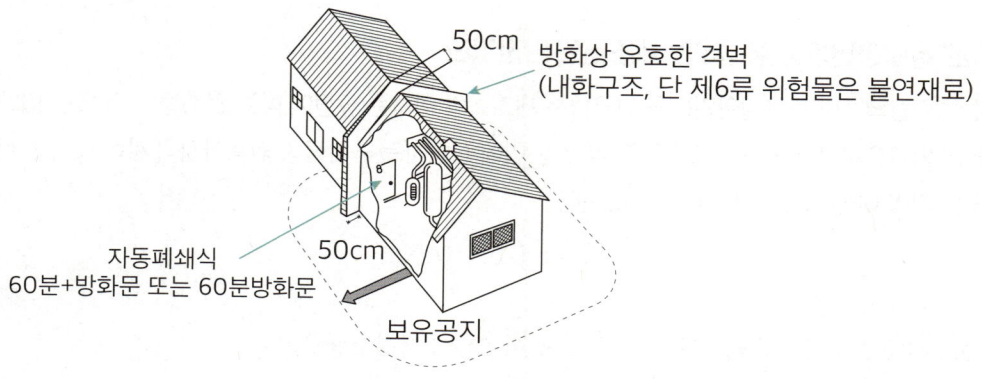

[보유공지를 두지 않을 수 있는 경우]

5 ▶ 표지 및 게시판

① 표지

제조소에는 보기 쉬운 곳에 다음의 기준에 따라 "위험물 제조소"라는 표시를 한 표지를 설치하여야 한다.

- 크기 : 한 변의 길이가 0.3m 이상, 다른 한 변의 길이가 0.6m 이상인 직사각형
- 색상 : 바탕 – 백색, 문자 – 흑색

[제조소의 표지]

② 게시판

제조소에는 보기 쉬운 곳에 다음의 기준에 따라 방화에 관하여 필요한 사항을 게시한 게시판을 설치하여야 한다.

- 크기 : 한 변의 길이가 0.3m 이상, 다른 한 변의 길이가 0.6m 이상인 직사각형
- 기재 사항 : 저장 또는 취급하는 위험물의 유별·품명, 저장최대수량(또는 취급최대수량), 지정수량의 배수, 안전관리자의 성명 또는 직명
- 색상 : 바탕-백색 , 문자-흑색

유별·품명	제4류 제1석유류
저장(취급) 최대수량	50,000L
지정수량의 배수	250배
안전관리자	전 범 준

0.6m 이상 / 0.3m 이상

[방화에 관하여 필요한 사항을 게시한 게시판]

• 주의사항을 표시한 게시판

유별		주의사항	색상
제1류 위험물	알칼리금속의 과산화물	물기엄금	청색바탕에 백색문자
	그 밖의 것	-	-
제2류 위험물	철분, 금속분, 마그네슘	화기주의	적색바탕에 백색문자
	인화성 고체	화기엄금	적색바탕에 백색문자
	그 밖의 것	화기주의	적색바탕에 백색문자
제3류 위험물	자연발화성 물질	화기엄금	적색바탕에 백색문자
	금수성 물질	물기엄금	청색바탕에 백색문자
제4류 위험물		화기엄금	적색바탕에 백색문자
제5류 위험물		화기엄금	적색바탕에 백색문자
제6류 위험물		-	-

[주의사항을 표시한 게시판]

6 건축물의 구조

① 건축물의 층

지하층이 없도록 하여야 한다.

② 벽·기둥·바닥·보·서까래 및 계단

벽·기둥·바닥·보·서까래 및 계단을 불연재료로 하고, 연소의 우려가 있는 외벽은 출입구 외의 개구부가 없는 내화구조의 벽으로 하여야 한다.

③ 지붕

지붕은 폭발력이 위로 방출될 정도의 가벼운 불연재료로 덮어야 한다. 다만, 제2류 위험물, 제4류 위험물 중 제4석유류·동식물유류 또는 제6류 위험물을 취급하는 건축물의 지붕은 내화구조로 할 수 있다.

④ 출입구 및 비상구

출입구와 비상구에는 60분+방화문·60분방화문 또는 30분방화문을 설치하되, 연소의 우려가 있는 외벽에 설치하는 출입구에는 수시로 열 수 있는 자동폐쇄식의 60분+방화문 또는 60분방화문을 설치하여야 한다.

⑤ 창 및 출입구의 유리

위험물을 취급하는 건축물의 창 및 출입구에 유리를 이용하는 경우에는 망입유리(두꺼운 판유리에 철망을 넣은 것)로 하여야 한다.

⑥ 바닥

액체의 위험물을 취급하는 건축물의 바닥은 위험물이 스며들지 못하는 재료를 사용하고, 적당한 경사를 두어 그 최저부에 집유설비를 하여야 한다.

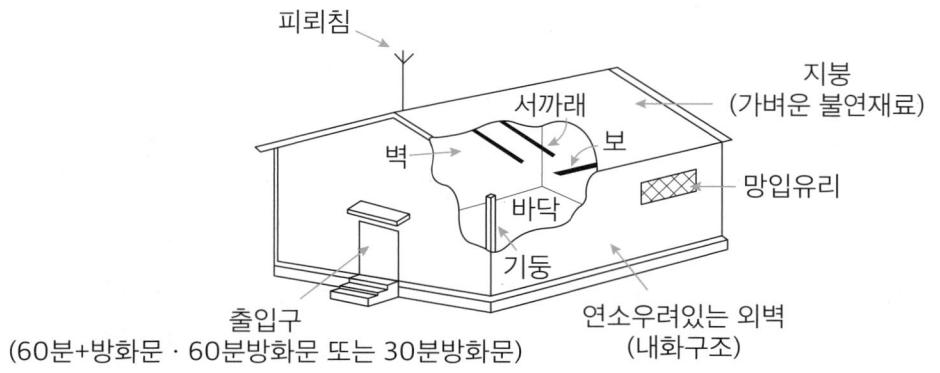

[건축물 구조]

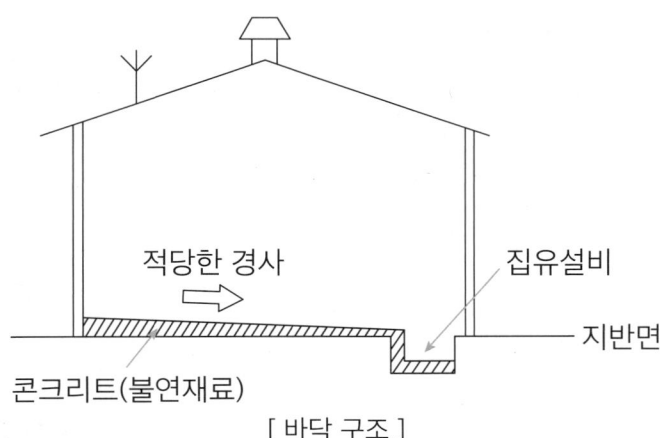

[바닥 구조]

① 채광설비

불연재료로 하고, 연소의 우려가 없는 장소에 설치하되 채광면적을 최소로 할 것

② 조명설비

- 가연성가스 등이 체류할 우려가 있는 장소의 조명등은 방폭등으로 할 것
- 전선은 내화 · 내열전선으로 할 것
- 점멸스위치는 출입구 바깥부분에 설치할 것

③ 환기설비

- 환기는 자연배기방식으로 할 것
- 급기구는 당해 급기구가 설치된 실의 바닥면적 150㎡마다 1개 이상으로 하되, 급기구의 크기는 800㎠ 이상으로 할 것. 다만 바닥면적이 150㎡ 미만인 경우에는 다음의 크기로 하여야 한다.

바닥면적	급기구의 면적
60㎡ 미만	150㎠ 이상
60㎡ 이상 90㎡ 미만	300㎠ 이상
90㎡ 이상 120㎡ 미만	450㎠ 이상
120㎡ 이상 150㎡ 미만	600㎠ 이상

- 급기구는 낮은 곳에 설치하고 가는 눈의 구리망 등으로 인화방지망을 설치할 것
- 환기구는 지붕 위 또는 지상 2m 이상의 높이에 회전식 고정벤티레이터 또는 루프팬 방식(roof fan : 지붕에 설치하는 배기장치)으로 설치할 것

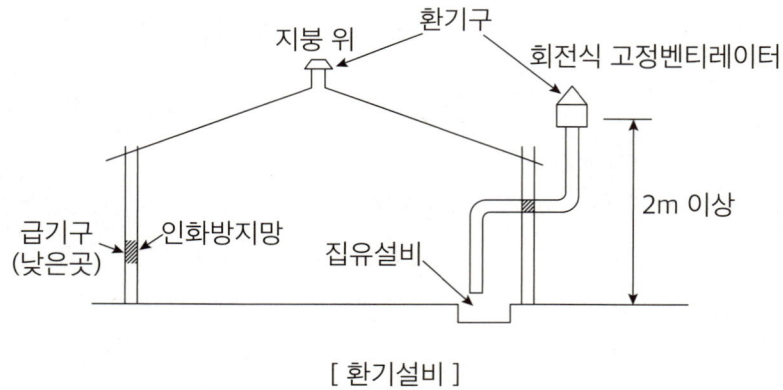

[환기설비]

④ 환기설비의 설치 예외

배출설비가 설치되어 유효하게 환기가 되는 건축물에는 환기설비를 하지 아니 할 수 있다.

⑤ 채광설비의 설치 예외

조명설비가 설치되어 유효하게 조도(밝기)가 확보되는 건축물에는 채광설비를 하지 아니할 수 있다.

8 배출설비

가연성의 증기 또는 미분이 체류할 우려가 있는 건축물에는 그 증기 또는 미분을 옥외의 높은 곳으로 배출할 수 있도록 배출설비를 설치하여야 한다.

① 배출방식
- 배출설비는 국소방식으로 하여야 한다. 다만, 다음의 경우에는 전역방식으로 할 수 있다.
  - ✓ 위험물취급설비가 배관이음 등으로만 된 경우
  - ✓ 건축물의 구조 · 작업장소의 분포 등의 조건에 의하여 전역방식이 유효한 경우
- 배출설비는 배풍기(오염된 공기를 뽑아내는 통풍기) · 배출 덕트(공기 배출통로) · 후드 등을 이용하여 강제적으로 배출하는 것으로 해야 한다.
- 배풍기는 강제배기방식으로 하고, 옥내 덕트의 내압이 대기압 이상이 되지 아니하는 위치에 설치하여야 한다.

② 배출능력

배출능력은 1시간당 배출장소 용적의 20배 이상인 것으로 하여야 한다. 다만, 전역방식의 경우에는 바닥면적 1㎡당 18㎥ 이상으로 할 수 있다.

③ 급기구 및 배출구
- 급기구는 높은 곳에 설치하고, 가는 눈의 구리망 등으로 인화방지망을 설치할 것
- 배출구는 지상 2m 이상으로서 연소의 우려가 없는 장소에 설치하고, 배출 덕트가 관통하는 벽부분의 바로 가까이에 화재 시 자동으로 폐쇄되는 방화댐퍼(화재 시 연기 등을 차단하는 장치)를 설치할 것

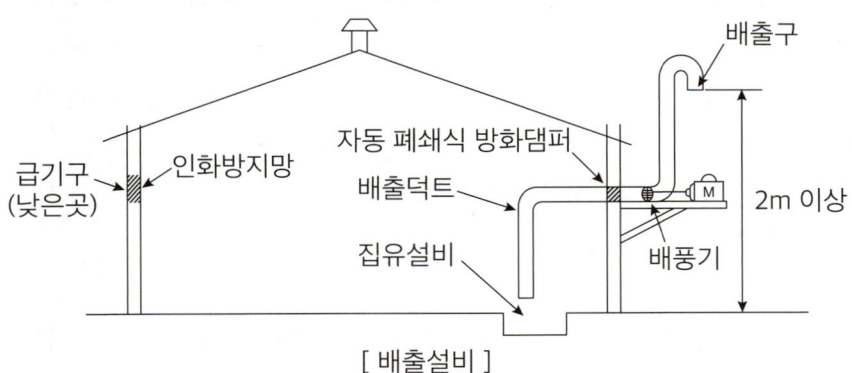

[배출설비]

9 옥외설비의 바닥

옥외에서 액체위험물을 취급하는 설비의 바닥은 다음의 기준에 의하여야 한다.

① 바닥의 둘레에 높이 0.15m 이상의 턱을 설치하는 등 위험물이 외부로 흘러나가지 아니하도록 하여야 한다.

② 바닥은 콘크리트 등 위험물이 스며들지 아니하는 재료로 하고, 턱이 있는 쪽이 낮게 경사지게 하여야 한다.

③ 바닥의 최저부에 집유설비를 하여야 한다.

④ 위험물(온도 20℃의 물 100g에 용해되는 양이 1g 미만인 것에 한한다)을 취급하는 설비에 있어서는 당해 위험물이 직접 배수구에 흘러들어가지 아니하도록 집유설비에 유분리장치를 설치하여야 한다.

10 기타설비

① 위험물의 누출 · 비산방지

위험물을 취급하는 기계 · 기구 그 밖의 설비는 위험물이 새거나 넘치거나 비산하는 것을 방지할 수 있는 구조로 하여야 한다.

② 가열 · 냉각설비 등의 온도측정장치

위험물을 가열하거나 냉각하는 설비 또는 위험물의 취급에 수반하여 온도변화가 생기는 설비에는 온도측정장치를 설치하여야 한다.

③ 가열건조설비

위험물을 가열 또는 건조하는 설비는 직접 불을 사용하지 아니하는 구조로 하여야 한다.

④ 압력계 및 안전장치

위험물을 가압하는 설비 또는 그 취급하는 위험물의 압력이 상승할 우려가 있는 설비에는 압력계 및 다음에 해당하는 안전장치를 설치하여야 한다.

- 자동적으로 압력의 상승을 정지시키는 장치
- 감압측에 안전밸브를 부착한 감압밸브
- 안전밸브를 겸하는 경보장치
- 파괴판(위험물의 성질에 따라 안전밸브의 작동이 곤란한 가압설비에 한한다)

⑤ 전기설비

제조소에 설치하는 전기설비는 「전기사업법」에 의한 전기설비기술기준에 의하여야 한다.

⑥ 정전기 제거설비

정전기가 발생할 우려가 있는 설비에는 정전기를 유효하게 제거할 수 있는 설비를 설치하여야 한다.

- 접지에 의한 방법
- 공기 중의 상대습도를 70% 이상으로 하는 방법
- 공기를 이온화하는 방법

⑦ 피뢰설비

지정수량의 10배 이상의 위험물을 취급하는 제조소(제6류 위험물을 취급하는 위험물제조소를 제외한다)에는 피뢰침을 설치하여야 한다.

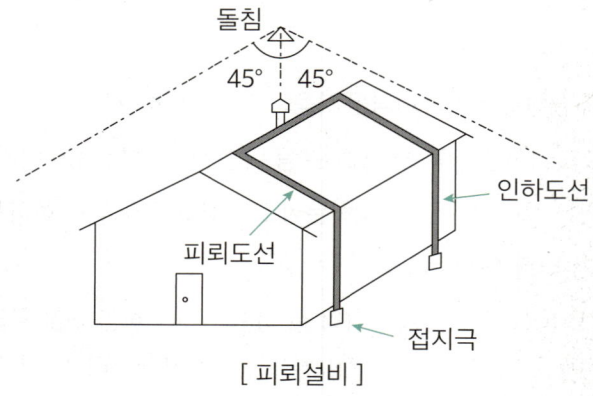

[피뢰설비]

11 위험물취급탱크

① 정의

위험물제조소의 옥외 또는 옥내에 설치하여 위험물을 취급하기 위한 탱크를 의미하며, 용량이 지정수량의 5분의 1미만인 것은 제외한다.

② 옥외에 설치하는 위험물취급탱크의 방유제 용량

- 1개의 취급탱크 : 탱크용량의 50% 이상
- 2개 이상의 취급탱크 : 최대 탱크용량의 50%에 나머지 탱크용량 합계의 10%를 가산한 양 이상

③ 옥내에 설치하는 위험물취급탱크의 방유턱 용량

- 1개의 취급탱크 : 탱크에 수납하는 위험물의 양을 전부 수용
- 2개 이상의 취급탱크 : 탱크 중 실제로 수납하는 위험물의 양이 최대인 탱크의 양을 전부 수용

12 배관

위험물제조소내의 위험물을 취급하는 배관은 다음의 기준에 의하여 설치하여야 한다.

① 배관의 재질

배관의 재질은 강관 그 밖에 이와 유사한 금속성으로 하여야 한다. 다만, 다음의 기준에 적합한 경우에는 그러하지 아니하다.

- 배관의 재질은 한국산업규격의 유리섬유강화플라스틱·고밀도폴리에틸렌 또는 폴리우레탄으로 할 것
- 배관의 구조는 내관 및 외관의 이중으로 하고, 내관과 외관의 사이에는 틈새공간을 두어 누설여부를 외부에서 쉽게 확인할 수 있도록 할 것
- 국내 또는 국외의 관련공인시험기관으로부터 안전성에 대한 시험 또는 인증을 받을 것
- 배관은 지하에 매설할 것

② 배관의 시험

배관은 다음의 구분에 따른 압력으로 내압시험을 실시하여 누설 또는 그 밖의 이상이 없는 것으로 해야 한다.

- 불연성 액체를 이용하는 경우에는 최대상용압력의 1.5배 이상
- 불연성 기체를 이용하는 경우에는 최대상용압력의 1.1배 이상

③ 배관의 설치

- 지상에 설치

  배관을 지상에 설치하는 경우에는 지진·풍압·지반침하 및 온도변화에 안전한 구조의 지지물에 설치하되, 지면에 닿지 아니하도록 하고 배관의 외면에 부식방지를 위한 도장을 하여야 한다.

- 지하에 매설

  배관을 지하에 매설하는 경우에는 다음의 기준에 적합하게 하여야 한다.

  ✓ 금속성 배관의 외면에는 부식방지를 위하여 도장·복장·코팅 또는 전기방식등의 필요한 조치를 할 것

  ✓ 배관의 접합부분에는 위험물의 누설여부를 점검할 수 있는 점검구를 설치할 것

  ✓ 지면에 미치는 중량이 당해 배관에 미치지 아니하도록 보호할 것

④ 배관의 가열 또는 보온 설비

배관에 가열 또는 보온을 위한 설비를 설치하는 경우에는 화재예방상 안전한 구조로 하여야 한다.

13 위험물의 성질에 따른 제조소의 특례

① 알킬알루미늄등을 취급하는 제조소의 특례
- 알킬알루미늄등을 취급하는 설비의 주위에는 누설범위를 국한하기 위한 설비와 누설된 알킬알루미늄등을 안전한 장소에 설치된 저장실에 유입시킬수 있는 설비를 갖출 것
- 알킬알루미늄등을 취급하는 설비에는 불활성기체를 봉입하는 장치를 갖출 것

② 아세트알데하이드등을 취급하는 제조소의 특례
- 아세트알데하이드등을 취급하는 설비는 은·수은·동·마그네슘 또는 이들을 성분으로 하는 합금으로 만들지 아니할 것
- 아세트알데하이드등을 취급하는 설비에는 연소성 혼합기체의 생성에 의한 폭발을 방지하기 위한 불활성기체 또는 수증기를 봉입하는 장치를 갖출 것
- 아세트알데하이드등을 취급하는 탱크에는 냉각장치 또는 저온을 유지하기 위한 장치(보냉장치) 및 연소성 혼합기체의 생성에 의한 폭발을 방지하기 위한 불활성기체를 봉입하는 장치를 갖출 것
- 아세트알데하이드등을 취급하는 탱크를 지하에 매설하는 경우에는 해당 탱크를 탱크전용실에 설치할 것

③ 하이드록실아민등을 취급하는 제조소의 특례
- 하이드록실아민등을 취급하는 설비에는 하이드록실아민등의 온도 및 농도의 상승에 의한 위험한 반응을 방지하기 위한 조치를 강구할 것
- 하이드록실아민등을 취급하는 설비에는 철이온 등의 혼입에 의한 위험한 반응을 방지하기 위한 조치를 강구할 것

> 💬 **필수 용어정리**
>
> - 알킬알루미늄등 : 제3류 위험물 중 알킬알루미늄·알킬리튬 또는 이중 어느 하나 이상을 함유하는 것
> - 아세트알데하이드등 : 제4류 위험물 중 특수인화물의 아세트알데하이드·산화프로필렌 또는 이중 어느 하나 이상을 함유하는 것
> - 하이드록실아민등 : 제5류 위험물 중 하이드록실아민·하이드록실아민염류 또는 이중 어느 하나 이상을 함유하는 것

제2절 저장소의 위치 · 구조 및 설비의 기준

1 옥내저장소

옥내에서 위험물을 용기에 담아 저장하는 장소(옥내탱크저장소 제외)이다.

1. 안전거리

제조소의 규정에 준한다.

💡 **안전거리 제외대상**
- 지정수량의 20배 미만인 제4석유류 또는 동식물유류를 저장 또는 취급하는 경우
- 제6류 위험물을 저장 또는 취급하는 경우
- 지정수량의 20배(하나의 저장창고의 바닥면적이 150㎡ 이하인 경우에는 50배) 이하의 위험물을 저장 또는 취급하는 경우로서 다음의 기준에 적합한 것
  - ✓ 저장창고의 벽 · 기둥 · 바닥 · 보 및 지붕이 내화구조인 것
  - ✓ 저장창고의 출입구에 수시로 열 수 있는 자동폐쇄방식의 60분+방화문 또는 60분방화문이 설치되어 있을 것
  - ✓ 저장창고에 창을 설치하지 아니할 것

2. 보유공지

옥내저장소의 주위에는 그 저장 또는 취급하는 위험물의 최대수량에 따라 다음 표에 의한 너비의 공지를 보유하여야 한다. 다만, 지정수량의 20배를 초과하는 옥내저장소와 동일한 부지 내에 있는 다른 옥내저장소와의 사이에는 동표에 정하는 공지의 너비의 3분의 1(당해 수치가 3m 미만인 경우에는 3m)의 공지를 보유할 수 있다.

저장 또는 취급하는 위험물의 최대수량	공지의 너비	
	벽 · 기둥 및 바닥이 내화구조로 된 건축물	그 밖의 건축물
지정수량의 5배 이하		0.5m 이상
지정수량의 5배 초과 10배 이하	1m 이상	1.5m 이상
지정수량의 10배 초과 20배 이하	2m 이상	3m 이상
지정수량의 20배 초과 50배 이하	3m 이상	5m 이상
지정수량의 50배 초과 200배 이하	5m 이상	10m 이상
지정수량의 200배 초과	10m 이상	15m 이상

3. 표지 및 게시판

제조소의 규정에 준한다.

4. 건축물의 구조

① 구조

저장창고는 위험물의 저장을 전용으로 하는 독립된 건축물로 하여야 한다.

② 높이

저장창고는 지면에서 처마까지의 높이가 6m 미만인 단층건물로 하고 그 바닥을 지반면보다 높게 하여야 한다. 다만, 제2류 또는 제4류의 위험물만을 저장하는 창고로서 다음의 경우에는 20m 이하로 할 수 있다.

- 벽·기둥·보 및 바닥을 내화구조로 할 것
- 출입구에 60분+방화문 또는 60분방화문을 설치할 것
- 피뢰침을 설치할 것

③ 면적

하나의 저장창고의 바닥면적(2 이상의 구획된 실이 있는 경우에는 각 실의 바닥면적의 합계)은 다음의 면적 이하로 하여야 한다.

위험물을 저장하는 창고	바닥면적
㉠ 제1류 위험물 중 아염소산염류, 염소산염류, 과염소산염류, 무기과산화물 그 밖에 지정수량이 50kg인 위험물 ㉡ 제3류 위험물 중 칼륨, 나트륨, 알킬알루미늄, 알킬리튬 그 밖에 지정수량이 10kg인 위험물 및 황린 ㉢ 제4류 위험물 중 특수인화물, 제1석유류 및 알코올류 ㉣ 제5류 위험물 중 유기과산화물, 질산에스터류 그 밖에 지정수량이 10kg인 위험물 ㉤ 제6류 위험물	1,000㎡ 이하
㉠ 내지 ㉤의 위험물 외의 위험물을 저장하는 창고	2,000㎡ 이하
위의 모든 위험물을 내화구조의 격벽으로 완전히 구획된 실에 각각 저장하는 창고(바닥면적 1,000㎡ 이하에 해당하는 위험물을 저장하는 실의 면적은 500㎡를 초과할 수 없다)	1,500㎡ 이하

④ 벽·기둥·바닥 및 보·서까래

저장창고의 벽·기둥 및 바닥은 내화구조로 하고, 보와 서까래는 불연재료로 하여야 한다. 다만, 다음 위험물의 저장창고에 있어서는 연소의 우려가 없는 벽·기둥 및 바닥을 불연재료로 할 수 있다.

- 지정수량의 10배 이하의 위험물
- 제2류 위험물(인화성고체는 제외)
- 제4류 위험물(인화점이 70℃ 미만인 것은 제외)

⑤ 지붕 및 천장

저장창고는 지붕을 폭발력이 위로 방출될 정도의 가벼운 불연재료로 하고, 천장을 만들지 않아야 한다. 다만, 제2류 위험물(분말상태의 것과 인화성고체를 제외)과 제6류 위험물만의 저장창고에 있어서는 지붕을 내화구조로 할 수 있고, 제5류 위험물만의 저장창고에 있어서는 난연재료 또는 불연재료로 된 천장을 설치할 수 있다.

⑥ 출입구
- 저장창고의 출입구에는 60분+방화문·60분방화문 또는 30분방화문을 설치하되, 연소의 우려가 있는 외벽에 있는 출입구에는 수시로 열 수 있는 자동폐쇄식의 60분+방화문 또는 60분방화문을 설치하여야 한다.
- 저장창고의 창 또는 출입구에 유리를 이용하는 경우에는 망입유리로 하여야 한다.

⑦ 바닥
- 바닥에 물이 스며 나오거나 스며들지 아니하는 구조로 해야 하는 위험물
  ✓ 제1류 위험물 중 알칼리금속의 과산화물 또는 이를 함유하는 것
  ✓ 제2류 위험물 중 철분·금속분·마그네슘 또는 이중 어느 하나 이상을 함유하는 것
  ✓ 제3류 위험물 중 금수성물질
  ✓ 제4류 위험물
- 액상의 위험물의 저장창고의 바닥은 위험물이 스며들지 아니하는 구조로 하고, 적당하게 경사지게 하여 그 최저부에 집유설비를 하여야 한다.

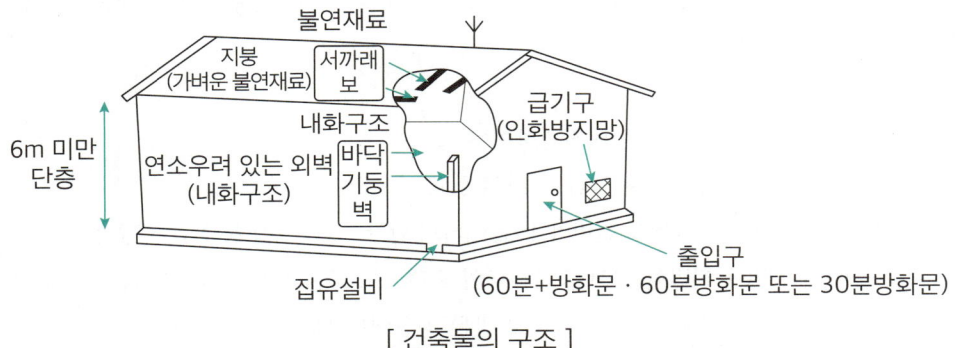

[건축물의 구조]

5. 기타설비

① 채광·조명 및 환기설비
   제조소의 규정에 준한다.

② 배출설비
   인화점이 70℃ 미만인 위험물의 저장창고에 있어서는 내부에 체류한 가연성의 증기를 지붕 위로 배출하는 설비를 갖추어야 한다.

③ 피뢰설비
   지정수량의 10배 이상의 저장창고(제6류 위험물의 저장창고를 제외)에는 피뢰침을 설치하여야 한다.

④ 선반 등 수납장 설치기준
   - 수납장은 불연재료로 만들어 견고한 기초 위에 고정할 것
   - 수납장은 수납장 및 그 부속설비의 자중, 저장하는 위험물의 중량 등의 하중에 의하여 생기는 응력(변형력)에 대하여 안전한 것으로 할 것
   - 수납장에는 위험물을 수납한 용기가 쉽게 떨어지지 아니하게 하는 조치를 할 것

6. 지정과산화물을 저장 또는 취급하는 옥내저장소의 강화 기준

① 안전거리

　지정과산화물의 옥내저장소는 당해 옥내저장소의 외벽으로부터 규정에 의한 건축물의 외벽 또는 이에 상당하는 공작물의 외측까지의 사이에 안전거리를 두어야 한다.

② 보유공지

　지정과산화물의 옥내저장소 주위에는 규정에 의한 너비의 공지를 보유하여야 한다.

③ 옥내저장소의 저장창고의 기준

- 격벽 설치

　저장창고는 150㎡ 이내마다 격벽으로 완전하게 구획할 것. 이 경우 격벽은 두께 30㎝ 이상의 철근콘크리트조 또는 철골철근콘크리트조로 하거나 두께 40㎝ 이상의 보강콘크리트블록조로 하고, 저장창고의 양측의 외벽으로부터 1m 이상, 상부의 지붕으로부터 50㎝ 이상 돌출하게 하여야 한다.

- 외벽

　저장창고의 외벽은 두께 20㎝ 이상의 철근콘크리트조나 철골철근콘크리트조 또는 두께 30㎝ 이상의 보강콘크리트블록조로 하여야 한다.

- 지붕

　저장창고의 지붕은 다음의 기준에 적합하여야 한다.

　✓ 중도리 또는 서까래의 간격은 30㎝ 이하로 할 것

　✓ 지붕의 아래쪽 면에는 한 변의 길이가 45㎝ 이하의 환강·경량형강 등으로 된 강제의 격자를 설치할 것

　✓ 지붕의 아래쪽 면에 철망을 쳐서 불연재료의 도리·보 또는 서까래에 단단히 결합할 것

　✓ 두께 5㎝ 이상, 너비 30㎝ 이상의 목재로 만든 받침대를 설치할 것

- 출입구

　저장창고의 출입구에는 60분+방화문 또는 60분방화문을 설치하여야 한다.

- 창

　저장창고의 창은 바닥면으로부터 2m 이상의 높이에 두되, 하나의 벽면에 두는 창의 면적의 합계를 당해 벽면의 면적의 80분의 1 이내로 하고, 하나의 창의 면적을 0.4㎡ 이내로 하여야 한다.

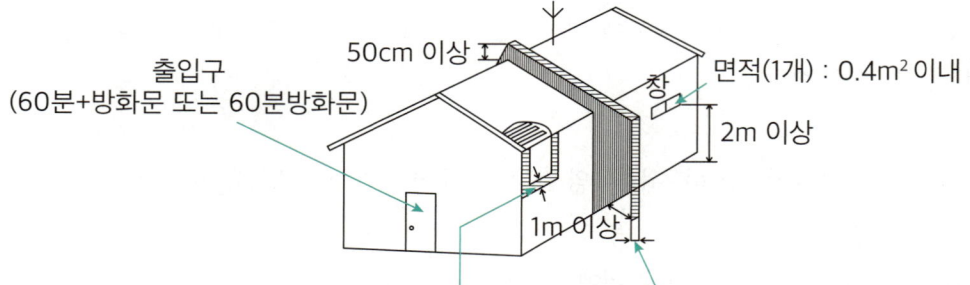

[지정과산화물을 저장, 취급하는 옥내저장소]

④ 담 또는 토제의 기준

- 거리 : 담 또는 토제는 저장창고의 외벽으로부터 2m 이상 떨어진 장소에 설치할 것. 다만, 담 또는 토제와 당해 저장창고와의 간격은 당해 옥내저장소의 공지의 너비의 5분의 1을 초과할 수 없다.
- 높이 : 담 또는 토제의 높이는 저장창고의 처마높이 이상으로 할 것
- 두께 : 담은 두께 15㎝ 이상의 철근콘크리트조나 철골철근콘크리트조 또는 두께 20㎝ 이상의 보강콘크리트블록조로 할 것
- 경사도 : 토제의 경사면의 경사도는 60° 미만으로 할 것

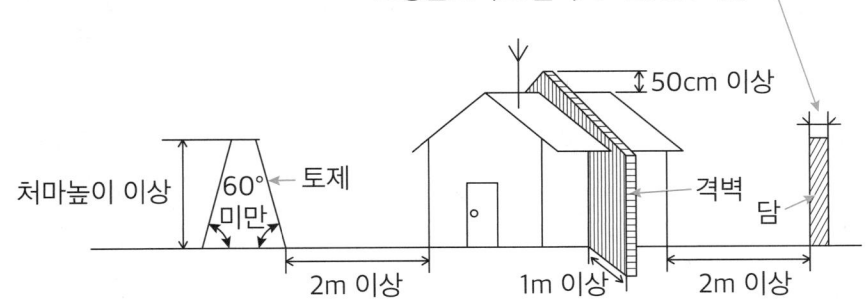

·철근콘크리트조, 철골철근콘크리트조 : 15cm 이상
·보강콘크리트 블록조 : 20cm 이상

50cm 이상

처마높이 이상 60° 미만 토제 격벽 담

2m 이상 1m 이상 2m 이상

[지정과산화물을 저장, 취급하는 옥내저장소의 담 또는 토제]

옥외에 있는 탱크(지하탱크, 간이탱크, 이동탱크, 암반탱크를 제외)에 위험물을 저장하는 장소이다.

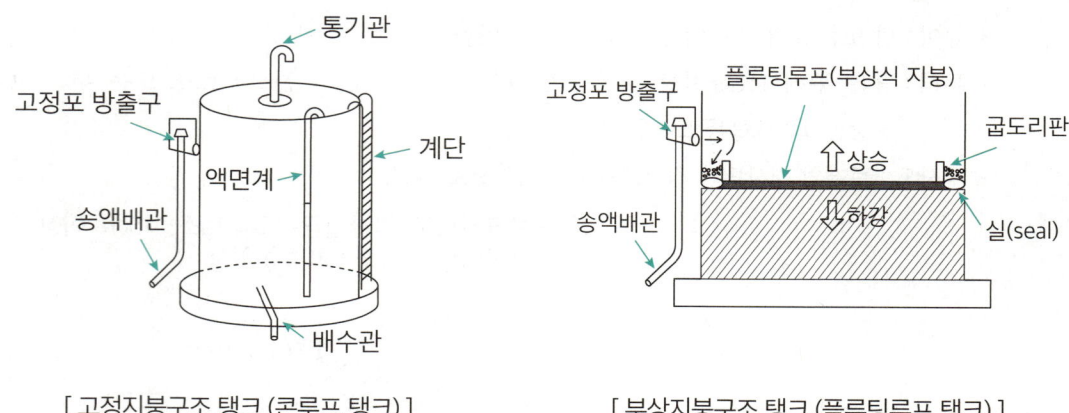

[고정지붕구조 탱크 (콘루프 탱크)]　　　　[부상지붕구조 탱크 (플루팅루프 탱크)]

1. 안전거리

제조소의 규정에 준한다.

2. 보유공지

저장 또는 취급하는 위험물의 최대수량	공지의 너비
지정수량의 500배 이하	3m 이상
지정수량의 500배 초과 1,000배 이하	5m 이상
지정수량의 1,000배 초과 2,000배 이하	9m 이상
지정수량의 2,000배 초과 3,000배 이하	12m 이상
지정수량의 3,000배 초과 4,000배 이하	15m 이상
지정수량의 4,000배 초과	당해 탱크의 수평단면의 최대지름(가로형인 경우에는 긴 변)과 높이 중 큰 것과 같은 거리 이상. 다만, 30m 초과의 경우에는 30m 이상으로 할 수 있고, 15m 미만의 경우에는 15m 이상으로 하여야 한다.

암기팁! 옥외탱크저장소 보유공지 : 오백 천 이천 삼천 사천 초 359 게임하면서 12 15 큰 것

① 제6류 위험물 외의 위험물을 저장 또는 취급하는 경우(지정수량의 4,000배를 초과하는 경우 제외)
　㉠ 위 표에서 규정한 보유공지의 너비로 할 수 있다.
　㉡ 동일한 방유제안에 2개 이상 인접하여 설치하는 경우 그 인접하는 방향의 보유공지는 위 표에서 규정한 보유공지의 3분의 1 이상의 너비로 할 수 있다. 이 경우 보유공지의 너비는 3m 이상이 되어야 한다.

② 제6류 위험물을 저장 또는 취급하는 경우

　㉠ 위 표에서 규정한 보유공지의 3분의 1 이상의 너비로 할 수 있다. 이 경우 보유공지의 너비는 1.5m 이상이 되어야 한다.

　㉡ 동일구내에 2개 이상 인접하여 설치하는 경우 그 인접하는 방향의 보유공지는 ㉠의 규정에 의하여 산출된 너비의 3분의 1 이상의 너비로 할 수 있다. 이 경우 보유공지의 너비는 1.5m 이상이 되어야 한다.

③ 옥외저장탱크에 다음의 기준에 적합한 물분무설비로 방호조치를 하는 경우에는 그 보유공지를 위 표에서 규정한 보유공지의 2분의 1 이상의 너비(최소 3m 이상)로 할 수 있다.

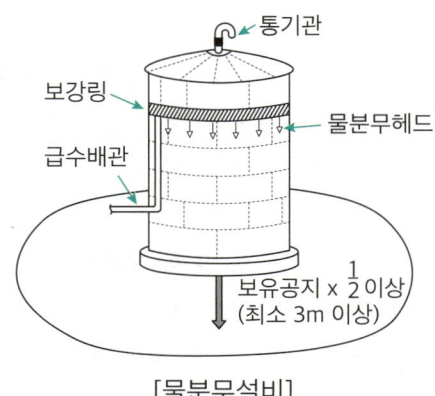

[물분무설비]

　㉠ 탱크의 표면에 방사하는 물의 양은 탱크의 원주길이 1m에 대하여 분당 37ℓ이상으로 할 것

　㉡ 수원의 양은 ㉠의 규정에 의한 수량으로 20분 이상 방사할 수 있는 수량으로 할 것

　㉢ 탱크에 보강링이 설치된 경우에는 보강링의 아래에 분무헤드를 설치하되, 분무헤드는 탱크의 높이 및 구조를 고려하여 분무가 적정하게 이루어질 수 있도록 배치할 것

　㉣ 물분무소화설비의 설치기준에 준할 것

3. 표지 및 게시판

제조소의 규정에 준한다.

4. 옥외저장탱크의 외부구조 및 설비

① 탱크의 재질

- 특정옥외저장탱크 및 준특정옥외저장탱크 : 소방청장이 정하여 고시하는 규격에 적합한 강철판
- 특정옥외저장탱크 및 준특정옥외저장탱크 외 : 두께 3.2㎜ 이상의 강철판

② 탱크의 시험

- 압력탱크(최대상용압력이 대기압을 초과하는 탱크) : 최대상용압력의 1.5배의 압력으로 10분간 수압시험
- 압력탱크외의 탱크 : 충수시험

③ 비정상내압방출구조

옥외저장탱크는 위험물의 폭발 등에 의하여 탱크내의 압력이 비정상적으로 상승하는 경우에 내부의 가스 또는 증기를 상부로 방출할 수 있는 구조로 하여야 한다.

④ 외면도장

옥외저장탱크의 외면에는 녹을 방지하기 위한 도장을 하여야 한다.

⑤ 압력탱크 외의 탱크 통기관

• 밸브 없는 통기관

✓ 지름은 30㎜ 이상일 것

✓ 끝부분은 수평면보다 45° 이상 구부려 빗물 등의 침투를 막는 구조로 할 것

✓ 인화점이 38℃ 미만인 위험물만을 저장 또는 취급하는 탱크에 설치하는 통기관에는 화염방지장치를 설치하고, 그 외의 탱크에 설치하는 통기관에는 40메쉬(mesh) 이상의 구리망 또는 동등 이상의 성능을 가진 인화방지장치를 설치할 것

✓ 가연성의 증기를 회수하기 위한 밸브를 통기관에 설치하는 경우에 당해 통기관의 밸브는 저장탱크에 위험물을 주입하는 경우를 제외하고는 항상 개방되어 있는 구조로 하며, 폐쇄하였을 경우에는 10㎪ 이하의 압력에서 개방되는 구조로 할 것. 이 경우 개방된 부분의 유효단면적은 777.15㎟ 이상이어야 한다.

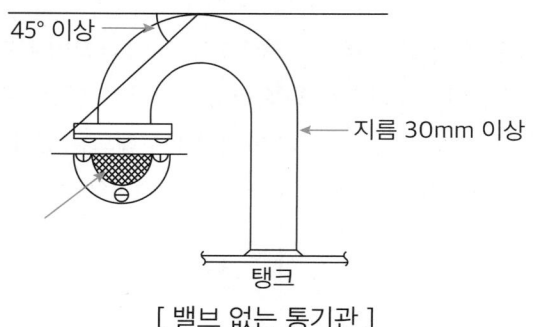

[밸브 없는 통기관]

• 대기밸브부착 통기관

✓ 5㎪ 이하의 압력차이로 작동할 수 있을 것

✓ 인화점이 38℃ 미만인 위험물만을 저장 또는 취급하는 탱크에 설치하는 통기관에는 화염방지장치를 설치하고, 그 외의 탱크에 설치하는 통기관에는 40메쉬(mesh) 이상의 구리망 또는 동등 이상의 성능을 가진 인화방지장치를 설치할 것

⑥ 주입구
- 화재예방상 지장이 없는 장소에 설치할 것
- 주입호스 또는 주입관과 결합할 수 있고, 결합하였을 때 위험물이 새지 아니할 것
- 주입구에는 밸브 또는 뚜껑을 설치할 것
- 휘발유, 벤젠 그 밖에 정전기에 의한 재해가 발생할 우려가 있는 액체위험물의 옥외저장탱크의 주입구 부근에는 정전기를 유효하게 제거하기 위한 접지전극을 설치할 것
- 인화점이 21℃ 미만인 위험물의 옥외저장탱크의 주입구에는 보기 쉬운 곳에 다음의 기준에 의한 게시판을 설치할 것
  - ✓ 한 변이 0.3m 이상, 다른 한 변이 0.6m 이상인 직사각형으로 할 것
  - ✓ "옥외저장탱크 주입구"라고 표시하는 것 외에 취급하는 위험물의 유별, 품명 및 주의사항을 표시할 것
  - ✓ 백색바탕에 흑색문자(주의사항은 적색문자)로 할 것
- 주입구 주위에는 새어나온 기름 등 액체가 외부로 유출되지 아니하도록 방유턱을 설치하거나 집유설비 등의 장치를 설치할 것

⑦ 펌프설비
- 보유공지
  - ✓ 펌프설비의 주위에는 너비 3m 이상의 공지를 보유할 것(다만, 방화상 유효한 격벽을 설치하는 경우와 제6류 위험물 또는 지정수량의 10배 이하 위험물은 제외)
  - ✓ 펌프설비로부터 옥외저장탱크까지의 사이에는 당해 옥외저장탱크의 보유공지 너비의 3분의 1 이상의 거리를 유지할 것
- 펌프실의 기준
  - ✓ 펌프실의 벽·기둥·바닥 및 보는 불연재료로 할 것
  - ✓ 펌프실의 지붕은 폭발력이 위로 방출될 정도의 가벼운 불연재료로 할 것
  - ✓ 펌프실의 창 및 출입구에는 60분+방화문·60분방화문 또는 30분방화문을 설치할 것
  - ✓ 펌프실의 창 및 출입구에 유리를 이용하는 경우에는 망입유리로 할 것
  - ✓ 펌프실의 바닥의 주위에는 높이 0.2m 이상의 턱을 만들고 바닥은 콘크리트 등 위험물이 스며들지 아니하는 재료로 적당히 경사지게 하여 그 최저부에는 집유설비를 설치할 것
  - ✓ 펌프실에는 위험물을 취급하는데 필요한 채광, 조명 및 환기의 설비를 설치할 것
  - ✓ 가연성 증기가 체류할 우려가 있는 펌프실에는 그 증기를 옥외의 높은 곳으로 배출하는 설비를 설치할 것
- 펌프실 외의 장소에 설치하는 경우
  - ✓ 펌프설비에는 그 직하의 지반면의 주위에 높이 0.15m 이상의 턱을 만들고 당해 지반면은 콘크리트 등 위험물이 스며들지 아니하는 재료로 적당히 경사지게 하여 그 최저부에는 집유설비를 할 것
  - ✓ 이 경우 제4류 위험물(온도 20℃의 물 100g에 용해되는 양이 1g 미만인 것에 한한다)을 취급하는 펌프설비에 있어서는 당해 위험물이 직접 배수구에 유입하지 아니하도록 집유설비에 유분리장치를 설치하여야 한다.

⑧ 밸브, 배관 및 배수관

　　• 밸브

　　　옥외저장탱크의 밸브는 주강 또는 이와 동등 이상의 기계적 성질이 있는 재료로 되어 있고, 위험물이 새지 아니하여야 한다.

　　• 배관

　　　액체위험물을 이송하기 위한 옥외저장탱크의 배관은 지진 등에 의하여 당해 배관과 탱크와의 결합부분에 손상을 주지 아니하게 설치하여야 한다.

　　• 배수관

　　　옥외저장탱크의 배수관은 탱크의 옆판에 설치하여야 한다.

⑨ 부상지붕

　　부상지붕이 있는 옥외저장탱크의 옆판 또는 부상지붕에 설치하는 설비는 지진 등에 의하여 부상지붕 또는 옆판에 손상을 주지 아니하게 설치하여야 한다.

5. 이황화탄소의 옥외저장탱크

벽 및 바닥의 두께가 0.2m 이상이고 누수가 되지 아니하는 철근콘크리트의 수조에 넣어 보관하여야 한다.

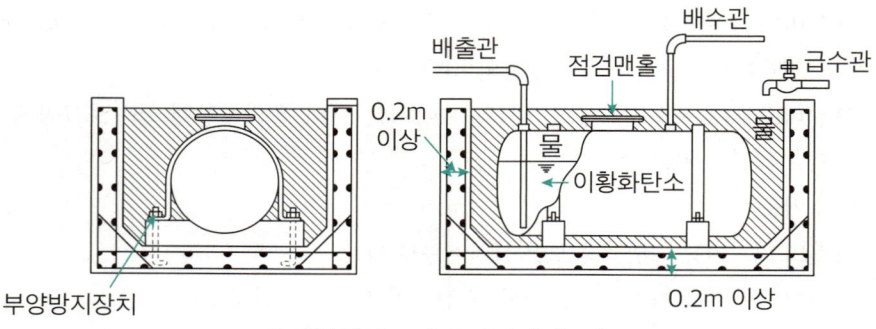

[이황화탄소의 옥외저장탱크]

6. 특정옥외저장탱크 및 준특정옥외저장탱크

① 특정옥외저장탱크 : 옥외저장탱크 중 그 저장 또는 취급하는 액체위험물의 최대수량이 100만L 이상의 것

② 준특정옥외저장탱크 : 옥외저장탱크 중 그 저장 또는 취급하는 액체위험물의 최대수량이 50만L 이상 100만L 미만의 것

　💡 **특정옥외저장탱크의 풍하중**

$$Q = 0.588k \sqrt{h}$$

　　• Q : 풍하중(kN/㎡)
　　• k : 풍력계수(원통형 탱크는 0.7, 그 외의 탱크는 1.0)
　　• h : 지반면으로부터의 높이(m)

7. 방유제

제3류, 제4류 및 제5류 위험물 중 인화성이 있는 액체(이황화탄소를 제외)의 옥외탱크저장소의 탱크 주위에는 다음의 기준에 의하여 방유제를 설치하여야 한다.

① 방유제의 용량(인화성이 없는 액체위험물의 경우는 100% 이상)
- 탱크가 1개 인 때 : 그 탱크 용량의 110% 이상
- 탱크가 2기 이상인 때 : 그 탱크 중 용량이 최대인 것의 용량의 110% 이상

  → 이 경우 방유제의 용량은... 당해 방유제의 내용적에서 다음의 것들을 빼야 한다.
  ✓ 용량이 최대인 탱크 외의 탱크의 방유제 높이 이하 부분의 용적
  ✓ 당해 방유제 내에 있는 모든 탱크의 지반면 이상 부분의 기초의 체적
  ✓ 간막이 둑의 체적 및 당해 방유제 내에 있는 배관 등의 체적

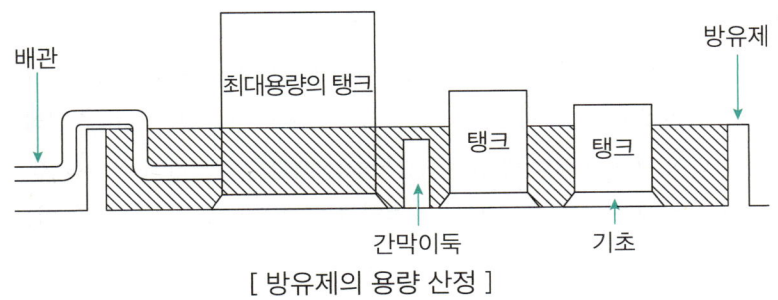

[방유제의 용량 산정]

② 방유제의 규격

방유제는 높이 0.5m 이상 3m 이하, 두께 0.2m 이상, 지하매설깊이 1m 이상, 면적 8만㎡ 이하로 할 것

암기팁! 방유제의 규격 : 면 팔(8)면서... 둘이(2) 매일(1) 노오(0.5)삼(3)...

③ 방유제 내에 설치하는 옥외저장탱크의 수
- 10개 이하 : 인화점이 70℃ 미만인 위험물을 저장 또는 취급하는 경우
- 20개 이하 : 모든 옥외저장탱크의 용량이 20만ℓ 이하이고, 저장 또는 취급하는 위험물의 인화점이 70℃ 이상 200℃ 미만인 경우
- 무제한 : 인화점이 200℃ 이상인 위험물을 저장 또는 취급하는 경우

④ 방유제의 주변

방유제 외면의 2분의 1 이상은 자동차 등이 통행할 수 있는 3m 이상의 노면폭을 확보한 구내도로에 직접 접하도록 할 것

⑤ 방유제의 이격거리

방유제는 옥외저장탱크의 지름에 따라 그 탱크의 옆판으로부터 다음에 정하는 거리를 유지할 것
- 지름이 15m 미만인 경우 : 탱크 높이의 3분의 1 이상
- 지름이 15m 이상인 경우 : 탱크 높이의 2분의 1 이상

⑥ 방유제의 재질

방유제는 철근콘크리트로 하고, 방유제와 옥외저장탱크 사이의 지표면은 불연성과 불침윤성이 있는 구조(철근콘크리트 등)로 할 것

⑦ 간막이 둑

용량이 1,000만ℓ 이상인 옥외저장탱크의 주위에 설치하는 방유제에는 다음의 규정에 따라 당해 탱크마다 간막이 둑을 설치할 것

- 간막이 둑의 높이는 0.3m(방유제 내에 설치되는 옥외저장탱크의 용량의 합계가 2억ℓ를 넘는 방유제에 있어서는 1m)이상으로 하되, 방유제의 높이보다 0.2m 이상 낮게 할 것
- 간막이 둑은 흙 또는 철근콘크리트로 할 것
- 간막이 둑의 용량은 간막이 둑 안에 설치된 탱크의 용량의 10% 이상일 것

⑧ 방유제 내의 설비

- 방유제 내에는 당해 방유제 내에 설치하는 옥외저장탱크를 위한 배관, 조명설비 및 계기시스템과 이들에 부속하는 설비 그 밖의 안전확보에 지장이 없는 부속설비 외에는 다른 설비를 설치하지 아니할 것
- 방유제 또는 간막이 둑에는 해당 방유제를 관통하는 배관을 설치하지 아니할 것
- 방유제에는 그 내부에 고인 물을 외부로 배출하기 위한 배수구를 설치하고 이를 개폐하는 밸브 등을 방유제의 외부에 설치할 것
- 용량이 100만ℓ 이상인 위험물을 저장하는 옥외저장탱크에 있어서는 밸브 등에 그 개폐상황을 쉽게 확인할 수 있는 장치를 설치할 것
- 높이가 1m를 넘는 방유제 및 간막이 둑의 안팎에는 방유제 내에 출입하기 위한 계단 또는 경사로를 약 50m마다 설치할 것
- 용량이 50만ℓ 이상인 옥외탱크저장소가 해안 또는 강변에 설치되어 방유제 외부로 누출된 위험물이 바다 또는 강으로 유입될 우려가 있는 경우에는 해당 옥외탱크저장소가 설치된 부지 내에 전용유조 등 누출위험물 수용설비를 설치할 것

3 옥내탱크저장소

전용의 건축물 내 또는 건축물의 전용실내에 설치된 탱크에 위험물을 저장하는 장소이다.

1. 안전거리 및 보유공지

기준이 없다.

2. 표지 및 게시판

제조소의 규정에 준한다.

3. 채광 · 조명 · 환기 및 배출설비

옥내저장소의 규정에 준한다.

4. 탱크전용실을 단층건물에 설치하는 경우의 기준

① 설치위치

위험물을 저장 또는 취급하는 옥내탱크는 단층건축물에 설치된 탱크전용실에 설치할 것

② 간격

옥내저장탱크와 탱크전용실의 벽과의 사이 및 옥내저장탱크의 상호간에는 0.5m 이상의 간격을 유지할 것

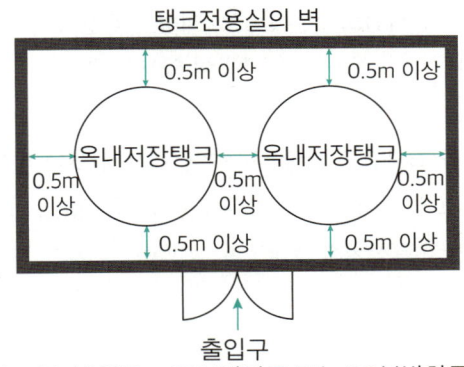

[탱크와 탱크전용실의 벽간 및 탱크 상화간 간격]

③ 탱크의 용량

옥내저장탱크의 용량(탱크전용실에 있는 모든 탱크의 용량의 합계)은 지정수량의 40배(제4석유류 및 동식물유류 외의 제4류 위험물은 20,000ℓ를 초과할 때에는 20,000ℓ)이하일 것

④ 외면도장

옥내저장탱크의 외면에는 녹을 방지하기 위한 도장을 할 것

⑤ 압력탱크 외의 탱크 통기관

- 밸브 없는 통기관
  - ✓ 통기관의 끝부분은 건축물의 창·출입구 등의 개구부로부터 1m 이상 떨어진 옥외의 장소에 지면으로부터 4m 이상의 높이로 설치하되, 인화점이 40℃ 미만인 위험물의 탱크에 설치하는 통기관에 있어서는 부지경계선으로부터 1.5m 이상 거리를 둘 것
  - ✓ 통기관은 가스 등이 체류할 우려가 있는 굴곡이 없도록 할 것
  - ✓ 지름은 30mm 이상일 것
  - ✓ 끝부분은 수평면보다 45도 이상 구부려 빗물 등의 침투를 막는 구조로 할 것
  - ✓ 인화점이 38℃ 미만인 위험물만을 저장 또는 취급하는 탱크에 설치하는 통기관에는 화염방지장치를 설치하고, 그 외의 탱크에 설치하는 통기관에는 40메쉬(mesh) 이상의 구리망 또는 동등 이상의 성능을 가진 인화방지장치를 설치할 것
  - ✓ 가연성의 증기를 회수하기 위한 밸브를 통기관에 설치하는 경우에 당해 통기관의 밸브는 저장탱크에 위험물을 주입하는 경우를 제외하고는 항상 개방되어 있는 구조로 하며, 폐쇄하였을 경우에는 10kPa 이하의 압력에서 개방되는 구조로 할 것. 이 경우 개방된 부분의 유효단면적은 777.15mm² 이상이어야 한다.
- 대기밸브 부착 통기관
  - ✓ 통기관의 끝부분은 건축물의 창·출입구 등의 개구부로부터 1m 이상 떨어진 옥외의 장소에 지면으로부터 4m 이상의 높이로 설치하되, 인화점이 40℃ 미만인 위험물의 탱크에 설치하는 통기관에 있어서는 부지경계선으로부터 1.5m 이상 거리를 둘 것
  - ✓ 통기관은 가스 등이 체류할 우려가 있는 굴곡이 없도록 할 것
  - ✓ 5kPa 이하의 압력차이로 작동할 수 있을 것
  - ✓ 인화점이 38℃ 미만인 위험물만을 저장 또는 취급하는 탱크에 설치하는 통기관에는 화염방지장치를 설치하고, 그 외의 탱크에 설치하는 통기관에는 40메쉬(mesh) 이상의 구리망 또는 동등 이상의 성능을 가진 인화방지장치를 설치할 것

⑥ 탱크전용실의 구조
  • 벽 · 기둥 · 바닥 및 보
    탱크전용실은 벽 · 기둥 및 바닥을 내화구조로 하고, 보를 불연재료로 하며, 연소의 우려가 있는
    외벽은 출입구외에는 개구부가 없도록 할 것
  • 지붕
    탱크전용실의 지붕을 불연재료로 하고, 천장을 설치하지 아니할 것
  • 창 및 출입구
    ✓ 탱크전용실의 창 및 출입구에는 60분+방화문 · 60분방화문 또는 30분방화문을 설치하는 동시에,
      연소의 우려가 있는 외벽에 두는 출입구에는 수시로 열 수 있는 자동폐쇄식의 60분+방화문 또는
      60분방화문을 설치할 것
    ✓ 탱크전용실의 창 또는 출입구에 유리를 이용하는 경우에는 망입유리로 할 것
  • 바닥
    액상의 위험물의 옥내저장탱크를 설치하는 탱크전용실의 바닥은 위험물이 침투하지 아니하는
    구조로 하고, 적당한 경사를 두는 한편, 집유설비를 설치할 것
  • 출입구의 턱
    탱크전용실의 출입구의 턱의 높이를 당해 탱크전용실내의 옥내저장탱크(옥내저장탱크가 2 이상인
    경우에는 최대용량의 탱크)의 용량을 수용할 수 있는 높이 이상으로 하거나 옥내저장탱크로부터
    누설된 위험물이 탱크전용실외의 부분으로 유출하지 아니하는 구조로 할 것

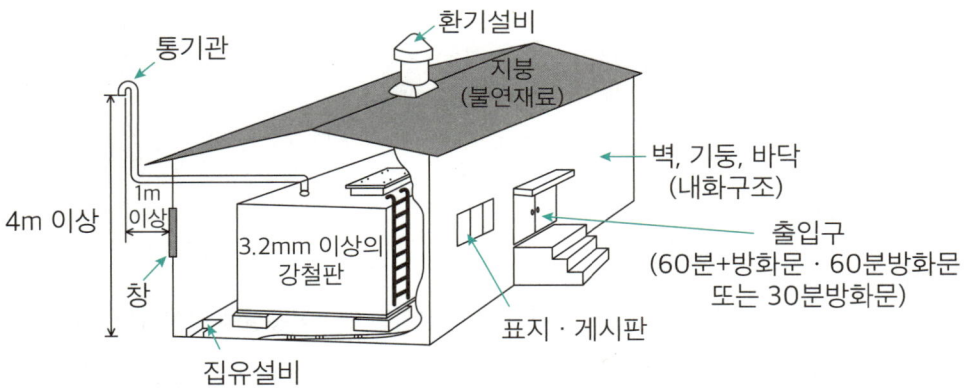

[탱크전용실의 구조]

5. 탱크전용실을 단층건물 외의 건축물에 설치하는 경우의 기준

① 저장할 수 있는 위험물
  • 제2류 위험물 중 황화인 · 적린 및 덩어리 황
  • 제3류 위험물 중 황린
  • 제4류 위험물 중 인화점이 38℃ 이상인 위험물
  • 제6류 위험물 중 질산

② 건축물의 1층 또는 지하층에 설치하는 위험물

- 제2류 위험물 중 황화인·적린 및 덩어리 황
- 제3류 위험물 중 황린
- 제6류 위험물 중 질산

③ 건축물의 모든 층에 설치하는 위험물

제4류 위험물 중 인화점이 38℃ 이상인 위험물

④ 옥내저장탱크의 용량(동일한 탱크전용실에 옥내저장탱크를 2 이상 설치하는 경우는 각 탱크의 용량의 합계)

1층 이하의 층	지정수량의 40배 이하 (제4석유류 및 동식물유류 외의 제4류 위험물은 수량이 2만ℓ를 초과할 때에는 2만ℓ)
2층 이상의 층	지정수량의 10배 이하 (제4석유류 및 동식물유류 외의 제4류 위험물은 수량이 5천ℓ를 초과할 때에는 5천ℓ)

4 지하탱크저장소

지하에 매설된 탱크에 위험물을 저장하는 장소이다.

1. 안전거리 및 보유공지

기준이 없다.

2. 표지 및 게시판

제조소의 규정에 준한다.

3. 지하저장탱크의 기준

① 설치위치

위험물을 저장 또는 취급하는 지하탱크는 지면 하에 설치된 탱크전용실에 설치하여야 한다.

💡 제4류 위험물을 저장하는 지하저장탱크를 탱크전용실에 설치하지 않아도 되는 경우

- 당해 탱크를 지하철·지하가 또는 지하터널로부터 수평거리 10m 이내의 장소 또는 지하건축물내의 장소에 설치하지 아니할 때
- 당해 탱크를 그 수평투영의 세로 및 가로보다 각각 0.6m 이상 크고 두께가 0.3m 이상인 철근콘크리트조의 뚜껑으로 덮을 때
- 뚜껑에 걸리는 중량이 직접 당해 탱크에 걸리지 아니하는 구조로 할 때
- 당해 탱크를 견고한 기초 위에 고정할 때
- 당해 탱크를 지하의 가장 가까운 벽·피트·가스관 등의 시설물 및 대지경계선으로부터 0.6m 이상 떨어진 곳에 매설할 때

② 탱크전용실 및 탱크의 이격거리

- 지하저장탱크의 윗부분과 지면으로부터의 거리 : 0.6m 이상
- 지하의 가장 가까운 벽·피트·가스관 등의 시설물 및 대지경계선으로부터 탱크전용실 사이 : 0.1m 이상
- 지하저장탱크와 탱크전용실의 안쪽과의 사이 : 0.1m 이상
- 지하저장탱크 상호간의 거리 : 1m 이상(탱크용량의 합계가 지정수량의 100배 이하인 때에는 0.5m)

③ 탱크전용실의 구조

- 탱크전용실의 벽·바닥 및 뚜껑은 두께 0.3m 이상인 철근콘크리트 구조로 설치한다.
- 탱크의 주위에는 마른 모래 또는 습기 등에 의하여 응고되지 아니하는 입자지름 5㎜ 이하의 마른 자갈분을 채워야 한다.

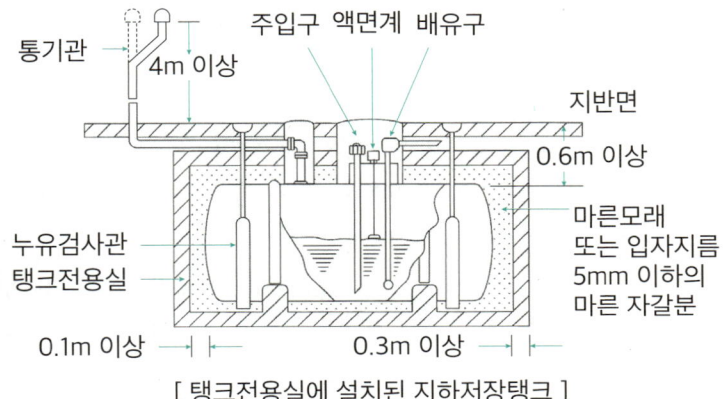

[탱크전용실에 설치된 지하저장탱크]

④ 탱크의 시험

- 압력탱크(최대상용압력이 46.7kPa 이상인 탱크) : 최대상용압력의 1.5배의 압력으로 10분간 수압시험
- 압력탱크 외 : 70kPa의 압력으로 10분간 수압시험

⑤ 압력탱크 외의 탱크 통기관
- 밸브 없는 통기관
  ✓ 통기관은 지하저장탱크의 윗부분에 연결할 것
  ✓ 통기관 중 지하의 부분은 그 상부의 지면에 걸리는 중량이 직접 해당 부분에 미치지 아니하도록 보호하고, 해당 통기관의 접합부분에 대하여는 해당 접합부분의 손상유무를 점검할 수 있는 조치를 할 것
  ✓ 통기관의 끝부분은 건축물의 창·출입구 등의 개구부로부터 1m 이상 떨어진 옥외의 장소에 지면으로부터 4m 이상의 높이로 설치하되, 인화점이 40℃ 미만인 위험물의 탱크에 설치하는 통기관에 있어서는 부지경계선으로부터 1.5m 이상 거리를 둘 것
  ✓ 통기관은 가스 등이 체류할 우려가 있는 굴곡이 없도록 할 것
  ✓ 지름은 30㎜ 이상일 것
  ✓ 끝부분은 수평면보다 45도 이상 구부려 빗물 등의 침투를 막는 구조로 할 것
  ✓ 인화점이 38℃ 미만인 위험물만을 저장 또는 취급하는 탱크에 설치하는 통기관에는 화염방지장치를 설치하고, 그 외의 탱크에 설치하는 통기관에는 40메쉬(mesh) 이상의 구리망 또는 동등 이상의 성능을 가진 인화방지장치를 설치할 것
  ✓ 가연성의 증기를 회수하기 위한 밸브를 통기관에 설치하는 경우에 당해 통기관의 밸브는 저장탱크에 위험물을 주입하는 경우를 제외하고는 항상 개방되어 있는 구조로 하며, 폐쇄하였을 경우에는 10kPa 이하의 압력에서 개방되는 구조로 할 것. 이 경우 개방된 부분의 유효단면적은 777.15㎟ 이상이어야 한다.
- 대기밸브부착 통기관
  ✓ 통기관은 지하저장탱크의 윗부분에 연결할 것
  ✓ 통기관 중 지하의 부분은 그 상부의 지면에 걸리는 중량이 직접 해당 부분에 미치지 아니하도록 보호하고, 해당 통기관의 접합부분에 대하여는 해당 접합부분의 손상유무를 점검할 수 있는 조치를 할 것
  ✓ 5kPa 이하의 압력차이로 작동할 수 있을 것
  ✓ 인화점이 38℃ 미만인 위험물만을 저장 또는 취급하는 탱크에 설치하는 통기관에는 화염방지장치를 설치하고, 그 외의 탱크에 설치하는 통기관에는 40메쉬(mesh) 이상의 구리망 또는 동등 이상의 성능을 가진 인화방지장치를 설치할 것
  ✓ 통기관의 끝부분은 건축물의 창·출입구 등의 개구부로부터 1m 이상 떨어진 옥외의 장소에 지면으로부터 4m 이상의 높이로 설치하되, 인화점이 40℃ 미만인 위험물의 탱크에 설치하는 통기관에 있어서는 부지경계선으로부터 1.5m 이상 거리를 둘 것
  ✓ 통기관은 가스 등이 체류할 우려가 있는 굴곡이 없도록 할 것

4. 누유검사관 설치기준

지하저장탱크의 주위에는 당해 탱크로부터의 액체위험물의 누설을 검사하기 위한 관을 다음의 기준에 따라 4개소 이상 적당한 위치에 설치하여야 한다.

① 이중관으로 할 것. 다만, 소공이 없는 상부는 단관으로 할 수 있다.

② 재료는 금속관 또는 경질합성수지관으로 할 것

③ 관은 탱크전용실의 바닥 또는 탱크의 기초까지 닿게 할 것

④ 관의 밑부분으로부터 탱크의 중심 높이까지의 부분에는 소공이 뚫려 있을 것

⑤ 상부는 물이 침투하지 아니하는 구조로 하고, 뚜껑은 검사 시에 쉽게 열 수 있도록 할 것

5 간이탱크저장소

간이탱크에 위험물을 저장하는 장소로서 탱크의 용량, 탱크의 수 등에 관한 제한이 있다.

1. 안전거리

기준이 없다.

2. 보유공지

간이저장탱크를 옥외에 설치하는 경우에는 그 탱크의 주위에 너비 1m 이상의 공지를 둔다.

3. 표지 및 게시판

제조소의 규정에 준한다.

4. 간이탱크저장소의 기준

① 설치위치

간이저장탱크는 움직이거나 넘어지지 아니하도록 지면 또는 가설대에 고정시켜 옥외 또는 전용실에 설치하여야 한다.

② 탱크의 수

- 하나의 간이탱크저장소에 설치하는 간이저장탱크는 그 수를 3 이하로 할 것
- 동일한 품질의 위험물의 간이저장탱크를 2 이상 설치하지 아니할 것

③ 간격

간이저장탱크를 전용실 안에 설치하는 경우에는 탱크와 전용실의 벽과의 사이 및 탱크와 탱크사이에 0.5m 이상의 간격을 유지하여야 한다.

④ 탱크의 용량

간이저장탱크의 용량은 600ℓ 이하이어야 한다.

⑤ 탱크의 재질

간이저장탱크는 두께 3.2㎜ 이상의 강판으로 흠이 없도록 제작하여야 한다.

⑥ 시험방법

70㎪의 압력으로 10분간의 수압시험을 실시하여 새거나 변형되지 아니하여야 한다.

⑦ 통기관

- 밸브 없는 통기관

✓ 통기관의 지름은 25㎜ 이상으로 할 것

✓ 통기관은 옥외에 설치하되, 그 끝부분의 높이는 지상 1.5m 이상으로 할 것

✓ 통기관의 끝부분은 수평면에 대하여 아래로 45° 이상 구부려 빗물 등이 침투하지 아니하도록 할 것

✓ 가는 눈의 구리망 등으로 인화방지장치를 할 것

- 대기밸브부착 통기관

✓ 통기관은 옥외에 설치하되, 그 끝부분의 높이는 지상 1.5m 이상으로 할 것

✓ 가는 눈의 구리망 등으로 인화방지장치를 할 것

✓ 5㎪ 이하의 압력차이로 작동할 수 있을 것

6 이동탱크저장소

차량에 고정된 탱크에 위험물을 저장하는 장소로, 일반적으로 탱크로리(tank lorry)라 부른다.

1. 안전거리 및 보유공지

기준이 없다.

2. 상치장소

① 옥외에 있는 상치장소

화기를 취급하는 장소 또는 인근의 건축물로부터 5m 이상(인근의 건축물이 1층인 경우에는 3m 이상)의 거리를 확보하여야 한다.

② 옥내에 있는 상치장소

벽 · 바닥 · 보 · 서까래 및 지붕이 내화구조 또는 불연재료로 된 건축물의 1층에 설치하여야 한다.

3. 이동저장탱크의 구조

① 탱크의 재질

탱크는 두께 3.2㎜ 이상의 강철판 등의 재료 및 구조로 위험물이 새지 아니하게 제작할 것

② 탱크의 시험

- 압력탱크(최대상용압력이 46.7kPa 이상인 탱크) : 최대상용압력의 1.5배의 압력으로 10분간 수압시험
- 압력탱크 외 : 70kPa의 압력으로 10분간 수압시험

③ 탱크의 칸막이

이동저장탱크는 그 내부에 4,000ℓ 이하마다 3.2㎜ 이상의 강철판 등으로 칸막이를 설치하여야 한다.

④ 맨홀, 안전장치 및 방파판

칸막이로 구획된 각 부분마다 맨홀과 안전장치 및 방파판을 설치하여야 한다. 다만, 칸막이로 구획된 부분의 용량이 2,000ℓ 미만인 부분에는 방파판을 설치하지 아니할 수 있다.

- 안전장치
  - ✓ 상용압력이 20㎪ 이하인 탱크 : 20㎪ 이상 24㎪ 이하의 압력에서 작동할 것
  - ✓ 상용압력이 20㎪를 초과하는 탱크 : 상용압력의 1.1배 이하의 압력에서 작동할 것
- 방파판
  - ✓ 두께 1.6㎜ 이상의 강철판 등으로 할 것
  - ✓ 하나의 구획부분에 2개 이상의 방파판을 이동탱크저장소의 진행방향과 평행으로 설치하되, 각 방파판은 그 높이 및 칸막이로부터의 거리를 다르게 할 것
  - ✓ 하나의 구획부분에 설치하는 각 방파판의 면적의 합계는 당해 구획부분의 최대 수직단면적의 50% 이상으로 할 것. (다만, 수직단면이 원형이거나 짧은 지름이 1m 이하의 타원형일 경우에는 40% 이상)

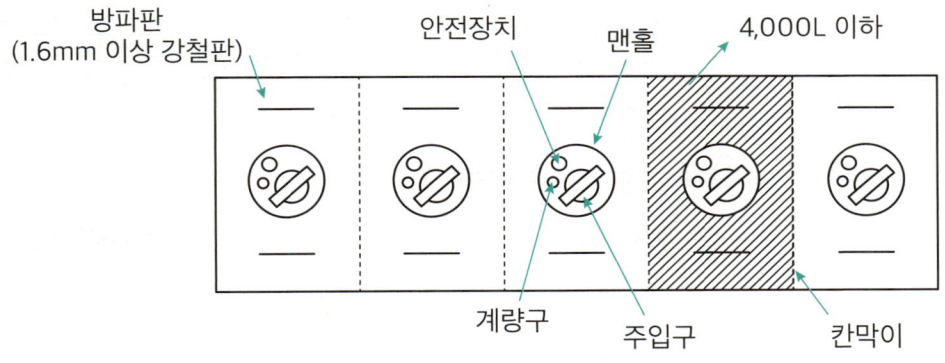

[칸막이 및 부속장치]

⑤ 측면틀 및 방호틀

• 측면틀

  ✓ 측면틀의 최외측과 탱크의 최외측을 연결하는 직선(최외측선)의 수평면에 대한 내각이 75도 이상이
  되도록 하고, 최대수량의 위험물을 저장한 상태에 있을 때의 당해 탱크중량의 중심점과 측면틀의
  최외측을 연결하는 직선과 그 중심점을 지나는 직선 중 최외측선과 직각을 이루는 직선과의 내각이
  35도 이상이 되도록 할 것

  ✓ 외부로부터 하중에 견딜 수 있는 구조로 할 것

  ✓ 탱크상부의 네 모퉁이에 당해 탱크의 전단 또는 후단으로부터 각각 1m 이내의 위치에 설치할 것

  ✓ 측면틀에 걸리는 하중에 의하여 탱크가 손상되지 아니하도록 측면틀의 부착부분에 받침판을 설치할 것

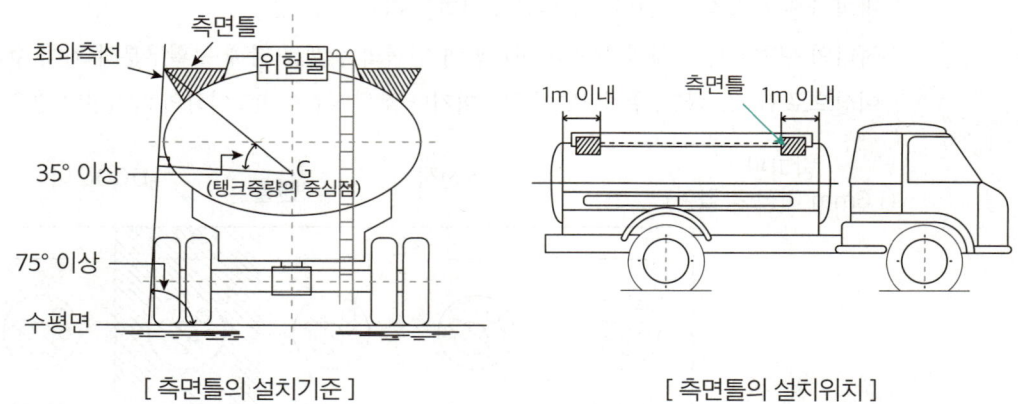

[측면틀의 설치기준]　　　　　　　　[측면틀의 설치위치]

• 방호틀

  ✓ 두께 2.3㎜ 이상의 강철판 등으로 산모양의 형상으로 할 것

  ✓ 정상부분은 부속장치보다 50㎜ 이상 높게 할 것

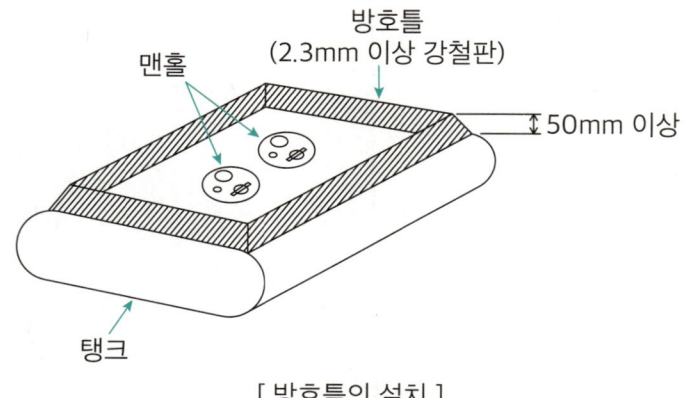

[방호틀의 설치]

4. 주입설비

이동탱크저장소에 주입설비(주입호스의 끝부분에 개폐밸브를 설치한 것)를 설치하는 경우에는 다음의 기준에 의하여야 한다.

① 위험물이 샐 우려가 없고 화재예방상 안전한 구조로 할 것
② 주입설비의 길이는 50m 이내로 하고, 끝부분에 축적되는 정전기를 유효하게 제거할 수 있는 장치를 할 것
③ 분당 배출량은 200ℓ 이하로 할 것

5. 배출밸브 및 폐쇄장치

① 배출밸브

이동저장탱크의 아랫부분에 배출구를 설치하는 경우에는 당해 탱크의 배출구에 밸브를 설치하고 비상시에 직접 당해 배출밸브를 폐쇄할 수 있는 수동폐쇄장치 또는 자동폐쇄장치를 설치하여야 한다.

② 수동폐쇄장치

수동폐쇄장치를 작동시킬 수 있는 레버를 설치하고, 그 바로 옆에 해당 장치의 작동방식을 표시하여야 한다. 이 경우 레버를 설치하는 경우에는 다음의 기준에 따라 설치하여야 한다.
- 손으로 잡아당겨 수동폐쇄장치를 작동시킬 수 있도록 할 것
- 길이는 15cm 이상으로 할 것

6. 접지도선

제4류 위험물중 특수인화물, 제1석유류 또는 제2석유류의 이동탱크저장소에는 다음의 기준에 의하여 접지도선을 설치하여야 한다.

① 도선에 비닐 등의 전열차단재료로 피복하여 끝부분에 접지전극 등을 결착시킬 수 있는 클립 등을 부착할 것
② 도선이 손상되지 아니하도록 도선을 수납할 수 있는 장치를 부착할 것

7. 외면도장

탱크의 외면에는 부식방지도장을 하여야 하며, 이동저장탱크의 외부도장은 다음 표와 같다.

유별	도장의 색상	비고
제1류	회색	
제2류	적색	• 탱크의 앞면과 뒷면을 제외한 면적의 40% 이내의 면적은 다른 유별의 색상 외의 색상으로 도장하는 것이 가능하다. • 제4류에 대해서는 도장의 색상 제한이 없으나 적색을 권장한다.
제3류	청색	
제5류	황색	
제6류	청색	

8. 위험물의 성질에 따른 이동탱크저장소의 특례

① 알킬알루미늄등을 저장 또는 취급하는 이동탱크저장소
- 이동저장탱크는 두께 10㎜ 이상의 강판 등으로 기밀하게 제작할 것
- 1㎫ 이상의 압력으로 10분간 실시하는 수압시험에서 새거나 변형하지 아니할 것
- 이동저장탱크의 용량은 1,900ℓ 미만일 것
- 안전장치는 이동저장탱크의 수압시험 압력의 3분의 2를 초과하고 5분의 4를 넘지 아니하는 범위의 압력으로 작동할 것
- 이동저장탱크의 맨홀 및 주입구의 뚜껑은 두께 10㎜ 이상의 강판 등으로 할 것
- 이동저장탱크의 배관 및 밸브 등은 당해 탱크의 윗부분에 설치할 것
- 이동저장탱크하중의 4배의 전단하중에 견딜 수 있는 걸고리체결금속구 및 모서리체결금속구를 설치할 것
- 이동저장탱크는 불활성의 기체를 봉입할 수 있는 구조로 할 것
- 이동저장탱크는 외면을 적색으로 도장하는 한편, 백색문자로서 동판의 양측면 및 경판에 주의사항을 표시할 것

② 아세트알데하이드등을 저장 또는 취급하는 이동탱크저장소
- 이동저장탱크는 불활성의 기체를 봉입할 수 있는 구조로 할 것
- 이동저장탱크 및 그 설비는 은·수은·동·마그네슘 또는 이들을 성분으로 하는 합금으로 만들지 아니할 것

③ 하이드록실아민등을 저장 또는 취급하는 이동탱크저장소
- 이동저장탱크에는 하이드록실아민등의 온도의 상승에 의한 위험한 반응을 방지하기 위한 조치를 강구할 것
- 이동저장탱크에는 철이온 등의 혼입에 의한 위험한 반응을 방지하기 위한 조치를 강구할 것

9. 표지 · UN번호 및 그림문자

① 표지
- 부착위치
  - ✓ 이동탱크저장소 : 전면 상단 및 후면 상단
  - ✓ 위험물 운반차량 : 전면 및 후면
- 규격 및 형상 : 60㎝ 이상 × 30㎝ 이상의 횡형 사각형
- 색상 및 문자 : 흑색 바탕에 황색의 반사 도료로 "위험물"이라 표기할 것

[이동탱크저장소의 표지]

② UN번호

- 그림문자의 외부에 표기하는 경우

  ✓ 부착위치 : 위험물 수송차량의 후면 및 양 측면(그림문자와 인접한 위치)

  ✓ 규격 및 형상 : 30㎝ 이상 × 12㎝ 이상의 횡형 사각형

  ✓ 색상 및 문자 : 흑색 테두리 선(굵기 1㎝)과 오렌지색으로 이루어진 바탕에 UN번호(글자의 높이 6.5㎝ 이상)를 흑색으로 표기할 것

[UN번호를 그림문자의 외부에 표기하는 경우]

- 그림문자의 내부에 표기하는 경우

  ✓ 부착위치 : 위험물 수송차량의 후면 및 양 측면

  ✓ 규격 및 형상 : 심벌 및 분류 · 구분의 번호를 가리지 않는 크기의 횡형 사각형

  ✓ 색상 및 문자 : 흰색 바탕에 흑색으로 UN번호(글자의 높이 6.5㎝ 이상)를 표기할 것

[UN번호를 그림문자의 내부에 표기하는 경우]

③ 그림문자

- 부착위치 : 위험물 수송차량의 후면 및 양 측면
- 규격 및 형상 : 25㎝ 이상 × 25㎝ 이상의 마름모 꼴
- 색상 및 문자 : 위험물의 품목별로 해당하는 심벌을 표기하고 그림문자의 하단에 분류 · 구분의 번호(글자의 높이 2.5㎝ 이상)를 표기할 것

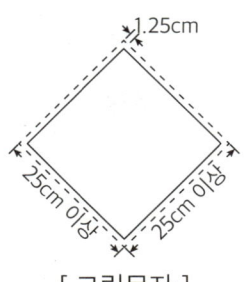

[그림문자]

• 위험물의 분류 · 구분별 그림문자의 세부기준 : 다음의 분류 · 구분에 따라 주위험성 및 부위험성에 해당되는 그림문자를 모두 표시할 것

분류	구분	심볼 색깔	분류번호 색깔	배경	그림문자
1	폭발성 물질	검정	검정	오렌지	
2	가스	(해당 없음)			
3	인화성 액체	검정 혹은 흰색	검정 혹은 흰색	빨강	
4	인화성 고체	검정	검정	흰색 바탕에 7개의 빨강 수직 막대	
	자연발화성 물질	검정	검정	상부 절반 흰색, 하부 절반 빨강	
	금수성 물질	검정 혹은 흰색	검정 혹은 흰색	파랑	
5	산화(제)성 물질	검정	검정	노랑	
	유기과산화물	검정 혹은 흰색	검정	상부 절반 빨강, 하부 절반 노랑	
6	독성 물질	검정	검정	흰색	
	전염성 물질	검정	검정	흰색	
7	방사성 물질	(해당 없음)			
8	부식성 물질	검정	흰색	상부 절반 흰색, 하부 절반 검정	
9	기타 위험물	(해당 없음)			

7 옥외저장소

옥외의 장소에서 용기나 드럼 등에 위험물을 넣어 저장하는 장소이다.

1. 안전거리

제조소의 규정에 준한다.

2. 보유공지

옥외저장소의 경계표시 주위에는 저장 또는 취급하는 위험물의 최대수량에 따라 다음 표에 의한 너비의 공지를 보유해야 한다. 다만, 제4류 위험물 중 제4석유류와 제6류 위험물을 저장 또는 취급하는 옥외저장소의 보유공지는 다음 표에 의한 공지의 너비의 3분의 1 이상의 너비로 할 수 있다.

저장 또는 취급하는 위험물의 최대수량	공지의 너비
지정수량의 10배 이하	3m 이상
지정수량의 10배 초과 20배 이하	5m 이상
지정수량의 20배 초과 50배 이하	9m 이상
지정수량의 50배 초과 200배 이하	12m 이상
지정수량의 200배 초과	15m 이상

암기팁! 옥외저장소 보유공지 : 일 이 오 이 소(초) 359 게임하면서 시비(12) 씹오(15)

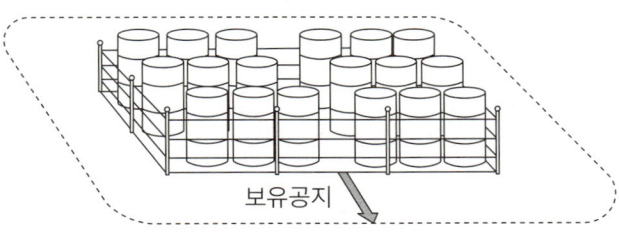

[보유공지]

3. 표지 및 게시판

제조소의 규정에 준한다.

4. 옥외저장소에 저장할 수 있는 위험물

① 제2류 위험물 중 황 또는 인화성고체(인화점이 0℃ 이상인 것)
② 제4류 위험물 중 제1석유류(인화점이 0℃ 이상인 것)·알코올류·제2석유류·제3석유류·제4석유류 및 동식물유류
③ 제6류 위험물

암기팁! 옥외저장소에 저장할 수 있는 위험물 : 2유인하고, 4특제외 1영상, 6류~~~

5. 설치장소

　① 옥외저장소는 습기가 없고 배수가 잘 되는 장소에 설치할 것

　② 위험물을 저장 또는 취급하는 장소의 주위에는 경계표시를 하여 명확하게 구분할 것

6. 선반의 설치기준

　① 선반은 불연재료로 만들고 견고한 지반면에 고정할 것

　② 선반은 당해 선반 및 그 부속설비의 자중·저장하는 위험물의 중량·풍하중·지진의 영향 등에 의하여 생기는 응력에 대하여 안전할 것

　③ 선반의 높이는 6m를 초과하지 아니할 것

　④ 선반에는 위험물을 수납한 용기가 쉽게 낙하하지 아니하는 조치를 강구할 것

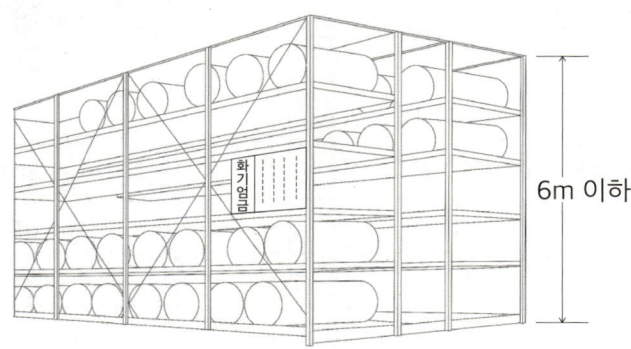

[선반의 설치기준]

7. 덩어리 상태의 황을 저장하는 기준

　① 면적

　　하나의 경계표시의 내부의 면적은 100㎡ 이하일 것

　② 경계표시

　　• 2 이상의 경계표시를 설치하는 경우

　　　✓ 각각의 경계표시 내부의 면적을 합산한 면적은 1,000㎡ 이하로 할 것

　　　✓ 인접하는 경계표시와 경계표시와의 간격은 규정에 의한 공지의 너비의 2분의 1 이상으로 할 것. 다만, 저장하는 위험물의 최대수량이 지정수량의 200배 이상인 경우 10m 이상으로 하여야 한다.

　　• 경계표시는 불연재료로 만드는 동시에 황이 새지 아니하는 구조로 할 것

　　• 경계표시의 높이는 1.5m 이하로 할 것

　　• 경계표시에는 황이 넘치거나 비산하는 것을 방지하기 위한 천막 등을 고정하는 장치를 설치하되, 천막 등을 고정하는 장치는 경계표시의 길이 2m마다 한 개 이상 설치할 것

③ 배수구 및 분리장치

황을 저장 또는 취급하는 장소의 주위에는 배수구와 분리장치를 설치할 것

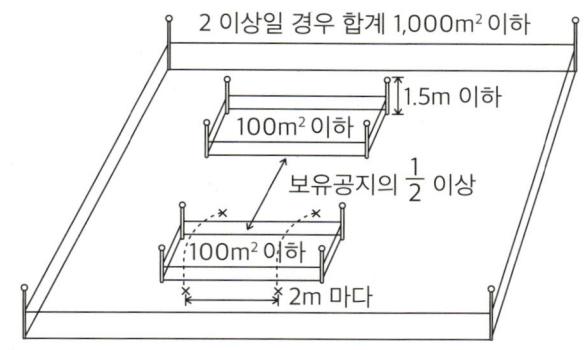

[덩어리 상태의 황을 저장하는 기준]

8. 햇빛 가림

과산화수소 또는 과염소산을 저장하는 옥외저장소에는 불연성 또는 난연성의 천막 등을 설치하여 햇빛을 가려야 한다.

9. 캐노피 또는 지붕

① 눈 · 비 등을 피하거나 차광 등을 위하여 옥외저장소에 캐노피 또는 지붕을 설치하는 경우에는 환기 및 소화활동에 지장을 주지 아니하는 구조로 해야 한다.

② 기둥은 내화구조로 하고, 캐노피 또는 지붕을 불연재료로 하며, 벽을 설치하지 아니하여야 한다.

10. 인화성고체, 제1석유류 또는 알코올류의 옥외저장소의 특례

① 살수설비

인화성고체(인화점이 21℃ 미만인 것), 제1석유류 또는 알코올류를 저장 또는 취급하는 장소에는 당해 위험물을 적당한 온도로 유지하기 위한 살수설비 등을 설치하여야 한다.

② 배수구 및 집유설비

• 제1석유류 또는 알코올류를 저장 또는 취급하는 장소의 주위에는 배수구 및 집유설비를 설치하여야 한다.

• 제1석유류(온도 20℃의 물 100g에 용해되는 양이 1g 미만인 것)를 저장 또는 취급하는 장소에 있어서는 집유설비에 유분리장치를 설치하여야 한다.

지하 암반내의 공간을 이용한 탱크에 액체의 위험물을 저장하는 장소이다.

1. 안전거리 및 보유공지

기준이 없다.

2. 표지 및 게시판

제조소의 규정에 준한다.

3. 암반탱크의 설치기준

① 암반탱크는 암반투수계수가 1초당 10만분의 1m 이하인 천연암반 내에 설치할 것

② 암반탱크는 저장할 위험물의 증기압을 억제할 수 있는 지하수면 하에 설치할 것

③ 암반탱크의 내벽은 암반균열에 의한 낙반을 방지할 수 있도록 볼트·콘크리크 등으로 보강할 것

4. 암반탱크의 수리조건

① 암반탱크 내로 유입되는 지하수의 양은 암반 내의 지하수 충전량보다 적을 것

② 암반탱크의 상부로 물을 주입하여 수압을 유지할 필요가 있는 경우에는 수벽공을 설치할 것

③ 암반탱크에 가해지는 지하수압은 저장소의 최대 운영압보다 항상 크게 유지할 것

5. 지하수위 관측공의 설치

암반탱크저장소 주위에는 지하수위 및 지하수의 흐름 등을 확인·통제할 수 있는 관측공을 설치하여야 한다.

6. 계량장치

암반탱크저장소에는 위험물의 양과 내부로 유입되는 지하수의 양을 측정할 수 있는 계량구와 자동측정이 가능한 계량장치를 설치하여야 한다.

7. 배수시설

암반탱크저장소에는 주변 암반으로부터 유입되는 침출수를 자동으로 배출할 수 있는 시설을 설치하고 침출수에 섞인 위험물이 직접 배수구로 흘러 들어가지 아니하도록 유분리장치를 설치하여야 한다.

8. 펌프설비

암반탱크저장소의 펌프설비는 점검 및 보수를 위하여 사람의 출입이 용이한 구조의 전용공동에 설치하여야 한다.

제3절 | 취급소의 위치 · 구조 및 설비의 기준

1 주유취급소

고정된 주유설비에 의하여 자동차 · 항공기 또는 선박 등의 연료탱크에 직접 주유하거나, 실소비자에게 판매하는 위험물취급소이다.

1. 주유공지

① 크기

주유취급소의 고정주유설비의 주위에는 주유를 받으려는 자동차 등이 출입할 수 있도록 너비 15m 이상, 길이 6m 이상의 콘크리트 등으로 포장한 공지를 보유하여야 한다.

② 바닥

공지의 바닥은 주위 지면보다 높게 하고, 그 표면을 적당하게 경사지게 하여 새어나온 기름 그 밖의 액체가 공지의 외부로 유출되지 아니하도록 배수구 · 집유설비 및 유분리장치를 하여야 한다.

2. 표지 및 게시판

① 표지

제조소의 규정에 준하여 보기 쉬운 곳에 "위험물주유취급소"라는 표시를 한 표지를 설치해야 한다.

[위험물주유취급소 표지]

② 게시판

제조소의 규정에 준하여 방화에 관하여 필요한 사항을 게시한 게시판 및 황색바탕에 흑색문자로 "주유중엔진정지"라는 표시를 한 게시판을 설치하여야 한다.

[주유중엔진정지 게시판]

3. 탱크

① 설치 가능한 탱크

주유취급소에는 다음의 탱크 외에 위험물을 저장 또는 취급하는 탱크를 설치할 수 없다.

종류	용량
자동차 등에 주유하기 위한 고정주유설비에 직접 접속하는 전용탱크	50,000L 이하
고정급유설비에 직접 접속하는 전용탱크	50,000L 이하
보일러 등에 직접 접속하는 전용탱크	10,000L 이하
자동차 등을 점검 · 정비하는 작업장 등에 사용하는 폐유탱크 등	2,000L 이하
고정주유설비 또는 고정급유설비에 직접 접속하는 3기 이하의 간이탱크	600L 이하

② 설치위치

탱크는 옥외의 지하 또는 캐노피 아래의 지하에 매설하여야 한다.

③ 고속국도주유취급소의 특례

고속국도의 도로변에 설치된 주유취급소에 있어서는 아래의 탱크 용량을 60,000L 까지 할 수 있다.

- 자동차 등에 주유하기 위한 고정주유설비에 직접 접속하는 전용탱크로서 50,000L 이하의 것
- 고정급유설비에 직접 접속하는 전용탱크로서 50,000L 이하의 것

4. 고정주유설비 및 고정급유설비

① 정의

고정주유설비	펌프기기 및 호스기기로 되어 위험물을 자동차 등에 직접 주유하기 위한 설비로서, 현수식의 것을 포함
고정급유설비	펌프기기 및 호스기기로 되어 위험물을 용기에 옮겨 담거나 이동저장탱크에 주입하기 위한 설비로서, 현수식의 것을 포함

② 구조기준

- 펌프기기의 주유관 끝부분에서의 최대배출량
    - ✓ 제1석유류 : 분당 50L 이하
    - ✓ 경유 : 분당 180L 이하
    - ✓ 등유 : 분당 80L 이하
    - ✓ 이동저장탱크에 주입하기 위한 고정급유설비 : 분당 300L 이하
- 주유관의 길이
    - ✓ 고정주유설비 또는 고정급유설비(끝부분의 개폐밸브를 포함) : 5m 이내
    - ✓ 현수식 : 지면 위 0.5m의 수평면에 수직으로 내려 만나는 점을 중심으로 반경 3m 이내

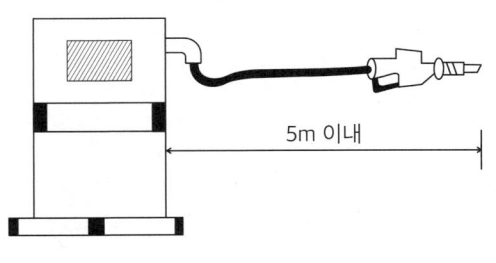

[고정식 주유관의 길이]

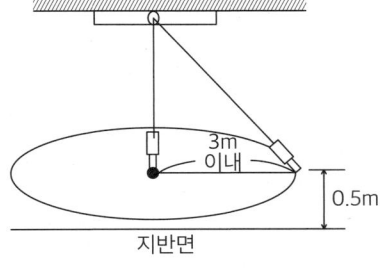

[현수식 주유관의 길이]

③ 설치기준
- 고정주유설비
  - ✓ 중심선을 기점으로 하여 도로경계선까지의 거리 : 4m 이상
  - ✓ 중심선을 기점으로 하여 부지경계선 · 담 및 건축물의 벽까지의 거리 : 2m 이상
  - ✓ 중심선을 기점으로 하여 개구부가 없는 벽까지의 거리 : 1m 이상
- 고정급유설비
  - ✓ 중심선을 기점으로 하여 도로경계선까지의 거리 : 4m 이상
  - ✓ 중심선을 기점으로 하여 부지경계선 및 담까지의 거리 : 1m 이상
  - ✓ 중심선을 기점으로 하여 건축물의 벽까지의 거리 : 2m 이상
  - ✓ 중심선을 기점으로 하여 개구부가 없는 벽까지의 거리 : 1m 이상
- 고정주유설비와 고정급유설비 사이의 거리 : 4m 이상

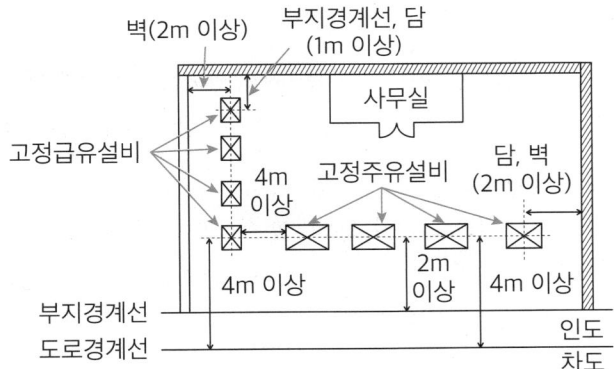

[고정주유설비 및 고정급유설비의 설치기준]

5. 건축물 등의 제한 등

① 주유취급소에 설치할 수 있는 건축물
- 주유 또는 등유 · 경유를 옮겨 담기 위한 작업장
- 주유취급소의 업무를 행하기 위한 사무소
- 자동차 등의 점검 및 간이정비를 위한 작업장
- 자동차 등의 세정을 위한 작업장
- 주유취급소에 출입하는 사람을 대상으로 한 점포 · 휴게음식점 또는 전시장
- 주유취급소의 관계자가 거주하는 주거시설
- 전기자동차용 충전설비

② 건축물의 면적제한

주유취급소의 직원 외의 자가 출입하는 다음의 용도에 제공하는 부분의 면적의 합은 1,000㎡를 초과할 수 없다.
- 주유취급소의 업무를 행하기 위한 사무소
- 자동차 등의 점검 및 간이정비를 위한 작업장
- 주유취급소에 출입하는 사람을 대상으로 한 점포 · 휴게음식점 또는 전시장

6. 건축물 등의 구조

① 벽 · 기둥 · 바닥 · 보 및 지붕

건축물의 벽 · 기둥 · 바닥 · 보 및 지붕을 내화구조 또는 불연재료로 할 것

② 창 및 출입구
- 창 및 출입구에는 60분+방화문 · 60분방화문 · 30분방화문 또는 불연재료로 된 문을 설치할 것
- 사무실 등의 창 및 출입구에 유리를 사용하는 경우에는 망입유리 또는 강화유리로 할 것

③ 사무실 그 밖의 화기를 사용하는 곳
- 출입구는 건축물의 안에서 밖으로 수시로 개방할 수 있는 자동폐쇄식의 것으로 할 것
- 출입구 또는 사이통로의 문턱의 높이를 15㎝ 이상으로 할 것
- 높이 1m 이하의 부분에 있는 창 등은 밀폐시킬 것

④ 주유원 간이대기실
- 불연재료로 할 것
- 바퀴가 부착되지 아니한 고정식일 것
- 차량의 출입 및 주유작업에 장애를 주지 아니하는 위치에 설치할 것
- 바닥면적이 2.5㎡ 이하일 것. 다만, 주유공지 및 급유공지 외의 장소에 설치하는 것은 그러하지 아니하다.

7. 담 또는 벽

① 담 또는 벽의 설치기준

주유취급소의 주위에는 자동차 등이 출입하는 쪽 외의 부분에 높이 2m 이상의 내화구조 또는 불연재료의 담 또는 벽을 설치하여야 한다.

② 담 또는 벽의 일부분에 방화상 유효한 구조의 유리를 부착하는 기준
- 유리를 부착하는 위치는 주입구, 고정주유설비 및 고정급유설비로부터 4m 이상 거리를 둘 것
- 유리를 부착하는 방법
  ✓ 주유취급소 내의 지반면으로부터 70㎝를 초과하는 부분에 한하여 유리를 부착할 것
  ✓ 하나의 유리판의 가로의 길이는 2m 이내일 것
  ✓ 유리판의 테두리를 금속제의 구조물에 견고하게 고정하고 구조물을 담 또는 벽에 견고하게 부착할 것
  ✓ 유리의 구조는 접합유리로 하되, 비차열 30분 이상의 방화성능이 인정될 것
- 유리를 부착하는 범위는 전체의 담 또는 벽의 길이의 10분의 2를 초과하지 아니할 것

8. 캐노피의 기준

① 배관이 캐노피 내부를 통과할 경우에는 1개 이상의 점검구를 설치할 것
② 캐노피 외부의 점검이 곤란한 장소에 배관을 설치하는 경우에는 용접이음으로 할 것
③ 캐노피 외부의 배관이 일광열의 영향을 받을 우려가 있는 경우에는 단열재로 피복할 것

9. 고객이 직접 주유하는 주유취급소의 특례

① 셀프용고정주유설비의 기준
- 주유호스의 끝부분에 수동개폐장치를 부착한 주유노즐을 설치할 것
- 주유노즐은 자동차 등의 연료탱크가 가득 찬 경우 자동적으로 정지시키는 구조일 것
- 주유호스는 200㎏중 이하의 하중에 의하여 깨져 분리되거나 이탈되어야 하고, 깨져 분리되거나 이탈된 부분으로부터의 위험물 누출을 방지할 수 있는 구조일 것
- 휘발유와 경유 상호간의 오인에 의한 주유를 방지할 수 있는 구조일 것
- 1회의 연속주유량 및 주유시간의 상한을 미리 설정할 수 있는 구조일 것
  ✓ 연속주유량의 상한 : 휘발유 – 100L 이하, 경유 – 600L 이하
  ✓ 주유시간의 상한 : 휘발유 – 4분 이하, 경유 – 12분 이하

② 셀프용고정급유설비의 기준
- 급유호스의 끝부분에 수동개폐장치를 부착한 급유노즐을 설치할 것
- 급유노즐은 용기가 가득찬 경우에 자동적으로 정지시키는 구조일 것
- 1회의 연속급유량 및 급유시간의 상한을 미리 설정할 수 있는 구조일 것
  ✓ 급유량의 상한 : 100L 이하
  ✓ 급유시간의 상한 : 6분 이하

2 > 판매취급소

점포에서 위험물을 용기에 담아 판매하기 위하여 지정수량의 40배 이하의 위험물을 취급하는 장소를 말한다.

1. 제1종 판매취급소

저장 또는 취급하는 위험물의 수량이 지정수량의 20배 이하인 판매취급소

① 건축물의 1층에 설치할 것

② 건축물의 부분은 내화구조 또는 불연재료로 하고, 판매취급소로 사용되는 부분과 다른 부분과의 격벽은 내화구조로 할 것

③ 보는 불연재료로 하고, 천장을 설치하는 경우에는 천장을 불연재료로 할 것

④ 상층이 있는 경우 상층의 바닥을 내화구조로 하고, 상층이 없는 경우 지붕을 내화구조 또는 불연재료로 할 것

⑤ 창 및 출입구에는 60분+방화문·60분방화문 또는 30분방화문을 설치할 것

⑥ 창 또는 출입구에 유리를 이용하는 경우에는 망입유리로 할 것

⑦ 위험물을 배합하는 실은 다음에 의할 것

- 바닥면적은 6㎡ 이상 15㎡ 이하로 할 것
- 내화구조 또는 불연재료로 된 벽으로 구획할 것
- 바닥은 위험물이 침투하지 아니하는 구조로 하여 적당한 경사를 두고 집유설비를 할 것
- 출입구에는 수시로 열 수 있는 자동폐쇄식의 60분+방화문 또는 60분방화문을 설치할 것
- 출입구 문턱의 높이는 바닥면으로부터 0.1m 이상으로 할 것
- 내부에 체류한 가연성의 증기 또는 가연성의 미분을 지붕 위로 방출하는 설비를 할 것

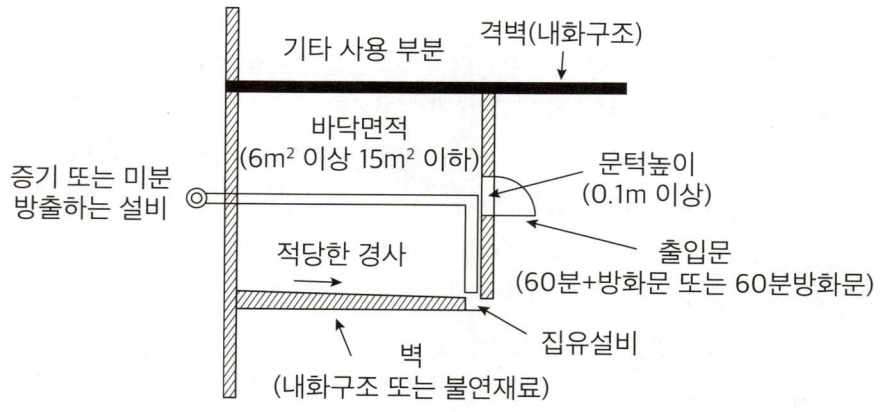

[배합실의 설치기준]

2. 제2종 판매취급소

저장 또는 취급하는 위험물의 수량이 지정수량의 40배 이하인 판매취급소

① 벽·기둥·바닥 및 보를 내화구조로 하고, 천장이 있는 경우에는 이를 불연재료로 하며, 판매취급소로 사용되는 부분과 다른 부분과의 격벽은 내화구조로 할 것

② 상층이 있는 경우 상층의 바닥을 내화구조로 하는 동시에 상층으로의 연소를 방지하기 위한 조치를 강구하고, 상층이 없는 경우 지붕을 내화구조로 할 것

③ 연소의 우려가 없는 부분에 한하여 창을 두되, 해당 창에는 60분+방화문·60분방화문 또는 30분방화문을 설치할 것

④ 출입구에는 60분+방화문·60분방화문 또는 30분방화문을 설치할 것. 다만, 해당 부분 중 연소의 우려가 있는 벽에 설치하는 출입구에는 수시로 열 수 있는 자동폐쇄식의 60분+방화문 또는 60분방화문을 설치해야 한다.

⑤ 위의 제1종 판매취급소의 ①, ⑦, ⑧ 및 ⑨의 규정을 준용한다.

3 이송취급소

배관 및 이에 부속하는 설비에 의하여 위험물을 이송하는 취급소를 의미한다.

1. 설치장소

이송취급소는 다음의 장소 외의 장소에 설치하여야 한다.

① 철도 및 도로의 터널 안

② 고속국도 및 자동차전용도로의 차도·갓길 및 중앙분리대

③ 호수·저수지 등으로서 수리의 수원이 되는 곳

④ 급경사지역으로서 붕괴의 위험이 있는 지역

2. 배관 설치기준

① 지하매설

② 도로 밑 매설

③ 철도부지 및 매설

④ 하천 홍수관리구역 내 매설

⑤ 지상설치

⑥ 해저설치

⑦ 해상설치

⑧ 도로횡단설치

⑨ 철도 밑 횡단매설

⑩ 하천 등 횡단설치

3. 기타 설비 등

① 비파괴시험

배관 등의 용접부는 비파괴시험을 실시하여 합격할 것. 이 경우 이송기지내의 지상에 설치된 배관등은 전체 용접부의 20% 이상을 발췌하여 시험할 수 있다.

② 내압시험

배관 등은 최대상용압력의 1.25배 이상의 압력으로 4시간 이상 수압을 가하여 누설 그 밖의 이상이 없을 것

③ 지진감지장치 등

배관의 경로에는 안전상 필요한 장소와 25km의 거리마다 지진감지장치 및 강진계를 설치하여야 한다.

④ 경보설비

이송취급소에는 다음의 기준에 의하여 경보설비를 설치하여야 한다.
- 이송기지에는 비상벨장치 및 확성장치를 설치할 것
- 가연성증기를 발생하는 위험물을 취급하는 펌프실 등에는 가연성증기 경보설비를 설치할 것

⑤ 피그장치

- 배관의 강도와 동등 이상의 강도를 가질 것
- 당해 장치의 내부압력을 안전하게 방출할 수 있고 내부압력을 방출한 후가 아니면 피그를 삽입하거나 배출할 수 없는 구조로 할 것
- 배관 내에 이상응력이 발생하지 아니하도록 설치할 것
- 피그장치를 설치한 장소의 바닥은 위험물이 침투하지 아니하는 구조로 하고 누설한 위험물이 외부로 유출되지 아니하도록 배수구 및 집유설비를 설치할 것
- 피그장치의 주변에는 너비 3m 이상의 공지를 보유할 것

4 일반취급소

위에서 열거한 취급소에 해당하지 아니하는 취급소를 의미한다.

1. 분무도장작업 등의 일반취급소

도장, 인쇄 또는 도포를 위하여 제2류 위험물 또는 제4류 위험물(특수인화물을 제외)을 취급하는 일반취급소로서 지정수량의 30배 미만의 것

2. 세정작업의 일반취급소

세정을 위하여 위험물(인화점이 40℃ 이상인 제4류 위험물)을 취급하는 일반취급소로서 지정수량의 30배 미만의 것

3. 열처리작업 등의 일반취급소

열처리작업 또는 방전가공을 위하여 위험물(인화점이 70℃ 이상인 제4류 위험물)을 취급하는 일반취급소로서 지정수량의 30배 미만의 것

4. 보일러 등으로 위험물을 소비하는 일반취급소

보일러, 버너 그 밖의 이와 유사한 장치로 위험물(인화점이 38℃ 이상인 제4류 위험물)을 소비하는 일반취급소로서 지정수량의 30배 미만의 것

5. 충전하는 일반취급소

이동저장탱크에 액체위험물(알킬알루미늄등, 아세트알데하이드등 및 하이드록실아민등을 제외)을 주입하는 일반취급소

6. 옮겨 담는 일반취급소

고정급유설비에 의하여 위험물(인화점이 38℃ 이상인 제4류 위험물)을 용기에 옮겨 담거나 4,000ℓ 이하의 이동저장탱크(용량이 2,000ℓ를 넘는 탱크에 있어서는 그 내부를 2,000ℓ 이하마다 구획한 것)에 주입하는 일반취급소로서 지정수량의 40배 미만인 것

7. 유압장치 등을 설치하는 일반취급소

위험물을 이용한 유압장치 또는 윤활유 순환장치를 설치하는 일반취급소(고인화점 위험물만을 100℃ 미만의 온도로 취급하는 것)로서 지정수량의 50배 미만의 것

8. 절삭장치 등을 설치하는 일반취급소

절삭유의 위험물을 이용한 절삭장치, 연삭장치 그 밖의 이와 유사한 장치를 설치하는 일반취급소(고인화점 위험물만을 100℃ 미만의 온도로 취급하는 것)로서 지정수량의 30배 미만의 것

9. 열매체유 순환장치를 설치하는 일반취급소

위험물 외의 물건을 가열하기 위하여 위험물(고인화점 위험물)을 이용한 열매체유 순환장치를 설치하는 일반취급소로서 지정수량의 30배 미만의 것

10. 화학실험의 일반취급소

화학실험을 위하여 위험물을 취급하는 일반취급소로서 지정수량의 30배 미만의 것

11. 반도체 제조공정의 일반취급소

국가첨단전략기술 중 반도체 관련 제품의 제조를 위하여 위험물을 취급하는 일반취급소

12. 이차전지 제조공정의 일반취급소

국가첨단전략기술 중 이차전지 관련 제품의 제조를 위하여 위험물을 취급하는 일반취급소

MEMO

PART 04
기출문제

2021년 제1회 CBT 복원문제

1과목 | 물질의 물리 · 화학적 성질

01. 3가지 기체 물질 A, B, C가 일정한 온도에서 다음과 같은 반응을 하고 있다. 평형에서 A, B, C가 각각 1몰, 2몰, 4몰이라면 평형상수 K의 값은?

A + 3B → 2C + 열

① 0.5 　　　② 2 　　　③ 3 　　　④ 4

해 평형상수(K)는 특정 온도에서 화학반응이 평형에 도달할 때, 반응물과 생성물의 농도 비율로... 문제의 "A + 3B → 2C + 열"을 평형상수 K로 나타내면 다음과 같다.(여기서, [A]=1몰, [B]=2몰, [C]=4몰)

$$K = \frac{[C]^2}{[A]^1[B]^3} = \frac{4^2}{1^1 \times 2^3} = \frac{16}{8} = 2$$

02. 반감기가 5일인 미지 시료가 2g 있을 때 10일이 경과하면 남은 양은 몇 g인가?

① 2 　　　② 1 　　　③ 0.5 　　　④ 0.25

해 반감기가 5일인 미지 시료는 5일이 지나면 최초 양의 절반(1/2)으로 질량이 감소한다는 의미이므로, 10일이 경과하면 반감기가 2번 진행되어 최초 양의 1/4로 질량이 감소한다. → ∴ 2g × 1/4 = 0.5g

✏ **함께 공부**

반감기 : 방사성 동위원소가 붕괴되어 안정한 다른 원소로 전환할 때, 최초의 방사성 원소가 가지고 있는 양이 절반(1/2)으로 줄어드는 데에 걸리는 시간으로, "$t_{1/2}$"로 나타낸다.

03. 17g의 NH_3와 충분한 양의 황산이 반응하여 만들어지는 황산암모늄은 몇 g인가?

　　(단, 원소의 원자량은 H : 1, N : 14, O : 16, S : 32이다.)

① 66g　　　　　　　　② 106g　　　　　　　　③ 115g　　　　　　　　④ 132g

해 **1. 문제의 이해**
　　암모니아가 황산과 반응하면 황산암모늄이 생성되는데, 그 황산암모늄이 얼마의 질량으로 생성되는지 구하는 문제로... 이는 화학반응식에서 질량 보존의 법칙을 적용한 후 비례식을 통해 구할 수 있다.
　2. 화학반응식

$$2NH_3(암모니아)　+　H_2SO_4(황산)　\rightarrow　(NH_4)_2SO_4(황산암모늄)$$
$$2 \times 17g　:　132g$$
$$17g　:　\chi g$$

$$\chi g = \frac{132g}{2 \times 17g} \times 17g = 66\,[g]$$

04. 염소는 2가지 동위원소로 구성되어 있는데 원자량이 35인 염소는 75% 존재하고, 37인 염소는 25% 존재한다고 가정할 때, 이 염소의 평균원자량은 얼마인가?

① 34.5　　　　　　　　② 35.5　　　　　　　　③ 36.5　　　　　　　　④ 37.5

해 염소(Cl)의 평균원자량은 염소 동위원소의 상대적 존재비율에 의해 아래와 같이 구할 수 있다.

$$염소(Cl)의\ 평균원자량 = 35 \times \frac{75}{100} + 37 \times \frac{25}{100} = 35.5$$

05. 원자에서 복사되는 빛은 선 스펙트럼을 만드는데 이것으로부터 알 수 있는 사실은?

① 빛에 의한 광전자의 방출　　　　　　② 빛이 파동의 성질을 가지고 있다는 사실
③ 전자껍질의 에너지의 불연속성　　　④ 원자핵 내부의 구조

해 전자가 전자껍질의 에너지 준위가 높은 상태에서 낮은 상태로 이동할 때는 에너지를 방출하며, 이 때 방출하는 에너지(빛)는 특정한 파장의 선 스펙트럼(빛이 분광기를 통과할 때 나타나는 불연속적인 선들)을 만드는데(실험을 통해서 확인됨)... 이는 전자껍질마다 가지고 있는 에너지 값이 연속적이지 않고 불연속적이라는 것을 알려 준다.

06. 단백질에 관한 설명으로 틀린 것은?

① 펩티드 결합을 하고 있다.　　　　② 뷰렛반응에 의해 노란색으로 변한다.

③ 아미노산의 연결체이다.　　　　　④ 체내 에너지 대사에 관여한다.

> 해 단백질은 탄소(C), 수소(H), 산소(O), 질소(N), 황(S), 인(P) 등으로 구성된 고분자 유기화합물로... 뷰렛반응[뷰렛(둘 이상의 펩티드 결합이 연결된 것)에 황산구리($CuSO_4$) 수용액을 반응시킨 것]에 의해 보라색으로 변한다.
>
> **암기팁!** 저기 멋있는 뷰(렛)를 한 번 보라(색)~~~~

07. 다음 물질 중 C_2H_2와 첨가반응이 일어나지 않는 것은?

① 염소　　　　　　② 수은　　　　　　③ 브로민　　　　　　④ 아이오딘

> 해 첨가반응의 대표적인 예로는 할로젠원소[F_2(플루오린), Cl_2(염소), Br_2(브로민), I_2(아이오딘)]와의 반응, 물(H_2O)과의 반응 등이 있다.

✎ **함께 공부**

첨가(부가)반응 : 탄소 원자 간의 결합이 이중결합(C=C) 또는 삼중결합(C≡C)인 불포화 화합물에 다른 원자 또는 분자가 첨가되어 단일결합(C-C)인 포화 화합물로 변하는 반응

08. 질산칼륨을 물에 용해시키면 용액의 온도가 떨어진다. 다음 사항 중 옳지 않은 것은?

① 용해시간과 용해도는 무관하다.　　② 질산칼륨의 용해 시 열을 흡수한다.

③ 온도가 상승할수록 용해도는 증가한다.　④ 질산칼륨 포화용액을 냉각시키면 불포화용액이 된다.

> 해 질산칼륨 포화용액을 냉각시키면 질산칼륨이 물에 덜 녹게 되므로(차가우면 안 녹는다), 용해도(녹는 정도)가 감소하여 용질이 용매의 양보다 많아지는 과포화용액이 된다.

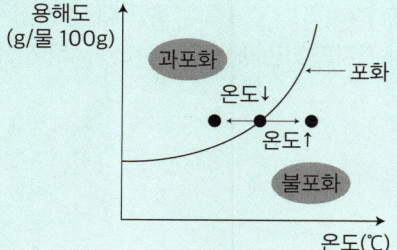

09. 다음 중 암모니아성 질산은 용액과 반응하여 은거울을 만드는 것은?

① CH_3CH_2OH ② CH_3OCH_3 ③ CH_3COCH_3 ④ CH_3CHO

해 일반적으로 -CHO(알데하이드기)를 가지고 있는 HCHO(포름알데하이드), CH_3CHO(아세트알데하이드) 등이 은거울 반응을 한다.

✏ **함께 공부**

은거울반응 : 화합물이 암모니아성 질산은 용액 또는 암모니아성 은이온 용액과 반응하여 은이 석출(=은거울)되는 것으로, 알데하이드(RCHO)의 환원성을 알아보기 위한 반응이다.

10. 염(salt)을 만드는 화학반응식이 아닌 것은?

① $\underline{HCl}$ + $\underline{NaOH}$ → $\underline{NaCl}$ + H_2O
  산(H^+) 염기(OH^-) 염(염화나트륨) 물

② $2\underline{NH_4OH}$ + $\underline{H_2SO_4}$ → $\underline{(NH_4)_2SO_4}$ + $\underline{2H_2O}$
  염기(OH^-)   산(H^+)   염(황산암모늄)   물

③ CuO + H_2 → Cu + H_2O

④ $\underline{H_2SO_4}$ + $\underline{Ca(OH)_2}$ → $\underline{CaSO_4}$ + $\underline{2H_2O}$
  산(H^+)   염기(OH^-) 염(황산칼슘)   물

해 CuO + H_2 → Cu + H_2O 의 화학반응식은... 산화구리(CuO) 및 수소(H_2)가 산소를 얻거나(산화) 또는 산소를 잃어서(환원) 구리(Cu)와 물(H_2O)로 만들어지는 산화 · 환원반응이므로, 이는 염(산과 염기가 반응할 때 생성되는 물질 중에서 물을 제외한 나머지 화합물)을 만들지 못한다.

11. 탄산음료의 마개를 따면 기포가 발생한다. 이는 어떤 법칙으로 설명이 가능한가?

① 보일의 법칙   ② 샤를의 법칙
③ 헨리의 법칙   ④ 르샤틀리에의 법칙

해 탄산음료의 병마개가 닫혀 있으면 병 내부 탄산가스의 압력이 증가하여 병 내부의 탄산가스가 탄산음료 속으로 녹아들어가고(기체의 용해도 증가), 탄산음료의 병마개를 열면 병 내부 탄산가스의 압력이 감소하여 병 내부의 탄산가스가 대기 중으로 빠져 나오게 되는데(기체의 용해도 감소)... 이는 기체의 용해도가 압력이 높으면 증가하고, 압력이 낮으면 감소한다는 헨리의 법칙으로 설명할 수 있다.

12. 0.001N - HCl의 pH는?

① 2 　　　　　　　② 3 　　　　　　　③ 4 　　　　　　　④ 5

해 "0.001N - HCl"는 $[H^+] = 0.001 mol/L$ 이므로, pH를 구해보면...

$$pH = -\log[H^+] = -\log(0.001) = -\log 10^{-3} = 3$$

✎ **함께 공부**

pH(수소이온농도지수) : 어떤 용액의 산성도나 염기성도를 말하며, 수소이온 몰농도의 역수에 상용로그를 붙인 값이다.

$$pH = \log\frac{1}{[H^+](수소이온 몰농도)} = -\log[H^+] \leftrightarrow [H^+] = 10^{-pH}$$

13. 다음 중 수용액에서 산성의 세기가 가장 큰 것은?

① HF 　　　　　　　② HCl 　　　　　　　③ HBr 　　　　　　　④ HI

해 할로젠화수소(HF, HCl, HBr, HI)의 결합에너지의 크기 = 전기음성도의 크기(F > Cl > Br > I)인데... HI(아이오딘화수소)는 결합력이 가장 작아 수용액상에서 해리되어 H^+를 잘 내어 놓으므로, 산성의 세기는 오히려 가장 크다.

✎ **함께 공부**

산성의 세기 : 강산 또는 약산의 판단은... 산이 수용액상에서 해리될 때, H^+를 잘 내어 놓는가(강산) 또는 H^+를 잘 내어 놓지 못하는가(약산)로 판단한다.

14. 산소 5g을 27℃에서 1.0L의 용기 속에 넣었을 때 기체의 압력은 몇 기압인가?

① 0.52기압 　　　　　② 3.84기압 　　　　　③ 4.50기압 　　　　　④ 5.43기압

해 기체의 압력은 이상기체 상태방정식 공식을 이용하여 구할 수 있으며, 아래의 이상기체 상태방정식 공식에서 압력(P)을 기준으로 식을 정리하고 조건을 대입하면...

$$PV = nRT = \frac{W}{M}RT \rightarrow P = \frac{WRT}{VM} = \frac{5 \times 0.082 \times 300}{1 \times 32} = 3.84 \,[atm, 기압]$$

- 질량(W) = 5g
- 산소(O_2) 분자량(M) = 32g/mol
- 부피(V) = 1.0L
- R(기체정수) = 0.082atm · L/mol · K
- 절대온도(T) 중 켈빈온도(K) = 27℃ + 273 = 300K

15. 밑줄 친 원소 중 산화수가 가장 큰 것은?

① $\underline{N}H_4^+$ ② $\underline{N}O_3^-$ ③ $\underline{Mn}O_4^-$ ④ $\underline{Cr}_2O_7^{2-}$

해 산화수는 분자 또는 이온 내에 있는 원자가 얻거나 잃는 전자의 수를 의미하며, MnO_4^-(과망가니즈산 이온)에서 Mn의 산화수는 +7로 가장 크다. : Mn + (−2)×4 = −1 → Mn = +7

✎ **함께 공부**

① NH_4^+(암모늄이온) : N + 1×4 = +1 → N = −3
② NO_3^-(질산이온) : N + (−2)×3 = −1 → N = +5
④ $Cr_2O_7^{2-}$(다이크로뮴산이온) : Cr×2 + (−2)×7 = −2 → Cr = +6

16. $FeCl_3$의 존재 하에서 톨루엔과 염소를 반응시키면 어떤 물질이 생기는가?

① O-클로로톨루엔   ② p-살리실산메틸
③ 아세트아닐리드   ④ 염화벤젠다이아조늄

해 O-클로로톨루엔(C_7H_7Cl)은 톨루엔($C_6H_5CH_3$)을 $FeCl_3$(염화제이철)의 존재 하에서 염소(Cl_2)와 반응시켜 얻는다.

$C_6H_5CH_3$(톨루엔) + Cl_2(염소) → C_7H_7Cl(O-클로로톨루엔) + HCl(염화수소)

17. 다음 중 $FeCl_3$과 반응하면 색깔이 보라색으로 되는 현상을 이용해서 검출하는 것은?

① CH_3OH ② C_6H_5OH ③ $C_6H_5NH_2$ ④ $C_6H_5CH_3$

해 페놀(C_6H_5OH)의 수용액(무색)에 $FeCl_3$(염화제이철)용액(황색)을 가하게 되면, $Fe(OC_6H_5)_3$(철페놀레이트)(보라색)을 생성하는 정색 반응을 한다.

암기팁! 페놀의 정색반응 : 철(철,Fe)수가 보라(보라색)돌이를 페(페놀)고 있다...

18. 다음 중 원자가 전자의 배열이 ns^2np^3인 것으로만 나열된 것은? (단, n은 2, 3, 4... 이다.)

① N, P, As   ② C, Si, Ge   ③ Li, Na, K   ④ Be, Mg, Ca

> 해 ns^2np^3는 n번째 껍질에 최외각 전자수가 5개인 15족(질소족) 원소를 의미하는데... 15족(질소족) 원자에는 N(질소), P(인), As(비소), Sb(안티모니), Bi(비스무트), Mc(모스코븀) 등이 있다.

✏️ **함께 공부**

원자가 전자의 배열이 ns^2np^3에 대하여 살펴보면 다음과 같다.
- n은 주양자수(=전자껍질)이다.
- s와 p는 오비탈이다.
- 지수(2 또는 3)는 들어간 전자수를 나타내며... n=1, 2, 3··일 때 들어간 전자의 합을 최외각 전자(=원자가 전자)라고 한다.

---

19. 11g의 프로판이 연소하면 몇 g의 물이 생기는가?

① 4   ② 4.5   ③ 9   ④ 18

> 해 1. 문제의 이해
> 프로판이 연소하면 이산화탄소와 물이 생성되는데, 그 물이 얼마의 질량으로 생성되는지 구하는 문제로... 이는 화학반응식에서 질량 보존의 법칙을 적용한 후 비례식을 통해 구할 수 있다.
>
> 2. 화학반응식
>
> $$C_3H_8(프로판) + 5O_2(산소) \rightarrow 3CO_2(이산화탄소) + 4H_2O(물)$$
>
> 44g   : 4×18g
>
> 11g   : χg
>
> $$\chi g = \frac{4 \times 18g}{44g} \times 11g = 18\,[g]$$

20. 농도를 모르는 황산 용액 20mL가 있다. 이것을 중화 시키려면 0.2N의 NaOH 용액이 10mL가 필요하다. 황산의 몰농도는 몇 M인가?

① 0.01　　　　　　② 0.02　　　　　　③ 0.05　　　　　　④ 0.10

해 1. 황산(H_2SO_4)용액 20mL의 노르말농도(N) 계산
중화적정 공식을 이용하여 구할 수 있으며, 아래의 중화적정 공식에서 노르말농도(N_1)를 기준으로 식을 정리하고 값을 대입하면...

$$N_1 \times V_1 = N_2 \times V_2 \rightarrow N_1 [황산(H_2SO_4) 용액의 농도] = N_2 \times \frac{V_2}{V_1} = 0.2 \times \frac{0.01}{0.02} = 0.1 [N]$$

- N_2(노르말농도, g당량) = 수산화나트륨(NaOH) 용액의 농도 = 0.2N
- V_2(부피, L) = 수산화나트륨(NaOH) 용액의 부피 = 10mL/1,000 = 0.01L
- V_1(부피, L) = 황산(H_2SO_4) 용액의 부피 = 20mL/1,000 = 0.02L

2. 황산(H_2SO_4)용액의 몰농도(M) 계산

$$N(노르말농도, N) = eq(당량) \times M(몰농도, mol/L) \rightarrow M = \frac{N}{eq} = \frac{0.1}{2} = 0.05[mol/L]$$

- 황산(H_2SO_4)의 노르말농도 = 0.1N
- 황산(H_2SO_4)의 당량(= 전체 전하량, 산화수) : $H_2SO_4 \rightarrow 2H^+ + SO_4^{2-}$ 로 이온화되므로 2당량이다.

2과목 | 화재예방과 소화방법

21. 공기포 발포배율을 측정하기 위해 340g, 용량 1,800mL의 포 수집 용기에 가득히 포를 채취하여 측정한 용기의 무게가 540g이었다면 발포배율은? (단, 포 수용액의 비중은 1로 가정한다.)

① 3배　　　　　　② 5배　　　　　　③ 7배　　　　　　④ 9배

해 발포배율(팽창비)(전체 포수용액 중에서 얼마나 포가 팽창되는가의 비율)은 아래의 공식에 의해 구할 수 있으며, 값을 대입하면...

$$발포배율(팽창비) = \frac{발포 후 포의 부피(mL)}{발포 전 포수용액의 부피(mL)} = \frac{1,800}{200} = 9$$

- 발포 전 포수용약의 부피(mL) = $\frac{질량(g)}{비중(g/mL)} = \frac{(540 - 340)g}{1g/mL} = 200mL$　　[비중(g/mL) = $\frac{질량(g)}{부피(mL)}$]
- 발포 후 포의 부피(mL) = 1,800mL

22. 화재 예방을 위하여 이황화탄소는 액면 자체 위에 물을 채워주는데 그 이유로 가장 타당한 것은?

① 공기와 접촉하면 발생하는 불쾌한 냄새를 방지하기 위하여
② 발화점을 낮추기 위하여
③ 불순물을 물에 용해시키기 위하여
④ 가연성 증기의 발생을 방지하기 위하여

해 이황화탄소는 물보다 무겁고 물에 녹지 않아 물속에 저장하는데, 이는 이황화탄소가 공기 중의 산소와 반응하여 생성되는 가연성 증기인 아황산가스(이산화황)의 발생을 방지하기 위해서이다.

23. 제1종 분말소화약제의 소화효과에 대한 설명으로 가장 거리가 먼 것은?

① 열분해 시 발생하는 이산화탄소와 수증기에 의한 질식효과
② 열분해 시 흡열반응에 의한 냉각효과
③ H^+이온에 의한 부촉매 효과
④ 분말 운무에 의한 열방사의 차단효과

해 제3종 분말소화약제는 A · B · C급의 모든 화재에 적응성이 있으며, 열분해 시 발생된 H^+(수소이온) 또는 NH_4^+(암모늄이온)이 연쇄반응을 차단하여 부촉매효과(=억제효과)를 발휘한다.

✎ **함께 공부**

① 질식효과, ② 냉각효과 및 ④ 복사열차단효과는 제1종 · 제2종 · 제3종 · 제4종 분말소화약제의 공통적인 소화효과이다.

24. 제1종 분말소화약제가 1차 열분해 되어 표준상태를 기준으로 2㎥의 탄산가스가 생성되었다. 몇 kg 의 탄산수소나트륨이 사용되었는가? (단, 나트륨의 원자량은 23이다.)

① 15　　　　　　② 18.75　　　　　③ 56.25　　　　　④ 75

해 1. 문제의 이해
　제1종 분말소화약제의 주성분인 탄산수소나트륨이 열분해 되면 탄산가스가 생성되는데, 그 탄산수소나트륨이 얼마의 질량으로 사용되는지 구하는 문제로... 이는 화학반응식에서 질량보존의 법칙과 아보가드로의 법칙을 적용한 후 비례식을 통해 구할 수 있다.
2. 화학반응식
$$2NaHCO_3(\text{탄산수소나트륨}) \rightarrow Na_2CO_3(\text{탄산나트륨}) + CO_2(\text{탄산가스}=\text{이산화탄소}) + H_2O(\text{물})$$

　2 × 84kg　　　　　　:　　　　　　22.4㎥
　　χ kg　　　　　　　:　　　　　　2㎥

$$\chi\,kg = \frac{2 \times 84kg}{22.4㎥} \times 2㎥ = 15kg$$

25. 다음 [보기]의 물질 중 위험물안전관리법령상 제1류 위험물에 해당하는 것의 지정수량을 모두 합산한 값은?

[보기]
퍼옥소이황산염류, 아이오딘산, 과염소산, 차아염소산염류

① 350kg   ② 400kg   ③ 650kg   ④ 1,350kg

해 지정수량은 위험물의 종류별로 위험성을 고려하여 대통령령으로 정하는 수량으로, 법령상 규제하는 위험물의 최소량을 의미하는데... 보기 중 퍼옥소이황산염류와 차아염소산염류는 제1류 위험물이고, 과염소산은 제6류 위험물이며, 아이오딘산은 위험물이 아니다.

∴ 지정수량의 총합 = 300kg + 50kg = 350kg

- 퍼옥소이황산염류의 지정수량 : 300kg
- 차아염소산염류의 지정수량 : 50kg

26. 위험물안전관리법령상 지정수량의 10배 이상의 위험물을 저장, 취급하는 제조소등에 설치하여야 할 경보설비 종류에 해당되지 않는 것은?

① 확성장치   ② 비상방송설비
③ 자동화재탐지설비   ④ 무선통신설비

해 위험물안전관리법령에 따르면, 지정수량 10배 이상의 위험물을 저장하는 제조소등에는 자동화재탐지설비, 비상경보설비, 확성장치 또는 비상방송설비 중에서 1종 이상을 설치하여야 한다.

암기팁! 경보설비의 종류 : 자 비비확~~

27. 화학소방자동차가 갖추어야 하는 소화능력 기준으로 틀린 것은?

① 포수용액 방사능력 : 2000L/min 이상   ② 분말 방사능력 : 35kg/s 이상
③ 이산화탄소 방사능력 : 40kg/s 이상   ④ 할로젠화합물 방사능력 : 50kg/s 이상

해 위험물안전관리법령에 따르면, 할로젠화합물 방사차의 경우 할로젠화합물의 방사능력은 매초 40㎏ 이상이어야 한다.

암기팁! 화학소방자동차에 갖추어야 하는 소화능력 및 설비의 기준
: 로버트 할리(할로젠, 이산화탄소)가 사고(40)쳤다.

28. 위험물안전관리법령상 톨루엔의 화재에 적응성이 있는 소화방법은?

① 무상수소화기에 의한 소화
② 무상강화액소화기에 의한 소화
③ 봉상수소화기에 의한 소화
④ 봉상강화액소화기에 의한 소화

해 제4류 위험물은 인화의 위험성이 높은 기름으로, 물에 의한 소화는 화재면의 확대 위험성이 있어 금지하고, 이에 대한 소화는...
- 비수용성 위험물 : 포소화약제, 불활성가스소화약제, 분말소화약제, 무상강화액소화기 등에 의한 질식소화를 한다.
- 수용성 위험물 : 알코올용 포소화약제에 의한 질식소화를 한다.

29. 화재를 잘 일으킬 수 있는 일반적인 경우에 대한 설명 중 틀린 것은?

① 산소와 친화력이 클수록 연소가 잘 된다.
② 온도가 상승하면 연소가 잘 된다.
③ 연소범위가 넓을수록 연소가 잘 된다.
④ 발화점이 높을수록 연소가 잘 된다.

해 인화점이나 발화점이 낮을수록... 낮은 온도에서도 불이 붙을 수 있으므로, 연소가 잘 된다.

30. 위험물제조소등에 설치하는 옥내소화전설비의 기준으로 옳지 않은 것은?

① 옥내소화전함에는 그 표면에 "소화전"이라고 표시하여야 한다.
② 옥내소화전함의 상부의 벽면에 적색의 표시등을 설치하여야 한다.
③ 표시등 불빛은 부착면과 10도 이상의 각도가 되는 방향으로 8m 이내에서 쉽게 식별할 수 있어야 한다.
④ 호스접속구는 바닥면으로부터 1.5m 이하의 높이에 설치하여야 한다.

해 옥내소화전의 위치를 알려주는 역할을 하는 표시등(위치표시등)은 옥내소화전함의 상부의 벽면에 적색의 표시등을 설치하되, 당해 표시등의 부착면과 15°이상의 각도가 되는 방향으로 10m 떨어진 곳에서 용이하게 식별이 가능하도록 한다.

암기팁! 옥내소화전설비의 설치표시 기준 : 상15 텐미 적색등

31. 다음 위험물을 보관하는 창고에 화재가 발생하였을 때 물을 사용하여 소화하면 위험성이 증가하는 것은?

① 질산암모늄
② 탄화칼슘
③ 과염소산나트륨
④ 셀룰로이드

해 탄화칼슘은 물과 반응하여 수산화칼슘과 가연성 기체인 아세틸렌을 발생하므로, 매우 위험하다.
$$CaC_2(탄화칼슘) + 2H_2O(물) \rightarrow Ca(OH)_2(수산화칼슘) + C_2H_2(아세틸렌)$$

32. 위험물안전관리법령에 따른 불활성가스 소화설비의 저장용기 설치 기준으로 틀린 것은?

① 방호구역 외의 장소에 설치할 것
② 저장용기에는 안전장치(용기밸브에 설치되어 있는 것은 제외)를 설치할 것
③ 저장용기의 외면에 소화약제의 종류와 양, 제조연도 및 제조자를 표시할 것
④ 온도가 섭씨 40도 이하이고 온도 변화가 적은 장소에 설치할 것

해 위험물안전관리에 관한 세부기준에 따르면, 불활성가스 소화설비의 저장용기에는 안전장치(용기밸브에 설치되어 있는 것을 포함)를 설치해야 한다. 즉, 안전에 관련된 것은 어떠한 경우에도 예외란 존재할 수 없다.

33. 질소함유량 약 11%의 나이트로셀룰로오스를 장뇌와 알코올에 녹여 교질 상태로 만든 것을 무엇이라고 하는가?

① 셀룰로이드
② 펜트리트
③ TNT
④ 나이트로글리콜

해 셀룰로이드는 가연물질 내에 산소를 함유하고 있어 스스로 폭발적으로 반응하는 물질로, 질 소함유량이 약 11%인 나이트로셀룰로오스를 장뇌와 알코올에 녹여서 교질(끈적끈적한 성질) 상태로 만든 것이다.

34. 위험물안전관리법령에 따라 관계인이 예방규정을 정하여야 할 옥외탱크저장소에 저장되는 위험물의 지정수량 배수는?

① 100배 이상
② 150배 이상
③ 200배 이상
④ 250배 이상

해 예방규정의 대상
• 지정수량의 10배 이상의 위험물을 취급하는 제조소 · 일반취급소
• 지정수량의 100배 이상의 위험물을 저장하는 옥외저장소
• 지정수량의 150배 이상의 위험물을 저장하는 옥내저장소
• 지정수량의 200배 이상의 위험물을 저장하는 옥외탱크저장소
• 암반탱크저장소, 이송취급소

암기팁! 예방규정의 대상 : 제일 외 내 외탱... 십 백 오 이 ~~~ 암 이송

35. 다음은 위험물안전관리법령에서 정한 제조소등에서의 위험물의 저장 및 취급에 관한 기준 중 위험물의 유별 저장·취급 공통기준의 일부이다. (　　) 안에 알맞은 위험물 유별은?

> (　　) 위험물은 가연물과의 접촉·혼합이나 분해를 촉진하는 물품과의 접근 또는 과열을 피하여야 한다.

① 제2류　　　　　② 제3류　　　　　③ 제5류　　　　　④ 제6류

해 제6류 위험물은 산소를 함유하고 있어 산소공급원의 기능을 하는 액체이므로, 가연물과의 접촉·혼합이나 분해를 촉진하는 물품과의 접근 또는 과열을 피해야 한다.

36. 옥내탱크전용실에 설치하는 탱크 상호 간에는 얼마의 간격을 두어야 하는가?

① 0.1m 이상　　　　② 0.3m 이상　　　　③ 0.5m 이상　　　　④ 0.6m 이상

해 옥내저장탱크와 탱크전용실의 벽과의 사이 및 옥내저장탱크의 상호 간에는 0.5m 이상의 간격을 유지해야 한다.

37. 다음 중 나이트로셀룰로오스 위험물의 화재 시에 가장 적절한 소화약제는?

① 사염화탄소　　　　② 이산화탄소　　　　③ 물　　　　④ 인산염류

해 나이트로셀룰로오스(질화면)는 물에 녹지 않고 물과 반응하지 않으므로, 화재 시 대량의 물에 의한 냉각소화를 한다.

38. 이산화탄소를 이용한 질식소화에 있어서 아세톤의 한계산소농도(vol%)에 가장 가까운 값은?

① 15　　　　② 18　　　　③ 21　　　　④ 25

해 질식소화는 가연물(아세톤)이 연소할 때 공기 중의 산소농도(일반적으로 21%)를 한계산소농도인 15%이하로 떨어뜨려 연소를 중단시키는 소화 방법이다.

✏ 함께 공부

한계산소농도 : 화재 발생 시 이산화탄소 소화약제와 같은 불연성 가스를 방사하여 소화할 때, 산소의 농도가 떨어져 더 이상 가연물에 점화원을 접촉시켜도 발화하지 않을 때의 산소의 농도

39. 위험물제조소에서 옥내소화전이 1층에 4개, 2층에 6개가 설치되어 있을 때 수원의 수량은 몇 L 이상이 되도록 설치하여야 하는가?

① 13,000　　　　② 15,600　　　　③ 39,000　　　　④ 46,800

> 해
> - 옥내소화전설비의 수원의 수량은 옥내소화전이 가장 많이 설치된 층의 옥내소화전 설치개수(설치개수가 5개 이상인 경우는 5개)에 7.8㎥를 곱한 양 이상이 되도록 설치해야 한다.
> - 옥내소화전설비 수원의 수량 = 최대층 소화전 수(최대 5개까지만) × 7.8㎥ = 5 × 7.8㎥ = 39㎥ = 39,000L 이상

40. 인화점이 38℃ 이상인 제4류 위험물 취급을 주된 작업내용으로 하는 장소에 스프링클러설비를 설치할 경우 확보하여야 하는 1분당 방사밀도는 몇 L/㎡ 이상이어야 하는가? (단, 살수기준면적은 250㎡이다.)

① 12.2　　　　② 13.9　　　　③ 15.5　　　　④ 16.3

> 해
> 1. 스프링클러설비는 원칙적으로 제4류 위험물에는 적응성이 없지만(유류에 화재가 발생할 때, 주수소화는 화재면의 확대 위험성이 있으므로), 제4류 위험물을 저장 또는 취급하는 장소의 살수기준 면적에 따라 스프링클러설비의 살수밀도가 아래의 표에 정하는 기준 이상인 경우에는 예외적으로 당해 스프링클러설비가 제4류 위험물에 대하여 적응성이 있다.
>
> | 살수기준 면적(㎡) | 방사밀도(ℓ/㎡분) | | 비고 |
> | --- | --- | --- | --- |
> | | 인화점 38℃ 미만 | 인화점 38℃ 이상 | |
> | 279 미만 | 16.3 이상 | 12.2 이상 | 살수기준 면적은 내화구조의 벽 및 바닥으로 구획된 하나의 실의 바닥면적을 말하고, 하나의 실의 바닥면적이 465㎡ 이상인 경우의 살수기준 면적은 465㎡로 한다. 다만, 위험물의 취급을 주된 작업내용으로 하지 아니하고 소량의 위험물을 취급하는 설비 또는 부분이 넓게 분산되어 있는 경우에는 방사밀도는 8.2ℓ/㎡분 이상, 살수기준 면적은 279㎡ 이상으로 할 수 있다. |
> | 279 이상 372 미만 | 15.5 이상 | 11.8 이상 | |
> | 372 이상 465 미만 | 13.9 이상 | 9.8 이상 | |
> | 465 이상 | 12.2 이상 | 8.1 이상 | |
>
> 2. 위의 표에서 보듯이, 1분당 방사밀도를 구하기 위해서는 인화점 38℃ 이상 또는 미만과 살수기준 면적을 구해야 한다.
>   - 인화점 38℃ 이상 또는 미만 : 문제에서 인화점은 38℃ 이상이라고 하였다.
>   - 살수기준 면적 : 살수기준 면적은 문제의 단서에서 250㎡이라 하였으므로, 이는 279㎡ 미만인 경우에 해당한다.
> 3. 살수기준 면적은 279㎡ 미만이고, 인화점이 38℃ 이상이 되므로, 1분당 방사밀도(ℓ/㎡)는 12.2ℓ/㎡ 이상이어야 한다.

41. 다음 중 위험물안전관리법령상 제2석유류에 해당되는 것은?

①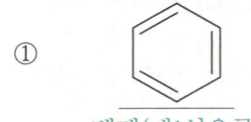
벤젠(제1석유류)

②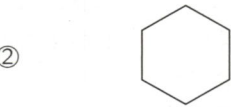
사이클로헥산(제1석유류)

③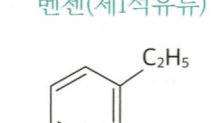
에틸벤젠(제1석유류)

④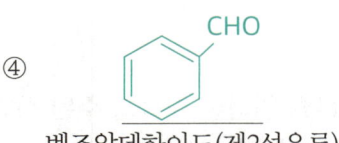
벤즈알데하이드(제2석유류)

> 해 제2석유류의 종류 : 등유, 경유, 초산, 의산, 에틸셀르솔브, 스티렌, 벤즈알데하이드, 클로로벤젠, 송근유, 아크릴산,
> 하이드라진 등

42. 제3류 위험물을 취급하는 제조소와 3백 명 이상의 인원을 수용하는 영화상영관과의 안전거리는 몇 m 이상이어야 하는가?

① 10　　　　　　② 20　　　　　　③ 30　　　　　　④ 50

> 해 위험물안전관리법령상 위험물제조소와 300명 이상의 인원을 수용하는 영화상영관의 안전거리는 30m 이상이다.

43. 황린과 적린의 공통점으로 옳은 것은?

① 독성　　　　　　　　　　② 발화점
③ 연소생성물　　　　　　　④ CS_2에 대한 용해성

> 해 황린과 적린은 연소하여 오산화인(P_2O_5)을 발생한다.
> • P_4(황린) + $5O_2$(산소) → $2P_2O_5$(오산화인)
> • $4P$(적린) + $5O_2$(산소) → $2P_2O_5$(오산화인)

✏ **함께 공부**

① 황린은 독성이 있으나, 적린은 독성이 없다.
② 황린의 발화점(착화점)은 34℃이고, 적린의 발화점은 260℃이다.
④ 황린은 이황화탄소, 벤젠에 녹고 물에는 녹지 않으나... 적린은 브로민화인에 녹고 물, 이황화탄소에 녹지 않는다.

44. 황린을 밀폐용기 속에서 260℃ 로 가열하여 얻은 물질을 연소시킬 때 주로 생성되는 물질은?

① P_2O_5　　　　　② CO_2　　　　　③ PO_2　　　　　④ CuO

> 해 적린은 황린을 공기와 차단하고 약 260℃로 가열할 때 생성되며, 연소 시에는 오산화인을 발생한다.
>
> $$4P(적린) + 5O_2(산소) \rightarrow 2P_2O_5(오산화인)$$

45. 위험물안전관리법령상의 지정수량이 나머지 셋과 다른 하나는?

① 질산에스터류　　　　　　　　② 나이트로소화합물
　10kg　　　　　　　　　　　　　100kg

③ 다이아조화합물　　　　　　　④ 하이드라진 유도체
　100kg　　　　　　　　　　　　100kg

> 해 지정수량은 위험물의 종류별로 위험성을 고려하여 대통령령으로 정하는 수량으로, 법령상 규제하는 위험물의 최소량을 의미한다.

46. 다음 위험물 중 혼재가 가능한 위험물은?

① 과염소산칼륨 – 황린　　　　　② 질산메틸 – 경유
　제1류　　　　제3류　　　　　　　제5류　　　제4류

③ 마그네슘 – 알킬알루미늄　　　④ 탄화칼슘 – 나이트로글리세린
　제2류　　　제3류　　　　　　　　제3류　　　　제5류

> 해 유별을 달리하는 위험물의 혼재기준
>
> | 위험물의
구분 | 제1류 | 제2류 | 제3류 | 제4류 | 제5류 | 제6류 |
> |---|---|---|---|---|---|---|
> | 제1류 | | × | × | × | × | ○ |
> | 제2류 | × | | × | ○ | ○ | × |
> | 제3류 | × | × | | ○ | × | × |
> | 제4류 | × | ○ | ○ | | ○ | × |
> | 제5류 | × | ○ | × | ○ | | × |
> | 제6류 | ○ | × | × | × | × | |
>
> ("×"표시 : 혼재할 수 없음, "○"표시 : 혼재할 수 있음, 지정수량의 1/10 이하의 위험물에 적용하지 아니한다)
>
> 암기팁! 16 245 34 45 → 일육 이사오 삼사 사오

47. 위험물안전관리법령에서 정의한 특수인화물의 조건으로 옳은 것은?

① 1기압에서 발화점이 100℃ 이상인 것 또는 인화점이 영하 10℃ 이하이고 비점이 40℃ 이하인 것
② 1기압에서 발화점이 100℃ 이하인 것 또는 인화점이 영하 20℃ 이하이고 비점이 40℃ 이하인 것
③ 1기압에서 발화점이 200℃ 이상인 것 또는 인화점이 영하 10℃ 이하이고 비점이 40℃ 이하인 것
④ 1기압에서 발화점이 200℃ 이상인 것 또는 인화점이 영하 20℃ 이하이고 비점이 40℃ 이하인 것

> 해 위험물안전관리법령에 따르면, "특수인화물"은 이황화탄소, 다이에틸에터 그 밖에 1기압에서 발화점이 100℃ 이하인 것 또는 인화점이 −20℃ 이하이고 비점이 40℃ 이하인 것을 말한다.
>
> **암기팁!** 특수인화물 : 백발이 된 이영하가 비사이로 막가고 있다.

48. 트라이나이트로톨루엔에 관한 설명 중 틀린 것은?

① TNT라고 한다.
② 피크린산에 비해 충격, 마찰에 둔감하다.
③ 물에 녹아 발열·발화한다.
④ 폭발 시 다량의 가스를 발생한다.

> 해 트라이나이트로톨루엔[$C_6H_2CH_3(NO_2)_3$, TNT]는 가연물질 내에 산소를 함유하고 있어 스스로 폭발적으로 반응하는 물질로... 물에 녹지 않고, 벤젠·에터·아세톤 등에 녹는다.

49. 위험물안전관리법령상 위험물제조소에 설치하는 "물기엄금" 게시판의 색으로 옳은 것은?

① 청색바탕 백색글씨
② 백색바탕 청색글씨
③ 황색바탕 청색글씨
④ 청색바탕 황색글씨

> 해 물기엄금에서 물은 파란색(청색)이므로... 바탕은 청색으로, 문자는 청색과 대비하여 가장 잘 보이는 백색으로 한다.

50. 질산에 대한 설명으로 틀린 것은?

① 무색 또는 담황색의 액체이다.
② 유독성이 강한 산화성 물질이다.
③ 위험물안전관리법령상 비중이 1.49 이상인 것만 위험물로 규정한다.
④ 햇빛이 잘 드는 곳에서 투명한 유리병에 보관하여야 한다.

> 해 질산(HNO_3)은 산소공급원의 역할을 하는 액체로... 직사광선에 의해 분해되어 산소(O_2), 수증기(H_2O) 및 갈색의 유독한 기체인 이산화질소(NO_2)를 발생하므로, 햇빛을 차단하고 갈색병에 넣어 보관한다.

51. 다음 중 ⓐ~ⓒ 물질 중 위험물안전관리법령상 제6류 위험물에 해당하는 것은 모두 몇 개인가?

> ⓐ 비중 1.49인 질산
> ⓑ 비중 1.7인 과염소산
> ⓒ 물 60g + 과산화수소 40g 혼합 수용액

① 1개   ② 2개   ③ 3개   ④ 없음

해 위험물안전관리법령에 따르면, 다음의 범위에 속하는 것만이 제6류 위험물에 해당한다.
- 과산화수소 : 농도가 36중량% 이상인 것 → ⓒ 물 60g + 과산화수소 40g 혼합 수용액($\frac{40g}{60g + 40g} \times 100 = 40\%$) 은... 농도가 36중량% 이상이므로, 제6류 위험물에 해당한다.
- 질산 : 비중이 1.49 이상인 것 → ⓐ 비중 1.49인 질산은... 비중이 1.49 이상이므로, 제6류 위험물에 해당한다.
- 과염소산 : 제한이 없다 → ⓑ 비중 1.7인 과염소산은... 범위에 제한이 없으므로, 무조건 제6류 위험물에 해당한다.

52. 피난설비를 설치하여야 하는 위험물 제조소등에 해당하는 것은?

① 건축물의 2층 부분을 자동차 정비소로 사용하는 주유취급소
② 건축물의 2층 부분을 전시장으로 사용하는 주유취급소
③ 건축물의 2층 부분을 주유사무소로 사용하는 주유취급소.
④ 건축물의 2층 부분을 관계자의 주거시설로 사용하는 주유취급소

해 피난설비 중 유도등 설치대상
- 주유취급소 중 건축물의 2층 이상의 부분을 점포 · 휴게음식점 또는 전시장의 용도로 사용하는 것
- 옥내주유취급소

53. 다음 중 착화온도가 가장 낮은 것은?

① 황린
34℃

② 황
225℃

③ 삼황화인
100℃

④ 오황화인
142℃

해 주요물질의 발화점(=착화점, 착화온도, 발화온도)

물질	발화점 (℃)	물질	발화점 (℃)	물질	발화점 (℃)	물질	발화점 (℃)
황린	34	아세트알데하이드	185	피크린산, 가솔린(휘발유), 트라이나이트로톨루엔	300	메탄올 (메틸알코올)	464
이황화탄소, 삼황화인	100	경유	200	글리세린	393	산화프로필렌	465
과산화벤조일	125	황	225	에틸렌글리콜	413	톨루엔	480
오황화인	142	등유	255	에탄올(에틸알코올)	423	아세톤, 아닐린	538
나이트로셀룰로오스, 다이에틸에터	180	적린	260	아세트산	427	벤젠	562

54. 물과 반응하여 CH_4와 H_2가스를 발생하는 것은?

① K_2C_2 ② MgC_2 ③ Be_2C ④ Mn_3C

해 탄화망가니즈는 물과 반응하여 수산화망가니즈와 가연성 기체인 메탄 및 수소를 발생한다.

Mn_3C(탄화망가니즈) $+ 6H_2O$(물) $\rightarrow 3Mn(OH)_2$(수산화망가니즈) $+ CH_4$(메탄) $+ H_2$(수소)

✏ **함께 공부**

① K_2C_2(탄화칼륨) $+ 2H_2O$(물) $\rightarrow 2KOH$(수산화칼륨) $+ C_2H_2$(아세틸렌)
② MgC_2(탄화마그네슘) $+ 2H_2O$(물) $\rightarrow Mg(OH)_2$(수산화마그네슘) $+ C_2H_2$(아세틸렌)
③ Be_2C(탄화베릴륨) $+ 4H_2O$(물) $\rightarrow 2Be(OH)_2$(수산화베릴륨) $+ CH_4$(메탄)

55. 위험물안전관리법령에 따른 위험물제조소와 관련한 내용으로 틀린 것은?

① 채광설비는 불연재료를 사용한다.
② 환기는 자연배기방식으로 한다.
③ 조명설비의 전선은 내화 · 내열전선으로 한다.
④ 조명설비의 점멸스위치는 출입구 안쪽 부분에 설치한다.

> 해 위험물안전관리법령에 따르면, 조명설비의 점멸스위치는 위험물제조소의 출입구 바깥 부분에 설치하는데, 이는 점멸스위치를 출입구 안쪽 부분에 설치하면 스위치의 조작 중 스파크로 인하여 화재 · 폭발 등의 우려가 있기 때문이다.

56. 다음 중 물과 접촉하였을 때 위험성이 가장 높은 것은?

① S
② CH_3COOH
③ C_2H_5OH
④ K

> 해 칼륨은 물과 반응하여 가연성 기체인 수소를 발생하므로, 물과 접촉 시 매우 위험하다.
>
> $$2K(칼륨) + 2H_2O(물) \rightarrow 2KOH(수산화칼륨) + H_2(수소)$$

57. 산화프로필렌에 대한 설명으로 틀린 것은?

① 무색의 휘발성 액체이고, 물에 녹는다.
② 인화점이 상온 이하이므로 가연성 증기 발생을 억제하여 보관해야 한다.
③ 은, 마그네슘 등의 금속과 반응하여 폭발성 혼합물을 생성한다.
④ 증기압이 낮고 연소범위가 좁아서 위험성이 높다.

> 해 산화프로필렌(CH_3CHCH_2O)은 인화의 위험성이 있는 기름으로... 증기압은 20℃(상온)에서 45.5mmHg로 높아서 위험하며, 연소범위는 2.5 ~ 38.5%로 넓어서 위험하다.

✏ **함께 공부**

증기압 : 증기가 되려고 하는 압력을 의미하는데 증기압이 높으면... 휘발성이 커지고, 기체가 되기 쉬우며, 불이 잘 붙을 수 있으므로... 위험하다.

58. 위험물안전관리법령상 이송취급소 배관등의 용접부는 비파괴시험을 실시하여 합격하여야 한다. 이 경우 이송기지 내의 지상에 설치되는 배관등은 전체 용접부의 몇 % 이상 발췌하여 시험할 수 있는가?

① 10　　　　　　② 15　　　　　　③ 20　　　　　　④ 25

해 위험물안전관리법령상 이송취급소 배관등의 용접부는 비파괴시험을 실시하여 합격해야 하는데, 이 경우 이송기지내의 지상에 설치된 배관등은 전체 용접부의 20% 이상을 발췌하여 시험할 수 있다.

59. 위험물을 저장 또는 취급하는 탱크의 용량산정 방법에 관한 설명으로 옳은 것은?

① 탱크의 내용적에서 공간용적을 뺀 용적으로 한다.
② 탱크의 공간용적에서 내용적을 뺀 용적으로 한다.
③ 탱크의 공간용적에 내용적을 더한 용적으로 한다.
④ 탱크의 볼록하거나 오목한 부분을 뺀 용적으로 한다.

해 위험물을 저장 또는 취급하는 탱크의 용량(위험물을 채울 수 있는 양)은 해당 탱크의 내용적(탱크 전체)에서 공간용적(비어있는 공간)을 뺀 용적으로 한다.

60. 염소산칼륨의 성질이 아닌 것은?

① 황산과 반응하여 이산화염소를 발생한다.　② 상온에서 고체이다.
③ 알코올보다는 글리세린에 더 잘 녹는다.　④ 환원력이 강하다.

해 염소산칼륨($KClO_3$)은 산소를 함유하고 있어 산소공급원의 역할을 하는 고체로, 남을 산화시키는 산화력이 매우 강하다.

CHAPTER 02

2021년 제2회 CBT 복원문제

1과목 | 물질의 물리·화학적 성질

01. H_2O가 H_2S보다 비등점이 높은 이유는?

① 이온결합을 하고 있기 때문에   ② 수소결합을 하고 있기 때문에
③ 공유결합을 하고 있기 때문에   ④ 분자량이 적기 때문에

> **해** H_2O(물)에서 수소(H)는 전기음성도가 강한 산소(O)와 수소결합을 하고 있어서 그 결합을 끊는데 많은 에너지가 필요하게 되므로, 수소결합을 하고 있지 않은 H_2S(황화수소)보다 비등점(끓는점)이 높다.
>
> **암기팁!** 수소결합 : 수(H) 폰(FON) 케이크

02. 대기압하에서 열린 실린더에 있는 1mol의 기체를 20℃에서 120℃까지 가열하면 기체가 흡수하는 열량은 몇 cal인가? (단, 기체 몰 열용량은 4.97cal/mol·℃이다.)

① 97   ② 100   ③ 497   ④ 760

> **해** 몰 열용량(C_m)은 어떤 물질(기체) 1mol의 온도를 1℃만큼 올리는 데 필요한 열량으로, 이는 다음과 같이 표현할 수 있으며, Q(열량, cal)를 기준으로 식을 정리하고 값을 대입하면...
>
> $$C_m = \frac{Q}{M \cdot \Delta T} \rightarrow Q = C_m \times M \times \Delta T = 4.97 \times 1 \times 100 = 497 \, [cal]$$
>
> • 몰 열용량(C_m) = 4.97cal/mol·℃
> • 물질(기체)의 양(M) = 1mol
> • 온도 변화(ΔT) = (120−20)℃ = 100℃

03. 다음 화학반응식 중 실제로 반응이 오른쪽으로 진행되는 것은?

① $2KI + F_2 \rightarrow 2KF + I_2$　　　　② $2KBr + I_2 \rightarrow 2KI + Br_2$

③ $2KF + Br_2 \rightarrow 2KBr + F_2$　　　　④ $2KCl + Br_2 \rightarrow 2KBr + Cl_2$

> 해 $2KI + F_2 \rightarrow 2KF + I_2$ 에서, F(플루오린)는 I(아이오딘) 보다 반응성이 커서 K(칼륨)와 반응하여 KF(플루오르화칼륨)로 되므로, 반응이 오른쪽으로 진행된다.

✏ **함께 공부**

- 비금속의 반응성 : 비금속 원자가 전자를 얻고 음이온이 되려고 하는 성질
- 할로젠원소의 반응성 크기 : F > Cl > Br > I

04. 다음 중 금속의 이온화 경향이 큰 것부터 작은 순으로 옳게 나열된 것은?

① K, Mg, Pb, Na　　　　② Ag, Fe, Zn, Pb

③ Ca, Al, Sn, Cu　　　　④ Au, Pt, Ag, Cu

> 해 이온화 경향의 크기 : K(칼륨) > Ca(칼슘) > Na(나트륨) > Mg(마그네슘) > Al(알루미늄) > Zn(아연) > Fe(철) > Ni(니켈) > Sn(주석) > Pb(납) > H(수소) > Cu(구리) > Hg(수은) > Ag(은) > Pt(백금) > Au(금)

> **암기팁!** 이온화 경향 : 크카나 마알아 철니주납 수구수은 백금

05. 폴리염화비닐의 단위체와 합성법이 옳게 나열된 것은?

① $CH_2 = CHCl$, 첨가중합　　　　② $CH_2 = CHCl$, 축합중합

③ $CH_2 = CHCN$, 첨가중합　　　　④ $CH_2 = CHCN$, 축합중합

> 해 폴리염화비닐$[(CH_2 = CHCl)_n]$은 에틸렌$(CH_2 = CH_2)$의 수소(H) 원자 한 개가 염소(Cl)기로 치환된 염화비닐$(CH_2 = CHCl)$ 단위체(분자량이 작은 물질)가 첨가중합반응으로 생성된 물질로, PVC(polyvinyl chloride)라고 한다.

✏ **함께 공부**

- 첨가중합 : 불포화 화합물에 다른 분자가 부가되어 포화 화합물로 변하는 첨가반응을 통해 분자량이 큰 고분자를 생성하는 것
- 축합중합 : 분자 간 결합 시 물이 빠져 나가는 축합반응을 통해 분자량이 큰 고분자를 생성하는 것

06. $PbSO_4$의 용해도를 실험한 결과 0.045g/L이었다. $PbSO_4$의 용해도곱 상수(K_s)는? (단, $PbSO_4$의 분자량은 303.27이다.)

① 5.5×10^{-2} ② 4.5×10^{-4} ③ 3.4×10^{-6} ④ 2.2×10^{-8}

해
- $PbSO_4$(황산납)의 용해도(0.045g/L)가 주어져 있으므로, 용해도곱상수를 구하기 위해 몰용해도(mol/L)로 환산하여야 한다.

$$\frac{0.045\,g}{1\,L} \times \frac{1mol}{303.27\,g} = 1.484 \times 10^{-4}\,[mol/L]$$

- $PbSO_4$(황산납)염은 용액에서 $PbSO_4 \rightarrow Pb^{2+} + SO_4^{2-}$ 로 이온화되는데, 이를 용해도곱상수(K_{sp})로 나타내면...

$$K_{sp} = [Pb^{2+}][SO_4^{2-}] = (1 \times 1.484 \times 10^{-4}) \times (1 \times 1.484 \times 10^{-4}) = 2.2 \times 10^{-8}$$

- $[Pb^{2+}] = 1 \times 1.484 \times 10^{-4}$ mol/L(Pb^{2+}는 1몰이 생성)
- $[SO_4^{2-}] = 1 \times 1.484 \times 10^{-4}$ mol/L(SO_4^{2-}는 1몰이 생성)

07. 다음의 평형계에서 압력을 증가시키면 반응에 어떤 영향이 나타나는가?

$$N_2(g) + 3H_2(g) \rightleftarrows 2NH_3(g)$$

① 오른쪽으로 진행 ② 왼쪽으로 진행
③ 무변화 ④ 왼쪽과 오른쪽으로 모두 진행

해
- 압력이 증가한다는 것은 일정한 부피 내에 기체의 분자수(=몰수)가 증가한다는 것을 의미하는데, 이 때 평형계에서는 기체의 몰수가 작은 방향으로 반응이 진행된다.
- 위의 평형계에서 압력을 증가시키면 기체의 몰수가 큰[반응물 : 1몰(N_2) + 3몰(H_2) = 4몰] 쪽의 방향(왼쪽)에서 기체의 몰수가 작은[생성물 : 2몰(NH_3)]쪽의 방향(오른쪽)으로 반응이 진행한다.

08. Si 원소의 전자 배치로 옳은 것은?

① $1s^2 2s^2 2p^6 3s^2 3p^2$ ② $1s^2 2s^2 2p^5 3s^1 3p^2$
③ $1s^2 2s^2 2p^6 3s^1 3p^2$ ④ $1s^2 2s^2 2p^6 3s^2$

해 Si(규소)는 원자번호 14번으로 전자의 개수가 14개이므로, $1s^2 2s^2 2p^6 3s^2 3p^2$(2+2+6+2+2=14)의 전자배치를 갖는다.

09. 질소와 수소로부터 암모니아를 합성하려고 한다. 표준상태에서 수소 22.4L를 반응시켰을 때 생성되는 NH_3의 질량은 약 몇 g인가?

① 11.3   ② 17   ③ 22.6   ④ 34

해 1. 문제의 이해

질소와 수소가 반응하면 암모니아가 생성되는데, 그 암모니아가 얼마의 질량으로 생성되는지 구하는 문제로... 이는 화학반응식에서 질량보존의 법칙과 아보가드로의 법칙을 적용한 후 비례식을 통해 구할 수 있다.

2. 화학반응식

$$N_2(\text{질소}) + 3H_2(\text{수소}) \rightarrow 2NH_3(\text{암모니아})$$
$$3 \times 22.4L \;:\; 2 \times 17g$$
$$22.4L \;:\; \chi g$$
$$\chi g = \frac{2 \times 17g}{3 \times 22.4L} \times 22.4L = 11.33[g]$$

10. 에탄(C_3H_6)을 연소시키면 이산화탄소(CO_2)와 수증기(H_2O)가 생성된다. 표준상태에서 에탄 30g을 반응시킬 때 발생하는 이산화탄소와 수증기의 분자수는 모두 몇 개인가?

① 6×10^{23}개   ② 12×10^{23}개   ③ 18×10^{23}개   ④ 30×10^{23}개

해 1. 문제의 이해

에탄을 연소시키면 이산화탄소와 수증기가 생성되는데, 이산화탄소와 수증기가 얼마의 분자수를 가지는지 구하는 문제로... 이는 화학반응식에서 질량보존의 법칙과 아보가드로의 법칙을 적용한 후 비례식을 통해 구할 수 있다.

2. 화학반응식

$$2C_2H_6(\text{에탄}) + 7O_2(\text{산소}) \rightarrow \underline{4CO_2(\text{이산화탄소}) + 6H_2O(\text{수증기})}$$
$$2 \times 30g \;:\; 10 \times 6.023 \times 10^{23}\text{개}$$
$$30g \;:\; \chi\text{개}$$
$$\chi\text{개} = \frac{10 \times 6.023 \times 10^{23}\text{개}}{2 \times 30g} \times 30g = 30.12 \times 10^{23}\text{개}$$

11. 어떤 물질이 산소 50Wt%, 황 50Wt%로 구성되어 있다. 이 물질의 실험식을 옳게 나타낸 것은?

① SO   ② SO_2 ③ SO_3 ④ SO_4

해 • 위 물질의 실험식(S_xO_y)은 황(S)과 산소(O)의 원자수 비율을 비교하여 구할 수 있다.

$$\text{황}(S) : \text{산소}(O) = \frac{\text{중량백분율}}{\text{원자량}} : \frac{\text{중량백분율}}{\text{원자량}} = \frac{50\%}{32} : \frac{50\%}{16} = 1.56 : 3.12 = \frac{1.56}{1.56} : \frac{3.12}{1.56} = 1 : 2$$
$$\therefore \text{구하고자 하는 유기화합물의 실험식} = SO_2$$

12. 표준상태를 기준으로 수소 2.24L가 염소와 완전히 반응했다면 생성된 염화수소의 부피는 몇 L인가?

① 2.24　　　　　　② 4.48　　　　　　③ 22.4　　　　　　④ 44.8

해 1. 문제의 이해

수소가 염소와 만나면 염화수소가 생성되는데, 그 염화수소가 얼마의 부피로 생성되는지 구하는 문제로... 이는 화학반응식에서 아보가드로의 법칙을 적용한 후 비례식을 통해 구할 수 있다.

2. 화학반응식

$$H_2(수소) + Cl_2(염소) \rightarrow 2HCl(염화수소)$$

$$22.4L \quad : \quad 2 \times 22.4L$$
$$2.24L \quad : \quad \chi L$$

$$\chi L = \frac{2 \times 22.4L}{22.4L} \times 2.24L = 4.48L$$

13. 산소의 산화수가 가장 큰 것은?

① O_2
　$\underline{0}$(홑원소 원자)

② $KClO_4$
　-2(산소화합물)

③ $H_2\underline{S}O_4$
　-2(산소화합물)

④ $H_2\underline{O}_2$
　-1(과산화물)

해 산화수는 분자 또는 이온 내에 있는 원자가 얻거나 잃는 전자의 수를 의미하는데, 산소(O)는... 대부분의 산소화합물에서 산화수 $= -2$이고, 과산화물(H_2O_2, BaO_2)에서는 산화수 $= -1$이다.

14. 27℃에서 9g의 비전해질을 녹여 만든 900mL 용액의 삼투압은 3.84기압이었다. 이 물질의 분자량은 약 얼마인가?

① 18　　　　　　② 32　　　　　　③ 44　　　　　　④ 64

해 삼투압(π)은 물이 반투막을 통해서 농도가 높은 용액 쪽으로 이동할 때 발생하는 압력을 말하며, 이는 용매 및 용질의 종류와 무관하게 용액의 몰농도와 절대온도에 비례한다. → 이상기체 상태방정식과 동일한 형태이다.

$$\pi = CRT = \frac{n}{V}RT = \frac{WRT}{MV} \rightarrow M = \frac{WRT}{\pi V} = \frac{9 \times 0.082 \times 300}{3.84 \times 0.9} = 64.06\,[g/mol]$$

- 삼투압(π) = 3.84atm
- 부피(V) = 900mL/1000 = 0.9L
- 질량(W) = 9g
- R(기체정수) = 0.082atm · L/mol · K
- 절대온도(T) = 27℃ + 273 = 300K

15. 황산 98g 으로 0.5M의 H_2SO_4를 몇 mL 만들 수 있는가?

① 1,000   ② 2,000   ③ 3,000   ④ 4,000

해 몰농도(M)란 용액 1L 속에 녹아있는 용질의 몰수를 나타내는 농도로, 다음과 같이 나타낼 수 있다. 이를 용액의 부피(V)를 기준으로 정리하고 값을 대입하면...

$$M(\text{몰농도, mol/L}) = \frac{n(\text{용질의 몰수, mol})}{V(\text{용액의 부피 L})} \rightarrow V = \frac{n}{M} = \frac{1}{0.5} = 2L = 2,000mL$$

- 몰농도(M) = 0.5[M, mol/L]
- 황산(용질)의 몰수(n) = $\dfrac{\text{질량}(W)}{\text{분자량}(M)} = \dfrac{98\,g}{98\,g/mol} = 1\,[mol]$

16. 0.5M HCl 100mL와 0.1M NaOH 100mL를 혼합한 용액의 pH는 약 얼마인가?

① 0.3   ② 0.5   ③ 0.7   ④ 0.9

해 위의 문제는 혼합용액의 농도와 관련된 것으로, 다음의 식을 이용하여 [H$^+$] 값을 구할 수 있다.

$$M \times V = M_1 V_1 \pm M_2 V_2 \rightarrow M(\text{혼합용액의 농도}) = \frac{M_1 V_1 - M_2 V_2}{V} = \frac{0.5 \times 0.1 - 0.1 \times 0.1}{0.2} = 0.2\,mol = [H^+]$$

- 혼합용액이 같은 종류(산+산, 염기+염기)이면 ± 부호를 "+"로 하고, 다른 종류(산+염기)이면 "−"로 한다.
- $M_1 V_1 - M_2 V_2 = +0.04$이므로, 위에서 구한 혼합용액의 몰농도는 산성을 나타내는 수소이온농도[H$^+$]가 된다.
  - M_1(몰농도, mol) = 염화수소(HCl) 용액의 농도 = 0.5M
  - M_2(몰농도, mol) = 수산화나트륨(NaOH) 용액의 농도 = 0.1M
  - V_1(부피, L) = 염화수소(HCl) 용액의 부피 = 100mL/1,000 = 0.1L
  - V_2(부피, L) = 수산화나트륨(NaOH) 용액의 부피 = 100mL/1,000 = 0.1L
  - V(부피, L) = 혼합용액의 부피 = 200mL/1,000 = 0.2L

$$\therefore \; pH = -\log[H^+] = -\log(0.2) = 0.7$$

17. 어떤 온도에서 물 200g에 최대 설탕이 90g이 녹는다. 이 온도에서 설탕의 용해도는?

① 45   ② 90   ③ 180   ④ 290

해 1. 어떤 온도에서 각각의 용매, 용질, 용액의 양을 구해보면...

용액	=	용매	+	용질
포화용액 290g	=	200g	+	90g

2. 용해도란 특정온도에서 용매100g에 녹을 수 있는 용질의 최대량을 g수로 나타낸 것을 말하며, 아래와 같이 나타낼 수 있다.

$$\text{용해도} = \frac{\text{용질의 g 수}}{\text{용매의 g 수}} \times 100 = \frac{90\,g}{200\,g} \times 100 = 45$$

18. 27℃에서 부피가 2L인 고무풍선 속의 수소기체 압력이 1.23atm이다. 이 풍선 속에 몇 mole의 수소기체가 들어 있는가? (단, 이상기체라고 가정한다.)

① 0.01   ② 0.05   ③ 0.10   ④ 0.25

해 기체의 몰수는 이상기체 상태방정식 공식을 이용하여 구할 수 있으므로, 아래의 이상기체 상태방정식 공식에서 몰수(n)를 기준으로 식을 정리하고 조건을 대입하면...

$$PV = nRT \;\;\rightarrow\;\; n = \frac{PV}{RT} = \frac{1.23 \times 2}{0.082 \times 300} = 0.10 \,[mol]$$

- 압력(P) = 1.23atm
- 부피(V) = 2L
- R(기체정수) = 0.082atm · L/mol · K
- 절대온도(T) 중 켈빈온도(K) = 27℃ + 273 = 300K

19. 화학 반응의 속도에 영향을 미치지 않는 것은?

① 촉매의 유무   ② 반응계의 온도의 변화
③ 반응 물질의 농도의 변화   ④ 일정한 농도 하에서의 부피의 변화

해 반응속도는 시간에 따른 반응물질 또는 생성물질의 농도 변화량을 말하는데... 이러한 반응속도는 "농도 변화량"과 관련이 있는 촉매의 유무, 반응계의 온도변화, 반응 물질의 농도 변화 등에 의해 영향을 받고, "농도 변화량"과 관련이 없는 일정한 농도 하에서의 부피의 변화에 의해서는 영향을 받지 않는다.

20. $^{237}_{93}Np$ 방사성원소가 β선을 1회 방출한 경우 생성되는 원소는?

① Pa   ② U   ③ Th   ④ Pu

해
- β(선) 붕괴는 원자핵으로부터 β입자[전자]를 방출하는 붕괴를 의미하는데... 원자번호가 1 증가하고, 질량수는 변함이 없다.
- 문제의 $^{237}_{93}Np$ (넵투늄)이 β(선) 붕괴하면... 원자번호가 1 증가하고, 질량수는 변함이 없으므로... $^{237}_{94}Pu$ (플로토늄)이 된다.

21. 오황화인의 저장 및 취급방법으로 틀린 것은?

① 산화제와의 접촉을 피한다.　　　② 물속에 밀봉하여 저장한다.
③ 불꽃과의 접근이나 가열을 피한다.　　④ 용기의 파손, 위험물의 누출에 유의한다.

> 해 오황화인(P_2S_5)은 불에 타는 가연성 고체 물질로, 물과 반응하여 가연성 기체인 황화수소를 발생시키므로... 물속에 저장하지 아니하고, 통풍이 잘되는 냉암소에 저장한다.

22. 산소와 화합하지 않는 원소는?

① 황　　　　　② 질소　　　　　③ 인　　　　　④ 헬륨

> 해 불활성 기체(비활성 기체)는 다른 원소(산소)와 거의 화합하지 않는 기체로... 여기에는 헬륨(He), 네온(Ne), 아르곤(Ar), 크립톤(Kr), 크세논(Xe), 라돈(Rn)이 있다.

23. 위험물안전관리법령에 따른 옥내소화전설비의 기준에서 펌프를 이용한 가압송수장치의 경우 펌프의 전양정 H는 소정의 산식에 의한 수치 이상이어야 한다. 전양정 H를 구하는 식으로 옳은 것은? (단, h_1은 소방용 호스의 마찰손실수두, h_2는 배관의 마찰손실수두, h_3는 낙차이며, h_1, h_2, h_3의 단위는 모두 m이다.)

① $H = h_1 + h_2 + h_3$　　　　② $H = h_1 + h_2 + h_3 + 0.35m$
③ $H = h_1 + h_2 + h_3 + 35m$　　④ $H = h_1 + h_2 + 0.35m$

> 해 위험물안전관리에 관한 세부기준에 따르면, 펌프를 이용한 가압송수장치의 경우 펌프의 전양정 H는 다음 식에 의하여 구한 수치 이상으로 해야 한다.
>
> $$H = h_1 + h_2 + h_3 + 35m$$
>
> - H : 펌프의 전양정 (m)
> - h_1 : 소방용 호스의 마찰손실수두 (m)
> - h_2 : 배관의 마찰손실수두 (m)
> - h_3 : 낙차 (m)
> - 35m : 방사압력 환산수두 (m)
>
> **암기팁!** 전양정 : 낙마방~~ 낙차 + 마찰 + 방사

24. 분말 소화약제를 종별로 주성분을 바르게 연결한 것은?

① 1종 분말약제 – 탄산수소나트륨
② 2종 분말약제 – 인산암모늄
③ 3종 분말약제 – 탄산수소칼륨
④ 4종 분말약제 – 탄산수소칼륨 + 인산암모늄

해 분말 소화약제의 종류 및 성상

종별	주성분	색상	적응화재
제1종	탄산수소나트륨 ($NaHCO_3$)	백색	B, C
제2종	탄산수소칼륨 ($KHCO_3$)	담자색(보라색)	B, C
제3종	인산암모늄 ($NH_4H_2PO_4$)	담홍색(분홍색)	A, B, C
제4종	탄산수소칼륨+요소 [$KHCO_3 + (NH_2)_2CO$]	회색	B, C

암기팁! 분말소화약제의 주성분 및 색상

: 나 칼 인 칼요 ~~ 나의 칼은 인간의 칼이요, 백 자 홍 회 ~~ 백자 안에 홍어가 있다.

25. 불활성가스 소화약제 중 "IG-55"의 성분 및 그 비율을 옳게 나타낸 것은? (단, 용량비 기준이다.)

① 질소 : 이산화탄소 = 55 : 45
② 질소 : 이산화탄소 = 50 : 50
③ 질소 : 아르곤 = 55 : 45
④ 질소 : 아르곤 = 50 : 50

해 "IG-55"는 할로겐화합물 및 불활성기체 소화설비에서 사용하는 불연성 · 불활성기체혼합가스 소화약제로, 그 성분비는 N_2(질소) : 50%, Ar(아르곤) : 50% 이다.

✏ 함께 공부

불연성 · 불활성기체혼합가스 소화약제

소화약제	화학식
불연성 · 불활성기체혼합가스(이하 "IG-01"이라 한다)	Ar(아르곤)
불연성 · 불활성기체혼합가스(이하 "IG-100"이라 한다)	N_2(질소)
불연성 · 불활성기체혼합가스(이하 "IG-541"이라 한다)	N_2(질소):52%, Ar(아르곤):40%, CO_2(이산화탄소):8%
불연성 · 불활성기체혼합가스(이하 "IG-55"이라 한다)	N_2(질소):50%, Ar(아르곤):50%

암기팁! 불활성기체 소화약제 : N_2(질소): Ar(아르곤):CO_2(이산화탄소) → 지랄탄(질알탄)을 쏴라!!!

26. 옥내저장소 내부에 체류하는 가연성 증기를 지붕 위로 방출시키는 배출설비를 하여야 하는 위험물은?

① 과염소산
　제6류(산화성 액체)

② 과망가니즈산칼륨
　제1류(산화성 고체)

③ 피리딘
　제4류(인화성 액체)

④ 과산화나트륨
　제1류(산화성 고체)

해 위험물안전관리법령상 인화점이 70℃ 미만인 위험물의 옥내저장소 저장창고에는 내부에 체류한 가연성의 증기를 지붕 위로 배출하는 설비를 갖추어야 하는데, 피리딘(인화점 20℃)은 인화의 위험성이 있는 기름으로, 인화점이 70℃ 미만이므로... 가연성 증기를 방출하는 배출설비를 하여야 한다.

27. 고체의 일반적인 연소형태에 속하지 않는 것은?

① 표면연소

② 확산연소
　기체의 연소형태

③ 자기연소

④ 증발연소

해 고체의 연소
- 표면연소 : 공기와 접촉하는 고체표면에서 연소가 일어나는 것 - 숯, 코크스, 목탄, 금속분
- 분해연소 : 열분해하여 발생한 가연성기체가 공기 중에서 연소하는 것 - 석탄, 종이, 플라스틱, 고무, 목재, 섬유
- 증발연소 : 증발에 의해 생긴 증기가 공기 중에서 연소하는 것 - 나프탈렌, 왁스, 황, 양초, 파라핀
- 자기연소 : 물질 내부에 산소공급원을 가진 물질이 연소하는 것 - 나이로셀룰로오스, TNT, 피크린산, 셀룰로이드

암기팁! 고체의 연소 : 표분증자~~ 표숯코목탄금속 분석종플고목섬 증나왁황양파 자니티피셀

28. 알코올 화재 시 수성막포 소화약제는 내알코올포 소화약제에 비하여 소화효과가 낮다. 그 이유로서 가장 타당한 것은?

① 소화약제와 섞이지 않아서 연소면을 확대하기 때문에
② 알코올은 포와 반응하여 가연성가스를 발생하기 때문에
③ 알코올이 연료로 사용되어 불꽃의 온도가 올라가기 때문에
④ 수용성 알코올로 인해 포가 소멸되기 때문에

해 수용성 액체인 알코올 화재 시, 일반적인 수성막포 소화약제를 사용하면 포수용액의 물 성분이 수용성 위험물(알코올)에 녹아 소포(포가 터지는 것)되므로, 소화 효과를 잃게 된다.

29. 위험물안전관리법령상 전기설비에 적응성이 없는 소화설비는?

① 포소화설비
② 불활성가스소화설비
③ 물분무소화설비
④ 할로젠화합물소화설비

해
- 전기설비의 화재에는 감전의 우려가 있어 주수(물)에 의한 냉각소화를 금지하고... 불활성가스소화설비, 물분무소화설비, 할로젠화합물소화설비 등에 의한 질식소화를 한다.
- ① 포소화설비는 물과 관련된 소화설비(수계 소화설비 - 냉각소화)이므로, 전기설비에는 적응성이 없지만... ② 불활성가스소화설비, ③ 물분무소화설비 및 ④ 할로젠화합물소화설비 등은 가스와 관련된 소화설비(가스계 소화설비 - 질식소화)이므로, 전기설비에 적응성이 있다.

30. 분말소화설비에서 분말소화약제의 가압용 가스로 사용하는 것은?

① CO_2
② He
③ CCl_4
④ Cl_2

해 분말소화설비의 기준에 따르면, 전역방출방식 또는 국소방출방식의 분말소화설비의 가압용 또는 축압용 가스는 불에 잘 타지 않고 안전한 질소(N_2) 또는 이산화탄소(CO_2)로 해야 한다.

31. 폭굉 유도 거리(DID)가 짧아지는 요건에 해당되지 않은 것은?

① 정상 연소 속도가 큰 혼합가스일 경우
② 관속에 방해물이 없거나 관경이 큰 경우
③ 압력이 높을 경우
④ 점화원의 에너지가 클 경우

해 폭굉유도거리(DID)는 최초의 완만한 연소에서 폭굉까지 발전하는데 필요한 거리를 말하는데... 힘(압력)이 세(높)거나 속도가 커지면 빨리 이동하여 짧아지고, 관속에 장애물(이물질)이 없거나 관경이 크면 압력이 약해져서 길어진다.

32. 자연발화가 잘 일어나는 조건에 해당하지 않는 것은?

① 주위 습도가 높을 것
② 열전도율이 클 것
③ 주위 온도가 높을 것
④ 표면적이 넓을 것

해 열전도율이 크면(높으면)... 열이 쉽게 이동하여 열의 축적이 어려워지므로, 자연발화가 잘 일어나지 않는다.

33. 위험물제조소에 옥내소화전이 가장 많이 설치된 층의 옥내소화전 설치개수가 2개이다. 위험물안전관리법령의 옥내소화전설비 설치기준에 의하면 수원의 수량은 얼마 이상이 되어야 하는가?

    ① 7.8㎥   ② 15.6㎥   ③ 20.6㎥   ④ 78㎥

해 • 위험물안전관리법령에 따르면, 수원의 수량은 옥내소화전이 가장 많이 설치된 층의 옥내소화전 설치개수(설치
   개수가 5개 이상인 경우는 5개)에 7.8㎥를 곱한 양 이상이 되도록 설치해야 한다.
  • 옥내소화전설비 수원의 수량 = 최대층 소화전 수(최대 5개까지만) × 7.8㎥ = 2 × 7.8㎥ = 15.6㎥ 이상

34. 제조소등의 관계인이 예방규정을 정하여야 하는 제조소등이 아닌 것은?

    ① 지정수량 100배의 위험물을 저장하는 옥외탱크저장소
    ② 지정수량 150배의 위험물을 저장하는 옥내저장소
    ③ 지정수량 10배의 위험물을 취급하는 제조소
    ④ 지정수량 5배의 위험물을 취급하는 이송취급소

해 예방규정의 대상
  • 지정수량의 10배 이상의 위험물을 취급하는 제조소 · 일반취급소
  • 지정수량의 100배 이상의 위험물을 저장하는 옥외저장소
  • 지정수량의 150배 이상의 위험물을 저장하는 옥내저장소
  • 지정수량의 200배 이상의 위험물을 저장하는 옥외탱크저장소
  • 암반탱크저장소, 이송취급소

35. 물의 특성 및 소화효과에 관한 설명으로 틀린 것은?

    ① 이산화탄소보다 기화잠열이 크다.   ② 극성분자이다.
    ③ 이산화탄소보다 비열이 작다.   ④ 주된 소화효과가 냉각소화이다.

해 물의 비열은 1cal/g·℃이고, 이산화탄소의 비열은 0.2cal/g·℃ 이므로... 물이 이산화탄소보다 비열이 크다.

36. 할로젠화합물 소화약제를 구성하는 할로젠 원소가 아닌 것은?

    ① 플루오린(F)   ② 염소(Cl)   ③ 브로민(Br)   ④ 네온(Ne)

해 할로젠화합물 소화약제는... 할로젠족 원소[플루오린(F), 염소(Cl), 브로민(Br) 또는 아이오딘(I)] 중 하나 이상의 원
  소를 포함하고 있는 소화약제로서, 연쇄반응을 차단하여 소화하는 화학적 소화효과를 갖는다.

37. 다음 중 화재 시 물을 사용할 경우 가장 위험한 물질은?

① 염소산칼륨　　　　② 인화칼슘　　　　③ 황린　　　　④ 과산화수소

> 해 인화칼슘(인화석회)은 물과 반응하여 수산화칼슘과 유독성 기체인 인화수소(포스핀)를 발생시켜 위험하다.
>
> $$Ca_3P_2(인화칼슘) + 6H_2O(물) \rightarrow 3Ca(OH)_2(수산화칼슘) + 2PH_3(포스핀)$$

38. 이산화탄소 소화기 사용 중 소화기 방출구에서 생길 수 있는 물질은?

① 포스겐　　　　② 일산화탄소　　　　③ 드라이아이스　　　　④ 수소가스

> 해 이산화탄소 소화기는 액체로 저장된 이산화탄소 방사 시, 줄-톰슨 효과(관경이 작은 관을 빠른 속도로 통과할 때 온도가 급강하는 현상)에 의해 -78℃의 드라이아이스(고체탄산)가 방출된다.

39. 주유취급소에 캐노피를 설치하고자 한다. 위험물안전관리법령에 따른 캐노피의 설치 기준이 아닌 것은?

① 캐노피의 면적은 주유취급소 공지면적의 1/2 이하로 할 것
② 배관이 캐노피 내부를 통과할 경우에는 1개 이상의 점검구를 설치할 것
③ 캐노피 외부의 배관이 일광열의 영향을 받을 우려가 있는 경우에는 단열재로 피복할 것
④ 캐노피 외부의 점검이 곤란한 장소에 배관을 설치하는 경우에는 용접이음으로 할 것

> 해 위험물안전관리법령에 따르면, 캐노피(주유취급소의 옥외에서 자동차 등에 위험물을 주입할 때 비나 눈 등을 피하기 위한 시설)의 설치 기준에는 면적에 관한 기준이 없다.

40. 외벽이 내화구조인 위험물저장소 건축물의 연면적이 1,500㎡인 경우 소요단위는?

① 6　　　　② 10　　　　③ 13　　　　④ 14

> 해 저장소의 건축물의 외벽이 내화구조인 것은 연면적 150㎡를 1소요단위로 한다.
>
> $$저장소의 소요단위 = \frac{해당\ 연면적(㎡)}{기준\ 연면적(㎡)/1\ 소요단위} = \frac{1,500㎡}{150㎡/1\ 소요단위} = 10단위$$

41. 다음은 위험물의 성질을 설명한 것이다. 위험물과 그 위험물의 성질을 모두 옳게 연결한 것은?

> A. 건조 질소와 상온에서 반응한다.　　B. 물과 작용하면 가연성 가스를 발생한다.
> C. 물과 작용하면 수산화칼슘을 발생한다.　D. 비중이 1 이상이다.

① K - A, B, C　　　　　　　　② Ca_3P_2 - B, C, D
③ Na - A, C, D　　　　　　　④ CaC_2 - A, B, D

해 인화칼슘(인화석회)은 금수성 물질인데... 비중은 2.51로 물(1)보다 크며, 물과 반응하여 수산화칼슘과 가연성 기체인 인화수소(포스핀)를 발생한다. → B, C, D 만 옳다.

$$Ca_3P_2(인화칼슘) + 6H_2O(물) → 3Ca(OH)_2(수산화칼슘) + 2PH_3(포스핀)$$

✏ **함께 공부**

① 칼륨(K) : 비중은 0.857로 1보다 작고, 물과 반응하여 수산화칼륨과 가연성 기체인 수소(H_2)를 발생하며, 불연성 기체인 건조 질소와는 상온에서 반응하지 않는다. → B만 옳다.
③ 나트륨(Na) : 비중은 0.97로 1보다 작고, 물과 접촉 시 수산화나트륨과 가연성 기체인 수소(H_2)를 생성하며, 불연성 기체인 건조 질소와는 상온에서 반응하지 않는다. → B만 옳다.
④ 탄화칼슘(CaC_2) : 비중은 2.22로 1보다 크고, 물과 반응해서 수산화칼슘과 가연성 기체인 아세틸렌(C_2H_2)을 생성하며, 불연성 기체인 건조 질소와는 상온에서 반응하지 않는다. → B, C, D 만 옳다.

42. 제4류 위험물을 저장하는 이동탱크저장소의 탱크 용량이 19,000L일 때 탱크의 칸막이는 최소 몇 개를 설치해야 하는가?

① 2　　　　　　② 3　　　　　　③ 4　　　　　　④ 5

해 위험물안전관리법령에 따르면, 이동저장탱크는 그 내부에 4,000ℓ 이하마다 3.2㎜ 이상의 강철판 또는 이와 동등 이상의 강도·내열성 및 내식성이 있는 금속성의 것으로 칸막이를 설치하여야 한다.

$$이동저장탱크 \; 칸의 \; 수 = \frac{19,000L}{4,000L} = 4.75 ≒ 5칸$$

∴ 이동저장탱크 칸막이의 수 = 칸의 수 - 1 = 5 - 1 = 4개 (| 1 | 2 | 3 | 4 | 5 |)

43. 위험물안전관리법령상 제1석유류를 저장하는 옥외탱크 저장소 중 소화난이도등급 I에 해당하는 것은? (단, 지중탱크 또는 해상탱크가 아닌 경우이다.)

① 액표면적이 10㎡인 것
② 액표면적이 20㎡인 것
③ 지반면으로부터 탱크 옆판의 상단까지 높이가 4m인 것
④ 지반면으로부터 탱크 옆판의 상단까지 높이가 6m인 것

해 소화난이도등급 I에 해당하는 제조소등

제조소 등의 구분	제조소등의 규모, 저장 또는 취급하는 위험물의 품명 및 최대수량 등
옥외탱크저장소	액표면적이 40㎡ 이상인 것(제6류 위험물을 저장하는 것 및 고인화점위험물만을 100℃ 미만의 온도에서 저장하는 것은 제외)
	지반면으로부터 탱크 옆판의 상단까지 높이가 6m 이상인 것(제6류 위험물을 저장하는 것 및 고인화점위험물만을 100℃ 미만의 온도에서 저장하는 것은 제외)

44. 위험물안전관리법령상 옥외탱크저장소의 기준에 따라 다음의 인화성 액체 위험물을 저장하는 옥외 저장탱크 1~4호를 동일의 방유제 내에 설치하는 경우 방유제에 필요한 최소 용량으로서 옳은 것은?(단, 암반탱크 또는 특수액체위험물탱크의 경우는 제외한다.)

ㄱ. 1호 탱크 - 등유 1,500kL   ㄴ. 2호 탱크 - 가솔린 l,000kL
ㄷ. 3호 탱크 - 경유 500kL   ㄹ. 4호 탱크 - 중유 250kL

① 1,650kL   ② 1,500kL   ③ 500kL   ④ 250kL

해 1. 방유제의 용량
  위험물안전관리법령상 인화성 액체위험물(이황화탄소를 제외)의 옥외탱크저장소의 탱크 주위에는 방유제를 설치하여야 하는데, 방유제의 용량은 아래와 같다.(인화성이 없는 액체위험물의 경우는 100% 이상)
  • 방유제 안에 설치된 탱크가 1기인 때 : 그 탱크 용량의 110% 이상
  • 방유제 안에 설치된 탱크가 2기 이상인 때 : 그 탱크 중 용량이 최대인 것의 용량의 110% 이상
2. 방유제의 용량 계산
  문제의 방유제 안에는 탱크가 4기 설치되어 있으므로...
방유제의 용량 = 탱크 중 용량이 최대인 것의 용량 × 110% 이상 = 1,500kL × 110% 이상 = 1,650kL 이상

45. 질산암모늄에 관한 설명 중 틀린 것은?

① 상온에서 고체이다.　　　　　② 폭약의 제조 원료로 사용할 수 있다.
③ 흡습성과 조해성이 있다.　　　④ 물과 반응하여 발열하고 다량의 가스를 발생한다.

해 질산암모늄(NH_4NO_3)은 산소공급원의 역할을 하는 고체로, 물에 녹을 때 흡열반응을 일으키며, 가스를 발생하지 않는다.

46. 옥내저장소에서 위험물을 유별로 정리하고 서로 1m 이상의 간격을 두는 경우 유별을 달리하는 위험물을 동일한 저장소에 저장할 수 있는 것은?

① 과산화나트륨과 벤조일퍼옥사이드
　　제1류　　　　　제5류

② 과염소산나트륨과 질산
　　제1류　　　제6류

③ 황린과 트라이에틸알루미늄
　　제3류　　　제5류

④ 황과 아세톤
　　제2류　제4류

해 옥내저장소 또는 옥외저장소에 있어서 다음의 위험물을 저장하는 경우로서 위험물을 유별로 정리하여 저장하는 한편, 서로 1m 이상의 간격을 두는 경우에는 동일한 저장소에 저장할 수 있다.

제1류 위험물 (알칼리금속의 과산화물 또는 이를 함유한 것을 제외)	제5류 위험물
제1류 위험물	제6류 위험물
제1류 위험물	제3류 위험물 중 자연발화성물질 (황린 또는 이를 함유한 것)
제2류 위험물 중 인화성고체	제4류 위험물
제3류 위험물 중 알킬알루미늄등	제4류 위험물 (알킬알루미늄 또는 알킬리튬을 함유한 것)
제4류 위험물 중 유기과산화물 또는 이를 함유하는 것	제5류 위험물 중 유기과산화물 또는 이를 함유한 것

암기팁! 옥내저장소 또는 옥외저장소에서 위험물을 동일한 저장소에 저장○
: 16 24(인) 34(알) 45(유) 13(자발) 15(알금과 제외)

47. 벤젠에 진한 질산과 진한 황산의 혼산을 반응시켜 얻어지는 화합물은?

① 피크린산　　　　② 아닐린　　　　③ TNT　　　　④ 나이트로벤젠

해 나이트로벤젠($C_6H_5NO_2$)은 인화의 위험성이 있는 기름으로, 벤젠에 진한 질산과 진한 황산을 반응하여 얻는다.

$$C_6H_6(벤젠) + HNO_3(질산) \xrightarrow{c-H_2SO_4} C_6H_5NO_2(나이트로벤젠) + H_2O(물)$$

48. 그림과 같은 타원형 탱크의 내용적은 약 몇 ㎥인가?

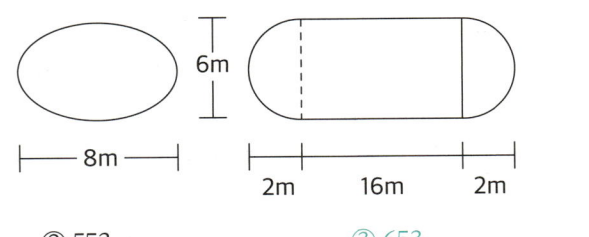

① 453   ② 553   ③ 653   ④ 753

해 위험물안전관리에 관한 세부기준에 따르면, 문제의 그림과 같은 타원형 탱크 중 양쪽이 볼록한 것의 내용적은 아래와 같다.

$$\frac{\pi ab}{4}\left(\ell + \frac{\ell_1 + \ell_2}{3}\right) = \frac{\pi \times 8 \times 6}{4}\left(16 + \frac{2+2}{3}\right) = 653.45\text{㎥}$$

- 타원의 가로길이(a) = 8m
- 타원의 세로길이(b) = 6m
- 타원의 직사각형의 가로길이(ℓ) = 16m
- 타원의 앞 볼록한 부분의 가로길이(ℓ_1) = 2m
- 타원의 뒤 볼록한 부분의 가로길이(ℓ_2) = 2m

49. 위험물 간이탱크 저장소의 간이저장탱크 수압시험 기준으로 옳은 것은?

① 50kPa의 압력으로 7분간의 수압시험   ② 70kPa의 압력으로 10분간의 수압시험
③ 50kPa의 압력으로 10분간의 수압시험   ④ 70kPa의 압력으로 7분간의 수압시험

해 위험물안전관리법령상 간이저장탱크는 70㎪의 압력으로 10분간의 수압시험을 실시하여 새거나 변형되지 아니하여야 한다.

50. 다음 중 독성이 있고, 제2석유류에 속하는 것은?

① CH_3CHO
아세트알데하이드(특수인화물)

② C_6H_6
벤젠(제1석유류)

③ $C_6H_6CH = CH_2$
스티렌(제2석유류)

④ $C_6H_5NH_2$
아닐린(제3석유류)

해 제2석유류의 종류 : 등유, 경유, 초산, 의산, 에틸셀르솔브, 스티렌, 벤즈알데하이드, 클로로벤젠, 송근유, 아크릴산, 하이드라진 등

51. 운송책임자의 감독, 지원을 받아 운송하여야 하는 위험물에 해당하는 것은?

① 칼륨, 나트륨

② 알킬알루미늄, 알킬리튬

③ 제1석유류, 제2석유류

④ 나이트로글리세린, 트라이나이트로톨루엔

> 해 위험물운송책임자의 감독 · 지원을 받아 운송해야 하는 위험물
> - 알킬알루미늄
> - 알킬리튬
> - 알킬알루미늄 또는 알킬리튬을 함유하는 위험물

52. 탄화칼슘에 대한 설명으로 틀린 것은?

① 화재 시 이산화탄소소화기가 적응성이 있다.

② 비중은 약 2.2로 물보다 무겁다.

③ 질소 중에서 고온으로 가열하면 $CaCN_2$가 얻어진다.

④ 물과 반응하면 아세틸렌가스가 발생한다.

> 해 탄화칼슘(카바이드)은 가스와 반응하여 발화의 위험성이 있거나, 물과 접촉하여 가연성가스를 발생하는 위험성이 있으므로, 화재 시에 물 또는 가스와 관련된 소화설비로 소화할 수 없고... 탄산수소염류(금속화재용) 분말소화설비, 건조사(마른모래), 팽창질석, 팽창진주암 등에 의한 질식소화를 한다.

53. 염소산나트륨의 위험성에 대한 설명 중 틀린 것은?

① 조해성이 강하므로 저장용기는 밀전한다.

② 산과 반응하여 이산화염소를 발생한다.

③ 황, 목탄, 유기물 등과 혼합한 것은 위험하다.

④ 유리용기를 부식시키므로 철제용기에 저장한다.

> 해 염소산나트륨($NaClO_3$)은 산소를 함유하고 있어 산소공급원의 기능을 하는 고체로... 저장 시 철제용기는 부식시키므로, 부식되지 않는 유리용기에 저장한다.

54. 다음 중 물과 반응할 때 위험성이 가장 큰 것은?

① 과산화나트륨   ② 과산화바륨   ③ 과산화수소   ④ 과염소산나트륨

해 과산화나트륨은 물과 반응하여 발열하고 산소를 발생하므로, 매우 위험하다.

$$2Na_2O_2(\text{과산화나트륨}) + 2H_2O(\text{물}) \rightarrow 4NaOH(\text{수산화나트륨}) + O_2(\text{산소})$$

🖉 **함께 공부**

② 과산화바륨(BaO_2)도 물과 반응 시 산소를 발생하므로 위험성이 있지만… 주기율표상 Na(나트륨)은 1족에, Ba(바륨)은 2족에 해당하므로, 반응성은 Na(나트륨)이 더 크다. 따라서 물과 반응할 때의 위험성은 과산화나트륨이 과산화바륨보다 크다.

55. 지정수량의 10배를 초과하는 위험물을 취급하는 제조소에 확보하여야 하는 보유공지의 너비는?

① 1m 이상   ② 3m 이상   ③ 5m 이상   ④ 7m 이상

해 제조소의 보유공지

취급하는 위험물의 최대수량	공지의 너비
지정수량의 10배 이하	3m 이상
지정수량의 10배 초과	5m 이상

56. 주유취급소의 고정주유설비는 고정주유설비의 중심선을 기점으로 하여 도로경계선까지 몇 m 이상 떨어져 있어야 하는가?

① 2   ② 3   ③ 4   ④ 5

해 위험물안전관리법령에 따르면, 고정주유설비는 고정주유설비의 중심선을 기점으로 하여 도로경계선까지 4m 이상의 거리를 유지해야 한다.

57. 동식물유류에 대한 설명으로 틀린 것은?

① 아이오딘화 값이 작을수록 자연발화의 위험성이 높아진다.
② 아이오딘화 값이 130 이상인 것은 건성유이다.
③ 건성유에는 아마인유, 들기름 등이 있다.
④ 인화점이 물의 비점보다 낮은 것도 있다.

해 아이오딘값이 크다는 것은... 불포화도(안정되지 않은 정도)가 높고, 산소와의 반응성이 커서 자연발화성이 높다는 의미이다.

58. 위험물의 저장법으로 옳지 않은 것은?

① 금속 나트륨은 석유 속에 저장한다.
② 황린은 물 속에 저장한다.
③ 질화면은 물 또는 알코올에 적셔서 저장한다.
④ 알루미늄분은 분진발생 방지를 위해 물에 적셔서 저장한다.

해 알루미늄분은 물과 반응하여 가연성 기체인 수소를 발생하므로, 밀폐 용기에 넣어 건조한 곳에 보관한다.

59. 아세톤에 관한 설명 중 틀린 것은?

① 무색의 액체로서 특이한 냄새를 가지고 있다.
② 가연성이며 비중은 물 보다 작다.
③ 화재 발생 시 이산화탄소나 포에 의한 소화가 가능하다.
④ 알코올, 에터에 녹지 않는다.

해 아세톤(CH_3COCH_3)은 인화의 위험성이 있는 기름으로, 물과 유기용제 등(알코올, 에터, 휘발유 등)에 잘 녹는다.

60. 위험물안전관리법령에 따르면 보냉장치가 없는 이동저장 탱크에 저장하는 아세트알데하이드의 온도는 몇 ℃ 이하로 유지하여야 하는가?

① 30　　　　　② 40　　　　　③ 50　　　　　④ 60

해 위험물안전관리법령에 따르면, 보냉장치(저온을 유지하기 위한 장치) 없는 이동저장탱크에 저장하는 아세트알데하이드등 또는 다이에틸에터등의 온도는 40℃ 이하로 유지하여야 한다.

암기팁! 저장 시 온도 : 아~~싸(4)~~ 거북이 보이가 없지만 노래는 영원하다.

2021년 제4회 CBT 복원문제

1과목 | 물질의 물리 · 화학적 성질

01. 다음 중에서 산성이 가장 강한 것은?

① $[H^+] = 2 \times 10^{-3} mol/L$ ② pH = 3

③ $[OH^-] = 2 \times 10^{-3} mol/L$ ④ pOH = 3

해 위 물질들의 pH를 구한 값 중 0에 가까운 값을 가지는 물질이 산성은 가장 강하다.

① $[H^+] = 2 \times 10^{-3} mol/L$: $pH = -\log[H^+] = -\log(2 \times 10^{-3}) = 2.7$

② pH = 3 : pH = 3

③ $[OH^-] = 2 \times 10^{-3} mol/L$: $pOH = -\log[OH^-] = -\log(2 \times 10^{-3}) = 2.7$

$\to pH = 14 - pOH = 14 - 2.7 = 11.3$

④ pOH = 3 : pH + pOH = 14 → pH = 14 - pOH = 14 - 3 = 11

✎ **함께 공부**

pH(수소이온농도지수) : 어떤 용액의 산성도나 염기성(알칼리성)도

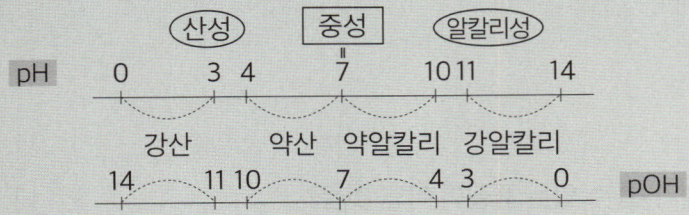

02. NH₄Cl에서 배위결합을 하고 있는 부분을 옳게 설명한 것은?

① NH₃의 N-H 결합

② NH₃와 H⁺과의 결합

③ NH₄⁺과 Cl⁻과의 결합

④ H⁺과 Cl⁻과의 결합

해 NH₄Cl(염화암모늄)은 수용액 상태에서 NH_4^+(암모늄이온)과 Cl^-(염화이온)으로 해리되는데, 이 중에서 NH_4^+(암모늄이온)은... 암모니아(NH_3)와 수소 이온(H^+)의 배위결합으로 이루어진다.

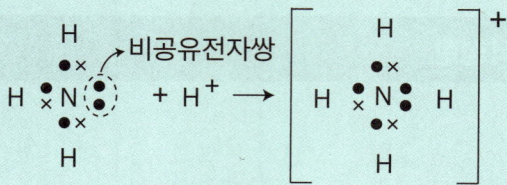

✎ 함께 공부

배위결합 : 비공유 전자쌍을 가지고 있는 분자 또는 이온이 전자 없이 텅 비어있는 오비탈만을 가진 원자, 분자 또는 이온 등에게 일방적으로 비공유 전자쌍을 줌으로써 이루어지는 결합

03. 다이크로뮴산이온($Cr_2O_7^{2-}$)에서 Cr의 산화수는?

① + 3

② + 6

③ + 7

④ + 12

해 산화수는 분자 또는 이온 내에 있는 원자가 얻거나 잃는 전자의 수를 의미하며, 다이크로뮴산이온($Cr_2O_7^{2-}$)에서 Cr의 산화수는 +6이다. : $Cr \times 2 + (-2) \times 7 = -2 \rightarrow Cr = +6$

04. 일반적으로 환원제가 될 수 있는 물질이 아닌 것은?

① 수소를 내기 쉬운 물질

② 전자를 잃기 쉬운 물질

③ 산소와 화합하기 쉬운 물질

④ 발생기의 산소를 내는 물질

해 환원제(가연물)는 자기 자신은 산화(산소를 얻는 것)되고 남을 환원시켜주는 물질이며, 산화제(산소공급원)는 자기 자신은 환원(산소를 잃는 것)되고 남을 산화시켜주는 물질이므로... 발생기(매우 큰 반응성을 보이는 상태)의 산소를 내는 물질은 자기 자신이 환원되어 산화제로 작용하므로, 환원제가 될 수 없다.

05. 표준상태에서 어떤 기체 2.8L의 무게가 3.5g이었다면 다음 중 어느 기체의 분자량과 같은가?

① CO_2
이산화탄소(44)

② NO_2
이산화질소(46)

③ SO_2
이산화황(64)

④ N_2
질소(28)

해 기체의 분자량은 이상기체 상태방정식 공식을 이용하여 구할 수 있으며, 아래의 이상기체 상태방정식 공식에서 분자량(M)을 기준으로 식을 정리하고 값을 대입하면...

$$PV = nRT = \frac{W}{M}RT \;\rightarrow\; M = \frac{WRT}{PV} = \frac{3.5 \times 0.082 \times 273}{1 \times 2.8} = 28\,[g/mol]$$

- 질량(W) = 3.5g
- 압력(P) = 1atm
- 부피(V) = 2.8L
- R(기체정수) = 0.082atm · L/mol · K
- 절대온도(T) 중 켈빈온도(K) = 0℃ + 273 = 273K

06. KNO_3의 물에 대한 용해도는 70℃에서 130이며 30℃에서 40이다. 70℃의 포화용액 260g을 30℃로 냉각시킬 때 석출되는 KNO_3의 양은 약 얼마인가?

① 92g
② 101g
③ 130g
④ 153g

해 1. 고체의 용해도는 특정온도에서 용매100g에 녹을 수 있는 용질의 최대량을 g수로 나타낸 것으로, 위의 온도에 따라 각각의 용매, 용질, 용액의 양을 구해보면...

- 70℃에서 : 용해도 130(용질의 최대량이 130g이라는 의미) → 용매 100g + 용질 130g = 포화용액 230g

용액	=	용매	+	용질
포화용액 230g	=	100g	+	130g
포화용액 260g	=	113.04g	+	146.96g

- 위 포화용액 230g에 용질이 130g 용해되어 있으므로, 포화용액 260g에는 용질이 146.96g 용해되어 있다.

용액 230g : 용질 130g = 용액 260g : 용질 χg → χ = 146.96g

- 용매는 113.04g(260g - 146.96g)이다.
- 30℃에서 : 용해도 40(용질의 최대량이 40g이라는 의미) → 용매 100g + 용질 40g = 포화용액 140g

용액	=	용매	+	용질
포화용액 140g	=	100g	+	130g
포화용액 260g	=	214.78g	+	45.22g

- 70℃ 포화용액 230g에 용질이 130g 용해되어 있고, 포화용액 260g에는 용질이 146.96g 용해되어 있다.
- 30℃ 포화용액 140g에 용질이 40g 용해되어 있으므로, 포화용액 260g에는 용질이 45.22g 용해되고 있다.

용질 130g : 용질 146.96g = 용질 40g : 용질 χg → χ = 45.22g

- 용매는 214.78g(260g - 45.22g)이다.
2. 70℃의 포화용액 260g를 30℃로 냉각시키면, 101.74g(146.96g - 45.22g)의 KNO_3(질산칼륨)이 용해되지 않고 석출된다.

07. 다음 물질 중 질소를 함유하는 것은?

   ① 나일론　　　　　　② 폴리에틸렌　　　　　③ 폴리염화비닐　　　　④ 프로필렌

해 나일론은 폴리 아마이드계($R-CONH-R'$)$_n$(R, R' : 알킬기)이므로, 질소를 함유하고 있다.

✏ **함께 공부**

② 폴리에틸렌[(CH_2-CH_2)$_n$], ③ 폴리염화비닐[(CH_2-CHCl)$_n$] 및 ④ 프로필렌(C_3H_6) 등은 물질에 질소(N)를 함유하고 있지 않다.

08. 전이원소의 일반적인 설명으로 틀린 것은?

   ① 주기율표의 17족에 속하며 활성이 큰 금속이다.
   ② 밀도가 큰 금속이다.
   ③ 여러 가지 원자가의 화합물을 만든다.
   ④ 녹는점이 높다.

해 전이원소는 주기율표의 3족 ~ 12족에 속하는 원소로, 대부분 활성(반응성)이 작은 금속으로 구성되어 있다.

09. 화학반응에서 발생 또는 흡수되는 열량은 그 반응 전의 물질의 종류와 상태 및 반응 후의 물질의 종류와 상태가 결정되면 그 도중의 경로에는 관계가 없다는 법칙은?

   ① 반트-호프의 법칙　　　　　　　② 르샤틀리에의 법칙
   ③ 아보가드로의 법칙　　　　　　　④ 헤스의 법칙

해 헤스(Hess)의 법칙은 화학반응에서 반응열은 그 반응의 시작과 끝 상태만으로 결정되고, 도중의 경로에는 관계하지 않는다는 법칙으로... 화학적 변화가 일어날 때 반응경로와는 상관없이 총열량은 보존된다고 하여 총열량 보존의 법칙이라고도 한다.

10. 사이클로헥산에 대한 설명으로 옳은 것은?

① 불포화고리 탄화수소이다.　　　② 불포화사슬 탄화수소이다.

③ 포화고리 탄화수소이다.　　　④ 포화사슬 탄화수소이다.

해 사이클로헥산(C_6H_{12})은 탄소(C)원자 6개와 수소(H)원자 12개로 이루어진 포화고리 탄화수소화합물(단일결합)이다.

11. 다음 중 유리기구 사용을 피해야 하는 화학반응은?

① $CaCO_3$ + HCl　　　　　② Na_2CO_3 + $Ca(OH)_2$

③ Mg + HCl　　　　　④ CaF_2 + H_2SO_4

해 HF(플루오린화수소)는 무색의 독성이 강한 기체로... 유리를 침식(부식)시키는 성질이 있어서 저장 시 유리기구 등은 사용하지 못하고, 폴리에틸렌과 같은 합성수지 용기에 외부 공기를 차단하여 저장한다.

$$CaF_2(플루오린화칼슘) + H_2SO_4(황산) \rightarrow CaSO_4(황산칼슘) + 2HF(플루오린화수소)$$

✎ **함께 공부**

① $CaCO_3$(탄산칼슘) + $2HCl$(염화수소) → $CaCl_2$(염화칼슘) + H_2CO_3(탄산)

② Na_2CO_3(탄산나트륨) + $Ca(OH)_2$(수산화칼슘) → $2NaOH$(수산화나트륨) + $CaCO_3$(탄산칼슘)

③ $2Mg$(마그네슘) + $2HCl$(염화수소) → $2MgCl_2$(염화마그네슘) + H_2(수소)

12. 방사성 동위원소의 반감기가 20일일 때 40일이 지난 후 남은 원소의 분율은?

① $\frac{1}{2}$　　　　② $\frac{1}{3}$　　　　③ $\frac{1}{4}$　　　　④ $\frac{1}{6}$

해 반감기가 20일인 방사성 동위원소는 20일이 지나면 최초 양의 절반(1/2)으로 질량이 감소한다는 의미이므로, 40일이 경과하면 반감기가 2번 진행되어, 최초 양의 1/4로 질량이 감소한다.

13. 부틸알코올과 이성질체인 것은?

① 메틸알코올   ② 다이에틸에터

③ 아세트산   ④ 아세트알데하이드

> 해 부틸알코올[$C_4H_9OH(C_4H_{10}O)$]과 이성질체인 것은... 분자를 구성하는 원소의 수[C(탄소) 4개, H(수소) 10개, O(산소) 1개]가 같은 다이에틸에터[$C_2H_5OC_2H_5(C_4H_{10}O)$]이다.

✏ **함께 공부**

① 메틸알코올[$CH_3OH(CH_4O)$] : C(탄소) 1개, H(수소) 4개, O(산소) 1개
③ 아세트산[$CH_3COOH(C_2H_4O_2)$] : C(탄소) 2개, H(수소) 4개, O(산소) 2개
④ 아세트알데하이드[$CH_3CHO(C_2H_4O)$] : C(탄소) 2개, H(수소) 4개, O(산소) 1개

14. 황산구리 수용액을 전기분해하여 음극에서 63.54g의 구리를 석출시키고자 한다. 10A의 전기를 흐르게 하면 전기분해에는 약 몇 시간이 소요되는가? (단, 구리의 원자량은 63.54이다.)

① 2.72   ② 5.36   ③ 8.13   ④ 10.8

> 해 1. 1패러데이(F)
>   어떤 물질 1g당량을 석출하기 위해 필요한 전기량인 96,500C(쿨롱)를 의미하므로, 구리 1g당량을 석출하기 위해서는 1F(96,500C)의 전기량이 필요하다.
> 2. 석출되는 구리(Cu)의 양
>   - 구리 1g당량은 31.77g이므로, 문제의 구리 63.54g는 구리 2g당량에 해당하며, 이 구리를 석출하기 위해서는 2F(2 × 96,500C = 193,000C)의 전기량이 필요하게 된다.
>   - 구리 1g당량 = $\dfrac{\text{원자량}}{\text{원자가}}$ = $\dfrac{63.54g}{2}$ = 31.77g [구리(Cu)의 원자가 = +2]
> 3. 전기량 공식
> $$Q(\text{전기량, C}) = I(\text{전류, A}) \times t(\text{시간, s}) \rightarrow t = \frac{Q}{I} = \frac{193,000}{10} = 19,300s = 19,300s \times \frac{1h}{3,600s} = 5.36\,[h]$$
>   - 전기량(Q) = 193,000C
>   - 전류(I) = 10A

15. 8g의 메탄을 완전연소 시키는데 필요한 산소분자의 수는?

① 6.02×10^{23} ② 1.204×10^{23} ③ 6.02×10^{24} ④ 1.204×10^{24}

해 1. 문제의 이해

메탄을 연소시키면 이산화탄소와 수증기가 생성되는데, 그 산소기체가 얼마의 분자수로 필요한지 구하는 문제로... 이는 화학반응식에서 몰수 관계와 아보가드로의 법칙을 적용한 후 비례식을 통해 구할 수 있다.

2. 화학반응식

$$CH_4(메탄) \quad + \quad 2O_2(산소) \quad \rightarrow \quad CO_2(이산화탄소) \quad + \quad 2H_2O(수증기)$$

16g   : $2 \times 6.023 \times 10^{23}$개

8g   : χ개

$$\chi 개 = \frac{2 \times 6.023 \times 10^{23} 개}{16g} \times 8g = 6.023 \times 10^{23} 개$$

16. 다음 반응에서 Na^+ 이온의 전자배치와 동일한 전자배치를 갖는 원소는?

$Na + 에너지 \rightarrow Na^- + + e^-$

① He
헬륨 전자수-2개

② Ne
네온 전자수-10개

③ Mg
마그네슘 전자수-12개

④ Li
리튬 전자수-3개

해 Na^+(나트륨이온)은 Na(나트륨) 원자가 전자 1개를 잃어버리고 +1가의 양이온이 된 상태로, Na^+(나트륨이온)의 전자수는 10개(11개-1개)인데... 지문의 원소가 Na^+(나트륨이온) 이온의 전자배치와 동일한 전자배치를 가지려면 전자수가 10개이어야 한다.

17. 물 200g에 A 물질 2.9g을 녹인 용액의 어는점은? (단, 물의 어는점 내림 상수는 1.86℃ · kg/mol이고, A 물질의 분자량은 58이다.)

① -0.017℃   ② -0.465℃   ③ -0.932℃   ④ -1.871℃

해 1. 용액의 어는점($\triangle T$, ℃)은 아래의 어는점 내림공식을 이용하여 구할 수 있으므로, 각각의 값을 대입하면...

$$\triangle T = K_f \times \frac{W}{M} \times \frac{1,000}{a} = 1.86 \times \frac{2.9}{58} \times \frac{1,000}{200} = 0.465 [℃]$$

• 어는점 내림 상수(K_f) = 1.86℃ · kg/mol
• A물질(용질) 질량(W) = 2.9g
• A물질(용질) 분자량(M) = 58g/mol
• 물(용매) 질량(a) = 200g

2. 용액의 빙점은 물의 빙점 0℃보다 0.465℃ 더 낮으므로, 0℃-0.465℃ = -0.465℃가 된다.

18. 수소와 질소로 암모니아를 합성하는 반응의 화학반응식은 다음과 같다. 암모니아의 생성률을 높이기 위한 조건은?

$$N_2 + 3H_2 \rightarrow 2NH_3 + 22.3Kcal$$

① 온도와 압력을 낮춘다.　　　　　　　② 온도는 낮추고, 압력은 높인다.
③ 온도를 높이고, 압력을 낮춘다.　　　④ 온도와 압력을 높인다.

> 해 · 온도의 영향
> 　　N_2(질소)와 $3H_2$(수소)가 반응하여 $2NH_3$(암모니아)를 생성할 때, 열을 방출하는 발열반응을 하므로... 온도를 감소(열 제거)시켜서 열을 보충하는 방향인 발열(열 방출, +열)반응 쪽으로 이동하게 한다.
> · 압력의 영향
> 　　반응물의 기체의 몰수는 4몰[1몰(N_2) + 3몰(H_2) = 4몰]이고, 생성물의 기체의 몰수는 2몰[2몰(NH_3)]이므로... 압력을 증가시켜서 기체의 몰수가 작은 방향으로 이동하게 한다.

19. 원자량이 56인 금속 M 1.12g을 산화시켜 실험식이 MxOy인 산화물 1.60g을 얻었다. x, y는 각각 얼마인가?

① x = 1, y = 2　　　　② x = 2, y = 3　　　　③ x = 3, y = 2　　　　④ x = 2, y = 1

> 해 위 산화물($M_x O_y$)의 실험식은 아래의 공식을 통해 몰수를 구한 후, 금속(M)과 산소(O)의 원자수 비율을 비교하면 알아낼 수 있다.
> 1. 금속(M)과 산소(O)의 몰(수) 계산
> · 금속(M)의 몰(수) 계산 : 몰(수)[mol] = $\dfrac{질량(g)}{원자량(g/mol)}$ = $\dfrac{1.12\,g}{56\,g/mol}$ = 0.02 [mol]
> · 산소(O)의 몰(수) 계산 : 몰(수)[mol] = $\dfrac{질량(g)}{원자량(g/mol)}$ = $\dfrac{0.48\,g}{16\,g/mol}$ = 0.03 [mol]
> 2. 금속(M)과 산소(O)의 원자수 비율을 비교
> 　　금속(M) : 산소(O) = 0.02 : 0.03 = $\dfrac{0.02}{0.02}$: $\dfrac{0.03}{0.02}$ = 1 : 1.5 = 10 : 15 = 2 : 3
> 　　∴ 구하고자 하는 산화물의 화학식 = $M_2 O_3$　→　x = 2, y = 3

20. 압력이 P일 때 일정한 온도에서 일정량이 액체에 녹는 기체의 부피를 V라 하면 압력이 nP일 때 녹는 기체의 부피는?

① V/n　　　　　　② nV　　　　　　③ V　　　　　　④ n/V

> 해 일정한 온도에서 기체의 용해도는 기체의 부분 압력에 비례하는데(헨리의 법칙)... 이는 일정한 온도에서 기체의 용해도는 압력에 의해서만 영향을 받고, 부피는 항상 일정하다는 의미이다.(기체의 용해도는 압력만의 함수이다)
> · 압력 = P일 때, 일정한 온도에서 기체의 용해도는... 압력 P에 비례하고, 부피 V는 항상 일정하다.
> · 압력 = nP일 때, 일정한 온도에서 기체의 용해도는... 압력 nP에 비례하고, 부피 V는 변함이 없다.

21. 위험물안전관리법령상 연소의 우려가 있는 위험물제조소의 외벽의 기준으로 옳은 것은?

① 개구부가 없는 불연재료의 벽으로 하여야 한다.
② 개구부가 없는 내화구조의 벽으로 하여야 한다.
③ 출입구 외의 개구부가 없는 불연재료의 벽으로 하여야 한다.
④ 출입구 외의 개구부가 없는 내화구조의 벽으로 하여야 한다.

해 위험물안전관리법령에 따르면, 연소의 우려가 있는 위험물제조소의 외벽은 화재로부터 견딜 수 있도록(내화) 출입구 외(사람은 이동해야 하므로)에는 개구부가 없도록 내화구조의 벽으로 하여야 한다.

22. 불꽃의 표면온도가 300℃에서 360℃ 로 상승하였다면 300℃ 보다 약 몇 배의 열을 방출하는가?

① 1.49배　　　　② 3배　　　　③ 7.27배　　　　④ 10배

해 복사에너지는 스테판-볼츠만 법칙으로 나타낼 수 있으며, 고온체와 저온체 간의 복사에너지 배수 관계는 아래의 공식에 대입하여 구할 수 있다.

$$\frac{Q_1(고온체\ 복사에너지)}{Q_2(저온체\ 복사에너지)} = \frac{\sigma_1 \times A_1 \times T_1^4\ [K](고온체\ 절대온도)}{\sigma_2 \times A_2 \times T_2^4\ [K](저온체\ 절대온도)} = \frac{\sigma_1 A_1 (633)^4}{\sigma_2 A_2 (573)^4} = 1.49배$$

• T_1(고온체 절대온도) = 360℃ + 273 = 633K
• T_2(저온체 절대온도) = 300℃ + 273 = 573K

✏ **함께 공부**

스테판-볼츠만 법칙 : 복사에너지는 절대온도의 4승에 비례하고, 복사를 받는 물체의 단면적에 비례한다는 법칙이다.

$$Q(복사에너지, 복사열량) = \sigma A T^4$$

• σ[스테판-볼츠만 상수(시그마), $W/m^2 K^4$] : 5.67×10^{-8}
• A[단면적, m^2] : 복사를 받는 물체의 단면적
• T[절대온도, K] = 온도(℃) + 273

23. 위험물안전관리법령상 제1류 위험물에 속하지 않는 것은?

① 염소산염류   ② 무기과산화물

③ <u>유기과산화물</u>   ④ 다이크로뮴산염류
    제5류 위험물

> 해 제1류 위험물 → 산화성 고체 [가연물을 산화시키는 고체]
> 산소를 함유하고 있어 가연물과 접촉 시 산소공급원의 기능을 하는 고체이다.

24. 트라이에틸알루미늄의 화재 발생 시 물을 이용한 소화가 위험한 이유를 옳게 설명한 것은?

① 가연성의 수소가스가 발생하기 때문에   ② 유독성의 포스핀 가스가 발생하기 때문에

③ 유독성의 포스겐 가스가 발생하기 때문에   ④ 가연성의 에탄가스가 발생하기 때문에

> 해 트라이에틸알루미늄은 물과 반응하여 가연성 기체인 에탄을 발생시키므로, 물을 이용한 소화가 위험하다.
>
> $(C_2H_5)_3Al$(트라이에틸알루미늄) + $3H_2O$(물) → $Al(OH)_3$(수산화알루미늄) + $3C_2H_6$(에탄)

25. 트라이에틸알루미늄의 소화약제로서 다음 중 가장 적당한 것은?

① 마른모래, 팽창질석   ② 물, 수성막포

③ 할로젠화물, 단백포   ④ 이산화탄소, 강화액

> 해 트라이에틸알루미늄은 공기 중에서 발화의 위험성이 있거나, 물과 접촉하여 발화하거나 가연성가스를 발생하는
> 위험성이 있으므로, 화재 시에 물 또는 가스와 관련된 소화설비로 소화할 수 없고... 탄산수소염류(금속화재용) 분
> 말소화설비, 건조사(마른모래), 팽창질석, 팽창진주암 등에 의한 질식소화를 한다.

26. 중유의 주된 연소 형태는?

① 표면연소   ② 분해연소   ③ 증발연소   ④ 자기연소

> 해 액체의 연소
> • 분해연소 : 중유, 윤활유, 동식물유 등 끓는점이 높은 가연성액체가 연소열에 의해 분해되면서 연소되는 것
> • 증발연소 : 알코올, 가솔린, 에터 등의 위험물이 연소열에 의해 액면에서 가연성 증기가 증발되면서 공기와 혼
>   합하여 연소되는 것

27. 94wt% 드라이아이스 100g은 표준상태에서 몇 L의 CO_2가 되는가?

   ① 22.40   ② 47.85   ③ 50.90   ④ 62.74

> 해 드라이아이스가 기체 상태의 이산화탄소(CO_2)로 되었을 때의 부피는 이상기체 상태방정식 공식을 이용하여 구할 수 있으며, 아래의 이상기체 상태방정식 공식에서 부피(V)를 기준으로 식을 정리하고 조건을 대입하면...
>
> $$PV = nRT = \frac{W}{M}RT \rightarrow V = \frac{WRT}{PM} = \frac{94 \times 0.082 \times 273}{1 \times 44} = 47.82[L]$$
>
> - 압력(P) = 1atm
> - 이산화탄소(CO_2) 분자량(M) = 44g/mol
> - 질량(W) = 0.94 × 100g = 94g
> - R(기체정수) = 0.082atm · L/mol · K
> - 절대온도(T) 중 켈빈온도(K) = 0℃ + 273 = 273K

28. 고정지붕구조 위험물 옥외탱크저장의 탱크 안에 설치하는 고정포방출구가 아닌 것은?

   ① 특형 방출구   ② Ⅰ형 방출구
   ③ Ⅱ형 방출구   ④ 표면하 주입식 방출구

> 해 특형 포방출구는 탱크 상부에 지붕이 고정되어 있지 않고, 액면의 움직임에 따라 함께 이동하는 지붕구조(부상지붕구조)의 탱크에 설치하는 고정포방출구이다.

✎ **함께 공부**

고정포 방출구[유류 탱크에 고정되어 포(form, 거품)를 방출하는 곳]의 종류
- Ⅰ형 포방출구 : 고정지붕구조의 탱크에 상부포주입법을 이용하는 것
- Ⅱ형 포방출구 : 고정지붕구조 또는 부상덮개부착고정지붕구조의 탱크에 상부포주입법을 이용하는 것
- Ⅲ형 포방출구(= 표면하 주입식 방출구) : 고정지붕구조의 탱크에 저부포주입법을 이용하는 것
- Ⅳ형 포방출구(= 반표면하 주입식 방출구) : 고정지붕구조의 탱크에 저부포주입법을 이용하는 것
- 특형 포방출구 : 부상지붕구조의 탱크에 상부포주입법을 이용하는 것

29. 위험물취급소의 건축물 연면적이 500㎡인 경우 소요단위는? (단, 외벽은 내화구조이다.)

   ① 2단위   ② 5단위   ③ 10단위   ④ 50단위

> 해 취급소의 건축물의 외벽이 내화구조인 것은 연면적 100㎡를 1소요단위로 한다.
>
> $$취급소의 \; 소요단위 = \frac{해당 \; 연면적(㎡)}{기준 \; 연면적(㎡)/1 \; 소요단위} = \frac{500㎡}{100㎡/1 \; 소요단위} = 5단위$$

30. 가연성의 증기 또는 미분이 체류할 우려가 있는 건축물에는 배출설비를 하여야 하는데 배출능력은 1시간당 배출장소용적의 몇 배 이상인 것으로 하여야 하는가? (단, 국소방식의 경우이다.)

① 5배　　　　　② 10배　　　　　③ 15배　　　　　④ 20배

🔲 위험물안전관리법령상 배출능력은 국소방식(전체 중에서 어느 한 지역을 대상으로 하는 방식)의 경우 1시간당 배출장소 용적의 20배 이상인 것으로 하여야 한다. 다만 전역방식(전체지역을 대상으로 하는 방식)의 경우에는 바닥면적 1㎡당 18㎥ 이상으로 할 수 있다.

암기팁! 배출설비의 배출능력 : 대부분 남자는 20살에 국가에 소집되어, 전역할 때까지 열여덟(18)이라는 말을 입에 달고 산다. 국소20 전역18

31. 위험물안전관리법령상 제3류 위험물 중 금수성 물질 이외의 것에 적응성이 있는 소화설비는?

① 할로젠화합물소화설비　　　　　② 불활성가스소화설비
③ 포소화설비　　　　　④ 분말소화설비

🔲 • 제3류 위험물 중 금수성 물질 이외의 것(황린)은 물과 반응하지 않으므로... 물과 관련된 소화설비(수계 소화설비 – 냉각소화)가 적응성이 있고, 가스와 관련된 소화설비(가스계 소화설비 – 질식소화)는 적응성이 없다.
• ③ 포소화설비는 물과 관련된 소화설비로 황린에 적응성이 있지만... ① 할로젠화합물소화설비, ② 불활성가스소화설비 및 ④ 분말소화설비 등은 가스와 관련된 소화설비로 황린에 적응성이 없다..

32. 분진 폭발을 일으킬 위험성이 가장 낮은 물질은?

① 대리석분말　　　　　② 커피분말
③ 알루미늄분말　　　　　④ 밀가루

🔲 분진폭발은 가연성 분진이 열분해 되어 가연성 가스를 방출할 때, 그 가스가 연소범위를 형성하여 폭발하는 현상이다.
• 원인물질 : 금속분(알루미늄분), 밀가루(소맥분), 황, 석탄분, 목재분, 플라스틱분, 섬유분, 커피분, 먼지 등
• 분진폭발의 위험이 낮은(없는) 것 : 석회석, 대리석, 생석회, 가성소다, 소석회 등

33. 제4류 위험물의 소화방법에 대한 설명 중 틀린 것은?

① 공기차단에 의한 질식소화가 효과적이다.
② 물분무소화도 적응성이 있다.
③ 수용성인 가연성액체의 화재에는 수성막포에 의한 소화가 효과적이다.
④ 비중이 물보다 작은 위험물의 경우는 주수소화가 효과가 떨어진다.

> 해 수용성인 가연성 액체(알코올)의 화재 시, 일반적인 수성막포 소화약제를 사용하면 포수용액의 물 성분이 수용성 위험물에 녹아 소포(포가 터지는 것)되므로, 소화 효과를 잃게 된다.

34. 표준관입시험 및 평판재하시험을 실시하여야 하는 특정옥외저장탱크의 지반의 범위는 기초의 외축이 지표면과 접하는 선의 범위 내에 있는 지반으로서 지표면으로부터 깊이 몇 m까지로 하는가?

① 10   ② 15   ③ 20   ④ 25

> 해 위험물안전관리에 관한 세부기준에 따르면, 특정옥외저장탱크(저장 또는 취급하는 액체위험물의 최대수량이 100만L 이상의 옥외저장탱크)의 지반의 범위는 기초의 외축이 지표면과 접하는 선의 범위 내에 있는 지반으로서 지표면으로부터 깊이 15m까지로 한다.

35. 고온체의 색깔과 온도관계에서 다음 중 가장 낮은 온도의 색깔은?

① 적색   ② 암적색   ③ 휘적색   ④ 백적색
   850℃   700℃   950℃   1,300℃

> 해 온도에 따른 고온체의 색상

색상	온도(℃)
담암적색	520
암적색(진홍색)	700
적색	850
휘적색(주황색)	950
황적색	1100
백적색(백색)	1300
휘백색	1500 이상

암기팁! 고온체의 색상 순서 → 담 암 적 휘 황 백 휘백 5 7 8 9 11 13 15 오지랍 그만 +2씩

36. 위험물안전관리법령상 이동탱크저장소에 의한 위험물의 운송 시 장거리에 걸친 운송을 하는 때에는 2명 이상의 운전자로 하는 것이 원칙이다. 다음 중 예외적으로 1명의 운전자가 운송하여도 되는 경우의 기준으로 옳은 것은?

① 운송도중에 2시간 이내마다 10분 이상씩 휴식하는 경우
② 운송도중에 2시간 이내마다 20분 이상씩 휴식하는 경우
③ 운송도중에 4시간 이내마다 10분 이상씩 휴식하는 경우
④ 운송도중에 4시간 이내마다 20분 이상씩 휴식하는 경우

해 위험물안전관리법령상 위험물운송자는 장거리에 걸치는 운송을 하는 때에는 2명 이상의 운전자로 하여야 하지만, 다음의 경우는 1명의 운전자로 운전이 가능하다.
- 운송책임자를 동승시킨 경우
- 운송하는 위험물이 제2류 위험물·제3류 위험물(칼슘 또는 알루미늄의 탄화물과 이것만을 함유한 것)또는 제4류 위험물(특수인화물을 제외)인 경우
- 운송도중에 2시간 이내마다 20분 이상씩 휴식하는 경우

37. 다음 중 착화점에 대한 설명으로 가장 옳게 것은?

① 연소가 지속될 수 있는 최저의 온도
② 점화원과 접촉했을 때 발화하는 최저 온도
③ 외부의 점화원 없이 발화하는 최저 온도
④ 액체 가연물에서 증기가 발생할 때의 온도

해 발화점(=착화점, 착화온도, 발화온도)이란 직접적인 점화원을 가하지 않아도 공기 중에서 스스로 불이 붙을 수 있는 최저온도를 의미한다.

38. Halon 1011에 함유되지 않은 원소는?

① H   ② Cl   ③ Br   ④ F

해 할론 1011의 구조식은 CH_2ClBr이다.

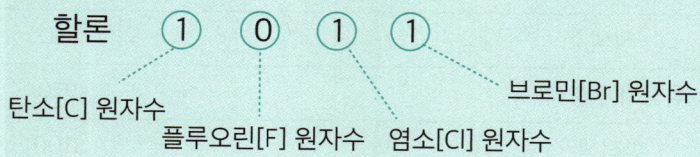

암기팁! 탄 플 염 브

39. 위험물안전관리법령에 따르면 옥외소화전의 개폐밸브 및 소화접속구는 지반면으로부터 몇 m 이하의 높이에 설치해야 하는가?

① 1.5
② 2.5
③ 3.5
④ 4.5

해 위험물안전관리에 관한 세부기준에 따르면, 옥외소화전의 개폐밸브 및 호스접속구는 사람이 서서 조작하기 편한 지반면으로부터 1.5m 이하의 높이에 설치해야 한다.

40. 위험물안전관리법령에 따라 폐쇄형 스프링클러헤드를 설치하는 장소의 평상시 최고 주위 온도가 28℃ 이상 39℃ 미만일 경우 헤드의 표시온도는?

① 52℃ 이상 76℃ 미만
② 52℃ 이상 79℃ 미만
③ 58℃ 이상 76℃ 미만
④ 58℃ 이상 79℃ 미만

해 위험물안전관리에 관한 세부기준에 따르면, 폐쇄형 스프링클러헤드는 그 부착장소의 평상시의 최고주위온도에 따라 다음 표에 정한 표시온도(헤드가 개방되는 온도)를 갖는 것을 설치하여야 한다.

부착장소의 최고주위온도 (단위 ˚C)	표시온도 (단위 ˚C)
28 미만	58 미만
28 이상 39 미만	58 이상 79 미만
39 이상 64 미만	79 이상 121 미만
64 이상 106 미만	121 이상 162 미만
106 이상	162 이상

암기팁! 폐쇄형스프링클러헤드 부착장소의 최고주위온도에 따른 표시온도
: 이팔 삼구 육사 공육 오팔 친구 둘하나 욱이

41. 다음 중 C_5H_5N에 대한 설명으로 틀린 것은?

① 순수한 것은 무색이고 악취가 나는 액체이다.
② 상온에서 인화의 위험이 있다.
③ 물에 녹는다.
④ 강한 산성을 나타낸다.

해 C_5H_5N(피리딘)은 인화의 위험성이 있는 기름으로, 수용액에서 약한 알칼리성을 띈다.

암기립! 피리딘 액성 : 삐(피리딘) 약아(약 알칼리성) ~~~

42. 금속칼륨 20kg, 금속나트륨 40kg, 탄화칼슘 600kg 각각의 지정수량 배수의 총합은 얼마인가?

① 2 　　　　　② 4 　　　　　③ 6 　　　　　④ 8

해 지정수량 배수의 합 $= \dfrac{칼륨의\ 저장수량}{칼륨의\ 지정수량} + \dfrac{나트륨의\ 저장수량}{나트륨의\ 지정수량} + \dfrac{칼슘\ 또는\ 알루미늄의\ 탄화물의\ 저장수량}{칼슘\ 또는\ 알루미늄의\ 탄화물의\ 지정수량}$

$= \dfrac{20kg}{10kg} + \dfrac{40kg}{10kg} + \dfrac{600kg}{300kg} = 2 + 4 + 2 = 8$

• 칼륨 및 나트륨의 지정수량 : 10kg
• 탄화칼슘의 지정수량 : 300kg

43. 알루미늄의 연소생성물을 옳게 나타낸 것은?

① Al_2O_3 　　　　② $Al(OH)_3$ 　　　　③ Al_2O_3, H_2O 　　　　④ $Al(OH)_3$, H_2O

해 알루미늄은 연소하여 산화알루미늄을 생성한다.
$4Al$(알루미늄) $+ 3O_2$(산소) $\rightarrow 2Al_2O_3$(산화알루미늄)

44. 다음은 위험물안전관리법령상 제조소등에서의 위험물의 저장 및 취급에 관한 기준 중 저장 기준의 일부이다. (   ) 안에 알맞은 것은?

> 옥내저장소에 있어서 위험물은 규정에 의한 바에 따라 용기에 수납하여 저장하여야 한다. 다만, (   )과 별도의 규정에 의한 위험물에 있어서는 그러지 아니하다.

① 동식물유류
② 덩어리 상태의 황
③ 고체 상태의 알코올
④ 고화된 제4석유류

해 위험물안전관리법령에 따르면, 옥내저장소에 있어서 위험물은 규정에 의한 바에 따라 용기에 수납하여 저장하여야 한다. 다만, 덩어리상태의 황과 별도의 규정에 의한 위험물에 있어서는 그러하지 아니하다. 즉 덩어리 상태의 황은 미분 상태의 황보다 훨씬 덜 위험하므로... 용기에 수납하지 않고, "묶지 않고 그대로 쌓음"의 형태로 저장할 수 있다.

45. 인화석회가 물과 반응하여 생성하는 기체는?

① 포스핀
② 아세틸렌
③ 이산화탄소
④ 수산화칼슘

해 인화석회(인화칼슘)는 물과 반응하여 가연성 기체인 인화수소(포스핀)를 발생시킨다.

$$Ca_3P_2(\text{인화칼슘}) + 6H_2O(\text{물}) \rightarrow 3Ca(OH)_2(\text{수산화칼슘}) + 2PH_3(\text{포스핀})$$

46. 제조소의 옥외에 모두 3개의 휘발유 취급탱크를 설치하고 그 주위에 방유제를 설치하고자 한다. 방유제 안에 설치하는 각 취급탱크의 용량이 5만L, 3만L, 2만L 일 때 필요한 방유제의 용량은 몇 L 이상인가?

① 66,000
② 60,000
③ 33,000
④ 30,000

해 1. 위험물제조소의 옥외에 있는 위험물취급탱크 방유제의 용량
  • 하나의 취급탱크 주위에 설치하는 경우 : 당해 탱크용량의 50% 이상
  • 2 이상의 취급탱크 주위에 하나의 방유제를 설치하는 경우 : 당해 탱크 중 용량이 최대인 것의 50%에 나머지 탱크용량 합계의 10%를 가산한 양 이상

2. 방유제의 용량 계산
  문제의 방유제 안에는 탱크가 2기 이상이 설치되어 있으므로...
  방유제의 용량 = 당해 탱크 중 용량이 최대인 것 × 50% + 나머지 탱크용량의 합계 × 10% 이상
    = (50,000L × 50%) + [(30,000L + 20,000L) × 10%] = 30,000L 이상

47. 자기반응성물질의 일반적인 성질로 옳지 않은 것은?

① 강산류와의 접촉은 위험하다.
② 연소속도가 대단히 빨라서 폭발이 있다.
③ 물질자체가 산소를 함유하고 있어 내부연소를 일으키기 쉽다.
④ 물과 격렬하게 반응하여 폭발성가스를 발생한다.

해 제5류 위험물 → 자기반응성 물질 [폭발성 물질]
물질 내에 산소를 함유하고 있어 스스로 폭발적으로 반응하는 물질로... 대부분 물에 잘 녹지 않고, 물과 반응하지 않는다.

48. 황린에 대한 설명으로 틀린 것은?

① 백색 또는 담황색의 고체로 독성이 있다.   ② 물에는 녹지 않고 이황화탄소에는 녹는다.
③ 공기 중에서 산화되어 오산화인이 된다.   ④ 녹는점이 적린과 비슷하다.

해 황린(P_4)은 자연발화성 물질로, 황린의 녹는점(44℃)은 적린의 녹는점(590℃)에 비해 매우 낮다.

49. 위험물안전관리법령에 따른 위험물제조소 건축물의 구조로 틀린 것은?

① 벽, 기둥, 서까래 및 계단은 난연재료로 할 것
② 지하층이 없도록 할 것
③ 출입구에는 갑종 또는 을종 방화문을 설치할 것
④ 창에 유리를 이용하는 경우에는 망입유리로 할 것

해 위험물안전관리법령상 위험물제조소의 벽, 기둥, 바닥, 보, 서까래 및 계단을 불연재료로 하고... 연소의 우려가 있는 외벽은 출입구 외의 개구부가 없는 내화구조의 벽으로 하여야 한다.

50. 과산화칼슘의 성질에 대한 설명으로 틀린 것은?

① 백색의 분말이다.
② 에터에 용해되지 않는다.
③ 염산과 반응하여 과산화수소를 발생한다.
④ 가열하면 50℃ 이하에서 분해하여 산소를 발생하고 폭발한다.

해 과산화칼슘(CaO_2)은 산소공급원의 기능을 하는 고체로, 약 275℃에서 열분해하여 산소를 발생하고 폭발한다.

51. 다이에틸에터를 저장, 취급할 때의 주의사항에 대한 설명으로 틀린 것은?

① 장시간 공기와 접촉하고 있으면 과산화물이 생성되어 폭발의 위험이 생긴다.
② 연소범위는 가솔린보다 좁지만 인화점과 착화온도가 낮으므로 주의하여야 한다.
③ 정전기 발생에 주의하여 취급해야 한다.
④ 화재 시 CO_2 소화설비가 적응성이 있다.

해 다이에틸에터($C_2H_5OC_2H_5$)는 인화의 위험성이 있는 기름으로... 연소범위는 다이에틸에터가 가솔린보다 넓고, 인화점과 착화점은 다이에틸에터가 가솔린보다 낮으므로, 저장 및 취급할 때에 주의하여야 한다.

물질	연소하한값 (vol%)	연소상한값 (vol%)	연소범위 넓이	인화점(℃)	착화점(℃)
다이에틸에터	1.9	48.0	46.1(48.0-1.9)	-45	180
휘발유(가솔린)	1.4	7.6	6.2(7.6-1.4)	-43 ~ -20	300

52. 제2류 위험물과 제5류 위험물의 일반적인 성질에서 공통점으로 옳은 것은?

① 산화력이 세다.　　　　　　② 가연성 물질이다.
③ 액체 물질이다.　　　　　　④ 산소함유 물질이다.

해 제2류 위험물은 불에 타는 가연성 고체 물질이고, 제5류 위험물은 가연물질 내에 산소를 함유하고 있어 스스로 폭발적으로 반응하는 물질이므로... 제2류 위험물 및 제5류 위험물은 모두 가연성 물질이며, 다른 물질을 환원시킨다.

✏ **함께 공부**

① 산화력이 센 위험물은 제1류 위험물 또는 제6류 위험물이다.
③ 제2류 위험물은 고체이며, 제5류 위험물은 고체 또는 액체이다.
④ 제5류 위험물만 산소를 함유하고 있어 산소공급원의 기능을 한다.

53. 위험물안전관리법령에서 정의한 제2석유류의 인화점 범위는 1기압에서 얼마인가?

① 21℃ 미만
　　제1석유류
② 21℃ 이상, 70℃ 미만
　　제2석유류
③ 70℃ 이상, 200℃ 미만
　　제3석유류
④ 200℃ 이상
　　제4석유류

해 위험물안전관리법령상 제2석유류는 등유, 경유 그 밖에 1기압에서 인화점이 21℃ 이상 70℃ 미만인 것을 말한다.

54. 금속나트륨에 대한 설명으로 옳은 것은?

① 청색 불꽃을 내며 연소한다.
③ 녹는점이 100℃ 보다 낮다.

② 경도가 높은 중금속에 해당한다.
④ 25% 이상의 알코올수용액에 저장한다.

해 나트륨(Na)은 물과 급격히 반응하여 열을 발생하는 금수성 물질로... 융점(녹는점)은 97.8℃이고, 비점(끓는점)은 880℃이다.

✏ **함께 공부**

① 노란색 불꽃을 내며 연소한다.
② 은백색의 광택을 띄는 경금속이다.
④ 물 또는 알코올과 반응하여 수소를 발생시키므로, 물 또는 알코올과 섞이지 않는 등유, 경유, 유동파라핀 등의 보호액에 저장한다.

55. 위험물안전관리법령에서 정한 이황화탄소의 옥외탱크 저장시설에 대한 기준으로 옳은 것은?

① 벽 및 바닥의 두께가 0.2m 이상이고 누수가 되지 아니하는 철근콘크리트의 수조에 넣어 보관하여야 한다.
② 벽 및 바닥의 두께가 0.2m 이상이고 누수가 되지 아니하는 철근콘크리트의 석유조에 넣어 보관하여야 한다.
③ 벽 및 바닥의 두께가 0.3m 이상이고 누수가 되지 아니하는 철근콘크리트의 수조에 넣어 보관하여야 한다.
④ 벽 및 바닥의 두께가 0.3m 이상이고 누수가 되지 아니하는 철근콘크리트의 석유조에 넣어 보관하여야 한다.

해 위험물안전관리법령에 따르면, 이황화탄소의 옥외저장탱크는... 벽 및 바닥의 두께가 0.2m 이상이고, 누수가 되지 아니하는 철근콘크리트의 수조에 넣어 보관하여야 한다.

56. 벤젠의 일반적 성질에 관한 사항 중 틀린 것은?

① 알코올, 에터에 녹는다.
② 물에는 녹지 않는다.
③ 냄새는 없고 색상은 갈색인 휘발성 액체이다.
④ 증기 비중은 약 2.8이다.

해 벤젠(C_6H_6)은 인화의 위험성이 있는 기름으로... 무색투명한 휘발성 액체이며, 독특한 냄새(방향성)를 가진다.

57. 제1류 위험물의 일반적인 성질이 아닌 것은?

① 불연성 물질들이다.
② 유기화합물들이다.
③ 산화성 고체로서 강산화제이다.
④ 알칼리금속의 과산화물은 물과 작용하여 발열한다.

> 🗒 제1류 위험물 → 산화성 고체 [가연물을 산화시키는 고체]
> 산소를 함유하고 있어 가연물과 접촉 시 산소공급원(강산화제)의 기능을 하는 고체로... 불연성이며, 모두 무기화합물(금속)이다.

58. 위험물의 취급 중 소비에 관한 기준으로 틀린 것은?

① 열처리 작업은 위험물이 위험한 온도에 이르지 아니하도록 하여 실시하여야 한다.
② 담금질 작업은 위험물이 위험한 온도에 이르지 아니하도록 하여 실시하여야 한다.
③ 분사도장 작업은 방화상 유효한 격벽 등으로 구획한 안전한 장소에서 하여야 한다.
④ 버너를 사용하는 경우에는 버너의 역화를 유지하고 위험물이 넘치지 아니하도록 하여야 한다.

> 🗒 위험물안전관리법령상 위험물의 취급 과정에서 버너를 사용하는 경우에는 버너의 역화(버너의 연소에 있어서 불꽃이 반대로 흘러서 버너 내부에서 연소하는 현상)를 방지하고, 위험물이 넘치지 아니하도록 하여야 한다.
>
> 암기팁! 소비에 관한 기준 : 역화는 안 좋은 의미이니까, 유지하는게 아니라 방지해야돼...

59. 위험물안전관리법령에 따라 제4류 위험물 옥내저장탱크에 설치하는 밸브 없는 통기관의 설치기준으로 가장 거리가 먼 것은?

① 통기관의 지름은 30mm 이상으로 한다.
② 통기관의 선단은 수평면에 대하여 아래로 45도 이상 구부려 설치한다.
③ 통기관은 가스가 체류되지 않도록 그 선단을 건축물의 출입구로부터 0.5m 이상 떨어진 곳에 설치하고 끝에 팬을 설치한다.
④ 가는 눈의 구리망 등으로 인화방지 장치를 한다.

> 🗒 위험물안전관리법령에 따르면, 옥내저장탱크에 설치하는 밸브 없는 통기관의 끝부분은 건축물의 창·출입구 등의 개구부로부터 1m 이상 떨어진 옥외의 장소에 지면으로부터 4m 이상의 높이로 설치하여야 한다.

60. 판매취급소에서 위험물을 배합하는 실의 기준으로 틀린 것은?

① 내화구조 또는 불연재료로 된 벽으로 구획한다.

② 출입구는 자동폐쇄식 갑종방화문을 설치한다.

③ 내부에 체류한 가연성 증기를 지붕위로 방출하는 설비를 한다.

④ 바닥에는 경사를 두어 되돌림관을 설치한다.

해 위험물안전관리법령에 따르면, 판매취급소에서 위험물을 배합하는 실의 바닥은 위험물이 침투하지 아니하는 구조로 하여 적당한 경사를 두고, 집유설비를 하여야 한다.

암기팁! 판매취급소의 바닥은 경사지게 해서 새어나온 위험물을 모아야 한다. 외부로 유출되면 위험하니까...

1과목 | 물질의 물리 · 화학적 성질

01. 다음 물질 중 벤젠 고리를 함유하고 있는 것은?

① 아세틸렌   ② 아세톤   ③ 메탄   ④ 아닐린

해 방향족 화합물은 벤젠고리를 가지고 있는 화합물을 말하며, 지방족 화합물은 사슬모양으로 이어져있는 화합물을 의미한다.

④ 아닐린($C_6H_5NH_2$)

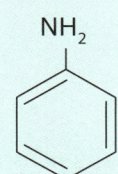

✏ **함께 공부**

① 아세틸렌(C_2H_2)	② 아세톤(CH_3COCH_3)	③ 메탄(CH_4)
$H-C \equiv C-H$	구조식	구조식

02. 황산구리 용액에 10A의 전류를 1시간 통하면 구리(원자량 = 63.54)를 몇 g 석출하겠는가?

① 7.2g   ② 11.85g   ③ 23.7g   ④ 31.77g

해 1. 전기량 공식

$$Q[전기량, C(쿨롱)] = I[전류, A(암페어)] \times t[시간, s(초)] = 10 \times 3,600 = 36,000C$$

- 전류(I) = 10A
- 시간(t) = 1시간 = 3,600s

2. 1패러데이(F)

어떤 물질 1g당량을 석출하기 위해 필요한 전기량인 96,500C(쿨롱)을 의미하므로, 구리(Cu) 1g당량을 석출하기 위해서는 1F(96,500C)의 전기량이 필요하게 된다.

3. 석출되는 구리(Cu)의 양

$$31.77g(구리\ 1g당량) : 1F(=96,500C) = \chi g : 36,000C \rightarrow \chi = \frac{31.77g}{96,500C} \times 36,000C = 11.85\,[g]$$

- 구리(Cu) 1g당량 $= \dfrac{원자량}{원자가} = \dfrac{63.54g}{2} = 31.77g$ [구리(Cu)의 원자가 = +2]

03. 20℃에서 600mL의 부피를 차지하고 있는 기체를 압력의 변화 없이 온도를 40℃로 변화시키면 부피는 얼마로 변하겠는가?

① 300mL   ② 641mL   ③ 836mL   ④ 1,200mL

해 압력이 일정할 때 기체의 부피는 절대온도에 비례한다.(샤를의 법칙). 즉, 부피(V)와 절대온도(T)의 비는 항상 일정하므로, 다음과 같은 식이 성립한다.

$$\frac{V_1(부피, L)}{T_1(절대온도, K)} = \frac{V_2(부피, L)}{T_2(절대온도, K)} \rightarrow V_2 = \frac{T_2}{T_1} \times V_1 = \frac{313}{293} \times 600 = 640.96\,[mL]$$

- 절대온도(T_1) 중 켈빈온도(K) = 20℃ + 273 = 293K
- 절대온도(T_2) 중 켈빈온도(K) = 40℃ + 273 = 313K
- 부피(V_1) = 600mL

04. 다음 화학반응 중 H_2O가 염기로 작용한 것은?

① $CH_3COOH + H_2O \rightarrow CH_3COO^- + H_3O^+$

② $NH_3 + H_2O \rightarrow NH_4^+ + OH^-$

③ $CO_3^{2-} + 2H_2O \rightarrow H_2CO_3 + 2OH^-$

④ $Na_2O + H_2O \rightarrow 2NaOH$

해 산은 양성자(H^+)를 주는 물질이고, 염기는 양성자(H^+)를 받는 물질이므로(브뢴스테드 – 로우리의 정의)... H_2O가 양성자(H^+)를 받아 H_3O^+이 되는 경우에 염기로 작용한다.
$CH_3COOH + H_2O \rightarrow CH_3COO^- + H_3O^+$: H_2O는 CH_3COOH로부터 양성자(H^+)를 받아 H_3O^+가 되므로, 염기로 작용한다.

✏️ **함께 공부**

② $NH_3 + H_2O \rightarrow NH_4^+ + OH^-$: H_2O는 NH_3에게 양성자(H^+)를 주고 OH^-가 되므로, 산으로 작용한다.
③ $CO_3^{2-} + 2H_2O \rightarrow H_2CO_3 + 2OH^-$: H_2O는 CO_3^{2-}에게 양성자(H^+)를 주고 OH^-가 되므로, 산으로 작용한다.
④ $Na_2O + H_2O \rightarrow 2NaOH$: H_2O는 Na_2O에게 양성자(H^+)를 주었으므로, 산으로 작용한다.

05. 다음은 에탄올의 연소반응이다. 반응식의 계수 x, y, z를 순서대로 옳게 표시한 것은?

$$C_2H_5OH + xO_2 \rightarrow yH_2O + zCO_2$$

① 4, 4, 3   ② 4, 3, 2   ③ 5, 4, 3   ④ 3, 3, 2

해 1. 에탄올의 완전 연소반응식

$$C_2H_5OH(에틸알코올) + 3O_2(산소) \rightarrow 3H_2O(수증기) + 2CO_2(이산화탄소)$$

2. 화학식 앞의 계수를 맞추는 방법

계수를 맞추기 전
반응물   생성물 $C_2H_5OH + O_2 \rightarrow H_2O + CO_2$

① 반응물의 탄소가 2개이다.
② 생성물의 탄소를 2개로 맞추기 위해 CO_2 앞에 계수 2를 적는다. [$2CO_2$]
③ 반응물의 수소가 6개이다.
④ 생성물의 수소를 6개로 맞추기 위해 H_2O 앞에 계수 3을 적는다. [$3H_2O$]
⑤ 생성물의 산소가 $2CO_2$=4개, $3H_2O$=3개 ∴총7개로 확인된다.
⑥ 반응물의 산소를 7개로 맞추기 위해 O_2 앞에 계수 3을 적는다. [$3O_2$]
⑦ 반응물도, 생성물도 모두 C:2개, H:6개, O:7개로 확인된다.

계수를 맞춘 후
반응물   생성물 $C_2H_5OH + 3O_2 \rightarrow 3H_2O + 2CO_2$

06. 프리델-크래프츠 반응에서 사용하는 촉매는?

① $HNO_3 + H_2SO_4$　　　② SO_3　　　　③ Fe　　　　④ $AlCl_3$

해 프리델-크래프츠 반응은... 방향족 화합물이 염화알루미늄($AlCl_3$)의 촉매하에 할로젠화 알킬(RX)과 반응함으로써, 알킬기를 포함하고 있는 방향족 화합물과 할로젠화수소(HX)를 생성하는 반응이다.

$$C_6H_6(벤젠) + CH_3Cl(염화메틸) \xrightarrow{AlCl_3} C_6H_5CH_3(톨루엔) + HCl(염화수소)$$

07. 다음 금속들 중에서 황산아연 수용액 속에 넣어 아연을 분리시킬 수 있는 것은?

① 철　　　　② 칼슘　　　　③ 니켈　　　　④ 구리

해 • 황산아연($ZnSO_4$) 수용액 속에는 Zn^{2+}(아연 이온)과 SO_4^{2-}(황산이온)이 해리되어 있는데, Zn^{2+}(아연 이온)이 전자를 얻어 금속 아연(Zn)으로 분리시킬 수 있는(=석출되도록 할 수 있는) 것은 아연보다 이온화 경향이 큰 금속이다.
　• $Zn^{2+} + Ca \rightarrow Ca^{2+} + Zn$: Ca(칼슘)은 Zn(아연)보다 이온화 경향이 커서 전자를 잃고 양이온(Ca^{2+})이 되며, Zn(아연)은 전자를 얻어 금속원소로 석출된다(분리된다).

✏ **함께 공부**

이온화 경향 : K(칼륨) > Ca(칼슘) > Na(나트륨) > Mg(마그네슘) > Al(알루미늄) > Zn(아연) > Fe(철) > Ni(니켈) > Sn(주석) > Pb(납) > H(수소) > Cu(구리) > Hg(수은) > Ag(은) > Pt(백금) > Au(금)

08. pH=12인 용액의 $[OH^-]$는 pH=9인 용액의 몇 배인가?

① 1/1,000　　　② 1/100　　　③ 100　　　④ 1,000

해 1. "pH + pOH = 14" 라는 공식에 의해서...
　• pH가 12인 용액 : pOH = 14 - pH = 14 - 12 = 2 → $[OH^-] = 10^{-pOH} = 10^{-2}$
　• pH가 9인 용액 : pOH = 14 - pH = 14 - 9 = 5 → $[OH^-] = 10^{-pOH} = 10^{-5}$
3. pH가 12인 용액은 pH가 9인 용액과 비교하여 수산화이온 농도($[OH^-]$)가 1,000배($\frac{10^{-2}}{10^{-5}} = 1,000$)인 용액이 된다.

✏ **함께 공부**

pOH : 어떤 용액의 산성도나 염기성도를 말하며, 수산화이온 몰농도의 역수에 상용로그를 붙인 값이다.

$$pOH = \log\frac{1}{[OH^-](수산화이온 몰농도)} = -\log[OH^-] \rightarrow [OH^-] = 10^{-pOH}$$

09. 프로판 1kg을 완전 연소시키기 위해 표준상태의 산소가 약 몇 ㎥가 필요한가?

① 2.55   ② 5   ③ 7.55   ④ 10

해 1. 문제의 이해

프로판을 완전 연소시키면 이산화탄소와 수증기가 생성되는데, 프로판이 연소하기 위해서 산소기체가 얼마의 부피로 필요한지 구하는 문제로... 이는 화학반응식에서 질량 보존의 법칙과 아보가드로의 법칙을 적용한 후 비례식을 통해 구할 수 있다.

2. 화학반응식

$$C_3H_8(프로판) + 5O_2(산소) \rightarrow 3CO_2(이산화탄소) + 4H_2O(수증기)$$

$$44kg \quad : \quad 5 \times 22.4㎥$$

$$1kg \quad : \quad \chi㎥$$

$$\chi㎥ = \frac{5 \times 22.4㎥}{44kg} \times 1kg = 2.55 [㎥]$$

10. 아이소프로필알코올에 해당하는 것은?

① C_6H_5OH ② CH_3CHO ③ CH_3COOH ④ $(CH_3)_2CHOH$

   페놀   아세트알데하이드   아세트산

해 아이소프로필알코올$[(CH_3)_2CHOH]$은 탄소(C)원자에 $-OH$(하이드록시기)가 결합되고, 메틸기($-CH_3$)가 2개 붙어있는 2차 알코올이다.

$$CH_3 - CH - CH_3$$
$$|$$
$$OH$$

11. P 43.7wt%와 O 56.3wt% 로 구성된 화합물의 실험식으로 옳은 것은? (단, 원자량은 P 31, O 16이다.)

① P_2O_4 ② PO_3 ③ P_2O_5 ④ PO_2

해 위 화합물의 실험식(P_xO_y)은 인(P)과 산소(O)의 원자수 비율을 비교하여 구할 수 있다.

$$인(P) : 산소(O) = \frac{중량백분율}{원자량} : \frac{중량백분율}{원자량} = \frac{43.7\%}{31} : \frac{56.3\%}{16} = 1.41 : 3.52 = \frac{1.41}{1.41} : \frac{3.52}{1.41} = 1 : 2.5 = 10 : 25 = 2 : 5$$

$$\therefore 구하고자 하는 유기화합물의 실험식 = P_2O_5$$

12. 벤조산은 무엇을 산화하면 얻을 수 있는가?

① 톨루엔　　　　　　　　　　　② 나이트로벤젠

③ 트라이나이트로톨루엔　　　　　④ 페놀

> 해 벤조산(C_6H_5COOH)은 인화의 위험성이 있는 기름으로, 톨루엔을 다이크로뮴산염과 황산으로 산화하여 얻는다.
>
> $$2C_6H_5CH_3(톨루엔) + 3O_2(산소) \xrightarrow[\text{다이크로뮴산염}]{\text{c-H}_2\text{SO}_4} 2C_6H_5COOH(벤조산) + 2H_2O(물)$$

암기팁! 벤조산 : 육상선수 벤존슨(벤조산)이 산(산화)에서 뛰다가 너무 힘들어서 토(톨루엔)했다

---

13. 730mmHg, 100℃에서 257mL 부피의 용기 속에 어떤 기체가 채워져 있다. 그 무게는 1.671g이다. 이 물질의 분자량은 약 얼마인가?

① 28　　　　　　② 56　　　　　　③ 207　　　　　　④ 257

> 해 기체의 분자량은 이상기체 상태방정식 공식을 이용하여 구할 수 있으며, 아래의 이상기체 상태방정식 공식에서 분자량(M)을 기준으로 식을 정리하고 값을 대입하면...
>
> $$PV = nRT = \frac{W}{M}RT \;\rightarrow\; M = \frac{WRT}{PV} = \frac{1.671 \times 0.082 \times 373}{\frac{730}{760} \times 0.257} = 207\,[\text{g/mol}]$$
>
> - 질량(W) = 1.671g
> - 압력(P) = 730mmHg = $\frac{730}{760}$ atm
> - 부피(V) = 257mL = 257/1,000 = 0.257L
> - 절대온도(T) 중 켈빈온도(K) = 100℃ + 273 = 373K

---

14. 알루미늄 이온(Al^{3+}) 한 개에 대한 설명으로 틀린 것은?

① 질량수는 27이다.　　　　　　② 양성자수는 13이다.

③ 중성자수는 13이다.　　　　　④ 전자수는 10이다.

> 해 알루미늄의 질량수가 27이므로, 중성자수는 14가 된다.(중성자 수 = 질량수 - 양성자 수 = 27 - 13 = 14)

15. 황의 산화수가 나머지 셋과 다른 하나는?

① $Ag_2\underline{S}$ ② $H_2\underline{S}O_4$ ③ $\underline{S}O_4^{2-}$ ④ $Fe_2(\underline{S}O_4)_3$

해 산화수는 분자 또는 이온 내에 있는 원자가 얻거나 잃는 전자의 수를 의미하며, Ag_2S(황화은)에서 S의 산화수는 −2이다. : $(+1)\times2 + S = 0 \rightarrow S = -2$

✏️ **함께 공부**

② H_2SO_4(황산) : $(+1)\times2 + S + (-2)\times4 = 0 \rightarrow \therefore S = +6$
③ SO_4^{2-} (황산 이온) : $S + (-2)\times4 = -2 \rightarrow \therefore S = +6$
④ $Fe_2(SO_4)_3$(황산철) : $(+3)\times2 + [S + (-2)\times4] \times 3 = 0 \rightarrow \therefore S = +6$

---

16. 25℃의 포화용액 90g 속에 어떤 물질이 30g 녹아 있다. 이 온도에서 이 물질의 용해도는 얼마인가?

① 30   ② 33   ③ 50   ④ 63

해 1. 25℃에서 각각의 용매, 용질, 용액의 양을 구해보면...

용액	=	용매	+	용질
포화용액 90g	=	60g	+	30g

2. 용해도란 특정온도에서 용매100g에 녹을 수 있는 용질의 최대량을 g수로 나타낸 것을 말하며, 아래와 같이 나타낼 수 있다.

$$용해도 = \frac{용질의\ g\,수}{용매의\ g\,수} \times 100 = \frac{30\,g}{60\,g} \times 100 = 50$$

---

17. 다음 물질 중 비전해질인 것은?

① CH_3COOH ② C_2H_5OH ③ NH_4OH ④ HCl

해 비전해질은 물 등의 용매에 녹았을 때, 이온으로 되지 않아서 전류가 흐르지 못하는 물질을 말하는데... 에탄올(C_2H_5OH), 포도당($C_6H_{12}O_6$), 설탕($C_{12}H_{22}O_{11}$) 등이 이에 해당한다.

18. 방사능 붕괴의 형태 중 $^{226}_{88}Ra$ 이 α 붕괴할 때 생기는 원소는?

① $^{222}_{86}Rn$ ② $^{232}_{90}Th$ ③ $^{231}_{91}Pa$ ④ $^{238}_{92}U$

> 해 α(선) 붕괴는 원자핵으로부터 α입자[헬륨(He)의 원자핵]를 방출하는 붕괴로, 원자번호가 2 감소하고 질량수는 4 감소하는데... 문제의 $^{226}_{88}Ra$ (라듐)이 α 붕괴하면 원자번호가 2 감소(88-2)하고 질량수는 4 감소(226-4)하여 $^{226}_{88}Ra$(라돈)이 된다. ($^{226}_{88}Ra \rightarrow ^{222}_{86}Rn + ^{4}_{2}He$)

19. TNT는 어느 물질로부터 제조하는가?

① COOH   ② OH

③ CH₃   ④ NH₂

> 해 트라이나이트로톨루엔[$C_6H_2CH_3(NO_2)_3$, TNT]은 가연물질 내에 산소를 함유하고 있어 스스로 폭발적으로 반응하는 물질로, 톨루엔을 진한 질산과 진한 황산으로 나이트로화[유기화합물에 나이트로기(-NO₂)가 결합하는 것]하여 얻는다.
>
> $$C_6H_5CH_3(톨루엔) + 3HNO_3(질산) \xrightarrow[나이트로화]{c\text{-}H_2SO_4} C_6H_2CH_3(NO_2)_3(TNT) + 3H_2O(물)$$

20. NaOH 수용액 100mL를 중화하는데 2.5N의 HCl 80mL가 소요되었다. NaOH 용액의 농도(N)는?

① 1   ② 2   ③ 3   ④ 4

> 해 위의 문제는 중화적정과 관련된 것으로, 다음의 식을 이용하여 구할 수 있다.
>
> $$N_1 \times V_1 = N_2 \times V_2 \rightarrow N_1[수산화나트륨(NaOH) 용액의 농도] = N_2 \times \frac{V_2}{V_1} = 2.5 \times \frac{0.08}{0.10} = 2\,[N]$$
>
> - N_2(노르말농도, g당량) = 염산(HCl) 용액의 농도 = 2.5N
> - V_2(부피, L) = 염산(HCl) 용액의 부피 = 80mL/1,000 = 0.08L
> - V_1(부피, L) = 수산화나트륨(NaOH) 용액의 부피 = 100mL/1,000 = 0.10L

21. 경보설비를 설치하여야 하는 장소에 해당되지 않는 것은?

① 지정수량 100배 이상의 제3류 위험물을 저장 · 취급하는 옥내저장소
② 옥내주유취급소
③ 연면적 500㎡이고 취급하는 위험물의 지정수량이 100배인 제조소
④ 지정수량 10배 이상의 제4류 위험물을 저장 · 취급하는 이동탱크저장소

🗹 위험물안전관리법령에 따르면, 지정수량의 10배 이상의 위험물을 저장 또는 취급하는 제조소등(이동탱크저장소를 제외)에는 화재발생 시 이를 알릴 수 있는 경보설비를 설치하여야 한다.

22. 마그네슘 분말의 화재 시 이산화탄소 소화약제는 소화적응성이 없다. 그 이유로 가장 적합한 것은?

① 분해반응에 의하여 산소가 발생하기 때문이다.
② 가연성의 일산화탄소 또는 탄소가 생성되기 때문이다.
③ 분해반응에 의하여 수소가 발생하고 이 수소는 공기 중의 산소와 폭명반응을 하기 때문이다.
④ 가연성의 아세틸렌가스가 발생하기 때문이다.

🗹 마그네슘은 불에 타는 가연성고체 물질로, 이산화탄소 반응하여 유독성 기체인 일산화탄소 또는 가연물인 탄소를 발생하므로, 화재 시 이산화탄소 소화약제를 사용할 수 없다.
- Mg(마그네슘) + CO_2(이산화탄소) → MgO(산화마그네슘) + CO(일산화탄소)
- $2Mg$(마그네슘) + CO_2(이산화탄소) → $2MgO$(산화마그네슘) + C(탄소)

23. 제1류 위험물 중 알칼리금속의 과산화물을 저장 또는 취급하는 위험물제조소에 표시하여야 하는 주의사항은?

① 화기엄금   ② 물기엄금   ③ 화기주의   ④ 물기주의

🗹 위험물제조소의 주의사항을 표시한 게시판

유별		주의사항	색상
제1류 위험물	알칼리금속의 과산화물	물기엄금	청색바탕에 백색문자
	그 밖의 것	–	–

24. 할로젠화합물소화설비 기준에서 하론 2402를 가압식 저장 용기에 저장하는 경우 충전비로 옳은 것은?

① 0.51 이상 0.67 이하 　　　　　② 0.7 이상 1.4 미만

③ 0.9 이상 1.6 이하 　　　　　　④ 0.67 이상 2.75 이하

해 위험물안전관리에 관한 세부기준에 따르면, 하론2402를 가압식 저장 용기에 저장하는 경우의 충전비[용기의 용적(체적)과 소화약제의 중량과의 비율]는 0.51 이상 0.67 이하이다.

25. 이산화탄소 소화기 사용 중 소화기 방출구에서 생길 수 있는 물질은?

① 포스겐 　　　　② 일산화탄소 　　　　③ 드라이아이스 　　　　④ 수소가스

해 이산화탄소 소화기는 액체로 저장된 이산화탄소 방사 시, 줄-톰슨 효과(관경이 작은 관을 빠른 속도로 통과할 때 온도가 급강하는 현상)에 의해 -78℃의 드라이아이스(고체탄산)가 방출된다.

26. 처마의 높이가 6m 이상인 단층 건물에 설치된 옥내저장소의 소화설비로 고려될 수 없는 것은?

① 고정식 포소화설비 　　　　　　② 옥내소화전설비
③ 고정식 이산화탄소소화설비 　　④ 고정식 분말소화설비

해 처마의 높이가 6m 이상인 단층 건물에 설치된 옥내저장소의 소화설비는 스프링클러설비 또는 이동식 외(고정식)의 물분무등소화설비이며, 물분무등소화설비는... 물분무소화설비, 포소화설비, 불활성기체 소화설비, 할로젠화합물 소화설비, 분말소화설비를 의미한다.

27. 불연성기체로서 비교적 액화가 용이하며 안전하게 저장할 수 있으며 전기절연성이 좋아 C급 화재에 사용되기도 하는 기체는?

① N_2 　　　　② CO_2 　　　　③ Ar 　　　　④ He

해 이산화탄소(CO_2)는 화학적으로 안정되어 산소 및 가연성기체와 반응하지 않는 불연성 기체로... 임계온도(31.25℃)가 높아 상온(20℃)에서도 압축하여 액화가 가능하며, 전기가 잘 통하지 않는 전기 부도체이므로 C급(전기) 화재에 적합하다.

28. 폐쇄형 스프링클러 헤드는 설치 장소의 평상시 최고 주위 온도에 따라서 결정된 표시온도의 것을 사용해야 한다. 설치 장소의 최고 주위온도가 28℃ 이상 39℃ 미만 일 때, 표시 온도는?

① 58℃ 미만
② 58℃ 이상 79℃ 미만
③ 79℃ 이상 121℃ 미만
④ 121℃ 이상 162℃ 미만

해 위험물안전관리에 관한 세부기준에 따르면, 폐쇄형스프링클러헤드는 그 부착장소의 평상시의 최고주위온도에 따라 다음 표에 정한 표시온도(헤드가 개방되는 온도)를 갖는 것을 설치하여야 한다.

부착장소의 최고주위온도 (단위 ℃)	표시온도 (단위 ℃)
28 미만	58 미만
28 이상 39 미만	58 이상 79 미만
39 이상 64 미만	79 이상 121 미만
64 이상 106 미만	121 이상 162 미만
106 이상	162 이상

29. 가연물이 되기 쉬운 조건으로 가장 거리가 먼 것은?

① 열전도율이 클수록
② 활성화에너지가 작을수록
③ 화학적 친화력이 클수록
④ 산소와 접촉이 잘 될수록

해 열전도율이 크면(높으면)... 열이 쉽게 이동하여 열의 축적이 어려워지므로, 연소가 잘 되지 않아 가연물이 되기 어렵다.

30. 소화기가 유류 화재에 적응력이 있음을 표시하는 색은?

① 백색
② 황색
③ 청색
④ 흑색

해 화재의 분류

종류	표시	표시색상	일반적 소화방법
일반화재	A급	백색	냉각소화
유류화재	B급	황색	질식소화
전기화재	C급	청색	질식소화
금속화재	D급	무색	피복소화
가스화재	E급	황색	질식소화
주방화재	K급	-	질식+냉각소화

31. 위험물안전관리법령상 옥외소화전설비의 옥외소화전이 3개 설치되었을 경우 수원의 수량은 몇 ㎥ 이상이 되어야 하는가?

① 7　　　　　　　② 20.4　　　　　　　③ 40.5　　　　　　　④ 100

🎯 • 위험물안전관리법령에 따르면, 수원의 수량은 옥외소화전의 설치개수(설치개수가 4개 이상인 경우는 4개의 옥외소화전)에 13.5㎥를 곱한 양 이상이 되도록 설치해야 한다.
　• 옥외소화전설비 수원의 수량 = 소화전 수(최대 4개까지만) × 13.5㎥ = 3 × 13.5㎥ = 40.5㎥ 이상

32. 강화액소화기에 대한 설명으로 옳은 것은?

① 물의 유동성을 크게 하기 위한 유화제를 첨가한 소화기이다.
② 물의 표면장력을 강화한 소화기이다.
③ 산 · 알칼리 액을 주성분으로 한다.
④ 물의 소화효과를 높이기 위해 염류를 첨가한 소화기이다.

🎯 강화액소화기는 물의 소화능력을 향상시키기 위해 탄산칼륨(K_2CO_3) 등의 알칼리 금속염을 첨가하고, 물의 표면장력(액체의 표면에서 그 표면적을 작게 하도록 작용하는 힘)을 약화시켜 만든 소화기를 말하는데... 냉각, 질식, 억제, 유화 등의 소화효과를 기대할 수 있다.

33. 표준상태에서 벤젠 2mol이 완전 연소하는데 필요한 이론 공기요구량은 몇 L인가? (단, 공기 중 산소는 21vol%이다.)

① 168　　　　　　　② 336　　　　　　　③ 1,600　　　　　　　④ 3,200

🎯 1. 문제의 이해
　　벤젠을 완전 연소시키면 이산화탄소와 수증기가 생성되는데, 벤젠이 연소하기 위해서 공기가 얼마의 부피로 필요한지 구하는 문제로... 화학반응식에서 몰수 관계, 아보가드로의 법칙 및 공기와 산소의 관계를 적용한 후 비례식을 통해 구할 수 있다.
　2. 화학반응식

$$2C_6H_6(\text{벤젠}) + 15O_2(\text{산소}) \rightarrow 12CO_2(\text{이산화탄소}) + 6H_2O(\text{수증기})$$

$$2\text{mol} : 15 \times 22.4L$$
$$2\text{mol} : \chi L$$

$$\chi L = \frac{15 \times 22.4L}{2\text{mol}} \times 2\text{mol} = 336[L]$$

문제의 단서에서 주어진 공기와 산소의 관계(공기 중 산소의 부피는 21%)를 통해 이론 공기량을 구해보면...

$$\therefore \text{필요한 이론 공기량} = \frac{\text{산소의 부피}}{21\%} = \frac{336L}{0.21} = 1,600[L]$$

34. 제1인산암모늄 분말 소화약제의 색상과 적응화재를 옳게 나타낸 것은?

① 백색, BC급
② 담홍색, BC급
③ 백색, ABC급
④ 담홍색, ABC급

🔠 분말 소화약제의 종류 및 성상

종별	주성분	색상	적응화재
제1종	탄산수소나트륨 ($NaHCO_3$)	백색	B, C
제2종	탄산수소칼륨 ($KHCO_3$)	담자색(보라색)	B, C
제3종	인산암모늄 ($NH_4H_2PO_4$)	담홍색(분홍색)	A, B, C
제4종	탄산수소칼륨+요소 [$KHCO_3 + (NH_2)_2CO$]	회색	B, C

35. 제3류 위험물의 소화방법에 대한 설명으로 옳지 않은 것은?

① 제3류 위험물은 모두 물에 의한 소화가 불가능하다.
② 팽창질석은 제3류 위험물에 적응성이 있다.
③ K, Na의 화재 시에는 물을 사용할 수 없다.
④ 할로젠화합물소화설비는 제3류 위험물에 적응성이 없다.

🔠 제3류 위험물 → 자연발화성 및 금수성 물질 [황린제외 모두 금속]
황린은 자연발화성 물질이고, 나머지는 모두 물과 급격히 반응하여 열을 발생하는 금수성 물질(금속)이며, 이에 대한 소화는...
• 황린 : 주수(물)에 의한 냉각소화를 한다.
• 금수성 물질 : 탄산수소염류(금속화재용) 분말소화설비, 건조사(마른모래), 팽창질석, 팽창진주암 등에 의한 질식소화를 한다.

36. 제조소 건축물로 외벽이 내화구조인 것의 1소요단위는 연면적이 몇 m²인가?

① 50
② 100
③ 150
④ 1,000

🔠 제조소등 건축물의 소요단위 산정

구분	외벽이 내화구조	외벽이 내화구조가 아닌 것
제조소	연면적 100m²를 1소요단위	연면적 50m²를 1소요단위
취급소	연면적 100m²를 1소요단위	연면적 50m²를 1소요단위
저장소	연면적 150m²를 1소요단위	연면적 75m²를 1소요단위

37. 제4류 위험물의 저장 및 취급 시 화재예방 및 주의사항에 대한 일반적인 설명으로 틀린 것은?

① 증기의 누출에 유의할 것
② 증기는 낮은 곳에 체류하기 쉬우므로 조심할 것
③ 전도성이 좋은 석유류는 정전기 발생에 유의할 것
④ 서늘하고 통풍이 양호한 곳에 저장할 것

해 제4류 위험물은 인화의 위험성이 높은 기름으로, 전기 전도성이 불량하여 정전기 축적이 용이하므로, 정전기 발생에 유의해야 한다.

38. 다음 중 C급 화재에 가장 적응성이 있는 소화설비는?

① 봉상강화액 소화기 　　　　　　② 포소화기
③ 이산화탄소소화기 　　　　　　④ 스프링클러설비

해 • C급 화재(전기화재)에는 감전의 우려가 있어 주수(물)에 의한 냉각소화를 금지하고... 불활성가스소화설비, 물분무소화설비, 할로젠화합물소화설비 등에 의한 질식소화를 한다.
　• ① 봉상강화액소화기, ② 포소화기 및 ④ 스프링클러설비는 물과 관련된 소화설비(수계 소화설비 - 냉각소화)이므로, 전기설비에는 적응성이 없지만... ③ 이산화탄소소화기는 가스와 관련된 소화설비(가스계 소화설비 - 질식소화)이므로, 전기설비에 적응성이 있다.

39. 주된 연소형태가 표면연소인 것은?

① 황
　증발연소
② 종이
　분해연소
③ 금속분
④ 나이트로셀룰로오스
　자기연소

해 고체의 연소
　• 표면연소 : 공기와 접촉하는 고체표면에서 연소가 일어나는 것 - 숯, 코크스, 목탄, 금속분
　• 분해연소 : 열분해하여 발생한 가연성기체가 공기 중에서 연소하는 것 - 석탄, 종이, 플라스틱, 고무, 목재, 섬유
　• 증발연소 : 증발에 의해 생긴 증기가 공기 중에서 연소하는 것 - 나프탈렌, 왁스, 황, 양초, 파라핀
　• 자기연소 : 물질 내부에 산소공급원을 가진 물질이 연소하는 것 - 나이트로셀룰로오스, TNT, 피크린산, 셀룰로이드

40. 위험물안전관리법령상 옥외소화전설비는 모든 옥외소화전을 동시에 사용할 경우 각 노즐 선단의 방수압력은 얼마 이상이어야 하는가?

① 100kPa ② 170kPa ③ 350kPa ④ 520kPa

🅗 위험물안전관리법령에 따르면, 옥외소화전설비의 방수압력(물이 방수되는 압력)과 방수량(1분당 물이 방수되는 양)은 모든 옥외소화전(설치개수가 4개 이상인 경우는 4개의 옥외소화전)을 동시에 사용할 경우 각 노즐 끝부분의 방수압력이 350kPa 이상이고, 방수량이 1분당 450ℓ 이상의 성능이 되도록 한다.

3과목 | 위험물 성상 및 취급

41. 위험물제조소의 표지의 크기 규격으로 옳은 것은?

① 0.2m×0.4m ② 0.3m×0.3m ③ 0.3m×0.6m ④ 0.6m×0.2m

🅗 위험물안전관리법령에 따르면, 제조소에는 "위험물 제조소" 표지를 설치하여야 하는데... 표지는 한 변의 길이가 0.3m 이상, 다른 한 변의 길이가 0.6m 이상인 직사각형으로 해야 한다.

42. 연소반응을 위한 산소 공급원이 될 수 없는 것은?

① 과망가니즈산칼륨 ② 염소산칼륨
③ 탄화칼슘 ④ 질산칼륨

🅗 산소공급원은 가연물의 산화반응을 도와서 연소를 일으키게 하는 물질인데, 탄화칼슘은 물에 급격히 반응하여 열을 발생하는 금수성 물질(가연물)이므로, 산소공급원이 될 수 없다.

✏️ **함께 공부**

① 과망가니즈산칼륨, ② 염소산칼륨 및 ④질산칼륨은 모두 제1류 위험물로... 산소를 포함하고 있어 산소공급원의 역할을 한다.

43. 과산화벤조일에 대한 설명으로 틀린 것은?

① 발화점이 약 425℃로 상온에서 비교적 안전하다.

② 상온에서 고체이다.

③ 산소를 포함하는 산화성 물질이다.

④ 물을 혼합하면 폭발성이 줄어든다.

해 과산화벤조일[벤조일퍼옥사이드, $(C_6H_5CO)_2O_2$]는 가연물질 내에 산소를 함유하고 있어 스스로 폭발적으로 반응하는 물질로, 발화점이 125℃로 상온(20℃)에서 비교적 안전하다.

44. 최대 아세톤 150톤을 옥외탱크저장소에 저장할 경우 보유공지의 너비는 몇 m 이상으로 하여야 하는가? (단, 아세톤의 비중은 0.79이다.)

① 3　　　　　　　② 5　　　　　　　③ 9　　　　　　　④ 12

해 1. 옥외탱크저장소의 보유공지

저장 또는 취급하는 위험물의 최대수량	공지의 너비
지정수량의 500배 이하	3m 이상
지정수량의 500배 초과 1,000배 이하	5m 이상
지정수량의 1,000배 초과 2,000배 이하	9m 이상
지정수량의 2,000배 초과 3,000배 이하	12m 이상
지정수량의 3,000배 초과 4,000배 이하	15m 이상
지정수량의 4,000배 초과	당해 탱크의 수평단면의 최대지름(가로형인 경우에는 긴 변)과 높이 중 큰 것과 같은 거리 이상. 다만, 30m 초과의 경우에는 30m 이상으로 할 수 있고, 15m 미만의 경우에는 15m 이상으로 하여야 한다.

2. 아세톤의 지정수량의 배수

- 비중$(kg/L) = \dfrac{질량(kg)}{부피(L)} \rightarrow$ 아세톤의 저장수량$(L) = \dfrac{질량(kg)}{비중(kg/L)} = \dfrac{(150톤 = 150,000kg)}{0.79\,kg/L} = 189,873.42\,L$

- 아세톤의 지정수량 배수 $= \dfrac{제1석유류(수용성)의\ 저장수량}{제1석유류(수용성)의\ 지정수량} = \dfrac{189,873.42L}{400L} = 474.68$
  (아세톤의 지정수량 : 400L)

3. 보유공지 판단

　아세톤의 지정수량의 배수는 474.68배로, 위 표에서 지정수량의 500배 이하에 해당하므로, 보유공지는 3m이상으로 해야 한다.

45. 위험물안전관리법령상 제1석유류를 취급하는 위험물 제조소의 건축물의 지붕에 대한 설명으로 옳은 것은?

① 항상 불연재료로 하여야 한다.
② 항상 내화구조로 하여야 한다.
③ 가벼운 불연재료가 원칙이지만 예외적으로 내화구조로 할 수 있는 경우가 있다.
④ 내화구조가 원칙이지만 예외적으로 가벼운 불연재료로 할 수 있는 경우가 있다.

해 위험물안전관리법령에 따르면, 위험물제조소의 지붕은 폭발력이 위로 방출될 정도의 가벼운 불연재료로 덮어야 한다. 다만, 위험물을 취급하는 건축물이 규정에 의한 조건을 만족할 경우에는 예외적으로 그 지붕을 내화구조로 할 수 있다.

46. 고체위험물의 운반 시 내장용기가 금속제인 경우 내장용기의 최대 용적은 몇 L인가?

① 10　　　　　② 20　　　　　③ 30　　　　　④ 100

해 위험물안전관리법령에 따르면, 고체위험물의 운반 시 내장용기가 금속제인 경우 내장용기의 최대용적은... 30ℓ이다.

47. 삼황화인과 오황화인의 공통 연소생성물을 모두 나타낸 것은?

① H_2S, SO_2　　　② P_2O_5, H_2S　　　③ SO_2, P_2O_5　　　④ H_2S, SO_2, P_2O_5

해 삼황화인과 오황화인은 연소하여 오산화인과 이산화황을 발생한다.
- P_4S_3(삼황화인) + $8O_2$(산소) → $2P_2O_5$(오산화인) + $3SO_2$(이산화황)
- $2P_2S_5$(오황화인) + $15O_2$(산소) → $2P_2O_5$(오산화인) + $10SO_2$(이산화황)

48. 제4류 위험물의 일반적인 성질 또는 취급 시 주의사항에 대한 설명 중 가장 거리가 먼 것은?

① 액체의 비중은 물보다 가벼운 것이 많다.
② 대부분 증기는 공기보다 무겁다.
③ 제1석유류~제4석유류는 비점으로 구분한다.
④ 정전기 발생에 주의하여 취급하여야 한다.

해 제4류 위험물 → 인화성 액체 [유류 등]
인화의 위험성이 있는 기름으로... 특수인화물, 제1석유류~제4석유류, 알코올류, 동식물유류 등으로 구분하고, 제1석유류~제4석유류는 인화점으로 구분한다.

49. CS₂를 물속에 저장하는 주된 이유는 무엇인가?

① 불순물을 용해시키기 위하여　　　② 가연성 증기의 발생을 억제하기 위하여
③ 상온에서 수소 가스를 방출하기 때문에　④ 공기와 접촉하면 즉시 폭발하기 때문에

🔲 이황화탄소(CS_2)는 물보다 무겁고 물에 녹지 않아 물속에 저장하는데, 이는 이황화탄소가 공기 중의 산소와 반응하여 생성되는 가연성 증기인 아황산가스(이산화황)의 발생을 방지하기 위해서이다.

50. 옥외저장탱크·옥내저장탱크 또는 지하저장탱크 중 압력탱크에 저장하는 아세트알데하이드 등의 온도는 몇 ℃ 이하로 유지하여야 하는가?

① 30　　　　　② 40　　　　　③ 55　　　　　④ 65

🔲 위험물안전관리법령에 따르면, 옥외저장탱크·옥내저장탱크 또는 지하저장탱크 중 압력탱크에 저장하는 아세트알데하이드등 또는 다이에틸에터등의 온도는 40℃ 이하로 유지하여야 한다.

암기팁! 저장 시 온도 : 아세끼가 압사(4) 당했다...

51. 이동저장탱크로부터 위험물을 저장 또는 취급하는 탱크에 인화점이 몇 ℃ 미만인 위험물을 주입할 때에는 이동탱크저장소의 원동기를 정지시켜야 하는가?

① 21　　　　　② 40　　　　　③ 71　　　　　④ 200

🔲 이동저장탱크로부터 위험물을 저장 또는 취급하는 탱크에 인화점이 40℃ 미만인 위험물을 주입할 때에는 이동탱크저장소의 원동기를 정지시켜야 한다.

암기팁! 원동기 정지 : 전인화씨가 정지하고 있는 원동기와 충돌하는 사(4)고를 당했다.

52. 과산화나트륨이 물과 반응할 때의 변화를 가장 옳게 설명한 것은?

① 산화나트륨과 수소를 발생한다.
② 물을 흡수하여 탄산나트륨이 된다.
③ 산소를 방출하여 수산화나트륨이 된다.
④ 서서히 물에 녹아 과산화나트륨의 안정한 수용액이 된다.

🔲 과산화나트륨은 물과 반응하여 수산화나트륨과 조연성 기체인 산소를 발생한다.
$$2Na_2O_2(\text{과산화나트륨}) + 2H_2O(\text{물}) \rightarrow 4NaOH(\text{수산화나트륨}) + O_2(\text{산소})$$

53. 비중이 1보다 작고, 인화점이 0℃ 이하인 것은?

① $C_2H_5ONO_2$
질산에틸(1.11/10℃)

② $C_2H_5OC_2H_5$
다이에틸에터(0.71/-45℃)

③ CS_2
이황화탄소(1.29/-30℃)

④ C_6H_5Cl
클로로벤젠(1.11/32℃)

해 다이에틸에터($C_2H_5OC_2H_5$)는 인화의 위험성이 높은 기름으로... 비중이 0.71이며, 인화점은 -45℃이다.

54. 다음 위험물안전관리법령에서 정한 지정수량이 가장 작은 것은?

① 염소산염류
50kg

② 브로민산염류
300kg

③ 금속분
500kg

④ 금속의 인화물
300kg

해 지정수량은 위험물의 종류별로 위험성을 고려하여 대통령령으로 정하는 수량으로, 법령상 규제하는 위험물의 최소량을 의미한다.

55. 나이트로셀룰로오스의 저장 및 취급 방법으로 틀린 것은?

① 가열, 마찰을 피한다.
② 열원을 멀리하고 냉암소에 저장한다.
③ 알코올용액으로 습면하여 운반한다.
④ 물과의 접촉을 피하기 위해 석유에 저장한다.

해 나이트로셀룰로오스[$C_6H_7O_2(ONO_2)_3]_n$는 가연물질 내에 산소를 함유하고 있어 스스로 폭발적으로 반응하는 물질로... 물에 녹지 않고, 물 등을 혼합하면 안정되어 위험성이 감소하므로, 운반 또는 저장 시에 물 또는 알코올을 첨가하여 습윤시킨다.

56. 자연발화를 방지하는 방법으로 가장 거리가 먼 것은?

① 통풍이 잘되게 할 것
② 열의 축적을 용이하지 않게 할 것
③ 저장실의 온도를 낮게 할 것
④ 습도를 높게 할 것

해 습도가 높으면 표면에 수분막이 형성되어 열이 내부에 축적되기 때문에 자연발화가 잘 일어난다.

57. 위험물제조소등의 안전거리의 단축기준과 관련해서 $H \leq pD^2 + a$인 경우 방화상 유효한 담의 높이는 2m 이상으로 한다. 다음 중 a에 해당되는 것은?

① 인근 건축물의 높이(m)
② 제조소등의 외벽의 높이(m)
③ 제조소등과 공작물과의 거리(m)
④ 제조소등과 방화상 유효한 담과의 거리(m)

해 위험물안전관리법령상 제조소등의 안전거리의 단축기준에 따르면, 방화상 유효한 담의 높이(h)를 2m 이상으로 할 때에는 아래의 식에 의하여 산정한다.

$$H \leq pD^2 + a$$

- D : 제조소등과 인근 건축물 또는 공작물과의 거리(m)
- H : 인근 건축물 또는 공작물의 높이(m)
- a : 제조소등의 외벽의 높이(m)
- d : 제조소등과 방화상 유효한 담과의 거리(m)
- h : 방화상 유효한 담의 높이(m)
- p : 상수

58. 위험물안전관리법령상 다음 암반탱크의 공간 용적은 얼마인가?

가. 암반탱크의 내용적 100억 리터
나. 탱크 내에 용출하는 1일 지하수의 양 2천만 리터

① 2천만 리터
② 2억 리터
③ 1억4천만 리터
④ 100억 리터

해
- 위험물안전관리에 관한 세부기준에 따르면, 암반탱크에 있어서는 당해 탱크 내에 용출하는 7일간의 지하수의 양에 상당하는 용적과 당해 탱크의 내용적의 100분의 1의 용적 중에서 보다 큰 용적을 공간용적으로 한다.
- 가. 와 나. 의 공간용적을 계산하여 보면...
  가. 당해 탱크의 내용적의 100분의 1의 용적 : 100억 리터 × (1/100) = 1억 리터
  나. 당해 탱크 내에 용출하는 7일간의 지하수의 양에 상당하는 용적 : 2천만(리터/일) × 7일 = 1억 4천만 리터
  ∴ 암반탱크의 공간용적은 가. 와 나. 의 용적 중에서 보다 큰 1억 4천만 리터이다.

59. 황(S)에 대한 설명으로 옳은 것은?

① 불연성이지만 산화제 역할을 하기 때문에 가연물 접촉은 위험하다.

② 유기용제, 알코올, 물 등에 매우 잘 녹는다.

③ 사방황, 고무상황과 같은 동소체가 있다.

④ 전기도체이므로 감전에 주의한다.

해 황(S)은 불에 타는 가연성 고체 물질로... 단사황, 사방황, 고무상황과 같은 동소체가 존재한다.

✏ **함께 공부**

① 가연성이므로, 산화성 물질과 혼합 시 폭발할 위험이 있다.

② 물에 녹지 않고, 이황화탄소에 녹는다.(단사황과 사방황은 이황화탄소에 녹지만, 고무상황은 녹지 않는다)

④ 전기의 부도체이므로, 전기 절연체로 쓰인다.

60. TNT의 폭발, 분해 시 생성물이 아닌 것은?

① CO   ② N_2 ③ SO_2 ④ H_2

해 TNT(트라이나이트로톨루엔)은 가연물질 내에 산소를 함유하고 있어 스스로 폭발적으로 반응하는 물질로... 열분해하여 일산화탄소, 수소, 질소 및 탄소를 생성한다.

$$2C_6H_2CH_3(NO_2)_3(\text{트라이나이트로톨루엔}) \rightarrow 12CO(\text{일산화탄소}) + 5H_2(\text{수소}) + 3N_2(\text{질소}) + 2C(\text{탄소})$$

1과목 | 물질의 물리·화학적 성질

01. 20%의 소금물을 전기분해하여 수산화나트륨 1몰을 얻는 데는 1A의 전류를 몇 시간 통해야 하는가?

① 13.4 ② 26.8 ③ 53.6 ④ 104.2

해 1. 소금물의 전기분해 반응식

$$NaCl(수산화나트륨) + H_2O(물) \rightarrow 0.5H_2(수소) + NaOH(수산화나트륨) + 0.5Cl_2(염소)$$

2. 수산화나트륨(NaOH)의 1mol의 질량 및 1g당량 계산

- 수산화나트륨(NaOH) 1mol의 질량 = 몰(수)(mol) × 분자량(g/mol) = 1mol × 40g/mol = 40[g]

- 수산화나트륨(NaOH) 1g당량 = $\dfrac{분자량}{OH^- 수}$ = $\dfrac{40g}{1}$ = 40g (NaOH → Na$^+$ + OH$^-$)

3. 1패러데이(F)

어떤 물질 1g당량을 석출하기 위해 필요한 전기량으로 96,500C(쿨롱)을 의미하므로, 수산화나트륨(NaOH) 1g당량을 석출하기 위해서는 1F(96,500C)의 전기량이 필요하게 된다.

4. 전기량 공식

$$Q = I \times t = \frac{Q}{I} = \frac{96,500}{1} = 96,500s = 96,500s \times \frac{1h}{3,600s} = 26.8\,[h]$$

02. 다음 반응속도식에서 2차 반응인 것은?

① $V = k[A]^{\frac{1}{2}}[B]^{\frac{1}{2}}$　　② $V = k[A][B]$　　③ $V = k[A][B]^2$　　④ $V = k[A]^2[B]^2$

해 반응속도식에서 2차 반응은 반응차수[반응하는 각 물질의 농도([A], [B])의 거듭제곱 수]를 더한 값이 2인 반응을 의미하는데... $V = k[A][B]$에서 $[A]^1$는 1차 반응, $[B]^1$는 1차 반응이므로... 전체 반응은 2차(1+1) 반응이다.

✏ **함께 공부**

① $V = k[A]^{\frac{1}{2}}[B]^{\frac{1}{2}}$: $[A]^{\frac{1}{2}}$는 $\frac{1}{2}$차 반응, $[B]^{\frac{1}{2}}$는 $\frac{1}{2}$차 반응이므로... 전체 반응은 1차($\frac{1}{2} + \frac{1}{2}$) 반응이다.

③ $V = k[A][B]^2$: $[A]^1$는 1차 반응, $[B]^2$는 2차 반응이므로... 전체 반응은 3차(1+2) 반응이다.

④ $V = k[A]^2[B]^2$: $[A]^2$는 2차 반응, $[B]^2$는 2차 반응이므로... 전체 반응은 4차(2+2) 반응이다.

03. 테르밋(thermit)의 주성분은 무엇인가?

① Mg와 Al_2O_3　　② Al과 Fe_2O_3　　③ Zn과 Fe_2O_3　　④ Cr와 Al_2O_3

해 테르밋(thermit)은 금속분말[Al(알루미늄)]과 금속산화물[Fe_2O_3(산화철)]을 혼합한 물질로, 불을 붙이면 약 3,500℃의 온도를 발생하여 철 등의 용접에 사용된다.

04. CO_2 44g을 만들려면 C_3H_8 분자가 약 몇 개 완전 연소해야 하는가?

① 2.01×10^{23}　　② 2.01×10^{22}　　③ 6.02×10^{22}　　④ 6.02×10^{23}

해 1. 문제의 이해

프로판을 완전 연소시키면 이산화탄소와 수증기가 생성되는데, 그 프로판이 연소 시에 얼마의 분자수가 필요한 지 구하는 문제로... 이는 질량보존의 법칙과 아보가드로의 법칙을 적용한 후 비례식을 통해 구할 수 있다.

2. 화학반응식

$$C_3H_8(\text{프로판}) + 5O_2(\text{산소}) \rightarrow 3CO_2(\text{이산화탄소}) + 4H_2O(\text{수증기})$$

$$6.023 \times 10^{23}\text{개} \quad : \quad 3 \times 44g$$
$$\chi\text{개} \quad : \quad 44g$$
$$\chi\text{개} = \frac{6.023 \times 10^{23}\text{ 개}}{3 \times 44g} \times 44g = 2.01 \times 10^{23}\text{ 개}$$

05. 다음 중 물이 산으로 작용하는 반응은?

① $3Fe + 4H_2O \rightarrow Fe_3O_4 + 4H_2$

② $NH_4^+ + H_2O \rightleftarrows NH_3 + H_3O^+$

③ $HCOOH + H_2O \rightarrow HCOO^- + H_3O^+$

④ $CH_3COO^- + H_2O \rightarrow CH_3COOH + OH^-$

해 산은 양성자(H^+)를 주는 물질이고, 염기는 양성자(H^+)를 받는 물질이므로(브뢴스테드-로우리의 정의)... H_2O가 양성자(H^+)를 주고 OH^-이 되는 경우에 산으로 작용한다.

$CH_3COO^- + H_2O \rightarrow CH_3COOH + OH^-$: H_2O는 CH_3COO^-에게 양성자(H^+)를 주고 OH^-가 되므로, 산으로 작용한다.

암기팁! 브뢴스테드-로우리 산 (양성자 주는 물질) : 어제 브라더(브로)와 산(산)에서 양주(양성자 주는)를 마셨다.

✎ **함께 공부**

① $3Fe + 4H_2O \rightarrow Fe_3O_4 + 4H_2$: H_2O는 산소(O)를 잃고 수소(H_2)로 환원되었다.(산화·환원반응)

② $NH_4^+ + H_2O \rightleftarrows NH_3 + H_3O^+$: H_2O는 NH_4^+로부터 양성자(H^+)를 받아 H_3O^+가 되므로, 염기로 작용한다.

③ $HCOOH + H_2O \rightarrow HCOO^- + H_3O^+$: H_2O는 $HCOOH$로부터 양성자(H^+)를 받아 H_3O^+가 되므로, 염기로 작용한다.

06. 올레핀계 탄화수소에 해당하는 것은?

① CH_4　　　② $CH_2 = CH_2$　　　③ $CH \equiv CH$　　　④ CH_3CHO

해 올레핀계(알켄계, 에틸렌계) 탄화수소(C_nH_{2n})는 유기화합물 내 탄소(C)의 결합이 이중결합($C=C$)으로 되어 있는 탄화수소이다.

② 에틸렌(C_2H_4)

✎ **함께 공부**

① 메탄(CH_4)

③ 아세틸렌(C_2H_2)

④ 아세트알데하이드(CH_3CHO)

07. 질산은 용액에 담갔을 때 은(Ag)이 석출되지 않는 것은?

① 백금   ② 납   ③ 구리   ④ 아연

> 해 • 질산은($AgNO_3$) 수용액 속에는 Ag^+(은 이온)과 NO_3^-(질산이온)이 해리되어 있는데, Ag^+(은 이온)이 전자를 얻어 금속 은(Ag)으로 석출되지 않도록 하는 것은... 은보다 이온화 경향이 작은 금속이다.
> • $Ag^+ + Pt \rightarrow Ag^+ + Pt$: Pt(백금)은 Ag(은)보다 이온화 경향이 작아서 반응이 일어나지 않으므로, 은(Ag)은 석출되지 않는다.

08. 다음은 원소의 원자번호와 원소기호를 표시한 것이다. 전이 원소만으로 나열된 것은?

① $_{20}Ca$, $_{21}Sc$, $_{22}Ti$ ② $_{21}Sc$, $_{22}Ti$, $_{29}Cu$

③ $_{26}Fe$, $_{30}Zn$, $_{38}Sr$ ④ $_{21}Sc$, $_{22}Ti$, $_{38}Sr$

> 해 전이 원소는 주기율표의 3족 ~ 12족에 속하는 원소로, 모두가 금속으로 구성되어 있는데... $_{21}Sc$(스칸듐), $_{22}Ti$(티타늄), $_{26}Fe$(철), $_{29}Cu$(구리), $_{30}Zn$(아연) 등이 여기에 해당한다.

✏️ **함께 공부**

① $_{20}Ca$(칼슘) 및 ③과 ④의 $_{38}Sr$(스트론튬)은 2족에 속하는 알칼리토금속으로, 전형원소에 해당한다.

09. 벤젠에 진한 질산과 진한 황산의 혼합물을 작용시킬 때 황산이 촉매와 탈수제 역할을 하여 얻어지는 화합물은?

① 나이트로벤젠   ② 클로로벤젠   ③ 알킬벤젠   ④ 벤젠술폰산

> 해 나이트로벤젠($C_6H_5NO_2$)은 인화의 위험성이 있는 기름으로, 벤젠에 진한 질산과 진한 황산을 반응하여 얻는다.
>
> $$C_6H_6(\text{벤젠}) + HNO_3(\text{질산}) \xrightarrow{\text{c-}H_2SO_4} C_6H_5NO_2(\text{나이트로벤젠}) + H_2O(\text{물})$$

10. 순수한 옥살산($C_2H_2O_4 \cdot 2H_2O$) 결정 6.3g을 물에 녹여서 500mL의 용액을 만들었다. 이 용액의 농도는 몇 M인가?

① 0.1   ② 0.2   ③ 0.3   ④ 0.4

> **해** 몰농도(M)란 용액 1L 속에 녹아있는 용질의 몰수를 나타내는 농도로, 이는 다음과 같이 나타낼 수 있다.
>
> $$M(몰농도, mol/L) = \frac{n(용질의\ 몰수,\ mol)}{V(용액의\ 부피,\ L)} = \frac{0.05}{0.5} = 0.1\ [M]$$
>
> - 용액의 부피(V) = 500mL/1,000 = 0.5L
> - 옥살산(용질)의 몰수(n) = $\dfrac{질량(W)}{분자량(M)} = \dfrac{6.3\ g}{126\ g/mol} = 0.05\ [mol]$

11. 우라늄 $^{235}_{92}U$ 는 다음과 같이 붕괴한다. 생성된 Ac의 원자번호는?

$$^{235}_{92}U \xrightarrow{\alpha} Th \xrightarrow{\beta^-} Pa \xrightarrow{\alpha} Ac$$

① 87   ② 88   ③ 89   ④ 90

> **해**
> - α선 붕괴는 원자핵으로부터 α입자[헬륨(He)의 원자핵]을 방출하는 붕괴로, 원자번호가 2 감소하고 질량수는 4 감소하며... β선 붕괴는 원자핵으로부터 β입자[전자]를 방출하는 붕괴로, 원자번호가 1 증가하고 질량수는 변함이 없다.
> - 문제의 $^{235}_{92}U$ (우라늄)이 α선 붕괴 2번과 β선 붕괴 1번을 하면 원자번호는 3 감소하고, 질량수는 8 감소하므로... $^{227}_{89}Ac$ (악티늄)이 된다.(원자번호 : 92 - 3 = 89).

12. 기하이성질체 때문에 극성 분자와 비극성 분자를 가질 수 있는 것은?

① C_2H_4 ② C_2H_3Cl ③ $C_2H_2Cl_2$ ④ C_2HCl_3

> **해** 기하 이성질체는 원자 또는 원자단의 연결방법이나 붙어있는 순서는 같으나, 이중결합 또는 삼중결합을 중심으로 원자 또는 원자단이 공간상에서 다르게 위치할 수 있는 화합물을 의미하는데... $C_2H_2Cl_2$(다이클로로에틸렌)은 이중결합(C=C)을 중심으로 수소 원자 2개와 염소 원자 2개가 공간상에서 다르게 위치하여 극성 분자와 비극성 분자의 기하학적 이성질체를 갖는다.
>
>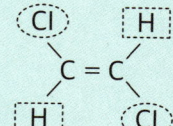
>
> 시스(cis)형 – 극성 분자   트랜스(trans)형 – 비극성 분자

13. 다음 화학반응으로부터 설명하기 어려운 것은?

$$2H_2(g) + O_2(g) \rightarrow 2H_2O(g)$$

① 반응물질 및 생성물질의 부피비   ② 일정 성분비의 법칙

③ 반응물질 및 생성물질의 몰수비   ④ 배수비례의 법칙

> 해 배수비례의 법칙은 두 종류의 원소가 결합하여 두 가지의 화합물을 만들 때, 원소 1개의 질량과 화합하는 다른 원소의 질량 사이에는 간단한 정수비가 성립한다는 법칙으로... 위의 화학반응식은 두 종류의 원소[H(수소), O(산소)]가 결합하였으나, 한 가지 화합물[H_2O(수증기)]만을 생성하므로, 두 가지의 화합물을 비교하는 배수비례의 법칙을 설명할 수가 없다.

14. 휘발성 유기물 1.39g을 증발시켰더니 100℃, 760mmHg에서 420mL였다. 이 물질의 분자량은 약 몇 g/mol인가?

① 53   ② 73   ③ 101   ④ 150

> 해 휘발성 유기물의 양은 이상기체 상태방정식 공식을 이용하여 구할 수 있으며, 아래의 이상기체 상태방정식 공식에서 분자량(M)을 기준으로 식을 정리하고 값을 대입하면...
>
> $$PV = nRT = \frac{W}{M}RT \;\rightarrow\; M = \frac{WRT}{PV} = \frac{1.39 \times 0.082 \times 373}{1 \times 0.42} = 101.23\,[g/mol]$$
>
> • 질량(W) = 1.39g
> • 압력(P) = 760mmHg = 1atm
> • 부피(V) = 420mL/1000 = 0.42L
> • R(기체정수) = 0.082atm · L/mol · K
> • 절대온도(T) 중 켈빈온도(K) = 100℃ + 273 = 373K

15. 이온화에너지에 대한 설명으로 옳은 것은?

① 바닥상태에 있는 원자로부터 전자를 제거하는데 필요한 에너지이다.

② 들뜬상태에서 전자를 하나 받아들일 때 흡수하는 에너지이다.

③ 일반적으로 주기율표에서 왼쪽으로 갈수록 증가한다.

④ 일반적으로 같은 족에서 아래로 갈수록 증가한다.

> 해 이온화에너지는 바닥상태에 있는 원자로부터 1개의 전자를 제거하여 양이온을 형성하는데 필요한 에너지이다.

✏ **함께 공부**

③ 일반적으로 주기율표에서 오른쪽으로 갈수록 증가한다.
④ 일반적으로 주기율표에서 아래로 갈수록 감소한다.

16. $[H^+] = 2 \times 10^{-6}$M인 용액의 pH는 약 얼마인가?

   ① 5.7   ② 4.7   ③ 3.7   ④ 2.7

해 $pH = \log\dfrac{1}{[H^+](\text{수소이온 몰농도})} = -\log[H^+] = -\log(2 \times 10^{-6}) = 5.7$

17. 요소 6g을 물에 녹여 1,000L로 만든 용액의 27℃에서의 삼투압은 약 몇 atm인가? (단, 요소의 분자량은 60이다.)

   ① 1.26×10^{-1} ② 1.26×10^{-2} ③ 2.46×10^{-3} ④ 2.56×10^{-4}

해 삼투압(π)은 물이 반투막을 통해서 농도가 높은 용액 쪽으로 이동할 때 발생하는 압력을 말하며, 이는 용매 및 용질의 종류와 무관하게 용액의 몰농도와 절대온도에 비례한다. → 이상기체 상태방정식과 동일한 형태이다.

$$\pi = CRT = \frac{n}{V}RT = \frac{WRT}{MV} = \frac{6 \times 0.082 \times 300}{60 \times 1,000} = 2.46 \times 10^{-3} \,[\text{atm}]$$

- 분자량(M) = 60g/mol
- 부피(V) = 1,000L
- 질량(W) = 6g
- R(기체정수) = 0.082atm · L/mol · K
- 절대온도(T) 중 켈빈온도(K) = 27℃ + 273 = 300K

18. 같은 주기에서 원자번호가 증가할수록 감소하는 것은?

   ① 이온화에너지   ② 원자반지름
   ③ 비금속성   ④ 전기음성도

해 같은 주기에서 원자번호가 증가할수록... 원자핵을 구성하는 양성자수와 전자수가 같이 증가하여 양성자가 전자를 잡아당기는 힘은 상대적으로 강해지므로, 양성자와 전자사이의 거리가 가까워져 원자반지름은 감소한다.

19. 다음 물질 중에서 염기성인 것은?

① $C_6H_5NH_2$

② $C_6H_5NO_2$

③ C_6H_5OH

④ C_6H_5COOH

> 해 아닐린($C_6H_5NH_2$)은 인화의 위험성이 높은 기름으로, 아미노기($-NH_2$)가 물(H_2O)로부터 H^+(수소이온)를 받아서 NH_3(암모니아)와 OH^-(수산화이온)를 만들어내므로, 염기성 물질이다.

✏ **함께 공부**

- 염기성 물질 : 수용액에서 OH^-(수산화이온)를 주는 물질 또는 H^+(수소이온)를 받는 물질
- 산성 물질 : 수용액에서 H^+(수소이온)를 주는 물질 또는 OH^-(수산화이온)를 받는 물질

---

20. 원자 A가 이온 A^{2+}로 되었을 때의 전자수와 원자번호 n인 원자 B가 이온 B^{3-}으로 되었을 때 갖는 전자수가 같았다면 A의 원자번호는?

① n-1

② n+2

③ n-3

④ n+5

> 해
> - 중성원자는 양성자의 (+)전하 수와 전자의 (-)전하 수가 같은 원자로... 전자를 잃으면 양(+)이온, 전자를 얻으면 음(-)이온이 된다.
>   - 원자 A가 양이온 A^{2+}로 되었을 때 전자수 : 원자 A가 2개의 전자를 잃었으므로, 전자수는 A-2가 된다.
>   - 원자 B가 음이온 B^{3-}로 되었을 때 전자수 : 원자 B가 3개의 전자를 얻었으므로, 전자수는 B+3이 된다.
> - 원자 A가 양이온 A^{2+}로 되었을 때의 전자수와 원자 B가 음이온 B^{3-}로 되었을 때의 전자수가 같다고 하였으므로...
>   A-2 = B+3 → A = B+5 = n+5 (원자 B의 원자번호가 n이므로)

21. 위험물안전관리법령상 포소화설비의 고정포 방출구를 설치한 위험물 탱크에 부속하는 보조포소화전에서 3개의 노즐을 동시에 사용할 경우 각각의 노즐선단에서의 분당 방사량은 몇 L/min 이상이어야 하는가?

① 80　　　　　　　② 130　　　　　　　③ 230　　　　　　　④ 400

> 해 위험물안전관리에 관한 세부기준상 보조포소화전은 3개(호스접속구가 3개 미만인 경우에는 그 개수)의 노즐을 동시에 사용할 경우 각각의 노즐선단의 방사압력이 0.35MPa 이상이고, 방사량이 400ℓ/min 이상의 성능이 되도록 설치해야 한다.

22. 위험물안전관리법령상 위험물 제조소와의 안전거리 기준이 50m 이상이어야 하는 것은?

① 고압가스 취급시설
　　20m 이상

② 학교 · 병원
　　30m 이상

③ 유형문화재
　　50m 이상

④ 극장
　　30m 이상

> 해 안전거리

대상	안전거리
사용전압 7,000V 초과 35,000V 이하의 특고압가공전선	3m 이상
사용전압 35,000V 초과 특고압가공전선	5m 이상
주거용으로 사용되는 것	10m 이상
고압가스, 액화석유가스 또는 도시가스를 저장 또는 취급하는 시설	20m 이상
학교, 병원, 공연장, 영화상영관(300명이상 수용), 아동복지시설, 노인복지시설, 장애인복지시설, 한부모가족복지시설, 어린이집, 성매매피해자등을 위한 지원시설, 정신건강증진시설, 보호시설, 그 밖의 20명 이상의 인원을 수용할 수 있는 유사한 시설	30m 이상
지정문화유산, 천연기념물등	50m 이상

> **암기팁!** 안전거리 : 7 35 주 가 학 문~~~ 3 5 10 20 30 50

23. 전기불꽃 에너지 공식에서 (　　　)에 알맞은 것은? (단, Q는 전기량, V는 방전전압, C는 전기용량을 나타낸다.)

$$E = \frac{1}{2}(\quad) = \frac{1}{2}(\quad)$$

① QV, CV　　　　② QC, CV　　　　③ QV, CV²　　　　④ QC, QV²

> **해** 전기불꽃에너지(MIE : Minimum Ignition Energy)란 가연성가스와 공기의 혼합가스에 점화원으로 착화시키기 위해 필요한 최소에너지로... 콘덴서의 전기용량을 C, 방전전압을 V, 전기량을 Q라 할 때 공식은 다음과 같다.
>
> $$E = \frac{1}{2}QV = \frac{1}{2}CV^2$$

24. 위험물 제조소에서 화기엄금 및 화기주의를 표시하는 게시판의 바탕색과 문자색을 옳게 연결한 것은?

① 백색바탕 - 청색문자　　　　② 청색바탕 - 백색문자

③ 적색바탕 - 백색문자　　　　④ 백색바탕 - 적색문자

> **해** 화기엄금 및 화기주의에서 불은 빨간색(적색)이므로... 바탕은 적색으로, 문자는 적색과 대비하여 가장 잘 보이는 백색으로 한다.

25. 위험제조소등에 설치된 옥외소화전설비는 모든 옥외소화전(설치개수가 4개 이상인 경우는 4개의 옥외소화전)을 동시에 사용할 경우에 각 노즐선단의 방수압력은 몇 kPa 이상이어야 하는가?

① 250　　　　② 300　　　　③ 350　　　　④ 450

> **해** 위험물안전관리법령상 옥외소화전설비의 방수압력과 방수량은 모든 옥외소화전(설치개수가 4개 이상인 경우는 4개의 옥외소화전)을 동시에 사용할 경우 각 노즐 끝부분의 방수압력이 350㎪ 이상이고, 방수량이 1분당 450ℓ 이상의 성능이 되도록 한다.

26. 제1종 분말소화약제가 1차 열분해 되어 표준상태를 기준으로 2m³의 탄산가스가 생성되었다. 몇 kg의 탄산수소나트륨이 사용되었는가? (단, 나트륨의 원자량은 23이다.)

① 15 ② 18.75 ③ 56.25 ④ 75

해 **1. 문제의 이해**

제1종 분말소화약제의 주성분인 탄산수소나트륨이 열분해 되면 탄산가스가 생성되는데, 그 탄산수소나트륨이 얼마의 질량으로 사용되는지 구하는 문제로... 이는 화학반응식에서 질량보존의 법칙과 아보가드로의 법칙을 적용한 후 비례식을 통해 구할 수 있다.

2. 화학반응식

$$2NaHCO_3(탄산수소나트륨) \rightarrow Na_2CO_3(탄산나트륨) + CO_2(탄산가스=이산화탄소) + H_2O(물)$$

$$2 \times 84kg \quad : \quad 22.4m³$$
$$\chi kg \quad : \quad 2m³$$

$$\chi kg = \frac{2 \times 84kg}{22.4m³} \times 2m³ = 15kg$$

27. 인화알루미늄의 화재 시 주수소화를 하면 발생하는 가연성 기체는?

① 아세틸렌 ② 메탄 ③ 포스겐 ④ 포스핀

해 인화알루미늄은 물과 반응하여 수산화알루미늄과 가연성 기체인 인화수소(포스핀)을 발생한다.

$$AlP(인화알루미늄) + 3H_2O(물) \rightarrow Al(OH)_3(수산화알루미늄) + PH_3(포스핀)$$

28. 적린과 오황화인의 공통 연소생성물은?

① SO_2 ② H_2S ③ P_2O_5 ④ H_3PO_4

해 적린과 오황화인은 연소하여 오산화인을 발생한다.

- $4P(적린) + 5O_2(산소) \rightarrow 2P_2O_5(오산화인)$
- $2P_2S_5(오황화인) + 15O_2(산소) \rightarrow 2P_2O_5(오산화인) + 10SO_2(이산화황)$

29. 위험물안전관리법령상 물분무소화설비의 제어밸브는 바닥으로부터 어느 위치에 설치하여야 하는가?

① 0.5m 이상, 1.5m 이하 ② 0.8m 이상, 1.5m 이하
③ 1m 이상, 1.5m 이하 ④ 1.5m 이상

해 위험물안전관리에 관한 세부기준에 따르면, 물분무소화설비의 제어밸브는 사람이 손쉽게 조작할 수 있도록 바닥면으로부터 0.8m 이상 1.5m 이하의 높이에 설치하여야 한다.

30. 소화약제로서 물이 갖는 특성에 대한 설명으로 옳지 않은 것은?

① 유화효과(emulsification effect)도 기대할 수 있다.
② 증발잠열이 커서 기화 시 다량의 열을 제거한다.
③ 기화팽창률이 커서 질식효과가 있다.
④ 용융잠열이 커서 주수 시 냉각효과가 뛰어나다.

해 물은 기화잠열(증발잠열)이 539cal/g로 매우 커서 주수 시에 냉각효과가 뛰어나다.

31. 위험물안전관리법령에 의거하여 개방형스프링클러 헤드를 이용하는 스프링클러설비에 설치하는 수동식 개방밸브를 개방 조작하는데 필요한 힘은 몇 ㎏ 이하가 되도록 설치하여야 하는가?

① 5   ② 10   ③ 15   ④ 20

해 위험물안전관리에 관한 세부기준에 따르면, 개방형스프링클러헤드(감열체 없이 방수구가 항상 열려져 있는 스프링클러헤드)를 이용하는 스프링클러설비에 설치하는 수동식 개방밸브를 개방·조작하는데 필요한 힘은 15kg 이하가 되도록 한다.

32. 가연성 가스의 폭발 범위에 대한 일반적인 설명으로 틀린 것은?

① 가스의 온도가 높아지면 폭발 범위는 넓어진다.
② 폭발한계농도 이하에서 폭발성 혼합가스를 생성한다.
③ 공기 중에서보다 산소 중에서 폭발 범위가 넓어진다.
④ 가스압이 높아지면 하한값은 크게 변하지 않으나 상한값은 높아진다.

해 폭발범위(=연소범위, 폭발한계, 연소한계)는 가연성가스와 산소가 연소를 일으킬 수 있는 증기농도범위를 의미하는데... 폭발은 폭발범위 내에서 일어나므로, 폭발한계농도 이하에서는 폭발성 혼합가스를 생성하지 않는다.

33. 위험물제조소 등에 설치하는 이산화탄소소화설비의 기준으로 틀린 것은?

① 저장용기의 충전비는 고압식에 있어서는 1.5 이상 1.9 이하, 저압식에 있어서는 1.1 이상 1.4 이하로 한다.
② 저압식 저장용기에는 2.3MPa 이상 및 1.9MPa 이하의 압력에서 작동하는 압력경보장치를 설치한다.
③ 저압식 저장용기에는 용기 내부의 온도를 -20℃ 이상, -18℃ 이하로 유지할 수 있는 자동냉동기를 설치한다.
④ 기동용 가스용기는 20MPa 이상의 압력에 견딜 수 있는 것이어야 한다.

해 위험물안전관리에 관한 세부기준에 따르면, 기동용 가스용기(저장용기 밸브를 개방시키기 위해 가압용 가스를 저장하는 용기)는 25MPa 이상의 압력에 견딜 수 있는 것이어야 한다.

34. 다음 [보기] 중 상온에서의 상태(기체, 액체, 고체)가 동일한 것을 모두 나열한 것은?

[보기]
Halon 1301, Halon 1211, Halon 2402

① Halon 1301, Halon 2402   ② Halon 1211, Halon 2402

③ Halon 1301, Halon 1211   ④ Halon 1301, Halon 1211, Halon 2402

> 해 상온(20℃), 상압(1기압)에서... 할론(Halon) 소화약제 중 할론 1301(CF_3Br) 및 할론 1211(CF_2ClBr)의 상태는 기체이고, 할론 2402($C_2F_4Br_2$)의 상태는 액체이다.

35. 벼락으로부터 재해를 예방하기 위하여 위험물안전관리법령상 피뢰설비를 설치하여야 하는 위험물제조소의 기준은? (단, 제6류 위험물을 취급하는 위험물제조소는 제외한다.)

① 모든 위험물을 취급하는 제조소
② 지정수량 5배 이상의 위험물을 취급하는 제조소
③ 지정수량 10배 이상의 위험물을 취급하는 제조소
④ 지정수량 20배 이상의 위험물을 취급하는 제조소

> 해 위험물안전관리법령에 따르면, 지정수량의 10배 이상의 위험물을 취급하는 제조소(제6류 위험물을 취급하는 위험물제조소를 제외)에는 피뢰침을 설치하여야 한다.
>
> **암기팁!** 피뢰설비 : 피뢰침을 안 맞으려면 빨리 튀(텐,10)어라

36. 클로로벤젠 300,000L의 소요단위는 얼마인가?

① 20   ② 30   ③ 200   ④ 300

> 해
> $$소요단위 = \frac{저장수량(L)}{지정수량(L) \times 10} = \frac{300,000L}{1,000L \times 10} = 30\ 단위$$
> • 클로로벤젠의 지정수량 : 1,000L

37. 위험물안전관리법령상 제2류 위험물 중 철분의 화재에 적응성이 있는 소화설비는?

① 물분무소화설비

② 포소화설비

③ 탄산수소염류분말소화설비

④ 할로젠화합물소화설비

> 해 철분은 가스와 반응하여 발화의 위험성이 있거나, 물과 접촉하여 가연성가스를 발생하는 위험성이 있으므로, 화재 시에 물 또는 가스와 관련된 소화설비로 소화할 수 없고... 탄산수소염류(금속화재용) 분말소화설비, 건조사(마른 모래), 팽창질석, 팽창진주암 등에 의한 질식소화를 한다.

38. 제5류 위험물인 자기반응성 물질에 포함되지 않는 것은?

① CH_3NO_2
나이트로메탄

② $[C_6H_7O_2(ONO_2)_3]_n$
나이트로셀룰로오스

③ $C_6H_2CH_3(NO_2)_3$
트라이나이트로톨루엔

④ $C_6H_5NO_2$
나이트로벤젠(제4류)

> 해 제5류 위험물 → 자기반응성 물질[폭발성 물질]
> 가연물질 내에 산소를 함유하고 있어 스스로 폭발적으로 반응하는 물질이다.

39. 경유의 대규모 화재 발생 시 주수소화가 부적당한 이유에 대한 설명으로 가장 옳은 것은?

① 경유가 연소할 때 물과 반응하여 수소가스를 발생하여 연소를 돕기 때문에

② 주수소화하면 경유의 연소열 때문에 분해하여 산소를 발생하고 연소를 돕기 때문에

③ 경유는 물과 반응하여 유독가스를 발생하므로

④ 경유는 물보다 가볍고 또 물에 녹지 않기 때문에 화재가 널리 확대되므로

> 해 경유는 인화의 위험성이 높은 기름(유류)인데, 경유의 화재 시 주수소화를 하면... 경유가 물보다 가볍고 물에 녹지 않으므로, 화재면이 확대될 위험성이 있다.

40. 복수의 성상을 가지는 위험물에 대한 품명지정의 기준상 유별의 연결이 틀린 것은?

① 산화성고체의 성상 및 가연성고체의 성상을 가지는 경우 : 가연성고체
② 산화성고체의 성상 및 자기반응성물질의 성상을 가지는 경우 : 자기반응성물질
③ 가연성고체의 성상과 자연발화성물질의 성상 및 금수성물질의 성상을 가지는 경우 : 자연 발화성물질 및 금수성물질
④ 인화성액체의 성상 및 자기반응성물질의 성상을 가지는 경우 : 인화성액체

해 위험물안전관리법령에 따르면, 성상을 2가지 이상 포함하는 물품(복수성상물품)이 속하는 품명은 다음에 의한다.

성상 1	성상 2	복수성상물품이 속하는 품명
산화성 고체	가연성 고체	가연성 고체
산화성 고체	자기반응성 물질	자기반응성 물질
가연성 고체	자연발화성 물질 및 금수성 물질	자연발화성 물질 및 금수성 물질
자연발화성 물질 및 금수성 물질	인화성 액체	자연발화성 물질 및 금수성 물질
인화성 액체	자기반응성 물질	자기반응성 물질

3과목 | 위험물 성상 및 취급

41. 질산나트륨 90kg, 황 70kg, 클로로벤젠 2,000L을 저장하고 있을 경우 각각의 지정수량의 배수의 총합은?

① 2 　　　　② 3 　　　　③ 4 　　　　④ 5

해 지정수량 배수의 합 $= \dfrac{\text{질산염류의 저장수량}}{\text{질산염류의 지정수량}} + \dfrac{\text{황의 저장수량}}{\text{황의 지정수량}} + \dfrac{\text{제2석유류(비수용성)의 저장수량}}{\text{제2석유류(비수용성)의 지정수량}}$

$= \dfrac{90\text{kg}}{300\text{kg}} + \dfrac{70\text{kg}}{100\text{kg}} + \dfrac{2,000\text{L}}{1,000\text{L}} = 0.3 + 0.7 + 2 = 3$

- 질산나트륨의 지정수량 : 300kg
- 황의 지정수량 : 100kg
- 클로로벤젠의 지정수량 : 1,000L

42. 인화칼슘의 성질에 대한 설명 중 틀린 것은?

① 적갈색의 괴상고체이다.
② 물과 격렬하게 반응한다.
③ 연소하여 불연성의 포스핀가스를 발생한다.
④ 상온의 건조한 공기 중에서는 비교적 안정하다.

> 해 인화칼슘(인화석회)은 물과 반응하여 수산화칼슘과 가연성 기체인 인화수소(포스핀)를 발생한다.
>
> Ca_3P_2(인화칼슘) + $6H_2O$(물) → $3Ca(OH)_2$(수산화칼슘) + $2PH_3$(포스핀)

43. 제4류 위험물 중 제1석유류를 저장, 취급하는 장소에서 정전기를 방지하기 위한 방법으로 볼 수 없는 것은?

① 가급적 습도를 낮춘다.
② 주위 공기를 이온화시킨다.
③ 위험물 저장, 취급설비를 접지시킨다.
④ 사용기구 등은 도전성 재료를 사용한다.

> 해 제4류 위험물은 인화의 위험성이 높은 기름으로... 습도를 높이면 공기의 이동을 촉진되므로, 축적된 전하가 공기 중으로 쉽게 빠져 나가서 정전기가 발생하기 어렵다.

44. 판매취급소의 위치·구조 및 설비의 기준에서 위험물을 배합하는 실의 바닥 면적은 얼마로 하여야 하는가?

① 5㎡ 이상 20㎡ 이하
② 6㎡ 이상 15㎡ 이하
③ 10㎡ 이상 20㎡ 이하
④ 20㎡ 이상 30㎡ 이하

> 해 위험물안전관리법령상 판매취급소에서 위험물을 배합하는 실의 바닥 면적은 6㎡ 이상 15㎡ 이하로 하여야 한다.
>
> **암기팁!** 판매취급소 위험물 배합실의 바닥면적 : 잊지 말자!!! 6.25 아니 615(육일오)

45. 옥내저장탱크와 탱크전용실의 벽과의 사이 및 옥내저장탱크의 상호간에는 몇 m 이상의 간격을 유지하여야 하는가?

① 0.3
② 0.5
③ 1.0
④ 1.5

> 해 위험물안전관리법령에 따르면, 옥내저장탱크와 탱크전용실의 벽과의 사이 및 옥내저장탱크의 상호간에는 0.5m 이상의 간격을 유지해야 한다.

46. 수납하는 위험물에 따라 위험물 운반용기의 외부에 표시하여야 하는 주의사항의 연결이 틀린 것은?

① 제2류 위험물 중 철분 - "화기주의" 및 "물기엄금"
② 제2류 위험물 중 인화성고체 - "화기엄금"
③ 제4류 위험물 - "화기엄금"
④ 제6류 위험물 - "화기주의"

해 운반용기 외부에 표시하여야 하는 주의사항

류별		주의사항
제1류 위험물	알칼리금속의 과산화물	화기·충격주의, 물기엄금, 가연물접촉주의
	그 밖의 것	화기·충격주의, 가연물접촉주의
제2류 위험물	철분, 금속분, 마그네슘	화기주의, 물기엄금
	인화성 고체	화기엄금
	그 밖의 것	화기주의
제3류 위험물	자연발화성 물질	화기엄금, 공기접촉엄금
	금수성 물질	물기엄금
제4류 위험물		화기엄금
제5류 위험물		화기엄금, 충격주의
제6류 위험물		가연물접촉주의

47. 위험물안전관리법령상 위험물의 운반용기 외부에 표시해야 하는 사항이 아닌 것은? (단, 기계에 의하여 하역하는 구조로 된 운반 용기는 제외한다.)

① 위험물의 품명
② 위험물의 수량
③ 위험물의 화학명
④ 위험물의 제조연월일

해 위험물안전관리법령에 따르면, 위험물은 그 운반용기의 외부에 다음의 사항을 표시하여야 한다.
• 위험물의 품명 · 위험등급 · 화학명 및 수용성
• 위험물의 수량
• 수납하는 위험물에 따른 주의사항

암기탑! 운반용기의 외부 표시 사항 : 외부에서 품위있게 수화를 하려면 항상 주의하여야 한다.

48. 물과 반응하였을 때 발생하는 가연성 가스의 종류가 나머지 셋과 다른 하나는?

① 탄화리튬

② 탄화마그네슘

③ 탄화칼슘

④ 탄화알루미늄

> 해 탄화알루미늄은 물과 반응하여 수산화알루미늄과 가연성 기체인 메탄을 발생한다.
>
> $$Al_4C_3(탄화알루미늄) + 12H_2O(물) \rightarrow 4Al(OH)_3(수산화알루미늄) + 3CH_4(메탄)$$

✏ **함께 공부**

① Li_2C_2(탄화리튬) + $2H_2O$(물) → $2LiOH$(수산화리튬) + C_2H_2(아세틸렌)

② MgC_2(탄화마그네슘) + $2H_2O$(물) → $Mg(OH)_2$(수산화마그네슘) + C_2H_2(아세틸렌)

④ CaC_2(탄화칼슘) + $2H_2O$(물) → $Ca(OH)_2$(수산화칼슘) + C_2H_2(아세틸렌)

---

49. 4몰의 나이트로글리세린이 고온에서 열분해·폭발하여 이산화탄소, 수증기, 질소, 산소의 4가지 가스를 생성할 때 발생되는 가스의 총 몰수는?

① 28　　　　② 29　　　　③ 30　　　　④ 31

> 해 나이트로글리세린은 고온에서 열분해·폭발하여 이산화탄소, 질소, 산소 및 수증기를 발생한다.
>
> $$4C_3H_5(ONO_2)_3(나이트로글리세린) \rightarrow 12CO_2(이산화탄소) + 6N_2(질소) + O_2(산소) + 10H_2O(수증기)$$
>
> ∴ 생성 시 발생되는 가스의 총 몰수 = 12 + 6 + 1 + 10 = 29

암기팁! 나이트로글리세린의 분해 시 생성물

: 이 질 산 물 → 니글거리는 이유는... 이질을 생산하는 물 때문이다..

50. 다음 중 증기비중이 가장 큰 것은?

① 벤젠
2.69

② 아세톤
2.00

③ 아세트알데하이드
1.52

④ 톨루엔
3.17

해 증기(기체)비중은 해당 기체의 분자량을 공기 분자량(29)으로 나누어 구한다.

종류	화학식(분자식)	분자량 계산	증기비중 계산
벤젠	C_6H_6	(12×6) + (1×6) = 78	78/29 = 2.69
아세톤	CH_3COCH_3	(12×3) + (1×6) + 16 = 58	58/29 = 2.00
아세트알데하이드	CH_3CHO	(12×2) + (1×4) + 16 = 44	44/29 = 1.52
톨루엔	$C_6H_5CH_3$	(12×7) + (1×8) = 92	92/29 = 3.17

51. 질산에틸의 성상에 관한 설명 중 틀린 것은?

① 향기를 갖는 무색의 액체이다.

② 휘발성 물질로 증기 비중은 공기보다 작다.

③ 물에는 녹지 않으나 에터에 녹는다.

④ 비점 이상으로 가열하면 폭발의 위험이 있다.

해 질산에틸($C_2H_5ONO_2$)은 가연물질 내에 산소를 함유하고 있어 스스로 폭발적으로 반응하는 물질인데... 증기비중은 3.1(91/29)이므로, 공기(1)보다 크다.

52. 위험물 운반 및 수납 시 주의 사항에 대한 설명 중 틀린 것은?

① 위험물을 수납하는 용기는 위험물이 누출되지 않게 밀봉시켜야 한다.

② 온도 변화로 가스발생 우려가 있는 것은 가스 배출구를 설치한 운반용기에 수납할 수 있다.

③ 액체 위험물은 운반용기 내용적의 98% 이하의 수납율로 수납하되 55℃의 온도에서 누설되지 아니하도록 충분한 공간 용적을 유지하도록 하여야 한다.

④ 고체 위험물은 운반용기 내용적의 98% 이하의 수납율로 수납하여야 한다.

해 위험물안전관리법령에 따르면, 고체위험물은 운반용기 내용적의 95% 이하의 수납율로 수납하여야 한다.

암기팁! 고체위험물 수납율 : 하수가 아닌 고수들은 항상 전진한다. go(고오)~~~~

53. 위험물의 저장 및 취급에 대한 설명이 틀린 것은?

① H_2O_2 : 직사광선을 차단하고 찬 곳에 저장한다.
② MgO_2 : 습기의 존재하에서 산소를 발생하므로 특히 방습에 주의한다.
③ $NaNO_3$: 조해성이 크고 흡습성이 강하므로 습도에 주의한다.
④ K_2O_2 : 물속에 저장한다.

해 K_2O_2(과산화칼륨)은 산소공급원의 기능을 하는 고체로... 물과 반응하여 산소를 발생하므로, 건조한 냉암소에 보관한다.

$$2K_2O_2(과산화칼륨) + 2H_2O(물) \rightarrow 4KOH(수산화칼륨) + O_2(산소)$$

54. 위험물 지하탱크저장소의 탱크전용실 설치기준으로 틀린 것은?

① 콘크리트 구조의 벽은 두께 0.3m 이상으로 한다.
② 지하저장탱크와 탱크전용실의 안쪽과의 사이는 50cm 이상의 간격을 유지한다.
③ 콘크리트 구조의 바닥은 두께 0.3m 이상으로 한다.
④ 벽, 바닥 등에 적당한 방수 조치를 강구한다.

해 위험물안전관리법령상 지하저장탱크와 탱크전용실의 안쪽과의 사이는 0.1m 이상의 간격을 유지해야 한다.

55. 위험물안전관리법령에 따른 제1류 위험물과 제6류 위험물의 공통적 성질로 옳은 것은?

① 산화성 물질이며 다른 물질을 환원시킨다.　② 환원성 물질이며 다른 물질을 환원시킨다.
③ 산화성 물질이며 다른 물질을 산화시킨다.　④ 환원성 물질이며 다른 물질을 산화시킨다.

해 제1류 위험물(산화성 고체)과 제6류 위험물(산화성 액체)은 모두 산소를 함유하고 있어 가연물과 접촉 시 산소공급원의 기능을 하는 산화성 물질이며, 다른 물질을 산화시킨다.

56. 다이에틸에터의 성질 및 저장, 취급할 때 주의사항으로 틀린 것은?

① 장시간 공기와 접촉하면 과산화물이 생성되어 폭발위험이 있다.
② 연소범위는 가솔린보다 좁지만 발화점이 낮아 위험하다.
③ 정전기 생성방지를 위해 약간의 $CaCl_2$를 넣어준다.
④ 이산화탄소소화기는 적응성이 있다.

해 다이에틸에터($C_2H_5OC_2H_5$)는 인화의 위험성이 높은 기름으로... 연소범위는 다이에틸에터(1.9~48.0%)가 가솔린(1.4~7.6%)보다 넓고, 발화점은 다이에틸에터(180℃)가 가솔린(300℃)보다 낮아서 위험하다.

57. 다음 물질 중 취급하는 장치가 구리나 마그네슘으로 되어 있을 때 반응을 일으켜서 폭발성의 아세틸라이드를 생성하는 것은?

① 이황화탄소　　　　　　　② 아이소프로필알코올
③ 산화프로필렌　　　　　　④ 아세톤

해 아세트알데하이드등(아세트알데하이드, 산화프로필렌)를 취급하는 설비는 은 · 수은 · 동(구리) · 마그네슘 또는 이들을 성분으로 하는 합금으로 된 용기를 사용하지 아니하여야 한다.(폭발성의 아세틸레이트를 생성하므로)

암기팁! 아세트알데하이드등 취급 설비 : 아산병원에서 환자들에게 마구 수은을 사용해서, 시민단체가 폭발했다.

58. 제6류 위험물의 취급 방법에 대한 설명 중 옳지 않은 것은?

① 가연성 물질과의 접촉을 피한다.
② 지정수량의 $\frac{1}{10}$ 을 초과 할 경우 제2류 위험물과의 혼재를 금한다.
③ 피부와 접촉을 하지 않도록 주의한다.
④ 위험물 제조소에는 "화기엄금" 및 "물기엄금" 주의사항을 표시한 게시판을 반드시 설치하여야 한다.

해 위험물제조소의 주의사항을 표시한 게시판

류별		주의사항	색상
제1류 위험물	알칼리금속의 과산화물	물기엄금	청색바탕에 백색문자
	그 밖의 것	-	-
제2류 위험물	철분, 금속분, 마그네슘	화기주의	적색바탕에 백색문자
	인화성 고체	화기엄금	적색바탕에 백색문자
	그 밖의 것	화기주의	적색바탕에 백색문자
제3류 위험물	자연발화성 물질	화기엄금	적색바탕에 백색문자
	금수성 물질	물기엄금	청색바탕에 백색문자
제4류 위험물		화기엄금	적색바탕에 백색문자
제5류 위험물		화기엄금	적색바탕에 백색문자
제6류 위험물		-	-

59. 염소산칼륨이 고온에서 완전 열분해할 때 주로 생성되는 물질은?

① 칼륨과 물 및 산소   ② 염화칼륨과 산소

③ 이염화칼륨과 수소   ④ 칼륨과 물

> 해 염소산칼륨은 산소공급원의 기능을 하는 고체로, 고온에서 열분해하여 염화칼륨과 조연성 기체인 산소를 생성한다.
>
> $$2KClO_3(\text{염소산칼륨}) \rightarrow 2KCl(\text{염화칼륨}) + 3O_2(\text{산소})$$

60. [그림]과 같은 위험물을 저장하는 탱크의 내용적은 약 몇 m³인가? (단, r은 10m, L은 25m이다.)

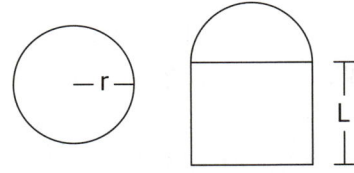

① 3,612   ② 4,754   ③ 5,812   ④ 7,854

> 해 위험물안전관리에 관한 세부기준에 따르면, 문제의 그림과 같은 원통형 탱크 중 종으로 설치한 것의 내용적은 아래와 같다.
>
> $$\pi r^2 \ell = \pi \times 10^2 \times 25 = 7,853.98 \text{ m}^3$$
>
> • 원의 반지름(r) = 10m
> • 원통의 세로길이(ℓ) = 25m

1과목 | 물질의 물리 · 화학적 성질

01. 다음 중 반응이 정반응으로 진행되는 것은?

① $Pb^{2+} + Zn \rightarrow Zn^{2+} + Pb$

② $I_2 + 2Cl^- \rightarrow 2I^- + Cl_2$

③ $2Fe^{3+} + 3Cu \rightarrow 3Cu^{2+} + 2Fe$

④ $Mg^{2+} + Zn \rightarrow Zn^{2+} + Mg$

해 • 정반응(화학반응에서 반응물질로부터 생성물질로 이동하는 반응)이 진행되기 위해서는... 반응물질의 금속 또는 비금속 원소가 전자를 잃거나 얻어서 양이온 또는 음이온으로 변하면 되는데, 이 경우에 적용하는 것이 "금속 또는 비금속의 반응성"이다.
• $Pb^{2+} + Zn \rightarrow Zn^{2+} + Pb$: Zn(아연)은 Pb(납)보다 금속의 반응성이 커서 전자를 잃고 양이온[Zn^{2+}]이 되려 하므로, 정반응이 진행된다.

✏️ **함께 공부**

② $I_2 + 2Cl^- \rightarrow 2I^- + Cl_2$: Cl이 I보다 비금속의 반응성이 커서 정반응이 진행되지 않는다.

③ $2Fe^{3+} + 3Cu \rightarrow 3Cu^{2+} + 2Fe$: Fe가 Cu보다 금속의 반응성이 커서 정반응이 진행되지 않는다.

④ $Mg^{2+} + Zn \rightarrow Zn^{2+} + Mg$: Mg가 Zn보다 금속의 반응성이 커서 정반응이 진행되지 않는다.

02. 1기압 27℃에서 어떤 기체 2g의 부피가 0.82L이다. 이 기체의 분자량은 약 얼마인가?

① 16   ② 32   ③ 60   ④ 72

해 기체의 분자량은 이상기체 상태방정식 공식을 이용하여 구할 수 있으며, 아래의 이상기체 상태방정식 공식에서 분자량(M)을 기준으로 식을 정리하고 값을 대입하면...

$$PV = nRT = \frac{W}{M}RT \rightarrow M = \frac{WRT}{PV} = \frac{2 \times 0.082 \times 300}{1 \times 0.82} = 60 \, [g/mol]$$

• 질량(W) = 2g
• 압력(P) = 1atm
• 부피(V) = 0.82L
• R(기체정수) = 0.082atm · L/mol · K
• 절대온도(T) = 27℃ + 273 = 300K

03. 물 500g 중에 설탕($C_{12}H_{22}O_{11}$) 171g이 녹아 있는 설탕물의 몰랄농도(m)는?

① 2.0   ② 1.5   ③ 1.0   ④ 0.5

해 몰랄농도(m)는 용매 1kg속에 녹아있는 용질의 몰수를 나타내는 농도로, 이는 다음과 같이 나타낼 수 있다.

$$m(\text{몰랄농도}, mol/kg) = \frac{n(\text{용질의 몰수}, mol)}{W(\text{용매의 질량}, kg)} = \frac{0.5}{0.5} = 1.0[m]$$

- 물(용매)의 질량(W) = 500g/1,000 = 0.5kg
- 설탕(용질)의 몰수(n) = $\dfrac{\text{질량}(W)}{\text{분자량}(M)} = \dfrac{171\,g}{342\,g/mol} = 0.5\,[mol]$

04. 평형 상태를 이동시키는 조건에 해당되지 않는 것은?

① 온도   ② 농도   ③ 촉매   ④ 압력

해 촉매는 화학평형의 시간을 단축시킬 뿐, 화학평형의 이동에 영향을 주지 못한다.

05. 먹물에 아교나 젤라틴을 약간 풀어주면 탄소입자가 쉽게 침전되지 않는다. 이때 가해준 아교는 무슨 콜로이드로 작용 하는가?

① 서스펜션   ② 소수   ③ 복합   ④ 보호

해 보호콜로이드는 물과 친화성이 없는 소수콜로이드에 소량의 전해질을 가할 때 생기는 엉김(침전)을 방지하기 위해 넣어주는 친수콜로이드로, 먹물에 넣은 아교 또는 젤라틴이 이에 해당한다.

암기팁! 보호콜로이드 = 멋진(먹물) 아(아교)저(젤라틴)씨!!! 저 좀 보호해 주세요...

06. 다음 중 3개의 이성질체가 존재하는 물질은?

① 아세톤   ② 톨루엔
③ 벤젠   ④ 자일렌(크실렌)

해 자일렌{크실렌, [$C_6H_4(CH_3)_2$]}은 두 개의 메틸(CH_3)기 위치에 따라 다음과 같이 3가지의 이성질체를 가진다.

o-크실렌   m-크실렌   p-크실렌

07. pH = 9인 수산화나트륨 용액 100mL 속에는 나트륨이온이 몇 개 들어 있는가? (단, 아보가드로수는 6.02×10^{23}이다.)

① 6.02×10^9개　　②　6.02×10^{17}개　　③ 6.02×10^{18}개　　④ 6.02×10^{21}개

해 1. 수산화나트륨(NaOH)의 해리 반응식

$$NaOH(수산화나트륨) \rightarrow Na^+(나트륨이온) + OH^-(수산화이온)$$

2. 수산화나트륨 용액의 pOH

$$pOH = 14 - pH = 14 - 9 = 5 \ (pH + pOH = 14 \ 이므로)$$

3. 수산화나트륨 용액의 몰농도 $[OH^-]$

$$pOH = -\log[OH^-] \quad \rightarrow \quad [OH^-] = 10^{-pOH} = 10^{-5} mol$$

4. 비례식 계산

$$1L : 10^{-5} mol = 100mL(=0.1L) : \chi mol \quad \rightarrow \quad \chi = \frac{10^{-5} mol}{1L} \times 0.1L = 10^{-6} mol$$

5. 나트륨이온의 개수

$$[나트륨 이온(Na^+) = 수산화이온(OH^-) 수] = 10^{-6} mol \times 6.02 \times 10^{23}개/mol = 6.02 \times 10^{17}개$$

08. 2차 알코올이 산화되면 무엇이 되는가?

① 알데하이드　　　② 에터　　　③ 카복실산　　　④ 케톤

해 2차 알코올은 알킬기(C_nH_{2n+1})가 2개 붙어있는 알코올로, 메틸기($-CH_3$)가 2개 붙어있는 아이소프로필알코올($CH_3CHOHCH_3$)이 여기에 해당하는데... 아이소프로필알코올($CH_3CHOHCH_3$)이 산화(수소를 잃는 것)되면 다이 메틸 케톤(아세톤, CH_3COCH_3)이 생성된다.

$$CH_3 - \boxed{C \atop O} \boxed{H \atop H} - CH_3 \searrow$$

09. 다음 중 배수비례의 법칙이 성립되지 않는 것은?

① H_2O와 H_2O_2　　② SO_2와 SO_3　　③ N_2O와 NO　　④ O_2와 O_3

해 배수비례의 법칙은 두 종류의 원소가 결합하여 두 가지의 화합물을 만들 때, 원소 1개의 질량과 화합하는 다른 원소의 질량 사이에는 간단한 정수비가 성립한다는 법칙을 말하는데... O_2와 O_3는 한 종류의 원소[O(산소)]로만 구성되어 있으므로, 두 종류의 원소가 결합하여 두 가지의 화합물을 비교하는 배수비례의 법칙이 성립되지 않는다.

암기팁! 베수비례의 법칙 : 두 종류의 원소와 두 가지의 화합물 → 둘(2)둘(2) 치킨...

10. 알칼리 금속에 대한 설명 중 틀린 것은?

① 칼륨은 물보다 가볍다.

② 나트륨의 원자번호는 11이다.

③ 나트륨의 칼로 자를 수 있다.

④ 칼륨은 칼슘보다 이온화에너지가 크다.

해 같은 주기에서는 원자번호가 증가할수록 이온화에너지가 증가하므로, 4주기 중 원자번호 19번인 칼륨(K)은 원자번호 20번의 칼슘(Ca)보다 이온화에너지가 작다.

11. 다음 밑줄 친 원소 중 산화수가 +5인 것은?

① Na₂Cr₂O₇   ② K₂SO₄   ③ KNO₃   ④ CrO₃

해 산화수는 분자 또는 이온 내에 있는 원자가 얻거나 잃는 전자의 수를 의미하며, KNO₃(질산칼륨)에서 N의 산화수는 +5이다. : $(+1) + N + (-2)\times 3 = 0 \rightarrow N = +5$

✏ **함께 공부**

① Na₂Cr₂O₇(다이크로뮴산나트륨) : $(+1)\times 2 + Cr\times 2 + (-2)\times 7 = 0 \rightarrow \therefore Cr = +6$

② K₂SO₄(황산칼륨) : $(+1)\times 2 + S + (-2)\times 4 = 0 \rightarrow \therefore S = +6$

④ CrO₃(크로뮴산) : $Cr + (-2)\times 3 = 0 \rightarrow \therefore Cr = +6$

12. 다음 중 비극성 분자는 어느 것인가?

① HF   ② H₂O   ③ NH₃   ④ CH₄

해 비극성 분자는 어느 한 쪽으로 기울어지지 않고 대칭성인(균형을 이루는) 분자를 말하고, 극성 분자는 어느 한 쪽으로 기울어진 비대칭성인(균형을 이루지 않는) 분자를 의미하는데... CH₄(메탄)은 정사면체 구조로 대칭성인 비극성 분자이다.

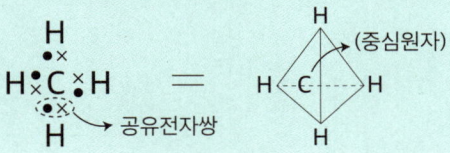

✏ **함께 공부**

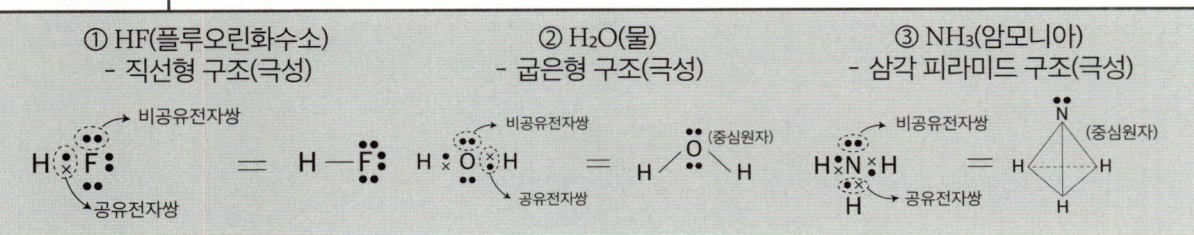

① HF(플루오린화수소) - 직선형 구조(극성)

② H₂O(물) - 굽은형 구조(극성)

③ NH₃(암모니아) - 삼각 피라미드 구조(극성)

13. 방사선 중 감마선에 대한 설명으로 옳은 것은?

① 질량을 갖고 음의 전하를 띰
② 질량을 갖고 전하를 띠지 않음
③ 질량이 없고 전하를 띠지 않음
④ 질량이 없고 음의 전하를 띰

> 해 방사선은 불안정한 원소가 안정한 다른 원소로 전환할 때 방출되는 전자기파로써... 종류에는 α선, β선 및 γ선이 있다.
> - α선 : 양전하($\oplus$전기)를 띄는 헬륨 원자핵의 이동으로... γ선보다 감광작용, 형광작용, 전리작용 등이 강하다.
> - β선 : 음전하($\ominus$전기)를 띄는 전자의 이동
> - γ선 : 질량이 없고 전하를 띄지 않는 전자기파의 이동으로... 파장이 가장 짧고, 투과력이 크며, 휘어지지 않는다.

14. 다음의 반응에서 환원제로 쓰인 것은?

$$MnO_2 + 4HCl \rightarrow MnCl_2 + H_2O + Cl_2$$

① Cl_2　　　　② $MnCl_2$　　　　③ HCl　　　　④ MnO_2

> 해 환원제란 자기 자신은 산화되고 남을 환원시켜주는 물질을 말하는데, 위의 화학반응식에서는 HCl가 환원제로 쓰여서... 자기 자신(HCl)은 산화(수소를 잃는 것)되어 Cl_2로 바뀌고, 남(MnO_2)을 환원(산소를 잃는 것)시켜 $MnCl_2$로 만든다.

✏ **함께 공부**

① Cl_2 및 ② $MnCl_2$은 화학반응식의 생성물로, 산화제 및 환원제에 해당하지 않는다.
④ MnO_2은 산화제로 쓰여서... 자기 자신(MnO_2)은 환원되어 $MnCl_2$로 되고, 남(HCl)을 산화시켜 Cl_2로 만든다.

15. 황산구리 수용액에 1.93A의 전류를 통할 때 매초 음극에서 석출되는 Cu의 원자수를 구하면 약 몇 개가 존재하는가?

① 3.12×10^{18} ② 4.02×10^{18} ③ 5.12×10^{18} ④ 6.02×10^{18}

해 1. 전기량 계산

$$Q[전기량, C(쿨롱)] = I[전류, A(암페어)] \times t[시간, s(초)] = 1.93 \times 1 = 1.93[C]$$

- 전류(I) = 1.93A
- 시간(t) = 1s

2. 1패러데이(F)
- 어떤 물질 1g당량을 석출하기 위해 필요한 전기량인 96,500C(쿨롱)를 의미하므로, 구리(Cu)는 1F(96,500C)에서 1g당량(= 0.5몰)이 석출된다.
- 구리(Cu) 1g당량 = $\dfrac{원자량}{원자가}$ = $\dfrac{1몰}{2}$ = 0.5 몰 [구리(Cu)의 원자가 = +2]

3. 비례식 계산

$$96,500C : 구리\ 0.5몰 = 1.93C : 구리\ \chi몰 \ \rightarrow \ 구리\ \chi몰 = \dfrac{0.5몰}{96,500C} \times 1.93C = 10^{-5}[mol]$$

4. 구리(Cu)의 원자수

$$\therefore 구리(Cu)\ 원자수 = 10^{-5}mol \times 6.02 \times 10^{23}개/mol = 6.02 \times 10^{18}개$$

16. 벤젠을 약 300℃, 높은 압력에서 Ni 촉매로 수소와 반응시켰을 때 얻어지는 물질은?

① Cyclopentane ② Cyclopropane ③ Cyclohexane ④ Cyclooctane

해 사이클로헥산(Cyclohexane)은 인화의 위험성이 높은 기름으로, 벤젠을 고온(약 300℃)·고압에서 Ni(니켈)을 촉매로 하여 수소와 첨가반응 시켜서 생성한다.

$$C_6H_6(벤젠) + 3H_2(수소) \xrightarrow{\ \ Ni\ \ } C_6H_{12}(사이클로헥산)$$

17. 어떤 금속의 원자가는 2이며, 그 산화물의 조성은 금속이 80wt%이다. 이 금속의 원자량은?

① 32 ② 48 ③ 64 ④ 80

해 위 산화물의 화학식(M_xO_y)은 금속(Material)의 원자가가 +2라고 하였으므로, M_2O_2 = MO가 되어 금속(M)과 산소(O)의 원자수 비율은 1:1이 된다.

$$금속(M) : 산소(O) = \dfrac{중량 백분율}{원자량} : \dfrac{중량백분율}{원자량} = \dfrac{80\%}{M} : \dfrac{20\%}{16} = 1 : 1$$

$$\rightarrow \dfrac{80\%}{M} = \dfrac{20\%}{16} \rightarrow M = 64$$

18. 염소산칼륨을 이산화망가니즈를 촉매로 하여 가열하면 염화칼륨과 산소로 열분해 된다. 표준상태를 기준으로 11.2L의 산소를 얻으려면 몇 g의 염소산칼륨이 필요한가? (단, 원자량은 K39, Cl 35.5이다.)

① 30.63g   ② 40.83g   ③ 61.25g   ④ 122.5g

> 해 **1. 문제의 이해**
> 염소산칼륨이 열분해되면 산소가 생성되는데, 그 염소산칼륨이 얼마의 질량으로 필요한지 구하는 문제로... 이는 화학반응식에서 질량 보존의 법칙과 아보가드로의 법칙을 적용한 후 비례식을 통해 구할 수 있다.
> **2. 화학반응식**
>
> $$2KClO_3(염소산칼륨) \rightarrow 2KCl(염화칼륨) + 3O_2(산소)$$
>
> $$2 \times 122.5g \quad : \quad 3 \times 22.4L$$
> $$\chi g \quad : \quad 11.2L$$
>
> $$\chi g = \frac{2 \times 122.5g}{3 \times 22.4L} \times 11.2L = 40.83 [g]$$

19. 20℃에서 NaCl 포화용액을 잘 설명한 것은? (단, 20℃에서 NaCl의 용해도는 36이다.)

① 용액 100g 중에 NaCl이 36g 녹아 있을 때
② 용액 100g 중에 NaCl이 136g 녹아 있을 때
③ 용액 136g 중에 NaCl이 36g 녹아 있을 때
④ 용액 136g 중에 NaCl이 136g 녹아 있을 때

> 해 용해도란 특정온도에서 용매100g에 녹을 수 있는 용질의 최대량을 g수로 나타낸 것이므로, 문제의 20℃에서 NaCl의 용해도가 36이라는 의미는 다음과 같이 나타낼 수 있다.
>
> 용해도 36(용질의 최대량이 36g이라는 의미) → 용매 100g + 용질 36g = 용액 136g

20. 어떤 용액의 [OH⁻] = 2×10^{-5}M이었다. 이 용액의 pH는 얼마인가?

① 11.3   ② 10.3   ③ 9.3   ④ 8.3

> 해 어떤 용액의 $[OH^-] = 2 \times 10^{-5}$mol/L 이므로, pOH를 구해보면...
>
> $$pOH = -\log[OH^-] = -\log(2 \times 10^{-5}) = 4.7$$
>
> $$\therefore pH = 14 - pOH = 14 - 4.7 = 9.3 \,(pH + pOH = 14 \text{ 이므로})$$

21. 위험물제조소에서 취급하는 제4류 위험물의 최대수량의 합이 지정수량의 15만 배인 사업소에 두어야 할 자체소방대의 화학소방자동차와 자체소방대원의 수는 각각 얼마로 규정되어 있는가? (단, 상호응원협정을 체결한 경우는 제외한다.)

① 1대, 5인   ② 2대, 10인   ③ 3대, 15인   ④ 4대, 20인

해 자체소방대에 두는 화학소방자동차 및 인원

사업소의 구분	화학소방자동차	자체소방대원의 수
제조소 또는 일반취급소에서 취급하는 제4류 위험물의 최대수량의 합이 지정수량의 3천배 이상 12만배 미만인 사업소	1대	5인
제조소 또는 일반취급소에서 취급하는 제4류 위험물의 최대수량의 합이 지정수량의 12만배 이상 24만배 미만인 사업소	2대	10인
제조소 또는 일반취급소에서 취급하는 제4류 위험물의 최대수량의 합이 지정수량의 24만배 이상 48만배 미만인 사업소	3대	15인
제조소 또는 일반취급소에서 취급하는 제4류 위험물의 최대수량의 합이 지정수량의 48만배 이상인 사업소	4대	20인
옥외탱크저장소에 저장하는 제4류 위험물의 최대수량이 지정수량의 50만배 이상인 사업소	2대	10인

암기팁! 자체소방대에 두는 화학소방자동차 및 인원 : 12 24 48 48이상 50 12342 5 10 15 20 10

22. 다음 각 위험물의 저장소에서 화재가 발생하였을 때 물을 사용하여 소화할 수 있는 물질은?

① K_2O_2 ② CaC_2 ③ Al_4C_3 ④ P_4

해 황린(P_4)은 자연발화성 물질로... 물에 녹지 않고 물과 반응하지 않으므로, 물을 사용하여 소화할 수 있다.

✏ **함께 공부**

① 과산화칼륨(K_2O_2), ② 탄화칼슘(CaC_2) 및 ③ 탄화알루미늄(Al_4C_3)은 물과 반응하여 조연성 기체 또는 가연성 기체를 발생시키므로, 화재 시에 주수소화를 금지해야 한다.

23. 다음 중 전기의 불량도체로 정전기가 발생되기 쉽고 폭발범위가 가장 넓은 위험물은?

① 아세톤
   2.0 ~ 13.0 = 11.0

② 톨루엔
   1.4 ~ 6.7 = 5.3

③ 에틸알코올
   3.5 ~ 20.0 = 16.5

④ 다이에틸에터
   1.9 ~ 48.0 = 46.1

해 연소범위(=연소한계, 폭발범위, 폭발한계)

물질	하한값 (vol%)	상한값 (vol%)	연소범위 넓이
다이에틸에터	1.9	48.0	46.1
에틸알코올(에탄올)	3.5	20.0	16.5
아세톤	2.0	13.0	11.0
톨루엔	1.4	6.7	5.3

24. 다음 보기에서 열거한 위험물의 지정수량을 모두 합산한 값은?

과아이오딘산, 과아이오딘산염류, 과염소산, 과염소산염류

① 450kg　　　② 500kg　　　③ 950kg　　　④ 1,200kg

해 지정수량은 위험물의 종류별로 위험성을 고려하여 대통령령으로 정하는 수량으로, 법령상 규제하는 위험물의 최소량을 의미한다.

∴ 지정수량의 총합 = 300kg + 300kg + 50kg + 300kg = 950kg
- 과아이오딘산의 지정수량 : 300kg
- 과아이오딘산염류의 지정수량 : 300kg
- 과염소산염류의 지정수량 : 50kg
- 과염소산의 지정수량 : 300kg

25. 고체연소에 대한 분류로 옳지 않은 것은?

① 예혼합연소
   기체의 연소형태

② 증발연소　　　③ 분해연소　　　④ 표면연소

해 고체의 연소
- 표면연소 : 공기와 접촉하는 고체표면에서 연소가 일어나는 것 - 숯, 코크스, 목탄, 금속분
- 분해연소 : 열분해하여 발생한 가연성기체가 공기 중에서 연소하는 것 - 석탄, 종이, 플라스틱, 고무, 목재, 섬유
- 증발연소 : 증발에 의해 생긴 증기가 공기 중에서 연소하는 것 - 나프탈렌, 왁스, 황, 양초, 파라핀
- 자기연소 : 물질 내부에 산소공급원을 가진 물질이 연소하는 것 - 나이트로셀룰로오스, TNT, 피크린산, 셀룰로이드

26. 소화설비의 설치기준에 있어서 위험물저장소의 건축물로서 외벽이 내화구조로 된 것은 연면적 몇 ㎡를 1 소요단위로 하는가?

① 50 ② 75 ③ 100 ④ 150

해 제조소등 건축물의 소요단위 산정

구분	외벽이 내화구조	외벽이 내화구조가 아닌 것
제조소	연면적 100㎡를 1소요단위	연면적 50㎡를 1소요단위
취급소		
저장소	연면적 150㎡를 1소요단위	연면적 75㎡를 1소요단위

27. 탄소 1mol이 완전 연소하는 데 필요한 최소 이론공기량은 약 몇 L인가? (단, 0℃, 1기압 기준이며, 공기 중 산소의 농도는 21vol%이다.)

① 10.7 ② 22.4 ③ 107 ④ 224

해 1. 문제의 이해

탄소가 연소하면 이산화탄소가 생성되는데, 탄소가 연소하기 위해서 공기가 얼마의 부피로 필요한지 구하는 문제로... 화학반응식에서 아보가드로의 법칙과 공기와 산소의 관계를 적용한 후 비례식을 통해 구할 수 있다.

2. 화학반응식

$$C(탄소) + O_2(산소) \rightarrow CO_2(이산화탄소)$$

$$1mol : 22.4L$$
$$1mol : \chi L$$

$$\chi L = \frac{22.4L}{1mol} \times 1mol = 22.4L$$

문제의 단서에서 주어진 공기와 산소의 관계(공기 중 산소의 부피는 21%)를 통해 이론 공기량을 구해보면...

$$\therefore \text{필요한 이론 공기량} = \frac{\text{산소의 부피}}{21\%} = \frac{22.4L}{0.21} = 106.67 [L]$$

28. 위험물안전관리법령상 제6류 위험물에 적응성이 있는 소화설비는?

① 옥내소화전설비
② 불활성가스소화설비
③ 할로젠화합물소화설비
④ 탄산수소염류 분말소화설비

해 • 제6류 위험물은 산소를 함유하고 있어 산소공급원의 기능을 하는 액체로... 물과 반응하지 않으므로, 이에 대한 소화는 대량의 물에 의한 희석소화를 한다.

• ① 옥내소화전설비는 물과 관련된 소화설비(수계 소화설비 - 냉각소화)로, 제6류 위험물에 적응성이 있지만... ② 불활성가스소화설비, ③ 할로젠화합물소화설비 및 ④ 탄산수소염류 분말소화설비 등은 가스와 관련된 소화설비(가스계 소화설비 - 질식소화)로, 제6류 위험물에 적응성이 없다.

29. 분말소화약제인 탄산수소나트륨 10㎏이 1기압, 270℃에서 방사되었을 때 발생하는 이산화탄소의 양은 약 몇 ㎥인가?

① 2.65　　　　　　　② 3.65　　　　　　　③ 18.22　　　　　　　④ 36.44

해 1. 문제의 이해
제1종 분말소화약제의 주성분인 탄산수소나트륨이 열분해 되면 탄산가스가 생성되는데, 그 이산화탄소가 얼마의 부피로 생성되는지 구하는 문제로... 이는 화학반응식에서 질량보존의 법칙, 아보가드로의 법칙 및 이상기체 상태방정식을 적용한 후 구할 수 있다.

2. 화학반응식

$$2NaHCO_3(탄산수소나트륨) \rightarrow Na_2CO_3(탄산나트륨) + CO_2(탄산가스＝이산화탄소) + H_2O(물)$$

$$2 \times 84kg \qquad\qquad : \qquad\qquad 44kg$$
$$10kg \qquad\qquad\quad : \qquad\qquad\quad \chi kg$$

$$\chi kg = \frac{44kg}{2 \times 84kg} \times 10kg = 2.62kg$$

3. 이상기체 상태방정식

$$PV = nRT = \frac{W}{M}RT \rightarrow V = \frac{WRT}{PM} = \frac{2.62 \times 0.082 \times 543}{1 \times 44} = 2.65㎥$$

- 압력(P) = 1atm
- 이산화탄소(CO_2) 분자량(M) = 44kg/kmol
- 질량(W) = 2.62kg
- R(기체정수) = 0.082atm · ㎥/kmol · K
- 절대온도(T) = 270℃ + 273 = 543K

30. 다음은 위험물안전관리법령에 따른 할로젠화합물소화설비에 관한 기준이다. (　　　)에 알맞은 수치는?

> 축압식저장용기등은 온도 20℃에서 하론 1301을 저장하는 것은 (　　　)MPa 또는 (　　　)MPa이 되도록 질소가스로 가압할 것

① 0.1, 1.0　　　　　　② 1.1, 2.5　　　　　　③ 2.5, 1.0　　　　　　④ 2.5, 4.2

해 위험물안전관리에 관한 세부기준에 따르면, 축압식저장용기등은 온도 21℃에서 하론1211을 저장하는 것은 1.1MPa 또는 2.5MPa... 하론1301, HFC-227ea 또는 FK-5-1-12를 저장하는 것은 2.5MPa 또는 4.2MPa이 되도록 질소가스로 축압해야 한다.

31. 위험물안전관리법령상 소화설비의 설치기준에서 제조소등에 전기설비(전기배선, 조명기구 등은 제외)가 설치된 경우에는 해당 장소의 면적 몇 ㎡ 마다 소형수동식소화기를 1개 이상 설치하여야 하는가?

① 50 　　　　　② 75 　　　　　③ 100 　　　　　④ 150

> 해 위험물안전관리법령에 따르면, 제조소등에 전기설비(전기배선, 조명기구 등은 제외)가 설치된 경우에는 해당 장소의 면적 100㎡ 마다 소형수동식소화기를 1개 이상 설치해야 한다.

32. 위험물안전관리법령상 옥내소화전설비의 기준으로 옳지 않은 것은?

① 소화전함은 화재발생 시 화재 등에 의한 피해의 우려가 많은 장소에 설치하여야 한다.
② 호스접속구는 바닥으로부터 1.5m 이하의 높이에 설치한다.
③ 가압송수장치의 시동을 알리는 표시등은 적색으로 한다.
④ 별도의 정해진 조건을 충족하는 경우는 가압송수장치의 시동표시등을 설치하지 않을 수 있다.

> 해 위험물안전관리에 관한 세부기준에 따르면, 옥내소화전의 소화전함(옥내소화전의 개폐밸브 및 방수용기구를 격납하는 상자)은 불연재료로 제작하고, 점검에 편리하고, 화재발생시 연기가 충만할 우려가 없는 장소 등 쉽게 접근이 가능하고, 화재 등에 의한 피해를 받을 우려가 적은 장소에 설치하여야 한다.

33. 수성막포소화약제를 수용성 알코올 화재 시 사용하면 소화효과가 떨어지는 가장 큰 이유는?

① 유독가스가 발생하므로
② 화염의 온도가 높으므로
③ 알코올은 포와 반응하여 가연성 가스를 발생하므로
④ 알코올이 포 속의 물을 탈취하여 포가 파괴되므로

> 해 수용성인 알코올의 화재 시 일반적인 수성막포 소화약제를 사용하면 포수용액의 물 성분이 수용성 위험물(알코올)에 녹아 소포(포가 터지는 것)되므로, 소화 효과가 떨어진다.

34. 위험물 이동탱크저장소 관계인은 해당 제조소등에 대하여 년간 몇 회 이상 정기점검을 실시하여야 하는가? (단, 구조안전점검 외의 정기점검인 경우이다.)

① 1회 　　　　　② 2회 　　　　　③ 4회 　　　　　④ 6회

> 해 위험물안전관리법령에 따르면, 제조소등의 관계인은 당해 제조소등에 대하여 연 1회 이상 정기점검을 실시하고 점검결과를 기록하여 보존하여야 한다.

35. 제3종 분말소화약제를 화재면에 방출 시 부착성이 좋은 막을 형성하여 연소에 필요한 산소의 유입을 차단하기 때문에 연소를 중단시킬 수 있다. 그러한 막을 구성하는 물질은?

① H_3PO_4 ② PO_4 ③ HPO_3 ④ P_2O_5

해 제3종 분말소화약제의 주성분인 인산암모늄이 열분해 되면 생성되는 메타인산(HPO_3)은 가연물에 부착력이 우수하여 산소차단의 역할을 한다.

36. 위험물안전관리법령상 자동화재탐지설비를 반드시 설치하여야 할 대상에 해당되지 않는 것은?

① 옥내에서 지정수량 200배의 제3류 위험물을 취급하는 제조소
② 옥내에서 지정수량 200배의 제2류 위험물을 취급하는 일반취급소
③ 지정수량 200배의 제1류 위험물을 저장하는 옥내저장소
④ 지정수량 200배의 고인화점 위험물만을 저장하는 옥내저장소

해 위험물안전관리법령상 옥내에서 지정수량의 100배 이상을 취급하는 제조소 및 일반취급소와 지정수량의 100배 이상을 저장 또는 취급하는 옥내저장소(고인화점위험물만을 저장 또는 취급하는 것은 제외)에는 자동화재탐지설비를 설치하여야 한다.

37. 트라이나이트로톨루엔에 대한 설명으로 틀린 것은?

① 햇빛을 받으면 다갈색으로 변한다.
② 벤젠, 아세톤 등에 잘 녹는다.
③ 건조사 또는 팽창질석만 소화설비로 사용할 수 있다.
④ 폭약의 원료로 사용될 수 있다.

해 트라이나이트로톨루엔[$C_6H_2CH_3(NO_2)_3$]는 가연물질 내에 산소를 함유하고 있어 스스로 폭발적으로 반응하는 물질로... 물에 녹지 않고 물과의 접촉이 위험하지 않으므로, 화재 시에는 대량의 물에 의한 냉각소화를 한다.

38. BLEVE 현상에 대한 설명으로 가장 옳은 것은?

① 기름탱크에서의 수증기 폭발현상

② 비등상태의 액화가스가 기화하여 팽창하고 폭발하는 현상

③ 화재 시 기름 속의 수분이 급격히 증발하여 기름거품이 되고 팽창해서 기름탱크에서 밖으로 내뿜어져 나오는 현상

④ 원유, 중유 등 고점도의 기름 속에 수증기를 포함한 볼형태의 물방울이 형성되어 탱크 밖으로 넘치는 현상

해 블레비(BLEVE : Boiling Liquid Expanding Vapour Explosion, 비등 액체팽창 증기폭발)는 고압액화가스의 탱크 주위에서 화재가 발생한 경우 탱크의 가열로 인하여 그 부분의 강도가 약해져 탱크가 파열됨으로써, 내부의 가열된 액화가스가 급속히 기화하여 팽창하고 폭발하는 현상이다.

✎ **함께 공부**

①, ③ 및 ④는 보일오버(Boil Over)에 대한 설명이다.

39. 자연발화가 일어날 수 있는 조건으로 가장 옳은 것은?

① 주위의 온도가 낮을 것   ② 표면적이 작을 것
　　　　　 높을 것 　　　　　　　　 클 것(넓을 것)

③ 열전도율이 작을 것   ④ 발열량이 작을 것
　　　　　　　　　　　　　　　　　클 것

해 열전도율이 작으면(낮으면)... 열이 이동하지 못하고 열의 축적이 쉬워지므로, 자연발화가 잘 일어난다.

40. 위험물제조소등에 설치하는 포소화설비의 기준에 따르면 포헤드방식의 포헤드는 방호대상물의 표면적 1㎡ 당의 방사량이 몇 L/min 이상의 비율로 계산한 양의 포수용액을 표준방사량으로 방사할 수 있도록 설치하여야 하는가?

① 3.5   ② 4   ③ 6.5   ④ 9

해 위험물안전관리에 관한 세부기준에 따르면, 포헤드방식의 포헤드는 방호대상물의 표면적(건축물의 경우에는 바닥면적) 9㎡당 1개 이상의 헤드를 방호대상물의 표면적 1㎡당의 방사량이 6.5ℓ/min 이상의 비율로 계산한 양의 포수용액을 표준방사량으로 방사할 수 있도록 설치한다.

암기팁! 포헤드방식의 포헤드 표준방사량 : 포헤드로 유고(65)슬라비아에 방사해라...

41. 다음 위험물 중 인화점이 약 −37℃인 물질로서 구리, 은, 마그네슘 등과 금속과 접촉하면 폭발성 물질인 아세틸라이드를 생성하는 것은?

① CH_3CHOCH_2
산화프로필렌(-37℃)

② $C_2H_5OC_2H_5$
다이에틸에터(-45℃)

③ CS_2
이황화탄소(-30℃)

④ C_6H_6
벤젠(-11℃)

> 해 산화프로필렌(CH_3CHCH_2O)은 인화의 위험성이 높은 기름으로... 인화점이 약 −37℃이고, 연소범위는 2.5~38.5%이며, 수은 · 구리 · 마그네슘 · 은과 반응하여 폭발성의 아세틸레이트를 생성한다.

42. 다음과 같이 위험물을 저장할 경우 각각의 지정수량 배수의 총합은 얼마인가?

- 클로로벤젠 : 1,000L	- 동식물유류 : 5,000L	- 제4석유류 : 12,000L

① 2.5   ② 3.0   ③ 3.5   ④ 4.0

> 해 지정수량 배수의 합 = $\dfrac{\text{제2석유류(비수용성)의 저장수량}}{\text{제2석유류(비수용성)의 지정수량}} + \dfrac{\text{동식물유류의 저장수량}}{\text{동식물유류의 지정수량}} + \dfrac{\text{제4석유류의 저장수량}}{\text{제4석유류의 지정수량}}$
>
> $= \dfrac{1,000L}{1,000L} + \dfrac{5,000L}{10,000L} + \dfrac{12,000L}{6,000L} = 1 + 0.5 + 2 = 3.5$
>
> • 클로로벤젠의 지정수량 : 1,000L
> • 동식물유류의 지정수량 : 10,000L
> • 제4석유류의 지정수량 : 6,000L

43. 위험물제조소의 배출설비 기준 중 국소방식의 경우 배출능력은 1시간당 배출장소 용적의 몇 배 이상으로 해야 하는가?

① 10배   ② 20배   ③ 30배   ④ 40배

> 해 위험물안전관리법령상 배출능력은 국소방식(전체 중에서 어느 한 지역을 대상으로 하는 방식)의 경우 1시간당 배출장소 용적의 20배 이상인 것으로 하여야 한다. 다만 전역방식(전체지역을 대상으로 하는 방식)의 경우에는 바닥면적 1㎡당 18㎥ 이상으로 할 수 있다.

44. 오황화인에 관한 설명으로 옳은 것은?

① 물과 반응하면 불연성기체가 발생된다.　② 담황색 결정으로서 흡습성과 조해성이 있다.
③ P_5S_2로 표현되며 물에 녹지 않는다.　④ 공기 중에서 자연발화 한다.

> 해 오황화인(P_2S_5)은 불에 타는 가연성고체 물질로... 담황색 결정이며, 물에 녹고 물과 반응하므로, 흡습성과 조해성이 있다.

✏ **함께 공부**

① 물과 반응하여 가연성 기체가 발생된다. [P_2S_5(오황화인) + $8H_2O$(물) → $5H_2S$(황화수소) + $2H_3PO_4$(인산)]
③ P_2S_5로 표현되며, 물에 녹는다.
④ 착화점(발화점)이 142℃이므로, 공기 중에서 자연발화 하지 않는다.

45. 제4석유류를 저장하는 옥내탱크저장소의 기준으로 옳은 것은? (단, 단층건축물에 탱크전용실을 설치하는 경우이다.)

① 옥내저장탱크의 용량은 지정수량의 40배 이하일 것
② 탱크전용실은 벽, 기둥, 바닥, 보를 내화구조로 할 것
③ 탱크전용실에는 창을 설치하지 아니할 것
④ 탱크전용실에 펌프설비를 설치하는 경우에는 그 주위에 0.2m 이상의 높이로 턱을 설치할 것

> 해 옥내저장탱크의 용량은 지정수량의 40배(제4석유류 및 동식물유류 외의 제4류 위험물에 있어서 당해 수량이 20,000L를 초과할 때에는 20,000L) 이하이어야 한다.

✏ **함께 공부**

② 탱크전용실은 벽·기둥 및 바닥을 내화구조로 하고, 보를 불연재료로 할 것
③ 탱크전용실에는 창을 설치할 것
④ 탱크전용실에 펌프설비를 설치하는 경우에는 그 주위에 옥내저장탱크의 용량을 수용할 수 있는 높이 이상의 턱을 설치할 것

46. 나이트로셀룰로오스에 대한 설명으로 옳지 않은 것은?

① 직사일광을 피해서 저장한다.　　② 알코올수용액 또는 물로 습윤시켜 저장한다.

③ 질화도가 클수록 위험도가 증가한다.　④ 화재 시에는 질식소화가 효과적이다.

> **해** 나이트로셀룰로오스(질화면)는 가연물질 내에 산소를 함유하고 있어 스스로 폭발적으로 반응하는 물질로… 물에 녹지 않고 물과 반응하지 않으므로, 화재 시에 대량의 물에 의한 냉각소화를 한다.

47. 위험물의 운반에 관한 기준에서 위험물의 적재 시 혼재가 가능한 위험물은? (단, 지정수량의 5배인 경우이다.)

① 과산화나트륨과 과염소산
　제1류　　　제6류

② 과망가니즈산칼륨과 적린
　　　제1류　　　제2류

③ 질산과 알코올
　제6류　제4류

④ 과산화수소와 아세톤
　제6류　　제4류

> **해** 유별을 달리하는 위험물의 혼재기준
>
> | 위험물의 구분 | 제1류 | 제2류 | 제3류 | 제4류 | 제5류 | 제6류 |
> |---|---|---|---|---|---|---|
> | 제1류 | | × | × | × | × | ○ |
> | 제2류 | × | | × | ○ | ○ | × |
> | 제3류 | × | × | | ○ | × | × |
> | 제4류 | × | ○ | ○ | | ○ | × |
> | 제5류 | × | ○ | × | ○ | | × |
> | 제6류 | ○ | × | × | × | × | |
>
> (“×”표시 : 혼재할 수 없음, “○”표시 : 혼재할 수 있음, 지정수량의 1/10 이하의 위험물에 적용하지 아니한다)

48. 다음 물질 중 증기비중이 가장 작은 것은?

① 이황화탄소
2.62

② 아세톤
2.00

③ 아세트알데하이드
1.52

④ 에터
2.55

> 해 증기(기체)비중은 해당 기체의 분자량을 공기 분자량(29)으로 나누어 구한다.
>
> | 종류 | 화학식(분자식) | 분자량 계산 | 증기비중 계산 |
> |---|---|---|---|
> | 이황화탄소 | CS_2 | $12 + (32 \times 2) = 76$ | $76/29 = 2.62$ |
> | 아세톤 | CH_3COCH_3 | $(12 \times 3) + (1 \times 6) + 16 = 58$ | $58/29 = 2.00$ |
> | 아세트알데하이드 | CH_3CHO | $(12 \times 2) + (1 \times 4) + 16 = 44$ | $44/29 = 1.52$ |
> | 다이에틸에터 | $C_2H_5OC_2H_5$ | $(12 \times 4) + (1 \times 10) + 16 = 74$ | $74/29 = 2.55$ |

49. 위험물안전관리법령상 위험물제조소의 옥외에 있는 하나의 액체위험물 취급탱크 주위에 설치하는 방유제의 용량은 해당 탱크용량의 몇 % 이상으로 하여야 하는가?

① 50%　　　　② 60%　　　　③ 100%　　　　④ 110%

> 해 위험물제조소의 옥외에 있는 위험물취급탱크 방유제의 용량
> * 하나의 취급탱크 주위에 설치하는 경우 : 당해 탱크용량의 50% 이상
> * 2 이상의 취급탱크 주위에 하나의 방유제를 설치하는 경우 : 당해 탱크 중 용량이 최대인 것의 50%에 나머지 탱크용량 합계의 10%를 가산한 양 이상

50. 다음 중 분자량이 약 144이고, 비중이 약 2.36인 물질로 물과 접촉 되었을 때 CH_4를 발생시키는 것은?

① 탄화알루미늄　　　② 탄화망가니즈　　　③ 탄화마그네슘　　　④ 탄화베릴륨

> 해 탄화알루미늄은 금수성 물질로... 분자량이 144이고, 비중이 2.36이며, 물과 반응하여 메탄을 생성하고 열을 발생한다.
>
> Al_4C_3(탄화알루미늄) + $12H_2O$(물) → $4Al(OH)_3$(수산화알루미늄) + $3CH_4$(메탄)

51. 과산화수소는 위험물로 분류되지만 농도를 조절하여 소독제로 사용하기도 한다. 일반적으로 소독제로 사용하는 옥시돌의 과산화수소 농도는 약 몇 %인가?

① 3%　　　　　② 12%　　　　　③ 25%　　　　　④ 35%

> 해 과산화수소(H_2O_2)는 산소공급원의 기능을 하는 액체로... 3% 용액을 옥시돌이라고 하며, 소독약으로 사용한다.

> 암기팁! 옥시돌 : 시장에서 옥으로 된 돌을 샀(삼)다.

52. 벤젠의 성질에 대한 설명 중 틀린 것은?

① 증기는 유독하다.　　　　　② 물에 녹지 않는다.
③ CS_2보다 인화점이 낮다.　　　　　④ 독특한 냄새가 있는 액체이다.

> 해 벤젠(C_6H_6)은 인화의 위험성이 높은 기름으로, 벤젠의 인화점(-11℃)은 CS_2(이황화탄소)의 인화점(-30℃)보다 높다.

53. 옥내저장소에서 위험물 용기를 겹쳐 쌓는 경우에 있어서 제4류 위험물 중 제3석유류만을 수납하는 용기를 겹쳐 쌓을 수 있는 높이는 최대 몇 m인가?

① 3　　　　　② 4　　　　　③ 5　　　　　④ 6

> 해 위험물안전관리법령상 옥내저장소에서 위험물을 저장할 때... 제4류 위험물 중 제3석유류, 제4석유류 및 동식물유류를 수납하는 용기만을 겹쳐 쌓는 경우에 있어서는 4m를 초과하여 용기를 겹쳐 쌓지 아니하여야 한다.

> 암기팁! 제4류를 겹쳐 쌓(4)으니까 4m 쥐~~~ 444

54. 위험물과 그 위험물이 물과 접촉하여 발생하는 기체를 옳게 연결한 것은?

① 인화칼슘 - 포스핀
② 과산화칼륨 - 아세틸렌
③ 나트륨 - 산소
④ 탄화칼슘 - 수소

> 해 인화칼슘(인화석회)은 물과 반응하여 수산화칼슘과 가연성 기체인 인화수소(포스핀)를 발생한다.
> $$Ca_3P_2(인화칼슘) + 6H_2O(물) \rightarrow 3Ca(OH)_2(수산화칼슘) + 2PH_3(포스핀)$$

✏ 함께 공부

② $2K_2O_2(과산화칼륨) + 2H_2O(물) \rightarrow 4KOH(수산화칼륨) + O_2(산소)$
③ $2Na(나트륨) + 2H_2O(물) \rightarrow 2NaOH(수산화나트륨) + H_2(수소)$
④ $CaC_2(탄화칼슘) + 2H_2O(물) \rightarrow Ca(OH)_2(수산화칼슘) + C_2H_2(아세틸렌)$

55. 위험물안전관리법령상 제4류 위험물 옥외저장탱크의 대기밸브부착 통기관은 몇 kPa 이하의 압력차이로 작동할 수 있어야 하는가?

① 2
② 3
③ 4
④ 5

> 해 위험물안전관리법령상 제4류 위험물 옥외저장탱크의 대기밸브부착 통기관은 5kPa 이하의 압력차이로 작동할 수 있어야 한다.

56. 다음 중 물이 접촉되었을 때 위험성(반응성)이 가장 작은 것은?

① Na_2O_2
② Na
③ MgO_2
④ S

> 해 S(황)은 불에 타는 가연성 고체 물질로... 물에 녹지 않고 물과 반응하지 않으므로, 물과의 접촉 시에 위험성(반응성)이 작다.

✏ 함께 공부

① 과산화나트륨, ② 나트륨 및 ③ 과산화마그네슘은 물과 반응하여 가연성 기체(수소) 또는 조연성 기체(산소)를 발생하므로, 물과의 접촉 시에 위험성(반응성)이 크다.

57. 다음 중 위험등급 Ⅰ의 위험물이 아닌 것은?

① 염소산염류
위험등급Ⅰ

② 황화인
위험등급Ⅱ

③ 알킬리튬
위험등급Ⅰ

④ 과산화수소
위험등급Ⅰ

해 위험등급은 위험의 정도에 따라 등급을 구분해 놓은 것을 의미한다.

58. 동식물유의 일반적인 성질로 옳은 것은?

① 자연발화의 위험은 없지만 점화원에 의해 쉽게 인화한다.
② 대부분 비중 값이 물보다 크다.
③ 인화점이 100℃보다 높은 물질이 많다.
④ 아이오딘값이 50 이하인 건성유는 자연발화 위험이 높다.

해 동식물유류는 동물의 지육 등 또는 식물의 종자나 과육으로부터 추출한 것으로서 1기압에서 인화점이 250℃ 미만인 것을 말하므로, 인화점이 100℃보다 높은 물질이 많다.

📝 **함께 공부**

① 불포화도(안정되지 않은 정도)가 높고, 산소와의 반응성이 커서 자연발화의 위험이 있다.
② 액체비중이 대부분 물(1)보다 작다.
④ 건성유(아이오딘값 130 이상)는 공기 중에 방치하면 건조되는 유지이므로, 자연발화의 위험이 높다.

59. 위험물을 적재, 운반할 때 방수성 덮개를 하지 않아도 되는 것은?

① 알칼리금속의 과산화물
제1류

② 마그네슘
제2류

③ 나이트로화합물
제5류

④ 탄화칼슘
제3류(금수성물질)

해 위험물안전관리법령상 제1류 위험물 중 알칼리금속의 과산화물, 제2류 위험물 중 철분·금속분·마그네슘, 제3류 위험물 중 금수성 물질은 방수성이 있는 피복으로 덮어야 한다.

60. 황린에 공기를 차단하고 약 몇 ℃로 가열하면 적린이 되는가?

① 250℃　　　　② 120℃　　　　③ 44℃　　　　④ 34℃

해 황린(P_4)을 공기를 차단하고 260℃로 가열하면 적린(P)이 된다.

2023년 제1회 CBT 복원문제

1과목 | 물질의 물리 · 화학적 성질

01. 어떤 기체의 확산속도가 $SO_2(g)$의 2배이다. 이 기체의 분자량은 얼마인가? (단, 원자량은 S = 32, O = 16이다.)

① 8　　　　　　② 16　　　　　　③ 32　　　　　　④ 64

해 기체의 확산속도는 아래의 그레이엄의 확산속도의 법칙을 이용하여 구할 수 있으며, 각각의 값을 대입하면...

$$\frac{V_1(\text{확산속도, m/s})}{V_2(\text{확산속도, m/s})} = \sqrt{\frac{M_2(\text{분자량, g/mol})}{M_1(\text{분자량, g/mol})}} \rightarrow M_1(\text{어떤 기체의 분자량}) = \frac{V_2^2}{V_1^2} \times M_2 = \frac{1^2}{2^2} \times 64 = 16[\text{g/mol}]$$

- 어떤 기체의 확산속도(V_1) = 2m/s(어떤 기체의 확산속도가 SO_2 기체의 2배라고 하였으므로...

  어떤 기체 속도 = 2, SO_2 기체 속도 = 1)
- SO_2(이산화황) 기체의 확산속도(V_2) = 1m/s
- SO_2(이산화황) 기체의 분자량(M_2) = 32 + (16×2) = 64g/mol

02. 다음의 화합물 중 화합물 내 질소분율이 가장 높은 것은?

① $Ca(CN)_2$　　　　② $NaCN$　　　　③ $(NH_2)_2CO$　　　　④ NH_4NO_3

해 질소분율은 화합물에서 질소(N)의 양과 전체 양(분자량)과의 비를 말하며, $(NH_2)_2CO$(요소)의 질소분율은 0.467 이다.

$$\therefore \frac{\text{질소(N)의 양}}{\text{요소}[(NH_2)_2CO]\text{의 분자량}} = \frac{14 \times 2}{(14 + 1 \times 2) \times 2 + 12 + 16} = 0.467$$

✏️ **함께 공부**

① $Ca(CN)_2$(사이안화칼슘) : $\dfrac{\text{질소(N)의 양}}{\text{사이안화칼슘}[Ca(CN)_2]\text{의 분자량}} = \dfrac{14 \times 2}{40 + (12 + 14) \times 2} = 0.304$

② $NaCN$(사이안화나트륨) : $\dfrac{\text{질소(N)의 양}}{\text{사이안화나트륨}(NaCN)\text{의 분자량}} = \dfrac{14}{23 + 12 + 14} = 0.286$

④ NH_4NO_3(질산암모늄) : $\dfrac{\text{질소(N)의 양}}{\text{질산암모늄}(NH_4NO_3)\text{의 분자량}} = \dfrac{14 \times 2}{14 + (1 \times 4) + 14 + (16 \times 3)} = 0.350$

03. 30wt%인 진한 HCl의 비중은 1.1이다. 진한 HCl의 몰농도는 얼마인가? (단, HCl의 화학식량은 36.5이다.)

① 7.21   ② 9.04   ③ 11.36   ④ 13.08

해

$$M \ (몰농도, \ mol/L) = \frac{10 \times d \times c}{M \cdot W} = \frac{10 \times 1.1 \times 30}{36.5} = 9.04 \, [mol/L]$$

• 진한 HCl(염산)의 비중(d) = 1.1g/L
• 진한 HCl(염산)의 %농도(c) = 30
• 진한 HCl(염산)의 화학식량(M · W) = 36.5g/mol

04. 25.0g의 물 속에 2.85g의 설탕($C_{12}H_{22}O_{11}$)이 녹아있는 용액의 끓는점은? (단, 물의 끓는점 오름 상수는 0.52이다.)

① 100.0℃   ② 100.08℃   ③ 100.17℃   ④ 100.34℃

해 1. 용액의 끓는점(△T, ℃)은 아래의 끓는점 오름 공식을 이용하여 구할 수 있으며, 각각의 값을 대입하면...

$$\triangle T = K_b \times \frac{W}{M} \times \frac{1,000}{a} = 0.52 \times \frac{2.85}{342} \times \frac{1,000}{25} = 0.17 \, [℃]$$

• 끓는점 오름 상수(K_b) = 0.52℃ · kg/mol
• 설탕(용질) 질량(W) = 2.85g
• 설탕(용질) 분자량(M) = 342g/mol
• 물(용매) 질량(a) = 25g

2. 용액의 비점은 물의 비점 100℃보다 0.17℃ 더 높으므로, 100℃ + 0.17℃ = 100.17℃가 된다.

05. 다음 중 산성 산화물에 해당하는 것은?

① BaO   ② CO_2 ③ CaO   ④ MgO
　염기성 산화물   　염기성 산화물   　염기성 산화물

해 산성 산화물은 물에 녹아 산이 되거나, 염기와 반응하여 염과 물을 만드는 비금속 산화물로... CO_2, NO_2, SO_2, SiO_2, P_2O_5 등이 여기에 해당한다.

06. 분자 운동에너지와 분자 간의 인력에 의하여 물질의 상태 변화가 일어난다. 다음 그림에서 (a), (b)의 변화는?

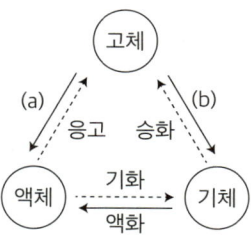

① (a) 융해, (b) 승화　　　　　　　　　　② (a) 승화, (b) 융해
③ (a) 응고, (b) 승화　　　　　　　　　　④ (a) 승화, (b) 응고

> 해 물질의 상태변화
> ・융해 : 고체를 가열하여 액체가 되는 현상
> ・응고 : 액체가 냉각되어 고체로 되는 현상
> ・기화 : 액체를 가열하여 기체가 되는 현상
> ・액화 : 기체가 냉각되어 액체로 되는 현상
> ・승화 : 고체(기체)가 액체를 거치지 않고 직접 기체(고체)로 되는 현상

07. 벤젠에 수소 원자 한 개는 $-CH_3$기로, 또 다른 수소원자 한 개는 $-OH$기로 치환되었다면 이성질체 수는 몇 개인가?

① 1　　　　　　　② 2　　　　　　　③ 3　　　　　　　④ 4

> 해 벤젠(C_6H_6)에 수소 원자 한 개가 메틸(CH_3)기로, 또 다른 수소원자 한 개가 하이드록시기(OH)기로 치환된 물질은 크레졸[$C_6H_4(CH_3)OH$]인데... 크레졸은 다음과 같이 3가지의 이성질체를 가진다.
>
> o-크레졸　　　　　m-크레졸　　　　　p-크레졸

08. 다음은 표준 수소전극과 짝지어 얻은 반쪽반응 표준환원 전위값이다. 이들 반쪽 전지를 짝지었을 때 얻어지는 전지의 표준 전위차 $E°$는?

$$Cu^{2+} + 2e^- \rightarrow Cu \quad E^0 = +0.34V$$
$$Ni^{2+} + 2e^- \rightarrow Ni \quad E^0 = -0.23V$$

해 니켈(Ni)·구리(Cu) 전지의 산화, 환원반응인 "$Ni + Cu^{2+} \rightarrow Ni^{2+} + Cu$"의 화학반응식을 위의 반쪽반응 표준환원 전위값을 조합하여 만들어보면 다음과 같다.

① $Cu^{2+} + 2e^- \rightarrow Cu \quad\quad E^0 = +0.34V$
② $Ni^{2+} + 2e^- \rightarrow N \quad\quad E^0 = -0.23V$
여기서, ① + (-②)를 해 보면...

$\quad\quad$ ① : $Cu^{2+} + 2e^- \rightarrow Cu \quad\quad\quad\quad\quad E^0 = +0.34V$
$-$ ② : $Ni \rightarrow Ni^{2+} + 2e^- \quad\quad\quad\quad\quad E^0 = +0.23V$
_____

$\quad\quad$ ① + [-②] : $Ni + Cu^{2+} \rightarrow Ni^{2+} + Cu \quad\quad E^0 = +0.57V$

✏ **함께 공부**

전지 표준 전위차 (E^0) : 전지의 두 전극간의 전위 차이로, 환원 반응에 대한 반쪽 전지 반응으로 나타낸다.

09. 다음 화합물 중에서 가장 작은 결합각을 가지는 것은?

① BF_3　　　　② NH_3　　　　③ H_2　　　　④ $BeCl_2$

해 결합각은 중심 원자와 주위 원자가 결합할 때, 중심원자의 핵과 주위 원자의 핵이 이루는 각도를 의미하는데...
NH_3(암모니아)는 삼각 피라미드 구조로 결합각은 107.3°이다.

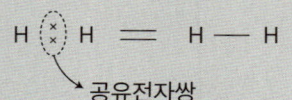

✏ **함께 공부**

① BF_3(삼플루오린화붕소)　　② H_2(수소)　　③ $BeCl_2$(염화베릴륨)
- 평면 정삼각형의 구조(120°)　 - 직선형 구조(180°)　 - 직선형 구조(180°)

10. 다음 산화수에 대한 설명 중 틀린 것은?

① 화학결합이나 반응에서 산화, 환원을 나타내는 척도이다.
② 자유원소 상태의 원자의 산화수는 0이다.
③ 이온결합 화합물에서 각 원자의 산화수는 이온 전하의 크기와 관계없다.
④ 화합물에서 각 원자의 산화수는 총합이 0이다.

해 산화수는 분자 또는 이온 내에 있는 원자가 얻거나 잃는 전자의 수를 의미하는데, 이온결합 화합물에서 각 원자의 산화수는 이온 전하의 크기와 같으므로, 산화수와 이온의 전하는 밀접한 관계가 있다.

11. 다음 중 산성용액에서 색깔을 나타내지 않는 것은?

① 메틸오렌지
   적색
② 페놀프탈레인
   무색
③ 메틸레드
   적색
④ 티몰블루
   적색

해 지시약은 어떤 용액의 액성(산성 또는 염기성)을 판별하기 위해 첨가하는 약품으로... 페놀프탈레인은 산성과 중성일 때는 무색을 띠며, 염기성일 때는 빨강색(적색)을 띤다.

12. 다음의 염을 물에 녹일 때 염기성을 띠는 것은?

① Na_2CO_3
② $NaCl$
   중성염
③ NH_4Cl
   산성염
④ $(NH_4)_2SO_4$
   산성염

해 염기성염이란 수산화 이온(OH^-)을 포함하고 있는 염 또는 "약산 + 강염기"가 반응할 때 생성되는 염을 말하며... $Mg(OH)Cl$(염화수산화마그네슘), $Ca(OH)Cl$(염화수산화칼슘), $Cu(OH)Cl$(염화수산화구리), Na_2CO_3(탄산나트륨) 등이 여기에 해당한다.

13. 10.0mL의 0.1M - NaOH을 25.0mL의 0.1M - HCl에 혼합하였을 때 이 혼합의 용액의 pH는 얼마인가?

① 1.37   ② 2.82   ③ 3.37   ④ 4.82

해 위의 문제는 혼합용액의 농도와 관련된 것으로, 다음의 식을 이용하여 $[H^+]$ 값을 구할 수 있다.

$$M \times V = M_1 V_1 \pm M_2 V_2 \rightarrow M(혼합 용액의 농도) = \frac{M_1 V_1 - M_2 V_2}{V} = \frac{0.1 \times 0.025 - 0.1 \times 0.01}{0\,035} = 0.043\,mol = [H^+]$$

- 혼합용액이 같은 종류(산+산, 염기+염기)이면 ± 부호를 "+"로 하고, 다른 종류(산+염기)이면 "-"로 한다.
- $M_1V_1 - M_2V_2 = +0.0015$이므로, 위에서 구한 혼합용액의 몰농도는 산성을 나타내는 수소이온농도$[H^+]$가 된다.
  - M_1(몰농도, mol) = 염화수소(HCl) 용액의 농도 = 0.1M
  - M_2(몰농도, mol) = 수산화나트륨(NaOH) 용액의 농도 = 0.1M
  - V_1(부피, L) = 염화수소(HCl) 용액의 부피 = 25mL/1,000 = 0.025L
  - V_2(부피, L) = 수산화나트륨(NaOH) 용액의 부피 = 10mL/1,000 = 0.01L
  - V(부피, L) = 혼합용액의 부피 = 35mL/1,000 = 0.035L

$$\therefore \ pH = -\log[H^+] = -\log(0.043) = 1.37$$

14. 다음 중 전리도가 가장 커지는 경우는?

① 농도와 온도가 일정할 때   ② 농도가 진하고 온도가 높을수록
③ 농도가 묽고 온도가 높을수록   ④ 농도가 진하고 온도가 낮을수록

해 전리도는 전해질이 해리되는 정도를 말하며, "이온화도"라고도 하는데... 이는 용액의 농도가 묽을수록(더 많은 전해질이 녹아 이온으로 될 수 있으므로), 온도가 높을수록(녹을 수 있는 양이 더 많아 이온으로 될 수 있으므로) 커진다. 즉 물에 많이 녹으면, 이온으로 많이 된다.

15. 다음 화합물 중 2mol이 완전연소 될 때 6mol의 산소가 필요한 것은?

① $CH_3 - CH_3$ ② $CH_2 = CH_2$ ③ $CH \equiv CH$ ④ C_6H_6

해 에틸렌(C_2H_4) 2mol이 완전 연소하면 이산화탄소 및 물을 4mol 생성하며, 이 때 산소는 6mol이 필요하다.

$$2C_2H_4(에틸렌) + 6O_2(산소) \rightarrow 4CO_2(이산화탄소) + 4H_2O(물)$$

✏ **함께 공부**

① C_2H_6(에탄) : $2C_2H_6 + 7O_2 \rightarrow 4CO_2 + 6H_2O$
③ C_2H_2(아세틸렌) : $2C_2H_2 + 3O_2 \rightarrow 4CO_2 + 2H_2O$
④ C_6H_6(벤젠) : $2C_6H_6 + 15O_2 \rightarrow 12CO_2 + 6H_2O$

16. 98% H_2SO_4 50g에서 H_2SO_4에 포함된 산소 원자수는?

① 3×10^{23}개　　　　② 6×10^{23}개　　　　③ 9×10^{23}개　　　　④ 1.2×10^{24}개

해 1. 98% H_2SO_4(황산)의 몰(수) 계산

$$\text{몰(수)(mol)} = \frac{\text{질량(g)}}{\text{분자량(g/mol)}} = \frac{50g}{98g/mol} \times 0.98 = 0.5[mol]$$

2. O(산소) 원자의 몰(수) 계산

H_2SO_4(황산) 1mol에는 O(산소) 원자 4mol이 포함되므로, H_2SO_4(황산) 0.5mol에는 O(산소) 원자 2mol이 포함된다.

3. O(산소) 원자수 계산

$$\therefore \text{O(산소) 원자수} = 2mol \times 6.023 \times 10^{23}\text{개/mol} = 1.2 \times 10^{24}\text{개}$$

17. 위험물탱크의 용량은 탱크의 내용적에서 공간용적을 뺀 용적으로 한다. 이 경우 소화약제 방출구를 탱크 안의 윗부분에 설치하는 탱크의 공간용적은 당해 소화설비의 소화약제방출구 아래의 어느 범위의 면으로부터 윗부분의 용적으로 하는가?

① 0.1미터 이상 0.5미터 미만 사이의 면　　② 0.3미터 이상 1미터 미만 사이의 면
③ 0.5미터 이상 1미터 미만 사이의 면　　④ 0.5미터 이상 1.5미터 미만 사이의 면

해 위험물안전관리법령에 따르면, 소화설비를 설치하는 탱크의 공간용적은 소화설비의 소화약제 방출구 아래 0.3m 이상 1m 미만 사이의 면으로부터 윗부분의 용적이다.

18. 반투막을 이용하여 콜로이드 입자를 전해질이나 작은 분자로부터 분리 정제하는 것을 무엇이라 하는가?

① 틴들현상　　　　　　　　　② 브라운 운동
③ 투석　　　　　　　　　　　④ 전기영동

해 투석은 반투막을 이용하여 콜로이드 입자를 전해질이나 작은 분자로부터 분리ㆍ정제하는 것으로… 정수, 혈정 등에 이용된다.

✏ **함께 공부**

① 틴들현상 : 콜로이드 용액에 빛을 비출 때, 빛이 산란하는 현상
② 브라운 운동 : 액체나 기체 안에서 미세한 콜로이드 입자가 불규칙적으로 계속 움직이는 현상
④ 전기영동 : 콜로이드 용액에 전기를 가할 때, +전하 또는 -전하를 띄는 콜로이드 입자가 반대편의 전극으로 이동하는 현상

19. 다음 [보기]의 벤젠 유도체 가운데 벤젠의 치환반응으로부터 직접 유도할 수 없는 것은?

> [보기]
>
> ⓐ -Cl, ⓑ -OH, ⓒ -SO$_3$H

① ⓐ 　　　　　② ⓑ 　　　　　③ ⓒ 　　　　　④ ⓐ, ⓑ, ⓒ

해 -OH를 가진 페놀(C_6H_5OH)은 석유로부터 큐멘(C_9H_{12})을 추출한 후, 큐멘에 특수한 공정을 가하여 얻게 되므로... 벤젠의 직접적인 치환반응을 통해서는 유도할 수 없다.

$$C_9H_{12}(\text{큐멘}) + O_2(\text{산소}) \rightarrow C_6H_5OH(\text{페놀}) + CH_3COCH_3(\text{아세톤})$$

✏ **함께 공부**

ⓐ -Cl : C_6H_6(벤젠) + Cl_2(염소) → C_6H_5Cl(클로로벤젠) + HCl(염화수소)
ⓒ -SO$_3$H : C_6H_6(벤젠) + H_2SO_4(황산) → $C_6H_5SO_3H$(벤젠술폰산) + H_2O(물)

---

20. 알칼리 금속이 다른 금속 원소에 비해 반응성이 큰 이유와 밀접한 관련이 있는 것은?

① 밀도가 작기 때문이다.　　　　② 물에 잘 녹기 때문이다.
③ 이온화에너지가 작기 때문이다.　　④ 녹는점과 끓는점이 비교적 낮기 때문이다.

해 금속의 반응성이 크다는 것은... 에너지를 가하지 않아도 금속이 전자를 잃고 쉽게 양이온이 된다는 것을 말하는데, 이는 바닥상태에 있는 원자로부터 1개의 전자를 제거하여 양이온을 형성하는데 의도적으로 에너지를 가하는 이온화에너지와는 반대적인 의미를 가지게 되므로... 알칼리금속은 다른 금속 원소에 비해서 이온화에너지가 작아서 반응성이 크다.

21. 열의 전달에 있어서 열전달 면적과 열전도도가 각각 2배로 증가한다면, 다른 조건이 일정한 경우 전도에 의해 전달되는 열의 양은 몇 배가 되는가?

① 0.5배   ② 1배   ③ 2배   ④ 4배

해 전도에 의해 전달되는 열의 양은 스테판-볼츠만 법칙을 이용하여 구할 수 있으며, 아래의 스테판-볼츠만 법칙에서 열전달 면적(A)과 열전도도(σ)가 각각 2배로 증가한 값을 대입해보면... (A → 2A, σ → 2σ)

$$Q = \sigma AT^4 \rightarrow Q = \sigma AT^4 = (2\sigma)(2A)T^4 = 4\sigma AT^4$$

✏ **함께 공부**

스테판-볼츠만 법칙 : 복사에너지는 절대온도의 4승에 비례하고, 복사를 받는 물체의 단면적에 비례한다는 법칙이다.

$$Q(복사에너지, 복사열량) = \sigma AT^4$$

• σ[스테판-볼츠만 상수(시그마), W/m^2K^4] : $\sigma = 5.67 \times 10^{-8}$
• A[단면적, m^2] : 복사를 받는 물체의 단면적
• T[절대온도, K] = 온도(℃) + 273

22. 이산화탄소를 소화약제로 사용하는 이유로서 옳은 것은?

① 산소와 결합하지 않기 때문에
② 산화반응을 일으키나 발열량이 적기 때문에
③ 산소와 결합하나 흡열반응을 일으키기 때문에
④ 산화반응을 일으키나 환원반응도 일으키기 때문에

해 이산화탄소(CO_2)는 산소 및 가연성기체와 반응하지 않고, 화학적으로 안정되어 있는 불연성 소화약제이다.

23. 메탄올에 대한 설명으로 틀린 것은?

① 무색투명한 액체이다.
② 완전 연소하면 CO_2와 H_2O가 생성된다.
③ 비중 값이 물보다 작다.
④ 산화하면 포름산을 거쳐 최종적으로 포름알데하이드가 된다.

해 메탄올(CH_3OH)은 인화의 위험성이 높은 기름으로, 산화하면 포름알데하이드를 거쳐서 최종산화물은 포름산이 된다.

$$CH_3OH(메탄올) \xrightarrow[-2H]{산화} HCHO(포름알데하이드) \xrightarrow[+O]{산화} HCOOH(포름산)$$

24. 위험물안전관리법령상 주유취급소 중 건축물의 2층을 휴게음식점의 용도로 사용하는 것에 있어 해당 건축물의 2층으로부터 직접 주유취급소의 부지 밖으로 통하는 출입구와 해당 출입구로 통하는 통로·계단에 설치하여야 하는 것은?

① 비상경보설비 ② 유도등 ③ 비상조명등 ④ 확성장치

해 위험물안전관리법령에 따르면, 주유취급소 중 건축물의 2층 이상의 부분을 점포·휴게음식점 또는 전시장의 용도로 사용하는 것에 있어서는 당해 건축물의 2층 이상으로부터 주유취급소의 부지 밖으로 통하는 출입구와 당해 출입구로 통하는 통로·계단 및 출입구에 유도등을 설치하여야 한다.

25. 위험물제조소등에 "화기주의"라고 표시한 게시판을 설치하는 경우 몇 류 위험물의 제조소인가?

① 제1류 위험물 ② 제2류 위험물 ③ 제4류 위험물 ④ 제5류 위험물

해 위험물제조소의 주의사항을 표시한 게시판

유별		주의사항	색상
제1류 위험물	알칼리금속의 과산화물	물기엄금	청색바탕에 백색문자
	그 밖의 것	-	-
제2류 위험물	철분, 금속분, 마그네슘	화기주의	적색바탕에 백색문자
	인화성 고체	화기엄금	적색바탕에 백색문자
	그 밖의 것	화기주의	적색바탕에 백색문자
제3류 위험물	자연발화성 물질	화기엄금	적색바탕에 백색문자
	금수성 물질	물기엄금	청색바탕에 백색문자
제4류 위험물		화기엄금	적색바탕에 백색문자
제5류 위험물		화기엄금	적색바탕에 백색문자
제6류 위험물		-	-

26. 위험물제조소등에 설치하는 옥내소화전설비의 설명 중 틀린 것은?

① 개폐밸브 및 호스 접속구는 바닥으로부터 1.5m 이하에 설치
② 함의 표면에서 "소화전"이라고 표시할 것
③ 축전지설비는 설치된 벽으로부터 0.2m 이상 이격할 것
④ 비상전원의 용량은 45분 이상일 것

해 위험물안전관리에 관한 세부기준에 따르면, 축전지설비는 설치된 실의 벽으로부터 0.1m 이상 이격해야 한다.

27. 다음은 위험물안전관리법령에서 정한 제조소등에서의 위험물의 저장 및 취급에 관한 기준 중 위험물의 유별 저장·취급의 공통기준에 관한 내용이다. (   ) 안에 알맞은 것은?

> (   )은 가연물과의 접촉·혼합이나 분해를 촉진하는 물품과의 접근 또는 과열을 피하여야 한다.

① 제2류 위험물　　　　② 제4류 위험물　　　　③ 제5류 위험물　　　　④ 제6류 위험물

해 위험물안전관리법령상 제6류 위험물은 산소를 함유하고 있어 산소공급원의 기능을 하는 액체이므로, 가연물과의 접촉·혼합이나 분해를 촉진하는 물품과의 접근 또는 과열을 피해야 한다.

28. 위험물안전관리법령상 정전기를 유효하게 제거하기 위해서는 공기 중의 상대습도는 몇 % 이상 되게 하여야 하는가?

① 40%　　　　② 50%　　　　③ 60%　　　　④ 70%

해 위험물안전관리법령에 따르면, 위험물을 취급함에 있어서 정전기가 발생할 우려가 있는 설비에는 다음에 해당하는 방법으로 정전기를 유효하게 제거할 수 있는 설비를 설치하여야 한다.
- 접지에 의한 방법
- 공기 중의 상대습도를 70% 이상으로 하는 방법
- 공기를 이온화하는 방법

암기팁! 정전기 유효하게 제거하기 위한 방법 : 접이식 상 치(7)워...

29. 하론 1301 소화약제의 저장용기에 저장하는 소화약제의 양을 산출할 때는 「위험물의 종류에 대한 가스계 소화약제의 계수」를 고려해야 한다. 위험물의 종류가 이황화탄소인 경우 하론 1301에 해당하는 계수 값은 얼마인가?

① 1.0　　　　② 1.6　　　　③ 2.2　　　　④ 4.2

해 위험물안전관리에 관한 세부기준에 따르면, 위험물의 종류가 이황화탄소인 경우에 하론1301 소화약제의 계수는 4.20이다.

30. 위험물제조소등에 설치하는 이동식 불활성가스소화설비의 소화약제 양은 하나의 노즐마다 몇 ㎏ 이상으로 하여야 하는가?

① 30　　　　　　　② 50　　　　　　　③ 60　　　　　　　④ 90

> 해 위험물안전관리에 관한 세부기준기준에 따르면, 이동식 불활성가스소화설비의 노즐은 온도 20℃에서 하나의 노즐마다 90㎏/min 이상의 소화약제를 방사할 수 있어야 한다.

> **암기팁!** 이동식 불활성가스소화설비의 소화약제 양 : 날씨가 추워지니까 이불을 빨리 구(9)해야해…

31. 위험물안전관리법령상 알칼리금속과산화물의 화재에 적응성이 없는 소화설비는?

① 건조사　　　　　　　　　　　　② 물통
③ 탄산수소염류 분말소화설비　　　④ 팽창질석

> 해 알칼리금속의 과산화물은 가스와 반응하여 발화의 위험성이 있거나, 물과 접촉하여 가연성가스를 발생하는 위험성이 있으므로, 화재 시에 물 또는 가스와 관련된 소화설비로 소화할 수 없고.. . 탄산수소염류(금속화재용) 분말소화설비, 건조사(마른모래), 팽창질석, 팽창진주암 등에 의한 질식소화를 한다.

32. 위험물안전관리법령에서 정한 다음의 소화설비 중 능력단위가 가장 큰 것은?

① 팽창진주암 160L(삽 1개 포함)　　　② 수조 80L(소화전용 물통 3개 포함)
③ 마른 모래 50L(삽 1개 포함)　　　　④ 팽창질석 160L(삽 1개 포함)

> 해 소화설비의 능력단위

소화설비	용량	능력단위
소화전용 물통	8L	0.3
수조(소화전용 물통 3개 포함)	80L	1.5
수조(소화전용 물통 6개 포함)	190L	2.5
마른 모래(삽 1개 포함)	50L	0.5
팽창질석 또는 팽창진주암(삽 1개 포함)	160L	1.0

33. 할로젠화합물의 화학식과 Halon 번호가 옳게 연결된 것은?

① CH_2ClBr - <u>Halon 1211</u>
  Halon 1011

② CF_2ClBr - <u>Halon 104</u>
  Halon 1211

③ $C_2F_4Br_2$ - Halon 2402

④ CF_3Br - <u>Halon 1011</u>
  Halon 1301

> **해** 할론 2402의 구조식은 $C_2F_4Br_2$이다.

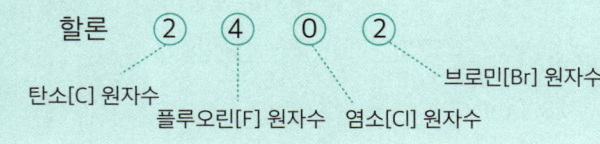

34. 분말소화약제인 제1인산암모늄(인산이수소 암모늄)의 열분해 반응을 통해 생성되는 물질로 부착성 막을 만들어 공기를 차단시키는 역할을 하는 것은?

① HPO_3　　　　② PH_3　　　　③ NH_3　　　　④ P_2O_3

> **해** 제3종 분말소화약제의 주성분인 인산암모늄이 열분해 되면 생성되는 메타인산(HPO_3)은 가연물에 부착력이 우수하여 산소차단의 역할을 한다.

35. 제조소 건축물로 외벽이 내화구조인 것의 1소요단위는 연면적이 몇 m^2인가?

① 50　　　　② 100　　　　③ 150　　　　④ 1,000

> **해** 제조소등 건축물의 소요단위 산정
>
> | 구분 | 외벽이 내화구조 | 외벽이 내화구조가 아닌 것 |
> |---|---|---|
> | 제조소 | 연면적 100m²를 1소요단위 | 연면적 50m²를 1소요단위 |
> | 취급소 | 연면적 100m²를 1소요단위 | 연면적 50m²를 1소요단위 |
> | 저장소 | 연면적 150m²를 1소요단위 | 연면적 75m²를 1소요단위 |

36. 공기포 발포배율을 측정하기 위해 중량 340g, 용량 1,800mL의 포 수집 용기에 가득히 포를 채취하여 측정한 용기의 무게가 540g이었다면 발포배율은? (단, 포 수용액의 비중은 1로 가정한다.)

① 3배   ② 5배   ③ 7배   ④ 9배

해 발포배율(팽창비)(전체 포수용액 중에서 얼마나 포가 팽창되는가의 비율)은 아래의 공식에 의해 구할 수 있으며, 값을 대입하면...

$$발포배율(팽창비) = \frac{발포\ 후\ 포의\ 부피(mL)}{발포\ 전\ 포수용액의\ 부피(mL)} = \frac{1,800}{200} = 9$$

- 발포 전 포수용액의 부피(mL) = $\dfrac{질량(g)}{비중(g/mL)} = \dfrac{(540-340)g}{1\,g/mL} = 200mL$ [비중$(g/mL) = \dfrac{질량(g)}{부피(mL)}$]
- 발포 후 포의 부피(mL) = 1,800mL

37. 과산화수소의 화재예방 방법으로 틀린 것은?

① 암모니아의 접촉은 폭발의 위험이 있으므로 피한다.
② 완전히 밀전 · 밀봉하여 외부 공기와 차단한다.
③ 불투명 용기를 사용하여 직사광선이 닿지 않게 한다.
④ 분해를 막기 위해 분해방지 안정제를 사용한다.

해 과산화수소(H_2O_2)는 산소공급원의 기능을 하는 액체로... 상온에서 분해되어 산소를 발생시키므로, 뚜껑에 작은 구멍을 뚫은(완전히 밀전 · 밀봉하여 외부 공기와 차단하면 압력이 증가하여 폭발할 우려가 있으므로) 갈색 용기 (햇빛에 의해 분해되므로)에 저장한다.

38. 다음 위험물의 저장창고에서 화재가 발생하였을 때 주수에 의한 냉각소화가 적절치 않은 위험물은?

① $NaClO_3$ ② Na_2O_2 ③ $NaNO_3$ ④ $NaBrO_3$

해 과산화나트륨(Na_2O_2)은 가스와 반응하여 발화의 위험성이 있거나, 물과 접촉하여 가연성가스를 발생하는 위험성이 있으므로, 화재 시에 물 또는 가스와 관련된 소화설비로 소화할 수 없고... 탄산수소염류(금속화재용) 분말소화설비, 건조사(마른모래), 팽창질석, 팽창진주암 등에 의한 질식소화를 한다.

✎ **함께 공부**

① 염소산나트륨($NaClO_3$), ③ 질산나트륨($NaNO_3$) 및 ④ 브로민산나트륨($NaBrO_3$)은 산소공급원의 역할을 하는 고체로... 물에 잘 녹고 물과의 접촉이 위험하지 않으므로, 주수에 의한 냉각소화를 한다.

39. 위험물제조소등에 옥내소화전이 1층에 6개, 2층에 5개, 3층에 4개가 설치되었다. 이때 수원의 수량은 몇 ㎥ 이상이 되도록 설치하여야 하는가?

① 23.4 　　　　　 ② 31.8 　　　　　 ③ 39.0 　　　　　 ④ 46.8

> 해 • 옥내소화전설비의 수원의 수량은 옥내소화전이 가장 많이 설치된 층의 옥내소화전 설치개수(설치개수가 5개 이상인 경우는 5개)에 7.8㎥를 곱한 양 이상이 되도록 설치해야 한다.
> • 옥내소화전설비 수원의 수량 = 최대층 소화전 수(최대 5개까지만) × 7.8㎥ = 5 × 7.8㎥ = 39㎥ 이상

40. 일반적으로 다량의 주수를 통한 소화가 가장 효과적인 화재는?

① A급 화재 　　　 ② B급 화재 　　　 ③ C급 화재 　　　 ④ D급 화재

> 해 A급 화재(일반화재)란 나무, 섬유, 종이, 고무, 플라스틱류와 같은 일반 가연물이 타고 나서 재가 남는 화재를 말하는데… 일반화재에 대한 소화기의 적응 화재별 표시는 'A'로 표시하며, 이에 대한 소화방법은 주수(물)에 의한 냉각 소화를 한다.

3과목 | 위험물 성상 및 취급

41. 위험물안전관리법령상 어떤 위험물을 저장 또는 취급하는 이동탱크저장소는 불활성 기체를 봉입할 수 있는 구조로 하여야 하는가?

① 아세톤 　　　　　 ② 벤젠 　　　　　 ③ 과염소산 　　　　　 ④ 산화프로필렌

> 해 위험물안전관리법령에 따르면, 이동저장탱크에 아세트알데하이드등(아세트알데하이드, 산화프로필렌)을 저장하는 경우에는 연소성 혼합기체의 생성에 의한 폭발을 방지하기 위해서 항상 불활성의 기체를 봉입할 수 있는 구조로 하여야 한다.

42. 휘발유를 저장하던 이동저장탱크에 탱크의 상부로부터 등유나 경유를 주입할 때 액표면이 주입관의 선단을 넘는 높이가 될 때까지 그 주입관 내의 유속을 몇 m/s 이하로 하여야 하는가?

① 1 　　　　　② 2 　　　　　③ 3 　　　　　④ 5

> 해 휘발유를 저장하던 이동저장탱크에 탱크의 상부로부터 등유나 경유를 주입할 때에는 위험물의 액표면이 주입관의 끝부분을 넘는 높이가 될 때까지 그 주입관내의 유속을 초당 1m 이하로 하여 정전기 등에 의한 재해를 방지하여야 한다.

43. 물과 작용하여 포스핀 가스를 발생시키는 것은?

① P4 　　　　　② P4S3 　　　　　③ Ca₃P₂ 　　　　　④ CaC2

> 해 인화칼슘(인화석회)은 물과 반응하여 수산화칼슘과 가연성 기체인 인화수소(포스핀)를 발생한다.
> $$Ca_3P_2(인화칼슘) + 6H_2O(물) \rightarrow 3Ca(OH)_2(수산화칼슘) + 2PH_3(포스핀)$$

✎ **함께 공부**

① P_4(황린)과 ② P_4S_3(삼황화인)는 물에 녹지 않고, 물과 반응하지 않는다.
④ CaC_2(탄화칼슘) + $2H_2O$(물) → $Ca(OH)_2$(수산화칼슘) + C_2H_2(아세틸렌)

44. 다음 중 위험물의 저장 또는 취급에 관한 기술상의 기준과 관련하여 시 · 도의 조례에 의해 규제를 받는 경우는?

① 등유 2,000L를 저장하는 경우　　　　② 중유 3,000L를 저장하는 경우
③ 윤활유 5,000L를 저장하는 경우　　　④ 휘발유 400L를 저장하는 경우

> 해 위험물안전관리법령상 지정수량 미만인 위험물의 저장 또는 취급에 관한 기술상의 기준은 시 · 도의 조례로 정하므로, 윤활유는 저장수량(5,000L)이 지정수량(6,000L) 미만이어서 시 · 도 조례의 규제를 받게 된다.

✎ **함께 공부**

① 등유(2,000L), ② 중유(3,000L) 및 ④ 휘발유(400L)의 저장수량이 ① 등유(1,000L), ② 중유(2,000L) 및 ④ 휘발유(200L)의 지정수량 이상이므로, 위험물안전관리법령의 규제를 받는다.

45. 위험물의 운반용기 외부에 표시하여야 하는 주의사항을 틀리게 연결한 것은?

① 염소산암모늄 – 화기·충격주의 및 가연물접촉주의
   제1류

② 철분 – 화기주의 및 물기엄금
   제2류

③ 아세틸퍼옥사이드 – 화기엄금 및 충격주의
   제5류

④ 과염소산 – 물기엄금 및 가연물 접촉주의
   제6류   가연물접촉주의

해 운반용기 외부에 표시하여야 하는 주의사항

유별		주의사항
제1류 위험물	알칼리금속의 과산화물	화기·충격주의, 물기엄금, 가연물접촉주의
	그 밖의 것	화기·충격주의, 가연물접촉주의
제2류 위험물	철분, 금속분, 마그네슘	화기주의, 물기엄금
	인화성 고체	화기엄금
	그 밖의 것	화기주의
제3류 위험물	자연발화성 물질	화기엄금, 공기접촉엄금
	금수성 물질	물기엄금
제4류 위험물		화기엄금
제5류 위험물		화기엄금, 충격주의
제6류 위험물		가연물접촉주의

46. 질산암모늄이 가열분해하여 폭발이 되었을 때 발생되는 물질이 아닌 것은?

① 질소   ② 물   ③ 산소   ④ 수소

해 질산암모늄은 열분해하여 질소, 산소 및 물이 발생한다.
$$2NH_4NO_3(질산암모늄) \rightarrow 2N_2(질소) + O_2(산소) + 4H_2O(물)$$

47. 질산칼륨의 성질에 대한 설명 중 틀린 것은?

① 물에 잘 녹는다.   ② 화재 시 주수 소화가 가능하다.
③ 열분해하면 산소를 발생한다.   ④ 비중은 1보다 작다.

해 질산칼륨(초석, KNO_3)은 산소를 함유하고 있어 산소공급원의 기능을 하는 고체인데, 비중은 2.1로 물(1)보다 크다.

48. 옥내저장소의 안전거리 기준을 적용하지 않을 수 있는 조건으로 틀린 것은?

① 지정수량의 20배 미만의 제4석유류를 저장하는 경우
② 제6류 위험물을 저장하는 경우
③ 지정수량의 20배 미만의 동식물유류를 저장하는 경우
④ 지정수량의 20배 이하를 저장하는 것으로서 창에 망입유리를 설치한 것

> 해 옥내저장소에 안전거리를 두지 않을 수 있는 조건
> • 제4석유류 또는 동식물유류의 위험물을 저장 또는 취급하는 옥내저장소로서 그 최대수량이 지정수량의 20배 미만인 것
> • 제6류 위험물을 저장 또는 취급하는 옥내저장소
> • 지정수량의 20배 이하의 위험물을 저장 또는 취급하는 옥내저장소로서 저장창고에 창을 설치하지 아니할 것
>
> **암기팁!** 옥내저장소의 안전거리 두지 않는 경우 : 창도 없는데, 이미 똥쌌네... 육갑이다.

49. 어떤 공장에서 아세톤과 메탄올을 18L 용기에 각각 10개, 등유를 200L 드럼으로 3드럼을 저장하고 있다면 각각의 지정수량 배수의 총합은 얼마인가?

① 1.3   ② 1.5   ③ 2.3   ④ 2.5

> 해 지정수량 배수의 합 = $\dfrac{\text{제1석유류(수용성)의 저장수량}}{\text{제1석유류(수용성)의 지정수량}}$ + $\dfrac{\text{알코올류의 저장수량}}{\text{알코올류의 지정수량}}$ + $\dfrac{\text{제2석유류(비수용성)의 저장수량}}{\text{제2석유류(비수용성)의 지정수량}}$
>
> = $\dfrac{18L \times 10}{400L}$ + $\dfrac{18L \times 10}{400L}$ + $\dfrac{200L \times 3}{1,000L}$ = 0.45 + 0.45 + 0.6 = 1.5
>
> • 아세톤의 지정수량 : 400L
> • 메탄올의 지정수량 : 400L
> • 등유의 지정수량 : 1,000L

50. 오황화인이 물과 작용해서 발생하는 기체는?

① 이황화탄소   ② 황화수소   ③ 포스겐가스   ④ 인화수소

> 해 오황화인은 물과 반응하여 인산과 가연성 기체인 황화수소를 발생한다.
> P_2S_5(오황화인) + $8H_2O$(물) → $5H_2S$(황화수소) + $2H_3PO_4$(인산)

51. 위험물안전관리법령에서 정한 위험물의 운반에 대한 설명으로 옳은 것은?

① 위험물을 화물차량으로 운반하면 특별히 규제받지 않는다.
② 승용차량으로 위험물을 운반할 경우에만 운반의 규제를 받는다.
③ 지정수량 이상의 위험물을 운반할 경우에만 운반의 규제를 받는다.
④ 위험물을 운반할 경우 그 양의 다소를 불문하고 운반의 규제를 받는다.

해 위험물안전관리법령상 위험물의 운반은 그 용기·적재방법 및 운반방법에 관한 중요기준과 세부기준에 따라 행하여야 하므로, 위험물을 운반할 경우에는 그 양의 다소(多少)를 불문하고 법령의 운반 규제를 무조건 받게 된다.

암기팁! 위험물은 말 그대로 위험하니까... 양이 많든 적든 법의 규제를 받아야 하는 것은 당연하지.

52. 취급하는 제4류 위험물의 수량이 지정수량의 30만 배인 일반취급소가 있는 사업장에 자체소방대를 설치함에 있어서 전체 화학소방차 중 포수용액을 방사하는 화학소방차는 몇 대 이상 두어야 하는가?

① 필수적인 것은 아니다.
② 1
③ 2
④ 3

해 자체소방대에 두는 화학소방자동차 및 인원

사업소의 구분	화학소방자동차	자체소방대원의 수
제조소 또는 일반취급소에서 취급하는 제4류 위험물의 최대수량의 합이 지정수량의 3천배 이상 12만배 미만인 사업소	1대	5인
제조소 또는 일반취급소에서 취급하는 제4류 위험물의 최대수량의 합이 지정수량의 12만배 이상 24만배 미만인 사업소	2대	10인
제조소 또는 일반취급소에서 취급하는 제4류 위험물의 최대수량의 합이 지정수량의 24만배 이상 48만배 미만인 사업소	3대	15인
제조소 또는 일반취급소에서 취급하는 제4류 위험물의 최대수량의 합이 지정수량의 48만배 이상인 사업소	4대	20인
옥외탱크저장소에 저장하는 제4류 위험물의 최대수량이 지정수량의 50만배 이상인 사업소	2대	10인

여기서, 포수용액을 방사하는 화학소방자동차의 대수는 전체 법정 화학소방자동차의 대수의 3분의 2이상으로 하여야 하므로...

$$\therefore 3대 \times (2/3) \text{ 이상} = 2대 \text{ 이상}$$

53. 안전한 저장을 위해 첨가하는 물질로 옳은 것은?

① 과망가니즈산나트륨에 목탄을 첨가 ② 질산나트륨에 황을 첨가
③ 금속칼륨에 등유를 첨가 ④ 다이크로뮴산칼륨에 수산화칼슘을 첨가

> 해 칼륨은 화학적으로 활성이 너무 커서 공기 중의 수분 또는 산소와도 반응하므로… 등유, 경유, 유동파라핀 등의 보호액에 저장한다.

> 🖉 **함께 공부**
> ① 과망가니즈산나트륨, ② 질산나트륨 및 ④ 다이크로뮴산칼륨은 산소를 함유하고 있어 산소공급원의 역할을 하는 고체이므로… 가연물(① 목탄, ② 황 및 ④ 수산화칼슘)을 첨가·혼합하면 연소 또는 폭발의 위험이 크다.

54. 다음 (   ) 안에 알맞은 수치는? (단, 인화점이 200℃ 이상인 위험물은 제외한다.)

> 옥외저장탱크의 지름이 15m 미만인 경우에 방유제는 탱크의 옆판으로부터 탱크 높이의 (   ) 이상 이격하여야 한다.

① 1/3 ② 1/2 ③ 1/2 ④ 2/3

> 해 위험물안전관리법령상 방유제는 옥외저장탱크의 지름에 따라 그 탱크의 옆판으로부터 다음에 정하는 거리를 유지해야 한다.
> • 지름이 15m 미만인 경우 : 탱크 높이의 3분의 1 이상
> • 지름이 15m 이상인 경우 : 탱크 높이의 2분의 1 이상

55. 가연성 물질이며 산소를 다량 함유하고 있기 때문에 자기연소가 가능한 물질은?

① $C_6H_2CH_3(NO_2)_3$
트라이나이트로톨루엔(제5류)

② $CH_3COC_2H_5$
메틸에틸케톤(제4류)

③ $NaClO_4$
과염소산염류(제1류)

④ HNO_3
질산(제6류)

> 해 제5류 위험물 → 자기반응성 물질 [폭발성 물질]
> 가연물질 내에 산소를 함유하고 있어 스스로 폭발적으로 반응하는 물질이다.

56. 적린에 관한 설명 중 틀린 것은?

① 황린의 동소체이고 황린에 비하여 안정하다.
② 성냥, 화약 등에 이용된다.
③ 연소생성물은 황린과 같다.
④ 자연발화를 막기 위해 물 속에 보관한다.

해 적린(P)은 불에 타는 가연성고체 물질로... 발화점이 260℃이므로, 공기 중에 방치해도 화학적으로 안정하여 자연발화 하지 않는다.

57. 다음 중 과망가니즈산칼륨과 혼합하였을 때 위험성이 가장 낮은 물질은?

① 물
② 다이에틸에터
③ 글리세린
④ 염산

해 과망가니즈산칼륨($KMnO_4$)은 산소를 함유하고 있어 산소공급원의 기능을 하는 고체로... 물에 잘 녹고 물과의 반응성이 작아 물과 혼촉 시에 위험성이 낮지만, 가연물(② 다이에틸에터, ③ 글리세린, ④ 염산)과 혼합·접촉 시에는 폭발의 위험이 있다.

58. 옥외저장소에서 저장할 수 없는 위험물은? (단, 시·도 조례에서 별도로 정하는 위험물 또는 국제해상위험물 규칙에 적합한 용기에 수납된 위험물은 제외한다.)

① 과산화수소
  제6류
② 아세톤
  제1석유류(인화점 : -18℃)
③ 에탄올
  알코올류
④ 황
  제2류

해 옥외저장소에 저장할 수 있는 위험물
  • 제2류 위험물 중 황, 인화성 고체(인화점이 0℃ 이상인 것에 한함)
  • 제4류 위험물 중 제1석유류(인화점이 0℃ 이상인 것에 한함), 제2석유류, 제3석유류, 제4석유류, 알코올류, 동식물유류
  • 제6류 위험물
  • 국제해상위험물규칙에 적합한 용기에 수납된 위험물

암기팁! 옥외저장소에 저장할 수 있는 위험물 : 2유인하고, 4특제외 1영상, 6류~~~

59. 위험물안전관리법령상의 동식물유류에 대한 설명으로 옳은 것은?

① 피마자유는 건성유이다.
② 아이오딘값이 130 이하인 것이 건성유이다.
③ 불포화도가 클수록 자연발화하기 쉽다.
④ 동식물유류의 지정수량은 20,000L이다.

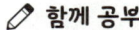 아이오딘값이 크다는 것은... 불포화도(안정되지 않은 정도)가 높고, 산소와의 반응성이 커서 자연발화성이 높다는 의미이다.

✏ **함께 공부**

① 피마자유는 불건성유이다.
② 아이오딘값이 130 이상인 것이 건성유이다.
④ 동식물유류의 지정수량은 10,000L이다.

60. 위험물안전관리법령상의 지정수량이 나머지 셋과 다른 하나는?

① 질산에스터류
  10kg
② 나이트로소화합물
  100kg
③ 다이아조화합물
  100kg
④ 하이드라진 유도체
  100kg

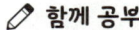 지정수량은 위험물의 종류별로 위험성을 고려하여 대통령령으로 정하는 수량으로, 법령상 규제하는 위험물의 최소량을 의미한다.

1과목 | 물질의 물리·화학적 성질

01. 에탄올 20.0g과 물 40.0g을 함유한 용액에서 에탄올의 몰분율은 약 얼마인가?

① 0.090　　　　② 0.164　　　　③ 0.444　　　　④ 0.896

> **해** 1. 에탄올 및 물의 몰(수) 계산
> - 에탄올의 몰(수) 계산 : 몰(수)$[mol] = \dfrac{질량(g)}{분자량(g/mol)} = \dfrac{20g}{46g/mol} = 0.435[mol]$
> - 물의 몰(수) 계산 : 몰(수)$[mol] = \dfrac{질량(g)}{분자량(g/mol)} = \dfrac{40g}{18g/mol} = 2.222[mol]$
>
> 2. 에탄올의 몰분율(특정성분의 몰수와 전체 몰수와의 비) 계산
>
> $$에탄올의\ 몰분율 = \dfrac{에탄올의\ 몰수[mol]}{전체\ 몰수[mol]} = \dfrac{0.435\,mol}{(0.435 + 2.222)\,mol} = 0.163.7$$

02. $H_2S + I_2 \rightarrow 2HI + S$에서 I_2의 역할은?

① 산화제이다.　　　　　　　　　　② 환원제이다.
③ 산화제이면서 환원제이다.　　　　④ 촉매역할을 한다.

> **해** 산화제란 자기 자신은 환원되고, 남을 산화시켜주는 물질을 말하는데, 위의 화학반응식에서는 I_2가 산화제로 쓰여서... 자기 자신(I_2)은 환원(수소를 얻는 것)되어 HI로 바뀌고, 남(H_2S)을 산화(수소를 잃는 것)시켜 S로 만든다.

03. 0.0016N에 해당하는 염기의 pH 값은?

① 2.8　　　　② 3.2　　　　③ 10.28　　　　④ 11.2

> **해** "0.0016N에 해당하는 염기"는 $[OH^-] = 0.0016mol/L$ 이므로, pOH를 구해보면...
>
> $$pOH = -\log[OH^-] = -\log(0.0016) = 2.8$$
>
> $$\therefore pH = 14 - pOH = 14 - 2.8 = 11.2\ (pH + pOH = 14\ 이므로)$$

04. 커플링(coupling) 반응 시 생성되는 작용기는?

    ① -NH₂   ② -CH₃   ③ -COOH   ④ -N = N-

> **해** 커플링 반응(coupling reaction)은 둘 이상의 탄화수소가 축합반응을 하여 공유결합 물질을 만드는 반응으로, 다이아조늄염이 방향족화합물과 반응하여 아조기(-N=N-)라는 작용기를 포함한 아조화합물을 생성하는 다이아조 커플링 반응이 여기에 해당한다.
>
> **암기팁!** 커플링 : 이질(두 개의 질소)에 걸린 연인이 아주(아조) 멋진 커플링 반지를 사서 서로 끼워 주었다. 아픔을 위로 하면서...

05. 탄소 3g이 산소 16g 중에서 완전연소 되었다면, 연소한 후 혼합 기체의 부피는 표준상태에서 몇 L가 되는가?

    ① 5.6   ② 6.8   ③ 11.2   ④ 22.4

> **해** 1. 문제의 이해
>
>   탄소를 완전 연소시키면 이산화탄소가 생성되는데, 연소한 후에 남은 혼합기체가 얼마의 부피인지 구하는 문제로... 이는 화학반응식에서 몰수 관계를 파악한 후 이상기체 상태방정식을 통해 구할 수 있다.
>
> 2. 화학반응식
>
> | | C(탄소) | + | O_2(산소) | → | CO_2(이산화탄소) |
> |---|---|---|---|---|---|
> | 반응 전 | 3g(=0.25mol) | | 16g(=0.5mol) | | - |
> | 반응 | 3g(=0.25mol) | | 8g(=0.25mol) | | 11g(=0.25mol) |
> | 반응 후 | 0mol | | 8g(=0.25mol) | | 11g(=0.25mol) |
>
> 3. 이상기체 상태방정식
>
> $$PV = nRT \;\rightarrow\; V = \frac{nRT}{P} = \frac{0.5 \times 0.082 \times 273}{1} = 11.19\ L$$
>
> - 압력(P) = 1기압 = 1atm
> - 혼합기체의 몰수(n) = 0.5mol
> - 기체상수(R) = 0.082atm · L/mol · K
> - 절대온도(T) = 0℃ + 273 = 273K

06. 황산 수용액 400mL 속에 순황산이 98g 녹아 있다면 이 용액의 농도는 몇 N인가?

① 3   ② 4   ③ 5   ④ 6

해 1. 황산(H_2SO_4) 수용액 400mL의 몰농도(M) 계산

$$M(몰농도, mol/L) = \frac{n(용질의 몰수, mol)}{V(용액의 부피, L)} = \frac{1\,mol}{0.4\,L} = 2.5\,[mol/L]$$

- 황산(H_2SO_4)의 몰(수) : 몰(수)$[mol] = \dfrac{질량(g)}{분자량(g/mol)} = \dfrac{98g}{98g/mol} = 1\,[mol]$

2. 황산(H_2SO_4) 수용액 400mL의 노르말농도(N) 환산

$$N(노르말농도, N) = eq(당량) \times M(몰농도, mol/L) = 2 \times 2.5M = 5N$$

- 황산(H_2SO_4)의 당량(= 전체 전하량, 산화수) : $H_2SO_4 \rightarrow 2H^+ + SO_4^{2-}$ 로 이온화되므로 2당량이다.

07. 다음의 반응 중 평형상태가 압력의 영향을 받지 않는 것은?

① $N_2 + O_2 \leftrightarrow 2NO$ ② $NH_3 + HCl \leftrightarrow NH_4Cl$

③ $2CO + O_2 \leftrightarrow 2CO_2$ ④ $2NO_2 \leftrightarrow N_2O_4$

해 평형상태에서 압력에 영향을 주는 인자는 기체의 몰수인데, 평형상태가 압력의 영향을 받지 않는다는 것은... 기체의 몰수가 일정하여 반응물의 기체의 몰수 합과 생성물의 기체의 몰수 합이 같다는 의미이다.
$N_2 + O_2 \leftrightarrow 2NO$: 반응물[1몰(N_2) + 1몰(O_2) = 2몰] = 생성물[2몰(NO)] → 평형상태에서 압력의 영향을 받지 않는다.

08. 헥산(C_6H_{14})의 구조이성질체의 수는 몇 개인가?

① 3개   ② 4개   ③ 5개   ④ 9개

해 구조 이성질체는 분자식은 같으나 구조식이 다른 화합물을 의미하며, 헥산(C_6H_{14})은 사슬 구조에서의 가지 개수에 따라 다음과 같이 5가지의 구조 이성질체를 가진다.
- 0개(노르말, normal) : $CH_3(CH_2)_4CH_3$(노르말 헥산)
- 1개(아이소, iso) : $CH_3CH(CH_3)(CH_2)_2CH_3$[아이소 헥산(2-메틸펜탄)], $CH_3CH_2CH(CH_3)CH_2CH_3$[3-메틸펜탄]
- 2개(네오, neo) : $C(CH_3)_3CH_2CH_3$[네오 헥산(2,2-다이메틸부탄)], $CH_3CH(CH_3)CH(CH_3)CH_3$[2,3-다이메틸부탄]

암기팁! 헥산의 구조이성질체 → 핵폭탄 사고를 낸 과학자가 너무나 무서워서 바지에 오(5)줌을 싸 버렸다.

09. A + 2B → 3C + 4D와 같은 기초반응에서 A, B의 농도를 각각 2배로 하면 반응속도는 몇 배로 되겠는가?

① 2　　　　　　　　② 4　　　　　　　　③ 8　　　　　　　　④ 16

해 물질 A와 B가 반응할 때의 반응속도식은 아래와 같이 나타낼 수 있으며, 여기에 A, B의 농도를 각각 2배로 한 값을 대입해보면... (A → 2A, B → 2B)

$$v = k[A][B]^2 \rightarrow v = k[A][B]^2 = k[2A][2B]^2 = 8k[A][B]^2$$

10. 수성가스(water gas)의 주성분을 옳게 나타낸 것은?

① CO_2, CH_4　　　　② CO, H_2　　　　③ CO_2, H_2, O_2　　　　④ H_2, H_2O

해 수성가스(water gas)는 고온의 코크스에 수증기를 반응시키면 생성되는 가스로, 일산화탄소와 수소가 주성분이다.

$$C(코크스) + H_2O(수증기) \rightarrow CO(일산화탄소) + H_2(수소)$$

암기팁! 수성가스 : 일수(일산화탄소 수소)업계에서 1등을 계속 수성하라.

11. $CuCl_2$의 용액에 5A 전류를 1시간 동안 흐르게 하면 몇 g의 구리가 석출되는가? (단, Cu의 원자량은 63.54이며, 전자 1개의 전하량은 1.602×10^{-19}C이다.)

① 3.17　　　　　　　② 4.83　　　　　　　③ 5.93　　　　　　　④ 6.35

해 1. 전기량 공식

$$Q[전기량, C(쿨롱)] = I[전류, A(암페어)] \times t[시간, s(초)] = 5 \times 3,600 = 18,000C$$

- 전류(I) = 5A
- 시간(t) = 1시간 = 3,600s

2. 1패러데이(F)

어떤 물질 1g당량을 석출하기 위해 필요한 전기량인 96,500C(쿨롱)을 의미하므로, 구리(Cu) 1g당량을 석출하기 위해서는 1F(96,500C)의 전기량이 필요하게 된다.

3. 석출되는 구리(Cu)의 양

$$31.77g(구리\ 1g당량) : 96,500C(1F) = \chi g : 18,000C \rightarrow \chi = \frac{31.77g}{96,500C} \times 18,000C = 5.93\,[g]$$

- 구리 1g당량 $= \frac{원자량}{원자가} = \frac{63.54g}{2} = 31.77g$ [구리(Cu)의 원자가 = +2]

12. 다음의 금속원소를 반응성이 큰 순서부터 나열한 것은?

Na, Li, Cs, K, Rb

① Cs > Rb > K > Na > Li   ② Li > Na > K > Rb > Cs

③ K > Na > Rb > Cs > Li   ④ Na > K > Rb > Cs > Li

🔲 알칼리금속(1족)의 반응성의 크기는 Cs(세슘) > Rb(루비듐) > K(칼륨) > Na(나트륨) > Li(리튬) 순이다.

13. 다음 그래프는 어떤 고체물질의 온도에 따른 용해도 곡선이다. 이 물질의 포화용액을 80℃에서 0℃로 내렸더니 20g의 용질이 석출되었다. 80℃에서 이 포화용액의 질량은 몇 g인가?

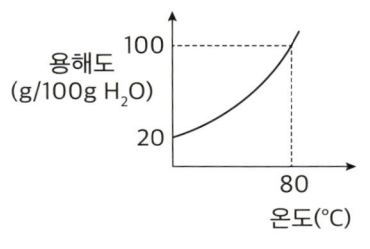

① 50g   ② 75g   ③ 100g   ④ 150g

🔲 1. 고체의 용해도는 특정온도에서 용매100g에 녹을 수 있는 용질의 최대량을 g수로 나타낸 것으로, 위의 온도에 따라 각각의 용매, 용질, 용액의 양을 구해보면...
   - 80℃에서 : 용해도 100(용질의 최대량이 100g이라는 의미) → 용매 100g + 용질 100g = 포화용액 200g

용액	=	용매	+	용질
포화용액 200g	=	100g	+	100g
포화용액 50g	=	25g	+	25g

   - 0℃에서 : 용해도 20(용질의 최대량이 20g이라는 의미) → 용매 100g + 용질 20g = 포화용액 120g

용액	=	용매	+	용질
포화용액 120g	=	100g	+	20g

2. 포화용액의 온도를 80℃(포화용액 200g)에서 0℃(포화용액 120g)로 내리면 용질 80g(100g-20g)이 석출되지만... 문제에서와 같이 20g의 용질이 석출되려면 석출된 용질의 양이 4배 줄어든 만큼(80g → 20g) 80℃에서 용질의 양(100g → 25g), 용매의 양(100g → 25g) 및 포화용액의 양(200g → 50g)도 4배 줄어들어야 한다. 따라서 80℃에서 이 포화용액의 질량은 50g이 된다.

14. 다음 중 전자 배치가 다른 것은?

① Ar   ② F⁻   ③ Na⁺   ④ Ne

해 Ar(아르곤)은 원자번호 18번으로 18개의 전자를 가지고 있으므로, 전자배치는 $1s^2 2s^2 2p^6 3s^2 3p^6 (2+2+6+2+6=18$개)이다.

✏ **함께 공부**

② 플루오린이온, ③ 나트륨이온 및 ④ 네온은 모두 10개의 전자를 가지고 있으므로, 전자배치는 $1s^2 2s^2 2p^6$ $(2+2+6=10$개)이다.

15. 8g의 메탄을 완전연소 시키는데 필요한 산소분자의 수는?

① 6.02×10^{23} ② 1.204×10^{23} ③ 6.02×10^{24} ④ 1.204×10^{24}

해 1. 문제의 이해
     메탄을 연소시키면 이산화탄소와 수증기가 생성되는데, 그 산소기체가 얼마의 분자수로 필요한지 구하는 문제로... 이는 화학반응식에서 몰수 관계와 아보가드로의 법칙을 적용한 후 비례식을 통해 구할 수 있다.
2. 화학반응식

$$CH_4(메탄) \quad + \quad 2O_2(산소) \quad \rightarrow \quad CO_2(이산화탄소) \quad + \quad 2H_2O(수증기)$$

$$16g \quad : \quad 2 \times 6.023 \times 10^{23}개$$

$$8g \quad : \quad \chi개$$

$$\chi개 = \frac{2 \times 6.023 \times 10^{23} \text{ 개}}{16g} \times 8g = 6.023 \times 10^{23} \text{ 개}$$

16. 0.1M 아세트산 용액의 해리도를 구하면 약 얼마인가? (단, 아세트산의 해리상수는 1.8×10^{-5}이다.)

① 1.8×10^{-5} ② 1.8×10^{-2} ③ 1.3×10^{-5} ④ 1.3×10^{-2}

해 아세트산 용액의 해리도(이온화도)는 아래의 공식으로 구할 수 있으며, 각각의 값을 대입해보면...

$$\alpha(\text{해리도}) = \sqrt{\frac{K_a(\text{해리상수})}{M(\text{몰농도})}} = \sqrt{\frac{1.8 \times 10^{-5}}{0.1}} = 1.3 \times 10^{-2}$$

- K_a(해리상수) = 1.8×10^{-5} mol//L
- M(몰농도) = 0.1mol/L

17. 다음 물질 1g을 각각 1kg의 물에 녹였을 때 빙점강하가 가장 큰 것은?

① CH_3OH ② C_2H_5OH ③ $C_3H_5(OH)_3$ ④ $C_6H_{12}O_6$
메틸알코올(32)   에틸알코올(46)   글리세린(92)   포도당(180)

해 용액의 빙점강하(ΔT)는 용질의 분자량(M)과 반비례하므로, 분자량이 가장 작은 물질이 빙점강하가 가장 크다.

$$\Delta T(\text{용액의 빙점, ℃}) = K_f(\text{어는점 내림상수, ℃·g/mol}) \times \frac{W(\text{용질의 질량, g})}{M(\text{용질의 분자량, g/mol})} \times \frac{1,000}{a(\text{용매의 질량, g})}$$

18. 다음에서 설명하는 법칙은 무엇인가?

일정한 온도에서 비휘발성이며, 비전해질인 용질이 녹은 묽은 용액의 증기압력 내림은 일정량의 용매에 녹아 있는 용질의 몰수에 비례한다.

① 헨리의 법칙   ② 라울의 법칙
③ 아보가드로의 법칙   ④ 보일 - 샤를의 법칙

해 라울의 법칙(Raoult's law)은 일정한 온도에서 비휘발성이며, 비전해질인 용질이 녹은 묽은 용액의 어는점 내림(ΔT_f)과 끓는점 오름(ΔT_b)은 용질의 종류와 관계없이 일정량의 용매에 녹아 있는 용질의 몰수(몰랄농도)에 비례한다는 법칙이다.

19. 95% 황산의 비중 1.84일 때 이 황산의 농도는 약 얼마인가? (단, S의 원자량은 32이다.)

① 17.8M ② 16.8M ③ 15.8M ④ 14.8M

해
$$M\,(\text{몰농도, mol/L}) = \frac{10 \times d \times c}{M \cdot W} = \frac{10 \times 1.84 \times 95}{98} = 17.84[\text{mol/L}]$$

- 황산(H_2SO_4)의 비중(d) = 1.84g/L
- 황산(H_2SO_4)의 %농도(c) = 95
- 황산(H_2SO_4)의 화학식량($M \cdot W$) = 98g/mol

20. 같은 온도에서 크기가 같은 4개의 용기에 다음과 같은 양의 기체를 채웠을 때 용기의 압력이 가장 큰 것은?

① 메탄 분자 1.5×10^{23} ② 산소 1그램 당량
③ 표준상태에서 CO_2 16.8L ④ 수소기체 1g

해
- 이상기체 상태방정식($PV = nRT$)에서... V(부피)(크기가 같으므로), R(기체상수)(상수이니까) 및 T(절대온도)(문제에서 같다고 하였으므로)가 일정하므로, P(압력)는 n(몰수)과 비례한다. 따라서, 몰수가 가장 큰 것이 용기의 압력이 가장 크다.
- 표준상태에서 CO_2 16.8L : 22.4L 가 1mol이므로, 16.8L 은 0.75mol 이 된다.

✏ **함께 공부**

① 메탄 분자 1.5×10^{23} : 6.023×10^{23}이 1mol 이므로, 1.5×10^{23}는 0.25mol 이 된다.
② 산소 1그램 당량 : 산소 1g당량은 8g이므로, 8g의 산소는 0.25mol이 된다. [산소1g당량 = $\frac{\text{원자량}}{\text{원자가}} = \frac{16g}{2} = 8g$]
④ 수소기체 1g : 수소(H_2)기체 1g는 0.5mol이 된다.

21. 분말소화약제인 탄산수소나트륨 10kg이 1기압, 270℃에서 방사되었을 때 발생하는 이산화탄소의 양은 약 몇 m³인가?

① 2.65   ② 3.65   ③ 18.22   ④ 36.44

해 **1. 문제의 이해**

제1종 분말소화약제의 주성분인 탄산수소나트륨이 열분해 되면 탄산가스가 생성되는데, 그 이산화탄소가 얼마의 부피로 생성되는지 구하는 문제로... 이는 화학반응식에서 질량보존의 법칙, 아보가드로의 법칙 및 이상기체 상태방정식을 적용한 후 구할 수 있다.

2. 화학반응식

$$2NaHCO_3(\text{탄산수소나트륨}) \rightarrow Na_2CO_3(\text{탄산나트륨}) + CO_2(\text{탄산가스=이산화탄소}) + H_2O(\text{물})$$

$2 \times 84kg$	:	$44kg$
$10kg$	:	χkg

$$\chi kg = \frac{44kg}{2 \times 84kg} \times 10kg = 2.62kg$$

3. 이상기체 상태방정식

$$PV = nRT = \frac{W}{M}RT \rightarrow V = \frac{WRT}{PM} = \frac{2.62 \times 0.082 \times 543}{1 \times 44} = 2.65m^3$$

- 압력(P) = 1atm
- 이산화탄소(CO_2) 분자량(M) = 44kg/kmol
- 질량(W) = 2.62kg
- R(기체정수) = 0.082atm · m³/kmol · K
- 절대온도(T) = 270℃ + 273 = 543K

22. 다음은 위험물안전관리법령상 위험물제조소등에 설치하는 옥내소화전설비의 설치표시 기준 중 일부이다. (   )에 알맞은 수치를 차례로 옳게 나타낸 것은?

> 옥내소화전함의 상부의 벽면에 적색의 표시등을 설치하되, 당해 표시등의 부착면과 (   ) 이상의 각도가 되는 방향으로 (   ) 떨어진 곳에서 용이하게 식별이 가능하도록 할 것

① 5°, 5m   ② 5°, 10m   ③ 15°, 5m   ④ 15°, 10m

해 위험물안전관리법령상 옥내소화전의 위치를 알려주는 역할을 하는 표시등(위치표시등)은 옥내소화전함의 상부의 벽면에 적색의 표시등을 설치하되, 당해 표시등의 부착면과 15°이상의 각도가 되는 방향으로 10m 떨어진 곳에서 용이하게 식별이 가능하도록 한다.

암기팁! 옥내소화전설비의 설치표시 기준 : 상15 텐미 적색등

23. 다음 중 가연물이 될 수 있는 것은?

① CS_2 ② H_2O_2 ③ CO_2 ④ He

> 해 가연물(=환원제=환원성물질)은 산소와 반응하여 연소를 일으키게 하는 물질인데... CS_2(이황화탄소)는 인화의 위험성이 높은 기름으로, 가연성 물질이다.

> ✏️ **함께 공부**
>
> ② H_2O_2(과산화수소)는 산소공급원의 역할을 하는 액체로, 불연성 물질이다.
> ③ CO_2(이산화탄소)는 화학적으로 안정되어 가연성 물질과 반응하지 않는 불연성 물질이다.
> ④ He(헬륨)은 18족 원소에 해당하는 불연성 물질이다.

24. 다음 중 이황화탄소의 액면 위에 물을 채워두는 이유로 가장 적합한 것은?

① 자연분해를 방지하기 위해   ② 화재 발생 시 물로 소화를 하기 위해
③ 불순물을 물에 용해시키기 위해   ④ 가연성 증기의 발생을 방지하기 위해

> 해 이황화탄소는 물보다 무겁고 물에 녹지 않아 물속에 저장하는데, 이는 이황화탄소가 공기 중의 산소와 반응하여 생성되는 가연성 증기인 아황산가스(이산화황)의 발생을 방지하기 위해서이다.

25. 위험물안전관리법령상 옥외소화전이 5개 설치된 제조소등에서 옥외소화전의 수원의 수량은 얼마 이상이어야 하는가?

① $14m^3$ ② $35m^3$ ③ $54m^3$ ④ $78m^3$

> 해 • 옥외소화전설비의 수원의 수량은 옥외소화전의 설치개수(설치개수가 4개 이상인 경우는 4개의 옥외소화전)에 $13.5m^3$를 곱한 양 이상이 되도록 설치해야 한다.
> • 옥외소화전설비 수원의 수량 = 소화전 수(최대 4개까지만) × $13.5m^3$ = 4 × $13.5m^3$ = $54m^3$ 이상

26. 위험물제조소등에 설치하는 전역방출방식의 이산화탄소 소화설비 분사헤드의 방사 압력은 고압식의 경우 몇 MPa 이상이어야 하는가?

① 1.05   ② 1.7   ③ 2.1   ④ 2.6

> 해 위험물안전관리에 관한 세부기준에 따르면, 위험물제조소등에 설치하는 전역방출방식의 이산화탄소소화설비 분사헤드의 방사 압력은 고압식의 것에 있어서는 2.1MPa 이상, 저압식의 것에 있어서는 1.05MPa 이상이어야 한다.

27. 위험물안전관리법령상 정기점검 대상인 제조소등의 조건이 아닌 것은?

① 예방규정 작성대상인 제조소등

② 지하탱크저장소

③ 이동탱크저장소

④ 지정수량 5배의 위험물을 취급하는 옥외탱크를 둔 제조소

해 정기점검의 대상
- 지정수량의 10배 이상의 위험물을 취급하는 제조소 · 일반취급소
- 지정수량의 100배 이상의 위험물을 저장하는 옥외저장소
- 지정수량의 150배 이상의 위험물을 저장하는 옥내저장소
- 지정수량의 200배 이상의 위험물을 저장하는 옥외탱크저장소
- 암반탱크저장소, 이송취급소
- 지하탱크저장소
- 이동탱크저장소
- 위험물을 취급하는 탱크로서 지하에 매설된 탱크가 있는 제조소 · 주유취급소 또는 일반취급소

암기팁! 정기점검의 대상 : 제일 외 내 외탱... 십 백 오 이... 암 이송~~ 지하 이동 매설 제주일

28. 화재 발생 시 물을 사용하여 소화할 수 있는 물질은?

① K_2O_2 ② CaC_2 ③ Al_4C_3 ④ P_4

해 황린(P_4)은 자연발화성 물질로... 물에 녹지 않고 물과 반응하지 않으므로, 물을 사용하여 소화할 수 있다.

✏ 함께 공부

① 과산화칼륨(K_2O_2), ② 탄화칼슘(CaC_2) 및 ③ 탄화알루미늄(Al_4C_3)은 물과 반응하여 조연성 기체 또는 가연성 기체를 발생시키므로, 화재 시에 주수소화를 금지해야 한다.

29. 위험물안전관리법령상 이동탱크저장소에 의한 위험물의 운송 시 위험물운송자가 위험물안전카드를 휴대하지 않아도 되는 물질은?

① 휘발유
제4류 제1석유류

② 과산화수소
제6류

③ 경유
제4류 제2석유류

④ 벤조일퍼옥사이드
제5류

해 • 위험물안전관리법령에 따르면, 위험물(제4류 위험물에 있어서는 특수인화물 및 제1석유류에 한한다)을 운송하게 하는 자는 위험물안전카드를 위험물운송자로 하여금 휴대하게 해야 한다.
• 즉, 위험물 중 제1류 · 제2류 · 제3류 · 제4류(특수인화물 및 제1석유류) · 제5류 · 제6류 위험물은 위험물의 운송 시 위험물운송자가 위험물안전카드를 반드시 휴대해야 하며... 제4류 위험물 중 알코올류, 제2석유류, 제3석유류, 제4석유류, 동식물유류는 위험물의 운송 시 위험물운송자가 위험물안전카드를 휴대하지 않아도 된다.

암기팁! 위험물안전카드를 휴대하지 않아도 되는 경우 : 제사(4류) 지내던 알리가 쌈싸 먹고 똥~~

30. C_6H_6 화재의 소화약제로서 적합하지 않은 것은?

① 인산염류분말   ② 이산화탄소   ③ 할로젠화합물   ④ 물(봉상수)

해 C_6H_6(벤젠)는 인화의 위험성이 높은 기름으로, 물에 의한 소화는 화재면의 확대 위험성이 있어 금지하고, 이에 대한 소화는... 포소화약제, 불활성가스소화약제, 할로젠화합물소화약제, 분말소화약제 등에 의한 질식소화를 한다.

31. 준특정옥외탱크저장소에서 저장 또는 취급하는 액체위험물의 최대수량 범위를 옳게 나타낸 것은?

① 50만L 미만   ② 50만L 이상 100만L 미만
③ 100만L 이상 200만L 미만   ④ 200만L 이상

해 위험물안전관리법령에 따르면, 준특정옥외탱크저장소는 옥외탱크저장소 중 그 저장 또는 취급하는 액체위험물의 최대수량이 50만L 이상 100만L 미만의 것을 의미한다.

✎ **함께 공부**

• 특정옥외탱크저장소 : 옥외탱크저장소 중 그 저장 또는 취급하는 액체위험물의 최대수량이 100만L 이상의 것
• 일반옥외탱크저장소 : 옥외탱크저장소중 그 저장 또는 취급하는 액체위험물의 최대수량이 50만L 미만의 것

32. 위험물안전관리법령상 위험물과 적응성이 있는 소화설비가 잘못 짝지어진 것은?

① K - 탄산수소염류 분말소화설비

② $C_2H_5OC_2H_5$ - 불활성가스소화설비

③ Na - 건조사

④ CaC_2 - 물통

해 탄화칼슘(CaC_2)은 가스와 반응하여 발화의 위험성이 있거나, 물과 접촉하여 가연성가스를 발생하는 위험성이 있으므로, 화재 시에 물 또는 가스와 관련된 소화설비로 소화할 수 없고... 탄산수소염류(금속화재용) 분말소화설비, 건조사(마른모래), 팽창질석, 팽창진주암 등에 의한 질식소화를 한다.

33. 분말소화약제에 해당하는 착색으로 옳은 것은?

① 탄산수소칼륨 - 청색

② 제1인산암모늄 - 담홍색

③ 탄산수소칼륨 - 담홍색

④ 제1인산암모늄 - 청색

해 분말 소화약제의 종류 및 성상

종별	주성분	색상	적응화재
제1종	탄산수소나트륨 ($NaHCO_3$)	백색	B, C
제2종	탄산수소칼륨 ($KHCO_3$)	담자색(보라색)	B, C
제3종	인산암모늄 ($NH_4H_2PO_4$)	담홍색(분홍색)	A, B, C
제4종	탄산수소칼륨＋요소 [$KHCO_3 + (NH_2)_2CO$]	회색	B, C

34. 위험물안전관리법령에서 정한 위험물의 유별 저장·취급의 공통기준(중요기준) 중 제5류 위험물에 해당하는 것은?

① 물이나 산과의 접촉을 피하고 인화성 고체에 있어서는 함부로 증기를 발생 시키지 아니하여야 한다.
② 공기와의 접촉을 피하고, 물과의 접촉을 피하여야 한다.
③ 가연물과의 접촉·혼합이나 분해를 촉진하는 물품과의 접근 또는 과열을 피하여야 한다.
④ 불티·불꽃·고온체와의 접근이나 과열·충격 또는 마찰을 피하여야 한다.

해 위험물의 유별 저장·취급의 공통기준(중요기준)

유별	기준
제1류	가연물과의 접촉·혼합이나 분해를 촉진하는 물품과의 접근 또는 과열·충격·마찰 등을 피하는 한편, 알카리금속의 과산화물 및 이를 함유한 것에 있어서는 물과의 접촉을 피하여야 한다.
제2류	산화제와의 접촉·혼합이나 불티·불꽃·고온체와의 접근 또는 과열을 피하는 한편, 철분·금속분·마그네슘 및 이를 함유한 것에 있어서는 물이나 산과의 접촉을 피하고 인화성 고체에 있어서는 함부로 증기를 발생시키지 아니하여야 한다.
제3류	자연발화성 물질에 있어서는 불티·불꽃 또는 고온체와의 접근·과열 또는 공기와의 접촉을 피하고, 금수성 물질에 있어서는 물과의 접촉을 피하여야 한다.
제4류	불티·불꽃·고온체와의 접근 또는 과열을 피하고, 함부로 증기를 발생시키지 아니하여야 한다.
제5류	불티·불꽃·고온체와의 접근이나 과열·충격 또는 마찰을 피하여야 한다.
제6류	가연물과의 접촉·혼합이나 분해를 촉진하는 물품과의 접근 또는 과열을 피하여야 한다.

35. 보관 시 인산 등의 분해방지 안정제를 첨가하는 제6류 위험물에 해당하는 것은?

① 황산　　　　② 과산화수소　　　　③ 질산　　　　④ 염산

해 과산화수소(H_2O_2)는 산소공급원의 기능을 하는 액체로, 상온에서 분해되어 산소를 발생시키므로... 인산, 요산과 같은 분해방지 안정제를 넣어 분해를 억제시키고, 뚜껑에 작은 구멍을 뚫은 갈색 용기에 저장한다.

36. 위험물안전관리법령상 간이소화용구(기타소화설비)인 팽창질석은 삽을 상비한 경우 몇 L가 능력단위 1.0인가?

① 70 L　　　　　② 100 L　　　　　③ 130 L　　　　　④ 160 L

해 소화설비의 능력단위

소화설비	용량	능력단위
마른 모래(삽 1개 포함)	50L	0.5
팽창질석 또는 팽창진주암(삽 1개 포함)	160L	1.0

암기팁! 능력단위 : 점오(0.5)가 끝나면, 마오(5)쩌뚱하고 팽팔(8)한다.

37. 화재분류에 따른 표시색상이 옳은 것은?

① 유류화재 – 황색　　　　　② 유류화재 – 백색
③ 전기화재 – 황색　　　　　④ 전기화재 – 백색

해 화재의 분류

종류	표시	표시색상	일반적 소화방법
일반화재	A급	백색	냉각소화
유류화재	B급	황색	질식소화
전기화재	C급	청색	질식소화
금속화재	D급	무색	피복소화
가스화재	E급	황색	질식소화
주방화재	K급	–	질식+냉각소화

38. 위험물안전관리법령에서 정한 제3류 위험물에 있어서 화재예방법 및 화재 시 조치 방법에 대한 설명으로 틀린 것은?

① 칼륨과 나트륨은 금수성 물질로 물과 반응하여 가연성 기체를 발생한다.
② 알킬알루미늄은 알킬기의 탄소수에 따라 주수 시 발생하는 가연성 기체의 종류가 다르다.
③ 탄화칼슘은 물과 반응하여 폭발성의 아세틸렌가스를 발생한다.
④ 황린은 물과 반응하여 유독성의 포스핀 가스를 발생한다.

해 황린(P_4)은 자연발화성 물질로... 물에 녹지 않고 물과 반응하지 않으므로, 물을 사용하여 소화할 수 있다.

39. 수소의 공기 중 연소 범위에 가장 가까운 값을 나타내는 것은?

① 2.5~82.0vol%　　　② 5.3~13.9vol%　　　③ 4.0~74.5vol%　　　④ 12.5~55.0vol%

> 해　수소의 연소범위는 4.0 ~ 75%이다.

40. CO_2에 대한 설명으로 옳지 않은 것은?

① 무색, 무취 기체로서 공기보다 무겁다.
② 물에 용해 시 약알칼리성을 나타낸다.
③ 농도에 따라서 질식을 유발할 위험성이 있다.
④ 상온에서도 압력을 가해 액화시킬 수 있다.

> 해　이산화탄소(CO_2)를 물에 용해시키면 탄산(H_2CO_3)이 생성되는데... 이는 약산성을 나타내며, 청량음료 등에 사용된다.

3과목 | 위험물 성상 및 취급

41. 다음은 위험물안전관리법령에서 정한 아세트알데하이드등을 취급하는 제조소의 특례에 관한 내용이다. (　　)안에 해당하지 않는 물질은?

아세트알데하이드등을 취급하는 설비는 (　　)·(　　)·(　　)·마그네슘 또는 이들을 성분으로 하는 합금으로 만들지 아니할 것

① Ag　　　　　② Hg　　　　　③ Cu　　　　　④ Fe

> 해　위험물안전관리법령상 아세트알데하이드등을 취급하는 설비는 은·수은·동(구리)·마그네슘 또는 이들을 성분으로 하는 합금으로 된 용기를 사용하지 아니하여야 한다. (폭발성의 아세틸레이트를 생성하므로)

42. 다음 중 연소범위가 가장 넓은 위험물은?

① 휘발유
    1.4 ~ 7.6 = 6.2

② 톨루엔
    1.4 ~ 6.7 = 5.3

③ 에틸알코올
    3.5 ~ 20.0 = 16.5

④ 다이에틸에터
    1.9 ~ 48.0 = 46.1

해 연소범위(=연소한계, 폭발범위, 폭발한계)

물질	하한값 (vol%)	상한값 (vol%)	연소범위 넓이
다이에틸에터	1.9	48.0	46.1
에틸알코올(에탄올)	3.5	20.0	16.5
휘발유(가솔린)	1.4	7.6	6.2
톨루엔	1.4	6.7	5.3

43. 제조소에서 취급하는 위험물의 최대수량이 지정수량의 20배인 경우 보유공지의 너비는 얼마인가?

① 3m 이상   ② 5m 이상   ③ 10m 이상   ④ 20m 이상

해 제조소의 보유공지

취급하는 위험물의 최대수량	공지의 너비
지정수량의 10배 이하	3m 이상
지정수량의 10배 초과	5m 이상

44. 다음 물질 중 인화점이 가장 낮은 것은?

① CS_2
이황화탄소 : -30℃

② $C_2H_5OC_2H_5$
다이에틸에터 : -45℃

③ CH_3COCH_3
아세톤 : -18℃

④ CH_3OH
메탄올 : 11℃

해 주요물질의 인화점

물질	인화점 (℃)	물질	인화점 (℃)	물질	인화점 (℃)	물질	인화점 (℃)
아이소펜탄	-51	벤젠	-11	에틸벤젠	15	경유	50~70
다이에틸에터	-45	아세트산메틸	-10	피리딘	20	클레오소트유	74
아세트알데하이드	-38	메틸에틸케톤	-7	클로로벤젠, 스티렌	32	아닐린	76
산화프로필렌	-37	초산에틸	-4	테레핀유, 부탄올	35	에틸렌글리콜	111
이황화탄소	-30	톨루엔	4	초산 (아세트산)	40	중유	60~150
가솔린(휘발유)	-43 ~ -20	메탄올 (메틸알코올)	11	개미산 (의산, 포름산)	69	글리세린	160
아세톤, 트라이메틸알루미늄	-18	에탄올 (에틸알코올)	13	등유	40~70	실린더유	200~250

45. 황린에 대한 설명으로 틀린 것은?

① 백색 또는 담황색의 고체이며, 증기는 독성이 있다.
② 물에는 녹지 않고 이황화탄소에는 녹는다.
③ 공기 중에서 산화되어 오산화인이 된다.
④ 녹는점이 적린과 비슷하다.

해 황린(P_4)은 자연발화성 물질로, 황린의 녹는점(44℃)은 적린의 녹는점(590℃)에 비해 매우 낮다.

46. 물과 접촉하면 위험한 물질로만 나열된 것은?

① CH_3CHO, CaC_2, $NaClO_4$ ② K_2O_2, $K_2Cr_2O_7$, CH_3CHO

③ K_2O_2, Na, CaC_2 ④ Na, $K_2Cr_2O_7$, $NaClO_4$

해 K_2O_2(과산화칼륨), Na(나트륨) 및 CaC_2(탄화칼슘)은 물과 접촉하여 조연성 또는 가연성 가스를 발생하므로 매우 위험하다.

✏ **함께 공부**

①, ② 및 ④의 위험물 중에서 CH_3CHO(아세트알데하이드), $NaClO_4$(과염소산나트륨) 및 $K_2Cr_2O_7$(다이크로뮴산칼륨) 은 물에 잘 녹고 물과 반응하지 않으므로, 물과 접촉할 때 위험하지 않다.

47. 위험물의 반응성에 대한 설명 중 틀린 것은?

① 마그네슘은 온수와 작용하여 산소를 발생하고 산화마그네슘이 된다.
② 황린은 공기 중에서 연소하여 오산화인을 발생한다.
③ 아연 분말은 공기 중에서 연소하여 산화아연을 발생한다.
④ 삼황화인은 공기 중에서 연소하여 오산화인을 발생한다.

해 마그네슘은 물과 반응하여 수산화마그네슘과 가연성 기체인 수소를 발생한다.

$$Mg(마그네슘) + 2H_2O(물) \rightarrow Mg(OH)_2(수산화마그네슘) + H_2(수소)$$

48. 위험물안전관리법령상 시·도의 조례가 정하는 바에 따르면 관할소방서장의 승인을 받아 지정수량 이상의 위험물을 임시로 제조소등이 아닌 장소에서 취급할 때 며칠 이내의 기간 동안 취급할 수 있는가?

① 7일 ② 30일 ③ 90일 ④ 180일

해 위험물안전관리법령에 따르면, 제조소등이 아닌 장소에서 시·도의 조례가 정하는 바에 따라 관할소방서장의 승인을 받아 지정수량 이상의 위험물을 90일 이내의 기간 동안 임시로 저장 또는 취급할 수 있다.

암기팁! 임시로 제조소등이 아닌 장소에서 취급

: 제조소등에서 임시직을 구(9)할 때에는 3달(90일) 정도 시간을 줘야지...

49. 다음 중 지정수량을 틀리게 나타낸 것은?

① 다이크로뮴산염류 – ~~500kg~~
　　　　　　　　　　1,000kg

② 제2석유류(비수용성) – 1,000L

③ 하이드록실아민염류 – 100kg

④ 재4석유류 – 6,000L

> **해** 지정수량은 위험물의 종류별로 위험성을 고려하여 대통령령으로 정하는 수량으로, 법령상 규제하는 위험물의 최소량을 의미한다.

50. 황화인에 대한 설명 중 잘못된 것은?

① P_4S_3는 황색 결정 덩어리로 조해성이 있고, 공기 중 약 50℃에서 발화한다.

② P_2S_5는 담황색 결정으로 조해성이 있고, 알칼리와 분해하여 가연성 가스를 발생한다.

③ P_4S_7 담황색 결정으로 조해성이 있고, 온수에 녹아 유독한 H_2S를 발생한다.

④ P_4S_3과 P_2S_5의 연소생성물은 모두 P_2O_5와 SO_2이다.

> **해** 삼황화인(P_4S_3)은 불에 타는 가연성고체 물질로, 물에 녹지 않으므로 조해성이 없으며, 발화점은 약 100℃이다.

51. 메틸에틸케톤의 취급 방법에 대한 설명으로 틀린 것은?

① 쉽게 연소하므로 화기 접근을 금한다.

② 직사광선을 피하고 통풍이 잘되는 곳에 저장한다.

③ 탈지작용이 있으므로 피부에 접촉하지 않도록 주의한다.

④ 유리 용기를 피하고 수지, 섬유소 등의 재질로 된 용기에 저장한다.

> **해** 메틸에틸케톤($CH_3COC_2H_5$)은 인화의 위험성이 높은 기름으로, 수지·섬유소 등의 재질로 된 용기와는 반응의 위험성이 있으므로... 유리 재질의 용기를 사용하여 햇빛이 들지 않고 통풍·환기가 잘되는 장소에 저장한다.

52. 아세톤의 물리적 특성으로 틀린 것은?

① 무색, 투명한 액체로서 독특한 자극성의 냄새를 가진다.

② 물에 잘 녹으면 에터, 알코올에도 녹는다.

③ 화재 시 대량 주수소화로 희석소화가 가능하다.

④ 증기는 공기보다 가볍다.

> **해** 아세톤(CH_3COCH_3)은 인화의 위험성이 높은 기름으로... 증기비중은 2.0(58/29)이므로, 증기는 공기보다 무겁다.

53. 과산화칼륨에 대한 설명으로 옳지 않은 것은?

① 염산과 반응하여 과산화수소를 생성한다.   ② 탄산가스와 반응하여 산소를 생성한다.

③ 물과 반응하여 수소를 생성한다.   ④ 물과의 접촉을 피하고 밀전하여 저장한다.

> 해 과산화칼륨은 물과 반응하여 수산화칼륨과 조연성 기체인 산소(O_2)를 생성한다.
>
> $$2K_2O_2(\text{과산화칼륨}) + 2H_2O(\text{물}) \rightarrow 4KOH(\text{수산화칼륨}) + O_2(\text{산소})$$

54. 아염소산나트륨이 완전 열분해하였을 때 발생하는 기체는?

① 산소   ② 염화수소   ③ 수소   ④ 포스겐

> 해 아염소산나트륨은 산소를 함유하고 있어 산소공급원의 기능을 하는 고체로, 열분해하여 조연성 기체인 산소를 발생한다.
>
> $$NaClO_2(\text{아염소산나트륨}) \rightarrow NaCl(\text{염화나트륨}) + O_2(\text{산소})$$

55. 고체위험물은 운반용기 내용적의 몇 % 이하의 수납율로 수납하여야 하는가?

① 94%   ② 95%   ③ 98%   ④ 99%

> 해 위험물안전관리법령상 고체위험물은 운반용기 내용적의 95% 이하의 수납율로 수납하여야 한다.

56. 유기과산화물에 대한 설명으로 틀린 것은?

① 소화방법으로는 질식소화가 가장 효과적이다.

② 벤조일퍼옥사이드, 메틸에틸케톤퍼옥사이드 등이 있다.

③ 저장 시 고온체나 화기의 접근을 피한다.

④ 지정수량은 100㎏이다.

> 해 유기과산화물은 가연물질 내에 산소를 함유하고 있어 스스로 폭발적으로 반응하는 물질로... 물과 반응하지 않으므로, 이에 대한 소화는 대량의 물에 의한 냉각소화를 한다.

57. 위험물안전관리법령상 다음 (   ) 안에 알맞은 수치는?

> 이동저장탱크로부터 위험물을 저장 또는 취급하는 탱크에 인화점이 (   )℃ 미만인 위험물을 주입할 때에는 이동탱크저장소의 원동기를 정지시킬 것

① 40   ② 50   ③ 60   ④ 70

해 위험물안전관리법령에 따르면, 이동저장탱크로부터 위험물을 저장 또는 취급하는 탱크에 인화점이 40℃ 미만인 위험물을 주입할 때에는 이동탱크저장소의 원동기를 정지시켜야 한다.

58. 제조소등의 관계인은 당해 제조소등의 용도를 폐지한 때에는 행정안전부령이 정하는 바에 따라 제조소등의 용도를 폐지한 날부터 며칠 이내에 시 · 도지사에게 신고하여야 하는가?

① 5일   ② 7일   ③ 10일   ④ 14일

해 위험물안전관리법령상 제조소등의 관계인은 당해 제조소등의 용도를 폐지(위험물시설로서의 기능을 완전히 상실시키는 것)한 때에는 행정안전부령이 정하는 바에 따라 제조소등의 용도를 폐지한 날부터 14일 이내에 시 · 도지사에게 신고하여야 한다.

59. 과산화벤조일에 대한 설명으로 틀린 것은?

① 벤조일퍼옥사이드라고도 한다.   ② 상온에서 고체이다.
③ 산소를 포함하지 않는 환원성 물질이다.   ④ 희석제를 첨가하여 폭발성을 낮출 수 있다.

해 과산화벤조일[벤조일퍼옥사이드, $(C_6H_5CO)_2O_2$]는 가연물질 내에 산소를 함유하고 있어 스스로 폭발적으로 반응하는 산화성 물질이다.

60. 가솔린 저장량이 2,000L일 때 소화설비 설치를 위한 소요단위는?

① 1   ② 2   ③ 3   ④ 4

해

$$소요단위 = \frac{저장수량(L)}{지정수량(L) \times 10} = \frac{2,000L}{200L \times 10} = 1\ 단위$$

• 가솔린의 지정수량 : 200L

1과목 | 물질의 물리 · 화학적 성질

01. 다음 중 배수비례의 법칙이 성립하는 화합물을 나열한 것은?

① CH_4, CCl_4 ② SO_2, SO_3 ③ H_2O, H_2S ④ NH_3, BH_3

> **해** 배수비례의 법칙은 두 종류의 원소가 결합하여 두 가지의 화합물을 만들 때, 원소 1개의 질량과 화합하는 다른 원소의 질량 사이에는 간단한 정수비가 성립한다는 법칙으로.. 그 예로는 SO_2와 SO_3, CO와 CO_2, H_2O와 H_2O_2 등이 있다.

✏ **함께 공부**

① CH_4, CCl_4 와 ③ H_2O, H_2S 및 ④ NH_3, BH_3는 세 종류의 원소가 결합하여 두 가지의 화합물을 만든 것이므로, 배수비례의 법칙이 성립하지 않는다.

02. 다음 중 3차 알코올에 해당되는 것은?

> **해** 3차 알코올은 알킬기(C_nH_{2n+1})가 3개 붙어있는 알코올로, 메틸기($-CH_3$)가 3개 붙어있는 $(CH_3)_3COH$(tert-부틸 알코올)이 여기에 해당한다.

✏ **함께 공부**

[① $CH_2OHCH_2CH_3$ 및 ② $CH_3CH_2CH_2OH$](프로판올)는 메틸기($-CH_3$)가 1개 붙어 있는 1차 알코올이고, ③ $CH_3CHOHCH_3$(이소프로필알코올)은 메틸기($-CH_3$)가 2개 붙어 있는 2차 알코올이다.

03. KMnO₄에서 Mn의 산화수는 얼마인가?

① + 3 　　　　② + 5 　　　　③ + 7 　　　　④ + 9

> 해 산화수는 분자 또는 이온 내에 있는 원자가 얻거나 잃는 전자의 수를 의미하며, KMnO₄(과망가니즈산칼륨)에서 Mn의 산화수는 +7이다. : $(+1) + Mn + (-2) \times 4 = 0 \rightarrow Mn = +7$

04. 볼타전지의 기전력은 약 1.3V인데 전류가 흐르기 시작하면 곧 0.4V로 된다. 이러한 현상을 무엇이라 하는가?

① 감극 　　　　② 소극 　　　　③ 분극 　　　　④ 충전

> 해 분극현상은 볼타전지에서 수소기체가 구리판에 달라붙어서 전자가 아연판에서 구리판으로 이동하는 것을 방해하여 갑자기 전류가 약해지는 현상이다.

✏ **함께 공부**

볼타전지 : 아연(Zn)판[(-)극]과 구리(Cu)판[(+)극]에 전선을 연결한 후 묽은 황산(H₂SO₄) 용액에 담가놓아 만든 전지

05. 다음은 열역학 제 몇 법칙에 대한 내용인가?

0K(절대온도)에서 물질의 엔트로피는 0이다.

① 열역학 제0법칙 　　② 열역학 제1법칙 　　③ 열역학 제2법칙 　　④ 열역학 제3법칙

> 해 열역학 제3법칙이란 어떠한 방법으로든 절대영도(0K = −273.15℃)에는 도달할 수 없다는 법칙이다.

암기팁! 열역학 제3법칙 : 절대로 김 영(0) 삼(3) 대통령을 잊지 말자!!!

06. 은거울 반응을 하는 화합물은?

① CH₃COCH₃ 　　② CH₃OCH₃ 　　③ HCHO 　　④ CH₃CH₂OH

> 해 일반적으로 -CHO(알데하이드기)를 가지고 있는 HCHO(포름알데하이드), CH₃CHO(아세트알데하이드) 등이 은거울 반응을 한다.

07. 방사성 원소에서 방출되는 방사선 중 전기장의 영향을 받지 않아 휘어지지 않는 선은?

① α 선   ② β 선   ③ γ선   ④ α, β, γ선

해 방사선은 불안정한 원소가 안정한 다른 원소로 전환할 때 방출되는 전자기파로써… 종류에는 α선, β선 및 γ선이 있다.
- α선 : 양전하(⊕전기)를 띄는 헬륨 원자핵의 이동으로… γ선보다 감광작용, 형광작용, 전리작용 등이 강하다.
- β선 : 음전하(⊖전기)를 띄는 전자의 이동
- γ선 : 질량이 없고 전하를 띄지 않는 전자기파의 이동으로… 파장이 가장 짧고, 투과력이 크며, 휘어지지 않는다.

08. 1기압의 수소 2L와 3기압의 산소 2L를 동일 온도에서 5L의 용기에 넣으면 전체 압력은 몇 기압이 되는가?

① $\dfrac{4}{5}$ ② $\dfrac{8}{5}$ ③ $\dfrac{12}{5}$ ④ $\dfrac{16}{5}$

해 온도가 일정할 때 기체의 부피는 절대압력에 반비례한다(보일의 법칙). 즉 절대압력(P)과 부피(V)의 곱은 항상 일정하므로, 다음과 같은 식이 성립한다.

$$P(절대압력, atm) \times V(부피, L) = P_1(절대압력, atm) \times V_1(부피, L) + P_2(절대압력, atm) \times V_2(부피, L)$$

$$\rightarrow P(전체\ 기체의\ 압력) = \frac{P_1 \times V_1 + P_2 \times V_2}{V} = \frac{1 \times 2 + 3 \times 2}{5} = \frac{8}{5}\ [atm]$$

- 절대압력(P_1) = 수소의 압력 = 1atm
- 부피(V_1) = 수소의 부피 = 2L
- 절대압력(P_2) = 산소의 압력 = 3atm
- 부피(V_2) = 산소의 부피 = 2L
- 부피(V) = 전체 기체의 부피 = 5L

09. 0.01N CH_3COOH의 전리도가 0.01이면 pH는 얼마인가?

① 2   ② 4   ③ 6   ④ 8

해 "0.01N CH_3COOH"는 [H^+] = 0.01mol/L을 의미하는데, 전리도가 0.01이므로… 결과적으로 [H^+]는 0.01mol/L × 0.01 = 0.0001mol/L 이 되며, 이 값을 대입하여 pH를 구해보면…

$$pH = \log\frac{1}{[H^+](수소이온\ 몰농도)} = -\log[H^+] = -\log(0.0001) = -\log(10^{-4}) = 4$$

- 0.01N CH_3COOH(아세트산)의 전리도가 0.01이면… 0.01N의 CH_3COOH 중에서 0.01만큼(×0.01) CH_3COO^-(아세트산 이온)과 H^+(수소이온)로 되므로, [H^+]는 전리도를 곱한 0.01N × 0.01 = 0.0001mol/L 이 된다.

10. 다음 물질에 대한 설명 중 틀린 것은?

① 물은 산소와 수소의 화합물이다.
② 산소와 수은은 단체이다.
③ 염화나트륨은 염소와 나트륨의 혼합물이다.
④ 산소와 오존은 동소체이다.

> 해 염화나트륨($NaCl$, 소금)은 염소(Cl)라는 원소와 나트륨(Na)이라는 원소가 화학적으로 결합한 화합물에 해당한다.

11. 질소와 수소로 암모니아를 합성하는 반응의 화학반응식은 다음과 같다. 암모니아의 생성률을 높이기 위한 조건은?

$$N_2 + 3H_2 \rightarrow 2NH_3 + 22.1kcal$$

① 온도와 압력을 낮춘다.　　　　　② 온도는 낮추고, 압력은 높인다.
③ 온도를 높이고, 압력은 낮춘다.　　④ 온도와 압력을 높인다.

> 해 • 온도의 영향
> N_2(질소)와 H_2(수소)가 반응하여 NH_3(암모니아)를 생성할 때, 열을 방출하는 발열반응을 하므로... 온도를 감소(열 제거)시켜서 열을 보충하는 방향인 발열(열 방출, +열)반응 쪽으로 이동하게 한다.
> • 압력의 영향
> 반응물의 기체의 몰수는 4몰[1몰(N_2) + 3몰(H_2) = 4몰]이고, 생성물의 기체의 몰수는 2몰[2몰(NH_3)]이므로... 압력을 증가시켜서 기체의 몰수가 작은 방향으로 이동하게 한다.

12. 이상기체의 거동을 가정할 때, 표준상태에서의 기체 밀도가 약 1.96g/L인 기체는?

① O_2　　　　　　② CH_4　　　　　　③ CO_2　　　　　　④ N_2
　산소(32)　　　　　메탄(16)　　　　　이산화탄소(44)　　　질소(28)

> 해 기체의 분자량은 이상기체 상태방정식 공식을 이용하여 구할 수 있으므로, 아래의 이상기체 상태방정식 공식에서 분자량(M)을 기준으로 식을 정리하고 값을 대입하면...
>
> $$PV = nRT = \frac{W}{M}RT \rightarrow P = \frac{WRT}{VM} = \frac{\rho RT}{M} \rightarrow M = \frac{\rho RT}{P} = \frac{1.96 \times 0.082 \times 273}{1} = 44\,[g/mol]$$
>
> • 밀도(ρ) = 단위부피당 질량 = 1.96g/L
> • 압력(P) = 1atm
> • R(기체정수) = 0.082atm · L/mol · K
> • 절대온도(T) = 0℃ + 273 = 273K

13. 귀금속인 금이나 백금 등을 녹이는 왕수의 제조 비율로 옳은 것은?

① 질산 3부피 + 염산 1부피

② 질산 3부피 + 염산 2부피

③ 질산 1부피 + 염산 3부피

④ 질산 2부피 + 염산 3부피

> 해 왕수(aqua regia, 王水)는 진한 질산과 진한 염산을 1:3의 비율로 혼합한 용액이다.

> 암기립! 왕수 : 왕이 원(1)래부터 지랄(질산)을 많이 부려서 신하들은 스트레스를 받아 위가 쓰려(3)염(산)...

14. 1패러데이(Faraday)의 전기량으로 물을 전기분해 하였을 때 생성되는 수소기체는 0℃, 1기압에서 얼마의 부피를 갖는가?

① 5.6L

② 11.2L

③ 22.4L

④ 44.8L

> 해 1패러데이(F)의 전기량으로 물을 전기분해하면, (−)극에서 수소 1g당량과 (+)극에서 산소 1g당량이 발생하게 되므로... 수소 1g 당량에 해당하는 수소 0.5mol의 부피는 0.5mol × 22.4L/mol = 11.2L이다.
> - 수소 1g당량은 1g($\frac{원자량(g)}{원자가} = \frac{1g}{1} = 1[g]$)이며, 이 때 수소의 몰수는 0.5mol($\frac{질량(g)}{분자량(g/mol)} = \frac{1}{2} = 0.5[mol]$)이다.

> 암기립! 물의 전기분해 : 부(+)산(산소)에서 오륙(5.6)도까지... 마(−)스(수소)크 쓰고 열심히(112) 걸었다.

15. 전자배치가 $1s^2 2s^2 2p^6 3s^2 3p^5$인 원자의 M 껍질에는 몇 개의 전자가 들어 있는가?

① 2

② 4

③ 7

④ 17

> 해 위의 전자배치에서 전자수를 나타내는 지수를 모두 더해보면, 전체 전자의 개수가 17개(2+2+6+2+5)인데... 이는 원자가 각 껍질마다 2개, 8개 및 7개의 전자를 가지고 있다는 의미이다. 즉 ($1s^2$) : K껍질에는 2개의 전자, ($2s^2 2p^6$) : L껍질에는 8개의 전자 및 ($3s^2 3p^5$) : M껍질에는 7개의 전자가 들어있다.

16. 원자량이 56인 금속 M 1.12g을 산화시켜 실험식이 MxOy인 산화물 1.60g을 얻었다. x, y는 각각 얼마인가?

　① x=1, y=2　　　　② x=2, y=3　　　　③ x=3, y=2　　　　④ x=2, y=1

해 위 산화물의 실험식(M_xO_y)은 금속(M)과 산소(O)의 몰수를 계산한 후, 원자수 비율을 비교하여 구할 수 있다.

1. 금속(M)과 산소(O)의 몰(수) 계산
   - 금속(M)의 몰(수) 계산 : 몰(수) $[mol] = \dfrac{질량(g)}{원자량(g/mol)} = \dfrac{1.12g}{56\,g/mol} = 0.02\,[mol]$
   - 산소(O)의 몰(수) 계산 : 몰(수) $[mol] = \dfrac{질량(g)}{원자량(g/mol)} = \dfrac{0.48g}{16\,g/mol} = 0.03\,[mol]$

2. 금속(M)과 산소(O)의 원자수 비율 비교
   $$금속(M) : 산소(O) = 0.02 : 0.03 = \dfrac{0.02}{0.02} : \dfrac{0.03}{0.02} = 1 : 1.5 = 10 : 15 = 2 : 3$$
   $$\therefore 구하고자 하는 산화물의 실험식 = M_2O_3 \rightarrow x = 2,\ y = 3$$

17. 0℃의 얼음 10g을 모두 수증기로 변화시키려면 약 몇 cal의 열량이 필요한가?

　① 6,190cal　　　　② 6,390cal　　　　③ 6,890cal　　　　④ 7,190cal

해 위의 문제는 0℃의 얼음을 0℃의 물로 바꾸고(잠열, Q_1), 0℃의 물을 100℃의 물로 바꾼 후(현열, Q_2), 100℃의 물을 100℃의 수증기로 만드는데(잠열, Q_3) 필요한 열량을 각각 구하여 더하면, 0℃의 얼음 10g을 모두 수증기로 만드는데 필요한 최종적인 열량($Q = Q_1 + Q_2 + Q_3$)을 구할 수 있다.

$$\begin{array}{ccccc} & Q_1 & & Q_2 & & Q_3 \\ 0℃\ 얼음 & \rightarrow & 0℃\ 물 & \rightarrow & 100℃\ 물 & \rightarrow & 100℃\ 수증기 \\ & 잠열 & & 현열 & & 잠열 \end{array}$$

$$\therefore Q = Q_1 + Q_2 + Q_3 = 800 + 1,000 + 5,390 = 7,190[cal]$$

- Q_1(잠열, cal) = m(물질의 질량, g) × (융해열, cal/g) = 10 × 80 = 800cal
- Q_2(현열, cal) = m(물질의 질량, g) × c(비열, cal/g·℃) × △T(온도변화, ℃) = 10 × 1 × (100−0) = 1,000cal
- Q_3(잠열, cal) = m(물질의 질량, g) × γ(기화열, cal/g) = 10 × 539 = 5,390cal

18. 분자량의 무게가 4배이면 확산 속도는 몇 배인가?

　① 0.5배　　　　② 1배　　　　③ 2배　　　　④ 4배

해 기체의 확산속도는 아래의 그레이엄의 확산속도의 법칙을 이용하여 구할 수 있으며, 각각의 값을 대입하면...

$$\frac{V_1(확산속도,\ m/s)}{V_2(확산속도,\ m/s)} = \sqrt{\frac{M_2(분자량,\ g/mol)}{M_1(분자량,\ g/mol)}} \rightarrow \frac{V_1}{V_2} = \sqrt{\frac{M_2}{M_1}} = \sqrt{\frac{4M}{M}} = \sqrt{4} = 2 \rightarrow V_2 = \frac{1}{2}V_1 = 0.5\,V_1$$

- 기체의 처음속도(V_1) = V_1
- 기체의 나중속도(V_2) = V_2
- 기체의 분자량(M_1) = M
- 기체의 분자량(M_2) = 4M

19. 원자에서 복사되는 빛은 선 스펙트럼을 만드는데 이것으로부터 알 수 있는 사실은?

① 빛에 의한 광전자의 방출
② 빛이 파동의 성질을 가지고 있다는 사실
③ 전자껍질의 에너지의 불연속성
④ 원자핵 내부의 구조

해 전자가 전자껍질의 에너지 준위가 높은 상태에서 낮은 상태로 이동할 때는 에너지를 방출하며, 이 때 방출하는 에너지(빛)는 특정한 파장의 선 스펙트럼(빛이 분광기를 통과할 때 나타나는 불연속적인 선들)을 만드는데(실험을 통해서 확인됨)... 이는 전자껍질마다 가지고 있는 에너지 값이 연속적이지 않고 불연속적이라는 것을 알려 준다.

20. 콜로이드 ($10^{-7} \sim 10^{-5}$ ㎝) 용액의 일반적인 특징에 관한 설명 중 틀린 것은?

① 콜로이드 입자는 틴들현상을 보인다.
② 미립자가 액체 중에 분산된 것이다.
③ 콜로이드 입자는 (+) 또는 (-)로 대전하고 있다.
④ 콜로이드 입자는 거름종이와 반투막을 통과한다.

해 콜로이드 용액은 거름종이와 반투막(용매는 투과시키지만 입자는 투과시키지 못하는 막)을 통과하지만, 콜로이드 입자는 반투막을 통과하지 못한다.

암기팁! 입자(고체)는 덩어리니까 걸려서 통과하지 못하지만, 용액(액체)은 흐르니까 부드럽게 통과한다.

21. 위험물제조소등에 옥내소화전설비를 압력수조를 이용한 가압송수장치로 설치하는 경우 압력수조의 최소압력은 몇 MPa인가? (단, 소방용 호스의 마찰손실수두압은 3.2MPa, 배관의 마찰손실수두압은 2.2MPa, 낙차의 환산수두압은 1.79MPa이다.)

① 5.4 ② 3.99 ③ 7.19 ④ 7.54

해 옥내소화전설비의 기준에서 압력수조를 이용한 가압송수장치의 경우 압력수조의 전압력 P는 다음 식에 의하여 구한 수치 이상으로 해야 한다.

$$P = p_1 + p_2 + p_3 + 0.35MPa$$

- P : 압력수조의 전압력 (MPa)
- p_1 : 소방용호스의 마찰손실수두압 (MPa)
- p_2 : 배관의 마찰손실수두압 (MPa)
- p_3 : 낙차의 환산수두압 (MPa)
- 0.35MPa : 방사압력 (MPa)

∴ 압력수조의 전압력 = $p_1 + p_2 + p_3 + 0.35MPa$ = 3.2MPa + 2.2MPa + 1.79MPa + 0.35MPa = 7.54MPa

22. 다음 중 가연성 물질이 아닌 것은?

① $C_2H_5OC_2H_5$ ② $KClO_4$ ③ $C_2H_4(OH)_2$ ④ P_4

해 $KClO_4$(염소산칼륨)은 산소를 함유하고 있어 가연물과 접촉 시 산소공급원의 역할을 하는 고체로, 불연성 물질이다.

🖉 **함께 공부**

① $C_2H_5OC_2H_5$(다이에틸에터), ③ $C_2H_4(OH)_2$(에틸렌글리콜) 및 ④ P_4(황린)는 산소와 반응하여 연소를 일으키는 가연성 물질이다.

23. 화재 종류가 옳게 연결된 것은?

① A급 화재 – 유류화재
　　　　　　 일반

② B급 화재 – 섬유화재
　　　　　　 유류

③ C급 화재 – 전기화재

④ D급 화재 – 플라스틱화재
　　　　　　 금속

> 해 화재의 분류
>
> | 종류 | 표시 | 표시색상 | 일반적 소화방법 |
> |---|---|---|---|
> | 일반화재 | A급 | 백색 | 냉각소화 |
> | 유류화재 | B급 | 황색 | 질식소화 |
> | 전기화재 | C급 | 청색 | 질식소화 |
> | 금속화재 | D급 | 무색 | 피복소화 |
> | 가스화재 | E급 | 황색 | 질식소화 |
> | 주방화재 | K급 | – | 질식+냉각소화 |

24. 이산화탄소가 불연성인 이유를 옳게 설명한 것은?

① 산소와의 반응이 느리기 때문이다.

② 산소와 반응하지 않기 때문이다.

③ 착화되어도 곧 불이 꺼지기 때문이다.

④ 산화반응이 일어나도 열 발생이 없기 때문이다.

> 해 이산화탄소(CO_2)는 산소 및 가연성기체와 반응하지 않고, 화학적으로 안정되어 있는 불연성 소화약제이다.

25. 위험물제조소의 환기설비 설치 기준으로 옳지 않은 것은?

① 환기구는 지붕 위 또는 지상 2m 이상의 높이에 설치할 것

② 급기구는 바닥면적 150㎡ 마다 1개 이상으로 할 것

③ 환기는 자연배기방식으로 할 것

④ 급기구는 높은 곳에 설치하고 인화방지망을 설치할 것

> 해 위험물안전관리법령에 따르면, 급기구는 낮은 곳에 설치하고, 가는 눈의 구리망 등으로 인화방지망을 설치하여야 한다.

> **암기팁!** 실제로 공기를 높은 곳에서 공급하는 것보다 낮은 곳에서 공급할 때, 실내 전체에 순환이 잘 일어난다.

26. 위험물안전관리법령상 마른모래(삽 1개 포함) 50L의 능력단위는?

① 0.3　　　　　　② 0.5　　　　　　③ 1.0　　　　　　④ 1.5

해 소화설비의 능력단위

소화설비	용량	능력단위
마른 모래(삽 1개 포함)	50L	0.5
팽창질석 또는 팽창진주암(삽 1개 포함)	160L	1.0

27. 위험물제조소등에 설치하는 옥외소화전설비에 있어서 옥외소화전함은 옥외소화전으로부터 보행거리 몇 m 이하의 장소에 설치하는가?

① 2m　　　　　　② 3m　　　　　　③ 5m　　　　　　④ 10m

해 위험물안전관리에 관한 세부기준에 따르면, 옥외소화전함(방수용기구 즉, 소방호스와 노즐을 수납하는 함)은 옥외소화전으로부터 보행거리 5m 이하의 장소에 설치한다.

암기팁! 옥외소화전함의 거리 : 옥외소화전 인근에서 신속하게 사용할 수 있도록 다섯 걸음 정도(약 5m) 의 거리에 설치한다.

28. 다이에틸에터 2,000L와 아세톤 4,000L를 옥내저장소에 저장하고 있다면 총 소요단위는 얼마인가?

① 5　　　　　　② 6　　　　　　③ 50　　　　　　④ 60

해

$$소요단위 = \frac{저장수량}{지정수량 \times 10} = \frac{2,000L}{50L \times 10} + \frac{4,000L}{400L \times 10} = 5\,단위$$

- 다이에틸에터의 지정수량 : 50L
- 아세톤의 지정수량 : 400L

29. 수소화나트륨 저장 창고에 화재가 발생하였을 때 주수소화가 부적합한 이유로 옳은 것은?

① 발열반응을 일으키고 수소를 발생한다.　　② 수화반응을 일으키고 수소를 발생한다.
③ 중화반응을 일으키고 수소를 발생한다.　　④ 중합반응을 일으키고 수소를 발생한다.

해 수소화나트륨은 물과 반응하여 발열하면서 가연성 기체인 수소를 발생하므로, 화재 시에 주수소화를 할 수 없다.
NaH(수소화나트륨) + H_2O(물) → $NaOH$(수산화나트륨) + H_2(수소)

30. 위험물안전관리법령상 제5류 위험물에 적응성 있는 소화설비는?

① 분말을 방사하는 대형소화기
② CO₂를 방사하는 소형소화기
③ 할로젠화합물을 방사하는 대형소화기
④ 스프링클러설비

해 • 제5류 위험물은 가연물질 내에 산소를 함유하고 있어 스스로 폭발적으로 반응하는 물질로… 물과 반응하지 않으므로, 이에 대한 소화는 대량의 물에 의한 냉각소화를 한다.
• ④ 스프링클러설비는 물과 관련된 소화설비(수계 소화설비 – 냉각소화)로, 제5류 위험물에 적응성이 있지만… ① 분말을 방사하는 대형소화기, ② CO₂를 방사하는 소형소화기 및 ③ 할로젠화합물을 방사하는 대형소화기 등은 가스와 관련된 소화기(가스계 소화기 – 질식소화)로, 제5류 위험물에 적응성이 없다.

31. 소화약제로서 물이 갖는 특성에 대한 설명으로 옳지 않은 것은?

① 유화효과(emulsification effect)도 기대할 수 있다.
② 증발잠열이 커서 기화 시 다량의 열을 제거한다.
③ 기화팽창률이 커서 질식효과가 있다.
④ 용융잠열이 커서 주수 시 냉각효과가 뛰어나다.

해 물은 기화잠열(증발잠열)이 539cal/g로 매우 커서 주수 시에 냉각효과가 뛰어나다.

32. 위험물안전관리법령에 따른 이동식할로젠화물 소화설비 기준에 의하면 20℃에서 하나의 노즐이 하론 2402를 방사 할 경우 1분당 몇 ㎏의 소화약제를 방사할 수 있어야 하는가?

① 35 ② 40 ③ 45 ④ 50

해 위험물안전관리에 관한 세부기준에 따르면, 하론 2402를 소화약제로 사용하는 이동식할로젠화합물소화설비의 하나의 노즐마다 1분당 방사되는 양은 45kg 이상으로 하여야 한다.

33. 이산화탄소 소화기에 관한 설명으로 옳지 않은 것은?

① 소화작용은 질식효과와 냉각효과에 의한다.
② A급, B급 및 C급 화재 중 A급 화재에 가장 적응성이 있다.
③ 소화약제 자체의 유독성은 적으나, 공기 중 산소 농도를 저하시켜 질식의 위험이 있다.
④ 소화약제의 동결, 부패, 변질 우려가 적다.

해 이산화탄소 소화약제는 전기가 잘 통하지 않는 전기 부도체이므로, A급(일반) 화재 또는 B급(유류) 화재보다는 C급(전기) 화재에 가장 적응성이 있다.

34. 소화약제 또는 그 구성성분으로 사용되지 않는 물질은?

① CF_2ClBr ② $(NH_2)_2CO$ ③ NH_4NO_3 ④ K_2CO_3

    할론 1211   제4종 분말   제1류 위험물   강화액

> **해** 소화약제는 소화기구 및 소화설비에 사용되는 소화성능이 있는 고체, 액체 및 기체의 물질을 말하는데...
> NH_4NO_3(질산암모늄)은 산소공급원의 기능을 하는 고체로, 제1류 위험물이다.

✏ **함께 공부**

① CF_2BrCl(일염화일브로민화이플루오린화메탄) , ② $(NH_2)_2CO$(요소) 및 ④ K_2CO_3(탄산칼륨)은 소화약제로 사용한다.

35. 위험물안전관리법령상 전역방출방식 또는 국소방출방식의 분말소화설비의 기준에서 가압식의 분말소화설비에는 얼마 이하의 압력으로 조정할 수 있는 압력조정기를 설치하여야 하는가?

① 2.0MPa   ② 2.5MPa   ③ 3.0MPa   ④ 5MPa

> **해** 위험물안전관리법령상 분말소화설비의 가압용 가스용기에는 2.5MPa 이하의 압력으로 조정할 수 있는 압력조정기를 설치해야 한다.

> **암기팁!** 분말소화설비 압력조정기 조정압력 : 분(분말)을 바르는 아기들은 달달한 이오(25)요구르트를 아주 좋아(압력 조정)한다.

36. 위험물안전관리법령상 정전기를 유효하게 제거하기 위해서는 공기 중의 상대습도를 몇 % 이상 되게 하여야 하는가?

① 40%   ② 50%   ③ 60%   ④ 70%

> **해** 위험물안전관리법령에 따르면, 위험물을 취급함에 있어서 정전기가 발생할 우려가 있는 설비에는 다음에 해당하는 방법으로 정전기를 유효하게 제거할 수 있는 설비를 설치하여야 한다.
> - 접지에 의한 방법
> - 공기 중의 상대습도를 70% 이상으로 하는 방법
> - 공기를 이온화하는 방법

37. 스프링클러 설비의 장점이 아닌 것은?

① 소화약제가 물이므로 소화약제의 비용이 절감된다.
② 초기 시공비가 매우 적게 든다.
③ 화재 시 사람의 조작 없이 작동이 가능하다.
④ 초기화재의 진화에 효과적이다.

> 해 스프링클러설비란 화재발생 시 화재를 자동으로 감지하여 피난을 위한 경보를 발하고, 습식 · 건식 · 준비작동식 · 일제살수식 밸브가 개방되면 유수의 흐름으로 인하여 펌프가 기동되며, 개방된 헤드를 통해 소화수를 방수하여 소화하는 자동식 수계소화설비이다.
> - 장점 : 화재의 초기 진압에 효율적이고, 사용 약제를 쉽게 구할 수 있다.
> - 단점 : 다른 소화설비보다 시설비가 많이 들고, 구조 및 시공이 복잡하다.

38. 위험물제조소에 옥내소화전을 각 층에 8개씩 설치하도록 할 때 수원의 최소 수량은 얼마인가?

① 13㎥ ② 20.8㎥ ③ 39㎥ ④ 62.4㎥

> 해 - 옥내소화전설비의 수원의 수량은 옥내소화전이 가장 많이 설치된 층의 옥내소화전 설치개수(설치개수가 5개 이상인 경우는 5개)에 7.8㎥를 곱한 양 이상이 되도록 설치해야 한다.
> - 옥내소화전설비 수원의 수량 = 최대층 소화전 수(최대 5개까지만) × 7.8㎥ = 5 × 7.8㎥ = 39㎥ 이상

39. 위험물안전관리법령에서 정한 포소화설비의 기준에 따른 기동장치에 대한 설명으로 옳은 것은?

① 자동식의 기동장치만 설치하여야 한다.
② 수동식의 기동장치만 설치하여야 한다.
③ 자동식의 기동장치와 수동식의 기동장치를 모두 설치하여야 한다.
④ 자동식의 기동장치 또는 수동식의 기동장치를 설치하여야 한다.

> 해 위험물안전관리에 관한 세부기준에 따르면, 포소화설비의 기동장치는 자동식의 기동장치 또는 수동식의 기동장치를 설치하여야 한다.

40. 위험물안전관리법령상 지정수량의 3천 배 초과 4천 배 이하의 위험물을 저장하는 옥외탱크저장소에 확보하여야 하는 보유공지는 얼마인가?

① 6m 이상　　　② 9m 이상　　　③ 12m 이상　　　④ 15m 이상

해 옥외탱크저장소의 보유공지

저장 또는 취급하는 위험물의 최대수량	공지의 너비
지정수량의 500배 이하	3m 이상
지정수량의 500배 초과 1,000배 이하	5m 이상
지정수량의 1,000배 초과 2,000배 이하	9m 이상
지정수량의 2,000배 초과 3,000배 이하	12m 이상
지정수량의 3,000배 초과 4,000배 이하	15m 이상
지정수량의 4,000배 초과	당해 탱크의 수평단면의 최대지름(가로형인 경우에는 긴 변)과 높이 중 큰 것과 같은 거리 이상. 다만, 30m 초과의 경우에는 30m 이상으로 할 수 있고, 15m 미만의 경우에는 15m 이상으로 하여야 한다.

암기팁! 옥외탱크저장소 보유공지 : 오백 천 이천 삼천 사천 초　359 게임하면서 시비(12) 씹오(15) 큰 것

3과목 | 위험물 성상 및 취급

41. 위험물안전관리법령에 따른 지하탱크저장소의 지하저장탱크의 기준으로 옳지 않은 것은?

① 탱크의 외면에는 녹방지를 위한 도장을 하여야 한다.
② 탱크의 강철판 두께는 3.2mm 이상으로 하여야 한다.
③ 압력탱크는 최대 사용압력의 1.5배의 압력으로 10분간 수압시험을 한다.
④ 압력탱크 외의 것은 50kPa의 압력으로 10분간 수압시험을 한다.

해 위험물안전관리법령에 따르면, 지하탱크저장소의 지하저장탱크는 압력탱크 외의 탱크에 있어서는 70kPa의 압력으로, 압력탱크에 있어서는 최대상용압력의 1.5배의 압력으로, 각각 10분간 수압시험을 실시하여 새거나 변형되지 아니하여야 한다.

42. 위험물안전관리법령에 따라 위험물을 유별로 정리하여 서로 1m 이상의 간격을 두었을 때 옥내저장소에서 함께 저장하는 것이 가능한 경우가 아닌 것은?

① 제1류 위험물(알칼리금속의 과산화물 또는 이를 함유한 것을 제외한다)과 제5류 위험물을 저장하는 경우
② 제3류 위험물 중 알킬알루미늄과 제4류 위험물(알킬알루미늄 또는 알킬리튬을 함유한 것에 한한다)을 저장하는 경우
③ 제1류 위험물과 제3류 위험물 중 금수성물질을 저장하는 경우
④ 제2류 위험물 중 인화성고체와 제4류 위험물을 저장하는 경우

해 옥내저장소 또는 옥외저장소에 있어서 다음의 위험물을 저장하는 경우로서 위험물을 유별로 정리하여 저장하는 한편, 서로 1m 이상의 간격을 두는 경우에는 동일한 저장소에 저장할 수 있다.

제1류 위험물 (알칼리금속의 과산화물 또는 이를 함유한 것을 제외)	제5류 위험물
제1류 위험물	제6류 위험물
제1류 위험물	제3류 위험물 중 자연발화성물질 (황린 또는 이를 함유한 것)
제2류 위험물 중 인화성고체	제4류 위험물
제3류 위험물 중 알킬알루미늄등	제4류 위험물 (알킬알루미늄 또는 알킬리튬을 함유한 것)
제4류 위험물 중 유기과산화물 또는 이를 함유하는 것	제5류 위험물 중 유기과산화물 또는 이를 함유한 것

43. 위험물제조소등의 안전거리의 단축기준과 관련해서 $H \leq pD^2 + a$인 경우 방화상 유효한 담의 높이는 2m 이상으로 한다. 다음 중 a에 해당되는 것은?

① 인근 건축물의 높이(m)
② 제조소등의 외벽의 높이(m)
③ 제조소등과 공작물과의 거리(m)
④ 제조소등과 방화상 유효한 담과의 거리(m)

해 위험물안전관리법령상 제조소등의 안전거리의 단축기준에 따르면, 방화상 유효한 담의 높이(h)를 2m 이상으로 할 때에는 아래의 식에 의하여 산정한다.

$$H \leq pD^2 + a$$

• D : 제조소등과 인근 건축물 또는 공작물과의 거리(m)
• H : 인근 건축물 또는 공작물의 높이(m)
• a : 제조소등의 외벽의 높이(m)
• d : 제조소등과 방화상 유효한 담과의 거리(m)
• h : 방화상 유효한 담의 높이(m)
• p : 상수

44. 짚, 헝겊 등을 다음의 물질로 적셔서 대량으로 쌓아 두었을 경우 자연 발화의 위험성이 제일 높은 것은?

① 동유
　건성유

② 야자유
　불건성유

③ 올리브유
　불건성유

④ 피자마유
　불건성유

> 해 자연발화의 위험성이 높다는 것은... 산소와의 반응성이 크고, 불포화도(안정되지 않은 정도)의 수치인 아이오딘값이 크다는 의미이다.

구분	아이오딘값	종류
건성유	130 이상	아마인유, 들기름, 동유, 해바라기유, 대구유, 정어리유, 상어유 등
반건성유	100 이상 130 미만	참기름, 옥수수기름, 쌀겨기름, 콩기름(대두유), 청어기름, 채종유, 면실유(목화씨기름) 등
불건성유	100 미만	고래기름, 소기름, 돼지기름, 올리브유, 피마자유, 야자유, 땅콩기름(낙화생유), 팜유 등

45. 위험물 옥내 저장소의 피뢰설비는 지정수량의 최소 몇 배 이상인 저장 창고에 설치하도록 하고 있는가? (단, 제6류 위험물의 저장창고를 제외한다.)

① 10　　　　　　　② 15　　　　　　　③ 20　　　　　　　④ 30

> 해 위험물안전관리법령에 따르면, 지정수량의 10배 이상의 옥내저장소 저장창고(제6류 위험물의 저장창고를 제외)에는 피뢰침을 설치하여야 한다.

46. 다음 중 물에 가장 잘 녹는 것은?

① CH_3CHO　　　② $C_2H_5OC_2H_5$　　　③ P_4　　　④ $C_2H_5ON_2$

> 해 CH_3CHO(아세트알데하이드)는 인화의 위험성이 있는 기름으로, 수용성이어서 물에 잘 녹는다.

✏ 함께 공부

② $C_2H_5OC_2H_5$(다이에틸에터), ③ P_4(황린), ④ $C_2H_5ON_2$(질산에틸)은 비수용성이어서 물에 잘 녹지 않는다.

47. 셀룰로이드류를 다량으로 저장하는 경우, 자연발화의 위험성을 고려하였을 때 다음 중 가장 적합한 장소는?

① 습도가 높고 온도가 낮은 곳 ② 습도가 온도가 모두 낮은 곳
③ 습도가 온도가 모두 높은 곳 ④ 습도가 낮고 온도가 높은 곳

해 습도가 높으면... 표면에 수분막이 형성되어 열이 내부에 축적되므로 자연발화가 잘 일어나고, 온도가 높으면... 열의 축적에 의한 온도의 상승이 쉬워져서 자연발화가 일어나기 좋다. 따라서, 자연발화를 방지하려면... 습도와 온도가 모두 낮은 곳에 저장하여야 한다.

48. 제6류 위험물의 위험성 및 성질에 관한 설명 중 옳은 것은?

① 산화성 무기화합물이다. ② 가연성 액체이다.
③ 제2류 위험물과 혼재가 가능하다. ④ 과산화수소를 제외하고는 염기성 물질이다.

해 제6류 위험물 → 산화성 액체
산소를 함유하고 있어 가연물과 접촉 시 산소공급원(강산화성, 강산화제)의 기능을 하는 액체로, 모두 무기화합물이다.

✏ **함께 공부**

② 불연성 액체이다.
③ 제1류 위험물과 혼재가 가능하다.
④ 과산화수소를 제외하고는 산성 물질이다.

49. 위험물안전관리법령상 제4류 위험물 중 1기압에서 인화점이 21℃인 물질은 제 몇 석유류에 해당하는가?

① 제1석유류 ② 제2석유류
　21℃ 미만 　21℃ 이상 70℃ 미만

③ 제3석유류 ④ 제4석유류
　70℃ 이상 200℃ 미만 　200℃ 이상 250℃ 미만

해 위험물안전관리법령에 따르면, "제2석유류"라 함은 등유, 경유 그 밖에 1기압에서 인화점이 21℃ 이상 70℃ 미만인 것을 말한다.(이상·이하는 그 수치를 포함하고, 초과·미만은 그 수치를 포함하지 않는다)

50. 다음은 위험물안전관리법령상 위험물의 운반기준 중 적재방법에 관한 내용이다. ( )안에 알맞은 내용은?

> ( ) 위험물 중 ( )℃ 이하의 온도에서 분해될 우려가 있는 것은 보냉 컨테이너에 수납하는 등 적정한 온도관리를 할 것

① 제5류, 25　　　　② 제5류, 55　　　　③ 제6류, 25　　　　④ 제6류, 55

해 위험물의 운반에 관한 기준에 따르면, 적재하는 제5류 위험물 중 55℃ 이하의 온도에서 분해될 우려가 있는 것은 보냉 컨테이너에 수납하는 등 적정한 온도관리를 하여야 한다.

암기팁! 적정한 온도관리 : 제5류 위험물은 오븐에서 55도로 항상 온도관리를 해야 한다. 555 오오오~~

51. [보기]의 물질이 K_2O_2와 반응하였을 때 주로 생성되는 가스의 종류가 같은 것으로만 나열된 것은?

> 물, 이산화탄소, 아세트산, 염산

① 물, 이산화탄소　　　　　　　　　② 물, 이산화탄소, 염산
③ 물, 아세트산　　　　　　　　　　④ 이산화탄소, 아세트산, 염산

해 K_2O_2(과산화칼륨)는 물 또는 이산화탄소와 반응하여 산소를 생성하고, 산과 반응 시에는 과산화수소를 생성한다.

✏ **함께 공부**

- 물 : $2K_2O_2$(과산화칼륨) + $2H_2O$(물) → $4KOH$(수산화칼륨) + O_2(산소)
- 이산화탄소 : $2K_2O_2$(과산화칼륨) + $2CO_2$(이산화탄소) → $2K_2CO_3$(탄산칼륨) + O_2(산소)
- 아세트산 : K_2O_2(과산화칼륨) + $2CH_3COOH$(아세트산) → $2CH_3COOK$(아세트산칼륨) + H_2O_2(과산화수소)
- 염산 : K_2O_2(과산화칼륨) + $2HCl$(염산) → $2KCl$(염화칼륨) + H_2O_2(과산화수소)

52. 옥내저장소에 제3류 위험물인 황린을 저장하면서 위험물안전관리 법령에 의한 최소한의 보유공지로 3m를 옥내저장소 주위에 확보하였다. 이 옥내저장소에 저장하고 있는 황린의 수량은? (단, 옥내저장소의 구조는 벽·기둥 및 바닥이 내화구조로 되어 있고 그 외의 다른 사항은 고려하지 않는다.)

① 100kg 초과 500kg 이하　　　　② 400kg 초과 1,000kg 이하
③ 500kg 초과 5,000kg 이하　　　④ 1,000kg 초과 40,000kg 이하

해 • 옥내저장소의 보유공지

위험물의 최대수량	공지의 너비	
	내화구조	그 밖
지정수량의 20배 초과 50배 이하	3m 이상	5m 이상

• 옥내저장소에 황린을 저장하면서 최소한의 보유공지로 3m를 옥내저장소의 주위에 확보하였으므로, 저장 또는 취급하는 위험물의 최대수량은 지정수량의 20배 초과 50 이하에 해당한다.
　　　∴ 황린의 수량 = 20kg × (20배 초과 50배 이하) = 400kg 초과 1,000kg 이하
　- 황린의 지정수량 : 20kg

53. 위험물안전관리법령에 따른 안전거리 규제를 받는 위험물시설이 아닌 것은?

① 제6류 위험물 제조소　　　　　② 제1류 위험물 일반취급소
③ 제4류 위험물 옥내저장소　　　④ 제5류 위험물 옥외저장소

해 위험물안전관리법령상 옥외저장소, 옥외탱크저장소, 옥내저장소, 제조소(제6류 위험물을 취급하는 제조소는 제외), 일반취급소 등의 위험한 장소는 안전거리 규제 대상이다.

54. 메틸알코올의 성질로 옳은 것은?

① 인화점 이하가 되면 밀폐된 상태에서 연소하여 폭발한다.
② 비점은 물보다 높다.
③ 물에 녹기 어렵다.
④ 증기비중이 공기보다 크다.

해 메틸알코올(메탄올, CH_3OH)은 인화의 위험성이 높은 기름으로... 증기비중은 1.1(32/29)이므로, 공기(1)보다 크다.

✎ **함께 공부**

① 인화점은 외부의 직접적인 점화원에 의해 불이 붙을 수 있는 최저온도이므로, 인화점(11℃) 이하에서는 연소하지 않는다.
② 비점(끓는점)은 65℃로, 물(100℃)보다 낮다.
③ 물에 잘 녹는다.

55. 다음 중 적린과 황린에서 동일한 성질을 나타내는 것은?

① 발화점   ② 색상   ③ 유독성   ④ 연소생성물

> 해 적린과 황린은 연소 시에 오산화인을 발생한다.
> - P_4(황린) + $5O_2$(산소) → $2P_2O_5$(오산화인)
> - $4P$(적린) + $5O_2$(산소) → $2P_2O_5$(오산화인)

✏ **함께 공부**

① 황린의 발화점은 34℃이고, 적린의 발화점은 260℃이다.
② 황린의 색상은 백색 또는 담황색이고, 적린의 색상은 암적색이다.
④ 황린은 독성이 있으나, 적린은 독성이 없다.

56. 위험물제조소는 문화재보호법에 의한 유형문화재로부터 몇 m 이상의 안전거리를 두어야 하는가?

① 20m   ② 30m   ③ 40m   ④ 50m

> 해 위험물안전관리법령에 따르면, 위험물제조소와 지정문화유산, 천연기념물 등과의 안전거리는 50m 이상이다.

57. 위험물제조소 건축물의 구조 기준이 아닌 것은?

① 출입구에는 60분+방화문·60분방화문 또는 30분방화문을 설치할 것
② 지붕은 폭발력이 위로 방출될 정도의 가벼운 불연재료로 덮을 것
③ 벽·기둥·바닥·보·서까래 및 계단을 불연재료로 하고, 연소의 우려가 있는 외벽은 출입구 외의 개구부가 없는 내화구조의 벽으로 하여야 한다.
④ 산화성고체, 가연성고체 위험물을 취급하는 건축물의 바닥은 위험물이 스며들지 못하는 재료를 사용할 것

> 해 위험물안전관리법령에 따르면, 액체의 위험물을 취급하는 위험물제조소 건축물의 바닥은 위험물이 스며들지 못하는 재료를 사용하고, 적당한 경사를 두어 그 최저부에 집유설비를 하여야 한다.

> 암기팁! 바닥에 스며드는 것은... 고체가 아니라 당연히 액체겠지...

58. 가솔린에 대한 설명 중 틀린 것은?

① 비중은 물보다 작다.

② 증기비중은 공기보다 크다.

③ 전기에 대한 도체이므로 정전기 발생으로 인한 화재를 방지해야 한다.

④ 물에는 녹지 않지만 유기용제에 녹고 유지 등을 녹인다.

> 해 가솔린(휘발유, $C_5 \sim C_9$)은 인화의 위험성이 높은 기름으로... 전기의 불량도체로서 전하가 축적되어 화재 발생의 우려가 있으므로, 정전기의 발생에 주의해야 한다.

59. 금속칼륨의 성질에 대한 설명으로 옳은 것은?

① 중금속류에 속한다.　　　　② 이온화 경향이 큰 금속이다.

③ 물속에 보관한다.　　　　　④ 고광택을 내므로 장식용으로 많이 쓰인다.

> 해 칼륨(K)은 물에 급격히 반응하여 열을 발생하는 금속으로, 이온화 경향이 금속 중에서 가장 크다.

✎ **함께 공부**

① 은백색 광택의 무른 경금속이다

③ 화학적으로 활성이 너무 커서 공기 중의 수분 또는 산소와도 반응하므로... 등유, 경유, 유동파라핀 등의 보호액에 저장한다.

④ 반응성이 매우 커서 장식용으로 쓰이지 않는다.

60. 옥내저장창고의 바닥을 물이 스며 나오거나 스며들지 아니하는 구조로 해야 하는 위험물은?

① 과염소산칼륨
　　제1류

② 나이트로셀룰로오스
　　제5류

③ 적린
　　제2류

④ 트라이에틸알루미늄
　　제3류(금수성 물질)

> 해 위험물안전관리법령상 아래의 위험물의 옥내저장소 저장창고의 바닥은 물이 스며 나오거나 스며들지 아니하는 구조로 하여야 한다.
> • 제1류 위험물 중 알칼리금속의 과산화물 또는 이를 함유하는 것
> • 제2류 위험물 중 철분·금속분·마그네슘 또는 이중 어느 하나 이상을 함유하는 것
> • 제3류 위험물 중 금수성 물질
> • 제4류 위험물

1과목 | 물질의 물리 · 화학적 성질

01. 제3주기에서 음이온이 되기 쉬운 경향성은? (단, 0족(18족)기체는 제외한다.)

① 금속성이 큰 것　　　　　　　② 원자의 반지름이 큰 것

③ 최외각 전자수가 많은 것　　　④ 염기성 산화물을 만들기 쉬운 것

> 제3주기에서 원자번호가 증가할수록(왼쪽에서 오른쪽으로 갈수록, 최외각전자가 많아질수록)... 전자흡수성이 증가하므로, 전자를 흡수하고 음이온이 되기 쉽다.

02. 다음 중 물이 산으로 작용하는 반응은?

① $3Fe + 4H_2O \rightarrow Fe_3O_4 + 4H_2$

② $NH_4^+ + H_2O \rightleftharpoons NH_3 + H_3O^+$

③ $HCOOH + H_2O \rightarrow HCOO^- + H_3O^+$

④ $CH_3COO^- + H_2O \rightarrow CH_3COOH + OH^-$

> 산은 양성자(H^+)를 주는 물질이고, 염기는 양성자(H^+)를 받는 물질이므로(브뢴스테드 - 로우리의 정의)... H_2O가 양성자(H^+)를 주고 OH^-이 되는 경우에 산으로 작용한다.
> $CH_3COO^- + H_2O \rightarrow CH_3COOH + OH^-$: H_2O는 CH_3COO^-에게 양성자(H^+)를 주고 OH^-가 되므로, 산으로 작용한다.

✏ **함께 공부**

① $3Fe + 4H_2O \rightarrow Fe_3O_4 + 4H_2$: H_2O는 산소(O)를 잃고 수소(H_2)로 환원되었다.(산화 · 환원반응)

② $NH_4^+ + H_2O \rightleftharpoons NH_3 + H_3O^+$: H_2O는 NH_4^+로부터 양성자(H^+)를 받아 H_3O^+가 되므로, 염기로 작용한다.

③ $HCOOH + H_2O \rightarrow HCOO^- + H_3O^+$: H_2O는 $HCOOH$로부터 양성자(H^+)를 받아 H_3O^+가 되므로, 염기로 작용한다.

03. 다음 중 두 물질을 섞었을 때 용해성이 가장 낮은 것은?

① C_6H_6과 H_2O　　　　　　　　② $NaCl$과 H_2O

③ C_2H_5OH과 H_2O　　　　　　　④ C_2H_5OH과 CH_3OH

> **해** C_6H_6(벤젠)는 인화의 위험이 높은 기름이므로, H_2O(물)와는 섞이지 않아서 용해성(용질이 용매에 녹는 성질)이 매우 낮다.

✎ 함께 공부

② $NaCl$(염화나트륨), ③ C_2H_5OH(에틸알코올) 및 ④ CH_3OH(메틸알코올)은 H_2O(물)에 잘 녹으므로, 용해성이 높다.

---

04. 메탄에 염소를 작용시켜 클로로포름을 만드는 반응을 무엇이라 하는가?

① 중화반응　　　　② 부가반응　　　　③ 치환반응　　　　④ 환원반응

> **해** 클로로포름은 메탄의 수소 원자 3개가 염소 원자 3개로 바뀐 치환반응에 의해 만들어진 화합물이다.
>
> $$CH_4(메탄) + 3Cl_2(염소) \rightarrow CHCl_3(클로로포름) + 3HCl(염화수소)$$

---

05. 20%의 소금물을 전기분해하여 수산화나트륨 1몰을 얻는 데는 1A의 전류를 몇 시간 통해야 하는가?

① 13.4　　　　　② 26.8　　　　　③ 53.6　　　　　④ 104.2

> **해** 1. 소금물의 전기분해 반응식
>
> $$NaCl(수산화나트륨) + H_2O(물) \rightarrow 0.5H_2(수소) + NaOH(수산화나트륨) + 0.5Cl_2(염소)$$
>
> 2. 수산화나트륨($NaOH$)의 1mol의 질량 및 1g당량 계산
>   - 수산화나트륨($NaOH$) 1mol의 질량 = 몰(수)(mol) × 분자량(g/mol) = 1mol × 40g/mol = 40[g]
>   - 수산화나트륨($NaOH$) 1g 당량 = $\dfrac{분자량}{OH^- 수}$ = $\dfrac{40g}{1}$ = 40[g] ($NaOH \rightarrow Na^+ + OH^-$)
>
> 3. 1패러데이(F)
>   어떤 물질 1g당량을 석출하기 위해 필요한 전기량인 96,500C(쿨롱)를 의미하므로, 수산화나트륨($NaOH$) 1g당량을 석출하기 위해서는 1F(96,500C)의 전기량이 필요하게 된다.
>
> 4. 전기량 공식
>
> $$Q = I \times t \rightarrow t = \dfrac{Q}{I} = \dfrac{96,500}{1} = 96,500s = 96,500s \times \dfrac{1h}{3,600s} = 26.8\,[h]$$

06. 1몰의 질소와 3몰의 수소를 촉매와 같이 용기 속에 밀폐하고 일정한 온도로 유지하였더니 반응물질의 50%가 암모니아로 변하였다. 이 때의 압력은 최초 압력의 몇 배가 되는가? (단, 용기의 부피는 변하지 않는다.)

① 0.5　　　　　② 0.75　　　　　③ 1.25　　　　　④ 변하지 않는다.

해

	N_2(질소)	+	$3H_2$(수소)	→	$2NH_3$(암모니아)
반응 전	1mol		3mol		-
50% 반응	0.5mol		1.5mol		1mol
반응 후	0.5mol		1.5mol		1mol

- 이상기체 상태방정식(PV = nRT)에서... V(부피)(변하지 않으므로), R(기체상수)(상수이니까) 및 T(절대온도)(문제에서 일정하다고 하였으므로)가 일정하므로, P(압력)는 n(몰수)과 비례한다.
- 따라서 n(몰수)이 반응 전 용기 안에 4몰(질소 1몰 + 수소 3몰)이 있었다가, 반응 후 용기 안에 3몰(질소 0.5몰 + 수소 1.5몰 + 암모니아 1몰)이 남아서 0.75배 되었으므로... P(압력)도 최초 4기압에서 3기압으로 0.75배가 된다.

07. 어떤 기체가 탄소원자 1개당 2개의 수소원자를 함유하고 0℃, 1기압에서 밀도가 1.25g/L일 때 이 기체에 해당하는 것은?

① CH_2　　　　　② C_2H_4　　　　　③ C_3H_6　　　　　④ C_4H_8
　없는 물질　　　　　에텐(28)　　　　　프로펜(42)　　　　　부텐(56)

해 기체의 분자량은 이상기체 상태방정식 공식을 이용하여 구할 수 있으므로, 아래의 이상기체 상태방정식 공식에서 분자량(M)을 기준으로 식을 정리하고 값을 대입하면...

$$PV = nRT = \frac{W}{M}RT \;\rightarrow\; P = \frac{WRT}{VM} = \frac{\rho RT}{M} \;\rightarrow\; M = \frac{\rho RT}{P} = \frac{1.25 \times 0.082 \times 273}{1} = 27.98\,[\text{g/mol}]$$

- 밀도(ρ) = 단위부피당 질량 = 1.25g/L
- 압력(P) = 1atm
- R(기체정수) = 0.082atm·L/mol·K
- 절대온도(T) = 0℃ + 273 = 273K

08. 수성가스(water gas)의 주성분을 옳게 나타낸 것은?

① CO_2, CH_4　　　　　② CO, H_2　　　　　③ CO_2, H_2, O_2　　　　　④ H_2, H_2O

해 수성가스는 고온의 코크스에 수증기를 반응시키면 생성되는 가스로, 일산화탄소와 수소가 주성분이다.
$$C(\text{코크스}) + H_2O(\text{수증기}) \rightarrow CO(\text{일산화탄소}) + H_2(\text{수소})$$

09. 다음 중 산소와 같은 족의 원소가 아닌 것은?

① S　　　　　　　② Se　　　　　　　③ Te　　　　　　　④ Bi

해 Bi(비스무트)는 주기율표상 15족에 속하는 질소족 원소이다.

암기팁! 질소족(15족) : 비스(비스무트, Bi)킷을 질(질소)리도록 씹어(15족)봐.

✏ 함께 공부

산소족 원소 : 주기율표상 16족에 속하는 원소 - 예 O(산소), S(황), Se(셀레늄), Te(텔루륨), Po(폴로늄), Lv(리버모륨) 등

10. 공기 중에 포함되어 있는 질소와 산소의 부피비는 0.79 : 0.21 이므로 질소와 산소의 분자수의 비도 0.79 : 0.21이다. 이와 관계있는 법칙은?

① 아보가드로 법칙　　　　　　② 일정 성분비의 법칙
③ 배수비례의 법칙　　　　　　④ 질량보존의 법칙

해 아보가드로의 법칙은 표준상태(0℃ 1기압)에서 모든 기체 1mol이 차지하는 부피는 22.4L이며, 그 속에는 6.023×10²³개의 분자가 존재한다는 법칙으로... 공기 중에 포함되어 있는 질소와 산소의 부피비(0.79 : 0.21)가 질소와 산소의 분자수의 비(0.79 : 0.21)와 같은 것과 관계가 있다.

✏ 함께 공부

표준상태에서, 질소 22.4L 와 산소 22.4L의 부피 속에는 각각 6.023×10²³개의 분자가 들어있으므로, 질소와 산소의 부피비(22.4L : 22.4L = 1 : 1)는 질소와 산소의 분자수 비(6.023×10²³개 : 6.023×10²³개 = 1 : 1)와 같다.

11. 물 450g에 NaOH 80g이 녹아 있는 용액에서 NaOH의 몰분율은? (단, Na의 원자량은 23이다.)

① 0.074　　　　　　② 0.178　　　　　　③ 0.200　　　　　　④ 0.450

해 1. 수산화나트륨(NaOH) 및 물(H_2O)의 몰(수) 계산

- 수산화나트륨(NaOH)의 몰(수) 계산 : 몰(수) $[mol] = \dfrac{질량(g)}{분자량(g/mol)} = \dfrac{80g}{40g/mol} = 2[mol]$

- 물(H_2O)의 몰(수) 계산 : 몰(수) $[mol] = \dfrac{질량(g)}{분자량(g/mol)} = \dfrac{450g}{18g/mol} = 25[mol]$

2. 수산화나트륨(NaOH)의 몰분율(특정성분의 몰수와 전체 몰수와의 비) 계산

수산화나트륨(NaOH)의 몰분율 $= \dfrac{NaOH의\ 몰수[mol]}{전체\ 몰수[mol]} = \dfrac{2\ mol}{(2+25)\ mol} = 0.074$

12. 다음 할로젠족 분자 중 수소와의 반응성이 가장 높은 것은?

① Br_2 ② F_2 ③ Cl_2 ④ I_2

해 "수소(H_2)와의 반응성의 크기 = 전기음성도의 크기"라고 말할 수 있으므로, F_2가 가장 큰 결합력을 갖는다.

✏ **함께 공부**

전기음성도의 크기 : F(플루오린) > O(산소) > N(질소) > Cl(염소) > Br(브로민) > C(탄소) > S(황) > I(아이오딘) > H(수소)

13. 다음은 열역학 제 몇 법칙에 대한 내용인가?

0K(절대온도)에서 물질의 엔트로피는 0이다.

① 열역학 제0법칙   ② 열역학 제1법칙
③ 열역학 제2법칙   ④ 열역학 제3법칙

해 열역학 제3법칙이란 어떠한 방법으로든 절대영도(0K = −273.15℃)에는 도달할 수 없다는 법칙이다.

14. 물 100g에 황산구리결정($CuSO_4 \cdot 5H_2O$) 2g을 넣으면 몇 % 용액이 되는가? (단, $CuSO_4$의 분자량은 160g/mol이다.)

① 1.25%   ② 1.96%   ③ 2.4%   ④ 4.42%

해 • 용질의 질량(g) : 황산구리결정($CuSO_4 \cdot 5H_2O$) 2g 중 황산구리($CuSO_4$)의 질량

250g/mol[황산구리결정($CuSO_4 \cdot 5H_2O$)] : 2g = 160g/mol[황산구리($CuSO_4$)] : χg

$\rightarrow \chi = \dfrac{2g}{250g/mol} \times 160g/mol = 1.28 \, [g]$

• 용액의 질량(g) : 물(H_2O) 100g + 황산구리결정($CuSO_4 \cdot 5H_2O$) 2g = 102g

$\% \, 용액 = \dfrac{용질의 \, 질량(g)}{용액의 \, 질량(g)} \times 100 = \dfrac{1.28g}{102g} \times 100 = 1.25 \, [\%]$

15. 한 분자 내에 배위결합과 이온결합을 동시에 가지고 있는 것은?

① NH_4Cl
염화암모늄(배위결합 + 이온결합)

② C_6H_6
벤젠(공유결합)

③ CH_3OH
메탄올(수소결합)

④ $NaCl$
염화나트륨(이온결합)

> 해 NH_4Cl(염화암모늄)은... NH_4^+(암모늄이온)과 Cl^-(염화이온)의 이온결합으로 만들어지고, NH_4^+(암모늄이온)은... 암모니아(NH_3)와 수소 이온(H^+)의 배위결합으로 이루어진다.

✏ 함께 공부

- 이온결합 : 전하를 띤 양이온과 음이온 사이의 정전기적 인력에 기반을 둔 결합
- 공유결합 : 두 원자가 전자를 내어놓고 그 전자쌍을 공유하여 이룬 결합
- 배위결합 : 비공유 전자쌍을 가지고 있는 분자 또는 이온이 전자 없이 텅 비어있는 오비탈만을 가진 원자, 분자 또는 이온 등에게 일방적으로 비공유 전자쌍을 줌으로써 이루어지는 결합
- 수소결합 : 수소(H)와 전기음성도가 강한 F(플루오린), O(산소), N(질소) 등과의 결합

16. 다음 화합물 가운데 환원성이 없는 것은?

① 젖당　　　　　② 과당　　　　　③ 설탕　　　　　④ 엿당

> 해 환원성(=환원제)은 자기 자신은 산화되고, 다른 물질을 환원시켜주는 성질로, 환원성이 있는 화합물은 알데하이드기(-CHO)라는 작용기 가지고 있는데... ① 젖당, ② 과당 및 ④ 엿당은 알데하이드기를 포함하고 있으므로 환원성이 있으나, 설탕은 알데하이드기가 없으므로 환원성이 없다.

> **암기팁!** 환원성 : 설탕은 돈으로 절대로 바꾸어(환원해) 주지마!!!

17. 원소의 주기율표에서 같은 족에 속하는 원소들의 화학적 성질에는 비슷한 점이 많다. 이것과 관련 있는 설명은?

① 같은 크기의 반지름을 가지는 이온이 된다.
② 제일 바깥의 전자 궤도에 들어 있는 전자의 수가 같다.
③ 핵의 양 하전의 크기가 같다.
④ 원자 번호를 8a + b 라는 일반식으로 나타낼 수 있다.

> 해 원자들이 화학결합(이온결합, 공유결합 등)을 통하여 화합물을 생성할 때, 원자의 가장 바깥쪽 껍질에 존재하는 최외각 전자만이 화학결합에 관여하는 반응을 하므로, 최외각 전자가 같은 족의 원자들은 화학적 성질이 비슷하다.

18. 황산구리(Ⅱ) 수용액을 전기분해할 때 63.5g의 구리를 석출시키는데 필요한 전기량은 몇 F인가? (단, Cu의 원자량은 63.5이다.)

① 0.635F   ② 1F   ③ 2F   ④ 63.5F

해 1. 1F(패러데이)

어떤 물질 1g당량을 석출하기 위해 필요한 전기량인 96,500C(쿨롱)을 의미하므로, 구리(Cu) 1g당량을 석출하기 위해서는 1F(96,500C)의 전기량이 필요하게 된다.

2. 전기량 계산

$$31.75g(구리\ 1g당량) : 1F = 63.5g : \chi F \rightarrow \chi = \frac{1F}{31.75g} \times 63.5g = 2\,[F]$$

- 구리 $1g$ 당량 $= \dfrac{원자량}{원자가} = \dfrac{63.5g}{2} = 31.75g$ [구리(Cu)의 원자가 $= +2$]

19. 프리델 – 크래프츠 반응에서 사용하는 촉매는?

① $HNO_3 + H_2SO_4$ ② SO_3 ③ Fe ④ $AlCl_3$

해 프리델 – 크래프츠 반응은… 방향족 화합물이 염화알루미늄($AlCl_3$)의 촉매하에 할로젠화 알킬(RX)과 반응함으로써, 알킬기를 포함하고 있는 방향족 화합물과 할로젠화수소(HX)를 생성하는 반응이다.

$$C_6H_6(벤젠) + CH_3Cl(염화메틸) \xrightarrow{\ AlCl_3\ } C_6H_5CH_3(톨루엔) + HCl(염화수소)$$

20. 미지농도의 염산 용액 100mL를 중화하는데 0.2N NaOH 용액 250mL가 소모되었다. 이 염산의 농도는 몇 N인가?

① 0.05   ② 0.2   ③ 0.25   ④ 0.5

해 위의 문제는 중화적정과 관련된 것으로, 다음의 식을 이용하여 구할 수 있다.

$$N_1 \times V_1 = N_2 \times V_2 \rightarrow N_1[염산(HCl)\ 용액의\ 농도] = N_2 \times \frac{V_2}{V_1} = 0.2 \times \frac{0.25}{0.10} = 0.5\,[N]$$

- N_2(노르말농도, g당량) = 수산화나트륨(NaOH) 용액의 농도 = 0.2N
- V_2(부피, L) = 수산화나트륨(NaOH) 용액의 부피 = 250mL/1,000 = 0.25L
- V_1(부피, L) = 염산(HCl) 용액의 부피 = 100mL/1,000 = 0.10L

21. 위험물의 화재발생 시 적응성이 있는 소화설비의 연결로 틀린 것은?

① 마그네슘 – 포소화기
② 황린 – 포소화기
③ 인화성고체 – 이산화탄소소화기
④ 등유 – 이산화탄소소화기

> 해 마그네슘은 가스와 반응하여 발화의 위험성이 있거나, 물과 접촉하여 가연성가스를 발생하는 위험성이 있으므로, 화재 시에 물 또는 가스와 관련된 소화설비로 소화할 수 없고... 탄산수소염류(금속화재용) 분말소화설비, 건조사(마른모래), 팽창질석, 팽창진주암 등에 의한 질식소화를 한다.

22. 다음 [보기]의 물질 중 위험물안전관리법령상 제1류 위험물에 해당하는 것의 지정수량을 모두 합산한 값은?

[보기]
퍼옥소이황산염류, 아이오딘산, 과염소산, 차아염소산염류

① 350kg
② 400kg
③ 650kg
④ 1,350kg

> 해 지정수량은 위험물의 종류별로 위험성을 고려하여 대통령령으로 정하는 수량으로, 법령상 규제하는 위험물의 최소량을 의미하는데... 보기 중 퍼옥소이황산염류와 차아염소산염류는 제1류 위험물이고, 과염소산은 제6류 위험물이며, 아이오딘산은 위험물이 아니다.
> ∴ 지정수량의 총합 = 300kg + 50kg = 350kg
> • 퍼옥소이황산염류의 지정수량 : 300kg
> • 차아염소산염류의 지정수량 : 50kg

23. 이산화탄소 소화기의 장·단점에 대한 설명으로 틀린 것은?

① 밀폐된 공간에서 사용 시 질식으로 인명피해가 발생할 수 있다.
② 전도성이어서 전류가 통하는 장소에서의 사용은 위험하다.
③ 자체의 압력으로 방출할 수가 있다.
④ 소화 후 소화약제에 의한 오손이 없다.

> 해 이산화탄소가 전기가 잘 통하는 도체이면 감전의 우려로 전기화재에 사용할 수 없지만, 이산화탄소는 전기가 잘 통하지 않는 부도체이므로 전류가 통하는 장소에서 사용이 가능하다.

24. 제3류 위험물의 소화방법에 대한 설명으로 옳지 않은 것은?

① 제3류 위험물은 모두 물에 의한 소화가 불가능하다.
② 팽창질석은 제3류 위험물에 적응성이 있다.
③ K, Na의 화재 시에는 물을 사용할 수 없다.
④ 할로겐화합물소화설비는 제3류 위험물에 적응성이 없다.

해 제3류 위험물 → 자연발화성 및 금수성 물질 [황린제외 모두 금속]
황린은 자연발화성 물질이고, 나머지는 모두 물과 급격히 반응하여 열을 발생하는 금수성 물질(금속)이며, 이에 대한 소화는...
• 황린 : 주수(물)에 의한 냉각소화를 한다.
• 금수성 물질 : 탄산수소염류(금속화재용) 분말소화설비, 건조사(마른모래), 팽창질석, 팽창진주암 등에 의한 질식소화를 한다.

25. 다음 위험물을 보관하는 창고에 화재가 발생하였을 때 물을 사용하여 소화하면 위험성이 증가하는 것은?

① 질산암모늄   ② 탄화칼슘   ③ 과염소산나트륨   ④ 셀룰로이드

해 탄화칼슘은 가스와 반응하여 발화의 위험성이 있거나, 물과 접촉하여 가연성가스를 발생하는 위험성이 있으므로... 화재 시에 물 또는 가스와 관련된 소화설비로 소화할 수 없다.

✏ **함께 공부**

① 질산암모늄(NH_4NO_3) 및 ③ 과염소산나트륨($NaClO_4$)은 물에 녹고, ④ 셀룰로이드는 물에 녹지 않는 등... 이들은 물과의 접촉이 위험하지 않으므로, 주수에 의한 냉각소화를 할 수 있다.

26. 가연물에 대한 일반적인 설명으로 옳지 않은 것은?

① 주기율표에서 0족의 원소는 가연물이 될 수 없다.
② 활성화 에너지가 작을수록 가연물이 되기 쉽다.
③ 산화 반응이 완결된 산화물은 가연물이 아니다.
④ 질소는 비활성 기체이므로 질소의 산화물은 존재하지 않는다.

해 질소(N_2)는 연소 시에 흡열반응을 하므로, 가연물이 될 수 없는 비활성 기체이지만... 산소와 반응하여 산화물 [NO(일산화질소), NO_2(이산화질소)]를 생성한다.

27. 물통 또는 수조를 이용한 소화가 공통적으로 적응성이 있는 위험물은 제 몇 류 위험물인가?

① 제2류 위험물　　　　② 제3류 위험물　　　　③ 제4류 위험물　　　　④ 제5류 위험물

해 제5류 위험물은 가연물질 내에 산소를 함유하고 있어 스스로 폭발적으로 반응하는 물질로... 물과 반응하지 않으므로, 이에 대한 소화는 대량의 물에 의한 냉각소화를 한다.

✎ 함께 공부

① 제2류 위험물 중 철분·금속분·마그네슘 및 ② 제3류 위험물 중 금수성 물질은 물과 반응하여 가연성 기체를 발생하고, ③ 제4류 위험물 중 수용성 위험물은 포수용액의 물 성분에 녹아 소포되므로... 물통 또는 수조를 이용한 소화가 적응성이 없다.

28. 분말소화약제 중 열분해 시 부착성이 있는 유리상의 메타인산이 생성되는 것은?

① Na_3PO_4　　　　② $(NH_4)_3PO_4$　　　　③ $NaHCO_3$　　　　④ $NH_4H_2PO_4$

해 제3종 분말소화약제의 주성분인 인산암모늄이 열분해 시 생성되는 메타인산은 가연물에 부착력이 우수하여 산소 차단의 역할을 한다.

$$NH_4H_2PO_4(인산암모늄) → HPO_3(메타인산) + NH_3(암모니아) + H_2O(물)$$

29. 대통령령이 정하는 제조소등의 관계인은 그 제조소등에 대하여 연 몇 회 이상 정기점검을 실시해야 하는가? (단, 특정옥외탱크저장소의 정기점검은 제외한다.)

① 1　　　　② 2　　　　③ 3　　　　④ 4

해 위험물안전관리법령에 따르면, 제조소등의 관계인은 당해 제조소등에 대하여 연 1회 이상 정기점검을 실시하고 점검결과를 기록하여 보존하여야 한다.

30. 물을 소화약제로 사용하는 가장 큰 이유는?

① 물은 가연물과 화학적으로 결합하기 때문
② 물은 분해되어 질식성 가스를 방출하므로
③ 물은 기화열이 커서 냉각 능력이 크기 때문에
④ 물은 산화성이 강하기 때문에

> 해 물은 기화잠열(증발잠열)이 539cal/g로 매우 커서 주수 시에 냉각효과가 뛰어나다.

31. 위험물안전관리법령상 전역방출방식의 분말소화설비에서 분사헤드의 방사압력은 몇 MPa 이상이어야 하는가?

① 0.1　　　　　② 0.5　　　　　③ 1　　　　　④ 3

> 해 위험물안전관리에 관한 세부기준에 따르면, 전역방출방식의 분말소화설비 분사헤드의 방사압력은 0.1MPa 이상이어야 한다.

32. 포소화설비의 가압송수장치에서 압력수조의 압력 산출 시 필요 없는 것은?

① 낙차의 환산 수두압　　　　　② 배관의 마찰손실 수두압
③ 노즐선의 마찰손실 수두압　　　④ 소방용 호스의 마찰손실 수두압

> 해 위험물안전관리에 관한 세부기준에 따르면, 압력수조를 이용한 가압송수장치의 경우 압력수조의 전압력 P는 다음 식에 의하여 구한 수치 이상으로 해야 한다.
>
> $$P = p_1 + p_2 + p_3 + p_4$$
>
> - P : 압력수조의 전압력 (MPa)
> - p_1 : 고정식포방출구의 설계압력 또는 이동식포소화설비 노즐방사압력
> - p_2 : 배관의 마찰손실수두압
> - p_3 : 낙차의 환산수두압
> - p_4 : 이동식포소화설비의 소방용 호스의 마찰손실수두압

33. 연소 및 소화에 대한 설명으로 틀린 것은?

① 공기 중의 산소 농도가 0%까지 떨어져야만 연소가 중단되는 것은 아니다.

② 질식소화, 냉각소화 등은 물리적 소화에 해당한다.

③ 연소의 연쇄반응을 차단하는 것은 화학적 소화에 해당한다.

④ 가연물질에 상관없이 온도, 압력이 동일하면 한계산소량은 일정한 값을 가진다.

> 해 한계산소량은 물질의 고유한 특성으로서 가연물질에 따라 다양한 값을 가진다.

✏ **함께 공부**

한계산소량 : 화재 발생 시 이산화탄소 소화약제와 같은 불연성 가스를 방사하여 소화하는 경우, 산소의 농도가 떨어져 더 이상 가연물에 점화원을 접촉시켜도 발화하지 않을 때의 산소의 농도

---

34. 위험물안전관리법령상 소화설비의 적응성에서 제6류 위험물에 적응성이 있는 소화설비는?

① 옥외소화전설비   ② 불활성가스 소화설비

③ 할로젠화합물소화설비   ④ 분말소화설비(탄산수소염류)

> 해 · 제6류 위험물은 산소를 함유하고 있어 산소공급원의 기능을 하는 액체로… 물과 반응하지 않으므로, 이에 대한 소화는 대량의 물에 의한 희석소화를 한다.
> · ① 옥외소화전설비는 물과 관련된 소화설비(수계 소화설비 - 냉각소화)로, 제6류 위험물에 적응성이 있지만… ② 불활성가스소화설비, ③ 할로젠화합물소화설비 및 ④ 분말소화설비(탄산수소염류) 등은 가스와 관련된 소화설비(가스계 소화설비 - 질식소화)로, 제6류 위험물에 적응성이 없다.

---

35. 메탄올에 대한 설명으로 틀린 것은?

① 무색투명한 액체이다.

② 완전 연소하면 CO_2와 H_2O가 생성된다.

③ 비중 값이 물보다 작다.

④ 산화하면 포름산을 거쳐 최종적으로 포름알데하이드가 된다.

> 해 메탄올은 인화의 위험성이 높은 기름으로, 산화하면 포름알데하이드(HCHO)를 거쳐서 최종적으로 포름산 (HCOOH)이 된다.
>
> $$CH_3OH(메탄올) \xrightarrow[-2H]{산화} HCHO(포름알데하이드) \xrightarrow[+O]{산화} HCOOH(포름산)$$

36. Halon 1301, Halon 1211, Halon 2402 중 상온, 상압에서 액체상태인 Halon 소화약제로만 나열한 것은?

① Halon 1211

② Halon 2402

③ Halon 1301, Halon 1211

④ Halon 2402, Halon 1211

> 해 상온(20℃), 상압(1기압)에서... 할론(Halon) 소화약제 중 할론 2402($C_2F_4Br_2$)의 상태는 액체이고, 할론 1301(CF_3Br) 및 할론 1211(CF_2ClBr)의 상태는 기체이다.

37. 위험물안전관리법령상 옥내소화전설비의 기준에서 옥내소화전의 개폐밸브 및 호스접속구의 바닥면으로부터 설치 높이 기준으로 옳은 것은?

① 1.2m 이하

② 1.2m 이상

③ 1.5m 이하

④ 1.5m 이상

> 해 위험물안전관리에 관한 세부기준에 따르면, 옥내소화전함 내에는 개폐밸브(물을 열고 닫는 밸브) 및 방수구(호스를 연결하는 곳)가 설치되는데... 이는 사람이 서서 조작하기 편한 높이인 바닥면으로부터 1.5m 이하의 높이에 설치한다.

38. 연소의 주된 형태가 표면 연소에 해당하는 것은?

① 석탄
분해연소

② 목탄

③ 목재
분해연소

④ 황
증발연소

> 해 고체의 연소
> - 표면연소 : 공기와 접촉하는 고체표면에서 연소가 일어나는 것 - 숯, 코크스, 목탄, 금속분
> - 분해연소 : 열분해하여 발생한 가연성기체가 공기 중에서 연소하는 것 - 석탄, 종이, 플라스틱, 고무, 목재, 섬유
> - 증발연소 : 증발에 의해 생긴 증기가 공기 중에서 연소하는 것 - 나프탈렌, 왁스, 황, 양초, 파라핀
> - 자기연소 : 물질 내부에 산소공급원을 가진 물질이 연소하는 것 - 나이트로셀룰로오스, TNT, 피크린산, 셀룰로이드

39. 이산화탄소 소화기 사용 중 소화기 방출구에서 생길 수 있는 물질은?

① 포스겐

② 일산화탄소

③ 드라이아이스

④ 수소가스

> 해 이산화탄소 소화기는 액체로 저장된 이산화탄소 방사 시, 줄-톰슨 효과(관경이 작은 관을 빠른 속도로 통과할 때 온도가 급강하는 현상)에 의해 -78℃의 드라이아이스(고체탄산)가 방출된다.

40. 마그네슘 분말의 화재 시 이산화탄소 소화약제는 소화적응성이 없다. 그 이유로 가장 적합한 것은?

① 분해반응에 의하여 산소가 발생하기 때문이다.
② 가연성의 일산화탄소 또는 탄소가 생성되기 때문이다.
③ 분해반응에 의하여 수소가 발생하고 이 수소는 공기 중의 산소와 폭명반응을 하기 때문이다.
④ 가연성의 아세틸렌가스가 발생하기 때문이다.

해 마그네슘은 불에 타는 가연성고체 물질로, 이산화탄소 반응하여 유독성 기체인 일산화탄소 또는 가연물인 탄소를 발생하므로, 화재 시 이산화탄소 소화약제를 사용할 수 없다.
- Mg(마그네슘) + CO_2(이산화탄소) → MgO(산화마그네슘) + CO(일산화탄소)
- $2Mg$(마그네슘) + CO_2(이산화탄소) → $2MgO$(산화마그네슘) + C(탄소)

3과목 | 위험물 성상 및 취급

41. 위험물안전관리법령에 의한 위험물제조소의 설치기준으로 옳지 않은 것은?

① 위험물을 취급하는 기계 · 기구 그 밖의 설비는 위험물이 새거나 넘치거나 비산하는 것을 방지할 수 있는 구조로 하여야 한다.
② 위험물을 가열하거나 냉각하는 설비 또는 위험물의 취급에 수반하여 온도변화가 생기는 설비에는 온도 측정장치를 설치하여야 한다.
③ 위험물을 취급함에 있어서 정전기가 발생할 우려가 있는 설비에는 정전기를 유효하게 제거할 수 있는 설비를 설치하여야 한다.
④ 위험물을 취급하는 동관을 지하에 설치하는 경우에는 지진 · 풍압 · 지반침하 및 온도변화에 안전한 구조의 지지물에 설치하여야 한다.

해 위험물안전관리법령에 따르면, 위험물을 취급하는 배관을 지상에 설치하는 경우에는 지진 · 풍압 · 지반침하 및 온도변화에 안전한 구조의 지지물에 설치하되 지면에 닿지 아니하도록 하고 배관의 외면에 부식방지를 위한 도장을 하여야 한다.

42. 다음 중 과망가니즈산칼륨과 혼촉하였을 때 위험성이 가장 낮은 물질은?

① 물   ② 다이에틸에터   ③ 글리세린   ④ 염산

해 과망가니즈산칼륨($KMnO_4$)은 산소를 함유하고 있어 산소공급원의 기능을 하는 고체로... 물에 잘 녹고 물과의 반응성이 작아 물과 혼촉 시에 위험성이 낮지만, 가연물(② 다이에틸에터, ③ 글리세린, ④ 염산)과 혼합·접촉 시에는 폭발의 위험이 있다.

43. 오황화인이 물과 작용해서 발생하는 기체는?

① 이황화탄소   ② 황화수소   ③ 포스겐가스   ④ 인화수소

해 오황화인은 물과 반응하여 인산과 가연성 기체인 황화수소를 발생한다.

$$P_2S_5(오황화인) + 8H_2O(물) \rightarrow 5H_2S(황화수소) + 2H_3PO_4(인산)$$

44. 연소생성물로 이산화황이 생성되지 않는 것은?

① 황린   ② 삼황화인   ③ 오황화인   ④ 황

해 황린은 연소 시에 오산화인을 생성한다.

$$P_4(황린) + 5O_2(산소) \rightarrow 2P_2O_5(오산화인)$$

✏ **함께 공부**

② P_4S_3(삼황화인) + $8O_2$(산소) → $2P_2O_5$(오산화인) + $3SO_2$(이산화황)
③ $2P_2S_5$(오황화인) + $15O_2$(산소) → $2P_2O_5$(오산화인) + $10SO_2$(이산화황)
④ S(황) + O_2(산소) → SO_2(이산화황)

45. 다음 중 제1류 위험물의 과염소산염류에 속하는 것은?

① $KClO_3$ ② $NaClO_4$ ③ $HClO_4$ ④ $NaClO_2$
    염소산칼륨   과염소산나트륨   과염소산   아염소산나트륨

해 과염소산염류는 과염소산($HClO_4$)의 H(수소)가 금속(K, Na) 또는 양이온(NH_4^+)의 염류로 치환된 물질이다.

46. 질산칼륨에 대한 설명 중 틀린 것은?

    ① 무색의 결정 또는 백색분말이다.　　② 비중이 약 0.81, 녹는점은 약 200℃이다.

    ③ 가열하면 열분해하여 산소를 방출한다.　④ 흑색화약의 원료로 사용된다.

> 해 질산칼륨(초석, KNO_3)은 산소공급원의 기능을 하는 고체로... 비중(무게의 비)은 2.1이고, 융점(녹는점)은 336℃이다.

47. 위험물안전관리법령상 위험물의 운송에 있어서 운송책임자의 감독 또는 지원을 받아 운송하여야 하는 위험물에 속하지 않는 것은?

    ① $Al(CH_3)_3$　　　② CH_3Li　　　③ $Cd(CH_3)_2$　　　④ $Al(C_4H_9)_3$

> 해 1. 위험물운송책임자의 감독·지원을 받아 운송해야 하는 위험물
> - 알킬알루미늄(①트라이메틸알루미늄, ④트라이부틸알루미늄)
> - 알킬리튬(②메틸리튬)
> - 알킬알루미늄 또는 알킬리튬을 함유하는 위험물
> 2. 다이메틸카드뮴[$Cd(CH_3)_2$]은 유기금속 화합물이므로, 운송책임자의 감독 또는 지원을 받아 운송하여야 하는 위험물에 해당하지 않는다.

48. 위험물의 취급 중 소비에 관한 기준으로 틀린 것은?

    ① 열처리 작업은 위험물이 위험한 온도에 이르지 아니하도록 하여 실시하여야 한다.
    ② 담금질 작업은 위험물이 위험한 온도에 이르지 아니하도록 하여 실시하여야 한다.
    ③ 분사도장 작업은 방화상 유효한 격벽 등으로 구획한 안전한 장소에서 하여야 한다.
    ④ 버너를 사용하는 경우에는 버너의 역화를 유지하고 위험물이 넘치지 아니하도록 하여야 한다.

> 해 위험물안전관리법령상 위험물의 취급 과정에서 버너를 사용하는 경우에는 버너의 역화(버너의 연소에 있어서 불꽃이 반대로 흘러서 버너 내부에서 연소하는 현상)를 방지하고, 위험물이 넘치지 아니하도록 하여야 한다.

49. 운반할 때 빗물의 침투를 방지하기 위하여 방수성이 있는 피복으로 덮어야 하는 위험물은?

    ① TNT　　　　　② 이황화탄소　　　③ 과염소산　　　④ 마그네슘
    제5류　　　　　　제4류　　　　　　제6류

> 해 위험물안전관리법령상 제1류 위험물 중 알칼리금속의 과산화물, 제2류 위험물 중 철분·금속분·마그네슘, 제3류 위험물 중 금수성 물질은 방수성이 있는 피복으로 덮어야 한다.

50. 질산암모늄이 가열분해하여 폭발이 되었을 때 발생되는 물질이 아닌 것은?

① 질소　　　　　　② 물　　　　　　③ 산소　　　　　　④ 수소

> 해 질산암모늄은 열분해되어 질소, 산소 및 물이 발생한다.
>
> $$2NH_4NO_3(질산암모늄) \rightarrow 2N_2(질소) + O_2(산소) + 4H_2O(물)$$

51. 제5류 위험물에 해당하지 않는 것은?

① 나이트로셀룰로오스　　　　　② 나이트로글리세린

③ 나이트로벤젠　　　　　　　　④ 질산메틸
　　제4류(제3석유류)

> 해 제5류 위험물 → 자기반응성 물질 [폭발성 물질]
> 가연물질 내에 산소를 함유하고 있어 스스로 폭발적으로 반응하는 물질이다.

52. 다음 위험물 중 인화점이 가장 높은 것은?

① 메탄올　　　　　② 휘발유　　　　　③ 아세트산메틸　　　　　④ 메틸에틸케톤
　　11℃　　　　　-43℃ ~ -20℃　　　　　-10℃　　　　　　-7℃

> 해 주요물질의 인화점

물질	인화점(℃)	물질	인화점(℃)	물질	인화점(℃)	물질	인화점(℃)
아이소펜탄	-51	벤젠	-11	에틸벤젠	15	경유	50~70
다이에틸에터	-45	아세트산메틸	-10	피리딘	20	클레오소트유	74
아세트알데하이드	-38	메틸에틸케톤	-7	클로로벤젠, 스티렌	32	아닐린	76
산화프로필렌	-37	초산에틸	-4	테레핀유, 부탄올	35	에틸렌글리콜	111
이황화탄소	-30	톨루엔	4	초산(아세트산)	40	중유	60~150
가솔린(휘발유)	-43 ~ -20	메탄올(메틸알코올)	11	개미산(의산, 포름산)	69	글리세린	160
아세톤, 트라이메틸알루미늄	-18	에탄올(에틸알코올)	13	등유	40~70	실린더유	200~250

53. 위험물안전관리법령상 옥외탱크저장소의 위치·구조 및 설비의 기준에서 간막이 둑을 설치할 경우, 그 용량의 기준으로 옳은 것은?

① 간막이 둑안에 설치된 탱크의 용량의 110% 이상일 것
② 간막이 둑안에 설치된 탱크의 용량 이상일 것
③ 간막이 둑안에 설치된 탱크의 용량의 10% 이상일 것
④ 간막이 둑안에 설치된 탱크의 간막이 둑 높이 이상 부분의 용량 이상일 것

해 위험물안전관리법령에 따르면, 간막이 둑의 용량은 간막이 둑 안에 설치된 탱크의 용량의 10% 이상으로 한다.

암기팁! 간막이 둑의 용량 : 노가다 십(10)장이 옥외탱크저장소 주위에 간막이 둑 공사를 지휘하고 있다.

54. 제조소의 옥외에 모두 3개의 휘발유 취급탱크를 설치하고 그 주위에 방유제를 설치하고자 한다. 방유제 안에 설치하는 각 취급탱크의 용량이 5만L, 3만L, 2만L 일 때 필요한 방유제의 용량은 몇 L 이상인가?

① 66,000   ② 60,000   ③ 33,000   ④ 30,000

해 1. 위험물제조소의 옥외에 있는 위험물취급탱크 방유제의 용량
 • 하나의 취급탱크 주위에 설치하는 경우 : 당해 탱크용량의 50% 이상
 • 2 이상의 취급탱크 주위에 하나의 방유제를 설치하는 경우 : 당해 탱크 중 용량이 최대인 것의 50%에 나머지 탱크용량 합계의 10%를 가산한 양 이상

2. 방유제의 용량 계산
 문제의 방유제 안에는 탱크가 2기 이상이 설치되어 있으므로...

 방유제의 용량 = 당해 탱크 중 용량이 최대인 것 × 50% + 나머지 탱크용량의 합계 × 10% 이상
 = (50,000L × 50%) + [(30,000L + 20,000L) × 10%] = 30,000L 이상

55. 위험물안전관리법령에서는 위험물을 제조 외의 목적으로 취급하기 위한 장소와 그에 따른 취급소의 구분을 4가지로 정하고 있다. 다음 중 법령에서 정한 취급소의 구분에 해당되지 않는 것은?

① 주유취급소   ② 특수취급소   ③ 일반취급소   ④ 이송취급소

해 위험물안전관리법령에 따르면, 취급소는 지정수량 이상의 위험물을 제조외의 목적으로 취급하기 위한 대통령령이 정하는 장소로서 법의 규정에 따른 허가를 받은 장소를 말하는데... 종류에는 이송취급소, 주유취급소, 일반취급소, 판매취급소가 있다.

암기팁! 위험물 취급소 : 이주일 판매

56. 나이트로소화합물의 성질에 관한 설명으로 옳은 것은?

① -NO 기를 가진 화합물이다.
② 나이트로기를 3개 이하로 가진 화합물이다.
③ -NO₂ 기를 가진 화합물이다.
④ -N = N- 기를 가진 화합물이다.

> 헤 나이트로소화합물은 가연물질 내에 산소를 함유하고 있어 스스로 폭발적으로 반응하는 물질로, -NO(나이트로소기)라는 작용기를 포함하고 있다.

57. 위험물안전관리법령에 따른 위험물제조소의 안전거리 기준으로 틀린 것은?

① 주택으로부터 10m 이상
② 학교로부터 30m 이상
③ 유형문화재와 기념물 중 지정문화재로부터는 30m 이상
④ 병원으로부터 30m 이상

> 헤 위험물안전관리법령에 따르면, 위험물제조소와 지정문화유산, 천연기념물 등과의 안전거리는 50m 이상이다.

58. 다음 중 아이오딘값이 가장 작은 것은?

① 아미인유   ② 들기름   ③ 정어리기름   ④ 야자유
  130 이상   130 이상   130 이상   100 미만

> 헤 동식물유류

구분	아이오딘값	종류
건성유	130 이상	아마인유, 들기름, 동유, 해바라기유, 대구유, 정어리유, 상어유 등
반건성유	100 이상 130 미만	참기름, 옥수수기름, 쌀겨기름, 콩기름(대두유), 청어기름, 채종유, 면실유(목화씨기름) 등
불건성유	100 미만	고래기름, 소기름, 돼지기름, 올리브유, 피마자유, 야자유, 땅콩기름(낙화생유), 팜유 등

59. 다음 제4류 위험물 중 연소범위가 가장 넓은 것은?

① 아세트알데하이드
  4.1 ~ 57.0 = 52.9

② 산화프로필렌
  2.5 ~ 38.5 = 36.0

③ 휘발유
  1.4 ~ 7.6 = 6.2

④ 아세톤
  2.0 ~ 13.0 = 11.0

해 연소범위(=연소한계, 폭발범위, 폭발한계)

물질	하한값 (vol%)	상한값 (vol%)	연소범위 넓이
아세트알데하이드	4.1	57.0	52.9
산화프로필렌	2.5	38.5	36.0
아세톤	2.0	13.0	11.0
휘발유(가솔린)	1.4	7.6	6.2

60. 위험물안전관리법령상 과산화수소가 제6류 위험물에 해당하는 농도 기준으로 옳은 것은?

① 36wt% 이상
② 36vol% 이상
③ 1.49wt% 이상
④ 1.49vol% 이상

해 위험물안전관리법령에 따르면, 과산화수소(H_2O_2)는 그 농도가 36중량% 이상인 것에 한하여 위험물로 간주한다.

2024년 제2회 CBT 복원문제

1과목 | 물질의 물리·화학적 성질

01. 다음 중 완충용액에 해당하는 것은?

① CH_3COONa와 CH_3COOH
② NH_4Cl와 HCl
③ CH_3COONa와 $NaOH$
④ $HCOONa$와 Na_2SO_4

> 해 CH_3COONa(아세트산나트륨)(약산의 염)과 CH_3COOH(아세트산)(약산)은 완충용액이다.

✎ **함께 공부**

완충용액(acid-base buffer) : 산이나 염기를 가했을 때 pH의 변화에 영향을 주지 않고 완화시켜주는 용액으로, 약산과 약산의 염 또는 약염기와 약염기의 염으로 구성된다.

02. pH에 대한 설명으로 옳은 것은?

① 건강한 사람의 혈액의 pH는 5.7이다.
② pH 값은 산성용액에서 알칼리성용액보다 크다.
③ pH가 7인 용액에 지시약 메틸오렌지를 넣으면 노란색을 띤다.
④ 알칼리성용액은 pH가 7보다 작다.

> 해 지시약인 메틸오렌지를 pH=7(중성) 및 pH>7(알칼리성)인 용액에 넣으면 노란색(황색)을 띠고, pH<7(산성)인 용액에 넣으면 빨강색(적색)을 띤다.

✎ **함께 공부**

① 건강한 사람의 혈액은 pH=7.35~7.45이다.
② pH 값은 산성용액에서 알칼리성용액보다 작다.[산성(pH<7) < 중성(pH=7) < 알칼리성(pH>7)]
④ 알칼리성용액은 pH가 7보다 크다.

03. 20℃에서 4L를 차지하는 기체가 있다. 동일한 압력 40℃에서는 몇 L를 차지하는가?

① 0.23   ② 1.23   ③ 4.27   ④ 5.27

해 압력이 일정할 때 기체의 부피는 절대온도에 비례한다.(샤를의 법칙) 따라서, 부피(V)와 절대온도(T)의 비는 항상
일정하므로 다음과 같은 식이 성립한다.

$$\frac{V_1(\text{부피, L})}{T_1(\text{절대온도, K})} = \frac{V_2(\text{부피, L})}{T_2(\text{절대온도, K})} \rightarrow V_2 = \frac{T_2}{T_1} \times V_1 = \frac{313}{293} \times 4 = 4.27\,[L]$$

- 절대온도(T_1) 중 켈빈온도(K) = 20℃ + 273 = 293K
- 절대온도(T_2) 중 켈빈온도(K) = 40℃ + 273 = 313K
- 부피(V_1) = 4L

04. 다음 물질 중 벤젠 고리를 함유하고 있는 것은?

① 아세틸렌   ② 아세톤   ③ 메탄   ④ 아닐린

해 방향족 화합물은 벤젠고리를 가지고 있는 화합물을 말하며, 지방족 화합물은 사슬모양으로 이어져있는 화합물을
의미한다.

④ 아닐린($C_6H_5NH_2$)

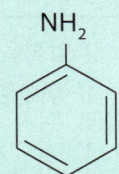

✏ **함께 공부**

① 아세틸렌(C_2H_2)   ② 아세톤(CH_3COCH_3)   ③ 메탄(CH_4)

H－C ≡ C－H

$$\underset{\underset{H}{|}}{\overset{\overset{H}{|}}{H-C}}-\underset{}{\overset{\overset{O}{\|}}{C}}-\underset{\underset{H}{|}}{\overset{\overset{H}{|}}{C-H}}$$

$$\underset{\underset{H}{|}}{\overset{\overset{H}{|}}{H-C-H}}$$

05. 에틸렌(C_2H_4)을 원료로 하지 않은 것은?

① 아세트산 ② 염화비닐 ③ 에탄올 ④ 메탄올

📘 메탄올은 탄소 원자를 1개만 가지고 있어서 2개의 탄소 원자를 가진 에틸렌을 원료로 만들 수 없고, 탄소 원자가 1개인 메탄을 원료로 만들어진다.

$$CH_4(\text{메탄}) + H_2O(\text{물}) \rightarrow CH_3OH(\text{메탄올}) + H_2(\text{수소})$$

✏️ **함께 공부**

① C_2H_4(에틸렌) + O_2(산소) → CH_3COOH(아세트산)
② C_2H_4(에틸렌) + Cl_2(염소) → CH_2CHCl(염화비닐) + HCl(염화수소)
③ C_2H_4(에틸렌) + H_2O(물) → C_2H_5OH(에탄올)

06. $CH_3COOH \rightarrow CH_3COO^- + H^+$의 반응식에서 전리평형상수 K는 다음과 같다. K 값을 변화시키기 위한 조건으로 옳은 것은?

$$K = \frac{[CH_3COO^-][H^+]}{[CH_3COOH]}$$

① 온도를 변화시킨다. ② 압력을 변화시킨다.
③ 농도를 변화시킨다. ④ 촉매 양을 변화시킨다.

📘 전리평형상수는 전해질 용액에서 화학반응이 평형에 도달할 때, 전리되는 이온과 전리되지 않은 화합물 사이의 "농도 비율"로, 이러한 전리평형상수는... 농도, 압력, 촉매 등의 변화에는 영향을 받지 않고, 온도의 변화에 의해서만 영향을 받는다.

암기팁! 전리평형상수 → 난 절(전리)만하면 마음이 평(평형)온(온도)하게 변화돼.

07. 다음 물질 중 C_2H_2와 첨가반응이 일어나지 않는 것은?

① 염소 ② 수은 ③ 브로민 ④ 아이오딘

📘 첨가반응의 대표적인 예로는 할로젠원소[F_2(플루오린), Cl_2(염소), Br_2(브로민), I_2(아이오딘)]와의 반응, 물(H_2O)과의 반응 등이 있다.

08. n그램(g)의 금속을 묽은 염산에 완전히 녹였더니 m몰의 수소가 발생하였다. 이 금속의 원자가를 2가로 하면 이 금속의 원자량은?

① $\dfrac{n}{m}$ ② $\dfrac{2n}{m}$ ③ $\dfrac{n}{2m}$ ④ $\dfrac{2m}{n}$

해
$$원자량(g/mol]) = \frac{질량(g)}{몰(수)(mol)} = \frac{n그램(g)}{m몰(mol)} = \frac{n}{m}(g/mol)$$

09. 황의 산화수가 나머지 셋과 다른 하나는?

① $Ag_2\underline{S}$ ② $H_2\underline{S}O_4$ ③ $\underline{S}O_4{}^{2-}$ ④ $Fe_2(\underline{S}O_4)_3$

해 산화수는 분자 또는 이온 내에 있는 원자가 얻거나 잃는 전자의 수를 의미하며, Ag_2S(황화은)에서 S의 산화수는 −2이다. : $(+1)×2 + S = 0 → S = -2$

📝 **함께 공부**

② H_2SO_4(황산) : $(+1)×2 + S + (-2)×4 = 0 → S = +6$
③ $SO_4{}^{2-}$ (황산 이온) : $S + (-2)×4 = -2 → S = +6$
④ $Fe_2(SO_4)_3$(황산철) : $(+3)×2 + [S + (-2)×4] × 3 = 0 → S = +6$

10. 결합력이 큰 것부터 작은 순서로 나열한 것은?

① 공유결합 > 수소결합 > 반데르발스결합
② 수소결합 > 공유결합 > 반데르발스결합
③ 반데르발스결합 > 수소결합 > 공유결합
④ 수소결합 > 반데르발스결합 > 공유결합

해 위의 세 가지 결합력의 세기는 공유결합 > 수소결합 > 반데르발스결합 순이다.

암기팁! 결합력의 세기(공유결합 > 수소결합 > 반데르발스결합) : 영화배우 공유가 수발들고 있다.

📝 **함께 공부**

• 공유결합 : 두 원자가 전자를 내어놓고 그 전자쌍을 공유하여 이룬 결합
• 수소결합 : 수소(H)와 전기음성도가 강한 F(플루오린), O(산소), N(질소) 등과의 결합
• 반데르발스결합 : 비극성분자 사이에서 발생하는 정전기적 인력에 기반을 둔 결합

11. 다음 물질의 수용액을 같은 전기량으로 전기분해해서 금속을 석출한다고 가정할 때 석출되는 금속의 질량이 가장 많은 것은? (단, 괄호 안의 값은 석출되는 금속의 원자량이다)

① $CuSO_4(Cu=64)$

② $NiSO_4(Ni=59)$

③ $AgNO_3(Ag=108)$

④ $Pb(NO_3)_2(Pb=207)$

> **해** 석출되는 물질의 질량은 전극에 흐르는 전기의 양에 비례하고, 흐르는 전기의 양이 같으면 물질의 g당량에 비례한다.
>
> $AgNO_3$(질산은) : 은 1g 당량 $= \dfrac{원자량}{원자가} = \dfrac{108g}{1} = 108[g]$ [Ag(은)의 원자가 $= +1$]

✏️ **함께 공부**

① $CuSO_4$(황산구리) : 구리 1g 당량 $= \dfrac{원자량}{원자가} = \dfrac{64g}{2} = 32[g]$ [Cu(구리)의 원자가 $= +2$]

② $NiSO_4$(황산니켈) : 니켈 1g 당량 $= \dfrac{원자량}{원자가} = \dfrac{59g}{2} = 29.5[g]$ [Ni(니켈)의 원자가 $= +2$]

④ $Pb(NO_3)_2$(질산납) : 납 1g 당량 $= \dfrac{원자량}{원자가} = \dfrac{207g}{2} = 103.5[g]$ [Pb(납)의 원자가 $= +2$]

---

12. 다음 중 CH_3COOH와 C_2H_5OH의 혼합물에 소량의 진한 황산을 가하여 가열하였을 때 주로 생성되는 물질은?

① 아세트산에틸

② 메탄산에틸

③ 글리세롤

④ 다이에틸에터

> **해** 아세트산과 에틸알코올의 혼합물에 진한 황산을 넣고 가열하면 아세트산에틸과 물이 생성된다.
>
> CH_3COOH(아세트산) $+ C_2H_5OH$(에틸알코올) $\xrightarrow{c-H_2SO_4} CH_3COOC_2H_5$(아세트산에틸) $+ H_2O$(물)

---

13. 기체상태의 염화수소는 어떤 화학결합으로 이루어진 화합물인가?

① 극성 공유결합

② 이온 결합

③ 비극성 공유결합

④ 배위 공유결합

> **해** 염화수소는 염소 원자와 수소 원자가 전자를 내어놓고 그 전자쌍을 공유하는 공유결합으로 이루어져 있는데... 염소의 전기음성도가 수소의 전기음성도보다 커서 염소는 부분적으로 (-)전하를 띄고, 수소는 부분적으로 (+)전하를 띠게 된다. 즉, 염화수소는 극성을 가지게 된다.

14. 다음 중 비극성 분자는 어느 것인가?

① HF   ② H_2O ③ NH_3 ④ CH_4

> 해 비극성 분자는 어느 한 쪽으로 기울어지지 않고 대칭성인(균형을 이루는) 분자를 말하고, 극성 분자는 어느 한 쪽
> 으로 기울어진 비대칭성인(균형을 이루지 않는) 분자를 의미하는데... CH_4(메탄)은 정사면체 구조로 대칭성인 비
> 극성 분자이다.

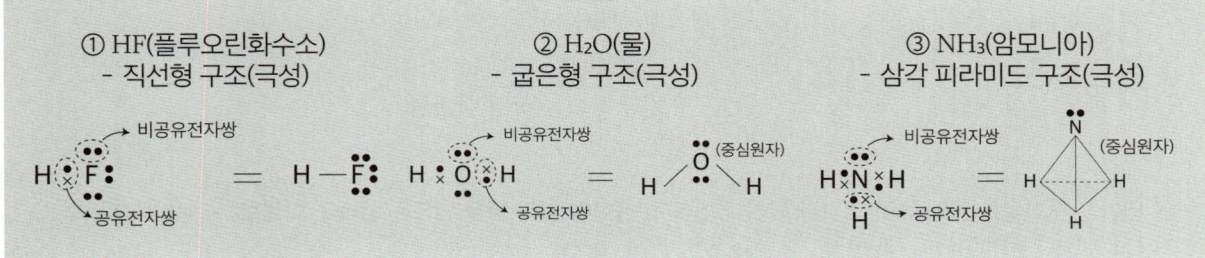

✏️ **함께 공부**

① HF(플루오린화수소)   ② H_2O(물)   ③ NH_3(암모니아)
   - 직선형 구조(극성)   - 굽은형 구조(극성)   - 삼각 피라미드 구조(극성)

---

15. 메틸알코올과 에틸알코올이 각각 다른 시험관에 들어있다. 이 두 가지를 구별할 수 있는 실험 방법은?

① 금속 나트륨을 넣어본다.
② 환원시켜 생성물을 비교하여 본다.
③ KOH와 I_2의 혼합 용액을 넣고 가열하여 본다.
④ 산화시켜 나온 물질에 은거울 반응시켜 본다.

> 해 메틸알코올과 에틸알코올은 둘 다 무색투명한 액체로 육안으로 구별이 어렵지만, 각각의 시험관에 KOH(수산화
> 칼륨)와 I_2(아이오딘)의 혼합 용액을 넣고 가열하면... 메틸알코올이 들어있는 시험관은 아무런 변화가 없고, 에틸알
> 코올이 들어있는 시험관은 노란색의 침전물이 발생하여 이 두 가지를 구별한다.

16. 다음 물질 중 비점이 약 197℃인 무색 액체이고, 약간 단맛이 있으며 부동액의 원료로 사용하는 것은?

① CH_3CHCl_2 ② CH_3COCH_3 ③ $(CH_3)_2CO$ ④ $C_2H_4(OH)_2$

> 해 에틸렌글리콜[$C_2H_4(OH)_2$]은 인화의 위험성이 높은 기름으로... 비점(끓는점)이 약 197℃이고, 무색의 단맛이 나는 액체이며, 부동액의 원료로 사용한다.

17. 모두 염기성 산화물로만 나타낸 것은?

① CaO, Na_2O

② K_2O, SO_2
염기성 산화물 산성 산화물

③ CO_2, SO_3
산성 산화물 산성 산화물

④ Al_2O_3, P_2O_5
양쪽성 산화물 산성 산화물

> 해 염기성 산화물은 물에 녹아 염기가 되거나, 산과 반응하여 염과 물을 만드는 금속 산화물로... CaO, Na_2O, MgO, CuO, BaO 등이 여기에 해당한다.

18. 구리를 석출하기 위해 $CuSO_4$ 용액에 0.5F의 전기량을 흘렸을 때 약 몇 g의 구리가 석출되겠는가?
(단, 원자량은 Cu 64, S 32, O 16이다.)

① 16   ② 32   ③ 64   ④ 128

> 해 1. 1F(패러데이)
>   어떤 물질 1g당량을 석출하기 위해 필요한 전기량인 96,500C(쿨롱)을 의미하므로, 0.5F(패러데이)는 구리 0.5g 당량을 석출하기 위해 필요한 전기량이다.
> 2. 석출되는 구리(Cu)의 양
>
> $$32g(구리\ 1g당량) : 1F = \chi g : 0.5F \rightarrow \chi = \frac{32g}{1F} \times 0.5F = 16\,[g]$$
>
> • 구리 1g 당량 $= \dfrac{원자량}{원자가} = \dfrac{64g}{2} = 32g$ [구리(Cu)의 원자가 $= +2$]

19. 다음 반응식은 산화 – 환원 반응이다. 산화된 원자와 환원된 원자를 순서대로 옳게 표현한 것은?

$3Cu + 8HNO_3 \rightarrow 3Cu(NO_3)_2 + 2NO + 4H_2O$

① Cu, N　　　　　② N, H　　　　　③ O, Cu　　　　　④ N, Cu

해 1. 산화(산화수 증가)된 원자 : Cu(산화수 = 0) → Cu(NO₃)₂(산화수 = +2)
- Cu(구리) : "산화수 = 0"
- Cu(NO₃)₂(질산구리) : Cu + (-1×2) = 0 → Cu = +2
2. 환원(산화수 감소)된 원자 : HNO₃(산화수 = +5) → NO(산화수 = +2)
- HNO₃(질산) : (+1) + N + (-2)×3 = 0 → N = +5
- NO(일산화질소) : N + (-2) = 0 → N = +2

20. 어떤 용액의 pH를 측정하였더니 4이었다. 이 용액을 1,000배 희석시킨 용액의 pH를 옳게 나타낸 것은?

① pH = 3　　　　　② pH = 4　　　　　③ pH = 5　　　　　④ 6 < pH < 7

해

$$pH = \log\frac{1}{[H^+](수소이온\ 몰농도)} = -\log[H^+] \rightarrow [H^+] = 10^{-pH}$$

어떤 용액의 pH가 4이므로, 용액의 농도인 $[H^+] = 10^{-pH} = 10^{-4}$ 가 되며... 이 용액을 1,000배 희석시킨 용액의 $[H^+]$ 와 pH를 구해보면 아래와 같다.

$$[H^+] = 10^{-4} \times \frac{1}{1,000} = 10^{-4} \times 10^{-3} = 10^{-7} \rightarrow pH = -\log[H^+] = -\log 10^{-7} = 7$$

(pH=7은 중성이지만, 실제로는 pH=4인 산성용액을 희석시킨 것이므로... 6 < pH < 7로 나타난다.)

21. 벤젠과 톨루엔의 공통점이 아닌 것은?

① 물에 녹지 않는다.　　　　　　② 냄새가 없다.

③ 휘발성 액체이다.　　　　　　④ 증기는 공기보다 무겁다.

해 벤젠(C_6H_6)과 톨루엔($C_6H_5CH_3$)은 인화의 위험성이 높은 기름으로... 물에 녹지 않고, 독특한 향기를 가진다.

22. 위험물안전관리법령상 전역방출방식 또는 국소방출방식의 불활성가스소화설비 저장용기의 설치기준으로 틀린 것은?

① 온도가 40℃ 이하이고 온도 변화가 적은 장소에 설치할 것

② 저장용기의 외면에 소화약제의 종류와 양, 제조연도 및 제조자를 표시할 것

③ 직사일광 및 빗물이 침투할 우려가 적은 장소에 설치할 것

④ 방호구역 내의 장소에 설치할 것

해 이산화탄소 소화설비의 기준에 따르면, 이산화탄소 소화설비의 저장용기는 방호구역(화재가 발생된 구역) 외의 장소에 설치하여야 한다.

23. 제1석유류를 저장하는 옥외탱크저장소에 특형 포방출구를 설치하는 경우, 방출률은 액표면적 1㎡당 1분에 몇 리터 이상이어야 하는가?

① 9.5L　　　　　② 8.0L　　　　　③ 6.5L　　　　　④ 3.7L

해 위험물안전관리에 관한 세부기준에 따르면, 특형 포방출구의 방출률은 8(L/㎡ · min)이다.

암기팁! 제1석유류 특형 포방출구 방출률 : 특(특형) 파(팔, 8) 원(1석유류) ~~~

24. 포소화약제와 분말소화약제의 공통적인 주요 소화효과는?

① 질식효과　　　　② 부촉매효과　　　　③ 제거효과　　　　④ 억제효과
　　　　　　　　　분말소화약제　　　　둘 다 해당×　　　　분말소화약제

해 포소화약제는 거품으로, 분말소화약제는 분말로, 가연물을 덮어서 소화하는 약제이므로... 질식효과가 주된 소화효과이다.

25. 위험물안전관리법령상 위험물저장소 건축물의 외벽이 내화구조인 것은 연면적 얼마를 1소요단위로 하는가?

① 50㎡　　　　② 75㎡　　　　③ 100㎡　　　　④ 150㎡

해 제조소등 건축물의 소요단위 산정

구분	외벽이 내화구조	외벽이 내화구조가 아닌 것
제조소	연면적 100㎡를 1소요단위	연면적 50㎡를 1소요단위
취급소		
저장소	연면적 150㎡를 1소요단위	연면적 75㎡를 1소요단위

26. 제1종 분말소화약제가 1차 열분해 되어 표준상태를 기준으로 2㎥의 탄산가스가 생성되었다. 몇 kg의 탄산수소나트륨이 사용되었는가? (단, 나트륨의 원자량은 23이다.)

① 15　　　　② 18.75　　　　③ 56.25　　　　④ 75

해 1. 문제의 이해

　제1종 분말소화약제의 주성분인 탄산수소나트륨이 열분해 되면 탄산가스가 생성되는데, 그 탄산수소나트륨이 얼마의 질량으로 사용되는지 구하는 문제로... 이는 화학반응식에서 질량보존의 법칙과 아보가드로의 법칙을 적용한 후 비례식을 통해 구할 수 있다.

2. 화학반응식

$$2NaHCO_3(탄산수소나트륨) \rightarrow Na_2CO_3(탄산나트륨) + CO_2(탄산가스=이산화탄소) + H_2O(물)$$

$$2 \times 84kg \qquad : \qquad 22.4㎥$$
$$\chi\,kg \qquad : \qquad 2㎥$$

$$\chi\,kg = \frac{2 \times 84kg}{22.4㎥} \times 2㎥ = 15kg$$

27. 칼륨, 나트륨, 탄화칼슘의 공통점으로 옳은 것은?

① 연소 생성물이 동일하다.   ② 화재 시 대량의 물로 소화한다.
③ 물과 반응하면 가연성 가스를 발생한다.   ④ 위험물안전관리법령에서 정한 지정수량이 같다.

해 칼륨, 나트륨 및 탄화칼슘은 물과 반응하여 가연성 가스인 수소 또는 아세틸렌을 발생한다.

✎ **함께 공부**

① 연소 생성물이 동일하지 않다.[칼륨 : K_2O(산화칼륨), 나트륨 : Na_2O(산화나트륨), 탄화칼슘 : CaO(산화칼슘), CO_2(이산화탄소)]
② 화재 시에 탄산수소염류 분말소화설비, 마른모래, 팽창질석, 팽창진주암 등에 의한 질식소화를 한다.
④ 위험물안전관리법령상 칼륨과 나트륨의 지정수량은 10kg이고, 탄화칼슘의 지정수량은 300kg이므로... 지정수량이 다르다.

28. 다음 A ~ D 중 분말소화약제로만 나타낸 것은?

| A. 탄산수소나트륨 | B. 탄산수소칼륨 |
| C. 황산구리 | D. 제1인산암모늄 |

① A, B, C, D   ② A, D   ③ A, B, C   ④ A, B, D

해 분말 소화약제의 종류 및 성상

종별	주성분	색상	적응화재
제1종	탄산수소나트륨 ($NaHCO_3$)	백색	B, C
제2종	탄산수소칼륨 ($KHCO_3$)	담자색(보라색)	B, C
제3종	인산암모늄 ($NH_4H_2PO_4$)	담홍색(분홍색)	A, B, C
제4종	탄산수소칼륨+요소 [$KHCO_3 + (NH_2)_2CO$]	회색	B, C

29. 연소의 3요소 중 하나에 해당하는 역할이 나머지 셋과 다른 위험물은?

① 과산화수소 　　　 ② 과산화나트륨 　　　 ③ 질산칼륨 　　　 ④ 황린

해 가연물(=환원제=환원성물질)은 산소와 반응하여 연소를 일으키게 하는 물질인데, 황린은 자연발화성 물질로 가연물이다.

✏ **함께 공부**

① 과산화수소, ② 과산화나트륨 및 ③질산칼륨은 산소를 함유하고 있어 산소공급원의 기능을 한다.

30. 공기포 발포배율을 측정하기 위해 중량 340g, 용량 1,800mL의 포 수집 용기에 가득히 포를 채취하여 측정한 용기의 무게가 540g이었다면 발포배율은? (단, 포 수용액의 비중은 1로 가정한다.)

① 3배 　　　 ② 5배 　　　 ③ 7배 　　　 ④ 9배

해 발포배율(팽창비)(전체 포수용액 중에서 얼마나 포가 팽창되는가의 비율)은 아래의 공식에 의해 구할 수 있으며, 값을 대입하면...

$$발포배율(팽창비) = \frac{발포\ 후\ 포의\ 부피(mL)}{발포\ 전\ 포수용액의\ 부피(mL)} = \frac{1,800}{200} = 9$$

- 발포 전 포수용액의 부피$(mL) = \dfrac{질량(g)}{비중(g/mL)} = \dfrac{(540-340)g}{1\,g/mL} = 200mL$ 　$[\,비중(g/mL) = \dfrac{질량(g)}{부피(mL)}\,]$
- 발포 후 포의 부피(mL) = 1,800mL

31. 청정소화약제 중 IG-541의 구성 성분을 옳게 나타낸 것은?

① 헬륨, 네온, 아르곤 　　　 ② 질소, 아르곤, 이산화탄소
③ 질소, 이산화탄소, 헬륨 　　　 ④ 헬륨, 네온, 이산화탄소

해 "IG-541"은 할로젠화합물 및 불활성기체 소화설비에서 사용하는 불연성·불활성기체혼합가스 소화약제로, 그 성분비는 N_2(질소):52%, Ar(아르곤):40%, CO_2(이산화탄소):8% 이다.

32. 제6류 위험물인 질산에 대한 설명으로 틀린 것은?

① 강산이다.
② 물과 접촉 시 발열한다.
③ 불연성 물질이다.
④ 열분해 시 수소를 발생한다.

> 해 질산은 산소를 함유하고 있어 산소공급원의 역할을 하는 액체로... 열분해 시 수증기, 이산화질소 및 산소를 발생한다.
>
> $$4HNO_3(질산) \rightarrow 2H_2O(수증기) + 4NO_2(이산화질소) + O_2(산소)$$

33. 다음 소화설비 중 능력단위가 1.0인 것은?

① 삽 1개를 포함한 마른모래 50L
② 삽 1개를 포함한 마른모래 150L
③ 삽 1개를 포함한 팽창질석 100L
④ 삽 1개를 포함한 팽창질석 160L

> 해 소화설비의 능력단위

소화설비	용량	능력단위
마른 모래(삽 1개 포함)	50L	0.5
팽창질석 또는 팽창진주암(삽 1개 포함)	160L	1.0

34. 이산화탄소소화설비의 소화약제 방출방식 중 전역방출방식 소화설비에 대한 설명으로 옳은 것은?

① 발화위험 및 연소위험이 적고 광대한 실내에서 특정장치나 기계만을 방호하는 방식
   국소방출방식

② 일정 방호구역 전체에 방출하는 경우 해당 부분의 구획을 밀폐하여 불연성가스를 방출하는 방식

③ 일반적으로 개방되어 있는 대상물에 대하여 설치하는 방식
   밀폐   방호구역

④ 사람이 용이하게 소화활동을 할 수 있는 장소에서는 호스를 연장하여 소화활동을 행하는 방식
   호스틸 방식

> 해 전역방출방식은 밀폐되어 있는 방호구역(소화범위에 따라 나누어진 소화가 필요한 구역) 전체에 약제를 방출하는 방식이다.

35. 위험물안전관리법령상 제2류 위험물인 철분에 적응성이 있는 소화설비는?

① 포소화설비
② 탄산수소염류 분말소화설비
③ 할로젠화합물소화설비
④ 스프링클러설비

> 해 철분은 가스와 반응하여 발화의 위험성이 있거나, 물과 접촉하여 가연성가스를 발생하는 위험성이 있으므로, 화재 시에 물 또는 가스와 관련된 소화설비로 소화할 수 없고... 탄산수소염류(금속화재용) 분말소화설비, 건조사(마른 모래), 팽창질석, 팽창진주암 등에 의한 질식소화를 한다.

36. 주유취급소에 캐노피를 설치하고자 한다. 위험물안전관리법령에 따른 캐노피의 설치 기준이 아닌 것은?

① 캐노피의 면적은 주유취급소 공지면적의 1/2 이하로 할 것
② 배관이 캐노피 내부를 통과할 경우에는 1개 이상의 점검구를 설치할 것
③ 캐노피 외부의 배관이 일광열의 영향을 받을 우려가 있는 경우에는 단열재로 피복할 것
④ 캐노피 외부의 점검이 곤란한 장소에 배관을 설치하는 경우에는 용접이음으로 할 것

> 해 위험물안전관리법령에 따르면, 캐노피(주유취급소의 옥외에서 자동차 등에 위험물을 주입할 때 비나 눈 등을 피하기 위한 시설)의 설치 기준에는 면적에 관한 기준이 없다.

37. 하론 2402를 소화약제로 사용하는 이동식 할로젠화합물소화설비는 20℃의 온도에서 하나의 노즐마다 분당 방사되는 소화약제의 양(㎏)을 얼마 이상으로 하여야 하는가?

① 5
② 35
③ 45
④ 50

> 해 하론 2402를 소화약제로 사용하는 이동식 할로젠화합물소화설비는 20℃의 온도에서 하나의 노즐마다 1분당 방사되는 양은 45kg 이상으로 하여야 한다.

38. 위험물안전관리법령상 전기설비에 적응성이 없는 소화설비는?

① 포소화설비 ② 불활성가스소화설비
③ 물분무소화설비 ④ 할로젠화합물소화설비

해 • 전기설비의 화재에는 감전의 우려가 있어 주수(물)에 의한 냉각소화를 금지하고... 불활성가스소화설비, 물분무소화설비, 할로젠화합물소화설비 등에 의한 질식소화를 한다.
• ① 포소화설비는 물과 관련된 소화설비(수계 소화설비 - 냉각소화)이므로, 전기설비에는 적응성이 없지만... ② 불활성가스소화설비, ③ 물분무소화설비 및 ④ 할로젠화합물소화설비 등은 가스와 관련된 소화설비(가스계 소화설비 - 질식소화)이므로, 전기설비에 적응성이 있다.

39. 인화성액체 위험물을 저장 또는 취급하는 옥외탱크저장소의 방유제 내에 용량 10만L 와 5만L인 옥외저장탱크 2기를 설치하는 경우에 확보하여야 하는 방유제의 용량은?

① 50,000L 이상 ② 80,000L 이상 ③ 100,000L 이상 ④ 110,000L 이상

해 1. 방유제의 용량
위험물안전관리법령상 인화성 액체위험물(이황화탄소를 제외)의 옥외탱크저장소의 탱크 주위에는 방유제를 설치하여야 하는데, 방유제의 용량은 아래와 같다.(인화성이 없는 액체위험물의 경우는 100% 이상)
• 방유제 안에 설치된 탱크가 1기인 때 : 그 탱크 용량의 110% 이상
• 방유제 안에 설치된 탱크가 2기 이상인 때 : 그 탱크 중 용량이 최대인 것의 용량의 110% 이상
2. 방유제의 용량 계산
문제의 방유제 안에는 탱크가 2기 설치되어 있으므로...
방유제의 용량 = 탱크 중 용량이 최대인 것의 용량 × 110% 이상 = 100,000L × 110% 이상 = 110,000L 이상

40. 가연물에 대한 일반적인 설명으로 옳지 않은 것은?

① 주기율표에서 0족의 원소는 가연물이 될 수 없다.
② 활성화 에너지가 작을수록 가연물이 되기 쉽다.
③ 산화 반응이 완결된 산화물은 가연물이 아니다.
④ 질소는 비활성 기체이므로 질소의 산화물은 존재하지 않는다.

해 질소(N_2)는 연소 시에 흡열반응을 하므로, 가연물이 될 수 없는 비활성 기체이지만... 산소와 반응하여 산화물 [NO(일산화질소), NO_2(이산화질소)]를 생성한다.

41. 과산화나트륨의 위험성에 대한 설명으로 틀린 것은?

① 가열하면 분해하여 산소를 방출한다.
② 부식성 물질이므로 취급 시 주의해야 한다.
③ 물과 접촉하면 가연성 수소 가스를 방출한다.
④ 이산화탄소와 반응을 일으킨다.

해 과산화나트륨은 물과 반응하여 수산화나트륨과 조연성 기체인 산소를 발생한다.

$$2Na_2O_2(과산화나트륨) + 2H_2O(물) \rightarrow 4NaOH(수산화나트륨) + O_2(산소)$$

42. 위험물의 운반용기 재질 중 액체위험물의 외장용기로 사용할 수 없는 것은?

① 유리   ② 나무   ③ 파이버판   ④ 플라스틱

해 액체위험물의 운반용기 중 외장 용기의 종류에는 나무, 플라스틱, 파이버판, 금속제 등을 사용하지만... 유리는 깨지는 등의 파손 우려가 있어서 운반용기의 내장 용기로 사용하지만, 외장 용기로는 사용할 수 없다.

43. 외부의 산소공급이 없어도 연소하는 물질이 아닌 것은?

① 알루미늄의 탄화물   ② 하이드록실아민
③ 유기과산화물   ④ 질산에스터류

해 알루미늄의 탄화물은 물에 급격히 반응하여 열을 발생하는 금속으로, 이는 가연물이므로... 연소하기 위해서는 외부의 산소공급원이 반드시 필요하다.

✎ **함께 공부**

② 하이드록실아민, ③ 유기과산화물 및 ④ 질산에스터류는 가연물질 내에 산소를 함유하고 있어 스스로 폭발적으로 반응하는 물질이다.

44. 다음 중 물과 접촉했을 때 위험성이 가장 큰 것은?

① 금속칼륨 　　　　② 황린 　　　　③ 과산화벤조일 　　　　④ 다이에틸에터

해 금속칼륨은 물과 급격히 반응하여 수산화칼륨과 가연성 가스인 수소를 발생하므로, 위험성이 매우 크다.

$$2K(칼륨) + 2H_2O(물) \rightarrow 2KOH(수산화칼륨) + H_2(수소)$$

✎ 함께 공부

② 황린, ③ 과산화벤조일 및 ④ 다이에틸에터는 모두 물에 녹지 않고 물과 반응하지 않으므로, 물과 접촉 시에 위험하지 않다.

45. 셀룰로이드의 자연발화 형태를 가장 옳게 나타낸 것은?

① 잠열에 의한 발화 　　　　② 미생물에 의한 발화
③ 분해열에 의한 발화 　　　　④ 흡착열에 의한 발화

해 자연발화 시 열이 축적되는 형태
- 분해열 : 셀룰로이드, 나이트로셀룰로오스, 나이트로글리세린, 유기과산화물 등 하나의 물질이 분해 반응할 때 발생하는 열
- 산화열 : 건성유, 반건성유(대두유), 석탄, 석회분, 고무분말, 금속분말 등 어떤 물질이 산소와 느리게 반응하면서 발생하는 열
- 발효열 : 퇴비, 먼지, 곡물, 건초 등 미생물에 의해 발효되면서 발생되는 열
- 흡착열 : 목탄, 활성탄, 유연탄 등 모든 흡착 과정에서 방출되는 열
- 중합열 : 액화 사이안화수소(HCN) 등 단량체가 중합체를 형성하여 중합반응을 일으킬 때 발생하는 열

암기팁! 자연발화 시 열이 축적되는 형태 : 분산발흡중~~분유니셀 산건고무금속선반 발퇴먼곡건초 흡목활 중액시

46. 염소산칼륨에 대한 설명으로 옳은 것은?

① 강한 산화제이며 열분해하여 염소를 발생한다.

② 폭약의 원료로 사용된다.

③ 점성이 있는 액체이다.

④ 녹는점이 700℃ 이상이다.

> **해** 염소산칼륨($KClO_3$)은 산소를 함유하고 있어 가연물과 접촉 시 산소공급원의 역할을 하는 고체로, 폭약의 원료로 사용된다.

✏ **함께 공부**

① 강한 산화제이며 열분해하여 산소를 발생한다. [$2KClO_3$(염소산칼륨) → $2KCl$(염화칼륨) + $3O_2$(산소)]

③ 무색, 무취의 결정 또는 분말이다.

④ 녹는점(융점)은 368℃이다.

---

47. 다음 위험물 중 혼재가 가능한 위험물은?

① <u>과염소산칼륨</u> – <u>황린</u>
　제1류　　　제3류

② <u>질산메틸</u> – <u>경유</u>
　제5류　　제4류

③ <u>마그네슘</u> – <u>알킬알루미늄</u>
　제2류　　　제3류

④ <u>탄화칼슘</u> – <u>나이트로글리세린</u>
　제3류　　　제5류

> **해** 유별을 달리하는 위험물의 혼재기준

위험물의 구분	제1류	제2류	제3류	제4류	제5류	제6류
제1류		×	×	×	×	○
제2류	×		×	○	○	×
제3류	×	×		○	×	×
제4류	×	○	○		○	×
제5류	×	○	×	○		×
제6류	○	×	×	×	×	

("×"표시 : 혼재할 수 없음, "○"표시 : 혼재할 수 있음, 지정수량의 1/10 이하의 위험물에 적용하지 아니한다)

48. 다음 위험물의 지정수량 배수의 총합은?

| - 휘발유 : 2,000L | - 경유 : 4,000L | - 등유 : 40,000L |

① 18   ② 32   ③ 46   ④ 54

해

$$지정수량\ 배수의\ 합 = \frac{제1석유류(비수용)의\ 저장수량}{제1석유류(비수용)의\ 지정수량} + \frac{제2석유류(비수용)의\ 저장수량}{제2석유류(비수용)의\ 지정수량} + \frac{제2석유류(비수용)의\ 저장수량}{제2석유류(비수용)의\ 지정수량}$$

$$= \frac{2,000L}{200L} + \frac{4,000L}{1,000L} + \frac{40,000L}{1,000L} = 10 + 4 + 40 = 54$$

- 휘발유의 지정수량 : 200L
- 경유 및 등유의 지정수량 : 1,000L

49. 다음 물질 중 인화점이 가장 낮은 것은?

① 이황화탄소   ② 다이에틸에터   ③ 벤젠   ④ 아세톤
-30℃   -45℃   -11℃   -18℃

해 주요물질의 인화점

물질	인화점 (℃)	물질	인화점 (℃)	물질	인화점 (℃)	물질	인화점 (℃)
아이소펜탄	-51	벤젠	-11	에틸벤젠	15	경유	50~70
다이에틸에터	-45	아세트산메틸	-10	피리딘	20	클레오소트유	74
아세트알데하이드	-38	메틸에틸케톤	-7	클로로벤젠, 스티렌	32	아닐린	76
산화프로필렌	-37	초산에틸	-4	테레핀유, 부탄올	35	에틸렌글리콜	111
이황화탄소	-30	톨루엔	4	초산 (아세트산)	40	중유	60~150
가솔린(휘발유)	-43 ~ -20	메탄올 (메틸알코올)	11	개미산 (의산, 포름산)	69	글리세린	160
아세톤, 트라이메틸알루미늄	-18	에탄올 (에틸알코올)	13	등유	40~70	실린더유	200~250

50. 과산화수소의 저장방법으로 옳은 것은?

① 분해를 막기 위해 하이드라진을 넣고 완전히 밀전하여 보관한다.
② 분해를 막기 위해 하이드라진을 넣고 가스가 빠지는 구조로 마개를 하여 보관한다.
③ 분해를 막기 위해 요산을 넣고 완전히 밀전하여 보관한다.
④ 분해를 막기 위해 요산을 넣고 가스가 빠지는 구조로 마개를 하여 보관한다.

> 해 과산화수소(H_2O_2)는 산소공급원의 기능을 하는 액체로, 상온에서 분해되어 산소를 발생시키므로... 인산, 요산과
> 같은 분해방지 안정제를 넣어 분해를 억제시키고, 뚜껑에 작은 구멍을 뚫은 갈색 용기에 저장한다.

51. 위험물안전관리법령에 따른 제4류 위험물 중 제1석유류에 해당하지 않는 것은?

① 등유   ② 벤젠   ③ 메틸에틸케톤   ④ 톨루엔
　제2석유류

> 해 제1석유류의 종류 : 아세톤, 휘발유, 벤젠, 톨루엔, 메틸에틸케톤, 초산에스터류, 의산에스터류, 피리딘, 사이안화수소 등

52. 동식물유류에 대한 설명으로 틀린 것은?

① 건성유는 자연발화의 위험성이 높다.
② 불포화도가 높을수록 아이오딘가가 크며 산화되기 쉽다.
③ 아이오딘값이 130 이하인 것이 건성유이다.
④ 1기압에서 인화점이 섭씨 250도 미만이다.

> 해 아이오딘값은 유지(기름) 100g에 흡수되는 아이오딘의 g수를 의미하는데, 아이오딘값이 130 이상인 것은 건성유이다.

53. 탄화칼슘에 대한 설명으로 틀린 것은?

① 화재 시 이산화탄소소화기가 적응성이 있다.
② 비중은 약 2.2로 물보다 무겁다.
③ 질소 중에서 고온으로 가열하면 $CaCN_2$가 얻어진다.
④ 물과 반응하면 아세틸렌가스가 발생한다.

> 해 탄화칼슘(카바이드)은 가스와 반응하여 발화의 위험성이 있거나, 물과 접촉하여 가연성가스를 발생하는 위험성이
> 있으므로, 화재 시에 물 또는 가스와 관련된 소화설비로 소화할 수 없고.. 탄산수소염류(금속화재용) 분말소화설
> 비, 건조사(마른모래), 팽창질석, 팽창진주암 등에 의한 질식소화를 한다.

54. 위험물안전관리법령상 위험물의 지정수량이 틀리게 짝지어진 것은?

① 황화인 - ~~50kg~~
               100kg

② 적린 - 100kg

③ 철분 - 500kg

④ 금속분 - 500kg

해 지정수량은 위험물의 종류별로 위험성을 고려하여 대통령령으로 정하는 수량으로, 법령상 규제하는 위험물의 최소량을 의미한다.

55. 다음 위험물 중 보호액으로 물을 사용하는 것은?

① 황린   ② 적린   ③ 루비듐   ④ 오황화인

해 황린(P_4)은 공기와 접촉하면 자연발화 하므로, 알칼리제를 넣은 pH 9 정도의 물속에 저장한다.

56. 과산화나트륨이 물과 반응할 때의 변화를 가장 옳게 설명한 것은?

① 산화나트륨과 수소를 발생한다.

② 물을 흡수하여 탄산나트륨이 된다.

③ 산소를 방출하며 수산화나트륨이 된다.

④ 서서히 물에 녹아 과산화나트륨의 안정한 수용액이 된다.

해 과산화나트륨은 물과 반응하여 수산화나트륨과 조연성 기체인 산소를 발생한다.
$$2Na_2O_2(과산화나트륨) + 2H_2O(물) \rightarrow 4NaOH(수산화나트륨) + O_2(산소)$$

57. 다음 중 ⓐ~ⓒ 물질 중 위험물안전관리법령상 제6류 위험물에 해당하는 것은 모두 몇 개인가?

> ⓐ 비중 1.49인 질산
> ⓑ 비중 1.7인 과염소산
> ⓒ 물 60g + 과산화수소 40g 혼합 수용액

① 1개   ② 2개   ③ 3개   ④ 없음

해 위험물안전관리법령에 따르면, 다음의 범위에 속하는 것만이 제6류 위험물에 해당한다.

- 과산화수소 : 농도가 36중량% 이상인 것 → ⓒ 물 60g + 과산화수소 40g 혼합 수용액 ($\frac{40g}{60g + 40g} \times 100 = 40\%$) 은... 농도가 36중량% 이상이므로, 제6류 위험물에 해당한다.

- 질산 : 비중이 1.49 이상인 것 → ⓐ 비중 1.49인 질산은... 비중이 1.49 이상이므로, 제6류 위험물에 해당한다.
- 과염소산 : 제한이 없다 → ⓑ 비중 1.7인 과염소산은... 범위에 제한이 없으므로, 무조건 제6류 위험물에 해당한다.

58. 다음 중 연소범위가 가장 넓은 위험물은?

① 휘발유
   1.4 ~ 7.6 = 6.2

② 톨루엔
   1.4 ~ 6.7 = 5.3

③ 에틸알코올
   3.5 ~ 20.0 = 16.5

④ 다이에틸에터
   1.9 ~ 48.0 = 46.1

해 연소범위(=연소한계, 폭발범위, 폭발한계)

물질	하한값 (vol%)	상한값 (vol%)	연소범위 넓이
다이에틸에터	1.9	48.0	46.1
에틸알코올(에탄올)	3.5	20.0	16.5
휘발유(가솔린)	1.4	7.6	6.2
톨루엔	1.4	6.7	5.3

59. 메틸에틸케톤의 취급 방법에 대한 설명으로 틀린 것은?

① 쉽게 연소하므로 화기 접근을 금한다.
② 직사광선을 피하고 통풍이 잘되는 곳에 저장한다.
③ 탈지작용이 있으므로 피부에 접촉하지 않도록 주의한다.
④ 유리 용기를 피하고 수지, 섬유소 등의 재질로 된 용기에 저장한다.

> 해 메틸에틸케톤($CH_3COC_2H_5$)은 인화의 위험성이 높은 기름으로, 수지·섬유소 등의 재질로 된 용기와는 반응의 위험성이 있으므로... 유리 재질의 용기를 사용하여 햇빛이 들지 않고 통풍·환기가 잘되는 장소에 저장한다.

60. 그림의 원통형 종으로 설치된 탱크에서 공간용적을 내용적의 10%라고 하면 탱크용량(허가용량)은 약 얼마인가?

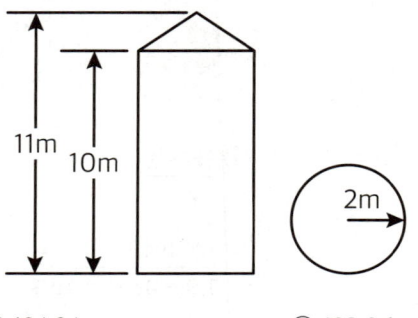

① 113.04   ② 124.34   ③ 129.06   ④ 138.16

> 해 1. 탱크의 내용적
> 위험물안전관리에 관한 세부기준에 따르면, 문제의 그림과 같은 원통형 탱크 중 종으로 설치한 것의 내용적은 아래와 같다.
> $$내용적 = \pi r^2 \ell = \pi \times 2^2 \times 10 = 125.66㎥$$
> 2. 탱크의 공간용적
> $$공간용적 = 내용적 \times 공간용적 비율 = 125.66㎥ \times 10\% = 12.57㎥$$
> 3. 탱크의 용량
> $$탱크의 용량 = 내용적 - 공간용적 = 125.66㎥ - 12.57㎥ = 113.09㎥$$

1과목 | 물질의 물리 · 화학적 성질

01. 다음 물질 중 이온결합을 하고 있는 것은?

① 얼음　　　　　　② 흑연　　　　　　③ 다이아몬드　　　　　　④ 염화나트륨

해 염화나트륨($NaCl$)은 Na^+(나트륨 이온)과 Cl^-(염화 이온)이 정전기적 인력에 따라 결합한 이온결합 물질이다.

🖉 **함께 공부**

① 얼음(H_2O), ② 흑연(C) 및 ③ 다이아몬드(C)는 두 원자가 전자를 내어놓고 그 전자쌍을 공유하는 공유결합 물질이다.

02. NH_4Cl에서 배위결합을 하고 있는 부분을 옳게 설명한 것은?

① NH_3의 N-H 결합　　　　　　② NH_3와 H^+과의 결합
③ NH_4^+과 Cl^-과의 결합　　　　　　④ H^+과 Cl^-과의 결합

해 NH_4Cl(염화암모늄)은 수용액 상태에서 NH_4^+(암모늄이온)과 Cl^-(염화이온)으로 해리되는데, 이 중에서 NH_4^+(암모늄이온)은... 암모니아(NH_3)와 수소 이온(H^+)의 배위결합으로 이루어진다.

03. 25℃에서 $Cd(OH)_2$염의 몰용해도는 1.7×10^{-5}mol/L이다. $Cd(OH)_2$염의 용해도곱상수, Ksp를 구하면 약 얼마인가?

① 2.0×10^{-14} ② 2.2×10^{-12} ③ 2.4×10^{-10} ④ 2.6×10^{-8}

해 $Cd(OH)_2$(수산화카드뮴)염은 용액에서 $Cd(OH)_2 \rightarrow Cd^{2+} + 2OH^-$ 로 이온화되는데, 이를 용해도곱상수(Ksp)로 나타내면...

$$K_{sp} = [Cd^{2+}][OH^-]^2 = (1 \times 1.7 \times 10^{-5}) \times (2 \times 1.7 \times 10^{-5})^2 = 1.97 \times 10^{-14}$$

• $[Cd^{2+}] = 1 \times 1.7 \times 10^{-5}$mol/L($Cd^{2+}$는 1몰이 생성)
• $[OH^-] = 2 \times 1.7 \times 10^{-5}$mol/L($OH^-$는 2몰이 생성)

04. 볼타 전지에 관한 설명으로 틀린 것은?

① 이온화 경향이 큰 쪽의 물질이 (-)극이다.
② (+)극에서는 방전 산화 반응이 일어난다.
③ 전자는 도선을 따라 (-)극에서 (+)극으로 이동한다.
④ 전류의 방향은 전자의 이동 방향과 반대이다.

해 볼타전지의 (-)극에서는 아연(Zn)이 전자를 잃고 산화되어 아연이온(Zn^{2+})으로 되고, (+)극에서는 전자가 수소 이온과 결합하여 수소 기체(H_2)로 환원된다.

05. C_3H_8 22.0g을 완전연소 시켰을 때 필요한 공기의 부피는 약 얼마인가? (단, 0℃, 1기압 기준이며, 공기 중의 산소량은 21%이다.)

① 56L ② 112L ③ 224L ④ 267L

해 1. 문제의 이해

프로판을 완전 연소시키면 이산화탄소와 수증기가 생성되는데, 프로판이 연소하기 위해서 공기가 얼마의 부피로 필요한지 구하는 문제로... 화학반응식에서 질량보존의 법칙, 아보가드로의 법칙 및 공기와 산소의 관계를 적용한 후 비례식을 통해 구할 수 있다.

2. 화학반응식

$$C_3H_8(프로판) + 5O_2(산소) \rightarrow 3CO_2(이산화탄소) + 4H_2O(수증기)$$

44g : 5×22.4L
22g : χL

$$\chi L = \frac{5 \times 22.4L}{44g} \times 22g = 56L$$

문제의 단서에서 주어진 공기와 산소의 관계(공기 중 산소의 부피는 21%)를 통해 공기의 부피를 구해보면...

$$필요한 공기의 부피 = \frac{산소의 부피}{21\%} = \frac{56L}{0.21} = 266.67[L]$$

06. 대기압하에서 열린 실린더에 있는 1mol의 기체를 20℃에서 120℃까지 가열하면 기체가 흡수하는 열량은 몇 cal인가? (단, 기체 몰 열용량은 4.97cal/mol·℃이다.)

① 97 　　　　　　　　② 100 　　　　　　　　③ 497 　　　　　　　　④ 760

해 몰 열용량(C_m)은 어떤 물질(기체) 1mol의 온도를 1℃만큼 올리는 데 필요한 열량을 의미하는데... 이는 다음과 같이 표현할 수 있으며, Q(열량, cal)를 기준으로 식을 정리하고 값을 대입하면...

$$C_m = \frac{Q}{M \cdot \Delta T} \quad \rightarrow \quad Q = C_m \times M \times \Delta T = 4.97 \times 1 \times 100 = 497 \, [cal]$$

- 몰 열용량(C_m) = 4.97cal/mol · ℃
- 물질(기체)의 양(M) = 1mol
- 온도 변화(ΔT) = (120 − 20)℃ = 100℃

07. 화약제조에 사용되는 물질인 질산칼륨에서 N의 산화수는 얼마인가?

① +1 　　　　　　　　② +3 　　　　　　　　③ +5 　　　　　　　　④ +7

해 산화수는 분자 또는 이온 내에 있는 원자가 얻거나 잃는 전자의 수를 의미하며, 질산칼륨(KNO_3)에서 N의 산화수는 +5이다. : (+1) + N + (−2)×3 = 0 → N = +5

08. 전형 원소 내에서 원소의 화학적 성질이 비슷한 것은?

① 원소의 족이 같은 경우 　　　　　　　　② 원소의 주기가 같은 경우
③ 원자 번호가 비슷한 경우 　　　　　　　　④ 원자의 전자수가 같은 경우

해 원자들이 화학결합(이온결합, 공유결합 등)을 통하여 화합물을 생성할 때, 원자의 가장 바깥쪽 껍질에 존재하는 최외각 전자만이 화학결합에 관여하는 반응을 하므로, 최외각 전자가 같은 족의 원자들은 화학적 성질이 비슷하다.

09. 이온결합 물질의 일반적인 성질에 관한 설명 중 틀린 것은?

① 녹는점이 비교적 높다. 　　　　　　　　② 단단하며 부스러지기 쉽다.
③ 고체와 액체 상태에서 모두 도체이다. 　　　　　　　　④ 물과 같은 극성용매에 용해되기 쉽다.

해 이온결합 물질은 고체 상태에서 부도체이고, 액체 상태에서는 도체이다.

10. 다음 화합물 중 펩티드 결합이 들어있는 것은?

① 폴리염화비닐　　　　　② 유지　　　　　③ 탄수화물　　　　　④ 단백질

> **해** 단백질은 아미노산의 연결체로, 펩티드 결합을 하고 있다.

> **암기팁!**　펩티드 결합 : 펩시(펩티드 결합)콜라는 담백(단백질)하다

11. 페놀 수산기($-OH$)의 특성에 대한 설명으로 옳은 것은?

① 수용액이 강알칼리성이다.
② $-OH$기가 하나 더 첨가되면 물에 대한 용해도가 작아진다.
③ 카르복실산과 반응하지 않는다.
④ $FeCl_3$용액과 정색 반응을 한다.

> **해** 페놀의 수산기($-OH$)는 $FeCl_3$(염화제이철)용액과 반응하여 $Fe(OC_6H_5)_3$(철페놀레이트)(보라색)을 생성한다.

✎ **함께 공부**

① 페놀의 수용액은 수소 이온(H^+)으로 인하여 약산성을 띤다.
② 수산기($-OH$)가 있는 대부분의 물질은 물에 녹으므로, 수산기($-OH$)가 첨가되면 물에 대한 용해도는 커진다.
③ 페놀에서의 수산기($-OH$)가 카르복실산과 반응하여 페놀에스터를 생성한다.

12. 방사성 원소에서 방출되는 방사선 중 전기장의 영향을 받지 않아 휘어지지 않는 선은?

① α 선　　　　　② β 선　　　　　③ γ선　　　　　④ α, β, γ선

> **해** 방사선은 불안정한 원소가 안정한 다른 원소로 전환할 때 방출되는 전자기파로써... 종류에는 α선, β선 및 γ선이 있다.
> - α선 : 양전하($\oplus$전기)를 띄는 헬륨 원자핵의 이동으로... γ선보다 감광작용, 형광작용, 전리작용 등이 강하다.
> - β선 : 음전하($\ominus$전기)를 띄는 전자의 이동
> - γ선 : 질량이 없고 전하를 띄지 않는 전자기파의 이동으로... 파장이 가장 짧고, 투과력이 크며, 휘어지지 않는다.

13. 다음 중 산성염으로만 나열된 것은?

① $NaHSO_4$, $Ca(HCO_3)_2$

② $Ca(OH)Cl$, $Cu(OH)Cl$
  염기성염 염기성염

③ $NaCl$, $Cu(OH)Cl$
  중성염 염기성염

④ $Ca(OH)Cl$, $CaCl_2$
  염기성염 중성염

해 산성염이란 수소 이온(H^+)을 포함하고 있는 염 또는 "강산 + 약염기"가 반응할 때 생성되는 염을 말하며...
$NaHCO_3$(탄산수소나트륨), $NaHSO_4$(황산수소나트륨), $Ca(HCO_3)_2$(탄산수소칼슘), $(NH_4)_2SO_4$(황산암모늄), NH_4Cl(염화암모늄) 등이 여기에 해당한다.

14. 물(H_2O)의 끓는점이 황화수소(H_2S)의 끓는점 보다 높은 이유는?

① 분자량이 작기 때문에

② 수소결합 때문에

③ pH가 높기 때문에

④ 극성 결합 때문에

해 H_2O(물)에서 수소(H)는 전기음성도가 강한 산소(O)와 수소결합을 하고 있어서 그 결합을 끊는데 많은 에너지가 필요하게 되므로, 수소결합을 하고 있지 않은 H_2S(황화수소)보다 비등점(끓는점)이 높다.

15. 황이 산소와 결합하여 SO_2를 만들 때에 대한 설명으로 옳은 것은?

① 황은 환원된다.

② 황은 산화된다.

③ 불가능한 반응이다.

④ 산소는 산화되었다.

해 황이 산소와 결합하여 이산화황을 만들 때... 황은 산소와 결합하여 산화되고, 산소는 산화수가 감소하여 환원된다.

$$S(황) + O_2(산소) \rightarrow SO_2(이산화황)$$

16. 어떤 기체의 확산 속도는 SO_2의 2배이다. 이 기체의 분자량은 얼마인가? (단, SO_2의 분자량은 64이다.)

    ① 4   ② 8   ③ 16   ④ 32

해 기체의 확산속도는 아래의 그레이엄의 확산속도의 법칙을 이용하여 구할 수 있으며, 각각의 값을 대입하면...

$$\frac{V_1(\text{확산속도, m/s})}{V_2(\text{확산속도, m/s})} = \sqrt{\frac{M_2(\text{분자량, g/mol})}{M_1(\text{분자량, g/mol})}} \rightarrow M_1(\text{어떤 기체의 분자량}) = \frac{V_2^2}{V_1^2} \times M_2 = \frac{1^2}{2^2} \times 64 = 16[\text{g/mol}]$$

- 어떤 기체의 확산속도(V_1) = 2m/s(어떤 기체의 확산속도가 SO_2 기체의 2배라고 하였으므로...
               어떤 기체 속도 = 2, SO_2 기체 속도 = 1)
- SO_2(이산화황) 기체의 확산속도(V_2) = 1m/s
- SO_2(이산화황) 기체의 분자량(M_2) = 32 + (16×2) = 64g/mol

17. 다음 중 물의 끓는점을 높이기 위한 방법으로 가장 타당한 것은?

    ① 순수한 물을 끓인다.   ② 물을 저으면서 끓인다.
    ③ 감압하에 끓인다.   ④ 밀폐된 그릇에서 끓인다.

해 끓는점은 압력이 증가함에 따라 높아지므로, 냄비 위에 뚜껑 및 무거운 돌 등을 올려서 그릇을 밀폐시켜 주면 증기압이 높아져서 물의 끓는점은 100℃ 보다 높아진다.

✎ **함께 공부**

끓는점(Boiling Point) : 액체의 포화증기압이 대기압과 같아지는 온도를 말하며, '비점' 또는 '비등점' 이라고도 한다.

18. 질산칼륨을 물에 용해시키면 용액의 온도가 떨어진다. 다음 사항 중 옳지 않은 것은?

    ① 용해시간과 용해도는 무관하다.   ② 질산칼륨의 용해 시 열을 흡수한다.
    ③ 온도가 상승할수록 용해도는 증가한다.   ④ 질산칼륨 포화용액을 냉각시키면 불포화용액이 된다.

해 질산칼륨 포화용액을 냉각시키면 질산칼륨이 물에 덜 녹게 되므로(차가우면 안 녹는다), 용해도(녹는 정도)는 감소하여 용질이 용매의 양보다 많아지는 과포화용액이 된다.

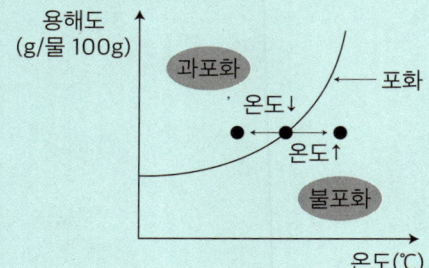

19. 다음 화합물 중에서 밑줄 친 원소의 산화수가 서로 다른 것은?

① $\underline{C}Cl_4$ ② $Ba\underline{O}_2$ ③ $\underline{S}O_2$ ④ $\underline{O}H^-$

해 산화수는 분자 또는 이온 내에 있는 원자가 얻거나 잃는 전자의 수를 의미하며, OH^-(수산화이온)에서 O의 산화수는 -2이다. : $O + (+1) = -1 \rightarrow O = -2$

✏ **함께 공부**

① CCl_4(사염화탄소) : $C + (-1) \times 4 = 0 \rightarrow C = +4$
② BaO_2(과산화바륨) : $Ba + (-1) \times 2 = 0 \rightarrow Ba = +2$
③ SO_2(이산화황) : $S + (-2) \times 2 = 0 \rightarrow S = +4$
※ ① CCl_4와 ③ SO_2에서 산화수는 +4이고, ② BaO_2에서 산화수는 +2이며, ④ OH^-에서 산화수는 -2이므로... 문제에서 요구하는 밑줄 친 원소의 산화수가 서로 다른 것은 없다.

20. 먹물에 아교나 젤라틴을 약간 풀어주면 탄소입자가 쉽게 침전되지 않는다. 이때 가해준 아교는 무슨 콜로이드로 작용 하는가?

① 서스펜션   ② 소수   ③ 복합   ④ 보호

해 보호콜로이드는 물과 친화성이 없는 소수콜로이드에 소량의 전해질을 가할 때 생기는 엉김(침전)을 방지하기 위해 넣어주는 친수콜로이드로, 먹물에 넣은 아교 또는 젤라틴이 이에 해당한다.

2과목 | 화재예방과 소화방법

21. 고체의 일반적인 연소형태에 속하지 않는 것은?

① 표면연소   ② 확산연소   ③ 자기연소   ④ 증발연소
                        기체의 연소형태

해 **고체의 연소**
- 표면연소 : 공기와 접촉하는 고체표면에서 연소가 일어나는 것 - 숯, 코크스, 목탄, 금속분
- 분해연소 : 열분해하여 발생한 가연성기체가 공기 중에서 연소하는 것 - 석탄, 종이, 플라스틱, 고무, 목재, 섬유
- 증발연소 : 증발에 의해 생긴 증기가 공기 중에서 연소하는 것 - 나프탈렌, 왁스, 황, 양초, 파라핀
- 자기연소 : 물질 내부에 산소공급원을 가진 물질이 연소하는 것 - 나이트로셀룰로오스, TNT, 피크린산, 셀룰로이드

22. 펌프와 발포기의 중간에 설치된 벤투리관의 벤투리 작용과 펌프 가압수의 포 소화약제 저장탱크에 대한 압력에 의하여 포 소화약제를 흡입·혼합하는 방식은?

① 프레져 프로포셔너   ② 펌프 프로로셔너

③ 라인 프로포셔너   ④ 프레져 사이드 프로포셔너

> 해 프레져 프로포셔너 방식(차압혼합방식)은 펌프와 발포기의 중간에 설치된 벤추리관의 벤추리작용과 펌프 가압수의 포 소화약제 저장탱크에 대한 압력에 따라 포 소화약제를 흡입 · 혼합하는 방식으로 가장 널리 이용된다.

23. 위험물제조소등에 설치된 옥외소화전설비는 모든 옥외소화전(설치개수가 4개 이상인 경우는 4개의 옥외소화전)을 동시에 사용할 경우에 각 노즐선단의 방수압력은 몇 kPa 이상이어야 하는가?

① 250   ② 300   ③ 350   ④ 450

> 해 위험물안전관리법령에 따르면, 옥외소화전설비의 방수압력과 방수량은 모든 옥외소화전(설치개수가 4개 이상인 경우는 4개의 옥외소화전)을 동시에 사용할 경우 각 노즐 끝부분의 방수압력이 350kPa 이상이고, 방수량이 1분당 450ℓ 이상의 성능이 되도록 한다.

24. 탄화칼슘 60,000㎏을 소요단위로 산정하면?

① 10단위   ② 20단위   ③ 30단위   ④ 40단위

> 해
>
> $$소요단위 = \frac{저장수량(kg)}{지정수량(kg) \times 10} = \frac{60,000kg}{300kg \times 10} = 20\,단위$$
>
> • 탄화칼슘의 지정수량 : 300kg

25. 다음 위험물 중 자연발화 위험성이 가장 낮은 것은?

① 알킬리튬   ② 알킬알루미늄

③ 칼륨   ④ 황

> 해 황(S)은 불에 타는 가연성 고체 물질로... 황이 발화하기 위해서는 점화원이 필요하므로, 점화원 없이 착화하는 자연발화의 위험성은 거의 없다.

✏️ **함께 공부**

위험물안전관리법령상 ① 알킬리튬, ② 알킬알루미늄 및 ③ 칼륨은 공기 중에서 발화의 위험성이 있다.

26. 다음 보기에서 열거한 위험물의 지정수량을 모두 합산한 값은?

| 과아이오딘산, 과아이오딘산염류, 과염소산, 과염소산염류 |

① 450kg　　　　　② 500kg　　　　　③ 950kg　　　　　④ 1,200kg

해 지정수량은 위험물의 종류별로 위험성을 고려하여 대통령령으로 정하는 수량으로, 법령상 규제하는 위험물의 최소량을 의미한다.

∴ 지정수량의 총합 = 300kg + 300kg + 50kg + 300kg = 950kg
- 과아이오딘산의 지정수량 : 300kg
- 과아이오딘산염류의 지정수량 : 300kg
- 과염소산염류의 지정수량 : 50kg
- 과염소산의 지정수량 : 300kg

27. 경보설비는 지정수량 몇 배 이상의 위험물을 저장, 취급하는 제조소등에 설치하는가?

① 2　　　　　② 4　　　　　③ 8　　　　　④ 10

해 위험물안전관리법령에 따르면, 지정수량의 10배 이상의 위험물을 저장 또는 취급하는 제조소등(이동탱크저장소를 제외)에는 화재발생 시 이를 알릴 수 있는 경보설비를 설치하여야 한다.

28. 위험물의 화재위험에 대한 설명으로 옳은 것은?

① 인화점이 높을수록 위험하다.　　　　② 착화점이 높을수록 위험하다.
③ 착화에너지가 작을수록 위험하다.　　④ 연소열이 작을수록 위험하다.

해 최소착화에너지(MIE : Minimum Ignition Energy)는 가연성가스와 공기의 혼합가스에 점화원으로 착화시키기 위해 필요한 최소에너지로, MIE가 작을수록 불붙기가 쉬우므로 위험하다. (매우 작은 에너지만 있어도 연소가 된다)

✎ 함께 공부

① 인화점이 낮을수록 또는 ② 착화점이 낮을수록 낮은 온도에서도 불이 붙을 수 있으므로 위험하다.
④ 연소열(주어진 온도에서 1몰의 물질이 산소와 완전 반응할 때 발생하는 열량)이 크면 열량이 많이 발생하므로 위험하다.

29. 위험물안전관리법령상 이동저장탱크(압력탱크)에 대해 실시하는 수압시험은 용접부에 대한 어떤 시험으로 대신할 수 있는가?

① 비파괴시험과 기밀시험
② 비파괴시험과 충수시험
③ 충수시험과 기밀시험
④ 방폭시험과 충수시험

해 위험물안전관리법령상 이동저장탱크 중 압력탱크 외의 탱크는 70kPa의 압력으로, 압력탱크는 최대상용압력의 1.5배의 압력으로, 각각 10분간의 수압시험을 실시하여 새거나 변형되지 아니하여야 하며... 이 경우 수압시험은 용접부에 대한 비파괴시험과 기밀시험으로 대신할 수 있다.

암기립! 이동저장탱크(압력탱크)에 대해 실시하는 수압시험의 대체시험 : 수비 기밀

30. 옥내저장소 내부에 체류하는 가연성 증기를 지붕 위로 방출시키는 배출설비를 하여야 하는 위험물은?

① 과염소산
　제6류(산화성 액체)
② 과망가니즈산칼륨
　제1류(산화성 고체)
③ 피리딘
　제4류(인화성 액체)
④ 과산화나트륨
　제1류(산화성 고체)

해 위험물안전관리법령상 인화점이 70℃ 미만인 위험물의 옥내저장소 저장창고에는 내부에 체류한 가연성의 증기를 지붕 위로 배출하는 설비를 갖추어야 하는데... 피리딘(인화점 20℃)은 인화의 위험성이 있는 기름으로, 인화점이 70℃ 미만이므로... 가연성 증기를 방출하는 배출설비를 하여야 한다.

31. 과산화나트륨 저장 장소에서 화재가 발생하였다. 과산화나트륨을 고려하였을 때 다음 중 가장 적합한 소화약제는?

① 포소화약제
② 할로젠화합물
③ 건조사
④ 물

해 과산화나트륨(Na_2O_2)은 가스와 반응하여 발화의 위험성이 있거나, 물과 접촉하여 가연성가스를 발생하는 위험성이 있으므로, 화재 시에 물 또는 가스와 관련된 소화설비로 소화할 수 없고... 탄산수소염류(금속화재용) 분말소화설비, 건조사(마른모래), 팽창질석, 팽창진주암 등에 의한 질식소화를 한다.

32. 위험물안전관리법령상 이산화탄소를 저장하는 저압식 저장용기에는 용기 내부의 온도를 어떤 범위로 유지할 수 있는 자동냉동기를 설치하여야 하는가?

① 영하 20℃ ~ 영하 18℃

② 영하 20℃ ~ 0℃

③ 영하 25℃ ~ 영하 18℃

④ 영하 25℃ ~ 0℃

해 위험물안전관리에 관한 세부기준에 따르면, 이산화탄소를 저장하는 저압식 저장용기에 설치하는 자동냉동기는 용기내부의 온도를 영하 20℃ 이상 영하 18℃ 이하로 유지할 수 있어야 한다.

암기팁! 이산화탄소의 저압식 저장용기에 설치하는 자동냉동기 : 탤런트 이영하씨가 이런(20) 열여덟(18) 하고 욕을 했다.

33. 위험물안전관리법령에서 정한 다음의 소화설비 중 능력단위가 가장 큰 것은?

① 팽창진주암 160L(삽 1개 포함)

② 수조 80L(소화전용 물통 3개 포함)

③ 마른 모래 50L(삽 1개 포함)

④ 팽창질석 160L(삽 1개 포함)

해 소화설비의 능력단위

소화설비	용량	능력단위
소화전용 물통	8L	0.3
수조(소화전용 물통 3개 포함)	80L	1.5
수조(소화전용 물통 6개 포함)	190L	2.5
마른 모래(삽 1개 포함)	50L	0.5
팽창질석 또는 팽창진주암(삽 1개 포함)	160L	1.0

34. 위험물안전관리법령상 옥내소화전설비의 비상전원은 자가발전설비 또는 축전지 설비로 옥내소화전 설비를 유효하게 몇 분 이상 작동할 수 있어야 하는가?

① 10분

② 20분

③ 45분

④ 60분

해 위험물안전관리에 관한 세부기준상 옥내소화전설비의 비상전원은 자가발전설비 또는 축전지 설비로, 용량은 옥내소화전설비를 유효하게 45분 이상 작동시키는 것이 가능해야 한다.

암기팁! 비상전원 : 옥내소화전의 법정 방수시간이 30분이상이고, 그것에 1.5배하여 45분이상으로 설정하였다.

35. 10℃의 물 2g을 100℃의 수증기로 만드는 데 필요한 열량은?

① 180cal   ② 340cal   ③ 719cal   ④ 1,258cal

> **해** 위의 문제는 10℃의 물을 100℃의 물로 바꾼 후(현열, Q_1), 100℃의 물을 100℃의 수증기로 만드는데(잠열, Q_2) 필요한 열량을 각각 구하여 더하면, 10℃의 물 2g을 100℃의 수증기로 만드는데 필요한 최종적인 열량($Q = Q_1 + Q_2$)을 구할 수 있다.
>
> $$\begin{array}{ccc} & Q_1 & Q_2 \\ 10℃\ 물 \rightarrow & 100℃\ 물 \rightarrow & 100℃\ 수증기 \\ & 현열 & 잠열 \end{array}$$
>
> $$\therefore\ Q = Q_1 + Q_2 = 180 + 1,078 = 1,258[cal]$$
>
> - Q_1(현열, cal) = m(물질의 질량, g) × c(비열, cal/g·℃) × △T(온도변화, ℃) = 2 × 1 × (100-10) = 180cal
> - Q_2(잠열, cal) = m(물질의 질량, g) × γ(기화열, cal/g) = 2 × 539 = 1,078cal

36. 불활성가스 소화약제 중 IG-541의 구성성분이 아닌 것은?

① N_2 ② Ar   ③ Ne   ④ CO_2

> **해** "IG-541"은 할로젠화합물 및 불활성기체 소화설비에서 사용하는 불연성·불활성기체혼합가스 소화약제로, 그 성분비는 N_2(질소) : 52%, Ar(아르곤) : 40%, CO_2(이산화탄소) : 8% 이다.

37. 표준상태에서 벤젠 2mol이 완전 연소하는데 필요한 이론 공기요구량은 몇 L인가? (단, 공기 중 산소는 21vol%이다.)

① 168   ② 336   ③ 1,600   ④ 3,200

> **해** 1. 문제의 이해
> 벤젠을 완전 연소시키면 이산화탄소와 수증기가 생성되는데, 벤젠이 연소하기 위해서 공기가 얼마의 부피로 필요한지 구하는 문제로... 화학반응식에서 몰수 관계, 아보가드로의 법칙 및 공기와 산소의 관계를 적용한 후 비례식을 통해 구할 수 있다.
> 2. 화학반응식
>
> $$2C_6H_6(벤젠) + 15O_2(산소) \rightarrow 12CO_2(이산화탄소) + 6H_2O(수증기)$$
>
> $$\begin{array}{ccc} 2mol & : & 15 × 22.4L \\ 2mol & : & \chi L \end{array}$$
>
> $$\chi L = \frac{15 × 22.4L}{2mol} × 2mol = 336[L]$$
>
> 문제의 단서에서 주어진 공기와 산소의 관계(공기 중 산소의 부피는 21%)를 통해 이론 공기량을 구해보면...
>
> $$필요한\ 이론\ 공기량 = \frac{산소의\ 부피}{21\%} = \frac{336L}{0.21} = 1,600[L]$$

38. 다음 중 화재 시 다량의 물에 의한 냉각소화가 가장 효과적인 것은?

① 금속의 수소화물   ② 알칼리금속과산화물

③ 유기과산화물   ④ 금속분

해 유기과산화물은 가연물질 내에 산소를 함유하고 있어 스스로 폭발적으로 반응하는 물질로... 물과 반응하지 않으므로, 이에 대한 소화는 대량의 물에 의한 냉각소화를 한다.

✏️ **함께 공부**

① 금속의 수소화물, ② 알칼리금속 과산화물 및 ④ 금속분은 물과 반응하여 가연성 기체 또는 조연성 기체를 발생하므로, 화재 시 물에 의한 냉각소화를 금지한다.

39. 위험물취급소의 건축물 연면적이 500㎡인 경우 소요단위는? (단, 외벽은 내화구조이다.)

① 2단위   ② 5단위   ③ 10단위   ④ 50단위

해 취급소의 건축물의 외벽이 내화구조인 것은 연면적 100㎡를 1소요단위로 한다.

$$취급소의 소요단위 = \frac{해당\ 연면적(㎡)}{기준\ 연면적(㎡)/1\ 소요단위} = \frac{500㎡}{100㎡/1\ 소요단위} = 5단위$$

40. 위험물안전관리법령상 옥내소화전설비의 기준으로 옳지 않은 것은?

① 소화전함은 화재발생 시 화재 등에 의한 피해의 우려가 많은 장소에 설치하여야 한다.

② 호스접속구는 바닥으로부터 1.5m 이하의 높이에 설치한다.

③ 가압송수장치의 시동을 알리는 표시등은 적색으로 한다.

④ 별도의 정해진 조건을 충족하는 경우는 가압송수장치의 시동표시등을 설치하지 않을 수 있다.

해 위험물안전관리에 관한 세부기준에 따르면, 옥내소화전의 소화전함(옥내소화전의 개폐밸브 및 방수용기구를 격납하는 상자)은 불연재료로 제작하고, 점검에 편리하고, 화재발생시 연기가 충만할 우려가 없는 장소 등 쉽게 접근이 가능하고, 화재 등에 의한 피해를 받을 우려가 적은 장소에 설치하여야 한다.

41. 다음과 같은 성질을 갖는 위험물로 예상할 수 있는 것은?

| - 지정수량 : 400L | - 증기비중 : 2.07 | - 인화점 : 12℃ | - 녹는점 : -89.5℃ |

① 메탄올
② 벤젠
③ 아이소프로필알코올
④ 휘발유

해 1. 지정수량 및 증기비중의 비교
- 지정수량
  - ② 벤젠 및 ④ 휘발유는 제1석유류 중 비수용성이므로, 지정수량은 200L가 되어 답에서 제외된다.
  - ① 메탄올 및 ③ 아이소프로필알코올은 알코올류이므로, 지정수량은 400L가 되어 답에 포함된다.
- 증기비중(해당 기체의 분자량을 공기 분자량(29)으로 나누어 구한다)

종류	화학식(분자식)	분자량 계산	증기비중 계산
메탄올	CH_3OH	$12 + (1 \times 4) + 16 = 32$	$32/29 = 1.10$
아이소프로필알코올	C_3H_7OH	$(12 \times 3) + (1 \times 8) + 16 = 60$	$60/29 = 2.07$

2. 위의 지정수량 및 증기비중을 모두 만족하는 것은 아이소프로필알코올이다.

42. 위험물안전관리법령상 다음 [보기]의 (   ) 안에 알맞은 수치는?

이동저장탱크로부터 위험물을 저장 또는 취급하는 탱크에 인화점이 (   )℃ 미만인 위험물을 주입할 때에는 이동탱크저장소의 원동기를 정지시킬 것

① 40
② 50
③ 60
④ 70

해 위험물안전관리법령에 따르면, 이동저장탱크로부터 위험물을 저장 또는 취급하는 탱크에 인화점이 40℃ 미만인 위험물을 주입할 때에는 이동탱크저장소의 원동기를 정지시켜야 한다.

43. 연소 시에는 푸른 불꽃을 내고, 산화제와 혼합되어 있을 때 가열이나 충격 등에 의하여 폭발할 수 있으며, 흑색화약의 원료로 사용되는 물질은?

① 적린   ② 마그네슘   ③ 황   ④ 아연분

> 해 황(S)은 불에 타는 가연성 고체 물질로... 연소 시 푸른색 불꽃과 유독한 기체인 이산화황(아황산가스)을 발생하고, 산화제와 혼합하면 가열이나 충격 등에 의하여 폭발할 수 있으며, 질산칼륨(KNO_3) · 목탄(C)과 함께 흑색 화약의 원료로 사용된다.

44. 위험물안전관리법령상 제5류 위험물 중 질산에스터류에 해당하는 것은?

① 나이트로벤젠
   제4류(제3석유류)

② 나이트로셀룰로오스

③ 트라이나이트로페놀
   제5류(나이트로화합물)

④ 트라이나이트로톨루엔
   제5류(나이트로화합물)

> 해 위험물안전관리법령상 질산에스터류는 질산(HNO_3)의 H(수소)가 알킬기(R, C_nH_{2n+1}의 형태)로 치환된 물질을 의미하는데... 질산메틸, 질산에틸, 나이트로셀룰로오스, 나이트로글리세린, 나이트로글리콜 등이 이에 해당한다.

45. 다음과 같이 위험물을 저장할 경우 각각의 지정수량 배수의 총합은 얼마인가?

- 클로로벤젠 : 1,000L	- 동식물유류 : 5,000L	- 제4석유류 : 12,000L

① 2.5   ② 3.0   ③ 3.5   ④ 4.0

> 해
> $$\text{지정수량 배수의 합} = \frac{\text{제2석유류(비수용성)의 저장수량}}{\text{제2석유류(비수용성)의 지정수량}} + \frac{\text{동식물유류의 저장수량}}{\text{동식물유류의 지정수량}} + \frac{\text{제4석유류의 저장수량}}{\text{제4석유류의 지정수량}}$$
>
> $$= \frac{1,000L}{1,000L} + \frac{5,000L}{10,000L} + \frac{12,000L}{6,000L} = 1 + 0.5 + 2 = 3.5$$
>
> • 클로로벤젠의 지정수량 : 1,000L
> • 동식물유류의 지정수량 : 10,000L
> • 제4석유류의 지정수량 : 6,000L

46. 다음 중 물과 반응하여 수소를 발생하지 않는 물질은?

① 칼륨 　　　　　　　　　　　② 수소화붕소나트륨

③ 탄화칼슘 　　　　　　　　　　④ 수소화칼슘

> 해 탄화칼슘(카바이드)은 물과 반응하여 수산화칼슘과 가연성 기체인 아세틸렌을 발생한다.
>
> $$CaC_2(탄화칼슘) + 2H_2O(물) \rightarrow Ca(OH)_2(수산화칼슘) + C_2H_2(아세틸렌)$$

✏ 함께 공부

① $2K(칼륨) + 2H_2O(물) \rightarrow 2KOH(수산화칼륨) + H_2(수소)$

② $NaBH_4(수소화붕소나트륨) + 4H_2O(물) \rightarrow NaOH(수산화나트륨) + B(OH)_3(수산화붕소) + 4H_2(수소)$

④ $CaH_2(수소화칼슘) + 2H_2O(물) \rightarrow Ca(OH)_2(수산화칼슘) + 2H_2(수소)$

---

47. 과산화수소의 성질 또는 취급방법에 관한 설명 중 틀린 것은?

① 햇빛에 의하여 분해한다.

② 인산, 요산 등의 분해방지 안정제를 넣는다.

③ 공기와의 접촉은 위험하므로 저장용기는 밀전(密栓)하여야 한다.

④ 에탄올에 녹는다.

> 해 과산화수소(H_2O_2)는 산소공급원의 기능을 하는 액체로, 상온에서 분해되어 산소를 발생시키므로... 인산, 요산과 같은 분해방지 안정제를 넣어 분해를 억제시키고, 뚜껑에 작은 구멍을 뚫은 갈색 용기에 저장한다.

---

48. 연면적 1,000㎡ 이고 외벽이 내화구조인 위험물취급소의 소화설비 소요단위는 얼마인가?

① 5 　　　　　　② 10 　　　　　　③ 20 　　　　　　④ 100

> 해 취급소의 건축물의 외벽이 내화구조인 것은 연면적 100㎡를 1소요단위로 한다.
>
> $$취급소의\ 소요단위 = \frac{해당\ 연면적(㎡)}{기준\ 연면적(㎡)/1\ 소요단위} = \frac{1,000㎡}{100㎡/1\ 소요단위} = 10단위$$

49. 다음 중 물에 대한 용해도가 가장 낮은 물질은?

① $NaClO_3$　　　　② $NaClO_4$　　　　③ $KClO_4$　　　　④ NH_4ClO_4

> 해 $KClO_4$(과염소산칼륨)은 산소를 함유하고 있어 산소공급원의 기능을 하는 고체로... 물에 녹지 않으므로, 물에 대한 용해도가 낮다.

✏ **함께 공부**

① $NaClO_3$(염소산나트륨), ② $NaClO_4$(과염소산나트륨) 및 ④ NH_4ClO_4(과염소산암모늄)은 물에 잘 녹기 때문에, 물에 대한 용해도가 높다.

50. 염소산칼륨이 고온에서 완전 열분해할 때 주로 생성되는 물질은?

① 칼륨과 물 및 산소　　　　　　② 염화칼륨과 산소
③ 이염화칼륨과 수소　　　　　　④ 칼륨과 물

> 해 염소산칼륨은 산소공급원의 기능을 하는 고체로, 고온에서 열분해하여 염화칼륨과 조연성 기체인 산소를 생성한다.
>
> $$2KClO_3(염소산칼륨) \rightarrow 2KCl(염화칼륨) + 3O_2(산소)$$

51. 과산화칼륨에 대한 설명으로 옳지 않은 것은?

① 염산과 반응하여 과산화수소를 생성한다.　② 탄산가스와 반응하여 산소를 생성한다.
③ 물과 반응하여 수소를 생성한다.　　　　　④ 물과의 접촉을 피하고 밀전하여 저장한다.

> 해 과산화칼륨은 물과 반응하여 수산화칼륨과 조연성 기체인 산소를 생성한다.
>
> $$2K_2O_2(과산화칼륨) + 2H_2O(물) \rightarrow 4KOH(수산화칼륨) + O_2(산소)$$

52. 옥내저장소에서 위험물 용기를 겹쳐 쌓는 경우에 있어서 제4류 위험물 중 제3석유류만을 수납하는 용기를 겹쳐 쌓을 수 있는 높이는 최대 몇 m인가?

① 3　　　　　　② 4　　　　　　③ 5　　　　　　④ 6

> 해 위험물안전관리법령상 옥내저장소에서 위험물을 저장할 때... 제4류 위험물 중 제3석유류, 제4석유류 및 동식물유류를 수납하는 용기만을 겹쳐 쌓는 경우에 있어서는 4m를 초과하여 용기를 겹쳐 쌓지 아니하여야 한다.

53. 위험물안전관리법령상 위험물의 운반에 관한 기준에서 적재하는 위험물의 성질에 따라 직사일광으로부터 보호하기 위하여 차광성 있는 피복으로 가려야 하는 위험물은?

① S
황(제2류)

② Mg
마그네슘(제2류)

③ C₆H₆
벤젠(제4류 제1석유류)

④ HClO₄
과염소산(제6류)

> 위험물안전관리법령상 제1류 위험물, 제3류 위험물 중 자연발화성 물질, 제4류 위험물 중 특수인화물, 제5류 위험물 또는 제6류 위험물은 차광성이 있는 피복으로 가려야 하는데... 이는 빛 또는 열에 의해 분해되는 위험물은 발화의 위험성이 있기 때문이다.

암기팁! 차광성이 있는 피복으로 가릴 것 : 차에 광을 냈는데, 예전보다 특(특수)별(발)하네~~ 이(2)가 없다.

54. 마그네슘리본에 불을 붙여 이산화탄소 기체 속에 넣었을 때 일어나는 현상은?

① 즉시 소화된다.
② 연소를 지속하며 유독성의 기체를 발생한다.
③ 연소를 지속하며 수소 기체를 발생한다.
④ 산소를 발생하며 서서히 소화된다.

> 마그네슘은 불에 타는 가연성고체 물질로, 이산화탄소와 반응하여 산화마그네슘과 유독성 기체인 일산화탄소를 발생한다.
>
> Mg(마그네슘) + CO₂(이산화탄소) → MgO(산화마그네슘) + CO(일산화탄소)

55. 금속나트륨에 대한 설명으로 옳은 것은?

① 청색 불꽃을 내며 연소한다.
② 경도가 높은 중금속에 해당한다.
③ 녹는점이 100℃ 보다 낮다.
④ 25% 이상의 알코올수용액에 저장한다.

> 나트륨(Na)은 물과 급격히 반응하여 열을 발생하는 금수성 물질로... 융점(녹는점)은 97.8℃이고, 비점(끓는점)은 880℃이다.

✏️ **함께 공부**

① 노란색 불꽃을 내며 연소한다.
② 은백색의 광택을 띄는 경금속이다.
④ 물 또는 알코올과 반응하여 수소를 발생시키므로, 물 또는 알코올과 섞이지 않는 등유, 경유, 유동파라핀 등의 보호액에 저장한다.

56. 염소산칼륨의 성질에 대한 설명 중 옳지 않은 것은?

① 비중은 약 2.3으로 물보다 무겁다.　　　② 강산과의 접촉은 위험하다.

③ 열분해하면 산소와 염화칼륨이 생성된다.　④ 냉수에도 매우 잘 녹는다.

> 해 염소산칼륨($KClO_3$)은 산소를 함유하고 있어 가연물과 접촉 시 산소공급원의 기능을 하는 고체로... 온수, 글리세린에는 잘 녹지만 냉수, 알코올에는 녹지 않는다.

57. 다음은 위험물안전관리법령에 관한 내용이다. (　　)에 알맞은 수치의 합은?

> - 위험물안전관리자를 선임한 제조소등의 관계인은 그 안전관리자를 해임하거나 안전관리자가 퇴직한 때에는 해임하거나 퇴직한 날부터 (　　)일 이내에 다시 안전관리자를 선임하여야 한다.
> - 제조소등의 관계인은 당해 제조소등의 용도를 폐지한 때에는 행정안전부령이 정하는 바에 따라 제조소등의 용도를 폐지한 날부터 (　　)일 이내에 시·도지사에게 신고하여야 한다.

① 30　　　　　　② 44　　　　　　③ 49　　　　　　④ 62

> 해 · 위험물안전관리법령상 위험물안전관리자를 선임한 제조소등의 관계인(소유자·점유자 또는 관리자)은 그 안전관리자를 해임하거나 안전관리자가 퇴직한 때에는 해임하거나 퇴직한 날부터 30일 이내에 다시 안전관리자를 선임하여야 한다.
> · 위험물안전관리법령에 따르면, 제조소등의 관계인은 당해 제조소등의 용도를 폐지(위험물시설로서의 기능을 완전히 상실시키는 것)한 때에는 행정안전부령이 정하는 바에 따라 제조소등의 용도를 폐지한 날부터 14일 이내에 시·도지사에게 신고하여야 한다.
> ∴ (　　)에 알맞은 수치의 합 = 30 + 14 = 44

58. 메틸에틸케톤의 저장 또는 취급 시 유의할 점으로 가장 거리가 먼 것은?

① 통풍을 잘 시킬 것

② 찬 곳에 저장할 것

③ 직사일광을 피할 것

④ 저장 용기에는 증기 배출을 위해 구멍을 설치할 것

> 해 메틸에틸케톤($CH_3COC_2H_5$)은 인화의 위험성이 높은 기름으로... 증기가 대기 중에 누출될 경우 인화의 우려가 있으므로, 밀전(새지 않도록 마개를 꼭 막는 것)하여 통풍이 잘 되는 냉암소에 저장한다.

59. 다음 중 지정수량이 나머지 셋과 다른 금속은?

① Fe분
500kg

② Zn분
500kg

③ Na
10kg

④ Mg
500kg

해 지정수량은 위험물의 종류별로 위험성을 고려하여 대통령령으로 정하는 수량으로, 법령상 규제하는 위험물의 최소량을 의미한다.

60. 과산화나트륨이 물과 반응할 때의 변화를 가장 옳게 설명한 것은?

① 산화나트륨과 수소를 발생한다.
② 물을 흡수하여 탄산나트륨이 된다.
③ 산소를 방출하며 수산화나트륨이 된다.
④ 서서히 물에 녹아 과산화나트륨의 안정한 수용액이 된다.

해 과산화나트륨은 물과 반응하여 수산화나트륨과 조연성 기체인 산소를 발생한다.
$$2Na_2O_2(과산화나트륨) + 2H_2O(물) \rightarrow 4NaOH(수산화나트륨) + O_2(산소)$$

2025년 제1회 CBT 복원문제

1과목 | 물질의 물리·화학적 성질

01. 불꽃 반응 결과 노란색을 나타내는 미지의 시료를 녹인 용액에 $AgNO_3$ 용액을 넣으니 백색침전이 생겼다. 이 시료의 성분은?

① Na_2SO_4　　　　② $CaCl_2$　　　　③ $NaCl$　　　　④ KCl

해 불꽃반응 결과 노란색을 나타내는 원소는 나트륨(Na)이고, $AgNO_3$(질산은)용액을 넣었을 때에 백색침전을 만드는 할로겐원소는 염소(Cl)이므로... 미지의 시료를 녹인 용액에는 나트륨(Na)과 염소(Cl)의 화합물인 염화나트륨(NaCl)을 포함하고 있다.

$$NaCl(염화나트륨) + AgNO_3(질산은) \rightarrow NaNO_3(질산나트륨) + AgCl(염화은)$$

✏ **함께 공부**

불꽃반응 : 겉불꽃(온도가 가장 높고, 반응이 잘 일어난다) 속에 넣었을 때, 고유한 불꽃색을 나타내는 현상

02. 98% H_2SO_4 50g에서 H_2SO_4에 포함된 산소 원자수는?

① 3×10^{23}개　　　② 6×10^{23}개　　　③ 9×10^{23}개　　　④ 1.2×10^{24}개

해 1. 98% H_2SO_4(황산)의 몰(수) 계산

$$몰(수)(mol) = \frac{질량(g)}{분자량(g/mol)} = \frac{50\,g}{98\,g/mol} \times 0.98 = 0.5\,[mol]$$

2. O(산소) 원자의 몰(수) 계산

　H_2SO_4(황산) 1mol에는 O(산소) 원자 4mol이 포함되므로, H_2SO_4(황산) 0.5mol에는 O(산소) 원자 2mol이 포함된다.

3. O(산소) 원자수 계산

　∴ O(산소) 원자수 = 2mol × 6.023 × 10^{23}개/mol = 1.2 × 10^{24}개

03. AgCl의 용해도는 0.0016g/L이다. 이 AgCl의 용해도곱(solubility product)은 약 얼마인가? (단, 원자량은 각각 Ag 108, Cl 35.5이다.)

① 1.24×10^{-10} ② 2.24×10^{-10} ③ 1.12×10^{-5} ④ 4×10^{-4}

해
- AgCl(염화은)의 용해도(0.0016g/L)가 주어져 있으므로, 용해도곱상수를 구하기 위해 몰용해도(mol/L)로 환산하여야 한다.

$$\frac{0.0016\,g}{1\,L} \times \frac{1\,mol}{(108 + 35.5)\,g} = 1.115 \times 10^{-5}\ [mol/L]$$

- AgCl(염화은)염은 용액에서 AgCl → Ag^+ + Cl^- 로 이온화되는데, 이를 용해도곱상수(Ksp)로 나타내면...

$$K_{sp} = [Ag^+][Cl^-] = (1 \times 1.115 \times 10^{-5}) \times (1 \times 1.115 \times 10^{-5}) = 1.24 \times 10^{-10}$$

- $[Ag^+] = 1 \times 1.115 \times 10^{-5}\,mol/L$($Ag^+$는 1몰이 생성)
- $[Cl^-] = 1 \times 1.115 \times 10^{-5}\,mol/L$($Cl^-$는 1몰이 생성)

04. 테르밋(thermit)의 주성분은 무엇인가?

① Mg와 Al_2O_3 ② Al과 Fe_2O_3 ③ Zn과 Fe_2O_3 ④ Cr와 Al_2O_3

해 테르밋(thermit)은 금속분말[Al(알루미늄)]과 금속산화물[Fe_2O_3(산화철)]을 혼합한 물질로, 불을 붙이면 약 3,500℃의 온도를 발생하여 철 등의 용접에 사용된다.

05. 다음과 같은 경향성을 나타내지 않는 것은?

Li < Na < K

① 원자번호   ② 원자반지름
③ 제1차 이온화에너지   ④ 전자수

해 원자번호가 증가할수록 전자껍질 수가 많아지므로, 구성 원자의 반지름이 커지는데... 이 때 원자핵이 전자를 잡아당기는 힘이 상대적으로 약해지므로, 원자로부터 1개의 전자를 제거하여 양이온을 형성하는데 필요한 제1차 이온화에너지는 작아진다.

✏ **함께 공부**

① 원자번호, ② 원자반지름 및 ④ 전자수는 원자번호가 증가할수록 커진다.

06. 귀금속인 금이나 백금 등을 녹이는 왕수의 제조 비율로 옳은 것은?

① 질산 3부피 + 염산 1부피   ② 질산 3부피 + 염산 2부피

③ 질산 1부피 + 염산 3부피   ④ 질산 2부피 + 염산 3부피

📘 왕수(aqua regia, 王水)는 진한 질산과 진한 염산을 1 : 3의 비율로 혼합한 용액이다.

07. 다음은 표준 수소전극과 짝지어 얻은 반쪽반응 표준환원 전위값이다. 이들 반쪽 전지를 짝지었을 때 얻어지는 전지의 표준 전위차 $E°$는?

$$Cu^{2+} + 2e^- \rightarrow Cu \quad E^0 = +0.34V$$
$$Ni^{2+} + 2e^- \rightarrow Ni \quad E^0 = -0.23V$$

① + 0.11V   ② - 0.11V   ③ + 0.57V   ④ - 0.57V

📘 니켈(Ni)·구리(Cu) 전지의 산화, 환원반응인 "Ni + Cu^{2+} → Ni^{2+} + Cu"의 화학반응식을 위의 반쪽반응 표준환원 전위값을 조합하여 만들어보면 다음과 같다.

① $Cu^{2+} + 2e^- \rightarrow Cu \quad E^0 = +0.34V$

② $Ni^{2+} + 2e^- \rightarrow N \quad E^0 = -0.23V$

여기서, ① + (-②)를 해 보면...

① : $Cu^{2+} + 2e^- \rightarrow Cu$	$E^0 = +0.34V$
- ② : $Ni \rightarrow Ni^{2+} + 2e^-$	$E^0 = +0.23V$

① + [-②] : Ni + Cu^{2+} → Ni^{2+} + Cu $E^0 = +0.57V$

08. 다음 물질 중 이온결합을 하고 있는 것은?

① 얼음   ② 흑연

③ 다이아몬드   ④ 염화나트륨

📘 염화나트륨(NaCl)은 Na^+(나트륨 이온)과 Cl^-(염화 이온)이 정전기적 인력에 따라 결합한 이온결합 물질이다.

✏️ **함께 공부**

① 얼음(H_2O), ② 흑연(C) 및 ③ 다이아몬드(C)는 두 원자가 전자를 내어놓고 그 전자쌍을 공유하는 공유결합 물질이다.

09. 질소 2몰과 산소 3몰의 혼합기체가 나타나는 전압력이 10기압 일 때 질소의 분압은 얼마인가?

    ① 2기압   ② 4기압   ③ 8기압   ④ 10기압

해 기체의 분압은 아래의 돌턴의 분압법칙을 이용하여 구할 수 있으며, 각각의 값을 대입하면...

$$P_{질소}(분압, atm) = P_{전체}(전압, atm) \times n_{질소}(몰분율, 무차원) \rightarrow P_{질소} = 10 \times \frac{2}{5} = 4\,[atm]$$

- 전압($P_{전체}$) = 10atm
- 몰분율($n_{질소}$) $= \dfrac{질소의\ 몰수[mol]}{전체\ 몰수[mol]} = \dfrac{2몰}{2몰 + 3몰} = \dfrac{2}{5}$

10. 상온에서 1L의 순수한 물에는 H^+과 OH^-가 각각 몇 g 존재하는가? (단, H의 원자량은 1.008×10^{-7}g/mol이다.)

    ① 1.008×10^{-7}, 17.008×10^{-7} ② $1,000 \times \dfrac{1}{18}$, $1,000 \times \dfrac{17}{18}$

    ③ 18.016×10^{-7}, 18.016×10^{-7} ④ 1.008×10^{-14}, 17.008×10^{-14}

해 1. 상온에서 1L의 순수한 물은 1,000g이므로, 순수한 물 1,000g의 몰수를 구해보면...

$$몰(수)(mol) = \frac{질량(g)}{분자량(g/mol)} = \frac{1,000g}{18.024 \times 10^{-7}(g/mol)} = 1,000 \times \frac{1}{18.024 \times 10^{-7}}\,[mol]$$

- 4℃에서 물의 밀도가 1kg/L인데, 이는 4℃라는 조건이 있을 때만 1L 순수한 물은 1,000g이 되므로... 상온을 4℃로 가정한 상태에서 문제를 풀이하였습니다.
- 물(H_2O)의 분자량 계산 시에 H의 원자량이 1.008×10^{-7}g/mol로 주어져 있으므로, O의 원자량은 16.008×10^{-7}g/mol로 가정한 상태로 문제를 풀이하였습니다.

2. H^+와 OH^-의 질량을 각각 구해보면...

- H^+의 질량(g) = 몰(수)(mol) × 원자량(g/mol) $= 1,000 \times \dfrac{1}{18.024 \times 10^{-7}} \times 1.008 \times 10^{-7} = 1,000 \times \dfrac{1}{18}\,[g]$
- OH^-의 질량(g) = 몰(수)(mol) × 원자량(g/mol) $= 1,000 \times \dfrac{1}{18.024 \times 10^{-7}} \times 17.016 \times 10^{-7} = 1,000 \times \dfrac{17}{18}\,[g]$

11. 방사성 원소인 U(우라늄)이 다음과 같이 변화되었을 때의 붕괴 유형은?

$$^{238}_{92}U \rightarrow {}^{234}_{90}Th + {}^{4}_{2}He$$

    ① α 붕괴   ② β 붕괴   ③ γ 붕괴   ④ R 붕괴

해 $^{238}_{92}U$(우라늄)이 $^{234}_{90}Th$(토륨)으로 변화될 때, 원자번호가 2(92 - 90) 감소하고 질량수는 4(238 - 234) 감소하였으므로... 이는 원자 핵으로부터 α입자[헬륨(He)의 원자핵]을 방출하는 α(선) 붕괴이다.

12. 0.1M 아세트산 용액의 해리도를 구하면 약 얼마인가? (단, 아세트산의 해리상수는 $1.8×10^{-5}$이다.)

① $1.8×10^{-5}$ ② $1.8×10^{-2}$ ③ $1.3×10^{-5}$ ④ $1.3×10^{-2}$

해 아세트산 용액의 해리도(이온화도)는 아래의 공식으로 구할 수 있으며, 각각의 값을 대입해보면...

$$\alpha(\text{해리도}) = \sqrt{\frac{K_a(\text{해리 상수})}{M(\text{몰농도})}} = \sqrt{\frac{1.8 \times 10^{-5}}{0.1}} = 1.3 \times 10^{-2}$$

- K_a(해리상수) = 1.8×10^{-5} mol//L
- M(몰농도) = 0.1 mol/L

13. 중성원자가 무엇을 잃으면 양이온으로 되는가?

① 중성자 ② 핵전하 ③ 양성자 ④ 전자

해 중성원자는 원자핵과 전자로 구성되고, 원자핵 중 양성자의 (+)전하 수와 전자의 (-)전하 수는 같은데... 중성원자가 전자를 잃으면 양(+)이온이 되고, 전자를 얻으면 음(-)이온이 된다.

14. 아레니우스의 이론에 의한 산, 염기 정의에 따르면 다음 반응에서 산에 해당하는 물질은?

$$CO_3^{2-} + H_2O \leftrightarrow HCO_3^- + OH^-$$

① H_2O와 HCO_3^- ② H_2O와 CO_3^{2-} ③ CO_3^{2-}와 HCO_3^- ④ CO_3^{2-}와 OH^-

해 산은 H^+(수소이온)를 내는 물질이고, 염기는 OH^-(수산화이온)을 내는 물질이다.(아레니우스의 정의)
H_2O와 HCO_3^- : H_2O는 수용액($H^+ + OH^-$ 로 해리)에서 H^+를 내는 물질이고, HCO_3^-은 수용액($H^+ + CO_3^{2-}$ 로 해리)에서 H^+ 내는 물질이므로... 각각 산으로 작용한다.

15. 다음에서 설명하는 법칙은 무엇인가?

일정한 온도에서 비휘발성이며, 비전해질인 용질이 녹은 묽은 용액의 증기압력 내림은 일정량의 용매에 녹아 있는 용질의 몰수에 비례한다.

① 헨리의 법칙 ② 라울의 법칙
③ 아보가드로의 법칙 ④ 보일-샤를의 법칙

해 라울의 법칙(Raoult's law)은 일정한 온도에서 비휘발성이며, 비전해질인 용질이 녹은 묽은 용액의 어는점 내림(ΔT_f)과 끓는점 오름(ΔT_b)은 용질의 종류와 관계없이 일정량의 용매에 녹아 있는 용질의 몰수(몰랄농도)에 비례한다는 법칙이다.

16. 원자량이 56인 금속 M 1.12g을 산화시켜 실험식이 MxOy인 산화물 1.60g을 얻었다. x, y는 각각 얼마인가?

① x=1, y=2   ② x=2, y=3   ③ x=3, y=2   ④ x=2, y=1

해 위 산화물의 실험식(M_xO_y)은 금속(M)과 산소(O)의 몰수를 계산한 후, 원자수 비율을 비교하여 구할 수 있다.

1. 금속(M)과 산소(O)의 몰(수) 계산
- 금속(M)의 몰(수) 계산 : 몰(수) $[mol] = \dfrac{질량(g)}{원자량(g/mol)} = \dfrac{1.12\,g}{56\,g/mol} = 0.02\,[mol]$
- 산소(O)의 몰(수) 계산 : 몰(수) $[mol] = \dfrac{질량(g)}{원자량(g/mol)} = \dfrac{0.48\,g}{16\,g/mol} = 0.03\,[mol]$

2. 금속(M)과 산소(O)의 원자수 비율 비교

$$금속(M) : 산소(O) = 0.02 : 0.03 = \dfrac{0.02}{0.02} : \dfrac{0.03}{0.02} = 1 : 1.5 = 10 : 15 = 2 : 3$$

$$\therefore 구하고자 하는 산화물의 실험식 = M_2O_3 \rightarrow x = 2,\ y = 3$$

17. 다음 각 화합물 1mol이 완전연소할 때 3mol의 산소를 필요로 하는 것은?

① $CH_3 - CH_3$ ② $CH_2 = CH_2$ ③ C_6H_6 ④ $CH \equiv CH$

해 에틸렌(C_2H_4) 1mol이 완전 연소하면 이산화탄소 및 물을 2mol을 생성하며, 이 때 산소는 3mol이 필요하다.

$$C_2H_4(에틸렌) + 3O_2(산소) \rightarrow 2CO_2(이산화탄소) + 2H_2O(물)$$

✏ **함께 공부**

① C_2H_6(에탄) : $C_2H_6 + 3.5O_2 \rightarrow 2CO_2 + 3H_2O$
③ C_6H_6(벤젠) : $C_6H_6 + 7.5O_2 \rightarrow 6CO_2 + 3H_2O$
④ C_2H_2(아세틸렌) : $C_2H_2 + 1.5O_2 \rightarrow 2CO_2 + H_2O$

18. ns^2np^5의 전자구조를 가지지 않는 것은?

① F(원자번호 9)   ② Cl(원자번호 17)   ③ Se(원자번호 34)   ④ I(원자번호 53)

해 ns^2np^5는 n번째 껍질에 최외각 전자수가 7개인 17족(할로젠족) 원소를 의미하며... 17족 원자에는 F, Cl, Br, I 등이 있다.

19. 메탄에 염소를 작용시켜 클로로포름을 만드는 반응을 무엇이라 하는가?

① 중화반응　　　　　② 부가반응　　　　　③ 치환반응　　　　　④ 환원반응

> 해 클로로포름은 메탄의 수소 원자 3개가 염소 원자 3개로 바뀐 치환반응에 의해 만들어진 화합물이다.
>
> $$CH_4(메탄) + 3Cl_2(염소) \rightarrow CHCl_3(클로로포름) + 3HCl(염화수소)$$

20. 황산구리(II) 수용액을 전기분해할 때 63.5g의 구리를 석출시키는데 필요한 전기량은 몇 F인가? (단, Cu의 원자량은 63.5이다.)

① 0.635F　　　　　② 1F　　　　　③ 2F　　　　　④ 63.5F

> 해 1. 1F(패러데이)
>   어떤 물질 1g당량을 석출하기 위해 필요한 전기량인 96,500C(쿨롱)을 의미하므로, 구리(Cu) 1g당량을 석출하기 위해서는 1F(96,500C)의 전기량이 필요하게 된다.
>
> 2. 전기량 계산
>
> $$31.75g(구리\ 1g당량) : 1F = 63.5g : \chi F \rightarrow \chi = \frac{1F}{31.75g} \times 63.5g = 2[F]$$
>
> - 구리 1g 당량 $= \dfrac{원자량}{원자가} = \dfrac{63.5g}{2} = 31.75g\ [구리(Cu)의\ 원자가 = +2]$

2 과목 | 화재예방과 소화방법

21. 위험물안전관리법령상 이동저장탱크(압력탱크)에 대해 실시하는 수압시험은 용접부에 대한 어떤 시험으로 대신할 수 있는가?

① 비파괴시험과 기밀시험　　　　　② 비파괴시험과 충수시험
③ 충수시험과 기밀시험　　　　　④ 방폭시험과 충수시험

> 해 위험물안전관리법령상 이동저장탱크 중 압력탱크 외의 탱크는 70kPa의 압력으로, 압력탱크는 최대상용압력의 1.5배의 압력으로, 각각 10분간의 수압시험을 실시하여 새거나 변형되지 아니하여야 하며… 이 경우 수압시험은 용접부에 대한 비파괴시험과 기밀시험으로 대신할 수 있다.

22. 불활성가스소화약제 중 IG-55의 구성성분을 모두 나타낸 것은?

① 질소

② 이산화탄소

③ 질소와 아르곤

④ 질소, 아르곤, 아산화탄소

> 해 "IG-55"는 할로겐화합물 및 불활성기체 소화설비에서 사용하는 불연성·불활성기체혼합가스 소화약제로... 그 성분비는 N_2(질소):50%, Ar(아르곤):50% 이다.

23. 복수의 성상을 가지는 위험물에 대한 품명지정의 기준상 유별의 연결이 틀린 것은?

① 산화성고체의 성상 및 가연성고체의 성상을 가지는 경우 : 가연성고체

② 산화성고체의 성상 및 자기반응성물질의 성상을 가지는 경우 : 자기반응성물질

③ 가연성고체의 성상과 자연발화성물질의 성상 및 금수성물질의 성상을 가지는 경우 : 자연 발화성물질 및 금수성물질

④ 인화성액체의 성상 및 자기반응성물질의 성상을 가지는 경우 : 인화성액체

> 해 위험물안전관리법령에 따르면, 성상을 2가지 이상 포함하는 물품(복수성상물품)이 속하는 품명은 다음에 의한다.
>
> | 성상 1 | 성상 2 | 복수성상물품이 속하는 품명 |
> |---|---|---|
> | 산화성 고체 | 가연성 고체 | 가연성 고체 |
> | 산화성 고체 | 자기반응성 물질 | 자기반응성 물질 |
> | 가연성 고체 | 자연발화성 물질 및 금수성 물질 | 자연발화성 물질 및 금수성 물질 |
> | 자연발화성 물질 및 금수성 물질 | 인화성 액체 | 자연발화성 물질 및 금수성 물질 |
> | 인화성 액체 | 자기반응성 물질 | 자기반응성 물질 |

24. 분말소화약제인 탄산수소나트륨 10㎏이 1기압, 270℃에서 방사되었을 때 발생하는 이산화탄소의 양은 약 몇 ㎥인가?

① 2.65   ② 3.65   ③ 18.22   ④ 36.44

> **해** 1. 문제의 이해
>   제1종 분말소화약제의 주성분인 탄산수소나트륨이 열분해 되면 탄산가스가 생성되는데, 그 이산화탄소가 얼마의 부피로 생성되는지 구하는 문제로... 이는 화학반응식에서 질량보존의 법칙, 아보가드로의 법칙 및 이상기체 상태방정식을 적용한 후 구할 수 있다.
> 2. 화학반응식
>
> $$2NaHCO_3(탄산수소나트륨) \rightarrow Na_2CO_3(탄산나트륨) + CO_2(탄산가스=이산화탄소) + H_2O(물)$$
>
> | $2 \times 84kg$ | : | $44kg$ |
> | $10kg$ | : | χkg |
>
> $$\chi kg = \frac{44kg}{2 \times 84kg} \times 10kg = 2.62kg$$
>
> 3. 이상기체 상태방정식
>
> $$PV = nRT = \frac{W}{M}RT \;\rightarrow\; V = \frac{WRT}{PM} = \frac{2.62 \times 0.082 \times 543}{1 \times 44} = 2.65㎥$$
>
> - 압력(P) = 1atm
> - 이산화탄소(CO_2) 분자량(M) = 44kg/kmol
> - 질량(W) = 2.62kg
> - R(기체정수) = 0.082atm · ㎥/kmol · K
> - 절대온도(T) = 270℃ + 273 = 543K

25. 제조소 건축물로 외벽이 내화구조인 것의 1소요단위는 연면적이 몇 ㎡인가?

① 50   ② 100   ③ 150   ④ 1,000

> **해** 제조소등 건축물의 소요단위 산정
>
> | 구분 | 외벽이 내화구조 | 외벽이 내화구조가 아닌 것 |
> |---|---|---|
> | 제조소 | 연면적 100㎡를 1소요단위 | 연면적 50㎡를 1소요단위 |
> | 취급소 | | |
> | 저장소 | 연면적 150㎡를 1소요단위 | 연면적 75㎡를 1소요단위 |

26. 소화 효과에 대한 설명으로 옳지 않은 것은?

① 산소공급원 차단에 의한 소화는 제거효과이다.
② 가연물질의 온도를 떨어뜨려서 소화하는 것은 냉각효과이다.
③ 촛불을 입으로 바람을 불어 끄는 것은 제거효과이다.
④ 물에 의한 소화는 냉각효과이다.

해 질식소화는 가연물이 연소할 때 공기 중의 산소농도(일반적으로 21%)를 15%이하로 떨어뜨려 연소를 중단시키는 소화 방법이다.

27. 드라이아이스 1kg이 완전히 기화하면 약 몇 몰의 이산화탄소가 되겠는가?

① 22.7　　　　　② 51.3　　　　　③ 230.1　　　　　④ 515.0

해 1. 문제의 이해
　드라이아이스가 기화하면 이산화탄소가 생성되는데, 그 이산화탄소가 몇 몰 생성되는지 구하는 문제로... 이는 화학반응식에서 몰수 관계와 질량 보존의 법칙을 적용한 후 비례식을 통해 구할 수 있다.
　2. 화학반응식

$$CO_2(s)(드라이아이스) \rightarrow CO_2(g)(이산화탄소)$$

$$44g \quad : \quad 1몰$$
$$1,000g \quad : \quad \chi몰$$

$$\chi몰 = \frac{1몰}{44g} \times 1,000g = 22.73\,몰$$

28. 위험물안전관리법령상 알칼리금속과산화물의 화재에 적응성이 없는 소화설비는?

① 건조사　　　　　　　　　　　② 물통
③ 탄산수소염류 분말소화설비　　④ 팽창질석

해 알칼리금속의 과산화물은 가스와 반응하여 발화의 위험성이 있거나, 물과 접촉하여 가연성가스를 발생하는 위험성이 있으므로, 화재 시에 물 또는 가스와 관련된 소화설비로 소화할 수 없고... 탄산수소염류(금속화재용) 분말소화설비, 건조사(마른모래), 팽창질석, 팽창진주암 등에 의한 질식소화를 한다.

29. 수성막포소화약제에 대한 설명으로 옳은 것은?

① 물보다 비중이 작은 유류의 화재에는 사용할 수 없다.
② 계면활성제를 사용하지 않고 수성의 막을 이용한다.
③ 내열성이 뛰어나고 고온의 화재일수록 효과적이다.
④ 일반적으로 불소계 계면활성제를 사용한다.

> 해 수성막포는 플루오린계(불소계) 계면활성제로... AFFF 라고도 하며, 상품명은 Light Water이다.

30. 제1류 위험물 중 알칼리금속의 과산화물을 저장 또는 취급하는 위험물제조소에 표시하여야 하는 주의사항은?

① 화기엄금   ② 물기엄금   ③ 화기주의   ④ 물기주의

> 해 위험물제조소의 주의사항을 표시한 게시판

유별		주의사항	색상
제1류 위험물	알칼리금속의 과산화물	물기엄금	청색바탕에 백색문자
	그 밖의 것	–	–

31. 강화액 소화기에 대한 설명으로 옳은 것은?

① 물의 유동성을 강화하기 위한 유화제를 첨가한 소화기이다.
② 물의 표면장력을 강화하기 위해 탄소를 첨가한 소화기이다.
③ 산 · 알칼리 액을 주성분으로 하는 소화기이다.
④ 물의 소화효과를 높이기 위해 염류를 첨가한 소화기이다.

> 해 강화액소화기는 물의 소화능력을 향상시키기 위해 탄산칼륨(K_2CO_3) 등의 알칼리 금속염을 첨가하고, 물의 표면장력(액체의 표면에서 그 표면적을 작게 하도록 작용하는 힘)을 약화시켜 만든 소화기를 말하는데... 냉각, 질식, 억제, 유화 등의 소화효과를 기대할 수 있다.

32. 스프링클러설비에 관한 설명으로 옳지 않은 것은?

① 초기화재 진화에 효과가 있다.
② 살수밀도와 무관하게 제4류 위험물에는 적응성이 없다.
③ 제1류 위험물 중 알칼리금속과산화물에는 적응성이 없다.
④ 제5류 위험물에는 적응성이 있다.

해 스프링클러설비는 헤드를 통해 소화수를 방수하여 소화하는 자동식 수계소화설비를 말하는데... 원칙적으로 제4류 위험물에는 적응성이 없지만(유류에 화재가 발생할 때, 주수소화는 화재면의 확대 위험성이 있으므로), 제4류 위험물을 저장 또는 취급하는 장소의 살수기준 면적에 따라 스프링클러설비의 살수밀도가 법에서 정하는 기준 이상인 경우에는 예외적으로 당해 스프링클러설비가 제4류 위험물에 대하여 적응성이 있다.

33. 위험물제조소등에 펌프를 이용한 가압송수장치를 사용하는 옥내소화전을 설치하는 경우 펌프의 전양정은 몇 m인가? (단, 소방용 호스의 마찰손실수두는 6m, 배관의 마찰손실수두는 1.7m, 낙차는 32m이다.)

① 56.7　　　　　② 74.7　　　　　③ 64.7　　　　　④ 39.87

해 옥내소화전설비의 기준에서 펌프를 이용한 가압송수장치의 경우 펌프의 전양정 H는 다음 식에 의하여 구한 수치 이상으로 해야 한다.

$$H = h_1 + h_2 + h_3 + 35m$$

- H : 펌프의 전양정 (m)
- h_1 : 소방용 호스의 마찰손실수두 (m)
- h_2 : 배관의 마찰손실수두 (m)
- h_3 : 낙차 (m)
- 35m : 방사압력 환산수두 (m)

∴ 펌프의 전양정 = $h_1 + h_2 + h_3 + 35m$ = 6m + 1.7m + 32m + 35m = 74.7m

34. 위험물제조소등에 설치하는 자동화재탐지설비의 설치기준으로 틀린 것은?

① 원칙적으로 경계구역은 건축물의 2 이상의 층에 걸치지 아니하도록 한다.
② 원칙적으로 상층이 있는 경우에는 감지기 설치를 하지 않을 수 있다.
③ 원칙적으로 하나의 경계구역의 면적은 600㎡ 이하로 하고 그 한 변의 길이는 50m 이하로 한다.
④ 비상전원을 설치하여야 한다.

해 위험물안전관리법령에 따르면, 자동화재탐지설비의 감지기(옥외탱크저장소에 설치하는 자동화재탐지설비의 감지기는 제외)는 지붕(상층이 있는 경우에는 상층의 바닥) 또는 벽의 옥내에 면한 부분(천장이 있는 경우에는 천장 또는 벽의 옥내에 면한 부분 및 천장의 뒷부분)에 유효하게 화재의 발생을 감지할 수 있도록 설치하여야 한다.

35. 인화점이 70℃ 이상인 제4류 위험물을 저장·취급하는 소화난이도등급 Ⅰ의 옥외탱크저장소(지중 탱크 또는 해상탱크 외의 것)에 설치하는 소화설비는?

① 스프링클러소화설비　　　　　　　　② 물분무소화설비
③ 간이소화설비　　　　　　　　　　　④ 분말소화설비

해 소화난이도등급 Ⅰ의 제조소등에 설치하여야 하는 소화설비

제조소등의 구분			소화설비
옥외 탱크 저장소	지중탱크 또는 해상탱크 외의 것	황만을 저장 취급하는 것	물분무소화설비
		인화점 70℃ 이상의 제4류 위험물만을 저장·취급하는 것	물분무소화설비 또는 고정식 포소화설비
		그 밖의 것	고정식 포소화설비(포소화설비가 적응성이 없는 경우에는 분말소화설비)

36. 위험물제조소에 옥내소화전이 가장 많이 설치된 층의 옥내소화전 설치개수가 2개이다. 위험물안전 관리법령의 옥내소화전설비 설치기준에 의하면 수원의 수량은 얼마 이상이 되어야 하는가?

① 7.8㎥　　　　　　② 15.6㎥　　　　　　③ 20.6㎥　　　　　　④ 78㎥

해 • 옥내소화전설비의 수원의 수량은 옥내소화전이 가장 많이 설치된 층의 옥내소화전 설치개수(설치개수가 5개 이상인 경우는 5개)에 7.8㎥를 곱한 양 이상이 되도록 설치해야 한다.
　• 옥내소화전설비 수원의 수량 = 최대층 소화전 수(최대 5개까지만) × 7.8㎥ = 2 × 7.8㎥ = 15.6㎥ 이상

37. Na_2O_2와 반응하여 제6류 위험물을 생성하는 것은?

① 아세트산　　　　　　② 물　　　　　　③ 이산화탄소　　　　　　④ 일산화탄소

해 과산화나트륨은 아세트산과 반응하여 아세트산나트륨과 제6류 위험물인 과산화수소를 발생한다.
　Na_2O_2(과산화나트륨) + $2CH_3COOH$(아세트산) → $2CH_3COONa$(아세트산나트륨) + H_2O_2(과산화수소)

✏ **함께 공부**

② $2Na_2O_2$(과산화나트륨) + $2H_2O$(물) → $4NaOH$(수산화나트륨) + O_2(산소)
③ $2Na_2O_2$(과산화나트륨) + $2CO_2$(이산화탄소) → $2Na_2CO_3$(탄산나트륨) + O_2(산소)
④ Na_2O_2(과산화나트륨) + CO(일산화탄소) → Na_2CO_3(탄산나트륨)

38. 위험물안전관리법령상 마른 모래(삽 1개 포함) 50L의 능력단위는?

① 0.3　　　　　　　② 0.5　　　　　　　③ 1.0　　　　　　　④ 1.5

해 소화설비의 능력단위

소화설비	용량	능력단위
마른 모래(삽 1개 포함)	50L	0.5
팽창질석 또는 팽창진주암(삽 1개 포함)	160L	1.0

39. A약제인 $NaHCO_3$와 B약제인 $Al_2(SO_4)_3$로 되어 있는 소화기는?

① 산 · 알칼리소화기　　　　　　② 드라이케미칼소화기
③ 탄산가스소화기　　　　　　　④ 화학포소화기

해 화학포소화기는 소화기 내에 탄산수소나트륨과 황산알루미늄 수용액을 따로 저장하고 있다가 서로 혼합되면 화학반응에 의해 다량의 이산화탄소가 발생하여 그 압력으로 약제를 방사해 화재를 진압하는 소화기이다.

$$6NaHCO_3(탄산수소나트륨) + Al_2(SO_4)_3(황산알루미늄) + 18H_2O(물)$$
$$\rightarrow 6CO_2(이산화탄소) + 2Al(OH)_3(수산화알루미늄) + 3Na_2SO_4(황산나트륨) + 18H_2O(물)$$

40. 다음 중 Ca_3P_2화재 시 가장 적합한 소화방법은?

① 마른 모래로 덮어 소화한다.　　　② 봉상의 물로 소화한다.
③ 화학포 소화기로 소화한다.　　　④ 산 · 알칼리 소화기로 소화한다.

해 인화칼슘(Ca_3P_2)은 가스와 반응하여 발화의 위험성이 있거나, 물과 접촉하여 가연성가스를 발생하는 위험성이 있으므로, 화재 시에 물 또는 가스와 관련된 소화설비로 소화할 수 없고... 탄산수소염류(금속화재용) 분말소화설비, 건조사(마른모래), 팽창질석, 팽창진주암 등에 의한 질식소화를 한다.

41. 위험물안전관리법령상 $C_6H_2(NO_2)_3OH$의 품명에 해당하는 것은?

① 유기과산화물

② 질산에스터류

③ 나이트로화합물

④ 아조화합물

> 해 $C_6H_2(NO_2)_3OH$(트라이나이트로페놀＝피크린산＝TNP)은 가연물질 내에 산소를 함유하고 있어 스스로 폭발적으로 반응하는 물질로, 품명(대통령령으로 정하는 위험물의 종류별 명칭)은 나이트로화합물이다.

42. 염소산칼륨이 고온에서 완전 열분해할 때 주로 생성되는 물질은?

① 칼륨과 물 및 산소

② 염화칼륨과 산소

③ 이염화칼륨과 수소

④ 칼륨과 물

> 해 염소산칼륨은 산소공급원의 기능을 하는 고체로, 고온에서 열분해하여 염화칼륨과 조연성 기체인 산소를 생성한다.
>
> $$2KClO_3(염소산칼륨) \rightarrow 2KCl(염화칼륨) + 3O_2(산소)$$

43. 제4류 위험물 중 제1석유류란 1기압에서 인화점이 몇 ℃인 것을 말하는가?

① 21℃ 미만

② 21℃ 이상

③ 70℃ 미만

④ 70℃ 이상

> 해 위험물안전관리법령상 "제1석유류"라 함은 아세톤, 휘발유 그 밖에 1기압에서 인화점이 21℃ 미만인 것을 말한다.

44. 다음과 같은 성질을 갖는 위험물로 예상할 수 있는 것은?

- 지정수량 : 400L	- 증기비중 : 2.07
- 인화점 : 12℃	- 녹는점 : -89.5℃

① 메탄올
③ 아이소프로필알코올

② 벤젠
④ 휘발유

> 해 1. 지정수량 및 증기비중의 비교
> * 지정수량
>   - ② 벤젠 및 ④ 휘발유는 제1석유류 중 비수용성이므로, 지정수량은 200L가 되어 답에서 제외된다.
>   - ① 메탄올 및 ③ 아이소프로필알코올은 알코올류이므로, 지정수량은 400L가 되어 답에 포함된다.
> * 증기비중(해당 기체의 분자량을 공기 분자량(29)으로 나누어 구한다)
>
> | 종류 | 화학식(분자식) | 분자량 계산 | 증기비중 계산 |
> |---|---|---|---|
> | 메탄올 | CH_3OH | 12 + (1×4) + 16 = 32 | 32/29 = 1.10 |
> | 아이소프로필알코올 | C_3H_7OH | (12×3) + (1×8) + 16 = 60 | 60/29 = 2.07 |
>
> 2. 위의 지정수량 및 증기비중을 모두 만족하는 것은 아이소프로필알코올이다.

45. 황린이 자연발화하기 쉬운 이유에 대한 설명으로 가장 타당한 것은?

① 끓는점이 낮고 증기압이 높기 때문에
② 인화점이 낮고 조연성 물질이기 때문에
③ 조해성이 강하고 공기 중의 수분에 의해 쉽게 분해되기 때문에
④ 산소와 친화력이 강하고 발화온도가 낮기 때문에

> 해 황린(P_4)은 착화온도(34℃)가 낮고, 산소와의 결합력이 강하므로, 공기와 접촉하면 자연발화 한다.

46. 아세트알데하이드의 저장 시 주의할 사항으로 틀린 것은?

① 구리나 마그네슘 합금 용기에 저장한다.
③ 용기의 파손에 유의한다.

② 화기를 가까이 하지 않는다.
④ 찬 곳에 저장한다.

> 해 아세트알데히드(CH_3CHO)는 인화의 위험성이 높은 기름으로, 저장 시에는 은·수은·동(구리)·마그네슘 또는 이들을 성분으로 하는 합금으로 된 용기를 사용하지 아니하고(폭발성의 아세틸레이트를 생성하므로), 불연성의 가스로 봉입하여 통풍이 잘 되는 곳에 저장한다.

47. 물과 접촉하였을 때 에탄이 발생되는 물질은?

① CaC_2 ② $(C_2H_5)_3Al$ ③ $C_6H_3(NO_2)_3$ ④ $C_2H_5ONO_2$

해 트라이에틸알루미늄은 물과 반응하여 수산화알루미늄과 가연성 기체인 에탄을 발생한다.

$(C_2H_5)_3Al$(트라이에틸알루미늄) + $3H_2O$(물) → $Al(OH)_3$(수산화알루미늄) + $3C_2H_6$(에탄)

✎ 함께 공부

① CaC_2(탄화칼슘) + $2H_2O$(물) → $Ca(OH)_2$(수산화칼슘) + C_2H_2(아세틸렌)
③ 트라이나이트로벤젠 및 ④ 질산에틸은 물에 녹지 않으므로, 물과 반응하지 않는다.

48. 고체위험물은 운반용기 내용적의 몇 % 이하의 수납율로 수납하여야 하는가?

① 90   ② 95   ③ 98   ④ 99

해 위험물안전관리법령에 따르면, 고체위험물은 운반용기 내용적의 95% 이하의 수납율로 수납하여야 한다.

49. 질산암모늄이 가열분해하여 폭발이 되었을 때 발생되는 물질이 아닌 것은?

① 질소   ② 물   ③ 산소   ④ 수소

해 질산암모늄은 산소를 함유하고 있어 산소공급원의 역할을 하는 고체로... 열분해하여 질소, 산소 및 물을 생성한다.

$2NH_4NO_3$(질산암모늄) → $2N_2$(질소) + O_2(산소) + $4H_2O$(물)

50. 물과 접촉하면 위험한 물질로만 나열된 것은?

① CH_3CHO, CaC_2, $NaClO_4$ ② K_2O_2, $K_2Cr_2O_7$, CH_3CHO
③ K_2O_2, Na, CaC_2 ④ Na, $K_2Cr_2O_7$, $NaClO_4$

해 K_2O_2(과산화칼륨), Na(나트륨) 및 CaC_2(탄화칼슘)은 물과 접촉하여 조연성 또는 가연성 가스를 발생하므로, 매우 위험하다.

✎ 함께 공부

①, ② 및 ④의 위험물 중에서 CH_3CHO(아세트알데하이드), $NaClO_4$(과염소산나트륨) 및 $K_2Cr_2O_7$(다이크로뮴산칼륨)은 모두 물에 잘 녹으므로, 물과 접촉할 때 위험하지 않다.

51. 적린에 대한 설명으로 옳은 것은?

① 발화 방지를 위해 염소산칼륨과 함께 보관한다.
② 물과 격렬하게 반응하여 열을 발생한다.
③ 공기 중에 방치하면 자연발화한다.
④ 산화제와 혼합한 경우 마찰·충격에 의해서 발화한다.

해 적린(P)은 불에 타는 가연성고체 물질로, 강산화제인 염소산칼륨($KClO_3$) 등과 혼합하면 충격·마찰에 의해 발화할 수 있다.

✏️ **함께 공부**

① 산화제인 염소산칼륨과 함께 보관하면 안 된다.
② 물과는 반응하지 않는다.
③ 착화점이 260℃이므로, 공기 중에 방치해도 화학적으로 안정하여 자연발화 하지 않는다.

---

52. 4몰의 나이트로글리세린이 고온에서 열분해·폭발하여 이산화탄소, 수증기, 질소, 산소의 4가지 가스를 생성할 때 발생되는 가스의 총 몰수는?

① 28　　　　　　② 29　　　　　　③ 30　　　　　　④ 31

해 나이트로글리세린은 고온에서 열분해·폭발하여 이산화탄소, 질소, 산소 및 수증기를 발생한다.

$4C_3H_5(ONO_2)_3$(나이트로글리세린) → $12CO_2$(이산화탄소) + $6N_2$(질소) + O_2(산소) + $10H_2O$(수증기)

∴ 생성 시 발생되는 가스의 총 몰수 = 12 + 6 + 1 + 10 = 29

---

53. 물보다 무겁고 비수용성인 위험물로 이루어진 것은?

① 이황화탄소, 나이트로벤젠, 클레오소트유　② 이황화탄소, 글리세린, 클로로벤젠
　　　　　　　　　　　　　　　　　　　　　　　무겁고 수용성

③ 에틸렌글리콜, 나이트로벤젠, 의산메틸　④ 초산메틸, 클로로벤젠, 클레오소트유
　무겁고 수용성　　　　　가볍고 비수용성　　　가볍고 비수용성

해 이황화탄소(1.26), 나이트로벤젠(1.2) 및 클레오소트유(1.05)는 비중이 물(1)보다 커서 무겁고, 물에 녹지 않는 비수용성인 위험물이다.

54. 어떤 공장에서 아세톤과 메탄올을 18L 용기에 각각 10개, 등유를 200L 드럼으로 3드럼을 저장하고 있다면 각각의 지정수량 배수의 총합은 얼마인가?

① 1.3　　　　　② 1.5　　　　　③ 2.3　　　　　④ 2.5

해 지정수량 배수의 합 $= \dfrac{\text{제1석유류(수용성)의 저장수량}}{\text{제1석유류(수용성)의 지정수량}} + \dfrac{\text{알코올류의 저장수량}}{\text{알코올류의 지정수량}} + \dfrac{\text{제2석유류(비수용성)의 저장수량}}{\text{제2석유류(비수용성)의 지정수량}}$

$= \dfrac{18L \times 10}{400L} + \dfrac{18L \times 10}{400L} + \dfrac{200L \times 3}{1,000L} = 0.45 + 0.45 + 0.6 = 1.5$

- 아세톤의 지정수량 : 400L
- 메탄올의 지정수량 : 400L
- 등유의 지정수량 : 1,000L

55. $KClO_4$에 관한 설명으로 옳지 못한 것은?

① 순수한 것은 황색의 사방정계결정이다.　　② 비중은 약 2.52이다.
③ 녹는점은 약 610℃이다.　　④ 열분해하면 산소와 염화칼륨으로 분해된다.

해 $KClO_4$(과염소산칼륨)은 산소를 함유하고 있어 가연물과 접촉 시 산소공급원의 역할을 하는 고체로, 무색·무취의 결정이다.

56. 옥외저장탱크를 강철판으로 제작할 경우 두께기준은 몇 ㎜ 이상인가? (단, 특정옥외저장탱크 및 준특정 옥외저장탱크는 제외한다.)

① 1.2　　　　　② 2.2　　　　　③ 3.2　　　　　④ 4.2

해 옥외저장탱크는 특정옥외저장탱크 및 준특정옥외저장탱크 외에, 두께 3.2㎜ 이상의 강철판 또는 소방청장이 정하여 고시하는 규격에 적합한 재료로 틈이 없도록 제작하여야 한다.

57. 위험물안전관리법령상 제4류 위험물 옥외저장탱크의 대기밸브부착 통기관은 몇 kPa 이하의 압력 차이로 작동할 수 있어야 하는가?

① 2　　　　　② 3　　　　　③ 4　　　　　④ 5

해 위험물안전관리법령상 제4류 위험물 옥외저장탱크의 대기밸브부착 통기관은 5㎪ 이하의 압력차이로 작동할 수 있어야 한다.

58. 제조소에서 위험물을 취급함에 있어서 정전기를 유효하게 제거할 수 있는 방법으로 가장 거리가 먼 것은?

① 접지에 의한 방법
② 공기 중의 상대습도를 70% 이상으로 하는 방법
③ 공기를 이온화하는 방법
④ 부도체 재료를 사용하는 방법

해 위험물안전관리법령에 따르면, 위험물을 취급함에 있어서 정전기가 발생할 우려가 있는 설비에는 다음에 해당하는 방법으로 정전기를 유효하게 제거할 수 있는 설비를 설치하여야 한다.
• 접지에 의한 방법
• 공기 중의 상대습도를 70% 이상으로 하는 방법
• 공기를 이온화하는 방법

59. 다음 그림은 제5류 위험물 중 유기과산화물을 저장하는 옥내저장소의 저장창고를 개략적으로 보여주고 있다. 창과 바닥으로부터 높이(a)와 하나의 창의 면적(b)은 각각 얼마로 하여야 하는가? (단, 이 저장창고의 바닥 면적은 150㎡ 이내이다.)

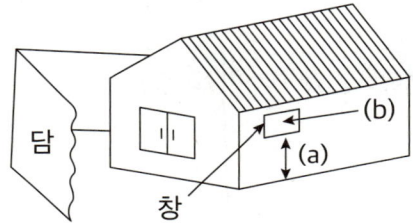

① (a) 2m 이상, (b) 0.6㎡ 이내
② (a) 3m 이상, (b) 0.4㎡ 이내
③ (a) 2m 이상, (b) 0.4㎡ 이내
④ (a) 3m 이상, (b) 0.6㎡ 이내

해 위험물안전관리법령상 유기과산화물을 저장하는 옥내저장소 저장창고의 창은… 바닥면으로부터 2m 이상의 높이에 두되, 하나의 벽면에 두는 창의 면적의 합계를 당해 벽면의 면적의 80분의 1 이내로 하고, 하나의 창의 면적을 0.4㎡ 이내로 해야 한다.

60. 위험물을 저장 또는 취급하는 탱크의 용량산정 방법에 관한 설명으로 옳은 것은?

① 탱크의 내용적에서 공간용적을 뺀 용적으로 한다.
② 탱크의 공간용적에서 내용적을 뺀 용적으로 한다.
③ 탱크의 공간용적에 내용적을 더한 용적으로 한다.
④ 탱크의 볼록하거나 오목한 부분을 뺀 용적으로 한다.

해 위험물을 저장 또는 취급하는 탱크의 용량(위험물을 채울 수 있는 양)은 해당 탱크의 내용적(탱크 전체)에서 공간용적(비어있는 공간)을 뺀 용적으로 한다.

2025년 제2회 CBT 복원문제

1과목 | 물질의 물리 · 화학적 성질

01. 다음 중 침전을 형성하는 조건은?

① 이온곱 > 용해도곱

② 이온곱 = 용해도곱

③ 이온곱 < 용해도곱

④ 이온곱 + 용해도곱 = 1

> 해 **침전의 형성**
> - 이온곱(K_w) > 용해도곱(K_{sp}) : 과포화 용액이 포화 용액이 될 때까지 침전이 형성된다.
> - 이온곱(K_w) = 용해도곱(K_{sp}) : 용액이 포화 용액이므로, 아무런 변화가 없다.
> - 이온곱(K_w) < 용해도곱(K_{sp}) : 불포화 용액이 포화 용액이 될 때까지 계속 용해된다.
>
> **암기팁!** 침전 형성 조건 : 가수 이(이온곱)용(용해도곱)이 큰(크다) 침(침전)을 맞고 있다.

02. 다음 pH 값에서 알칼리성이 가장 큰 것은?

① pH = 1

② pH = 6

③ pH = 8

④ pH = 13

> 해 pH(수소이온농도지수)는 어떤 용액의 산성도나 염기성(알칼리성)도를 의미한다.
>
>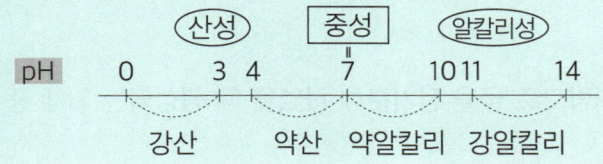

03. 메틸알코올과 에틸알코올이 각각 다른 시험관에 들어있다. 이 두 가지를 구별할 수 있는 실험 방법은?

① 금속 나트륨을 넣어본다.
② 환원시켜 생성물을 비교하여 본다.
③ KOH와 I_2의 혼합 용액을 넣고 가열하여 본다.
④ 산화시켜 나온 물질에 은거울 반응시켜 본다.

> 해 메틸알코올과 에틸알코올은 둘 다 무색투명한 액체로 육안으로 구별이 어렵지만, 각각의 시험관에 KOH(수산화칼륨)와 I_2(아이오딘)의 혼합 용액을 넣고 가열하면... 메틸알코올이 들어있는 시험관은 아무런 변화가 없고, 에틸알코올이 들어있는 시험관은 노란색의 침전물이 발생하여 이 두 가지를 구별한다.

04. 기체상태의 염화수소는 어떤 화학결합으로 이루어진 화합물인가?

① 극성 공유결합　　　　　　　　② 이온 결합
③ 비극성 공유결합　　　　　　　④ 배위 공유결합

> 해 염화수소는 염소 원자와 수소 원자가 전자를 내어놓고 그 전자쌍을 공유하는 공유결합으로 이루어져 있는데... 염소의 전기음성도가 수소의 전기음성도보다 커서 염소는 부분적으로 (−)전하를 띠고, 수소는 부분적으로 (+)전하를 띠게 된다. 즉, 염화수소는 극성을 가지게 된다.

05. 다음 물질 중 비점이 약 197℃인 무색 액체이고, 약간 단맛이 있으며 부동액의 원료로 사용하는 것은?

① CH_3CHCl_2　　　② CH_3COCH_3　　　③ $(CH_3)_2CO$　　　④ $C_2H_4(OH)_2$

> 해 에틸렌글리콜[$C_2H_4(OH)_2$]은 인화의 위험성이 높은 기름으로... 비점(끓는점)이 약 197℃이고, 무색의 단맛이 나는 액체이며, 부동액의 원료로 사용한다.

06. 1패러데이(Faraday)의 전기량으로 물을 전기분해 하였을 때 생성되는 기체 중 산소 기체는 0℃, 1기압에서 몇 L인가?

① 5.6　　　　　　② 11.2　　　　　　③ 22.4　　　　　　④ 44.8

> 해 1패러데이(F)의 전기량으로 물을 전기분해하면, (−)극에서 수소 1g당량과 (+)극에서 산소 1g당량이 발생하게 되므로... 산소 1g 당량에 해당하는 산소 0.25mol의 부피는 0.5mol × 22.4L/mol = 5.6L이다.
>
> • 산소 1g당량은 $8g(\dfrac{원자량(g)}{원자가} = \dfrac{16g}{2} = 8[g])$이며, 이 때 산소의 몰수는 $0.25mol(\dfrac{질량(g)}{분자량(g/mol)} = \dfrac{8}{32} = 0.25[mol])$이다.

> **암기팁!** 물의 전기분해 : 부(+)산(산소)에서 오륙(5.6)도까지... 마(−)스(수소)크 쓰고 열심히(112) 걸었다.

07. 다음 물질 중 동소체의 관계가 아닌 것은?

① 흑연과 다이아몬드　　　　　　② 산소와 오존
③ 수소와 중수소　　　　　　　　④ 황린과 적린

해 수소($_1^1H$)와 중수소($_1^2H$)는 원자번호가 같으나[수소(H) : 1, 중수소(H) : 1] 질량수가 다른[수소(H) : 1, 중수소(H) : 2] 동위원소로, 화학적 성질은 같지만 물리적 성질이 다르다.

✎ **함께 공부**

동소체 : 같은 원소로 되어 있으나 성질과 모양이 다른 단체로, 연소생성물이 동일한 물질을 의미하는데... 산소(O_2)와 오존(O_3), 황린(P_4)과 적린(P), 흑연(C)과 다이아몬드(C) 등이 이에 해당한다.

08. 방사선에서 γ선과 비교한 α선에 대한 설명 중 틀린 것은?

① γ선보다 투과력이 강하다.　　　　② γ선보다 형광작용이 강하다.
③ γ선보다 감광작용이 강하다.　　　　④ γ선보다 전리작용이 강하다.

해 방사선은 불안정한 원소가 안정한 다른 원소로 전환할 때 방출되는 전자기파로써... 종류에는 α선, β선 및 선이 있다.
- α선 : 양전하($\oplus$전기)를 띄는 헬륨 원자핵의 이동으로... γ선보다 감광작용, 형광작용, 전리작용 등이 강하다.
- β선 : 음전하($\ominus$전기)를 띄는 전자의 이동
- γ선 : 질량이 없고 전하를 띄지 않는 전자기파의 이동으로... 파장이 가장 짧고, 투과력이 크며, 휘어지지 않는다.

09. 원자번호 11 이고, 중성자수가 12인 나트륨의 질량수는?

① 11　　　　　　② 12　　　　　　③ 23　　　　　　④ 24

해 원자번호는 원자핵을 구성하는 양성자 수와 같으며, 질량수는 양성자 수와 중성자 수의 합으로 나타낸다.
∴ 나트륨(Na)의 질량수 = 양성자 수(=원자번호) + 중성자 수 = 11 + 12 = 23

10. $K_2Cr_2O_7$에서 Cr의 산화수를 구하면?

① +2　　　　　　② +4　　　　　　③ +6　　　　　　④ +8

해 산화수는 분자 또는 이온 내에 있는 원자가 얻거나 잃는 전자의 수를 의미하며, $K_2Cr_2O_7$(다이크로뮴산칼륨)에서 Cr의 산화수는 +6이다. : $(+1)\times2 + Cr\times2 + (-2)\times7 = 0 \rightarrow Cr = +6$

11. 불순물로 식염을 포함하고 있는 NaOH 3.2g을 물에 녹여 100mL로 한 다음 그 중 50mL를 중화하는데 1N의 염산이 20mL 필요했다. 이 NaOH의 농도(순도)는 약 몇 wt%인가?

① 10   ② 20   ③ 33   ④ 50

해 1. 수산화나트륨(NaOH) 3.2g을 물에 녹여 100mL로 했을 때의 노르말농도(N)

수산화나트륨 1g당량 : 40g = 수산화나트륨 χg당량 : 3.2g $\rightarrow$ $\chi = \dfrac{1\text{g당량}}{40\text{g}} \times 3.2\text{g} = 0.08\text{g당량}$

$N(\text{노르말농도, g당량/L}) = \dfrac{\text{eq (용질의 g당량, g당량)}}{V(\text{용액의 부피, L})} = \dfrac{0.08\text{g당량}}{0.1\text{L}} = 0.8[\text{N}]$

- 수산화나트륨(NaOH) 1g당량 $= \dfrac{\text{분자량}}{\text{OH}^-\text{수}} = \dfrac{40\text{g}}{1} = 40\text{g} \ (\text{NaOH} \rightarrow \text{Na}^+ + \text{OH}^-)$

2. 1N의 염산(HCl) 20mL로 수산화나트륨(NaOH) 50mL를 중화하는데 필요한 수산화나트륨(NaOH)의 노르말농도(N)

$N_1 \times V_1 = N_2 \times V_2 \rightarrow N_1[\text{수산화나트륨(NaOH)의 농도}] = N_2 \times \dfrac{V_2}{V_1} = 1 \times \dfrac{0.02}{0.05} = 0.4[\text{N}]$

- N_2(노르말농도, g당량) = 염산(HCl)의 농도 = 1N
- V_2(부피, L) = 염산(HCl)의 부피 = 20mL/1,000 = 0.02L
- V_1(부피, L) = 수산화나트륨(NaOH)의 부피 = 50mL/1,000 = 0.05L

3. 수산화나트륨(NaOH) 용액의 농도를 처음(0.8N)에서 나중(0.4N)으로 반을 줄여야하므로, 수산화나트륨(NaOH)의 농도(순도)는 50%가 된다.

- 수산화나트륨(NaOH)의 농도(순도) $= \dfrac{0.4\text{N}}{0.8\text{N}} \times 100 = 50\%$

12. 탄소와 수소로 되어있는 유기화합물을 연소시켜 CO_2 44g, H_2O 27g을 얻었다. 이 유기화합물의 탄소와 수소 몰비율(C:H)은 얼마인가?

① 1:3   ② 1:4   ③ 3:1   ④ 4:1

해 1. 탄소(C)와 수소(H)로 되어있는 유기화합물(C_aH_b)을 연소시켜 이산화탄소(CO_2)와 수증기(H_2O)를 생성하는 화학반응식은 다음과 같다.(질량보존의 법칙)

$$C_aH_b + (a + \frac{b}{4})O_2 \rightarrow aCO_2 + \frac{b}{2}H_2O$$

2. 유기화합물(C_aH_b)을 연소시켜 얻은 이산화탄소(CO_2)와 수증기(H_2O)의 몰수는 아래와 같다.

- 44g인 이산화탄소의 몰(수) 계산 : 몰(수)[mol] $= \dfrac{\text{질량}[g]}{\text{분자량}[g/mol]} = \dfrac{44\text{g}}{44\text{g/mol}} = 1 \, [\text{mol}]$

- 27g인 수증기의 몰(수) 계산 : 몰(수)[mol] $= \dfrac{\text{질량}[g]}{\text{분자량}[g/mol]} = \dfrac{27\text{g}}{18\text{g/mol}} = 1.5 \, [\text{mol}]$

3. 위의 몰수를 화학반응식에 적용하면 "$C_aH_b + 1.75O_2 \rightarrow 1CO_2 + 1.5H_2O$" 가 되며,

이를 최초의 화학반응식과 비교해서 "$C_aH_b + (a + \frac{b}{4})O_2 \rightarrow aCO_2 + \frac{b}{2}H_2O$", a와 b의 값을 구하면...

$$\therefore a = 1, b = 3$$

따라서, 유기화합물은 CH_3이 되므로, 탄소(C)와 수소(H)의 몰비율(C:H)은 1:3 이 된다.

13. 1N-NaOH 100mL 수용액으로 10wt% 수용액을 만들려고 할 때의 방법으로 다음 중 가장 적합한 것은?

① 36mL의 증류수 혼합
② 40mL의 증류수 혼합
③ 60mL의 수분 증발
④ 64mL의 수분 증발

해 1. 수산화나트륨(NaOH) 수용액 100mL의 노르말농도(N) 계산

$$1N : 용액\ 1L(1,000mL) = \chi N : 용액\ 100mL \rightarrow \chi = 0.1N$$

2. 수산화나트륨(NaOH) 수용액의 몰농도(M) 환산

$$N(노르말농도, N) = eq(당량) \times M(몰농도,\ mol/L) \rightarrow M = \frac{N}{eq} = \frac{0.1}{1} = 0.1[mol/L]$$

- 수산화나트륨(NaOH)의 노르말농도 = 0.1N
- 수산화나트륨(NaOH)의 당량(= 전체 전하량, 산화수) : $NaOH \rightarrow Na^+ + OH^-$로 이온화되므로 1당량이다.

3. 수산화나트륨(NaOH)의 질량 계산

$$몰(수)[mol] = \frac{질량(g)}{분자량(g/mol)} \rightarrow 질량(g) = 몰(수)(mol) \times 분자량(g/mol) = 0.1 \times 40 = 4[g]$$

즉, 수산화나트륨(NaOH) 수용액 100mL에는 수산화나트륨(NaOH)이 4g 녹아있다.

4. 10wt% 수산화나트륨(NaOH) 수용액

$$wt\%\ 농도 = \frac{용질의\ 질량(g)}{용질의\ 질량(g) + 용매의\ 질량(g)} \times 100$$

$$10wt\% = \frac{4g}{4g + 용매의\ 질량(g)} \times 100 \rightarrow 10 \times [4g + 용매의\ 질량(g)] = 4g \times 100 \rightarrow 용매의\ 질량(g) = 36g$$

즉, 10wt% 수산화나트륨(NaOH) 수용액은 물 36g에 수산화나트륨(NaOH)이 4g 녹아있다는 뜻이므로... 물 36g를 남기기 위해서는 최초 수산화나트륨(NaOH) 수용액 100mL에서 64mL(100mL-36mL)의 수분을 증발시키면 된다.

- 물의 밀도 = 1g/mL → 1g = 1mL

14. 다음의 반응 중 평형상태가 압력의 영향을 받지 않는 것은?

① $N_2 + O_2 \leftrightarrow 2NO$
② $NH_3 + HCl \leftrightarrow NH_4Cl$
③ $2CO + O_2 \leftrightarrow 2CO_2$
④ $2NO_2 \leftrightarrow N_2O_4$

해 평형상태에서 압력에 영향을 주는 인자는 기체의 몰수인데, 평형상태가 압력의 영향을 받지 않는다는 것은... 기체의 몰수가 일정하여 반응물의 기체의 몰수 합과 생성물의 기체의 몰수 합이 같다는 의미이다.

$N_2 + O_2 \leftrightarrow 2NO$: 반응물[1몰(N_2) + 1몰(O_2) = 2몰] = 생성물[2몰(NO)] → 평형상태에서 압력의 영향을 받지 않는다.

15. 다음 중 전리도가 가장 커지는 경우는?

① 농도와 온도가 일정할 때　　　　　② 농도가 진하고 온도가 높을수록
③ 농도가 묽고 온도가 높을수록　　　④ 농도가 진하고 온도가 낮을수록

> 해 전리도는 전해질이 해리되는 정도를 말하며, "이온화도"라고도 하는데... 이는 용액의 농도가 묽을수록(더 많은 전해질이 녹아 이온으로 될 수 있으므로), 온도가 높을수록(녹을 수 있는 양이 더 많아 이온으로 될 수 있으므로) 커진다. 즉 물에 많이 녹으면, 이온으로 많이 된다.

16. 물이 브뢴스테드 산으로 작용한 것은?

① $HCl + H_2O \rightleftarrows H_3O^+ + Cl^-$　　　② $HCOOH + H_2O \rightleftarrows HCOO^- + H_3O^+$
③ $NH_3 + H_2O \rightleftarrows NH_4^+ + OH^-$　　④ $3Fe + 4H_2O \rightleftarrows Fe_3O_4 + 4H_2$

> 해 산은 양성자(H^+)를 주는 물질이고, 염기는 양성자(H^+)를 받는 물질이므로(브뢴스테드 – 로우리의 정의)... H_2O가 양성자(H^+)를 주고 OH^-이 되는 경우에 산으로 작용한다.
> $NH_3 + H_2O \rightleftarrows NH_4^+ + OH^-$: H_2O는 NH_3에게 양성자(H^+)를 주고 OH^-가 되므로, 산으로 작용한다.

✏ **함께 공부**

① $HCl + H_2O \rightleftarrows H_3O^+ + Cl^-$: H_2O는 HCl로부터 양성자(H^+)를 받아 H_3O^+가 되므로, 염기로 작용한다.
② $HCOOH + H_2O \rightarrow HCOO^- + H_3O^+$: H_2O는 $HCOOH$로부터 양성자(H^+)를 받아 H_3O^+가 되므로, 염기로 작용한다.
④ $3Fe + 4H_2O \rightarrow Fe_3O_4 + 4H_2$: H_2O는 산소(O)를 잃고 수소(H_2)로 환원된다.(산화 · 환원반응)

17. 30wt%인 진한 HCl의 비중은 1.1이다. 진한 HCl의 몰농도는 얼마인가? (단, HCl의 화학식량은 36.5이다.)

① 7.21　　　　② 9.04　　　　③ 11.36　　　　④ 13.08

> 해
>
> $$M \,(몰농도, \, mol/L) = \frac{10 \times d \times c}{M \cdot W} = \frac{10 \times 1.1 \times 30}{36.5} = 9.04 \, [mol/L]$$
>
> - 진한 HCl(염산)의 비중(d) = 1.1g/L
> - 진한 HCl(염산)의 %농도(c) = 30
> - 진한 HCl(염산)의 화학식량(M · W) = 36.5g/mol

18. 어떤 기체의 확산속도가 $SO_2(g)$의 2배이다. 이 기체의 분자량은 얼마인가? (단, 원자량은 $S = 32$, $O = 16$이다.)

    ① 8   ② 16   ③ 32   ④ 64

> 해 기체의 확산속도는 아래의 그레이엄의 확산속도의 법칙을 이용하여 구할 수 있으며, 각각의 값을 대입하면...
>
> $$\frac{V_1(확산속도, m/s)}{V_2(확산속도, m/s)} = \sqrt{\frac{M_2(분자량, g/mol)}{M_1(분자량, g/mol)}} \rightarrow M_1(어떤\ 기체의\ 분자량) = \frac{V_2^2}{V_1^2} \times M_2 = \frac{1^2}{2^2} \times 64 = 16[g/mol]$$
>
> • 어떤 기체의 확산속도(V_1) = 2m/s(어떤 기체의 확산속도가 SO_2 기체의 2배라고 하였으므로...
> 어떤 기체 속도 = 2, SO_2 기체 속도 = 1)
> • SO_2(이산화황) 기체의 확산속도(V_2) = 1m/s
> • SO_2(이산화황) 기체의 분자량(M_2) = 32 + (16×2) = 64g/mol

19. 20℃에서 600mL의 부피를 차지하고 있는 기체를 압력의 변화 없이 온도를 40℃로 변화시키면 부피는 얼마로 변하겠는가?

    ① 300mL   ② 641mL   ③ 836mL   ④ 1,200mL

> 해 동일한 압력에서 기체의 부피는 절대온도에 비례한다.(샤를의 법칙) 따라서, 부피(V)와 절대온도(T)의 비는 항상 일정하므로 다음과 같은 식이 성립한다.
>
> $$\frac{V_1(부피, L)}{T_1(절대온도, K)} = \frac{V_2(부피, L)}{T_2(절대온도, K)} \rightarrow V_2 = \frac{T_2}{T_1} \times V_1 = \frac{313}{293} \times 0.6 = 0.6409\,L = 640.9\,[mL]$$
>
> • 절대온도(T_1) 중 켈빈온도(K) = 20℃ + 273 = 293K
> • 절대온도(T_2) 중 켈빈온도(K) = 40℃ + 273 = 313K
> • 부피(V_1) = 600mL/1,000 = 0.6L

20. 다음 중 기하 이성질체가 존재하는 것은?

    ① C_5H_{12} ② $CH_3CH = CHCH_3$

    ③ C_3H_7Cl ④ $CH \equiv CH$

> 해 기하 이성질체는 원자 또는 원자단의 연결방법이나 붙어있는 순서는 같으나, 이중결합 또는 삼중결합을 중심으로 원자 또는 원자단이 공간상에서 다르게 위치할 수 있는 화합물을 의미하는데... $CH_3CH = CHCH_3$(부텐)은 이중결합(C=C)을 중심으로 수소 원자 2개와 메틸기 2개가 공간상에서 다르게 위치하여 기하학적 이성질체를 갖는다.
>
>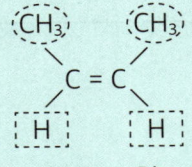
> 시스(cis) 형
>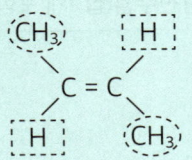
> 트랜스(trans) 형

21. 위험물안전관리법령에서 정한 물분무소화설비의 설치기준에서 물분무소화설비의 방사구역은 몇 ㎡ 이상으로 하여야 하는가? (단, 방호대상물의 표면적이 150㎡ 이상인 경우이다.)

① 75   ② 100   ③ 150   ④ 350

해 위험물안전관리법령에 따르면, 물분무소화설비의 방사구역은 150㎡ 이상(방호대상물의 표면적이 150㎡ 미만인 경우에는 당해 표면적)으로 하여야 한다.

암기팁! 물분무소화설비의 방사구역 : 150 이상 150, 150 미만 그 값

22. 할로겐화합물 소화약제 중 HFC-23의 화학식은?

① CF_3I ② CHF_3
③ $CF_3CH_2CF_3$ ④ C_4F_{10}

해 HFC-23(트라이플루오로메탄)은 할로겐화합물 및 불활성기체 소화설비에서 사용하는 할로겐화합물 소화약제로... H(수소), F(불소), 탄소(C)로 구성되어 있으며, 화학식은 CHF_3이다.

23. 위험물안전관리법령상 간이소화용구(기타소화설비)인 팽창질석은 삽을 상비한 경우 몇 L가 능력단위 1.0인가?

① 70L   ② 100L   ③ 130L   ④ 160L

해 소화설비의 능력단위

소화설비	용량	능력단위
마른 모래(삽 1개 포함)	50L	0.5
팽창질석 또는 팽창진주암(삽 1개 포함)	160L	1.0

24. 할로젠화합물 소화약제가 전기화재에 사용될 수 있는 이유에 대한 다음 설명 중 가장 적합한 것은?

① 전기적으로 부도체이다.
② 액체의 유동성이 좋다.
③ 탄산가스와 반응하여 포스겐가스를 만든다.
④ 증기의 비중이 공기보다 작다.

해 할로젠화합물 소화약제가 전기가 잘 통하는 도체이면 감전의 우려로 전기화재에 사용할 수 없지만, 할로젠화합물 소화약제는 전기가 잘 통하지 않는 부도체이므로 전기화재에 적합하다.

25. 전기설비에 화재가 발생하였을 경우에 위험물안전관리법령상 적응성을 가지는 소화설비는?

① 물분무소화설비
② 포소화기
③ 봉상강화액소화기
④ 건조사

해 전기설비의 화재에는 감전의 우려가 있어 주수(물)에 의한 냉각소화를 금지하고... 불활성가스소화설비, 물분무소화설비, 할로젠화합물소화설비 등에 의한 질식소화를 한다.

✏️ **함께 공부**

② 포소화기 및 ③ 봉상강화액소화기는 감전의 우려가 있어서 전기설비의 화재에는 사용할 수 없다.
④ 건조사(마른 모래)는 산소를 차단해서 일시적으로 소화할 수는 있지만, 전기설비 화재 자체가 높은 고열로 장시간 지속되는 특징을 가지므로, 단시간 소화에 사용되는 건조사도 전기설비의 화재에는 적응성이 없다.

26. 트라이에틸알루미늄의 화재 발생 시 물을 이용한 소화가 위험한 이유를 옳게 설명한 것은?

① 가연성의 수소가스가 발생하기 때문에
② 유독성의 포스핀 가스가 발생하기 때문에
③ 유독성의 포스겐 가스가 발생하기 때문에
④ 가연성의 에탄가스가 발생하기 때문에

해 트라이에틸알루미늄은 물과 반응하여 수산화알루미늄과 가연성 기체인 에탄을 발생하므로, 물을 이용한 소화가 위험하다.

$$(C_2H_5)_3Al(트라이에틸알루미늄) + 3H_2O(물) \rightarrow Al(OH)_3(수산화알루미늄) + 3C_2H_6(에탄)$$

27. 어떤 가연물의 착화에너지가 24cal일 때, 이것을 일에너지의 단위로 환산하면 약 몇 Joule인가?

① 24　　　　　　② 42　　　　　　③ 84　　　　　　④ 100

> 해 1[cal]=4.184[J]이므로, cal을 Joule로 단위 환산해 보면...
>
> $$1cal : 4.184J = 24cal : \chi J \;\rightarrow\; \chi J = \frac{4.184J}{1cal} \times 24cal = 100.42\,[J]$$

28. 벤조일퍼옥사이드의 화재 예방상 주의사항에 대한 설명 중 틀린 것은?

① 열, 충격 및 마찰에 의해 폭발할 수 있으므로 주의한다.
② 진한 질산, 진한 황산과의 접촉을 피한다.
③ 비활성의 희석제를 첨가하면 폭발성을 낮출 수 있다.
④ 수분과 접촉하면 폭발의 위험이 있으므로 주의한다.

> 해 벤조일퍼옥사이드[$(C_6H_5CO)_2O_2$]는 가연물질 내에 산소를 함유하고 있어 스스로 폭발적으로 반응하는 물질로...
> 물과 반응하지 않으므로, 수분과 접촉해도 폭발의 위험은 없다.

29. 10℃의 물 2g을 100℃의 수증기로 만드는 데 필요한 열량은?

① 180cal　　　　② 340cal　　　　③ 719cal　　　　④ 1,258cal

> 해 위의 문제는 10℃의 물을 100℃의 물로 바꾼 후(현열, Q_1), 100℃의 물을 100℃의 수증기로 만드는데(잠열, Q_2) 필
> 요한 열량을 각각 구하여 더하면, 10℃의 물 2g을 100℃의 수증기로 만드는데 필요한 최종적인 열량(Q = Q_1 +
> Q_2)을 구할 수 있다.
>
> $$\begin{matrix} & Q_1 & & Q_2 \\ 10℃\ 물 & \rightarrow & 100℃\ 물 & \rightarrow & 100℃\ 수증기 \\ & 현열 & & 잠열 \end{matrix}$$
>
> $$\therefore Q = Q_1 + Q_2 = 180 + 1,078 = 1,258\,[cal]$$
>
> • Q_1(현열, cal) = m(물질의 질량, g) × c(비열, cal/g·℃) × △T(온도변화, ℃) = 2 × 1 × (100−10) = 180cal
> • Q_2(잠열, cal) = m(물질의 질량, g) × γ(기화열, cal/g) = 2 × 539 = 1,078cal

30. 연소이론에 대한 설명으로 가장 거리가 먼 것은?

① 착화온도가 낮을수록 위험성이 크다.　② 인화점이 낮을수록 위험성이 크다.

③ 인화점이 낮은 물질은 착화점도 낮다.　④ 폭발 한계가 넓을수록 위험성이 크다.

> 해 인화점과 착화점은 비례하여 동시에 낮거나 높거나 하지 않으므로, 인화점이 낮은 물질은 반드시 착화점도 낮다고 할 수 없다.

31. 마그네슘 분말이 이산화탄소 소화약제와 반응하여 생성될 수 있는 유독기체의 분자량은?

① 28　　　　　② 32　　　　　③ 40　　　　　④ 44

> 해 마그네슘은 불에 타는 가연성고체 물질로, 이산화탄소와 반응하여 유독성 기체인 일산화탄소를 발생시킨다.
>
> Mg(마그네슘) + CO_2(이산화탄소) → MgO(산화마그네슘) + CO(일산화탄소)
>
> • 일산화탄소(CO) 분자량 = 12 + 16 = 28

32. 인화알루미늄의 화재 시 주수소화를 하면 발생하는 가연성 기체는?

① 아세틸렌　　　② 메탄　　　③ 포스겐　　　④ 포스핀

> 해 인화알루미늄은 물과 반응하여 수산화알루미늄과 가연성 기체인 인화수소(포스핀)을 발생한다.
>
> AlP(인화알루미늄) + $3H_2O$(물) → $Al(OH)_3$(수산화알루미늄) + PH_3(포스핀)

33. 위험물을 저장하기 위해 제작한 이동저장탱크의 내용적이 20,000L인 경우 위험물 허가를 위해 산정할 수 있는 이 탱크의 최대용량은 지정수량의 몇 배인가? (단, 저장하는 위험물은 비수용성 제2석유류이며, 비중은 0.8, 차량의 최대적재량은 15톤이다.)

① 21배　　　② 18.75배　　　③ 12배　　　④ 9.375배

> 해 1. 저장수량의 계산
>
> $$비중(kg/L) = \frac{질량(kg)}{부피(L)} \rightarrow 저장수량(L) = \frac{질량(kg)}{비중(kg/L)} = \frac{15,000}{0.8} = 18,750 \,[L]$$
>
> 2. 지정수량의 배수의 계산
>
> $$지정수량의\ 배수 = \frac{제2석유류의\ 저장수량}{제2석유류의\ 지정수량} = \frac{18,750L}{1,000L} = 18.75$$
>
> • 제2석유류(비수용성)의 지정수량 : 1,000L

34. 위험물안전관리법령상 전역방출방식 또는 국소방출방식의 불활성가스소화설비 저장용기의 설치기준으로 틀린 것은?

① 온도가 40℃ 이하이고 온도 변화가 적은 장소에 설치할 것
② 저장용기의 외면에 소화약제의 종류와 양, 제조연도 및 제조자를 표시할 것
③ 직사일광 및 빗물이 침투할 우려가 적은 장소에 설치할 것
④ 방호구역 내의 장소에 설치할 것

> 해 이산화탄소 소화설비의 기준에 따르면, 이산화탄소 소화설비의 저장용기는 방호구역(화재가 발생된 구역) 외의 장소에 설치하여야 한다.

35. 가연물에 대한 일반적인 설명으로 옳지 않은 것은?

① 주기율표에서 0족의 원소는 가연물이 될 수 없다.
② 활성화 에너지가 작을수록 가연물이 되기 쉽다.
③ 산화 반응이 완결된 산화물은 가연물이 아니다.
④ 질소는 비활성 기체이므로 질소의 산화물은 존재하지 않는다.

> 해 질소(N_2)는 연소 시에 흡열반응을 하므로, 가연물이 될 수 없는 비활성 기체이지만... 산소와 반응하여 산화물 [NO(일산화질소), NO_2(이산화질소)]를 생성한다.

36. 전기불꽃 에너지 공식에서 (　　)에 알맞은 것은? (단, Q는 전기량, V는 방전전압, C는 전기용량을 나타낸다.)

$$E = \frac{1}{2}(\quad) = \frac{1}{2}(\quad)$$

① QV, CV　　　　② QC, CV　　　　③ QV, CV²　　　　④ QC, QV²

> 해 전기불꽃에너지(MIE : Minimum Ignition Energy)란 가연성가스와 공기의 혼합가스에 점화원으로 착화시키기 위해 필요한 최소에너지로... 콘덴서의 전기용량을 C, 방전전압을 V, 전기량을 Q라 할 때 공식은 다음과 같다.
> $$E = \frac{1}{2}QV = \frac{1}{2}CV^2$$

37. 위험물의 취급을 주된 작업내용으로 하는 다음의 장소에 스프링클러설비를 설치할 경우 확보하여야 하는 1분당 방사밀도는 몇 L/㎡ 이상이어야 하는가? (단, 내화구조의 바닥 및 벽에 의하여 2개의 실로 구획되고, 각 실의 바닥면적은 500㎡이다.)

- 취급하는 위험물 : 제4류 제3석유류
- 위험물을 취급하는 장소의 바닥면적 : 1,000㎡

① 8.1   ② 12.2   ③ 13.9   ④ 16.3

해 1. 스프링클러설비는 헤드를 통해 소화수를 방수하여 소화하는 자동식 수계소화설비를 말하는데... 원칙적으로 제4류 위험물에는 적응성이 없지만(유류에 화재가 발생할 때, 주수소화는 화재면의 확대 위험성이 있으므로), 제4류 위험물을 저장 또는 취급하는 장소의 살수기준 면적에 따라 스프링클러설비의 살수밀도가 아래의 표에 정하는 기준 이상인 경우에는 예외적으로 당해 스프링클러설비가 제4류 위험물에 대하여 적응성이 있다.

살수기준 면적(㎡)	방사밀도(ℓ/㎡분)		비고
	인화점 38℃ 미만	인화점 38℃ 이상	
279 미만	16.3 이상	12.2 이상	살수기준 면적은 내화구조의 벽 및 바닥으로 구획된 하나의 실의 바닥면적을 말하고, 하나의 실의 바닥면적이 465㎡ 이상인 경우의 살수기준 면적은 465㎡로 한다. 다만, 위험물의 취급을 주된 작업내용으로 하지 아니하고 소량의 위험물을 취급하는 설비 또는 부분이 넓게 분산되어 있는 경우에는 방사밀도는 8.2ℓ/㎡분 이상, 살수기준 면적은 279㎡ 이상으로 할 수 있다.
279 이상 372 미만	15.5 이상	11.8 이상	
372 이상 465 미만	13.9 이상	9.8 이상	
465 이상	12.2 이상	8.1 이상	

2. 위의 표에서 보듯이, 1분당 방사밀도를 구하기 위해서는 인화점 38℃ 이상 또는 미만과 살수기준 면적을 구해야 한다.
- 인화점 38℃ 이상 또는 미만 : 제3석유류는 인화점이 70℃ 이상 200℃ 미만이므로, 인화점 38℃ 이상에 해당한다.
- 살수기준 면적 : 단서에서 각 실의 바닥면적이 500㎡이라 하였으므로, 이는 465㎡ 이상인 경우에 해당한다.

3. 살수기준 면적은 465㎡이고, 인화점이 38℃ 이상이 되므로... 1분당 방사밀도(ℓ/㎡)는 8.1ℓ/㎡ 이상이어야 한다.

38. 금속분의 화재 시 주수소화를 할 수 없는 이유는?

① 산소가 발생하기 때문에   ② 수소가 발생하기 때문에
③ 질소가 발생하기 때문에   ④ 이산화탄소가 발생하기 때문에

해 금속분은 물과 반응하여 가연성 기체인 수소를 발생하므로, 화재 시에 주수소화를 할 수 없다.

39. 위험물의 화재발생 시 적응성이 있는 소화설비의 연결로 틀린 것은?

① 마그네슘 – 포소화기
② 황린 – 포소화기
③ 인화성고체 – 이산화탄소소화기
④ 등유 – 이산화탄소소화기

해 마그네슘은 가스와 반응하여 발화의 위험성이 있거나, 물과 접촉하여 가연성가스를 발생하는 위험성이 있으므로, 화재 시에 물 또는 가스와 관련된 소화설비로 소화할 수 없고... 탄산수소염류(금속화재용) 분말소화설비, 건조사(마른모래), 팽창질석, 팽창진주암 등에 의한 질식소화를 한다.

40. 위험물제조소등에 설치하는 포소화설비의 기준에 따르면 포헤드방식의 포헤드는 방호대상물의 표면적 $1m^2$ 당 방사량이 몇 L/min 이상의 비율로 계산한 양의 포수용액을 표준방사량으로 방사할 수 있도록 설치하여야 하는가?

① 3.5
② 4
③ 6.5
④ 9

해 위험물안전관리에 관한 세부기준에 따르면, 포헤드방식의 포헤드는 방호대상물의 표면적(건축물의 경우에는 바닥면적) $9m^2$당 1개 이상의 헤드를 방호대상물의 표면적 $1m^2$당의 방사량이 6.5ℓ/min 이상의 비율로 계산한 양의 포수용액을 표준방사량으로 방사할 수 있도록 설치한다.

3 과목 | 위험물 성상 및 취급

41. 황의 연소생성물과 그 특성을 옳게 나타낸 것은?

① SO_2, 유독가스
② SO_2, 청정가스
③ H_2S, 유독가스
④ H_2S, 청정가스

해 황은 불에 타는 가연성고체 물질로, 연소하여 유독성 가스인 이산화황(아황산가스)을 발생한다.
S(황) + O_2(산소) → SO_2(이산화황)

42. 위험물안전관리법령상 과산화수소가 제6류 위험물에 해당하는 농도 기준으로 옳은 것은?

① 36wt% 이상
② 36vol% 이상
③ 1.49wt% 이상
④ 1.49vol% 이상

해 위험물안전관리법령에 따르면, 과산화수소(H_2O_2)는 그 농도가 36중량% 이상인 것에 한하여 위험물로 간주한다.

43. 위험물안전관리법령상 옥외탱크저장소의 위치·구조 및 설비의 기준에서 간막이 둑을 설치할 경우, 그 용량의 기준으로 옳은 것은?

① 간막이 둑안에 설치된 탱크의 용량의 110% 이상일 것
② 간막이 둑안에 설치된 탱크의 용량 이상일 것
③ 간막이 둑안에 설치된 탱크의 용량의 10% 이상일 것
④ 간막이 둑안에 설치된 탱크의 간막이 둑 높이 이상 부분의 용량 이상일 것

> 해 위험물안전관리법령상 간막이 둑의 용량은 간막이 둑 안에 설치된 탱크의 용량의 10% 이상으로 한다.

44. 연소생성물로 이산화황이 생성되지 않는 것은?

① 황린　　　　② 삼황화린　　　　③ 오황화린　　　　④ 황

> 해 황린은 연소 시에 오산화인을 생성한다.
> $$P_4(황린) + 5O_2(산소) \rightarrow 2P_2O_5(오산화인)$$

✎ **함께 공부**

② P_4S_3(삼황화인) + $8O_2$(산소) → $2P_2O_5$(오산화인) + $3SO_2$(이산화황)
③ $2P_2S_5$(오황화인) + $15O_2$(산소) → $2P_2O_5$(오산화인) + $10SO_2$(이산화황)
④ S(황) + O_2(산소) → SO_2(이산화황)

---

45. 위험물안전관리법령상 옥내저장소의 안전거리를 두지 않을 수 있는 경우는?

① 지정수량 20배 이상의 동식물유류　　　② 지정수량 20배 미만의 특수인화물
③ 지정수량 20배 미만의 제4석유류　　　④ 지정수량 20배 이상의 제5류 위험물

> 해 옥내저장소에 안전거리를 두지 않을 수 있는 조건
> • 제4석유류 또는 동식물유류의 위험물을 저장 또는 취급하는 옥내저장소로서 그 최대수량이 지정수량의 20배 미만인 것
> • 제6류 위험물을 저장 또는 취급하는 옥내저장소
> • 지정수량의 20배 이하의 위험물을 저장 또는 취급하는 옥내저장소로서 저장창고에 창을 설치하지 아니할 것

46. 위험물안전관리법령상 위험물의 운반에 관한 기준에 따르면 위험물은 규정에 의한 운반 용기에 법령에서 정한 기준에 따라 수납하여 적재하여야 한다. 다음 중 적용 예외의 경우에 해당하는 것은? (단, 지정수량의 2배인 경우이며, 위험물을 동일구 내에 있는 제조소등의 상호간에 운반하기 위하여 적재하는 경우는 제외한다.)

① 덩어리 상태의 황을 운반하기 위하여 적재하는 경우
② 금속분을 운반하기 위하여 적재하는 경우
③ 삼산화크롬을 운반하기 위하여 적재하는 경우
④ 염소산나트륨을 운반하기 위하여 적재하는 경우

> 해 위험물안전관리법령에 따르면, 옥내저장소에 있어서 위험물은 규정에 의한 바에 따라 용기에 수납하여 저장하여야 한다. 다만, 덩어리상태의 황과 별도의 규정에 의한 위험물에 있어서는 그러하지 아니하다. 즉 덩어리 상태의 황은 미분 상태의 황보다 훨씬 덜 위험하므로... 용기에 수납하지 않고, "묶지 않고 그대로 쌓음"의 형태로 저장할 수 있다.

47. 다음 위험물 중 보호액으로 물을 사용하는 것은?

① 황린   ② 적린   ③ 루비듐   ④ 오황화린

> 해 황린(P_4)은 공기와 접촉하면 자연발화 하므로, 알칼리제를 넣은 pH 9 정도의 물속에 저장한다.

48. 다음 물질 중 증기비중이 가장 작은 것은?

① 이황화탄소   ② 아세톤
  2.62   2.00
③ 아세트알데하이드   ④ 다이에틸에터
  1.52   2.55

> 해 증기(기체)비중은 해당 기체의 분자량을 공기 분자량(29)으로 나누어 구한다.

종류	화학식(분자식)	분자량 계산	증기비중 계산
이황화탄소	CS_2	12 + (32×2) = 76	76/29 = 2.62
아세톤	CH_3COCH_3	(12×3) + (1×6) + 16 = 58	58/29 = 2.00
아세트알데하이드	CH_3CHO	(12×2) + (1×4) + 16 = 44	44/29 = 1.52
다이에틸에터	$C_2H_5OC_2H_5$	(12×4) + (1×10) + 16 = 74	74/29 = 2.55

49. 황린과 적린의 공통점으로 옳은 것은?

① 독성 　　　　　　　　　　　② 발화점

③ 연소생성물 　　　　　　　　④ CS_2에 대한 용해성

> 해 황린과 적린은 연소하여 오산화인을 발생한다.
> - P_4(황린) $+ 5O_2$(산소) $\rightarrow 2P_2O_5$(오산화인)
> - $4P$(적린) $+ 5O_2$(산소) $\rightarrow 2P_2O_5$(오산화인)

✏ **함께 공부**

① 황린은 독성이 있으나, 적린은 독성이 없다.

② 황린의 발화점(착화점)은 34℃이고, 적린의 발화점은 260℃이다.

④ 황린은 이황화탄소, 벤젠에 녹고 물에는 녹지 않으나... 적린은 브로민화인에 녹고 물, 이황화탄소에 녹지 않는다.

50. 다음 중 메탄올의 연소범위에 가장 가까운 것은?

① 약 1.4~5.6vol% 　　　　　　② 약 7.3~36vol%

③ 약 20.3~66vol% 　　　　　　④ 약 42.0~77vol%

> 해 메탄올(메틸알코올)의 연소범위는 6.0 ~ 36.0%이다.

51. 다음 중 발화점이 가장 높은 것은?

① 등유
255℃

② 벤젠
562℃

③ 다이에틸에터
180℃

④ 휘발유
300℃

해 주요물질의 발화점(=착화점, 착화온도, 발화온도)

물질	발화점(℃)	물질	발화점(℃)	물질	발화점(℃)	물질	발화점(℃)
황린	34	아세트알데하이드	185	피크린산, 가솔린(휘발유), 트라이나이트로톨루엔	300	메탄올 (메틸알코올)	464
이황화탄소, 삼황화린	100	경유	200	글리세린	393	산화프로필렌	465
과산화벤조일	125	유황	225	에틸렌글리콜	413	톨루엔	480
오황화린	142	등유	255	에탄올(에틸알코올)	423	아세톤, 아닐린	538
나이트로셀룰로오스, 다이에틸에터	180	적린	260	아세트산	427	벤젠	562

52. 다음 위험물 중 가열 시 분해온도가 가장 낮은 물질은?

① $KClO_3$
염소산칼륨(400℃)

② Na_2O_2
과산화나트륨(657℃)

③ NH_4ClO_4
과염소산암모늄(130℃)

④ KNO_3
질산칼륨(400℃)

해 위험물의 일반적인 분해온도 크기는 K(칼륨) > Na(나트륨) > NH_4(암모늄) 순이다.

53. 질산나트륨을 저장하고 있는 옥내저장소(내화구조의 격벽으로 완전히 구획된 실이 2 이상 있는 경우에는 동일한 실)에 함께 저장하는 것이 법적으로 허용되는 것은? (단, 위험물을 유별로 정리하여 서로 1m 이상의 간격을 두는 경우이다.)

① 적린
　　제2류
② 인화성고체
　　제2류
③ 동식물유류
　　제4류
④ 과염소산
　　제6류

해 옥내저장소 또는 옥외저장소에 있어서 다음의 위험물을 저장하는 경우로서 위험물을 유별로 정리하여 저장하는 한편, 서로 1m 이상의 간격을 두는 경우에는 동일한 저장소에 저장할 수 있다.

제1류 위험물 (알칼리금속의 과산화물 또는 이를 함유한 것을 제외)	제5류 위험물
제1류 위험물	제6류 위험물
제1류 위험물	제3류 위험물 중 자연발화성물질 (황린 또는 이를 함유한 것)
제2류 위험물 중 인화성고체	제4류 위험물
제3류 위험물 중 알킬알루미늄등	제4류 위험물 (알킬알루미늄 또는 알킬리튬을 함유한 것)
제4류 위험물 중 유기과산화물 또는 이를 함유하는 것	제5류 위험물 중 유기과산화물 또는 이를 함유한 것

54. 제1류 위험물 중 무기과산화물 150㎏, 질산염류 300㎏, 다이크로뮴산염류 3,000㎏을 저장하고 있다. 각각 지정수량의 배수의 총합은 얼마인가?

① 5
② 6
③ 7
④ 8

해

$$\text{지정수량 배수의 합} = \frac{\text{무기과산화물의 저장수량}}{\text{무기과산화물의 지정수량}} + \frac{\text{질산염류의 저장수량}}{\text{질산염류의 지정수량}} + \frac{\text{다이크로뮴산염류의 저장수량}}{\text{다이크로뮴산염류의 지정수량}}$$

$$= \frac{150\text{kg}}{50\text{kg}} + \frac{300\text{kg}}{300\text{kg}} + \frac{3,000\text{kg}}{1,000\text{kg}} = 3 + 1 + 3 = 7$$

- 무기과산화물의 지정수량 : 50kg
- 질산염류의 지정수량 : 300kg
- 다이크로뮴산염류의 지정수량 : 1,000kg

55. 위험물 제조소의 배출설비의 배출능력은 1시간당 배출장소 용적의 몇 배 이상인 것으로 해야 하는가? (단, 전역방식의 경우는 제외한다.)

① 5　　　　　　② 10　　　　　　③ 15　　　　　　④ 20

해 위험물안전관리법령상 배출능력은 국소방식(전체 중에서 어느 한 지역을 대상으로 하는 방식)의 경우 1시간당 배출장소 용적의 20배 이상인 것으로 하여야 한다. 다만 전역방식(전체지역을 대상으로 하는 방식)의 경우에는 바닥면적 1m^2당 18m^3 이상으로 할 수 있다.

56. 위험물안전관리법령에서 정한 위험물의 운반에 대한 설명으로 옳은 것은?

① 위험물을 화물차량으로 운반하면 특별히 규제받지 않는다.
② 승용차량으로 위험물을 운반할 경우에만 운반의 규제를 받는다.
③ 지정수량 이상의 위험물을 운반할 경우에만 운반의 규제를 받는다.
④ 위험물을 운반할 경우 그 양의 다소를 불문하고 운반의 규제를 받는다.

해 위험물안전관리법령상 위험물의 운반은 그 용기·적재방법 및 운반방법에 관한 중요기준과 세부기준에 따라 행하여야 하므로, 위험물을 운반할 경우에는 그 양의 다소(多少)를 불문하고 법령의 운반 규제를 무조건 받게 된다.

57. 다음 중 물에 대한 용해도가 가장 낮은 물질은?

① $NaClO_3$　　　　② $NaClO_4$　　　　③ $KClO_4$　　　　④ NH_4ClO_4

해 $KClO_4$(과염소산칼륨)은 산소를 함유하고 있어 산소공급원의 기능을 하는 고체로... 물에 녹지 않으므로, 물에 대한 용해도가 낮다.

✏ **함께 공부**

① $NaClO_3$(염소산나트륨), ② $NaClO_4$(과염소산나트륨) 및 ④ NH_4ClO_4(과염소산암모늄)은 물에 잘 녹기 때문에, 물에 대한 용해도가 높다.

58. 휘발유를 저장하던 이동저장탱크에 탱크의 상부로부터 등유나 경유를 주입할 때 액표면이 주입관의 선단을 넘는 높이가 될 때까지 그 주입관 내의 유속을 몇 m/s 이하로 하여야 하는가?

① 1   ② 2   ③ 3   ④ 5

> 해 휘발유를 저장하던 이동저장탱크에 탱크의 상부로부터 등유나 경유를 주입할 때에는 위험물의 액표면이 주입관의 끝부분을 넘는 높이가 될 때까지 그 주입관내의 유속을 초당 1m 이하로 하여 정전기 등에 의한 재해를 방지하여야 한다.

59. 유기과산화물에 대한 설명으로 틀린 것은?

① 소화방법으로는 질식소화가 가장 효과적이다.
② 벤조일퍼옥사이드, 메틸에틸케톤퍼옥사이드 등이 있다.
③ 저장 시 고온체나 화기의 접근을 피한다.
④ 지정수량은 100kg이다.

> 해 유기과산화물은 가연물질 내에 산소를 함유하고 있어 스스로 폭발적으로 반응하는 물질로... 물과 반응하지 않으므로, 이에 대한 소화는 대량의 물에 의한 냉각소화를 한다.

60. 다음은 위험물안전관리법령에서 정한 아세트알데히드등을 취급하는 제조소의 특례에 관한 내용이다. (   )안에 해당하지 않는 물질은?

아세트알데하이드등을 취급하는 설비는 (   ) · (   ) · (   ) · 마그네슘 또는 이들을 성분으로 하는 합금으로 만들지 아니할 것

① Ag   ② Hg   ③ Cu   ④ Fe

> 해 위험물안전관리법령상 아세트알데하이드등을 취급하는 설비는 은 · 수은 · 동(구리) · 마그네슘 또는 이들을 성분으로 하는 합금으로 된 용기를 사용하지 아니하여야 한다.(폭발성의 아세틸레이트를 생성하므로)

1과목 | 물질의 물리 · 화학적 성질

01. 산화에 의하여 카르보닐기를 가진 화합물을 만들 수 있는 것은?

① $CH_3 - CH_2 - CH_2 - COOH$

② $CH_3 - CH - CH_3$
　　　　　　 $|$
　　　　　　OH

③ $CH_3 - CH_2 - CH_2 - OH$

④ $CH_2 - CH_2$
　　 $|$　　　$|$
　　OH　　OH

해 아이소프로필알코올($CH_3CHOHCH_3$)이 산화(수소를 잃는 것)되면 카르보닐기($-CO-$)를 가지는 다이 메틸 케톤(CH_3COCH_3, 아세톤)이 생성된다.

$$CH_3 - \boxed{\begin{matrix} C \\ O \end{matrix}} \; \boxed{\begin{matrix} H \\ H \end{matrix}} - CH_3$$

02. 발연황산이란 무엇인가?

① H_2SO_4의 농도가 98% 이상인 거의 순수한 황산
② 황산과 염산을 1 : 3의 비율로 혼합한 것
③ SO_3를 황산에 흡수시킨 것
④ 일반적인 황산을 총괄하는 것

해 발연황산(fuming sulfuric acid)은 공기에 노출 시 흰 연기가 발생하는 SO_3(삼산화황)를 진한 황산에 흡수시킨 물질이다.

암기팁! 발연황산 : 삼식(삼산화황)이 형(황산)이 발연기(발연황산)를 한다.

03. 다음 중 유리기구 사용을 피해야 하는 화학반응은?

① $CaCO_3$ + HCl

② Na_2CO_3 + $Ca(OH)_2$

③ Mg + HCl

④ CaF_2 + H_2SO_4

> 해 HF(플루오린화수소)는 무색의 독성이 강한 기체로... 유리를 침식(부식)시키는 성질이 있어서 저장 시 유리기구 등은 사용하지 못하고, 폴리에틸렌과 같은 합성수지 용기에 외부 공기를 차단하여 저장한다.
>
> CaF_2(플루오린화칼슘) + H_2SO_4(황산) → $CaSO_4$(황산칼슘) + 2HF(플루오린화수소)

✏ 함께 공부

① $CaCO_3$(탄산칼슘) + 2HCl(염화수소) → $CaCl_2$(염화칼슘) + H_2CO_3(탄산)

② Na_2CO_3(탄산나트륨) + $Ca(OH)_2$(수산화칼슘) → 2NaOH(수산화나트륨) + $CaCO_3$(탄산칼슘)

③ 2Mg(마그네슘) + 2HCl(염화수소) → $2MgCl_2$(염화마그네슘) + H_2(수소)

04. 다음 화합물의 0.1mol 수용액 중에서 가장 약한 산성을 나타내는 것은?

① H_2SO_4

② HCl

③ CH_3COOH

④ HNO_3

> 해 CH_3COOH(아세트산)은 수용액 상에서 해리될 때, H^+(수소이온)를 잘 내어놓지 못하므로, 약산이다.

암기팁! 3대 강산 : 염(염산, HCl)장(황산, H_2SO_4)질(질산, HNO_3) 좀 그만해라.

✏ 함께 공부

- 산성의 세기 : 강산 또는 약산의 판단은... 산이 수용액상에서 해리될 때, H^+를 잘 내어 놓는가(강산) 또는 H^+를 잘 내어 놓지 못하는가(약산)로 판단한다.

05. 물 200g에 A물질 2.9g을 녹인 용액의 빙점은? (단, 물의 어는점 내림 상수는 1.86℃ · kg/mol이고, A물질의 분자량은 58이다.)

    ① -0.465℃   ② -0.932℃   ③ -1.871℃   ④ -2.453℃

> 해 1. 용액의 어는점($\triangle$T, ℃)은 아래의 어는점 내림공식을 이용하여 구할 수 있으므로, 각각의 값을 대입하면…
>
> $$\triangle T = K_f \times \frac{W}{M} \times \frac{1{,}000}{a} = 1.86 \times \frac{2.9}{58} \times \frac{1{,}000}{200} = 0.465 \,[℃]$$
>
> - 어는점 내림 상수(K_f) = 1.86℃ · kg/mol
> - A물질(용질) 질량(W) = 2.9g
> - A물질(용질) 분자량(M) = 58g/mol
> - 물(용매) 질량(a) = 200g
>
> 2. 용액의 빙점은 물의 빙점 0℃보다 0.465℃ 더 낮으므로, 0℃ - 0.465℃ = -0.465℃가 된다.

06. 비누화 값이 작은 지방에 대한 설명으로 옳은 것은?

    ① 분자량이 작으며, 저급 지방산의 에스테르이다.
    ② 분자량이 작으며, 고급 지방산의 에스테르이다.
    ③ 분자량이 크며, 저급 지방산의 에스테르이다.
    ④ 분자량이 크며, 고급 지방산의 에스테르이다.

> 해 고급 지방산[탄소수가 많아(6개 이상) 분자량이 큰 지방산]은 안정적이어서 비누화(비누를 만드는 과정)가 잘 일어나지 않으므로, 비누화의 반응성을 나타내는 지표인 비누화 값이 작다.

07. 다음 화학반응식 중 실제로 반응이 오른쪽으로 진행되는 것은?

    ① $2KI + F_2 \rightarrow 2KF + I_2$ ② $2KBr + I_2 \rightarrow 2KI + Br_2$
    ③ $2KF + Br_2 \rightarrow 2KBr + F_2$ ④ $2KCl + Br_2 \rightarrow 2KBr + Cl_2$

> 해 $2KI + F_2 \rightarrow 2KF + I_2$: F(플루오린)는 I(아이오딘) 보다 반응성이 커서 K(칼륨)와 반응하여 KF(플루오르화 칼륨)로 되므로, 반응이 오른쪽으로 진행된다.

08. 원소의 주기율표에서 같은 족에 속하는 원소들의 화학적 성질에는 비슷한 점이 많다. 이것과 관련 있는 설명은?

① 같은 크기의 반지름을 가지는 이온이 된다.
② 제일 바깥의 전자 궤도에 들어 있는 전자의 수가 같다.
③ 핵의 양 하전의 크기가 같다.
④ 원자 번호를 8a + b 라는 일반식으로 나타낼 수 있다.

해 원자들이 화학결합(이온결합, 공유결합 등)을 통하여 화합물을 생성할 때, 원자의 가장 바깥쪽 껍질에 존재하는 최외각 전자만이 화학결합에 관여하는 반응을 하므로, 최외각 전자가 같은 족의 원자들은 화학적 성질이 비슷하다.

09. 벤조산은 무엇을 산화하면 얻을 수 있는가?

① 톨루엔
② 니트로벤젠
③ 트리니트로톨루엔
④ 페놀

해 벤조산(C_6H_5COOH)은 인화의 위험성이 있는 기름으로, 톨루엔을 다이크로뮴산염과 황산으로 산화하여 얻는다.

$$2C_6H_5CH_3(\text{톨루엔}) + 3O_2(\text{산소}) \xrightarrow[\text{다이크로뮴산염}]{c-H_2SO_4} 2C_6H_5COOH(\text{벤조산}) + 2H_2O(\text{물})$$

10. 0.1N $KMnO_4$ 용액 500mL 를 만들려면 $KMnO_4$ 몇 g이 필요한가? (단, 원자량은 K : 39, Mn : 55, O : 16이다.)

① 15.8g
② 7.9g
③ 1.58g
④ 0.89g

해 1. 과망가니즈산칼륨($KMnO_4$)의 g당량

$$\text{노르말농도(g당량/L)} = \frac{\text{용질의 g당량(g당량)}}{\text{용액의 부피 (L)}} \quad \rightarrow \quad \text{용질의 g당량} = 0.1 \times 0.5 = 0.05\,\text{g당량}$$

• 노르말 농도(N) = 0.1N
• 용액의 부피(L) = 500mL/1,000 = 0.5L

2. 용액의 제조에 필요한 과망가니즈산칼륨($KMnO_4$)의 질량

과망가니즈산칼륨 1g당량 : 31.6g = 과망가니즈산칼륨 0.05g당량 : χg → χg = $\dfrac{31.6g}{1\text{g당량}} \times 0.05g$ 당량 = 1.58[g]

• 과망가니즈산칼륨 1g 당량 = $\dfrac{\text{화학식량}}{\text{원자가}} = \dfrac{158g}{5} = 31.6g$ [과망가니즈산칼륨($KMnO_4$)의 원자가 = +5]

※ $KMnO_4$(과망가니즈산칼륨)은 산성 용액에서 원자가는 5이고, 염기성 또는 중성 용액에서 원자가가 3인데... 문제에서는 산성 용액으로 가정하고 풀이하였습니다.

11. 황산구리 결정 $CuSO_4 \cdot 5H_2O$ 25g을 100g의 물에 녹였을 때 몇 wt% 농도의 황산구리($CuSO_4$) 수용액이 되는가? (단, $CuSO_4$ 분자량은 160이다.)

① 1.28%　　　　② 1.60%　　　　③ 12.8%　　　　④ 16.0%

> 해　• 용질의 질량(g) : 황산구리결정($CuSO_4 \cdot 5H_2O$) 2g 중 황산구리($CuSO_4$)의 질량
>
> $$250g/mol[황산구리결정(CuSO_4 \cdot 5H_2O)] : 2g = 160g/mol[황산구리(CuSO_4)] : \chi g$$
>
> $$\rightarrow \chi = \frac{2g}{250g/mol} \times 160g/mol = 1.28 \, [g]$$
>
> • 용액의 질량(g) : 물(H_2O) 100g + 황산구리결정($CuSO_4 \cdot 5H_2O$) 2g = 102g
>
> $$\% 용액 = \frac{용질의 \ 질량(g)}{용액의 \ 질량(g)} \times 100 = \frac{1.28 \, g}{102 \, g} \times 100 = 1.25 \, [\%]$$

12. 다음의 반응에서 환원제로 쓰인 것은?

$$MnO_2 + 4HCl \rightarrow MnCl_2 + 2H_2O + Cl_2$$

① Cl_2　　　　② $MnCl_2$　　　　③ HCl　　　　④ MnO_2

> 해　환원제란 자기 자신은 산화되고 남을 환원시켜주는 물질을 말하는데, 위의 화학반응식에서는 HCl가 환원제로 쓰여서... 자기 자신(HCl)은 산화(수소를 잃는 것)되어 Cl_2로 바뀌고, 남(MnO_2)을 환원(산소를 잃는 것)시켜 $MnCl_2$로 만든다.

✏️ **함께 공부**

① Cl_2 및 ② $MnCl_2$은 화학반응식의 생성물로, 산화제 및 환원제에 해당하지 않는다.
④ MnO_2은 산화제로 쓰여서... 자기 자신(MnO_2)은 환원되어 $MnCl_2$로 되고, 남(HCl)을 산화시켜 Cl_2로 만든다.

13. 3가지 기체 물질 A, B, C가 일정한 온도에서 다음과 같은 반응을 하고 있다. 평형에서 A, B, C가 각각 1몰, 2몰, 4몰이라면 평형상수 K의 값은?

$$A + 3B \rightarrow 2C + 열$$

① 0.5　　　　② 2　　　　③ 3　　　　④ 4

> 해　평형상수(K)는 특정 온도에서 화학반응이 평형에 도달할 때, 반응물과 생성물의 농도 비율로... 문제의 "A + 3B → 2C + 열"을 평형상수 K로 나타내면 다음과 같다.(여기서, [A]=1몰, [B]=2몰, [C]=4몰)
>
> $$K = \frac{[C]^2}{[A]^1[B]^3} = \frac{4^2}{1^1 \times 2^3} = \frac{16}{8} = 2$$

14. 산성 산화물에 해당하는 것은?

① CaO
염기성 산화물

② Na₂O
염기성 산화물

③ CO₂

④ MgO
염기성 산화물

해 산성 산화물은 물에 녹아 산이 되거나, 염기와 반응하여 염과 물을 만드는 비금속 산화물로... CO_2, NO_2, SO_2, SiO_2, P_2O_5 등이 여기에 해당한다.

15. $KMnO_4$에서 Mn의 산화수는 얼마인가?

① +3

② +5

③ +7

④ +9

해 산화수는 분자 또는 이온 내에 있는 원자가 얻거나 잃는 전자의 수를 의미하며, $KMnO_4$(과망가니즈산칼륨)에서 Mn의 산화수는 +7이다. : $(+1) + Mn + (-2) \times 4 = 0 \rightarrow Mn = +7$

16. 다음 물질 중 C_2H_2와 첨가반응이 일어나지 않는 것은?

① 염소

② 수은

③ 브롬

④ 요오드

해 첨가반응의 대표적인 예로는 할로젠원소[F_2(플루오린), Cl_2(염소), Br_2(브로민), I_2(아이오딘)]와의 반응, 물(H_2O)과의 반응 등이 있다.

17. 다음 물질의 수용액을 같은 전기량으로 전기분해해서 금속을 석출한다고 가정할 때 석출되는 금속의 질량이 가장 많은 것은? (단, 괄호 안의 값은 석출되는 금속의 원자량이다)

① $CuSO_4$(Cu=64)

② $NiSO_4$(Ni=59)

③ $AgNO_3$(Ag=108)

④ $Pb(NO_3)_2$(Pb=207)

해 석출되는 물질의 질량은 전극에 흐르는 전기의 양에 비례하고, 흐르는 전기의 양이 같으면 물질의 g당량에 비례한다.

$AgNO_3$(질산은) : $\dfrac{원자량}{원자가} = \dfrac{108g}{1} = 108[g]$ [Ag(은)의 원자가 = +1]

✏ **함께 공부**

① $CuSO_4$(황산구리) : 구리 1g 당량 $= \dfrac{원자량}{원자가} = \dfrac{64g}{2} = 32[g]$ [Cu(구리)의 원자가 = +2]

② $NiSO_4$(황산니켈) : 니켈 1g 당량 $= \dfrac{원자량}{원자가} = \dfrac{59g}{2} = 29.5[g]$ [Ni(니켈)의 원자가 = +2]

④ $Pb(NO_3)_2$(질산납) : 납 1g 당량 $= \dfrac{원자량}{원자가} = \dfrac{207g}{2} = 103.5[g]$ [Pb(납)의 원자가 = +2]

18. 다음 화학반응으로부터 설명하기 어려운 것은?

$$2H_2(g) + O_2(g) \rightarrow 2H_2O(g)$$

① 반응물질 및 생성물질의 부피비
② 일정 성분비의 법칙
③ 반응물질 및 생성물질의 몰수비
④ 배수비례의 법칙

해 배수비례의 법칙은 두 종류의 원소가 결합하여 두 가지의 화합물을 만들 때, 원소 1개의 질량과 화합하는 다른 원소의 질량 사이에는 간단한 정수비가 성립한다는 법칙으로... 위의 화학반응식은 두 종류의 원소[H(수소), O(산소)]가 결합하였으나, 한 가지 화합물[H_2O(수증기)]만을 생성하므로, 두 가지의 화합물을 비교하는 배수비례의 법칙을 설명할 수가 없다.

19. 다음은 열역학 제 몇 법칙에 대한 내용인가?

OK(절대영도)에서 물질의 엔트로피는 0이다.

① 열역학 제0법칙
② 열역학 제1법칙
③ 열역학 제2법칙
④ 열역학 제3법칙

해 열역학 제3법칙이란 어떠한 방법으로든 절대영도(OK = -273.15℃)에는 도달할 수 없다는 법칙이다.

20. 100mL 메스플라스크로 10ppm 용액 100mL를 만들려고 한다. 1,000ppm 용액 몇 mL를 취해야 하는가?

① 0.1
② 1
③ 10
④ 100

해 위의 문제는 혼합용액의 농도와 관련된 것으로, 다음의 식을 이용하여 구할 수 있다.

$$M_1 \times V_1 = M_2 \times V_2 \rightarrow V_2 = \frac{M_1}{M_2} \times V_1 = \frac{10}{1,000} \times 100 = 1 \, [mL]$$

• M_1(몰농도, mol) = 10ppm[parts per million, 100만 분의 1(10^{-6})]
• V_1(부피, L) = 100mL
• M_2(몰농도, mol) = 1,000ppm

21. 위험물제조소에서 옥내소화전이 1층에 4개, 2층에 6개가 설치되어 있을 때 수원의 수량은 몇 L 이상이 되도록 설치하여야 하는가?

① 13,000　　　　　② 15,600　　　　　③ 39,000　　　　　④ 46,800

해 • 옥내소화전설비의 수원의 수량은 옥내소화전이 가장 많이 설치된 층의 옥내소화전 설치개수(설치개수가 5개 이상인 경우는 5개)에 7.8㎥를 곱한 양 이상이 되도록 설치해야 한다.
　　• 옥내소화전설비 수원의 수량 = 최대층 소화전 수(최대 5개까지만) × 7.8㎥ = 5 × 7.8㎥ = 39㎥ = 39,000L 이상

22. 이산화탄소를 이용한 질식소화에 있어서 아세톤의 한계산소농도(vol%)에 가장 가까운 값은?

① 15　　　　　② 18　　　　　③ 21　　　　　④ 25

해 질식소화는 가연물(아세톤)이 연소할 때 공기 중의 산소농도(일반적으로 21%)를 한계산소농도인 15%이하로 떨어뜨려 연소를 중단시키는 소화 방법이다.

23. 포소화약제의 혼합 방식 중 포원액을 송수관에 압입하기 위하여 포원액용 펌프를 별도로 설치하여 혼합하는 방식은?

① 라인 프로포셔너 방식　　　　　② 프레져 프로포셔너 방식
③ 펌프 프로포셔너 방식　　　　　④ 프레져 사이드 프로포셔너 방식

해 프레져사이드 프로포셔너 방식(압입혼합방식)은 펌프의 토출관에 설치된 압입기에 별도로 설치된 포소화약제 압입용펌프로 포 소화약제를 압입시켜 혼합하는 방식으로 석유화학공장 등 대단위 설비에 이용된다.

24. 위험물안전관리법령상 이산화탄소를 저장하는 저압식 저장용기에는 용기 내부의 온도를 어떤 범위로 유지할 수 있는 자동냉동기를 설치하여야 하는가?

① 영하 20℃ ~ 영하 18℃

② 영하 20℃ ~ 0℃

③ 영하 25℃ ~ 영하 18℃

④ 영하 25℃ ~ 0℃

해 위험물안전관리에 관한 세부기준에 따르면, 이산화탄소를 저장하는 저압식 저장용기에 설치하는 자동냉동기는 용기내부의 온도를 영하 20℃ 이상 영하 18℃ 이하로 유지할 수 있어야 한다.

25. 소화약제의 종류에 해당하지 않는 것은?

① CF_2BrCl
할론 1211

② $NaHCO_3$
제1종 분말

③ NH_4BrO_3
제1류 위험물

④ CF_3Br
할론 1301

해 소화약제는 소화기구 및 소화설비에 사용되는 소화성능이 있는 고체, 액체 및 기체의 물질을 말하는데... NH_4BrO_3(브로민산암모늄)은 산소공급원의 기능을 하는 고체로, 제1류 위험물이다.

✏ **함께 공부**

① CF_2BrCl(일염화일취화이불화메탄), ② $NaHCO_3$(탄산수소나트륨) 및 ④ CF_3Br(일취화삼불화메탄)은 소화약제로 사용된다.

26. 위험물안전관리법령에 따른 옥내소화전설비의 기준에서 펌프를 이용한 가압송수장치의 경우 펌프의 전양정 H는 소정의 산식에 의한 수치 이상이어야 한다. 전양정 H를 구하는 식으로 옳은 것은?
(단, h_1은 소방용 호스의 마찰손실수두, h_2는 배관의 마찰손실수두, h_3는 낙차이며, h_1, h_2, h_3의 단위는 모두 m이다.)

① $H = h_1 + h_2 + h_3$

② $H = h_1 + h_2 + h_3 + 0.35m$

③ $H = h_1 + h_2 + h_3 + 35m$

④ $H = h_1 + h_2 + 0.35m$

해 위험물안전관리에 관한 세부기준에 따르면, 펌프를 이용한 가압송수장치의 경우 펌프의 전양정 H는 다음 식에 의하여 구한 수치 이상으로 해야 한다.

$$H = h_1 + h_2 + h_3 + 35m$$

• H : 펌프의 전양정 (m)
• h_1 : 소방용 호스의 마찰손실수두 (m)
• h_2 : 배관의 마찰손실수두 (m)
• h_3 : 낙차 (m)
• 35m : 방사압력 환산수두 (m)

27. 자연발화가 잘 일어나는 조건에 해당하지 않는 것은?

① 주위 습도가 높을 것
② 열전도율이 클 것
③ 주위 온도가 높을 것
④ 표면적이 넓을 것

> 해 열전도율이 크면(높으면)... 열이 쉽게 이동하여 열의 축적이 어려워지므로, 자연발화가 잘 일어나지 않는다.

28. 위험물안전관리법령상 이동탱크저장소에 의한 위험물운송 시 위험물운송자는 장거리에 걸치는 운송을 하는 때에는 2명 이상의 운전자로 하여야 한다. 다음 중 그러하지 않아도 되는 경우가 아닌 것은?

① 적린을 운송하는 경우
② 알루미늄의 탄화물을 운송하는 경우
③ 이황화탄소를 운송하는 경우
④ 운송도중에 2시간 이내마다 20분 이상씩 휴식하는 경우

> 해 위험물안전관리법령에 따르면, 위험물운송자는 장거리에 걸치는 운송을 하는 때에 2명 이상의 운전자로 하여야 하지만, 다음의 경우는 1명의 운전자로 운전이 가능하다.
> • 운송책임자를 동승시킨 경우
> • 운송하는 위험물이 제2류 위험물·제3류 위험물(칼슘 또는 알루미늄의 탄화물과 이것만을 함유한 것)또는 제4류 위험물(특수인화물을 제외)인 경우
> • 운송도중에 2시간 이내마다 20분 이상씩 휴식하는 경우

29. 과염소산 1몰을 모두 기체로 변화하였을 때 질량은 1기압, 50℃를 기준으로 몇 g인가? (단, Cl의 원자량은 35.5이다.)

① 5.4
② 22.4
③ 100.5
④ 224

> 해 질량은 기체의 압력, 온도, 부피에 영향을 받지 않는 고유의 물성이며... 문제의 과염소산($HClO_4$)의 양은 아래의 공식으로 구할 수 있다.
>
> $$질량(g) = 몰(수)(mol) \times 분자량(g/mol) = 1mol \times 100.5g/mol = 100.5[g]$$

30. 열의 전달에 있어서 열전달 면적과 열전도도가 각각 2배로 증가한다면, 다른 조건이 일정한 경우 전도에 의해 전달되는 열의 양은 몇 배가 되는가?

① 0.5배   ② 1배   ③ 2배   ④ 4배

> **해** 전도에 의해 전달되는 열의 양은 스테판-볼츠만 법칙을 이용하여 구할 수 있으며, 아래의 스테판-볼츠만 법칙에서 열전달 면적(A)과 열전도도(σ)가 각각 2배로 증가한 값을 대입해보면... (A → 2A, σ → 2σ)
>
> $$Q = \sigma A T^4 \rightarrow Q = \sigma A T^4 = (2\sigma)(2A)T^4 = 4\sigma A T^4$$

31. 다음 중 물을 소화약제로 사용하는 가장 큰 이유는?

① 기화잠열이 크므로   ② 부촉매 효과가 있으므로
③ 환원성이 있으므로   ④ 기화하기 쉬우므로

> **해** 물은 기화잠열(증발잠열)이 539cal/g로 매우 커서 주수 시에 냉각효과가 뛰어나다.

32. 제2류 위험물의 일반적인 특징에 대한 설명으로 가장 옳은 것은?

① 비교적 낮은 온도에서 연소하기 쉬운 물질이다.
② 위험물 자체 내에 산소를 갖고 있다.
③ 연소속도가 느리지만 지속적으로 연소한다.
④ 대부분 물보다 가볍고 물에 잘 녹는다.

> **해** 제2류 위험물 → 가연성 고체[일반 환원성 가연물]
> 일반적으로 불에 타서 가연물의 역할을 하는 고체이다.

✏️ **함께 공부**

---

② 위험물 자체에 산소를 가지고 있지 않다.
③ 연소 시 연소열이 크고, 연소속도가 빠르다.
④ 대부분 물보다 무겁고, 물에 녹지 않는다.

33. 위험물안전관리법령상 제4류 위험물의 위험등급에 대한 설명으로 옳은 것은?

① 특수인화물은 위험등급 Ⅰ, 알코올류는 위험등급 Ⅱ이다.
② 특수인화물과 제1석유류는 위험등급 Ⅰ이다.
③ 특수인화물은 위험등급 Ⅰ, 그 이외에는 위험등급 Ⅱ이다.
④ 제2석유류는 위험등급 Ⅱ이다.

> **해** 위험물안전관리법령상 제4류 위험물 중 특수인화물의 위험등급은 Ⅰ이고, 제1석유류 및 알코올류의 위험등급은 Ⅱ
> 이며, 제2석유류 ~ 동식물유류의 위험등급은 Ⅲ이다.

34. 위험물안전관리법령상 연소의 우려가 있는 위험물제조소의 외벽의 기준으로 옳은 것은?

① 개구부가 없는 불연재료의 벽으로 하여야 한다.
② 개구부가 없는 내화구조의 벽으로 하여야 한다.
③ 출입구 외의 개구부가 없는 불연재료의 벽으로 하여야 한다.
④ 출입구 외의 개구부가 없는 내화구조의 벽으로 하여야 한다.

> **해** 위험물안전관리법령에 따르면, 연소의 우려가 있는 위험물제조소의 외벽은 화재로부터 견딜 수 있도록(내화) 출
> 입구 외(사람은 이동해야 하므로)에는 개구부가 없도록 내화구조의 벽으로 하여야 한다.

35. Halon 1301에 해당하는 화학식은?

① CH₃Br   ② CF₃Br   ③ CBr₃F   ④ CH₃Cl

> **해** 할론 1301의 구조식은 CF_3Br이다.
>
>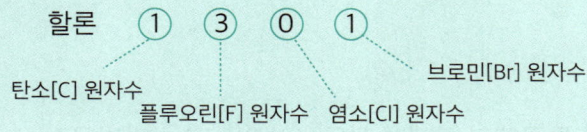

36. 프로판 2㎥가 완전 연소할 때 필요한 이론 공기량은 약 몇 ㎥인가? (단, 공기 중 산소농도는 21vol%이다.)

    ① 23.81   ② 35.72   ③ 47.62   ④ 71.43

해 **1. 문제의 이해**

프로판을 완전 연소시키면 이산화탄소와 수증기가 생성되는데, 프로판이 연소하기 위해서 공기가 얼마의 부피로 필요한지 구하는 문제로... 화학반응식에서 몰수 관계 및 공기와 산소의 관계를 적용한 후 비례식을 통해 구할 수 있다.

2. 화학반응식

$$C_3H_8(프로판) \ + \ 5O_2(산소) \rightarrow 3CO_2(이산화탄소) + 4H_2O(수증기)$$

      1mol   :   5mol

      2㎥   : X㎥

$$X \ ㎥ = \frac{5mol}{1mol} \times 2㎥ = 10㎥$$

문제의 단서에서 주어진 공기와 산소의 관계(공기 중 산소의 부피는 21%)를 통해 이론 공기량을 구해보면...

$$필요한 \ 이론 \ 공기량 = \frac{산소의 \ 부피}{21\%} = \frac{10㎥}{0.21} = 47.62 \ [㎥]$$

37. 위험물안전관리법령상 이동식 불활성가스 소화설비의 호스접속구는 모든 방호대상물에 대하여 당해 방호 대상물의 각 부분으로부터 하나의 호스접속구까지의 수평거리가 몇 m 이하가 되도록 설치하여야 하는가?

    ① 5   ② 10   ③ 15   ④ 20

해 위험물안전관리법령에 따르면, 이동식 불활성가스소화설비의 호스접속구는 모든 방호대상물(소화하여야 할 건축물)에 대하여 당해 방호대상물의 각 부분으로부터 하나의 호스접속구까지의 수평거리가 15m 이하가 되도록 설치한다.

암기팁! 이동식 불활성가스소화설비 호스접속구까지 수평거리 : 이불 호청(수평)을 씌어(15) 먹어봐.

38. 위험물안전관리법령상 톨루엔의 화재에 적응성이 있는 소화방법은?

    ① 무상수소화기에 의한 소화   ② 무상강화액소화기에 의한 소화

    ③ 봉상수소화기에 의한 소화   ④ 봉상강화액소화기에 의한 소화

해 제4류 위험물은 인화의 위험성이 높은 기름으로, 물에 의한 소화는 화재면의 확대 위험성이 있어 금지하고, 이에 대한 소화는...

- 비수용성 위험물 : 포소화약제, 불활성가스소화약제, 분말소화약제, 무상강화액소화기 등에 의한 질식소화를 한다.
- 수용성 위험물 : 알코올용 포소화약제에 의한 질식소화를 한다.

39. 위험물안전관리법령상 제조소등의 관계인이 정기적으로 점검하여야 할 대상이 아닌 것은?

① 지정수량의 10배 이상의 위험물을 취급하는 제조소
② 지하탱크저장소
③ 이동탱크저장소
④ 지정수량의 100배 이상의 위험물을 저장하는 옥외탱크저장소

> **해** 정기점검의 대상
> • 지정수량의 10배 이상의 위험물을 취급하는 제조소 · 일반취급소
> • 지정수량의 100배 이상의 위험물을 저장하는 옥외저장소
> • 지정수량의 150배 이상의 위험물을 저장하는 옥내저장소
> • 지정수량의 200배 이상의 위험물을 저장하는 옥외탱크저장소
> • 암반탱크저장소, 이송취급소
> • 지하탱크저장소
> • 이동탱크저장소
> • 위험물을 취급하는 탱크로서 지하에 매설된 탱크가 있는 제조소 · 주유취급소 또는 일반취급소

40. 옥내저장소 내부에 체류하는 가연성 증기를 지붕 위로 방출시키는 배출설비를 하여야 하는 위험물은?

① 과염소산
　제6류(산화성 액체)

② 과망가니즈산칼륨
　제1류(산화성 고체)

③ 피리딘
　제4류(인화성 액체)

④ 과산화나트륨
　제1류(산화성 고체)

> **해** 위험물안전관리법령상 인화점이 70℃ 미만인 위험물의 옥내저장소 저장창고에는 내부에 체류한 가연성의 증기를 지붕 위로 배출하는 설비를 갖추어야 하는데... 피리딘(인화점 20℃)은 인화의 위험성이 있는 기름으로, 인화점이 70℃ 미만이므로... 가연성 증기를 방출하는 배출설비를 하여야 한다.

41. 고정지붕구조를 가진 높이 15m의 원통종형 옥외저장탱크안의 탱크 상부로부터 아래로 1m지점에 포 방출구가 설치되어있다. 이 조건의 탱크를 신설하는 경우 최대 허가량은 얼마인가? (단, 탱크의 단면적은 100㎡이고, 탱크 내부에는 별다른 구조물이 없으며, 공간용적 기준은 만족하는 것으로 가정한다.)

① 1,400㎥   ② 1,370㎥   ③ 1,350㎥   ④ 1,300㎥

해 1. 소화설비를 설치하는 탱크의 공간용적은 소화설비의 소화약제 방출구 아래 0.3m 이상 1m 미만 사이의 면으로 부터 윗부분의 용적이다.
- 탱크의 단면적(πr^2) = 100㎡
- 탱크 상부로부터 아래로 1m지점 = 15m - 1m = 14m
- 방출구 아래의 0.3m이상 1m미만(L) = 14m - 0.3m 또는 14m - 1m
2. 탱크의 최대용량 및 최소용량
- 최대용량 = $\pi r^2 L$ = 100㎡ × (14 − 0.3)m = 1,370㎥ : 최대 허가량
- 최소용량 = $\pi r^2 L$ = 100㎡ × (14 − 1)m = 1,300㎥ : 최소 허가량

42. 다음 물질을 적셔서 얻은 헝겊을 대량으로 쌓아 두었을 경우 자연발화의 위험성이 가장 큰 것은?

① 아마인유   ② 땅콩기름   ③ 야자유   ④ 올리브유
　건성유   불건성유   불건성유   불건성유

해 자연발화의 위험성이 높(크)다는 것은... 산소와의 반응성이 크고, 불포화도(안정되지 않은 정도)의 수치인 아이오딘값이 크다는 의미이다.

구분	아이오딘값	종류
건성유	130 이상	아마인유, 들기름, 동유, 해바라기유, 대구유, 정어리유, 상어유 등
반건성유	100 이상 130 미만	참기름, 옥수수기름, 쌀겨기름, 콩기름(대두유), 청어기름, 채종유, 면실유(목화씨기름) 등
불건성유	100 미만	고래기름, 소기름, 돼지기름, 올리브유, 피마자유, 야자유, 땅콩기름(낙화생유), 팜유 등

43. 오황화린에 관한 설명으로 옳은 것은?

① 물과 반응하면 불연성기체가 발생된다.　　② 담황색 결정으로서 흡습성과 조해성이 있다.
③ P₅S₂로 표현되며, 물에 녹지 않는다.　　④ 공기 중에서 자연발화 한다.

해 오황화린(P_2S_5)은 불에 타는 가연성 고체로... 담황색 결정이며, 물에 녹고 물과 반응하므로, 흡습성과 조해성이 있다.

✏ **함께 공부**

① 물과 반응하면 가연성기체가 발생된다. [P_2S_5(오황화린) + $8H_2O$(물) → $5H_2S$(황화수소) + $2H_3PO_4$(인산)]
③ P_2S_5로 표현되며, 물에 녹는다.
④ 착화점(발화점)이 142℃이므로, 공기 중에서 자연발화 하지 않는다.

44. 위험물안전관리법령에 따른 제4류 위험물 중 제1석유류에 해당하지 않는 것은?

① 등유　　　　　　　　　② 벤젠
　제2석유류
③ 메틸에틸케톤　　　　　④ 톨루엔

해 제1석유류의 종류 : 아세톤, 휘발유, 벤젠, 톨루엔, 메틸에틸케톤, 초산에스터류, 의산에스터류, 피리딘, 사이안화수소 등

45. 다음의 2가지 물질을 혼합하였을 때 위험성이 증가하는 경우가 아닌 것은?

① 과망간산칼륨 + 황산　　　　　② 나이트로셀룰로오스 + 알코올수용액
　산소공급원　가연물
③ 질산나트륨 + 유기물　　　　　④ 질산 + 에틸알코올
　산소공급원　가연물　　　　　　산소공급원　가연물

해 나이트로셀룰로오스[$C_6H_7O_2(ONO_2)_3$]ₙ는 가연물질 내에 산소를 함유하고 있어 스스로 폭발적으로 반응하는 물질로... 물에 녹지 않고, 물 등을 혼합하면 안정되어 위험성이 감소하므로, 운반 또는 저장 시에 물 또는 알코올을 첨가하여 습윤시킨다.

46. 위험물제조소등의 안전거리의 단축기준과 관련해서 $H \leq pD^2 + a$인 경우 방화상 유효한 담의 높이는 2m 이상으로 한다. 다음 중 a에 해당되는 것은?

① 인근 건축물의 높이(m)
② 제조소등의 외벽의 높이(m)
③ 제조소등과 공작물과의 거리(m)
④ 제조소등과 방화상 유효한 담과의 거리(m)

해 위험물안전관리법령상 제조소등의 안전거리의 단축기준에 따르면, 방화상 유효한 담의 높이(h)를 2m 이상으로 할 때에는 아래의 식에 의하여 산정한다.

$$H \leqq pD^2 + a$$

- D : 제조소등과 인근 건축물 또는 공작물과의 거리(m)
- H : 인근 건축물 또는 공작물의 높이(m)
- a : 제조소등의 외벽의 높이(m)
- d : 제조소등과 방화상 유효한 담과의 거리(m)
- h : 방화상 유효한 담의 높이(m)
- p : 상수

47. 인화칼슘의 성질이 아닌 것은?

① 적갈색의 고체이다.
② 물과 반응하여 포스핀 가스를 발생한다.
③ 물과 반응하여 유독한 불연성 가스를 발생한다.
④ 산과 반응하여 포스핀 가스를 발생한다.

해 인화칼슘(인화석회)은 물과 반응하여 수산화칼슘과 유독한 가연성 기체인 인화수소(포스핀)를 발생한다.

$$Ca_3P_2(인화칼슘) + 6H_2O(물) \rightarrow 3Ca(OH)_2(수산화칼슘) + 2PH_3(포스핀)$$

48. 다음은 위험물안전관리법령에 관한 내용이다. ( )에 알맞은 수치의 합은?

> • 위험물안전관리자를 선임한 제조소등의 관계인은 그 안전관리자를 해임하거나 안전관리자가 퇴직한 때에는 해임하거나 퇴직한 날부터 ( )일 이내에 다시 안전관리자를 선임하여야 한다.
> • 제조소등의 관계인은 당해 제조소등의 용도를 폐지한 때에는 행정안전부령이 정하는 바에 따라 제조소등의 용도를 폐지한 날부터 ( )일 이내에 시·도지사에게 신고하여야 한다.

① 30 ② 44 ③ 49 ④ 62

해 • 위험물안전관리법령상 위험물안전관리자를 선임한 제조소등의 관계인(소유자·점유자 또는 관리자)은 그 안전관리자를 해임하거나 안전관리자가 퇴직한 때에는 해임하거나 퇴직한 날부터 30일 이내에 다시 안전관리자를 선임하여야 한다.
• 위험물안전관리법령에 따르면, 제조소등의 관계인은 당해 제조소등의 용도를 폐지(위험물시설로서의 기능을 완전히 상실시키는 것)한 때에는 행정안전부령이 정하는 바에 따라 제조소등의 용도를 폐지한 날부터 14일 이내에 시·도지사에게 신고하여야 한다.
∴ ( )에 알맞은 수치의 합 = 30 + 14 = 44

49. 금속칼륨 20kg, 금속나트륨 40kg, 탄화칼슘 600kg에 대한 각각의 지정수량 배수의 총합은 얼마인가?

① 2 ② 4 ③ 6 ④ 8

해 지정수량 배수의 합 = $\dfrac{\text{칼륨의 저장수량}}{\text{칼륨의 지정수량}} + \dfrac{\text{나트륨의 저장수량}}{\text{나트륨의 지정수량}} + \dfrac{\text{칼슘 또는 알루미늄의 탄화물의 저장수량}}{\text{칼슘 또는 알루미늄의 탄화물의 지정수량}}$

$= \dfrac{20kg}{10kg} + \dfrac{40kg}{10kg} + \dfrac{600kg}{300kg} = 2 + 4 + 2 = 8$

• 칼륨 및 나트륨의 지정수량 : 10kg
• 탄화칼슘의 지정수량 : 300kg

50. 위험물의 적재 방법에 관한 기준으로 틀린 것은?

① 위험물은 규정에 의한 바에 따라 재해를 발생 시킬 우려가 있는 물품과 함께 적재하지 아니하여야 한다.
② 적재하는 위험물의 성질에 따라 일광의 직사 또는 빗물의 침투를 방지하기 위하여 유효하게 피복하는 등 규정에서 정하는 기준에 따른 조치를 하여야 한다.
③ 증기발생·폭발에 대비하여 운반용기의 수납구를 옆 또는 아래로 향하게 하여야 한다.
④ 위험물을 수납한 운반용기가 전도·낙하 또는 파손되지 아니하도록 적재하여야 한다.

해 위험물안전관리법령에 따르면, 운반용기는 증기발생·폭발에 대비하여 수납구를 위로 향하게 하여 적재하여야 한다.(수납구를 위로 향하면 허공에 증기발생·폭발이 이루어지지만, 옆 또는 아래로 향하면 물품 등에 직접적으로 증기발생·폭발이 이루어져서 위험하다)

51. 위험물안전관리법령상 다음 사항을 참고하여 제조소의 소화설비의 소요단위의 합을 옳게 산출한 것은?

가. 제조소 건축물의 연면적은 3,000㎡
나. 제조소 건축물의 외벽은 내화구조이다.
다. 제조소 허가 지정수량은 3,000배이다.
라. 제조소 옥외 공작물의 최대수평투영면적은 500㎡이다.

① 335　　　　　② 395　　　　　③ 400　　　　　④ 440

해 1. 제조소의 소요단위
　 제조소의 건축물의 외벽이 내화구조인 것은 연면적 100㎡를 1소요단위로 한다.

$$제조소의 \ 소요단위 = \frac{해당 \ 연면적(㎡)}{기준 \ 연면적(㎡)/1 \ 소요단위} = \frac{3,000㎡}{100㎡/1 \ 소요단위} = 30단위$$

2. 위험물의 소요단위
　 위험물은 지정수량의 10배를 1소요단위로 하므로, 지정수량의 3,000배(10배 × 300)는 300단위가 된다.
3. 제조소 옥외 공작물의 소요단위
　 제조소의 옥외에 설치된 공작물은 공작물의 최대수평투영면적 100㎡를 1소요단위로 한다.

$$제조소 \ 옥외 \ 공작물의 \ 소요단위 = \frac{해당 \ 최대수평투영면적(㎡)}{기준 \ 최대수평투영면적(㎡)/1 \ 소요단위} = \frac{500㎡}{100㎡/1 \ 소요단위} = 5단위$$

∴ 제조소의 소화설비의 소요단위의 합 = 30단위 + 300단위 + 5단위 = 335단위

52. 옥외저장탱크 · 옥내저장탱크 또는 지하저장탱크 중 압력탱크에 저장하는 아세트알데하이드 등의 온도는 몇 ℃ 이하로 유지하여야 하는가?

① 30　　　　　② 40　　　　　③ 55　　　　　④ 65

해 위험물안전관리법령에 따르면, 옥외저장탱크 · 옥내저장탱크 또는 지하저장탱크 중 압력탱크에 저장하는 아세트알데하이드등 또는 디에틸에테르등의 온도는 40℃ 이하로 유지하여야 한다.

53. 금속나트륨에 대한 설명으로 옳은 것은?

① 청색 불꽃을 내며 연소한다.   ② 경도가 높은 중금속에 해당한다.

③ 녹는점이 100℃ 보다 낮다.   ④ 25% 이상의 알코올수용액에 저장한다.

해 나트륨(Na)은 물과 급격히 반응하여 열을 발생하는 금수성 물질로... 융점(녹는점)은 97.8℃이고, 비점(끓는점)은 880℃이다.

✏ **함께 공부**

① 노란색 불꽃을 내며 연소한다.
② 은백색의 광택을 띄는 경금속이다.
④ 물 또는 알코올과 반응하여 수소를 발생시키므로, 물 또는 알코올과 섞이지 않는 등유, 경유, 유동파라핀 등의 보호액에 저장한다.

54. 다음 물질 중 지정수량이 400L인 것은?

① 포름산메틸
400L(제1석유류-수용성)

② 벤젠
200L(제1석유류-비수용성)

③ 톨루엔
200L(제1석유류-비수용성)

④ 벤즈알데하이드
1,000L(제2석유류-비수용성)

해 지정수량은 위험물의 종류별로 위험성을 고려하여 대통령령으로 정하는 수량으로, 법령상 규제하는 위험물의 최소량을 의미한다.

55. 과산화수소의 저장방법으로 옳은 것은?

① 분해를 막기 위해 히드라진을 넣고 완전히 밀전하여 보관한다.
② 분해를 막기 위해 히드라진을 넣고 가스가 빠지는 구조로 마개를 하여 보관한다.
③ 분해를 막기 위해 요산을 넣고 완전히 밀전하여 보관한다.
④ 분해를 막기 위해 요산을 넣고 가스가 빠지는 구조로 마개를 하여 보관한다.

해 과산화수소(H_2O_2)는 산소공급원의 기능을 하는 액체로, 상온에서 분해되어 산소를 발생시키므로... 인산, 요산과 같은 분해방지 안정제를 넣어 분해를 억제시키고, 뚜껑에 작은 구멍을 뚫은 갈색 용기에 저장한다.

56. 위험물안전관리법령상 시·도의 조례가 정하는 바에 따라, 관할소방서장의 승인을 받아 지정수량 이상의 위험물을 임시로 제조소등이 아닌 장소에서 취급할 때 며칠 이내의 기간 동안 취급할 수 있는가?

① 7 ② 30 ③ 90 ④ 180

> 해 위험물안전관리법령에 따르면, 제조소등이 아닌 장소에서 시·도의 조례가 정하는 바에 따라 관할소방서장의 승인을 받아 지정수량 이상의 위험물을 90일 이내의 기간 동안 임시로 저장 또는 취급할 수 있다.

57. 위험물안전관리법령상 제1류 위험물 중 알칼리금속의 과산화물의 운반용기 외부에 표시하여야 하는 주의사항을 모두 나타낸 것은?

① "화기엄금", "충격주의" 및 "가연물접촉주의"
② "화기·충격주의", "물기엄금" 및 "가연물접촉주의"
③ "화기주의" 및 "물기엄금"
④ "화기엄금" 및 "물기엄금"

> 해 운반용기 외부에 표시하여야 하는 주의사항
>
> | 유별 | | 주의사항 |
> |---|---|---|
> | 제1류 위험물 | 알칼리금속의 과산화물 | 화기·충격주의, 물기엄금, 가연물접촉주의 |
> | | 그 밖의 것 | 화기·충격주의, 가연물접촉주의 |

58. 마그네슘리본에 불을 붙여 이산화탄소 기체 속에 넣었을 때 일어나는 현상은?

① 즉시 소화된다.
② 연소를 지속하며 유독성의 기체를 발생한다.
③ 연소를 지속하며 수소 기체를 발생한다.
④ 산소를 발생하며 서서히 소화된다.

> 해 마그네슘은 불에 타는 가연성고체 물질로, 이산화탄소와 반응하여 산화마그네슘과 유독성 기체인 일산화탄소를 발생한다.
>
> $$Mg(마그네슘) + CO_2(이산화탄소) \rightarrow MgO(산화마그네슘) + CO(일산화탄소)$$

59. 위험물안전관리법령상 옥외탱크저장소의 기준에 따라 다음의 인화성 액체 위험물을 저장하는 옥외저장탱크 1~4호를 동일의 방유제 내에 설치하는 경우 방유제에 필요한 최소 용량으로서 옳은 것은?(단, 암반탱크 또는 특수액체위험물탱크의 경우는 제외한다.)

ㄱ. 1호 탱크 - 등유 1,500kL	ㄴ. 2호 탱크 - 가솔린 1,000kL
ㄷ. 3호 탱크 - 경유 500kL	ㄹ. 4호 탱크 - 중유 250kL

① 1,650kL   ② 1,500kL   ③ 500kL   ④ 250kL

해 1. 방유제의 용량

위험물안전관리법령상 인화성 액체위험물(이황화탄소를 제외)의 옥외탱크저장소의 탱크 주위에는 방유제를 설치하여야 하는데, 방유제의 용량은 아래와 같다.(인화성이 없는 액체위험물의 경우는 100% 이상)

• 방유제 안에 설치된 탱크가 1기인 때 : 그 탱크 용량의 110% 이상
• 방유제 안에 설치된 탱크가 2기 이상인 때 : 그 탱크 중 용량이 최대인 것의 용량의 110% 이상

2. 방유제의 용량 계산

문제의 방유제 안에는 탱크가 4기 설치되어 있으므로...

방유제의 용량 = 탱크 중 용량이 최대인 것의 용량 × 110% 이상 = 1,500kL × 110% 이상 = 1,650kL 이상

60. 그림과 같은 타원형 탱크의 내용적은 약 몇 m³인가?

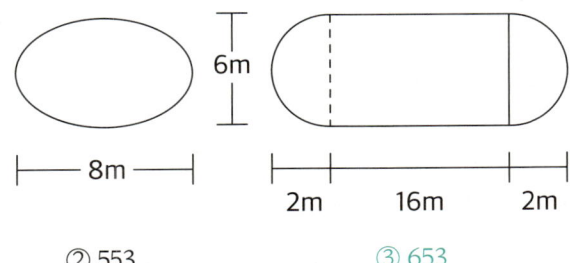

① 453   ② 553   ③ 653   ④ 753

해 위험물안전관리에 관한 세부기준에 따르면, 문제의 그림과 같은 타원형 탱크 중 양쪽이 볼록한 것의 내용적은 아래와 같다.

$$\frac{\pi ab}{4}\left(\ell + \frac{\ell_1 + \ell_2}{3}\right) = \frac{\pi \times 8 \times 6}{4}\left(16 + \frac{2+2}{3}\right) = 653.45 \text{m}^3$$

• 타원의 가로길이(a) = 8m
• 타원의 세로길이(b) = 6m
• 타원의 직사각형의 가로길이(ℓ) = 16m
• 타원의 앞 볼록한 부분의 가로길이(ℓ_1) = 2m
• 타원의 뒤 볼록한 부분의 가로길이(ℓ_2) = 2m

MEMO

MEMO

2026 쩐 기능장의 위험물산업기사 필기 이론 + 기출 + 100% 무료강의 제공

발행일 2025년 11월 30일 초판 1쇄 발행

발행처 직업상점

발행인 박유진

편저자 전범준

디자인 김지원

정 가 33,000원   **ISBN** 979-11-94695-26-4